国会議事堂・霞ヶ関周辺 地下鉄出入口ご案内

最寄地下鉄出入口

- **合同庁舎1号館** 霞ヶ関駅 A5 A6 A7 A9 A10
  農林水産省・林野庁・水産庁

- **合同庁舎2号館** 霞ヶ関駅 A2 A3
  警察庁・国家公安委員会・総務省・消防庁・国土交通省(分館)

- **合同庁舎3号館** 霞ヶ関駅 A3 桜田門駅2
  国土交通省・海上保安庁

- **合同庁舎4号館** 霞ヶ関駅 A13
  内閣法制局・内閣府(分館)・消費者庁・復興庁・公害等調整委員会

- **合同庁舎5号館** 霞ヶ関駅 B3b B3a
  内閣府(分館)・厚生労働省・環境省

- **合同庁舎6号館** 霞ヶ関駅 B1 桜田門駅5
  法務省・検察庁・出入国在留管理庁・公安調査庁・公正取引委員会

- **合同庁舎7号館** 虎ノ門駅 11
  文部科学省・スポーツ庁・文化庁・金融庁・会計検査院

- **合同庁舎8号館** 国会議事堂前駅3
  内閣府・内閣人事局

- **経済産業省別館** 霞ヶ関駅 C2
  中小企業庁・資源エネルギー庁

JN132435

国会の勢力分野

（令和6年2月1日現在）

（政党別）

（ ）内は女性議員で、内数です。

（衆議院）	政党名	（参議院）		
		令元	令4	計
258 (21)	自由民主党	53(11)	63(13)	116(24)
94 (13)	立憲民主党	21(9)	16(8)	37(17)
41 (5)	日本維新の会	8(1)	12(3)	20(4)
32 (4)	公明党	14(2)	13(2)	27(4)
10 (2)	日本共産党	7(3)	4(2)	11(5)
7 (1)	国民民主党	5(1)	5(2)	10(3)
4 (0)	教育無償化を実現する会	1(1)	0	1(1)
3 (2)	れいわ新選組	2(1)	3(0)	5(1)
1 (0)	社会民主党	1(1)	1(1)	2(2)
0	参政党	0	1(0)	1(0)
12 (0)	無所属（諸派を含む）	11(1)	6(3)	17(5)
3	欠員	1	0	1
465 (48)	計	124(32)	124(34)	248(66)

※衆参の正副議長は無所属に含む

（会派別）

（衆議院）	会派名	（参議院）		
		令元	令4	計
259 (21)	自由民主党	53(11)	63(13)	116(24)
96 (13)	立憲民主党	22(10)	18(10)	40(20)
45 (5)	日本維新の会・教育無償化を実現する会	9(2)	12(3)	21(5)
32 (4)	公明党	14(2)	13(2)	27(4)
10 (2)	日本共産党	7(3)	4(2)	11(5)
7 (1)	国民民主党	6(1)	5(2)	11(3)
4 (0)	有志の会	—	—	—
3 (2)	れいわ新選組	2(1)	3(0)	5(1)
—	沖縄の風	1(0)	1(0)	2(0)
—	NHKから国民を守る党	1(0)	1(0)	2(0)
6 (0)	無所属	8(2)	4(2)	12(4)
3	欠員	1	0	1
465 (48)	計	124(32)	124(34)	248(66)

(注)自由民主党は衆院で「自由民主党・無所属の会」、参院で「自由民主党」。立憲民主党は衆院で「立憲民主党・無所属」、参院で「立憲民主・社民」。国民民主党は衆院で「国民民主党・無所属クラブ」、参院で「国民民主党・新緑風会」。

IDナンバー　A0602322091

HPアドレス▶ www.kokuseijoho.jp

※上記IDナンバーは一つの端末のみご利用になれます。

国会関係所在地電話番号一覧

■ 総理大臣官邸　〒100-0014　千, 永田町2-3-1　☎3581-0101

■ 衆議院　〒100-8960　千, 永田町1-7-1　☎3581-5111

議 長 公 邸	〒100-0014 千, 永田町2-18-1	☎3581-1461
副 議 長 公 邸	〒107-0052 港, 赤坂8-11-40	☎3423-0311
赤 坂 議 員 宿 舎	〒107-0052 港, 赤坂2-17-10	☎5549-4671
青 山 議 員 宿 舎	〒106-0032 港, 六本木7-1-3	☎3408-4911

■ 参議院　〒100-8961　千, 永田町1-7-1　☎3581-3111

議 長 公 邸	〒100-0014 千, 永田町2-18-2	☎3581-1481
副 議 長 公 邸	〒106-0043 港, 麻布永坂町25	☎3586-6741
麹 町 議 員 宿 舎	〒102-0083 千, 麹町4-7	☎3237-0341
清 水 谷 議 員 宿 舎	〒102-0094 千, 紀尾井町1-15	☎3264-1351

■ 衆議院議員会館

| 第 一 議 員 会 館 | 〒100-8981 千, 永田町2-2-1 | ☎3581-5111 (代)
☎3581-4700 (夜間) |
| 第 二 議 員 会 館 | 〒100-8982 千, 永田町2-1-2 | ☎3581-5111 (代)
☎3581-1954 (夜間) |

■ 参議院議員会館

| 参議院議員会館 | 〒100-8962 千, 永田町2-1-1 | ☎3581-3111 (代)
☎3581-3146 (夜間) |

| 国立国会図書館 | 〒100-8924 千, 永田町1-10-1 | ☎3581-2331 |
| 憲 政 記 念 館 | 〒100-0014 千, 永田町1-1-1 | ☎3581-1651 |

要覧アプリ
配信中！
左記IDにて登録

目　　次

国会周辺地図 ・・・・・・・・・・・・・・・・・・・・・・・ 表見返し

国会の勢力分野 ・・・・・・・・・・・・・・・・・ 表見返し裏

国会関係所在地電話番号一覧 ・・・・・・・・・・・・ 1

大臣・秘書官・副大臣・政務官・事務次官一覧 ・・・・ 4

衆・参各議院役員等一覧 ・・・・・・・・・・・・・・・ 6

衆議院議員・秘書名一覧 ・・・・・・・・・・・・・・・ 8

衆議院議員会館案内図 ・・・・・・・・・・・・・・・・ 32

衆議院議員写真・略歴・宿所一覧 ・・・・・・・・・・ 53

衆議院小選挙区区割り詳細 ・・・・・・・・・・・・・ 169

衆議院常任・特別委員名一覧 ・・・・・・・・・・・・ 178

2005年以降の主な政党の変遷 ・・・・・・・・・・・ 188

参議院議員・秘書名一覧 ・・・・・・・・・・・・・・・ 190

参議院議員会館案内図 ・・・・・・・・・・・・・・・ 203

参議院議員写真・略歴・宿所一覧 ・・・・・・・・・・ 214

参議院議員選挙 選挙区別当日有権者数・投票者数・投票率 ・・ 271

参議院常任・特別委員名一覧 ・・・・・・・・・・・・ 272

各政党役員一覧 ・・・・・・・・・・・・・・・・・・・ 280

衆議院議員勤続年数・当選回数表 ・・・・・・・・・・ 288

参議院議員勤続年数・当選回数表 ・・・・・・・・・・ 292

党派別国会議員一覧 ・・・・・・・・・・・・・・・・ 294

自由民主党内派閥一覧 ・・・・・・・・・・・・・・・ 300

省庁幹部職員抄録

衆　議　院 ・・・・・・・	306	内閣法制局 ・・・・・・・	325
参　議　院 ・・・・・・・	309	人　事　院 ・・・・・・・	326
裁判官弾劾裁判所 ・・	311	内　閣　府 ・・・・・・・	327
裁判官訴追委員会 ・・	311	宮　内　庁 ・・・・・・・	335
国立国会図書館 ・・・・	311	公正取引委員会 ・・・・	336
内　　　閣 ・・・・・・・	313	国家公安委員会 ・・・・	337

目　　　　次

警　察　庁	337	厚生労働省	358
個人情報保護委員会	338	中央労働委員会	363
カジノ管理委員会	339	農林水産省	363
金　融　庁	339	林　野　庁	366
消費者庁	341	水　産　庁	366
こども家庭庁	341	経済産業省	367
デジタル庁	342	資源エネルギー庁	372
復　興　庁	343	特　許　庁	373
総　務　省	343	中小企業庁	375
公害等調整委員会	346	国土交通省	375
消　防　庁	347	観　光　庁	379
法　務　省	347	気　象　庁	380
公安審査委員会	348	運輸安全委員会	380
出入国在留管理庁	348	海上保安庁	380
公安調査庁	349	環　境　省	381
最高検察庁	349	原子力規制委員会	383
外　務　省	349	原子力規制庁	383
財　務　省	352	防　衛　省	384
国　税　庁	355	防衛装備庁	386
文部科学省	356	会計検査院	387
スポーツ庁	357	最高裁判所	388
文　化　庁	358		

事業団等幹部職員抄録	390
独立行政法人	392
地　方　庁	398
特殊法人・主要団体一覧	411
衆・参議院本館、議員会館地下案内図	424
ドント方式による比例代表選挙当選順位	441
政党・省庁電話番号一覧	裏見返し裏
地下鉄路線案内図	裏見返し

第2次岸田第2次改造内閣・大臣・秘書官（令和5年9月13日発足）

	大　臣	秘書官	秘書官室
内閣総理大臣	岸　田　文　雄 衆〈自〉	嶋　田　　隆	3581-0101
総　務　大　臣	松　本　剛　明 衆〈自〉	梅　津　徳　之	5253-5006
法　務　大　臣	小　泉　龍　司 衆〈自〉	原　田　祐一郎	3581-0530
外　務　大　臣	上　川　陽　子 衆〈自〉	西　谷　康　祐	3580-3311(代)
財　務　大　臣 内閣府特命担当大臣 （金融） デフレ脱却担当	鈴　木　俊　一 衆〈自〉	鈴　木　俊太郎	3581-0101 3581-2716
文部科学大臣	盛　山　正　仁 衆〈自〉	西　口　卓　司	5253-4111(代)
厚生労働大臣	武　見　敬　三 参〈自〉	田　中　真　一	3595-8226
農林水産大臣	坂　本　哲　志 衆〈自〉	山　室　　絢	3502-8111(代)
経済産業大臣 原子力経済被害担当 GX実行推進担当 産業競争力担当 ロシア経済分野協力担当 内閣府特命担当大臣 （原子力損害賠償・ 廃炉等支援機構）	齋　藤　　健 衆〈自〉	清　水　道　郎	3501-1601 1602
国土交通大臣 水循環政策担当 国際園芸博覧会担当	斉　藤　鉄　夫 衆〈公〉	城　戸　一　興	5253-8019
環　境　大　臣 内閣府特命担当大臣 （原子力防災）	伊　藤　信太郎 衆〈自〉	熊　谷　守　広	3580-0241
防　衛　大　臣	木　原　　稔 衆〈自〉	篠　田　　了	5269-3240
内閣官房長官 沖縄基地負担軽減担当 拉致問題担当	林　　　芳　正 衆〈自〉	宮　本　賢　一	3581-0101
デジタル大臣 デジタル行財政改革担当 デジタル田園都市国家構想担当 行政改革担当 国家公務員制度担当 内閣府特命担当大臣 （規制改革）	河　野　太　郎 衆〈自〉	盛　　純　二	4477-6775(代)
復　興　大　臣 福島原発事故再生総括担当	土　屋　品　子 衆〈自〉	佐々木太郎	6328-1111(代)
国家公安委員会委員長 国土強靱化担当 領土問題担当 内閣府特命担当大臣 （防災、海洋政策）	松　村　祥　史 参〈自〉	下四日市郁夫	3581-1739
内閣府特命担当大臣 （こども政策、少子化対策 若者活躍、男女共同参画） 女性活躍担当 共生社会担当 孤独・孤立対策担当	加　藤　鮎　子 衆〈自〉	両角真之介	5253-2111(代)
経済再生担当 新しい資本主義担当 スタートアップ担当 感染症危機管理担当 全世代型社会保障改革担当 内閣府特命担当大臣 （経済財政政策）	新　藤　義　孝 衆〈自〉	小仁熊　旬	5253-2111(代)
経済安全保障担当 内閣府特命担当大臣 （クールジャパン戦略、知的財産戦略、科 学技術政策、宇宙政策、経済安全保障）	高　市　早　苗 衆〈自〉	髙　市　知　嗣	5253-2111(代)
内閣府特命担当大臣 （沖縄及び北方対策、消費者及び 食品安全、地方創生、アイヌ施策） 国際博覧会担当	自　見　はなこ 参〈自〉	江　頭　清　輝	5253-2111(代)

（令和6年1月31日現在）

副大臣・大臣政務官・事務次官一覧

省庁	副大臣	副大臣室	大臣政務官	大臣政務官室	事務次官
デジタル庁	石川昭政 衆(自)	4477-6775	土田慎 衆(自)	4477-6775	
復興庁	髙木宏壽 衆(自) 平木大作 参(公) 堂故茂 参(自)	6328-1111	平沼正二郎 衆(自) 本田顕子 参(自) 吉田宣弘 衆(公) 尾﨑正直 衆(自)	6328-1111	角田隆
内閣府	井林辰憲 衆(自) 工藤彰三 衆(自) 古賀篤 衆(自) 石川昭政 衆(自) 岩田和親 衆(自) 上月良祐 参(自) 堂故茂 参(自) 滝沢求 参(自) 鬼木誠 衆(自)	5253-2111	神田潤一 衆(自) 古賀友一郎 参(自) 平沼正二郎 衆(自) 土田慎 衆(自) 石井拓 衆(自) 吉田宣弘 衆(公) 尾﨑正直 衆(自) 国定勇人 衆(自) 三宅伸吾 参(自)	5253-2111	田和宏
総務省	渡辺孝一 衆(自) 馬場成志 参(自)	5253-5111	西田昭二 衆(自) 長谷川淳二 衆(自) 船橋利実 参(自)	5253-5111	内藤尚志
法務省	門山宏哲 衆(自)	3581-1940	中野英幸 衆(自)	3592-7833	川原隆司
外務省	辻清人 衆(自) 柘植芳文 参(自)	5501-8007 5501-8010	高村正大 衆(自) 深澤陽一 衆(自) 穂坂泰 衆(自)	3580-3311(代)	岡野正敬
財務省	赤澤亮正 衆(自) 矢倉克夫 参(公)	3581-2714 3581-2713	瀬戸隆一 衆(自) 進藤金日子 参(自)	3581-7600 3581-7622	茶谷栄治
文部科学省	あべ俊子 衆(自) 今枝宗一郎 衆(自)	5253-4111	安江伸夫 参(公) 本田顕子 参(自)	5253-4111	藤原章夫
厚生労働省	濱地雅一 衆(公) 宮﨑政久 衆(自)	5253-1111	塩崎彰久 衆(自) 三浦靖 参(自)	5253-1111	大島一博
農林水産省	鈴木憲和 衆(自) 武村展英 衆(自)	3591-2722 3591-2051	高橋光男 参(公) 舞立昇治 参(自)	3591-5730 3591-5561	横山紳
経済産業省	岩田和親 衆(自) 上月良祐 参(自)	3501-1603 3501-1604	石井拓 衆(自) 吉田宣弘 衆(公)	3501-1222 3501-1221	飯田祐二
国土交通省	國場幸之助 衆(自) 堂故茂 参(自)	5253-8020 5253-8021	石橋林太郎 衆(自) こやり隆史 参(自) 尾﨑正直 衆(自)	5253-8976 5253-8023 5253-8024	和田信貴
環境省	八木哲也 衆(自) 滝沢求 参(自)	3580-0247	朝日健太郎 参(自) 国定勇人 衆(自)	3581-4912 3581-3362	和田篤也
防衛省	鬼木誠 衆(自)	5229-2121	松本尚 衆(自) 三宅伸吾 参(自)	5229-2122 3267-0336	増田和夫
内閣官房副長官	村井英樹 衆(自) 森屋宏 参(自) 栗生俊一	3581-0101 5532-8615 3581-1061			

5

衆・参各議院役員等一覧

第213回国会（令和6年1月26日〜6月23日）（1月26日現在）

【衆 議 院】

議　　　長	額賀福志郎	(無)
副 議 長	海江田万里	(無)

常任委員長

内　　　閣	星野剛士	(自)
総　　　務	古屋範子	(公)
法　　　務	武部　新	(自)
外　　　務	勝俣孝明	(自)
財務金融	津島　淳	(自)
文部科学	田野瀬太道	(自)
厚生労働	新谷正義	(自)
農林水産	野中　厚	(自)
経済産業	岡本三成	(公)
国土交通	長坂康正	(自)
環　　　境	務台俊介	(自)
安全保障	小泉進次郎	(自)
国家基本政策	根本　匠	(自)
予　　　算	小野寺五典	(自)
決算行政監視	小川淳也	(立)
議院運営	山口俊一	(自)
懲　　　罰	中川正春	(立)

特別委員長

災害対策	後藤茂之	(自)
倫理公選	石田真敏	(自)
沖縄北方	佐藤公治	(立)
拉致問題	小熊慎司	(立)
消費者問題	秋葉賢也	(自)
東日本大震災復興	髙階恵美子	(自)
原子力問題調査	平　将明	(自)
地域活性化・こども政策・デジタル社会形成	谷　公一	(自)

憲法審査会会長	森　英介	(自)
情報監視審査会会長	岩屋　毅	(自)
政治倫理審査会会長	田中和徳	(自)
事務総長	岡田憲治	

【参 議 院】

議　　　長	尾辻秀久	(無)
副 議 長	長浜博行	(無)

常任委員長

内　　　閣	阿達雅志	(自)
総　　　務	新妻秀規	(公)
法　　　務	佐々木さやか	(公)
外交防衛	小野田紀美	(自)
財政金融	足立敏之	(自)
文教科学	高橋克法	(自)
厚生労働	比嘉奈津美	(自)
農林水産	滝波宏文	(自)
経済産業	森本真治	(立)
国土交通	青木　愛	(立)
環　　　境	三原じゅん子	(自)
国家基本政策	浅田　均	(維教)
予　　　算	櫻井　充	(自)
決　　　算	佐藤信秋	(自)
行政監視	川田龍平	(立)
議院運営	浅尾慶一郎	(自)
懲　　　罰	松沢成文	(維教)

特別委員長

災害対策	竹内真二	(公)
ODA・沖縄北方	藤川政人	(自)
倫理選挙	豊田俊郎	(自)
拉致問題	松下新平	(自)
地方創生・デジタル社会	長谷川　岳	(自)
消費者問題	石井　章	(維教)
東日本大震災復興	野田国義	(立)

調査会長

外交・安全保障	猪口邦子	(自)
国民生活・経済及び地方	福山哲郎	(立)
資源エネルギー・持続可能社会	宮沢洋一	(自)

憲法審査会会長	中曽根弘文	(自)
情報監視審査会会長	有村治子	(自)
政治倫理審査会会長	野村哲郎	(自)
事務総長	小林史武	

（カッコ内は会派名。自＝自由民主党・無所属の会〔衆院〕、自由民主党〔参院〕、立＝立憲民主党・無所属〔衆院〕、立憲民主・社民〔参院〕、維教＝日本維新の会・教育無償化を実現する会、公＝公明党、無＝無所属）

委員長一覧

衆 議 院

衆議院議員・秘書名一覧

議員名	党派(会派)	選挙区	政策秘書名 第1秘書名 第2秘書名	館別号室	直通 FAX	略歴頁
あ あかま二郎 (じろう)	自[麻]	神奈川14	鈴木久恭美子 飯田則則慶子 神崎慶子	1 421	3508-7317 3508-3317	86
あべ俊子 (としこ)	自[無]	比例 中国	野瀬健悟 小賀智子	1 514	3508-7136 3508-3436	148
安住 淳 (あずみ じゅん)	立	宮城5	泉 貴仁美 遠藤裕之 髙木万莉子	1 1003	3508-7293 3508-3503	61
足立康史 (あだちやすし)	維	大阪9	斉藤 巧気 川口元央 植田まゆみ	1 1016	3508-7100 3508-6410	129
阿部 司 (あべ つかさ)	維	比例 東京	國井百合子 津田郁也	2 321	3508-7504 3508-3934	101
あ 阿部知子 (あべ ともこ)	立	神奈川12	小林わかば 嘉藤 敦彦 横山 弓彦	1 424	3508-7303 3508-3303	86
阿部弘樹 (あべ ひろき)	維	比例 九州	――――	2 1102	3508-7480 3508-3360	166
逢沢一郎 (あいさわいちろう)	自[無]	岡山1	藤井章文 足立 輝	1 505	3508-7105 3508-0319	143
青柳仁士 (あおやぎひとし)	維	大阪14	小島英治 綾田剛樹 田邉慶一郎	1 723	3508-7609 3508-3989	130
青柳陽一郎 (あおやぎよういちろう)	立	比例 南関東	仲長久下 武正信 宮久下千織	1 1013	3508-7245 3508-3515	90
青山周平 (あおやましゅうへい)	自[無]	比例 東海	佐藤田 彰亮也 大須賀竜也	2 616	3508-7083 3508-3089	119
青山大人 (あおやま やまと)	立	比例 北関東	竹 神裕輔	2 201	3508-7039 3508-3839	77
赤木正幸 (あかぎ まさゆき)	維	比例 近畿	佐藤 則幸 戸谷太一郎	2 506	3508-7505 3508-3935	137
赤澤亮正 (あかざわりょうせい)	自[無]	鳥取2	来間誠司 石丸徳明 宮本幸彦	2 1022	3508-7490 3508-3370	142
赤羽一嘉 (あかば かずよし)	公	兵庫2	治井邦弘 川元幅二郎 御影まき	2 414	3508-7079 3508-3769	132
赤嶺政賢 (あかみねせいけん)	共	沖縄1	竹内 真 佐々木森夢 新庄沙穂	1 1107	3508-7196 3508-3626	162
秋葉賢也 (あきば けんや)	自[茂]	比例 東北	高嶋佳恵 西 憲太郎 五十嵐 隆	1 823	3508-7392 3508-3632	64
秋本真利 (あきもとまさとし)	無	比例 南関東	――――	1 1209	3508-7611 3508-3991	88
浅川義治 (あさかわよしはる)	維	比例 南関東	持丸 優 碓井慎一 森 一恵	2 803	3508-7197 3508-3627	91

※内線電話番号は、第1議員会館は5＋室番号、6＋室番号（3～9階は5、6のあとに0を入れる）、
　第2議員会館は7＋室番号、8＋室番号（2～9階は7、8のあとに0を入れる）

8

議員名	党派(会派)	選挙区	政策秘書名　第1秘書名　第2秘書名	館別号室	直通　FAX	略歴頁
浅野　哲 （あさの　さとし）	国	茨城5	森田　希人 大川　亜弘 田中　一和	1 406	3508-7231 3508-3231	68
東　国幹 （あずま　くによし）	自[茂]	北海道6	武森　和織 末川　沙浩 吉原　正仁	2 1020	3508-7634 3508-3264	54
畦元将吾 （あぜ　もとしょうご）	自[無] 比例 中国		竹若　吉晃 重林　仁美 林　俊輔	1 501	3508-7710 3508-3343	148
麻生太郎 （あそう　たろう）	自[麻]	福岡8	佐々木　隆治 島田　誠人 藤原口　勇	1 301	3508-7703 3501-7528	156
甘利　明 （あまり　あきら）	自[麻] 比例 南関東		河野　一郎 野田　彦 伊田　雅	2 514	3508-7528 3502-5087	88
荒井　優 （あらい　ゆたか）	立 比例 北海道		荻野　あおい 野元　恭兵 秋上　平	2 602	3508-7602 3508-3982	57
新垣邦男 （あらかき　くにお）	社	沖縄2	塚田　大海志 久保　睦美 喜屋武　幸奈	2 711	3508-7157 3508-3707	163
五十嵐清 （いがらし　きよし）	自[茂] 比例 北関東		上野　忠彦 野貴　章美 田濱崎　絵	2 915	3508-7085 3508-3865	76
井坂信彦 （いさか　のぶひこ）	立	兵庫1	佐万　利信 藤谷　智一 高山　晃	2 1216	3508-7082 3508-3862	131
井出庸生 （いで　ようせい）	自[麻]	長野3	高橋　澄江 生出　泰充 竹内	2 721	3508-7469 3508-3299	107
井野俊郎 （いの　としろう）	自[茂]	群馬2	川崎　陽子 城下　正樹 齊田　直	2 921	3508-7219 3508-3219	70
井上信治 （いのうえ　しんじ）	自[麻]	東京25	臼井　悠人 岩崎本　百合 竹　美紀	1 317	3508-7328 3508-3328	99
井上貴博 （いのうえ　たかひろ）	自[麻]	福岡1	伊藤　茂雄 大野谷口　明治三 賢	1 323	3508-7239 3508-3239	155
井上英孝 （いのうえ　ひでたか）	維	大阪1	石広　映子 瀬田　能久 小橋　優子	1 404	3508-7333 3508-3333	127
井林辰憲 （いばやし　たつのり）	自[麻]	静岡2	福島　井正直 前島　克之 密	1 919	3508-7127 3508-3427	113
井原　巧 （いはら　たくみ）	自[無]	愛媛3	松藤　貢尊 田岡相　顕一 原　典久	2 207	3508-7201 3508-3201	152
伊佐進一 （いさ　しんいち）	公	大阪6	湯小　憲一 浅西　泰夫 小菅　瑞人	1 1004	3508-7391 3508-3631	128
伊東信久 （いとう　のぶひさ）	維	大阪19	永武　千寿 田舩　昌也 田　則夫	1 916	3508-7243 3508-3513	131
伊東良孝 （いとう　よしたか）	自[無]	北海道7	魚児　純也 住玉　裕夕 大志保　里奈	1 623	3508-7170 3508-7177	54
伊藤俊輔 （いとう　しゅんすけ）	立 比例 東京		東　恭弘 月原　大輔 原	2 1122	3508-7150 3508-3640	100

議員名	党派(会派)	選挙区	政策秘書名 第1秘書名 第2秘書名	館別号室	直通 FAX	略歴頁
いとうしんたろう 伊藤信太郎	自[麻]	宮城4	大谷津 篤 熊谷守広 田中貴美子	2 205	3508-7091 3508-3871	60
いとうただひこ 伊藤忠彦	自[無]	愛知8	上田恵利志 宮隆部太 渡	2 222	3508-7003 3508-3803	116
いとうたつや 伊藤達也	自[茂]	東京22	中山真喜子 川内直樹康 福	2 524	3508-7623 3508-3253	98
いとうわたる 伊藤渉	公	比例 東海	中島本勉豊 村北澤匡貴	1 921	3508-7187 3508-3617	122
いけしたたく 池下卓	維	大阪10	上野田寿之弘 森田栄孝	1 907	3508-7454 3508-3284	129
いけだよしたか 池田佳隆	無	比例 東海	柿沼和宏子 丹羽坂 本舞	2 511	3508-7616 3508-3996	120
いけはたこうたろう 池畑浩太朗	維	比例 近畿	野崎敏雄 及川智義	2 509	3508-7520 3508-3950	137
いしいけいいち 石井啓一	公	比例 北関東	杉戸研介 藤勝利橋成典 高	1 411	3508-7110 3508-3229	77
いしいたく 石井拓	自[無]	比例 東海	藤原陽子 林田三紗 小嶋哲光	2 209	3508-7031 3508-3813	119
いしかわあきまさ 石川昭政	自[無]	比例 北関東	大塚史久 石川浩也 益子侑	2 1014	3508-7159 3508-3709	76
いしかわかおり 石川香織	立	北海道11	亀井政貴 高桑本浩岡 鎌	2 512	3508-7512 3508-3942	55
いしだまさとし 石田真敏	自[無]	和歌山2	山崎勝紀仁 今西康治 上 泰	2 313	3508-7072 3581-6992	135
いしばしげる 石破茂	自[無]	鳥取1	吉村麻央 瀬淵水 谷長資正	2 515	3508-7525 3502-5174	142
いしばしりんたろう 石橋林太郎	自[無]	比例 中国	田丸志野明 植村恭広小 吉岡路	1 1221	3508-7901 3508-3409	147
いしはらひろたか 石原宏高	自[無]	比例 東京	佐藤紀人 夏目勧嗣星野顕仁	1 813	3508-7319 3508-3319	100
いしはらまさたか 石原正敬	自[無]	比例 東海	市川淀内幸 髙島篤史 加 藤駿	1 910	3508-7706 3508-3321	120
いずみけんた 泉健太	立	京都3	田中栄一 野本菜生西村文希	1 817	3508-7005 3508-3805	126
いずみだひろひこ 泉田裕彦	自[無]	比例 北陸信越	横山絵理 早坂智敬孝 高 朋	2 914	3508-7640 3508-3270	109
いちたにゆういちろう 一谷勇一郎	維	比例 近畿	鈴木薫梨 黒島友	2 507	3508-7300 3508-3373	137
いちむらこういちろう 市村浩一郎	維	兵庫6	康本昭赫 渡 智恵子	2 1203	3508-7165 3508-3715	133

※内線電話番号は、第1議員会館は5＋室番号、6＋室番号（3〜9階は5、6のあとに0を入れる）
　　　　　　　　第2議員会館は7＋室番号、8＋室番号（2〜9階は7、8のあとに0を入れる）

い

議 員 名	党派 (会派)	選挙区	政策秘書名 第1秘書名 第2秘書名		館別 号室	直通 FAX	略歴 頁
いな だ とも み **稲田朋美**	自 [無]	福井1	小 野田 端 坪 田 端 池	隼 人 三 和 美 紗	2 1115	3508-7035 3508-3835	106
いな つ ひさし **稲津 久**	公	北海道10	布 川 和 川 戸 内 一 谷 内	義 男 康 男 直 樹	2 413	3508-7089 3508-3869	55
いな とみしゅう じ **稲富修二**	立	比例 九州	神 山 洋 古 屋 伴	介 朗	2 1004	3508-7515 3508-3945	165
いまえだそういちろう **今枝宗一郎**	自 [麻]	愛知14	田 淵 雄 三		1 422	3508-7080 3508-3860	118
いま むら まさ ひろ **今村雅弘**	自 [無]	比例 九州	無津呂智臣 木 下 明 仁		2 1210	3508-7610 3597-2723	163
いわ た かず ちか **岩田和親**	自 [無]	比例 九州	峯 崎 恭 輔		2 206	3508-7707 3508-3203	164
いわ たに にりょうへい **岩谷良平**	維	大阪13	三 好 新 治 森 田 一 愛也 森 田		1 906	3508-7314 3508-3314	130
いわ や たけし **岩屋 毅**	自 [無]	大分3	山 口 明 浩久 岩 本 恒 幸 青 木 隆		2 1209	3508-7510 3509-7610	160
うえすぎけん た ろう **上杉謙太郎**	自 [無]	比例 東北	高 橋 洋祐 見 佐々木 樹子洋 大		2 1111	3508-7074 3508-3764	65
うえ だ えいしゅん **上田英俊**	自 [茂]	富山2	大 瀧 幸 雄浩 濱 瀬 井 開 藤		2 811	3508-7061 3508-3381	105
うえ の けんいちろう **上野賢一郎**	自 [無]	滋賀2	原 島 山 槙信 浅 野中みゆき	潤き	1 621	3508-7004 3508-3804	124
うき しま とも こ **浮島智子**	公	比例 近畿	柏 木 本 淳恵 竹 本 佳		2 820	3508-7290 3508-3740	139
うめ たに まもる **梅谷 守**	立	新潟6	瀧 澤 直 樹人 岡 村 山 直 杉		2 403	3508-7403 3508-3883	105
うら の やす と **浦野靖人**	維	大阪15	藤 鷹 英 雄司 大河内国光 池 側 純		1 405	3508-7641 3508-3271	130
うる ま じょう じ **漆間譲司**	維	大阪8	長 嶋 雅 代也 川 面 田 篤祐 高		1 912	3508-7298 3508-3508	128
え さき てつ ま **江﨑鐵磨**	自 [無]	愛知10	若 山 慎 司男 栗 本 末樹琢 江 﨑		2 1002	3508-7418 3508-3898	117
え だ けん じ **江田憲司**	立	神奈川8	大塚亜紀子 町 田 融 哉徳 望 月 高		2 610	3508-7462 3508-3292	85
え と あき のり **江渡聡徳**	自 [麻]	青森1	鈴 木 貴 司賢一 高 渕 正 晃 齊 藤		2 1021	3508-7096 3508-3961	58
え とう たく **江藤 拓**	自 [無]	宮崎2	三 野 晃二 川 合 賢秀 小 西 尊		2 1207	3508-7468 3591-3063	161
え り **英利アルフィヤ**	自 [麻]	千葉5 補			1 1122	3508-7436 3508-3916	81

う

え

議員名	党派(会派)	選挙区	政策秘書名／第1秘書名／第2秘書名	館別号室	直通／FAX	略歴頁
衛藤征士郎 （えとうせいしろう）	自[無]	大分2	衛藤　孝／増村　成幸／金高　桃子	1 1101	3508-7618 3595-0003	160
枝野幸男 （えだのゆきお）	立	埼玉5	枝野　佐智子／吉田　弘陽／三沼　人司	1 804	3508-7448 3591-2249	72
遠藤　敬 （えんどうたかし）	維	大阪18	山下　栄一／中上　潤彌／淵川　翔香	1 415	3508-7325 3508-3325	131
遠藤利明 （えんどうとしあき）	自[無]	山形1	須藤　孝治／帯刀　亮一／矢口　圭一	1 703	3508-7158 3592-7660	62
遠藤良太 （えんどうりょうた）	維	比例 近畿	松尾　和弥／加藤　紘生	1 516	3508-7114 3508-3225	137
お おおつき紅葉 （おおつきくれは）	立	比例 北海道	竹田　正博／富岡　学／山　大輔	1 820	3508-7493 3508-3320	57
小川淳也 （おがわじゅんや）	立	香川1	塩本　広明／青木　武史／原田　佳枝	2 1005	3508-7621 3508-3251	151
小熊慎司 （おぐましんじ）	立	福島4	荻野　妙子／岡代　秀久／廣　一	1 808	3508-7138 3508-3438	63
小倉將信 （おぐらまさのぶ）	自[無]	東京23	齋藤　伸弥／横田　哲敦／田遠　人	1 814	3508-7140 3508-3440	98
小里泰弘 （おざとやすひろ）	自[無]	比例 九州	金合　達也／田春　憲治／上赤　修道	1 811	3508-7247 3502-5017	165
小沢一郎 （おざわいちろう）	立	比例 東北	宇田川　勲治／川邊　嗣治／小湊　敬太	1 605	3508-7175	65
小田原　潔 （おだわらきよし）	自[無]	東京21	潮　麻衣子／吉田　直哉／伊集院　聡	2 1007	3508-7909 3508-3273	98
小野泰輔 （おのたいすけ）	維	比例 東京	岩本　優美子／大竹　等／門馬　一樹	1 513	3508-7340 3508-3340	101
小野寺五典 （おのでらいつのり）	自[無]	宮城6	鈴木　敦／加島山　不可史／佐藤　丈寛	2 715	3508-7432 3508-3912	61
小渕優子 （おぶちゆうこ）	自[無]	群馬5	石川　幸子／軽部　順／渡部　慎也	2 823	3508-7424 3592-1754	71
尾﨑正直 （おざきまさなお）	自[無]	高知2	栗原　雄一郎／北村　強二／池田　誠一	2 901	3508-7619 3508-3999	153
尾身朝子 （おみあさこ）	自[無]	比例 北関東	滝　誠一郎／塩澤　正男	2 1201	3508-7484 3508-3364	75
越智隆雄 （おちたかお）	自[無]	比例 東京	渡辺　晴彦／米山　圭／大野　圭介	1 1105	3508-7479 3508-3359	100
緒方林太郎 （おがたりんたろう）	無[有志]	福岡9	大歳　はるか／高橋　伊織／森　晶俊	2 617	3508-7119 3508-3426	157
大石あきこ （おおいし　あきこ）	れ	比例 近畿		2 417	3508-7404 3508-3884	140

※内線電話番号は、第1議員会館は5＋室番号、6＋室番号（3〜9階は、5、6のあとに0を入れる）、
　　　　　　　　第2議員会館は7＋室番号、8＋室番号（2〜9階は7、8のあとに0を入れる）

議員名	党派(会派)	選挙区	政策第1秘書名 第2秘書名	館別号室	直通 FAX	略歴頁
おおおか としたか **大岡敏孝**	自[無]	滋賀1	岸田郁子 石橋広行 冨迫佳代	1 619	3508-7208 3508-3208	124
おおかわら **大河原まさこ**	立	比例東京	鈴木智子 権藤嗣 久野茂	1 517	3508-7261 3508-3531	101
おおぐし ひろし **大串博志**	立	佐賀2	及川広夫 北島一孝 北島智	1 308	3508-7335 3508-3335	158
おおぐし まさき **大串正樹**	自[無]	比例近畿	森本猛史 大澤一功	1 616	3508-7191 3508-3621	138
おおぐち よしのり **大口善徳**	公	比例東海	山中司則 山内基美 久保田由	2 308	3508-7017 3508-8552	122
おおしま あつし **大島敦**	立	埼玉6	稲永雅由 井手紀明 加藤幸一	1 420	3508-7093 3508-3380	73
おおつか たく **大塚拓**	自[無]	埼玉9	松林由美子 佐藤由郎 大場隆三	1 710	3508-7608 3508-3988	73
おおにし けんすけ **大西健介**	立	愛知13	乾みち 倉嶋弘元 伊関延	1 923	3508-7108 3508-3408	117
おおにし ひでお **大西英男**	自[無]	東京16	亀本正城 山下誠治 吉田晃樹	2 510	3508-7033 3508-3833	97
おおの けいたろう **大野敬太郎**	自[無]	香川3	奴賀裕行 横飛真み 大谷まみ	1 1211	3508-7132 3502-5870	151
おおさか せいじ **逢坂誠二**	立	北海道8	谷口真弓 野村宗優 浜谷香平	2 517	3508-7517 3508-3947	55
おかだ かつや **岡田克也**	立	三重3	金指樹司 安良田幸 村上啓幸	1 506	3508-7109 3502-5047	119
おかもと あきこ **岡本あき子**	立	比例東北	村田実人美 家木義清 鈴木正	1 711	3508-7064 3508-3844	65
おかもと みつなり **岡本三成**	公	東京12	坂本友明 佐藤希美子 宮木正雄	1 1005	3508-7147 3508-3637	96
おくした たけみつ **奥下剛光**	維	大阪7	平松大輔 馬場慶次郎 池内沙織	1 721	3508-7225 3508-3414	128
おくの しんすけ **奥野信亮**	自[無]	比例近畿	水野元晴行 木口善史 平岡	2 1001	3508-7421 3508-3901	138
おくの そういちろう **奥野総一郎**	立	千葉9	平木雅己 中野あ人 泉武	1 1119	3508-7256 3508-3526	
おちあい たかゆき **落合貴之**	立	東京6	星野菜穂子 加藤功治 下野一治	2 606	3508-7134 3508-3434	94
おにき まこと **鬼木誠**	自[無]	福岡2	大森一毅 平山康樹 濱崎耕太郎	1 715	3508-7182 3508-3612	155
か	かとう あゆこ **加藤鮎子**	自[無]	山形3	宮川岳 川	1 705	3508-7216 3508-3216	62

か

議 員 名	党派(会派)	選挙区	政策秘書名 第1秘書名 第2秘書名	館別号室	直通 FAX	略歴頁
か とう かつ のぶ 加藤 勝信	自[茂]	岡山5	杉原 洋則 加葉原 和雄 栗原 尚	2 1104	3508-7459 3508-3289	144
か とう りゅうしょう 加藤 竜祥	自[無]	長崎2	山岸 山真 横根 里奈 羽	2 1106	3508-7230 3508-3230	158
かさいこういち 河西 宏一	公	比例 東京	田邊 清二 白井 敏之 海野 奈保子	2 503	3508-7630 3508-3260	101
かいえだばんり 海江田万里	無	比例 東京	落合 友子 雲崎 正 三上 村 大	1 609	3508-7316 3508-3316	101
かきざわ み と 柿沢 未途		東京15	(令和6年2月1日辞職)			96
かさい あきら 笠井 亮	共	比例 東京	向平 直智也 中河 田洋之	2 621	3508-7439 3508-3919	102
かじやまひろし 梶山 弘志	自[無]	茨城4	木村 義人 宇留野洋治 石黒 理恵子	2 903	3508-7529 3508-7714	68
かつまたたかあき 勝俣 孝明	自[無]	静岡6	新井 裕志 土倉 康彦 栗林 太	1 920	3508-7202 3508-3202	114
かつめ やすし 勝目 康	自[無]	京都1	柴柳 真次 綾 幸史繁 部	2 615	3508-7615 3508-3995	125
かどやまひろあき 門山 宏哲	自[無]	比例 南関東	中石 寿城久 村原 裕太 竹脇 亮	2 1121	3508-7382 3508-3512	89
かね こ え み 金子 恵美	立	福島1	中川 誠一郎 来 山 佳 子	2 710	3508-7476 3508-3356	63
かね こしゅんぺい 金子 俊平	自[無]	岐阜4	塚本 信二 本 掛友裕 滝村 尚人	2 913	3508-7060 3502-5853	112
かね こ やす し 金子 恭之	自[無]	熊本4	白石 剛嗣 石 浩実 中大 串 穂堯	2 410	3508-7410 3504-8776	160
かね こ ようぞう 金子 容三	自[無]	長崎4 補	――― 小寺 紀彰	2 714	3508-7627 3508-3257	159
かね だ かつとし 金田 勝年	自[無]	比例 東北	工藤 衛実 小田嶋希実志 大高 洋	2 1009	3508-7053 3508-8815	65
かね むらりゅう な 金村 龍那	維	比例 南関東	岩松 健祐 垣畑 敬邦 廣 昌	2 421	3508-7411 3508-3891	90
かまた 鎌田さゆり	立	宮城2	横田ひろ子 渡邊 常え 友 信り	1 313	3508-7204 3508-3204	60
かみかわようこ 上川 陽子	自[無]	静岡1	西村 康祐 谷松 知見士 藤田 田	2 305	3508-7460 3508-3290	112
かみ や ひろし 神谷 裕	立	比例 北海道	長内 勇人 倉本さやか 松家 哲宏	2 801	3508-7050 3508-3960	57
かめおかよしたみ 亀岡 偉民	自[無]	比例 東北	亀岡まなみ 岡崎 雄旭	1 1006	3508-7148 3508-3638	64

※内線電話番号は、第1議員会館は5＋室番号、6＋室番号（3～9階は5、6のあとに0を入れる）、
　　　　　　　　第2議員会館は7＋室番号、8＋室番号（2～9階は7、8のあとに0を入れる）

議員名	党派(会派)	選挙区	政策秘書名 第1秘書名 第2秘書名	館別号室	直通 FAX	略歴頁
かわさき ひでと 川崎ひでと	自〔無〕	三重2	長 嶺 友 之 笹井貴与彦 永 田 真 巳	1 702	3508-7152 3502-5173	118
かん だ けん じ 神田 憲次	自〔無〕	愛知5	菅野照友旭	1 1124	3508-7253 3508-3523	115
かん だ じゅんいち 神田 潤一	自〔無〕	青森2	黒 保 浩 介志 貝 吹 敦 志 藍澤奈緒子	2 812	3508-7502 3508-3932	58
かん なお と 菅 直人	立	東京18	岡 戸 正 典弥 金 子 裕	1 512	3508-7323 3595-0090	97
かん け いち ろう 菅家 一郎	自〔無〕	比例 東北	佐 原 正 純一 大 高 孝 勇太 大 西 克	1 503	3508-7107 3508-3407	64
き はら せい じ 木原 誠二	自〔無〕	東京20	川 上 賢 也二 西 倉 賢 正 島 崎 正	1 915	3508-7169 3508-3719	98
き はら みのる 木原 稔	自〔茂〕	熊本1	北 條 浩 之治 藤 尚 卓 勝 久	2 1116	3508-7450 3508-3970	159
き むら じ ろう 木村 次郎	自〔無〕	青森3	村 田 尚 也助 山 本 幸 子 今 岡 陽	2 809	3508-7407 3508-3887	59
き ら しゅうじ 吉良 州司	無〔有志〕	大分1	尾 﨑 美 加	2 707	3508-7412 3508-3892	160
き い たかし 城井 崇	立	福岡10	襲 田 憲 右 早見はるみ 緒 方 文 則	1 807	3508-7389 3508-3509	157
き うち みのる 城内 実	自〔無〕	静岡7	安 田 年 一 古 田 潤 代 南 谷 幸	2 623	3508-7441 3508-3921	114
き かわ だ ひとし 黄川田仁志	自〔無〕	埼玉3	石 井 あゆ子 川 内 昂 哉徳 久 永 智	1 816	3508-7123 3508-3423	72
きく た ま き こ 菊田真紀子	立	新潟4	鈴 木 明 久之 中 金 直 起	2 802	3508-7524 3508-3954	104
きし の ぶち よ 岸 信千世	自〔無〕	山口1 補	小 林 憲 史彦 永 村 友 吉 中	1 1203	3508-1203 3508-3237	146
きし だ ふみ お 岸田 文雄	自〔無〕	広島1	浮 田 義 晴志 岸 征 岳 下 杉 浦	1 1222	3508-7279 3591-3118	144
きた がみ けい ろう 北神 圭朗	無〔有志〕	京都4	三ツ谷菜採 千 葉 一 真	2 519	3508-7069 3508-3849	126
きた がわ かず お 北側 一雄	公	大阪16	橋 本 勝 之章 岡 野 博 之 矢	1 508	3508-7263 3508-3533	130
きんじょうやす くに 金城 泰邦	公	比例 九州	大 西 章 英大 上 地 名広武 饒 平 名	1 801	3508-7153 3508-3703	166
く どうしょうぞう 工藤 彰三	自〔麻〕	愛知4	原 澤 直 樹司 酒 後 英 樹	2 218	3508-7018 3508-3818	115
くさ か まさ き 日下 正喜	公	比例 中国	山 田 一 成二 木 口 勇 史 濱 岡 貴	2 920	3508-7021 3508-3821	149

議　員　名	党派(会派)	選挙区	政策秘書名 第1秘書名 第2秘書名	館別号室	直通 FAX	略歴頁
くし ぶち ま り 櫛渕万里	れ	比例 東京縀	森島 貴浩 赤木 善鵬 林 一美	2 416	3508-7063 3508-3383	102
くに さだ いさ と 国定勇人	自 [無]	比例 北陸信越	久垣ちぐさ 赤堀 大也 松川 徹	1 1220	3508-7131 3508-3431	109
くに しげ とおる 國重　徹	公	大阪5	山西 博之 松元 晋輔 福本 彰律	2 716	3508-7405 3508-3885	128
くにみつ 国光あやの	自 [無]	茨城6	越 智 章 川又智佐子	2 304	3508-7036 3508-3836	68
くま だ ひろ みち 熊田裕通	自 [無]	愛知1	山口 夫歩絵 伊藤 理 田辺	2 508	3508-7513	114
げん ば こういちろう 玄葉光一郎	立	福島3	浜佐 秀夫幸 佐藤 周彰洋	1 819	3508-7252 3591-2635	63
げん ま けん た ろう 源馬謙太郎	立	静岡8	落合 照子 森口 俊尚 杉山 幸生	1 624	3508-7160 3508-3710	114
こいずみしんじ ろう 小泉進次郎	自 [無]	神奈川11	干場香名女 沼口 祐季	1 314	3508-7327	85
こ いずみりゅうじ 小泉龍司	自 [無]	埼玉11	原田祐一郎 松村地綾 菊 章子	2 1107	3508-7121 3508-3351	74
こ じまとし ふみ 小島敏文	自 [無]	比例 中国	山鎌 秀樹 本倉 一樹 久松 枝	1 1206	3508-7192 3508-3622	147
こ てら ひろ お 小寺裕雄	自 [無]	滋賀4	新井 美司 吉田 勝也 望月 隼	1 601	3508-7126 3508-3419	125
こばやししげ き 小林茂樹	自 [無]	比例 近畿	吉川 英里 大川 誠力 堀	2 501	3508-7090 3508-3870	138
こばやしたかゆき 小林鷹之	自 [無]	千葉2	竹内 仁美太 藤田 正憲 原中	1 417	3508-7617 3508-3997	80
こばやしふみ あき 小林史明	自 [無]	広島7	小川 麻理亜 平 盛豊 宮越 真帆	1 1205	3508-7455 3508-3630	146
こ みやまやすこ 小宮山泰子	立	比例 北関東	有本 和雄次 八山 昭策 川上 偉	1 607	3508-7184 3508-3614	77
こ もり たく お 小森卓郎	自 [無]	石川1	高谷 均樹 寺西 秀 田	1 812	3508-7179 3508-3609	106
こ やま のぶ ひろ 小山展弘	立	静岡3	安田 幸祐 内藤 健え 羽田	1 1113	3508-7270 3508-3540	113
こ が あつし 古賀　篤	自 [無]	福岡3	井上 貴文 宮崎 章士子 村井	2 216	3508-7081 3508-3861	155
ご とう しげ ゆき 後藤茂之	自 [無]	長野4	小林 勇郎 波多野史敏 三沢 泰	1 704	3508-7702 3508-3452	108
ご とう ゆう いち 後藤祐一	立	神奈川16	藤巻 浩康 細田 勇 野沼	2 814	3508-7092 3508-3962	87

※内線電話番号は、第1議員会館は5＋室番号、6＋室番号（3〜9階は5、6のあとに0を入れる）、
　　　　　　　　第2議員会館は7＋室番号、8＋室番号（2〜9階は7、8のあとに0を入れる）

議員名	党派 (会派)	選挙区	政策第2秘書名 秘書第1秘書名 秘書名	館別 号室	直通 FAX	略歴頁
こう の た ろう 河野 太郎	自 [麻]	神奈川15	矢野 裕一 嶋津 眞睦 加藤 美	2 1103	3508-7006 3500-5360	86
こうづ 神津たけし	立	比例 北陸信越	堀上 由理一 内條泳大 新海	2 204	3508-7015 3508-3815	110
こう むら まさ ひろ 高村 正大	自 [麻]	山口1	上江 将祐 村木 和剛尊 江荒 亨	1 701	3508-7113 3502-5044	146
こくばこうのすけ 國場幸之助	自 [無]	比例 九州	渡市 邊純一明 宮篠 宏智明	2 1016	3508-7741 3508-3061	164
こく た けい じ 穀田 恵二	共	比例 近畿	山窪 内聡子 元山則合 山小百	2 620	3508-7438 3508-3918	140
こし みず けい いち 興水 恵一	公	比例 北関東	藤村 達彦 葛西正矩	2 307	3508-7076 3508-3766	77
こん どう かず や 近藤 和也	立	比例 北陸信越	宮崎 直広希 川辻 森敏純	2 819	3508-7605 3508-3985	109
こん どうしょういち 近藤 昭一	立	愛知3	笠米地理之也 成坂 正達	2 402	3508-7402 3508-3882	115
さ さ き はじめ 佐々木 紀	自 [無]	石川2	田辺 暢昭助 道券大 横山	2 301	3508-7059 6273-3012	106
さ とうこう じ 佐藤 公治	立	広島6	神戸 淳司次 松前良健 門永	1 1022	3508-7145 3508-3635	146
さ とうしげ き 佐藤 茂樹	公	大阪3	浮田 広宣憲 清水信良 斎藤	1 908	3508-7200 3508-3510	127
さ とう つとむ 佐藤 勉	自 [無]	栃木4	佐藤正圭司 武崎和 須	2 902	3508-7408 3597-2740	70
さ とうひでみち 佐藤 英道	公	比例 北海道	服部正利 島田公貴 川向	2 717	3508-7457 3508-3287	57
さいとうてつ お 斉藤 鉄夫	公	広島3	稲田 隆則博 小堀明信 小片	1 412	3508-7308 3501-5524	145
さいとう 斎藤アレックス	教	比例 近畿	伊藤 直子 安持太郎 大﨑英英	2 405	3508-7637 3508-3267	140
さい とう けん 齋藤 健	自 [無]	千葉7	安藤 辰生 安藤晴彦	1 822	3508-7221 3508-3221	81
さい とう ひろ あき 斎藤 洋明	自 [麻]	新潟3	田中悟太 長谷川智希 若狭健	1 407	3508-7155 3508-3705	104
さか い まなぶ 坂井 学	自 [無]	神奈川5	李燁明 勝間田将人 山藤卓	2 1119	3508-7489 3508-3369	84
さか もと てつ し 坂本 哲志	自 [無]	熊本3	山本心太則 北里久 里	2 702	3508-7034 3508-3834	159
さかもとゆうのすけ 坂本祐之輔	立	比例 北関東	今井省吾司 黒澤幸拓馬 長野	2 1221	3508-7449 3508-3969	77

さ

議員名	党派(会派)	選挙区	政策秘書名 第1秘書名 第2秘書名	館別号室	直通 FAX	略歴頁
櫻井 周（さくらい しゅう）	立	比例近畿	藤井幸也 桐山直光 齋藤尚	2 409	3508-7465 3508-3295	139
櫻田義孝（さくらだ よしたか）	自[無]	比例南関東	上野剛 小田原暁史 井田翔	2 1117	3508-7381 3508-3501	89
笹川博義（ささがわ ひろよし）	自[茂]	群馬3	茂木和幸 小礒正正 二宮守導	2 316	3508-7338 3508-3338	71
沢田 良（さわだ りょう）	維	比例北関東	楠田真生 宮川文吾 高野みずほ	2 323	3508-7526 3508-3956	78
志位和夫（しい かずお）	共	比例南関東	浜田文子 松井朋弘 井岡	1 1017	3508-7285 3508-3735	91
塩川鉄也（しお かわ てつや）	共	比例北関東	山岡里子 本田陽志子 浅野宝	2 905	3508-7507 3508-3937	78
塩崎彰久（しお ざき あき ひさ）	自[無]	愛媛1	清川之一 水崎洋晶義 溝江	1 1102	3508-7189 3508-3619	151
塩谷 立（しお のや りゅう）	自[無]	比例東海	渡辺桃子 山田泰志 岡本直哉	2 1211	3508-7632 3508-3262	120
重徳和彦（しげ とく かず ひこ）	立	愛知12	畔柳智章 柴谷裕太子 磯陽平	2 909	3508-7910 3508-3285	117
階 猛（しな たけし）	立	岩手1	河村庸輔 前田哲子 平岡圭	2 203	3508-7024 3508-3824	59
篠原 豪（しの はら ごう）	立	神奈川1	中山吾史 毛呂武知恵 大城	2 608	3508-7130 3508-3430	83
篠原 孝（しの はら たかし）	立	比例北陸信越	岡本広介 掛川佑 菅原岐	1 719	3508-7268 3508-3538	109
柴山昌彦（しば やま まさ ひこ）	自[無]	埼玉8	増井一朗浩 大塚洋平 渡邊	2 822	3508-7624 3508-7715	73
島尻安伊子（しまじり あいこ）	自[茂]	沖縄3	宮城一郎 地波太 伊波広一貴	1 1111	3508-7265 3508-3535	163
下条みつ（しもじょう みつ）	立	長野2	小川昌則 百瀬秀之孝 白澤	1 806	3508-7271 3508-3541	107
下村博文（しも むら はく ぶん）	自[無]	東京11	榮友里子 中村恭平 河野紀	2 622	3508-7084 3597-2772	95
庄子賢一（しょうじ けんいち）	公	比例東北	早坂光志 松野鬼俊 九博	2 1224	3508-7474 3508-3354	66
白石洋一（しらいし よういち）	立	比例四国	沼田忠典	2 720	3508-7244 3508-3514	153
新谷正義（しん たに まさ よし）	自[茂]	広島4	麻生満理子 香川淳	2 805	3508-7604 3508-3984	145
新藤義孝（しん どう よし たか）	自[茂]	埼玉2		1 810	3508-7313 3508-3313	72

※内線電話番号は、第1議員会館は5＋室番号、6＋室番号（3〜9階は5、6のあとに0を入れる）、第2議員会館は7＋室番号、8＋室番号（2〜9階は7、8のあとに0を入れる）

議員名	党派(会派)	選挙区	政策秘書名／第1秘書名／第2秘書名	館別号室	直通／FAX	略歴頁
末松義規（すえまつよしのり）	立	東京19	奥村真弓／小西美海	2 1008	3508-7488／3508-3368	97
菅 義偉（すがよしひで）	自[無]	神奈川2	黄瀬周作／新田章文／長田拓也	2 1113	3508-7446／3597-2707	83
杉田水脈（すぎたみお）	自[無]	比例中国	嘉悦彩／長本好政	2 907	3508-7029／3508-3829	148
杉本和巳（すぎもとかずみ）	維	比例東海	杉田亜貴子／早津下鉄平	1 414	3508-7266／3508-3536	122
鈴木 敦（すずきあつし）	教	比例南関東	岩渕宏泰／前森永蔵美咲	1 1123	3508-7286／3508-3736	91
鈴木英敬（すずきえいけい）	自[無]	三重4	寺岡弘行／西田晴昭／中川尚	1 614	3508-7269／3508-3539	119
鈴木馨祐（すずきけいすけ）	自[麻]	神奈川7	黒田幸輝／藤田芳紀	1 423	3508-7304／3508-3304	84
鈴木俊一（すずきしゅんいち）	自[麻]	岩手2	清川健二／島口秀治／堀間悟	1 1001	3508-7267／3508-3543	59
鈴木淳司（すずきじゅんじ）	自[無]	愛知7	安芸仁／三里司／神崎敦美	1 1110	3508-7264／3508-3534	116
鈴木貴子（すずきたかこ）	自[茂]	比例北海道	───	1 1202	3508-7233／3508-3233	56
鈴木憲和（すずきのりかず）	自[茂]	山形2	田中辰明／佐藤愛美／後藤理徳	1 416	3508-7318／3508-3318	62
鈴木隼人（すずきはやと）	自[茂]	東京10	丸山響哉／唐橋新明／菊池秀	2 1215	3508-7463／3508-3293	95
鈴木庸介（すずきようすけ）	立	比例東京	加藤義直／岡崎隆浩／橋本祥平	2 1216	3508-7028／3508-3828	100
鈴木義弘（すずきよしひろ）	国	比例北関東	山川英郎／木内慎一／柘野洋子	1 713	3508-7282／3508-3732	78
住吉寛紀（すみよしひろき）	維	比例近畿	岡田誠／橋本淳／穐田久佳	2 303	3508-7415／3508-3895	136
瀬戸隆一（せとたかかず）	自[麻]	比例四国繰	中村みゆき／久米山昭弘／秋山和輝	1 1112	3508-7712／3508-3241	153
関 芳弘（せきよしひろ）	自[無]	兵庫3	髙谷理恵／守内一誠／山形浩昭	1 603	3508-7173／3508-3603	132
空本誠喜（そらもとせいき）	維	比例中国	髙山智秀／伊藤真二	2 1202	3508-7451／3508-3281	149
たがや亮（たがやりょう）	れ	比例南関東	前田正志／藤沼一子／菅奏	2 415	3508-7008／3508-3808	91
田嶋 要（たじまかなめ）	立	千葉1	田中伸一／宮崎活二／菊池亮孔	1 1215	3508-7229／3508-3411	80

㊙議員秘書

す・せ・そ・た

た

議員名	党派(会派)	選挙区	政策秘書名 第1秘書名 第2秘書名	館別号室	直通 FAX	略歴頁
田所嘉徳 （たどころよしのり）	自[無]	比例 北関東	中山嘉儀／永井昌太／中川太一	1 716	3508-7068 3508-3848	76
田中和徳 （たなかかずのり）	自[麻]	神奈川10	細川将史／矢作真樹子／菅谷英彦	1 1010	3508-7294 3508-3504	85
田中健 （たなかけん）	国	比例 東海	矢島光弘／小原洋樹／鈴木輝明	1 712	3508-7190 3508-3620	123
田中英之 （たなかひでゆき）	自[無]	比例 近畿	葛城直樹／湯浅剛法／秋本貴	2 604	3508-7007 3508-3807	138
田中良生 （たなかりょうせい）	自[無]	埼玉15	森幹郎／福山樹吉／森本一	2 521	3508-7058 3508-3858	75
田野瀬太道 （たのせたいどう）	自[無]	奈良3	沖浦功一／木之下秀樹／杉岡宏基	2 314	3508-7071 3591-6569	135
田畑裕明 （たばたひろあき）	自[無]	富山1	西村寛一郎／高原理典／石岩秀	2 214	3508-7704 3508-3454	105
田村貴昭 （たむらたかあき）	共	比例 九州	村山高織／山川芳佳史／口邉隆	2 712	3508-7475 3508-3355	166
田村憲久 （たむらのりひさ）	自[無]	三重1	中村敏幸／世古丈／古人	1 902	3508-7163 3502-5066	118
平将明 （たいらまさあき）	自[無]	東京4	若林継啓／山森寛之／津野仁美	1 914	3508-7297 3508-3507	94
高市早苗 （たかいちさなえ）	自[無]	奈良2	蓮実守志／木下剛守／木川	1 903	3508-7198 3508-7199	135
髙階恵美子 （たかがいえみこ）	自[無]	比例 中国	佐々木由美／池田和正	2 1208	3508-7518 3508-3948	148
髙木啓 （たかぎけい）	自[無]	比例 東京	杉浦貴和子／石渡勇吾	310	3508-7601 3508-3981	99
髙木毅 （たかぎつよし）	自[無]	福井2	小泉あずさ／望月ますみ	1 1008	3508-7296 3508-3506	107
髙木宏壽 （たかぎひろひさ）	自[無]	北海道3	川村康博／近藤千晴／井中知也	2 217	3508-7636 3508-3024	53
高木陽介 （たかぎようすけ）	公	比例 東京	亀岡茂一／高天正明／史	2 1023	3508-7481 5251-3685	101
髙鳥修一 （たかとりしゅういち）	自[無]	比例 北陸信越	勝野山淳秀／丸山下一明	1 1214	3508-7607 3508-3987	108
高橋千鶴子 （たかはしちづこ）	共	比例 東北	栂浩二／水野希美子／小谷祥司	2 904	3508-7506 3508-3936	66
高橋英明 （たかはしひであき）	維	比例 北関東	川西宏知／板倉勝教／津田伯	2 808	3508-7260 3508-3530	78
高見康裕 （たかみやすひろ）	自[茂]	島根2	小牧雅一／曽吉雅昇／本賢二郎	1 520	3508-7166 3508-3716	143

※内線電話番号は、第1議員会館は5＋室番号、6＋室番号（3〜9階は5、6のあとに0を入れる）。
　　　　　　　　第2議員会館は7＋室番号、8＋室番号（2〜9階は7、8のあとに0を入れる）。

議員名	党派(会派)	選挙区	政策第2秘書／秘書第1秘書／秘書名	館別号室	直通／FAX	略歴頁
竹内　讓 （たけうち　ゆずる）	公	比例 近畿	包山田　國本原　嘉大功　介樹一	2 1223	3508-7473 3508-3353	139
武井俊輔 （たけい　しゅんすけ）	自 [無]	比例 九州	小小小　松浦水清　仁也幸	2 1017	3508-7388 3508-3718	164
武田良太 （たけだ　りょうた）	自 [無]	福岡11	平矢天　嶺野野　孔崇統一　貴志郎	1 610	3508-7180 3508-3610	157
武部　新 （たけべ　あらた）	自 [無]	北海道12	後小寒　藤澤澤　秀陽昌　一平一	2 1010	3508-7425 3502-5190	56
武村展英 （たけむら　のぶひで）	自 [無]	滋賀3	留鷲　川場　浩貴　一子	1 602	3508-7118 3508-3418	125
橘　慶一郎 （たちばなけいいちろう）	自 [無]	富山3	吉檜中　田物　貢豊里　成枝	1 622	3508-7227 3508-3227	105
棚橋泰文 （たなはし　やすふみ）	自 [麻]	岐阜2	古和長　田波島　恭佐卓　弘己	2 713	3508-7429 3508-3909	111
谷　公一 （たに　こういち）	自 [無]	兵庫5	磯津渡　野辺　篤輔浩　志司	2 810	3508-7010 3502-5048	132
谷川とむ （たにがわ　とむ）	自 [無]	比例 近畿	早家岩　川元　加寿貴　裕保治	1 1104	3508-7514 3508-3944	139
谷川弥一 （たにがわ　やいち）		長崎3	（令和6年1月24日辞職）			158
玉木雄一郎 （たまきゆういちろう）	国	香川2	井門廣　山脇瀬　永雅　哲洋	1 706	3508-7213 3508-3213	151
つ　津島　淳 （つしま　じゅん）	自 [茂]	比例 東北	浅清石　田水　裕眞純　之	2 1204	3508-7073 3508-3033	64
塚田一郎 （つかだ　いちろう）	自 [麻]	比例 北陸信越	石　川　祐　也	1 302	3508-7705 3508-3455	109
辻　清人 （つじ　きよと）	自 [無]	東京2		1 522	3508-7288 3508-3738	93
土田　慎 （つちだ　しん）	自 [麻]	東京13	平島　野村　友純　紀子　子	1 1020	3508-7341 3508-3341	96
土屋品子 （つちや　しなこ）	自 [無]	埼玉13	豊高　田橋　典昌　子志	1 402	3508-7188 3508-3618	74
堤　かなめ （つつみ　かなめ）	立	福岡5	黛那的　須野　典貴優　子子貴	2 312	3508-7062 3508-3039	156
角田秀穂 （つのだ　ひでお）	公	比例 南関東	江鈴倉　端木大　功沙　一織	2 309	3508-7052 3508-3852	91
て　手塚仁雄 （てづか　よしお）	立	東京5	土柿上　橋澤　雄太秀　宇大鷹	1 802	3508-7234 3508-3234	94
寺田　学 （てらだ　まなぶ）	立	比例 東北	井島堀　川田江　知真　雄淳	1 1014	3508-7464 3508-3294	65

議　員　名	党派 (会派)	選挙区	政策秘書名 第1秘書名 第2秘書名	館別 号室	直通 FAX	略歴頁
てら だ みのる **寺田 稔**	自 [無]	広島5	迫田　誠議 山本坂智明 中　　智	1 1213	3508-7606 3508-3986	145
ど い　とおる **土井 亨**	自 [無]	宮城1	山田朋広 佐藤聖香 佐藤　友	1 1120	3508-7470 3508-3350	60
と がし ひろゆき **冨樫 博之**	自 [無]	秋田1	山田修基 田中樹薫 大澤　薫	2 1019	3508-7275 3508-3725	61
と かい きさぶろう **渡海紀三朗**	自 [無]	兵庫10	嶋規人 茂章子 石橋友子	1 1109	3508-7643 3508-3613	134
とく なが ひさ し **徳永 久志**	教	比例 近畿	中塚靖子 本屋樹佑 岡　京佑	2 609	3508-7250 3508-3520	140
なか がわ たか もと **中川 貴元**	自 [麻]	比例 東海	四反田淳子 中川穂南	2 701	3508-7461 3508-3291	120
なか がわ ひろ まさ **中川 宏昌**	公	比例 北陸信越	大久保智広 藤田正純 増田美香	1 922	3508-3639 3508-7149	110
なか がわ まさ はる **中川 正春**	立	比例 東海	福原　勝	1 519	3508-7128 3508-3428	112
なか がわ やす ひろ **中川 康洋**	公	比例 東海	加賀友啓隆 石井　憲 畑　和	1 919	3508-7038 3508-3838	122
なか がわ ゆう こ **中川 郁子**	自 [麻]	比例 北海道	岩田尚久	1 309	3508-7103 3508-3403	56
なか じま かつ ひと **中島 克仁**	立	比例 南関東	山本　健仁 朝田満	2 723	3508-7423 3508-3903	90
なか じま ひで き **中嶋 秀樹**	維	比例 近畿繰	内ケ崎雅俊理 竹内絵志 甲斐隆	1 321	3508-7305 3508-3305	137
なか そ ね やすたか **中曽根康隆**	自 [無]	群馬1	加藤佑介 大山里充穂 井　上	2 923	3508-7272 3508-3722	70
なか たに かず ま **中谷 一馬**	立	比例 南関東	風間居良明 梶尾芳明	1 509	3508-7310 3508-3310	89
なか たに　げん **中谷 元**	自 [無]	高知1	豊田圭三 北原田仁 山　亮	2 1222	3508-7486 3592-9032	152
なか たに しんいち **中谷 真一**	自 [茂]	山梨1	神園健也 古郡拓妃 矢島優	2 215	3508-7336 3508-3336	87
なか つか ひろし **中司 宏**	維	大阪11	鈴木裕子 守本順一 木本研二朗	1 905	3508-7146 3508-3636	129
なか にし けん じ **中西 健治**	自 [麻]	神奈川7	平林悟士 阿部裕子 矢口真希子	1 303	3508-7311 3508-3377	83
なか ね かず ゆき **中根 一幸**	自 [無]	比例 北関東	犬飼俊郎	2 1206	3508-7458 3508-3288	76
なか の ひで ゆき **中野 英幸**	自 [無]	埼玉7	菅野文盛 菊池豪将 澤	2 220	3508-7220 3508-3220	73

※内線電話番号は、第1議員会館は5＋室番号、6＋室番号（3〜9階は5、6のあとに0を入れる）、
　第2議員会館は7＋室番号、8＋室番号（2〜9階は7、8のあとに0を入れる）

議員名	党派(会派)	選挙区	政策秘書名 第1秘書名 第2秘書名	館別号室	直通 FAX	略歴頁
なか の ひろ まさ **中野 洋昌**	公	兵庫8	小 谷 伸彦人崇 能村村友 山田清	1 722	3508-7224 3508-3415	133
なかむら き しろう **中村喜四郎**	立	比例 北関東	谷 中野勝一功輝 岡谷良 神	2 411	3508-7501 3508-3931	77
なか むら ひろ ゆき **中村 裕之**	自 [麻]	北海道4	髙橋原知久巧 栗原仁伸 川	2 406	3508-7406 3508-3886	54
なか やま のり ひろ **中山 展宏**	自 [麻]	比例 南関東	松本達武也 白田千鶴 上	2 311	3508-7435 3508-3915	89
なが おか けい こ **永岡桂子**	自 [麻]	茨城7	大越部貴陽司 矢小池憲伴太郎	1 714	3508-7274 3508-3724	69
なが さか やす まさ **長坂康正**	自 [麻]	愛知9	茶谷坂滋隆治徳 長今川	1 1007	3508-7043 3508-3863	116
なが しま あき ひさ **長島昭久**	自 [無]	比例 東京	及花川哲央 野咲太基史 木	1 510	3508-7309 3508-3309	100
なが つま あきら **長妻 昭**	立	東京7	梶花見和護美 中原翔太	2 706	3508-7456 3508-3286	94
なが とも しん じ **長友慎治**	国	比例 九州	川添由香子 渕上将仁俊 本	2 912	3508-7212 3508-3212	167
に かい とし ひろ **二階俊博**	自 [無]	和歌山3	二階俊樹美 二階伸珠 小川	2 223	3508-7023 3502-5037	136
に き ひろ ぶみ **仁木博文**	自 [麻]	徳島1	小笠原博信 岩田元宏子 前川千恵子	2 213	3508-7011 3508-3811	150
に わ ひで き **丹羽秀樹**	自 [無]	愛知6	杉山健太郎 池 真一 舟橋千尋	2 916	3508-7025 3508-3825	116
にし おか ひで こ **西岡秀子**	国	長崎1	高瀬千義	2 1124	3508-7343 3508-3733	158
にし だ しょう じ **西田昭二**	自 [無]	石川3	奥村 淳豊 土倉	1 523	3508-7139 3508-3439	106
にし の だい すけ **西野太亮**	自 [無]	熊本2	鹿島圭子 中村哉之 生山直敬	1 913	3508-7144 3508-3634	159
にし むら あき ひろ **西村明宏**	自 [無]	宮城3	谷 弘三哉 高木哲美衣 小平美	2 324	3508-7906 3508-3873	60
にしむら ち な み **西村智奈美**	立	新潟1	髙田一喜 佐藤真洋 山田朋	2 404	3508-7614 3508-3994	103
にし むら やす とし **西村康稔**	自 [無]	兵庫9	佐藤 汀実 田中慎太郎 橋山	1 611	3508-7101 3508-3401	133
にしめ こうざぶろう **西銘恒三郎**	自 [無]	沖縄4	大城和人 西銘浩平衣 末吉達	2 317	3508-7218 3508-3218	163
ぬか が ふく しろう **額賀福志郎**	無	茨城2	藤井 剛 秋山太三	2 824	3508-7447 3592-0468	67

	議員名	党派(会派)	選挙区	政策秘書名／第1秘書名／第2秘書名	館別号室	直通／FAX	略歴頁
ね	根本 匠 （ねもとたくみ）	自[無]	福島2	六角陽佳／角美奈子／小松慎太郎	2 1213	3508-7312 3508-3312	63
	根本 幸典 （ねもとゆきのり）	自[無]	愛知15	川越憂貴／若林由利	2 906	3508-7711 3508-3300	118
の	野田 聖子 （のだせいこ）	自[無]	岐阜1	半田亘／東海林和子／中森美恵子	1 504	3508-7161 3591-2143	111
	野田 佳彦 （のだよしひこ）	立	千葉4	河井淳一／田窪照美／山本勇介	1 821	3508-7141 3508-3441	80
	野中 厚 （のなかあつし）	自[茂]	比例 北関東	柴田昭彦／山崎洋平／中林真里	2 419	3508-7041 3508-3841	75
	野間 健 （のまたけし）	立	鹿児島3	久本芳孝／大渕修一／上薗雅登	2 601	3508-7027 3508-3827	162
は	長谷川 淳二 （はせがわじゅんじ）	自[無]	愛媛4	安藤明／藤下芳公／松岡隆太朗	2 703	3508-7453 3508-3283	152
	葉梨 康弘 （はなしやすひろ）	自[無]	茨城3	池田芳宏／鎌田征太郎／葉梨徹	1 1117	3508-7248 3508-3518	68
	馬場 伸幸 （ばばのぶゆき）	維	大阪17	小寺輝士／山口剛	1 511	3508-7322 3508-3322	131
	馬場 雄基 （ばばゆうき）	立	比例 東北	高井章博／成田寅記	2 821	3508-7631 3508-3261	65
	萩生田 光一 （はぎうだこういち）	自[無]	東京24	牛久保敏文／秋山里佳／鈴木修介	2 1205	3508-7154 3508-3704	99
	橋本 岳 （はしもとがく）	自[茂]	岡山4	矢吹彰康／村坂健／高坂隆行	2 306	3508-7016 3508-3816	144
	鳩山 二郎 （はとやまじろう）	自[無]	福岡6	立井尚友／江剌家孝臣／上田実也	2 221	3508-7905 3580-8001	156
	浜田 靖一 （はまだやすかず）	自[無]	千葉12	大堀将和／小暮眞也／永田実和子	2 315	3508-7020 3508-7644	82
	濱地 雅一 （はまちまさかず）	公	比例 九州	吉田直樹／水町博光／濱幸	1 803	3508-7235 3508-3235	165
	早坂 敦 （はやさかあつし）	維	比例 東北	常澤正史／吉長谷奈都美	2 704	3508-7414 3508-3894	66
	林 幹雄 （はやしもとお）	自[無]	千葉10	渡辺淳一／津山康巧／山田野平麿	1 612	3508-7151 3502-5016	82
	林 佑美 （はやしゆみ）	維	和歌山1 補	鍵山仁／豊岡嶺侃	1 315	3508-7315 3508-3315	135
	林 芳正 （はやしよしまさ）	自[無]	山口3	河野恭子／小平均治／川憲	1 1201	3508-7115 3508-3050	147
	原口 一博 （はらぐちかずひろ）	立	佐賀1	池田勝／坂本裕二朗／山崎康弘	1 307	3508-7238 3508-3238	157

※内線電話番号は、第1議員会館は5＋室番号、6＋室番号（3～9階は5、6のあとに0を入れる）、
　第2議員会館は7＋室番号、8＋室番号（2～9階は7、8のあとに0を入れる）

議　員　名	党派(会派)	選挙区	政策秘書名／第１秘書名／第２秘書名	館別号室	直通／FAX	略歴頁
ばんの ゆたか 伴野豊	立	比例東海	大三古 坪島俣 俊臣泰 一成浩	2 910	3508-7019 3508-3819	121
ひ　ひらい たくや 平井卓也	自[無]	比例四国	寺荒須 井井永 慶映里 淳子	1 1024	3508-7307 3508-3307	153
ひらぐち ひろし 平口洋	自[茂]	広島2	庄司 廣瀬 湯 輝浅路 光子典	2 804	3508-7622 3508-3252	145
ひらさわ かつえい 平沢勝栄	自[無]	東京17	植釜藤 原台澤 和翔 紀薫一二子	1 1115	3508-7257 3508-3527	97
ひらぬましょうじろう 平沼正二郎	自[無]	岡山3	福高平 井原沼 慎秀広 二一子	2 614	3508-7251 3508-3521	144
ひらばやし あきら 平林晃	公	比例中国	西堀児 岡池玉 克秀 稔己幸	1 507	3508-7339 3508-3339	149
ふ　ふかざわ よういち 深澤陽一	自[無]	静岡4	村遠重 上藤坂 泰雅 史郎之一雄	1 1223	3508-7709 3508-3243	113
ふくしげ たかひろ 福重隆浩	公	比例北関東	掛川西 川原口 信政 一雄香	1 909	3508-7249 3508-3519	78
ふくしま のぶゆき 福島伸享	無[有志]	茨城1	赤渡稲 川邉葉 貴勇二 大司明二	2 419	3508-7262 3508-3532	67
ふくだ あきお 福田昭夫	自[無]	栃木2	齋瀬橋 藤 孝広 明夢	1 708	3508-7289 3508-3739	69
ふくだ たつお 福田達夫	自[無]	群馬4	堤 石井 岳琢 志郎	1 1103	3508-7181 3508-3611	71
ふじい ひさゆき 藤井比早之	自[無]	兵庫4	堀原田 支祐 子成	1 615	3508-7185 3508-3615	132
ふじおか たかお 藤岡隆雄	立	比例北関東	財土浅 満澤津 慎康敦 郎敏史	1 608	3508-7178 3508-3608	76
ふじた ふみたけ 藤田文武	維	大阪12	吉中松 田川田 直慎泰 樹也志	2 312	3508-7040 3508-3840	129
ふじまき けんた 藤巻健太	維	比例南関東	吉 石井 田嘉 新隆	2 320	3508-7503 3508-3933	90
ふじまる さとし 藤丸敏	自[無]	福岡7	原松廣 野尾松 隆昭金 博宏悟	2 211	3508-7431 3597-0483	156
ふじわら たかし 藤原崇	自[無]	岩手3		2 1015	3508-7207 3508-3721	59
ふとり ひでし 太栄志	立	神奈川13	梶末藤原 原吉原 博弘和 之孝人	1 409	3508-7330 3508-3330	86
ふなだ はじめ 船田元	自[無]	栃木1	盛山田 田嶋 未光来未樹	2 605	3508-7156 3508-3706	69
ふるかわ なおき 古川直季	自[無]	神奈川6	荒小林 井 大大 樹蔵	2 1114	3508-7523 3508-3953	84

議員名	党派(会派)	選挙区	政策秘書名 第1秘書名 第2秘書名	館別 号室	直通 FAX	略歴頁
ふるかわもとひさ 古川元久	国	愛知2	阪口祥代 加藤麻紀子 横田大	2 1006	3508-7078 3597-2758	115
ふるかわやすし 古川康	自 [茂]	比例 九州	澁田聡士 小松康剛 岩本英雄	2 813	6205-7711 3508-3897	164
ふるかわよしひさ 古川禎久	自 [無]	宮崎3	西田育生 田中千代 杉尾亮太郎	2 612	3508-7612 3506-2503	161
ふるやけいじ 古屋圭司	自 [無]	岐阜5	渡辺一博 友江惇 梶田誉穣	2 423	3508-7440 3592-9040	112
ふるやのりこ 古屋範子	公	比例 南関東	深澤貴美子 中島順一 高野清志	2 502	3508-7629 3508-3259	91
ほ ほさかやすし 穂坂泰	自 [無]	埼玉4	酒井慶太 小池夕妃 神谷健太	2 908	3508-7030 3508-3830	72
ほしのつよし 星野剛士	自 [無]	比例 南関東	宇野沢典子 齋藤猛昭 佐藤輝一	2 708	3508-7413 3508-3893	88
ほそだけんいち 細田健一	自 [無]	新潟2	楠原浩祐 山田孝枝 和田慎太郎	2 1220	3508-7278 3508-3728	104
ほそだひろゆき 細田博之		島根1	(令和5年11月10日死去)			143
ほそのごうし 細野豪志	自 [無]	静岡5	佐藤公彦 髙木いづみ 眞野卓	1 620	3508-7116 3508-3416	113
ほりいまなぶ 堀井学	自 [無]	比例 北海道	岩坂香 石川裕丈 笹嶋隆廣	2 408	3508-7125 3508-3425	56
ほりうちのりこ 堀内詔子	自 [無]	山梨2	渡辺明秀 鈴木紀子 志村さおり	2 407	3508-7487 3508-3367	88
ほりばさちこ 堀場幸子	維	比例 近畿	師岡孝明 嶋田愛子 野田静香	2 422	3508-7422 3508-3902	137
ほりいけんじ 掘井健智	維	比例 近畿	三品耕作 原沙矢香 西原茜	2 806	3508-7088 3508-3868	136
ほんじょうさとし 本庄知史	立	千葉8	細見一雄 芳野泰崇 矢口すみれ	2 1219	3508-7519 3508-3949	81
ほんだたろう 本田太郎	自 [無]	京都5	髙森眞由美 小谷典仁 西地康宏	2 210	3508-7012 3508-3812	126
ま まぶちすみお 馬淵澄夫	立	奈良1	片岡新 馬淵錦之介 岩井禅	1 1217	3508-7122 3508-3051	134
まえはらせいじ 前原誠司	教	京都2	村田昭一郎 木元俊大 齋藤博史	1 809	3508-7171 3592-6696	125
まきよしお 牧義夫	立	比例 東海	北村礼文子 成瀬厚子 宮本正隆	1 305	3508-7628 3508-3258	121
まきしま 牧島かれん	自 [麻]	神奈川17	―― ―― ――	1 322	3508-7026 3508-3826	87

※内線電話番号は、第1議員会館は5+室番号、6+室番号(3~9階は5、6のあとに0を入れる)、
第2議員会館は7+室番号、8+室番号(2~9階は7、8のあとに0を入れる)

議　員　名	党派(会派)	選挙区	政策秘書名／第1秘書名／第2秘書名	館別号室	直通／FAX	略歴頁
牧原秀樹（まきはらひでき）	自[無]	比例北関東	末細／廣田／慎二子	1 1116	3508-7254／3508-3524	76
松木けんこう（まつき）	立	北海道2	岡本征弘／梶浦宜明／櫻井知英	1 324	3508-7324／3508-3324	53
松島みどり（まつしま）	自[無]	東京14	福田健造／髙山就佳／染谷優	1 709	3508-7065／3508-3845	96
松野博一（まつのひろかず）	自[無]	千葉3	山﨑岳久／小伊藤貴／仁行孝	1 502	3508-7329／3508-3329	80
松原仁（まつばらじん）	無[立憲]	東京3	関根勉／高池慶／伊藤太賢	2 709	3508-7452／3580-7076	93
松本剛明（まつもとたけあき）	自[麻]	兵庫11	清瀬博文／大路渡	1 707	3508-7214／3508-3214	134
松本尚（まつもとひさし）	自[無]	千葉13	高野雅樹／椎名麗代／廣田美	1 1009	3508-7295／3508-3505	83
松本洋平（まつもとようへい）	自[無]	比例東京	柏原隆宏／関泰章	1 1011	3508-7133／3508-3433	99
三木圭恵（みきけえ）	維	比例近畿	森山秀樹／渡壁勇樹	2 1105	3508-7638／3508-3268	136
三反園訓（みたぞのさとし）	無[自民]	鹿児島2	牛嶋賢太／松本克治／杉伸	2 924	3508-7511／3508-3941	162
三谷英弘（みたにひでひろ）	自[無]	比例南関東	伊地知理美／楠本喜満／今津英幸	2 1120	3508-7522／3508-3952	88
三ッ林裕巳（みつばやしひろみ）	自[無]	埼玉14	志村賢一／清水貴博／佐亮平	2 522	3508-7416／3508-3896	75
美延映夫（みのべてるお）	維	大阪4		1 1019	3508-7194／3508-3624	127
御法川信英（みのりかわのぶひで）	自[無]	秋田3	石毛真理子／佐藤春男／鈴木由希	1 901	3508-7167／3508-3717	62
岬麻紀（みさきまき）	維	比例東海	飯塚将史／宇佐見紀子	2 705	3508-7409／3508-3889	122
道下大樹（みちしただいき）	立	北海道1	佐藤陽子／市橋修大／伊藤孝介	2 516	3508-7516／3508-3946	53
緑川貴士（みどりかわたかし）	立	秋田	小池恵里子／長崎朋典／阿部義人	2 202	3508-7002／3508-3802	61
宮内秀樹（みやうちひでき）	自[無]	福岡4	上原雅人／赤司主介／櫻井康晴	1 604	3508-7174／3508-3604	155
宮﨑政久（みやざきまさひさ）	自[茂]	比例九州	今井時右衛門／大澤真弓	2 722	3508-7360／3508-3071	164
宮澤博行（みやざわひろゆき）	自[無]	比例東海	藤谷洋平／鈴木翔士／石川美由紀	1 1021	3508-7135／3508-3435	120

議員名	党派(会派)	選挙区	政策秘書名 第1秘書名 第2秘書名	館別号室	直通 FAX	略歴頁
みや じ たく ま 宮路拓馬	自[無]	鹿児島1	田中 彰 吾 木村 颯史 粕谷 訓	1 311	3508-7206 3508-3206	161
みや した いち ろう 宮下一郎	自[無]	長野5	天野 健太郎 高橋 達之 尾 関 正行	1 1207	3508-7903 3508-3643	108
みや もと たけ し 宮本岳志	共	比例近畿	田村 恵美 隅 幸清 古 山 潔	1 1108	3508-7255 3508-3525	140
みや もと とおる 宮本 徹	共	比例東京	坂間 和史 松尾 勝哉 川野 純平	1 1219	3508-7508 3508-3938	102
む とう よう じ 武藤容治	自[麻]	岐阜3	野村 真一 小檜山千代乃 伊藤 康男	2 1212	3508-7482 3508-3362	112
む たいしゅんすけ 務台俊介	自[麻]	比例北陸信越	村瀬 元良 五十嵐佐江子	1 403	3508-7334 3508-3334	109
むね きよ こう いち 宗清皇一	自[無]	比例近畿	佐藤 博之 川中 健司 蓮 岡牧生	1 310	3508-7205 3508-3205	138
むら い ひで き 村井英樹	自[無]	埼玉1	二宮 尚徳 尾崎 裕太作 尾相 大	9 911	3508-7467 3508-3297	71
むらかみせいいちろう 村上誠一郎	自[無]	愛媛2	佐藤 洋一 田丸 為野人 小野 礼二	1 1224	3508-7291 3502-5172	152
も て ぎ とし みつ 茂木敏充	自[茂]	栃木5	駒林 裕康 近藤 真幸 田 美和	2 1011	3508-1011 3508-3269	70
もと むら のぶ こ 本村伸子	共	比例東海	綿貫 隆尋 奥村 千知 村畑 代	1 1106	3508-7280 3508-3730	122
もり しま ただし 守島 正	維	大阪2	小林 明一 奥田 倫豊五 安 一郎	1 720	3508-7112 3508-3412	127
もり やま まさ ひと 盛山正仁	自[無]	比例近畿	伊藤 雅子 中谷 昌子 戸井田真太郎	1 904	3508-7380 3508-3629	139
もり えい すけ 森 英介	自[麻]	千葉11	坂本 克実 西谷 昭彦 伊橋 裕樹	1 1210	3508-7162 3592-9036	82
もり た とし かず 森田俊和	立	埼玉12	木沢 良一 渡辺 裕樹弘 橋本 光弘	2 1003	3508-7419 3508-3899	74
もり やま ひろ ゆき 森山浩行	立	比例近畿	牧井 有子 小澤 愛子	2 613	3508-7426 3508-3906	140
もり やま ひろし 森山 裕	自[無]	鹿児島4	森山友久美 池田 和弘 船迫 作章	1 515	3508-7164 3508-3714	162
や ぎ てつ や 八木哲也	自[無]	愛知11	蜷川 徹 大崎さきみ 伊藤 由紀	2 319	3508-7236 3508-3236	117
や た がわ はじめ 谷田川 元	立	比例南関東	濱松 真希 垣田 美 上高 栖久子	1 1208	3508-7292 3508-3502	90
や ら とも ひろ 屋良朝博	立	比例九州縄	弦間 洋子 山内信之助 屋嘉比真奈美	1 824	3508-7904 3508-3743	165

※内線電話番号は、第1議員会館は5＋室番号、6＋室番号（3～9階は5、6のあとに0を入れる）
　　　　　　　　第2議員会館は7＋室番号、8＋室番号（2～9階は7、8のあとに0を入れる）

28

議員名	党派(会派)	選挙区	政策秘書名／第1秘書名／第2秘書名	館別号室	直通／FAX	略歴頁
やすおか ひろたけ 保岡宏武	自[無]	比例九州	水村元彦／篠原昌幸／齋藤顕	1 815	3508-7633 3508-3263	164
やな かずお 簗和生	自[無]	栃木3	根本陽子／矢作裕美	1 717	3508-7186 3508-3616	69
やなぎもと あきら 柳本顕	自[麻]	比例近畿	熊谷志保／阪本聖二／細川佑紀	1 320	3508-7902 3508-3537	138
やまおか たつまる 山岡達丸	立	北海道9	根岸庸夫／森本秀規／菊地悟	1 306	3508-7306 3508-3306	55
やまぎし いっせい 山岸一生	立	東京9	平野隆志／土屋奈呂／草深比至	1 1013	3508-7124 3508-3424	95
やまぎわ だいしろう 山際大志郎	自[麻]	神奈川18	倉持佳代／屋原哲平／小原孝行	1 613	3508-7477 3508-3357	87
やまぐち しゅんいち 山口俊一	自[麻]	徳島2	横田泰隆／小杉田誠／塩口保正	2 412	3508-7054 3503-2138	150
やまぐち すすむ 山口晋	自[茂]	埼玉10	鈴木邦彦／鈴山口弘／勝三	2 1108	3508-7430 3508-3910	74
やまぐち つよし 山口壯	自[無]	兵庫12	山口文生／三杉山祥／平子美	2 603	3508-7521 3508-3951	134
やまざき まこと 山崎誠	立	比例南関東	黒須裕章／松島尚友／木鈴美	1 401	3508-7137 3508-3437	90
やまさき まさやす 山崎正恭	公	比例四国	室岡利雄／吉内良修／山田志一	2 1024	3508-7472 3508-3352	154
やました たかし 山下貴司	自[茂]	岡山2	福島拓介／荻野大和生／横山山	2 719	3508-7057 3508-3857	143
やまだ かつひこ 山田勝彦	立	比例九州	藤田真信也／高柳浩章／大窪	2 401	3508-7420 3508-3550	165
やまだ けんじ 山田賢司	自[麻]	兵庫7	荻野浩次郎／佐々木達二	1 617	3508-7908 3508-3957	133
やまだ みき 山田美樹	自[無]	東京1	中島貴彦／鈴木あきら達弥／野川	2 917	3508-7037 3508-3837	93
やまのい かずのり 山井和則	立	京都6	吉澤直樹／宮地俊之／山下恵理子	1 805	3508-7240 3508-8882	126
やまもと ごうせい 山本剛正	維	比例九州	大塚伸一／松上康二太／三	2 302	3508-7009 3508-3809	166
やまもと さこん 山本左近	自[麻]	比例東海	福尾江里佳	1 304	3508-7302 3508-3302	121
やまもと ともひろ 山本ともひろ	自[無]	比例南関東	瀬戸芳明／間本義雄／松本一飛	2 1110	3508-7193 3508-3623	89
やまもと ゆうじ 山本有二	自[無]	比例四国	前田真二郎／松村雄太／石本和憲	1 316	3508-7232 3592-9069	153

	議　員　名	党派(会派)	選挙区	政策秘書名第1秘書名第2秘書名	館別号室	直通FAX	略歴頁
ゆ	湯原俊二 ゆはらしゅんじ	立	比例中国	———— ———— ————	1 1023	3508-7129 3508-3429	148
	柚木道義 ゆのきみちよし	立	比例中国	———— ———— ————	2 1217	3508-7301 3508-3301	148
よ	吉川赳 よしかわたける	無	比例東海	理一航 古塚賀真謙 大木下	2 816	3508-7228 3508-3551	120
	吉川元 よしかわはじめ	立	比例九州	剛也子 伊藤眞敬 高市丸	2 505	3508-7056 3508-3856	165
	吉田久美子 よしだくみこ	公	比例九州	彦ル城 岩野武ミチ 大澤津伸	2 504	3508-7055 3508-3855	166
	吉田真次 よしだしんじ	自[無]	山口4補	開佐子 中平大美 徳本村明 島	1 1212	3508-7172 3508-3602	147
	吉田統彦 よしだつねひこ	立	比例東海	志公之 兒玉篤稔 深井中隆 村	2 322	3508-7104 3508-3404	121
	吉田とも代 よしだともよ	維	比例四国	治 上藪弘美子 相原絵	2 424	3508-7001 3508-3801	154
	吉田豊史 よしだとよふみ	無	比例北陸信越	志広 木村隆幹 吉田	2 1112	3508-7434 3508-3914	110
	吉田宣弘 よしだのぶひろ	公	比例九州	司一雄 新沼裕 柴森田康正	1 1114	3508-7276 3508-3726	166
	吉田はるみ よしだ	立	東京8	———— ———— ————	2 607	3508-7620 3508-3250	95
	吉野正芳 よしのまさよし	自[無]	福島5	誠文男 野地川貴 石佐々木正	2 624	3508-7143 3595-4546	64
	義家弘介 よしいえひろゆき	自[無]	比例南関東	由一翔 佐々木慎 高橋中	1 1204	3508-7241 3508-3511	89
	米山隆一 よねやまりゅういち	立	新潟5	志朗資 橋口猛悦 山小﨑浦	2 724	3508-7485 3508-3365	104
り	笠浩史 りゅうひろふみ	立	神奈川9	正史彦 今林輪智武 花津田	1 408	3508-3420 3508-7120	85
わ	早稲田ゆき わせだ	立	神奈川4	圭俊郎 稲見康 永瀬晋一 江川	2 1012	3508-7106 3508-3406	84
	和田有一朗 わだゆういちろう	維	比例近畿	平 藤島雄	2 807	3508-7527 3508-3973	136
	和田義明 わだよしあき	自[無]	北海道5	子也佳 菅谷康哲知 西田田	1 410	3508-7117 3508-3417	54
	若林健太 わかばやしけんた	自[無]	長野1	謙一聖護 浜渡邉藤 斉	1 1002	3508-7277 3508-3727	107
	若宮健嗣 わかみやけんじ	自[茂]	比例東京	聡拓介 荒木田陽 山口田﨑	2 523	3508-7509 3508-3939	100

※内線電話番号は、第1議員会館は5＋室番号、6＋室番号（3～9階は5、6のあとに0を入れる）
　　　　　　　第2議員会館は7＋室番号、8＋室番号（2～8階は7、8のあとに0を入れる）

議　員　名	党派 (会派)	選挙区	政策秘書名 第1秘書名 第2秘書名				館別 号室	直通 FAX	略歴 頁
鷲尾英一郎 わし　お　えいいちろう	自 [無]	比例 北陸信越	横山 竹内 植木	卓 和 	司 美 毅		2 208	3508-7650 3508-3062	108
渡辺孝一 わた　なべ　こう　いち	自 [無]	比例 北海道	朝比奈 原田 澁谷	正倫 竜爾 皇将			1 520	3508-7401 3508-3881	56
渡辺　周 わた　なべ　しゅう	立	比例 東海	大山 塚田 増山	敏幸 弘宣 敬一			2 1109	3508-7077 3508-3767	121
渡辺　創 わた　なべ　そう	立	宮崎1	荻口 谷口 竹内	山明 浩太 	美郎 絢		1 1015	3508-7086 3508-3866	161
渡辺博道 わた　なべ　ひろ　みち	自 [茂]	千葉6	井上 大森	本 亜	昇希		1 1012	3508-7387 3508-3701	81
鰐淵洋子 わに　ぶち　よう　こ	公	比例 近畿	髙松 坂上 中村久美子	友満 	和義 		1 924	3508-7070 3508-3850	139

㊣議員・秘書

わ

衆議院議員会館案内図

衆議院第1議員会館3階

藤田文武 維 大阪12区 3508-7040 当2	312	階段		313	鎌田さゆり 立 宮城2区 3508-7204 当3
宮路拓馬 自[無] 鹿児島1区 3508-7206 当3	311	喫煙室		314	小泉進次郎 自[無] 神奈川11区 3508-7327 当5
宗清皇一 自[無] 比 近畿 3508-7205 当3	310	WC (男) WC (女)		315	林 佑美 維 和歌山1区 3508-7315 補1
中川郁子 自[麻] 比 北海道 3508-7103 当3	309	階段		316	山本有二 自[無] 比 四国 3508-7232 当11
大串博志 立 佐賀2区 3508-7335 当6	308	EV ホール		317	井上信治 自[麻] 東京25区 3508-7328 当7
原口一博 立 佐賀1区 3508-7238 当9	307			318	議員会議室 (国民)
山岡達丸 立 北海道9区 3508-7306 当3	306			319	防災備蓄室
牧 義夫 立 比 東海 3508-7628 当7	305	EV ホール		320	柳本 顕 自[麻] 比 近畿 3508-7902 当1
山本左近 自[麻] 比 東海 3508-7302 当1	304	階段		321	中嶋秀樹 維 比 近畿 3508-7305 繰1
中西健治 自[麻] 神奈川3区 3508-7311 当1	303	EV		322	牧島かれん 自[麻] 神奈川17区 3508-7026 当4
塚田一郎 自[麻] 比 北陸信越 3508-7705 当1	302			323	井上貴博 自[麻] 福岡1区 3508-7239 当4
麻生太郎 自[麻] 福岡8区 3508-7703 当14	301	WC (男) WC (女)		324	松木けんこう 立 北海道2区 3508-7324 当6

国会議事堂側

衆
会
館

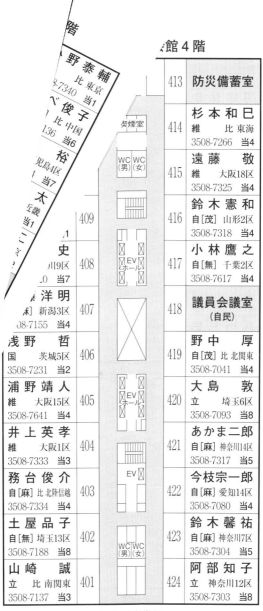

館4階

413	**防災備蓄室**	
414	**杉本和巳** 維　比 東海 3508-7266　当4	
415	**遠藤　敬** 維　大阪18区 3508-7325　当4	
416	**鈴木憲和** 自[茂]　山形2区 3508-7318　当4	
417	**小林鷹之** 自[無]　千葉2区 3508-7617　当4	
418	**議員会議室** (自民)	
419	**野中　厚** 自[茂]　比 北関東 3508-7041　当4	
420	**大島　敦** 立　埼玉6区 3508-7093　当8	
421	**あかま二郎** 自[麻]　神奈川14区 3508-7317　当5	
422	**今枝宗一郎** 自[麻]　愛知14区 3508-7080　当4	
423	**鈴木馨祐** 自[麻]　神奈川7区 3508-7304　当5	
424	**阿部知子** 立　神奈川12区 3508-7303　当8

喫煙室

WC(男)　WC(女)

EVホール

EVホール

EV

WC(男)　WC(女)

㊝ 会 館

409	
408	**史** 川9区　当7
407	**洋明** 新潟3区 08-7155　当4
406	**浅野　哲** 国　茨城5区 3508-7231　当2
405	**浦野靖人** 維　大阪15区 3508-7641　当4
404	**井上英孝** 維　大阪1区 3508-7333　当3
403	**務台俊介** 自[麻]　比 北陸信越 3508-7334　当4
402	**土屋品子** 自[無]　埼玉13区 3508-7188　当8
401	**山崎　誠** 立　比 南関東 3508-7137　当3

野泰輔 比 東京 8-7340　当1

べ俊子 比 中国 136　当6

裕 児島4区 当7

大 丘畿 当1

国会議事堂側

衆議院第1議員会館 5

菅　直人 立　東京18区 3508-7323　当14	512		513	小 維 350
馬場伸幸 維　大阪17区 3508-7322　当4	511	喫煙室	514	あ 自[無] 3508-7
長島昭久 自[無]　比 東京 3508-7309　当7	510	WC（男）WC（女）	515	森山 自[無] 麻 3508-716
中谷一馬 立　比 南関東 3508-7310　当2	509		516	遠藤　 維　比 3508-7114
北側一雄 公　大阪16区 3508-7263　当10	508	EV ホール	517	大河原まさ 立　比 東 3508-7261　当
平林　晃 公　比 中国 3508-7339　当1	507		518	議員会議室 （維新）
岡田克也 立　三重3区 3508-7109　当11	506		519	中川正春 立　比 東海 3508-7128　当9
逢沢一郎 自[無]　岡山1区 3508-7105　当12	505	EV ホール	520	渡辺孝一 自[無] 比 北海道 3508-7401　当4
野田聖子 自[無]　岐阜1区 3508-7161　当10	504		521	防災備蓄室
菅家一郎 自[無]　比 東北 3508-7107　当4	503	EV	522	辻　清人 自[無]　東京2区 3508-7288　当4
松野博一 自[無]　千葉3区 3508-7329　当8	502		523	西田昭二 自[無]　石川3区 3508-7139　当2
畦元将吾 自[無]　比 中国 3508-7710　当2	501	WC（男）WC（女）	524	議員予備室

国会議事堂側

34

衆議院第1議員会館6階

左側	部屋番号	中央	部屋番号	右側
林 幹雄 自[無] 千葉10区 3508-7151 当10	612		613	山際大志郎 自[麻] 神奈川18区 3508-7477 当6
西村康稔 自[無] 兵庫9区 3508-7101 当7	611	喫煙室	614	鈴木英敬 自[無] 三重4区 3508-7269 当1
武田良太 自[無] 福岡11区 3508-7180 当7	610	WC(男) WC(女)	615	藤井比早之 自[無] 兵庫4区 3508-7185 当4
海江田万里 無 比 東京 3508-7316 当8	609		616	大串正樹 自[無] 比 近畿 3508-7191 当4
藤岡隆雄 立 比 北関東 3508-7178 当1	608	EVホール	617	山田賢司 自[麻] 兵庫7区 3508-7908 当4
小宮山泰子 立 比 北関東 3508-7184 当7	607		618	議員会議室 (立憲)
	606		619	大岡敏孝 自[無] 滋賀1区 3508-7208 当4
小沢一郎 立 比 東北 3508-7175 当18	605	EVホール	620	細野豪志 自[無] 静岡5区 3508-7116 当8
宮内秀樹 自[無] 福岡4区 3508-7174 当4	604		621	上野賢一郎 自[無] 滋賀2区 3508-7004 当5
関 芳弘 自[無] 兵庫3区 3508-7173 当5	603	EV	622	橘 慶一郎 自[無] 富山3区 3508-7227 当5
武村展英 自[無] 滋賀3区 3508-7118 当4	602		623	伊東良孝 自[無] 北海道7区 3508-7170 当5
小寺裕雄 自[無] 滋賀4区 3508-7126 当2	601	WC(男) WC(女)	624	源馬謙太郎 立 静岡8区 3508-7160 当2

国会議事堂側

衆 会館

35

衆議院第1議員会館7階

田中 健 国 比 東海 3508-7190 当1	712	713	鈴木義弘 国 比 北関東 3508-7282 当3
岡本あき子 立 比 東北 3508-7064 当2	711	喫煙室	714	永岡桂子 自[麻] 茨城7区 3508-7274 当6
大塚 拓 自[無] 埼玉9区 3508-7608 当5	710	WC(男) WC(女)	715	鬼木 誠 自[無] 福岡2区 3508-7182 当4
松島みどり 自[無] 東京14区 3508-7065 当7	709	716	田所嘉徳 自[無] 比 北関東 3508-7068 当4
福田昭夫 立 栃木2区 3508-7289 当6	708	EV ホール	717	簗 和生 自[無] 栃木3区 3508-7186 当4
松本剛明 自[麻] 兵庫11区 3508-7214 当8	707	718	議員会議室 (公明)
玉木雄一郎 国 香川2区 3508-7213 当5	706	719	篠原 孝 立 比 北陸信越 3508-7268 当7
加藤鮎子 自[無] 山形3区 3508-7216 当3	705	EV ホール	720	守島 正 維 大阪2区 3508-7112 当1
後藤茂之 自[無] 長野4区 3508-7702 当7	704	721	奥下剛光 維 大阪7区 3508-7225 当1
遠藤利明 自[無] 山形1区 3508-7158 当9	703	EV	722	中野洋昌 公 兵庫8区 3508-7224 当4
川崎ひでと 自[無] 三重2区 3508-7152 当1	702	723	青柳仁士 維 大阪14区 3508-7609 当1
高村正大 自[麻] 山口1区 3508-7113 当2	701	WC(男) WC(女)	724	防災備蓄室

国会議事堂側

会館

衆議院第1議員会館8階

左側	部屋番号	右側
小森卓郎 自[無] 石川1区 3508-7179 当1	812	石原宏高 自[無] 比 東京 3508-7319 当5 (813)
小里泰弘 自[無] 比 九州 3508-7247 当6	811	小倉將信 自[無] 東京23区 3508-7140 当4 (814)
新藤義孝 自[茂] 埼玉2区 3508-7313 当8	810	保岡宏武 自[無] 比 九州 3508-7633 当1 (815)
前原誠司 教 京都2区 3508-7171 当10	809	黄川田仁志 自[無] 埼玉3区 3508-7123 当4 (816)
小熊慎司 立 福島4区 3508-7138 当4	808	泉 健太 立 京都3区 3508-7005 当8 (817)
城井 崇 立 福岡10区 3508-7389 当4	807	議員会議室 （立憲） (818)
下条みつ 立 長野2区 3508-7271 当5	806	玄葉光一郎 立 福島3区 3508-7252 当10 (819)
山井和則 立 京都6区 3508-7240 当8	805	おおつき紅葉 立 比 北海道 3508-7493 当1 (820)
枝野幸男 立 埼玉5区 3508-7448 当10	804	野田佳彦 立 千葉4区 3508-7141 当9 (821)
濱地雅一 公 比 九州 3508-7235 当4	803	齋藤 健 自[無] 千葉7区 3508-7221 当5 (822)
手塚仁雄 立 東京5区 3508-7234 当5	802	秋葉賢也 自[茂] 比 東北 3508-7392 当7 (823)
金城泰邦 公 比 九州 3508-7153 当1	801	屋良朝博 立 比 九州 3508-7904 繰当2 (824)

喫煙室

WC(男) WC(女)

EVホール

EVホール

EV

WC(男) WC(女)

国会議事堂側

衆議院第1議員会館9階

漆間譲司 維　　大阪8区 3508-7298　当1	912		913	西野太亮 自[無]　熊本2区 3508-7144　当1
村井英樹 自[無]　埼玉1区 3508-7467　当4	911	喫煙室	914	平　　将明 自[無]　東京4区 3508-7297　当6
石原正敬 自[無]　比 東海 3508-7706　当1	910	WC WC (男)(女)	915	木原誠二 自[無]　東京20区 3508-7169　当5
福重隆浩 公　　比 北関東 3508-7249　当1	909		916	伊東信久 維　　大阪19区 3508-7243　当3
佐藤茂樹 公　　大阪3区 3508-7200　当10	908	EV ホール	917	防災備蓄室
池下　卓 維　　大阪10区 3508-7454　当1	907		918	議員会議室 (自民)
岩谷良平 維　　大阪13区 3508-7314　当1	906		919	井林辰憲 自[麻]　静岡2区 3508-7127　当4
中司　宏 維　　大阪11区 3508-7146　当1	905	EV ホール	920	勝俣孝明 自[無]　静岡6区 3508-7202　当4
盛山正仁 自[無]　比 近畿 3508-7380　当5	904		921	伊藤　渉 公　　比 東海 3508-7187　当5
高市早苗 自[無]　奈良2区 3508-7198　当9	903	EV	922	中川宏昌 公 比 北陸信越 3508-3639　当1
田村憲久 自[無]　三重1区 3508-7163　当9	902	WC WC (男)(女)	923	大西健介 立　　愛知13区 3508-7108　当5
御法川信英 自[無]　秋田3区 3508-7167　当6	901		924	鰐淵洋子 公　　比 近畿 3508-7070　当2

国会議事堂側

衆議院第1議員会館 10階

渡辺博道 自[茂] 千葉6区 3508-7387 当8	1012	1013	山岸一生 立 東京9区 3508-7124 当1
松本洋平 自[無] 比 東京 3508-7133 当5	1011	1014	寺田 学 立 比 東北 3508-7464 当6
田中和德 自[麻] 神奈川10区 3508-7294 当9	1010	1015	渡辺 創 立 宮崎1区 3508-7086 当1
松本 尚 自[無] 千葉13区 3508-7295 当1	1009	1016	足立康史 維 大阪9区 3508-7100 当4
髙木 毅 自[無] 福井2区 3508-7296 当8	1008	1017	志位和夫 共 比 南関東 3508-7285 当10
長坂康正 自[麻] 愛知9区 3508-7043 当4	1007	1018	議員会議室 (維新)
亀岡偉民 自[無] 比 東北 3508-7148 当5	1006	1019	美延映夫 維 大阪4区 3508-7194 当2
岡本三成 公 東京12区 3508-7147 当4	1005	1020	土田 慎 自[麻] 東京13区 3508-7341 当1
伊佐進一 公 大阪6区 3508-7391 当4	1004	1021	宮澤博行 自[無] 比 東海 3508-7135 当4
安住 淳 立 宮城5区 3508-7293 当9	1003	1022	佐藤公治 立 広島6区 3508-7145 当4
若林健太 自[無] 長野1区 3508-7277 当1	1002	1023	湯原俊二 立 比 中国 3508-7129 当2
鈴木俊一 自[麻] 岩手2区 3508-7267 当10	1001	1024	平井卓也 自[無] 比 四国 3508-7307 当8

国会議事堂側

衆議院第１議員会館 11 階

瀬戸隆一 自[麻] 比 四国 3508-7712 繰当3	1112		1113	小山展弘 立 静岡3区 3508-7270 当3
島尻安伊子 自[茂] 沖縄3区 3508-7265 当1	1111	喫煙室	1114	吉田宣弘 公 比 九州 3508-7276 当3
鈴木淳司 自[無] 愛知7区 3508-7264 当6	1110	WC WC (男)(女)	1115	平沢勝栄 自[無] 東京17区 3508-7257 当9
渡海紀三朗 自[無] 兵庫10区 3508-7643 当10	1109		1116	牧原秀樹 自[無] 比 北関東 3508-7254 当5
宮本岳志 共 比 近畿 3508-7255 当5	1108	EV ホール	1117	葉梨康弘 自[無] 茨城3区 3508-7248 当6
赤嶺政賢 共 沖縄1区 3508-7196 当8	1107		1118	議員会議室 (共用)
本村伸子 共 比 東海 3508-7280 当3	1106		1119	奥野総一郎 立 千葉9区 3508-7256 当5
越智隆雄 自[無] 比 東京 3508-7479 当5	1105	EV ホール	1120	土井 亨 自[無] 宮城1区 3508-7470 当5
谷川とむ 自[無] 比 近畿 3508-7514 当3	1104		1121	議員予備室
福田達夫 自[無] 群馬4区 3508-7181 当4	1103	EV	1122	英利アルフィヤ 自[麻] 千葉5区 3508-7436 補当1
塩崎彰久 自[無] 愛媛1区 3508-7189 当1	1102		1123	防災備蓄室
衛藤征士郎 自[無] 大分2区 3508-7618 当13	1101	WC WC (男)(女)	1124	神田憲次 自[無] 愛知5区 3508-7253 当4

国会議事堂側

衆議院第1議員会館 12階

吉田真次 自[無] 山口4区 3508-7172 補当1	1212		1213	**寺田　稔** 自[無] 広島5区 3508-7606 当6
大野敬太郎 自[無] 香川3区 3508-7132 当4	1211	喫煙室	1214	**髙鳥修一** 自[無] 比 北陸信越 3508-7607 当5
森　英介 自[麻] 千葉11区 3508-7162 当11	1210	WC WC (男)(女)	1215	**田嶋　要** 立　千葉1区 3508-7229 当7
秋本真利 無　比 南関東 3508-7611 当4	1209		1216	**鈴木庸介** 立　比 東京 3508-7028 当1
谷田川　元 立　比 南関東 3508-7292 当3	1208	EV ホール	1217	**馬淵澄夫** 立　奈良1区 3508-7122 当7
宮下一郎 自[無] 長野5区 3508-7903 当6	1207		1218	**議員会議室** (自民)
小島敏文 自[無] 比 中国 3508-7192 当4	1206		1219	**宮本　徹** 共　比 東京 3508-7508 当3
小林史明 自[無] 広島7区 3508-7455 当4	1205	EV ホール	1220	**国定勇人** 自[無] 比 北陸信越 3508-7131 当1
義家弘介 自[無] 比 南関東 3508-7241 当4	1204		1221	**石橋林太郎** 自[無] 比 中国 3508-7901 当1
岸　信千世 自[無] 山口2区 3508-1203 補当1	1203	EV	1222	**岸田文雄** 自[無] 広島1区 3508-7279 当10
鈴木貴子 自[茂] 比 北海道 3508-7233 当4	1202		1223	**深澤陽一** 自[無] 静岡4区 3508-7709 当2
林　芳正 自[無] 山口3区 3508-7115 当1	1201	WC WC (男)(女)	1224	**村上誠一郎** 自[無] 愛媛2区 3508-7291 当12

㊝ 会館

国会議事堂側

衆議院第2議員会館2階

左側	号室	中央	号室	右側
特別室	212	EV		訴追委員会事務室 / 訴追委員会委員長次室兼資料室 / 訴追委員会委員長室 / 訴追委員会会議室

訴追委員会事務局長室

藤丸 敏 自[無] 福岡7区 3508-7431 当4	211	喫煙室	213	**仁木博文** 自[麻] 徳島1区 3508-7011 当2
本田太郎 自[無] 京都5区 3508-7012 当2	210	WC(男) WC(女)	214	**田畑裕明** 自[無] 富山1区 3508-7704 当3
石井 拓 自[無] 比 東海 3508-7031 当1	209		215	**中谷真一** 自[茂] 山梨1区 3508-7336 当4
鷲尾英一郎 自[無] 比 北陸信越 3508-7650 当6	208	EV ホール	216	**古賀 篤** 自[無] 福岡3区 3508-7081 当4
井原 巧 自[無] 愛媛3区 3508-7201 当1	207		217	**高木宏壽** 自[無] 北海道3区 3508-7636 当3
岩田和親 自[無] 比 九州 3508-7707 当4	206		218	**工藤彰三** 自[麻] 愛知4区 3508-7018 当4
伊藤信太郎 自[麻] 宮城4区 3508-7091 当7	205	EV ホール	219	**防災備蓄室**
神津たけし 立 比 北陸信越 3508-7015 当1	204		220	**中野英幸** 自[無] 埼玉7区 3508-7220 当1
階 猛 立 岩手1区 3508-7024 当6	203	EV	221	**鳩山二郎** 自[無] 福岡6区 3508-7905 当3
緑川貴士 立 秋田2区 3508-7002 当2	202		222	**伊藤忠彦** 自[無] 愛知8区 3508-7003 当5
青山大人 立 比 北関東 3508-7039 当2	201	WC(男) WC(女)	223	**二階俊博** 自[無] 和歌山3区 3508-7023 当13

国会議事堂側

㊝ 会館

衆議院第2議員会館3階

左側	号室		号室	右側
堤　かなめ 立　福岡5区 3508-7062　当1	312		313	石田真敏 自[無]　和歌山2区 3508-7072　当7
中山展宏 自[麻]　比 南関東 3508-7435　当4	311	喫煙室	314	田野瀬太道 自[無]　奈良3区 3508-7071　当4
髙木　啓 自[無]　比 東京 3508-7601　当2	310	WC(男) WC(女)	315	浜田靖一 自[無]　千葉12区 3508-7020　当10
角田秀穂 公　比 南関東 3508-7052　当2	309		316	笹川博義 自[茂]　群馬3区 3508-7338　当4
大口善德 公　比 東海 3508-7017　当9	308	EVホール	317	西銘恒三郎 自[無]　沖縄4区 3508-7218　当6
輿水恵一 公　比 北関東 3508-7076　当3	307		318	議員会議室 （れいわ）
橋本　岳 自[茂]　岡山4区 3508-7016　当5	306		319	八木哲也 自[無]　愛知11区 3508-7236　当4
上川陽子 自[無]　静岡1区 3508-7460　当7	305	EVホール	320	藤巻健太 維　比 南関東 3508-7503　当1
国光あやの 自[無]　茨城6区 3508-7036　当2	304		321	阿部　司 維　比 東京 3508-7504　当1
住吉寛紀 維　比 近畿 3508-7415　当1	303	EV	322	吉田統彦 立　比 東海 3508-7104　当3
山本剛正 維　比 九州 3508-7009　当2	302		323	沢田　良 維　比 北関東 3508-7526　当1
佐々木紀 自[無]　石川2区 3508-7059　当4	301	WC(男) WC(女)	324	西村明宏 自[無]　宮城3区 3508-7906　当6

国会議事堂側

衆議院第2議員会館4階

左列	号室		号室	右列
山口 俊一 自[麻] 徳島2区 3508-7054 当11	412		413	稲津 久 公 北海道10区 3508-7089 当5
中村喜四郎 立 比 北関東 3508-7501 当15	411	喫煙室	414	赤羽 一嘉 公 兵庫2区 3508-7079 当9
金子恭之 自[無] 熊本4区 3508-7410 当8	410	WC WC (男)(女)	415	たがや 亮 れ 比 南関東 3508-7008 当1
櫻井 周 立 比 近畿 3508-7465 当2	409		416	櫛渕万里 れ 比 東京繰 3508-7063 当2
堀井 学 自[無] 比 北海道 3508-7125 当4	408	EV ホール	417	大石あきこ れ 比 近畿 3508-7404 当1
堀内詔子 自[無] 山梨2区 3508-7487 当4	407		418	議員会議室 (立憲)
中村裕之 自[麻] 北海道4区 3508-7406 当4	406		419	福島伸享 無(有志) 茨城1区 3508-7262 当3
斎藤アレックス 教 比 近畿 3508-7637 当1	405	EV ホール	420	防災備蓄室
西村智奈美 立 新潟1区 3508-7614 当6	404		421	金村龍那 維 比 南関東 3508-7411 当1
梅谷 守 立 新潟6区 3508-7403 当1	403	EV	422	堀場幸子 維 比 近畿 3508-7422 当1
近藤昭一 立 愛知3区 3508-7402 当9	402		423	古屋圭司 自[無] 岐阜5区 3508-7440 当11
山田勝彦 立 比 九州 3508-7420 当1	401	WC WC (男)(女)	424	吉田とも代 維 比 四国 3508-7001 当1

国会議事堂側

衆 会館

44

衆議院第2議員会館5階

左側	部屋番号	中央	部屋番号	右側
石川香織 立 北海道11区 3508-7512 当2	512		513	
池田佳隆 無 比東海 3508-7616 当4	511	喫煙室	514	**甘利 明** 自[麻] 比 南関東 3508-7528 当13
大西英男 自[無] 東京16区 3508-7033 当4	510	WC(男) WC(女)	515	**石破 茂** 自[無] 鳥取1区 3508-7525 当12
池畑浩太朗 維 比 近畿 3508-7520 当1	509		516	**道下大樹** 立 北海道1区 3508-7516 当2
熊田裕通 自[無] 愛知1区 3508-7513 当4	508	EV ホール	517	**逢坂誠二** 立 北海道8区 3508-7517 当5
一谷勇一郎 維 比 近畿 3508-7300 当1	507		518	**議員会議室** (自民)
赤木正幸 維 比 近畿 3508-7505 当1	506		519	**北神圭朗** 無(有志) 京都4区 3508-7069 当4
吉川 元 立 比 九州 3508-7056 当4	505	EV ホール	520	**高見康裕** 自[茂] 島根2区 3508-7166 当1
吉田久美子 公 比 九州 3508-7055 当1	504		521	**田中良生** 自[無] 埼玉15区 3508-7058 当5
河西宏一 公 比 東京 3508-7630 当1	503	EV	522	**三ッ林裕巳** 自[無] 埼玉14区 3508-7416 当4
古屋範子 公 比 南関東 3508-7629 当7	502	WC(男) WC(女)	523	**若宮健嗣** 自[茂] 比 東京 3508-7509 当5
小林茂樹 自[無] 比 近畿 3508-7090 当3	501		524	**伊藤達也** 自[茂] 東京22区 3508-7623 当9

国会議事堂側

衆 会館

衆議院第2議員会館6階

古川禎久 自[無] 宮崎3区 3508-7612 当7	612		613	森山浩行 立 比近畿 3508-7426 当3
柿沢未途 無 東京15区 3508-7427 当5	611	喫煙室	614	平沼正二郎 自[無] 岡山3区 3508-7251 当1
江田憲司 立 神奈川8区 3508-7462 当7	610	WC WC (男)(女)	615	勝目 康 自[無] 京都1区 3508-7615 当1
徳永久志 教 比近畿 3508-7250 当1	609		616	青山周平 自[無] 比東海 3508-7083 当4
篠原 豪 立 神奈川1区 3508-7130 当3	608	EV ホール	617	緒方林太郎 無(有志) 福岡9区 3508-7119 当3
吉田はるみ 立 東京8区 3508-7620 当1	607		618	議員会議室 (共用)
落合貴之 立 東京6区 3508-7134 当3	606		619	防災備蓄室
船田 元 自[無] 栃木1区 3508-7156 当13	605	EV ホール	620	穀田恵二 共 比近畿 3508-7438 当10
田中英之 自[無] 比近畿 3508-7007 当4	604		621	笠井 亮 共 比東京 3508-7439 当6
山口 壯 自[無] 比近畿 3508-7521 当7	603	EV	622	下村博文 自[無] 東京11区 3508-7084 当9
荒井 優 立 比北海道 3508-7602 当1	602		623	城内 実 自[無] 静岡7区 3508-7441 当6
野間 健 立 鹿児島3区 3508-7027 当3	601	WC WC (男)(女)	624	吉野正芳 自[無] 福島5区 3508-7143 当8

国会議事堂側

衆
会
館

衆議院第2議員会館7階

左側			中央		右側	
田村貴昭 共 比 九州 3508-7475 当3	712		階段	713	棚橋泰文 自[麻] 岐阜2区 3508-7429 当9	
新垣邦男 社(立憲) 沖縄2区 3508-7157 当1	711		喫煙室	714	金子容三 自[無] 長崎4区 3508-7627 補当1	
金子恵美 立 福島1区 3508-7476 当3	710		WC(男) WC(女)	715	小野寺五典 自[無] 宮城6区 3508-7432 当8	
松原 仁 無(立憲) 東京3区 3508-7452 当8	709		階段	716	國重 徹 公 大阪5区 3508-7405 当4	
星野剛士 自[無] 比 南関東 3508-7413 当4	708		EVホール	717	佐藤英道 公 比 北海道 3508-7457 当4	
吉良州司 無(有志) 大分1区 3508-7412 当6	707			718	議員会議室 (自民)	
長妻 昭 立 東京7区 3508-7456 当8	706			719	山下貴司 自[茂] 岡山2区 3508-7057 当4	
岬 麻紀 維 比 東海 3508-7409 当1	705		EVホール	720	白石洋一 立 比 四国 3508-7244 当3	
早坂 敦 維 比 東北 3508-7414 当1	704		階段	721	井出庸生 自[麻] 長野3区 3508-7469 当4	
長谷川淳二 自[無] 愛媛4区 3508-7453 当1	703		EV	722	宮﨑政久 自[茂] 比 九州 3508-7360 当4	
坂本哲志 自[無] 熊本3区 3508-7034 当7	702			723	中島克仁 立 比 南関東 3508-7423 当4	
中川貴元 自[麻] 比 東海 3508-7461 当1	701		WC(男) WC(女)	724	米山隆一 立 新潟5区 3508-7485 当1	

会館

国会議事堂側

47

衆議院第2議員会館8階

左側	部屋		部屋	右側
神田潤一 自[無] 青森2区 3508-7502 当1	812		813	古川 康 自[茂] 比 九州 6205-7711 当3
上田英俊 自[茂] 富山2区 3508-7061 当1	811	喫煙室	814	後藤祐一 立 神奈川16区 3508-7092 当5
谷 公一 自[無] 兵庫5区 3508-7010 当7	810	WC(男) WC(女)	815	
木村次郎 自[無] 青森3区 3508-7407 当2	809		816	吉川 赳 無 比 東海 3508-7228 当3
高橋英明 維 比 北関東 3508-7260 当1	808	EVホール	817	防災備蓄室
和田有一朗 維 比 近畿 3508-7527 当1	807		818	議員会議室 (立憲)
掘井健智 維 比 近畿 3508-7088 当1	806		819	近藤和也 立 比 北陸信越 3508-7605 当3
新谷正義 自[茂] 広島4区 3508-7604 当4	805	EVホール	820	浮島智子 公 比 近畿 3508-7290 当4
平口 洋 自[茂] 広島2区 3508-7622 当5	804		821	馬場雄基 立 比 東北 3508-7631 当1
浅川義治 維 比 南関東 3508-7197 当1	803	EV	822	柴山昌彦 自[無] 埼玉8区 3508-7624 当7
菊田真紀子 立 新潟4区 3508-7524 当7	802		823	小渕優子 自[無] 群馬5区 3508-7424 当8
神谷 裕 立 比 北海道 3508-7050 当2	801	WC(男) WC(女)	824	額賀福志郎 無 茨城2区 3508-7447 当13

国会議事堂側

会館

48

衆議院第2議員会館9階

長友 慎治 国　　比九州 3508-7212　当1	912		913	金子 俊平 自[無]　岐阜4区 3508-7060　当2	
議員予備室	911	喫煙室	914	泉田 裕彦 自[無]　比北陸信越 3508-7640　当2	
伴野 豊 立　　比東海 3508-7019　当6	910	WC WC (男)(女)	915	五十嵐 清 自[茂]　比北関東 3508-7085　当1	
重徳 和彦 立　　愛知12区 3508-7910　当4	909		916	丹羽 秀樹 自[無]　愛知6区 3508-7025　当6	
穂坂 泰 自[無]　埼玉4区 3508-7030　当2	908	EV ホール	917	山田 美樹 自[無]　東京1区 3508-7037　当4	
杉田 水脈 自[無]　比中国 3508-7029　当3	907		918	議員会議室 (自民)	
根本 幸典 自[無]　愛知15区 3508-7711　当4	906		919	中川 康洋 公　　比東海 3508-7038　当2	
塩川 鉄也 共　　比北関東 3508-7507　当8	905	EV ホール	920	日下 正喜 公　　比中国 3508-7021　当1	
高橋 千鶴子 共　　比東北 3508-7506　当7	904		921	井野 俊郎 自[茂]　群馬2区 3508-7219　当4	
梶山 弘志 自[無]　茨城4区 3508-7529　当8	903	EV	922	防災備蓄室	
佐藤 勉 自[無]　栃木4区 3508-7408　当9	902	WC WC (男)(女)	923	中曽根 康隆 自[無]　群馬1区 3508-7272　当2	
尾﨑 正直 自[無]　高知2区 3508-7619　当1	901		924	三反園 訓 無(自民)　鹿児島2区 3508-7511　当1	

国会議事堂側

会館

衆議院第 2 議員会館 10 階

早稲田ゆき				青柳陽一郎
立　神奈川4区	1012		1013	立　比 南関東
3508-7106　当2				3508-7245　当4

茂木敏充				石川昭政
自[茂]　栃木5区	1011	喫煙室	1014	自[無]　比 北関東
3508-1011　当10				3508-7159　当4

武部　新		WC WC		藤原　崇
自[無]　北海道12区	1010	(男)(女)	1015	自[無]　岩手3区
3508-7425　当4				3508-7207　当4

金田勝年				國場幸之助
自[無]　比 東北	1009		1016	自[無]　比 九州
3508-7053　当5				3508-7741　当4

末松義規		EV		武井俊輔
立　東京19区	1008	ホール	1017	自[無]　比 九州
3508-7488　当7				3508-7388　当4

小田原　潔				議員会議室
自[無]　東京21区	1007		1018	(公明)
3508-7909　当4				

古川元久				冨樫博之
国　愛知2区	1006		1019	自[無]　秋田1区
3508-7078　当9				3508-7275　当4

小川淳也		EV		東　国幹
立　香川1区	1005	ホール	1020	自[茂]　北海道6区
3508-7621　当6				3508-7634　当1

稲富修二				江渡聡徳
立　比 九州	1004		1021	自[麻]　青森1区
3508-7515　当3				3508-7096　当8

森田俊和		EV		赤澤亮正
立　埼玉12区	1003		1022	自[無]　鳥取2区
3508-7419　当2				3508-7490　当6

江﨑鐵磨				高木陽介
自[無]　愛知10区	1002	WC WC	1023	公　比 東京
3508-7418　当8		(男)(女)		3508-7481　当9

奥野信亮				山崎正恭
自[無]　比 近畿	1001		1024	公　比 四国
3508-7421　当6				3508-7472　当1

国会議事堂側

衆 会 館

衆議院第2議員会館11階

左室		中央		右室
吉田豊史 無 比 北陸信越 3508-7434 当2	1112	階段	1113	**菅 義偉** 自[無] 神奈川2区 3508-7446 当9
上杉謙太郎 自[無] 比 東北 3508-7074 当2	1111	喫煙室	1114	**古川直季** 自[無] 神奈川6区 3508-7523 当1
山本ともひろ 自[無] 比 南関東 3508-7193 当5	1110	WC WC (男) (女)	1115	**稲田朋美** 自[無] 福井1区 3508-7035 当6
渡辺 周 立 比 東海 3508-7077 当9	1109	階段	1116	**木原 稔** 自[茂] 熊本1区 3508-7450 当5
山口 晋 自[茂] 埼玉10区 3508-7430 当1	1108	EV ホール	1117	**櫻田義孝** 自[無] 比 南関東 3508-7381 当8
小泉龍司 自[無] 埼玉11区 3508-7121 当7	1107		1118	**議員会議室** (自民)
加藤竜祥 自[無] 長崎2区 3508-7230 当1	1106		1119	**坂井 学** 自[無] 神奈川5区 3508-7489 当5
三木圭恵 維 比 近畿 3508-7638 当2	1105	EV ホール	1120	**三谷英弘** 自[無] 比 南関東 3508-7522 当3
加藤勝信 自[茂] 岡山5区 3508-7459 当7	1104	階段	1121	**門山宏哲** 自[無] 比 南関東 3508-7382 当4
河野太郎 自[麻] 神奈川15区 3508-7006 当9	1103	EV	1122	**伊藤俊輔** 立 比 東京 3508-7150 当2
阿部弘樹 維 比 九州 3508-7480 当1	1102	WC WC (男) (女)	1123	**鈴木 敦** 教 比 南関東 3508-7286 当1
	1101		1124	**西岡秀子** 国 長崎1区 3508-7343 当2

国会議事堂側

衆議院第2議員会館 12階

武藤容治 自[麻] 岐阜3区 3508-7482 当5	1212		1213	根本 匠 自[無] 福島2区 3508-7312 当9
塩谷 立 自[無] 比 東海 3508-7632 当10	1211	喫煙室	1214	防災備蓄室
今村雅弘 自[無] 比 九州 3508-7610 当9	1210	WC(男) WC(女)	1215	鈴木隼人 自[茂] 東京10区 3508-7463 当3
岩屋 毅 自[無] 大分3区 3508-7510 当9	1209		1216	井坂信彦 立 兵庫1区 3508-7082 当3
髙階恵美子 自[無] 比 中国 3508-7518 当1	1208	EV ホール	1217	柚木道義 立 比 中国 3508-7301 当6
江藤 拓 自[無] 宮崎2区 3508-7468 当7	1207		1218	議員会議室 (自民)
中根一幸 自[無] 比 北関東 3508-7458 当5	1206		1219	本庄知史 立 千葉8区 3508-7519 当1
萩生田光一 自[無] 東京24区 3508-7154 当6	1205	EV ホール	1220	細田健一 自[無] 新潟2区 3508-7278 当4
津島 淳 自[茂] 比 東北 3508-7073 当4	1204		1221	坂本祐之輔 立 比 北関東 3508-7449 当3
市村浩一郎 維 兵庫6区 3508-7165 当4	1203	EV	1222	中谷 元 自[無] 高知1区 3508-7486 当11
空本誠喜 維 比 中国 3508-7451 当2	1202	WC(男) WC(女)	1223	竹内 譲 公 比 近畿 3508-7473 当6
尾身朝子 自[無] 比 北関東 3508-7484 当3	1201		1224	庄子賢一 公 比 東北 3508-7474 当1

国会議事堂側

会館

衆議院議員写真・略歴・宿所一覧

第49回総選挙（小選挙区比例代表並立制）
（令和3年10月31日施行／令和7年10月30日満了）

議　長	額賀福志郎 ぬか が ふく し ろう	秘書	平川　大輔 田中　翔太	☎3581-1461
副議長	海江田万里 かい え だ ばん り	秘書	清家　弘司 落合　友子	☎3423-0311

勤続年数は令和6年2月末現在です。

北海道1区	450,946 59.13

札幌市（中央区、北区の一部
（P169参照）、南区、西区の一部
（P169参照））

当118,286　道下大樹　立前（45.3)
比106,985　船橋利実　自前（41.0)
比35,652　小林　悟　維新（13.7)

みち した だい き
道下大樹　　立前　当2
北海道新得町　S50・12・24
勤6年6ヵ月　（初／平29)

法務委、総務委、党国対副委員長、党税
調事務局長、北海道議、道政会民進党政
審会長、衆議院議員秘書、中央大／48歳

〒060-0042　札幌市中央区大通西5丁目
昭和ビル5F　　　　☎011（233)2331

北海道2区	460,828 52.60

札幌市（北区（1区に属しない区
域）（P169参照）、東区）

当105,807　松木謙公　立前（44.7)
比89,745　高橋祐介　自前（37.9)
比41,076　山崎　泉　維新（17.4)

まつき
松木けんこう　　立前　当6
北海道札幌市　S34・2・22
勤14年11ヵ月　（初／平15)

環境委、沖北特委、沖北特委員長、党選対委員
長代理、決算行監委員長、農水大臣政務官、官房
長官・労働大臣秘書、青山学院大学／65歳

〒001-0908　札幌市北区新琴似8条9丁目2-1
　　　　　　　　☎011（769)7770
〒168-0063　杉並区和泉3-31-12

北海道3区	474,944 56.24

札幌市（白石区、豊平区、清田区）

当116,917　高木宏寿　自元（44.7)
比ל112,535　荒井　優　立新（43.0)
比32,340　小和田康文　維新（12.4)

たか ぎ ひろ ひさ
高木宏壽　　自元[無]　当3
北海道札幌市　S35・4・9
勤7年3ヵ月　（初／平24)

復興副大臣、党生活安全関係団体委員長、
党内閣第一部会長代理、内閣府大臣政務官
兼復興大臣政務官、道議、慶大法／63歳

〒062-0020　札幌市豊平区月寒中央通5-1-12
　　　　　　　　☎011（852)4764
〒100-8982　千代田区永田町2-1-2、会館☎03（3508)7636

北海道4区　363,778 ／ 61.14

当109,326　中村 裕之　自前（50.2）
比当108,630　大築 紅葉　立新（49.8）

札幌市（西区（1区に属しない区域）（P169参照）、手稲区）、小樽市、後志総合振興局管内

中村 裕之
なか むら ひろ ゆき

自前［麻］
北海道　S36・2・23
勤11年4ヵ月　（初／平24）

当4

文科委理、国交委、原子力特委理、党水産部会長代理、党文科部会長、農水副大臣、文科大臣政務官、道議、道PTA連会長、JC、道庁、北海学園大／63歳

〒047-0024　小樽市花園1-4-19　☎0134（21）5770
〒107-0052　港区赤坂2-17-10、宿舎　☎03（5549）4671

北海道5区　467,864 ／ 60.22

当139,950　和田 義明　自前（50.6）
比111,366　池田 真紀　立前（40.3）
16,758　橋本 美香　共新（6.1）
8,520　大津伸太郎　無新（3.1）

札幌市（厚別区）、江別市、千歳市、恵庭市、北広島市、石狩市、石狩振興局管内

和田 義明
わ だ よし あき

自前［無］
大阪府池田市　S46・10・10
勤8年　（初／平28補）

当3

党女性局次長、防衛大臣補佐官、内閣府副大臣、内閣府大臣政務官、党遊説局長、党国防副部会長、三菱商事、早大商／52歳

〒004-0053　札幌市厚別区厚別中央3条5丁目8-20　☎011（896）5505
〒100-8981　千代田区永田町2-2-1、会館　☎03（3508）7117

北海道6区　415,008 ／ 56.86

当128,670　東　国幹　自新（55.5）
比93,403　西川 将人　立新（40.3）
比9,776　斉藤 忠行　N新（4.2）

旭川市、士別市、名寄市、富良野市、上川総合振興局管内

東　国幹
あずま くに よし

自新［茂］
北海道名寄市　S43・2・17
勤2年5ヵ月　（初／令3）

当1

農水委、法務委、災害特委、沖北特委、党地方組織・議員総局次長、道議会議員、旭川市議、衆院議員秘書、東海大学／56歳

〒079-8412　旭川市永山2条4丁目2-19　☎0166（40）2223
〒107-0052　港区赤坂2-17-10、宿舎

北海道7区　253,134 ／ 56.19

当80,797　伊東 良孝　自前（58.0）
比45,563　篠田奈保子　立新（32.7）
12,913　石川 明美　共新（9.3）

釧路市、根室市、釧路総合振興局管内、根室振興局管内

伊東 良孝
い とう よし たか

自前［無］
北海道　S23・11・24
勤14年8ヵ月　（初／平21）

当5

衆沖北特委理、党総務会総務、党北海道総合開発特委長、地方創生特委長、農水副大臣（2回目）、水産部会長、農水委員長、副幹事長、沖北特委筆頭理、財務政務官、釧路市長、道議、市議、道教育大／75歳

〒085-0021　釧路市浪花町13-2-1　☎0154（25）5500
〒100-8981　千代田区永田町2-2-1、会館　☎03（3508）7170

北海道8区	361,180 60.08	当112,857 逢坂誠二 立前(52.7)

比101,379 前田一男 自元（47.3）

函館市、北斗市、渡島総合振興
局管内、檜山振興局管内

おお さか せい じ **立前** 　　　　　当5
逢坂 誠二
北海道ニセコ町　S34・4・24
勤16年7ヵ月（初／平17）

**憲法審野党筆頭幹事、内閣委、原子力特委、党代
表代行、道連代表**、総理補佐官、総務大臣政務
官、ニセコ町長、薬剤師、行政書士、北大／64歳

〒040-0073 函館市宮前町8-4　　☎0138(41)7773
〒100-8982 千代田区永田町2-1-2、会館 ☎03(3508)7517

北海道9区	381,776 58.92	当113,512 山岡達丸 立前(51.5)

比当106,842 堀井　学 自前（48.5）

室蘭市、苫小牧市、登別市、伊
達市、胆振総合振興局管内、日高
振興局管内

やま おか たつ まる **立前** 　　　　　当3
山岡 達丸
東京都　S54・7・22
勤9年10ヵ月（初／平21）

**経産委、党副幹事長（総務局長兼務）、ハ
ラスメント対策委員会事務局長**、NHK
記者、慶大経／44歳

〒053-0021 北海道苫小牧市若草町1丁目1-24
　　　　　　　　　　　　　　　　　☎0144(37)5800
〒100-8981 千代田区永田町2-2-1、会館 ☎03(3508)7306

北海道10区	284,648 64.80	当96,843 稲津　久 公前(53.9)

比当82,718 神谷　裕 立前（46.1）

夕張市、岩見沢市、留萌市、美唄市、
芦別市、赤平市、三笠市、滝川市、
砂川市、歌志内市、深川市、空知総
合振興局管内、留萌振興局管内

いな つ ひさし **公前** 　　　　　当5
稲津　久
北海道芦別市　S33・2・9
勤14年8ヵ月（初／平21）

**党幹事長代理、中央幹事、政調会長代理、
北海道本部代表**、元厚生労働副大臣、元
農水政務官、元道議、専修大／66歳

〒068-0024 岩見沢市4条西2-4-2　　☎0126(22)8511
〒107-0052 港区赤坂2-17-10、宿舎

北海道11区	283,874 63.51	当91,538 石川香織 立前(51.8)

比当85,336 中川郁子 自元（48.2）

帯広市、十勝総合振興局管内

いし かわ か おり **立前** 　　　　　当2
石川 香織
神奈川県　S59・5・10
勤6年6ヵ月（初／平29）

**予算委、国交委、消費者特委、党副幹事
長**、前党青年局長、元日本BS11アナウン
サー、聖心女子大／39歳

〒080-0028 帯広市西18条南5丁目47-5 ☎0155(67)7730
〒107-0052 港区赤坂2-17-10、宿舎

㊙略歴

北海道

北見市、網走市、稚内市、紋別市、宗谷総合振興局管内、オホーツク総合振興局管内

たけ べ　　　あらた
武 部　新　自前[無]　当4
北海道　S45・7・20
勤11年4ヵ月（初／平24）

衆院法務委員長、農林水産副大臣、環境兼内閣府大臣政務官、衆院議事進行係、党農林部会長、早大法、シカゴ大院／53歳

〒090-0833 北見市とん田東町603-1　☎0157(61)7711

比例代表 北海道 8人 北海道

すず き　たか こ
鈴 木 貴 子　自前[茂]　当4
北海道帯広市　S61・1・5
勤10年10ヵ月（初／平25補）

自民党副幹事長、前外務副大臣、元防衛大臣政務官、元NHK長野放送局番組制作ディレクター、カナダオンタリオ州トレント大学／38歳

〒085-0018 釧路市黒金町7-1-1
　　　　　　クロガネビル3F　☎0154(24)2522

わた なべ こう いち
渡 辺 孝 一　自前[無]　当4
北海道　S32・11・25
勤11年4ヵ月（初／平24）

総務副大臣、総務大臣政務官、防衛大臣政務官、農水委理事、党副幹事長、岩見沢市長、歯科医、東日本学園大／66歳

〒068-0004 岩見沢市4条東1-7-1
　　　　　　北商4-1ビル1F　☎0126(25)1188
〒107-0052 港区赤坂2-17-10、宿舎

ほり い　　　まなぶ
堀 井　学　自前[無]　当4(初／平24)
北海道室蘭市　S47・2・19
勤11年4ヵ月〈北海道9区〉

農水委、経産委、地・こ・デジ特委、内閣府副大臣、予算委、文文科部会長代理、外務大臣政務官、道議、王子製紙、専修大商／52歳

〒059-0012 登別市中央町5-14-1　☎0143(88)2811
〒107-0052 港区赤坂2-17-10、宿舎　☎03(5549)4671

なか がわ ゆう こ
中 川 郁 子　自元[麻]　当3(初／平24)
新潟県　S33・12・22
勤7年3ヵ月〈北海道11区〉

外務委理、党内閣第一部会長代理、党生活安全関係団体委員長、水産総合調査会副会長、農林水産大臣政務官、三菱商事、聖心女子大学／65歳

〒080-0802 帯広市東2条南13丁目18　☎0155(27)2611

おおつき紅葉 （くれは）

立新　当1(初/令3)
北海道小樽市　S58・10・16
勤2年5ヵ月　〈北海道4区〉

総務委、法務委、消費者特委、党国対委員長補佐、党政調会長補佐、フジテレビ政治部記者、英国バーミンガムシティ大／40歳

〒047-0024　小樽市花園2-6-7
　　　　　　プラムビル5F　　　☎0134(61)7366

荒井　優 （あらい　ゆたか）

立新　当1(初/令3)
北海道　S50・2・28
勤2年5ヵ月　〈北海道3区〉

経産委、復興特委、党政調会長補佐、人材局長、ソフトバンク(株)社長室、高校校長、早大／49歳

〒062-0933　札幌市豊平区平岸3条10-1-29 酒井ビル
〒107-0052　港区赤坂2-17-10、宿舎　☎011(826)3021
　　　　　　　　　　　　　　　　☎03(5549)6471

神谷　裕 （かみや　ひろし）

立前　当2(初/平29)
東京都豊島区　S43・8・10
勤6年6ヵ月　〈北海道10区〉

農水委、沖北特委筆頭理事、党政調副会長、参院議員秘書、衆院議員秘書、国務大臣秘書官、日鰹連職員、帝京大／55歳

〒068-0024　北海道岩見沢市4条西4丁目12　☎0126(22)1100

佐藤英道 （さとう　ひでみち）

公前　当4
宮城県名取市　S35・9・26
勤11年4ヵ月　(初/平24)

予算委理、党厚労部会長、厚生労働・内閣府副大臣、議運委理事、農水政務官、党団体渉外委員長、中央幹事、国交部会長、創大院／63歳

〒060-0001　札幌市中央区北1条西19丁目
　　　　　　緒方ビル4F　　　☎011(688)5450
〒100-8982　千代田区永田町2-1-2、会館　☎03(3508)7457

㊝
略
歴

比
例
北
海
道

| 比例代表　北海道　8人 | 有効投票数　2,569,130票 | | |

政党名	当選数		得票数	得票率	
	惜敗率	小選挙区		惜敗率	小選挙区
自 民 党	**4人**		**863,300票**	**33.60%**	

				【小選挙区での当選者】		
当①	鈴木	貴子	前	③高木	宏寿	元	北3
当②	渡辺	孝一	前	③中村	裕之	前	北4
当③	堀井	学	前(94.12)北9	③和田	義明	前	北5
当③	中川	郁子	元(93.22)北11	③東	国幹	新	北6
③	船橋	利実	新(90.45)北1	③伊東	良孝	前	北7
③	前田	一男	元(89.8)北8	③武部	新	前	北12
③	高橋	祐介	新(84.8)北2			
⑭	鶴羽	佳子	新			
⑮	長友	隆典	新			

立憲民主党　3人　　682,912票　26.58%

当①大築　紅葉 新(99.36) 北4　【小選挙区での当選者】
当①荒井　優 新(96.25) 北3　①道下　大樹 前　　北1
当①神谷　裕 前(85.41) 北10　①松木　謙公 前　　北2
①池田　真紀 前(79.58) 北5　①逢坂　誠二 前　　北8
①西川　将人 新(72.59) 北6　①山岡　達丸 前　　北9
①川原田英世 新(56.66) 北12　①石川　香織 前　　北11
①篠田奈保子 新(56.39) 北7
⑬原谷　那美 新
⑭秋元　恭兵 新
⑮田中　勝一 新

公　明　党　1人　　294,371票　11.46%

当①佐藤　英道 前　　　　　②荒瀬　正昭 前

その他の政党の得票数・得票率は下記のとおりです。
(当選者はいません)

政党名　　得票数　　得票率
日本維新の会　215,344票　8.38%　支持政党なし　46,142票　1.80%
共産党　　207,189票　8.06%　NHKと裁判してる党弁護士法72条違反で
れいわ新選組　102,086票　3.97%　　　　　　　　42,916票　1.67%
国民民主党　73,621票　2.87%　社民党　41,248票　1.61%

青森県1区	342,174 ① 51.84	当91,011　江渡聡徳　自前(52.4)
		比64,870　升田世喜男　立元(37.4)
		17,783　斎藤美緒　共新(10.2)

青森市、むつ市、東津軽郡、上北郡(野辺地町、横浜町、六ヶ所村)、下北郡

え　と　あき　のり　　　　自前[麻]　　　当8
江渡聡徳　青森県十和田市 S30・10・12
　　　　　　　勤24年2ヵ月　(初/平8)

安保委、原子力特委、党総務、防衛大臣、安保委員長、防衛副大臣、短大講師、日大院/68歳

〒030-0812　青森市堤町1-3-12
〒107-0052　港区赤坂2-17-10、宿舎　☎017(718)8820

青森県2区	389,510 ① 53.56	当126,137　神田潤一　自新(61.5)
		比65,909　高畑紀子　立新(32.1)
		12,966　田端深雪　共新(6.3)

八戸市、十和田市、三沢市、上北郡(七戸町、六戸町、東北町、おいらせ町)、三戸郡

かん　だ　じゅん　いち　　自新[無]　　　当1
神田潤一　青森県八戸市 S45・9・27
　　　　　　　勤2年5ヵ月　(初/令3)

内閣府大臣政務官(経済再生、金融庁担当)、日本銀行職員、金融庁出向、日本生命出向、マネーフォワード執行役員、東大経、イェール大学院/53歳

〒031-0081　八戸市柏崎1-1-1　　☎0178(51)8866

青森県3区　347,625　⑱53.29

当118,230	木村次郎　自前（65.0）
比63,796	山内　崇　立新（35.0）

弘前市、黒石市、五所川原市、つがる市、平川市、西津軽郡、中津軽郡、南津軽郡、北津軽郡

き むら じ ろう
木村　次郎

自前［無］　　　当2
青森県藤崎町　S42・12・16
勤6年6ヵ月（初/平29）

議運委、農水委、原子力特委、政倫審委、防衛大臣政務官、国土交通大臣政務官、党国防副部会長、女性局次長、青森県職員、中央大／56歳

〒036-8191　青森県弘前市親方町43-3F　☎0172（36）8332
〒107-0052　港区赤坂2-17-10、宿舎　☎03（5549）4671

岩手県1区　293,290　⑱58.81

当87,017	階　　猛　立前（51.2）
比62,666	高橋比奈子　自前（36.9）
20,300	吉田恭子　共新（11.9）

盛岡市、紫波郡

しな　　　　たけし
階　　　猛

立前　　　　当6
岩手県盛岡市　S41・10・7
勤16年9ヵ月（初/平19補）

予算委、財金委、党「次の内閣」財務金融大臣、総務大臣政務官、民進党政調会長、弁護士、銀行員、東大法／57歳

〒020-0021　盛岡市中央通3-3-2
　　　　　　 菱和ビル6F　☎019（654）7111
〒107-0052　港区赤坂2-17-10、宿舎

岩手県2区　369,175　⑱60.28

当149,168	鈴木俊一　自前（68.0）
比66,689	大林正英　立新（30.4）
3,548	荒川順子　N新（1.6）

宮古市、大船渡市、久慈市、遠野市、陸前高田市、釜石市、二戸市、八幡平市、滝沢市、岩手郡、気仙郡、上閉伊郡、下閉伊郡、九戸郡、二戸郡

すず　き　しゅん　いち
鈴木　俊一

自前［麻］　　　当10
岩手県　S28・4・13
勤30年11ヵ月（初/平2）

財務・金融担当大臣、党総務会長、東京オリパラ大臣、環境大臣、外務副大臣、衆外務・厚労・復興特委員長、早大／70歳

〒020-0668　岩手県滝沢市鵜飼狐洞1-432
　　　　　　　　　　☎019（687）5525
〒100-8981　千代田区永田町2-2-1、会館　☎03（3508）7267

岩手県3区　377,117　⑱61.71

当118,734	藤原　崇　自前（52.1）
比当109,362	小沢一郎　立前（47.9）

花巻市、北上市、一関市、奥州市、和賀郡、胆沢郡、西磐井郡

ふじ　わら　　　たかし
藤原　　崇

自前［無］　　　当4
岩手県西和賀町　S58・8・2
勤11年4ヵ月（初/平24）

党青年局長、法務委、財金委、復興特委、財務大臣政務官、内閣府兼復興大臣政務官、明治学院大学法科大学院修了／40歳

〒024-0091　岩手県北上市大曲町2-24　☎0197（72）6056
〒100-8982　千代田区永田町2-1-2、会館　☎03（3508）7207

宮城県1区 439,697 ⑳54.60

当101,964 土井 亨 自前（43.4）
比当96,649 岡本章子 立前（41.2）
　　23,033 春藤沙弥香 維新（ 9.8）
　　13,174 大草芳江 無新（ 5.6）

仙台市（青葉区、太白区（本庁管内））

ど　い　　　　とおる
土井 亨

自前［無］　　　　当5
宮城県　　　　S33・8・12
勤15年3ヵ月　（初／平17）

国交委、党所有者不明土地等に関する特別委員長、党情報調査局長、国交副大臣、復興副大臣、国交政務官、党国対副委長、党財金部会長、副幹事長、県議3期、東北学院大／65歳

〒980-0011　仙台市青葉区上杉1-1-30-102　☎022（262）7223

宮城県2区 455,409 ⑳53.62

当116,320 鎌田さゆり 立元（49.0）
比当115,749 秋葉賢也 自前（48.7）
比当5,521 林マリアゆき N新（ 2.3）

仙台市（宮城野区、若林区、泉区）

かまた
鎌田さゆり

立元　　　　　当3
宮城県　　　　S40・1・8
勤7年　　　　（初／平12）

法務委次席理事、震災復興特委理、党災害・緊急事態局東北ブロック副局長、党政調副会長、東北学院大学／59歳

〒981-3133　仙台市泉区泉中央1-34-6-2F　☎022（771）5022
〒100-8981　千代田区永田町2-2-1、会館　☎03（3508）7204

宮城県3区 286,936 ⑳57.71

当96,210 西村明宏 自前（59.3）
比60,237 大野園子 立新（37.1）
　5,890 浅田晃司 無新（ 3.6）

仙台市（太白区（秋保総合支所管内（秋保町湯向、秋保町境野、秋保町長袋、秋保町湯元）、白石市、名取市、角田市、岩沼市、刈田郡、柴田郡、伊具郡

にし　むら　あき　ひろ
西村明宏

自前［無］　　　　当6
福岡県北九州市　S35・7・16
勤17年1ヵ月　（初／平15）

党国対委員長代行、国家基本委筆頭理事、環境大臣、内閣府特命担当大臣、内閣官房副長官、国交・内閣府・復興副大臣、国交委、党筆頭副幹事長、経産・国交部会長、早大院／63歳

〒981-1231　宮城県名取市手倉田字諏訪609-1　☎022（384）4757
〒100-8982　千代田区永田町2-1-2、会館　☎03（3508）7906

宮城県4区 237,478 ⑳57.15

当74,721 伊藤信太郎 自前（56.5）
比30,047 舩山由美 共新（22.7）
比当27,451 早坂敦 維新（20.8）

塩竈市、多賀城市、富谷市、宮城郡（七ヶ浜町、利府町）、黒川郡（大和町、大衡村）、加美郡

い　とうしん　た　ろう
伊藤信太郎

自前［麻］　　　　当7
東京都港区　　　S28・5・6
勤19年2ヵ月　（初／平13補）

環境大臣、党国際局長、復興特委員長、環境委員長、外務副大臣、外務政務官、慶大院、ハーバード大院／70歳

〒985-0021　宮城県塩釜市尾島町24-20　☎022（367）8687
〒100-8982　千代田区永田町2-1-2、会館　☎03（3508）7091

宮城県5区
252,373
⑰57.34

当81,033　安住　淳　立前(56.9)
比64,410　森下千里　自新(43.1)

石巻市、東松島市、大崎市(松山・三本木・鹿島台・田尻総合支所管内)、宮城郡(松島町)、黒川郡(大郷町)、遠田郡、牡鹿郡、本吉郡

あ　ずみ　　じゅん
安住　淳

立前
宮城県
勤27年7ヵ月

当9
S37・1・17
(初/平8)

党国対委員長、懲罰委員、民進党国対委員長、財務大臣、政府税調会長、防衛副大臣、衆安保委員長、党幹事長代行、NHK記者、早大/62歳

〒986-0814　石巻市南中里4-1-18　☎0225(23)2881
〒100-8981　千代田区永田町2-2-1、会館　☎03(3508)7293

宮城県6区
253,730
⑰57.38

当119,555　小野寺五典　自前(83.2)
24,072　内藤隆司　共新(16.8)

気仙沼市、登米市、栗原市、大崎市(第5区に属しない区域)

お　の　でらいつのり
小野寺五典

自前[無]
宮城県気仙沼市
勤22年5ヵ月

当8
S35・5・5
(初/平9補)

予算委員長、党安全保障調査会長、防衛大臣、党政調会長代理、外務副大臣、外務大臣政務官、東北福祉大客員教授、県職員、松下政経塾、東大院/63歳

〒987-0511　登米市迫町佐沼字中江1-10-4
　　　　　　中江第一ビル2F、1号　☎0220(22)6354
〒107-0052　港区赤坂2-17-10、宿舎

秋田県1区
261,956
⑰58.18

当77,960　冨樫博之　自前(51.9)
比当72,366　寺田　学　立前(48.1)

秋田市

と　がし　ひろ　ゆき
冨樫博之

自前[無]
秋田県秋田市
勤11年4ヵ月

当4
S30・4・27
(初/平24)

党内閣第二部会長、内閣委理、経産委、復興特委、倫選特委、復興副大臣、総務大臣政務官、秋田県議会議長、衆院秘書、秋田経済大/68歳

〒010-1427　秋田市仁井田新田3-13-20　☎018(839)5601
〒107-0052　港区赤坂2-17-10、宿舎

秋田県2区
258,568
⑰61.23

当81,845　緑川貴士　立前(52.5)
比当73,945　金田勝年　自前(47.5)

能代市、大館市、男鹿市、鹿角市、潟上市、北秋田市、鹿角郡、北秋田郡、山本郡、南秋田郡

みどりかわ　たか　し
緑川貴士

立前
埼玉県
勤6年6ヵ月

当2
S60・1・10
(初/平29)

農水委理事、党秋田県連代表、秋田朝日放送アナウンサー、早大/39歳

〒017-0897　秋田県大館市三ノ丸92　☎0186(57)8614
〒100-8982　千代田区永田町2-1-2、会館　☎03(3508)7002

略歴

宮城・秋田

秋田県3区 320,409 ㊺55.89

当134,734 御法川信英 自前(77.9)
38,118 杉山 彰 共新(22.1)

横手市、湯沢市、由利本荘市、大仙市、にかほ市、仙北市、仙北郡、雄勝郡

みのりかわのぶひで
御法川信英

自前[無]　　　当6
秋田県　　　S39・5・25
勤17年1ヵ月　(初/平15)

党国対委員長代理、災害対策特別委員長、国土交通・内閣府・復興副大臣、財務副大臣、外務政務官、慶大、コロンビア大院/59歳

〒014-0046　秋田県大仙市大曲田町20-32　☎0187(63)5835
〒107-0052　港区赤坂2-17-10、宿舎

山形県1区 303,982 ㊺61.59

当110,688 遠藤利明 自前(60.0)
比73,872 原田和広 立新(40.0)

山形市、上山市、天童市、東村山郡

えんどうとしあき
遠藤利明

自前[無]　　　当9
山形県上山市　S25・1・17
勤27年5ヵ月　(初/平5)

党中央政治大学院学院長、党総務会長、党選対委員長、東京五輪担当相、党幹事長代理、文科副大臣、建設政務次官、中大法/74歳

〒990-2481　山形市あかねヶ丘2-1-6　☎023(646)6888
〒107-0052　港区赤坂2-17-10、宿舎　☎03(5549)4671

山形県2区 313,967 ㊺65.71

当125,992 鈴木憲和 自前(61.8)
比77,742 加藤健一 国新(38.2)

米沢市、寒河江市、村山市、長井市、東根市、尾花沢市、南陽市、西村山郡、北村山郡、東置賜郡、西置賜郡

すずきのりかず
鈴木憲和

自前[茂]　　　当4
山形県南陽市　S57・1・30
勤11年4ヵ月　(初/平24)

農林水産副大臣、党青年局長、外務大臣政務官、党外交部会長代理、党農林部会長代理、農水省、東大法/42歳

〒992-0012　米沢市金池2-1-11　☎0238(26)4260
〒100-8981　千代田区永田町2-2-1、会館　☎03(3508)7318

山形県3区 287,642 ㊺65.74

当108,558 加藤鮎子 自前(58.1)
66,320 阿部ひとみ 無新(35.5)
12,100 梅木 威 共新(6.5)

鶴岡市、酒田市、新庄市、最上郡、東田川郡、飽海郡

かとうあゆこ
加藤鮎子

自前[無]　　　当3
山形県鶴岡市　S54・4・19
勤9年4ヵ月　(初/平26)

内閣府特命担当大臣、党厚労部会長代理、国土交通大臣政務官、環境兼内閣府大臣政務官、コロンビア大院、慶大/44歳

〒997-0026　鶴岡市大東町17-23(自宅)　☎0235(22)0376
〒107-0052　港区赤坂2-17-10、宿舎

㊛略歴

62

福島県1区 404,405 ㊿60.61

当123,620 金子恵美 立前（51.1）
比当118,074 亀岡偉民 自前（48.9）

福島市、相馬市、南相馬市、伊達市、伊達郡、相馬郡

金子恵美 かね こ え み

立前　当3(初/平26)※1
福島県保原町(現伊達市)　S40・7・7
勤15年5ヵ月(参6年1ヵ月)

党会計監査、党「次の内閣」ネクスト農水大臣、党震災復興本部事務局長、復興特委、農水委、県連代表、内閣府政務官兼復興政務官、参議員、福島大院／58歳

〒960-8253　福島市泉字泉川34-1　☎024(573)0520
〒100-8982　千代田区永田町2-1-2、会館　☎03(3508)7476

福島県2区 347,250 ㊿55.06

当102,638 根本 匠 自前（54.6）
比当85,501 馬場雄基 立新（45.4）

郡山市、二本松市、本宮市、安達郡

根本 匠 ね もと たくみ

自前［無］　当9
福島県　S26・3・7
勤27年6ヵ月　（初/平5）

国家基本政策委員長、党復興本部長、予算委員長、党中小企業調査会長、厚労大臣、党金融調査会長、復興大臣、総理補佐官、経産委、内閣府副大臣、厚生政務次官、建設省、東大／72歳

〒963-8012　郡山市咲田1-2-1-103　☎024(932)6662
〒100-8982　千代田区永田町2-1-2、会館　☎03(3508)7312

福島県3区 264,121 ㊿64.05

当90,457 玄葉光一郎 立前（54.2）
比当76,302 上杉謙太郎 自前（45.8）

白河市、須賀川市、田村市、岩瀬郡、西白河郡（泉崎村、中島村、矢吹町）、東白川郡、石川郡、田村郡

玄葉光一郎 げん ば こう いち ろう

立前　当10
福島県田村市　S39・5・20
勤30年10ヵ月　（初/平5）

安保委、復興特委、決算行監委長、外相、国家戦略担当・内閣府特命担当大臣、民主党政調会長、選対委長、県議、上智大／59歳

〒962-0832　須賀川市本町3-2　☎0248(72)7990
〒100-8982　千代田区永田町2-2-1、会館　☎03(3508)7252

福島県4区 237,353 ㊿64.68

当76,683 小熊慎司 立前（51.0）
比当73,784 菅家一郎 自前（49.0）

会津若松市、喜多方市、南会津郡、耶麻郡、河沼郡、大沼郡、西白河郡（西郷村）

小熊慎司 お ぐま しん じ

立前　当4(初/平24)※2
福島県　S43・6・16
勤13年10ヵ月(参2年6ヵ月)

拉致特委員長、外務委、参院議員、福島県議、会津若松市議、専大法学部／55歳

〒965-0835　会津若松市館馬町2-14　☎0242(38)3565
　　　　　　　ニューパークハイツ1F
〒100-8981　千代田区永田町2-2-1、会館　☎03(3508)7138

福島県5区	320,273 投48.00	当93,325　吉野　正芳　自前(62.7) 55,619　熊谷　　智　共新(37.3)

いわき市、双葉郡

よし　の　まさ　よし
吉野 正芳

自前[無]　　　当8
福島県いわき市　S23・8・8
勤23年10ヵ月　(初/平12)

党復興本部長代理、復興大臣、政倫審会長、農林水産委・震災復興特委・原子力特委・環境委各委員長、環境副大臣、文科政務官、早大／75歳

〒970-8026　いわき市平尼子町2-26NKビル　☎0246(21)4747
〒107-0052　港区赤坂2-17-10、宿舎

比例代表　東北	13人	青森、岩手、宮城、秋田、 山形、福島

つ　しま　じゅん
津島 淳

自前[茂]　　　当4
東京都　S41・10・18
勤11年4ヵ月　(初/平24)

衆財務金融委員長、法務副大臣、国交兼内閣府政務官、党国土交通部会長、財務金融・内閣第一部会長代理、学習院大／57歳

〒038-0031　青森市三内字丸山381　☎017(718)3726
〒100-8982　千代田区永田町2-1-2、会館　☎03(3508)7073

あき　ば　けん　や
秋葉 賢也

自前[茂]　　当7(初/平17)
宮城県　S37・7・3
勤19年　　　(宮城2区)

消費者問題特委員長、厚労委、元復興大臣、党政調副会長、内閣総理大臣補佐官、環境委、厚労・復興副大臣、総務大臣政務官、松下政経塾、中大法、東北大院法／61歳

〒981-3121　仙台市泉区上谷刈4-17-16　☎022(375)4477
〒100-8981　千代田区永田町2-2-1、会館　☎03(3508)7392

かん　け　いち　ろう
菅家 一郎

自前[無]　　当4(初/平24)
福島県　S30・5・20
勤11年4ヵ月　(福島4区)

環境委理、復興副大臣、環境大臣政務官兼内閣府大臣政務官、会津若松市長、県議、市議、会社役員、早大／68歳

〒965-0872　会津若松市東栄町5-19　☎0242(27)9439

かめ　おか　よし　たみ
亀岡 偉民

自前[無]　　当5(初/平17)
福島県　S30・9・10
勤15年3ヵ月　(福島1区)

予算委、倫選特委、倫選特委員長、拉致特委長、党総裁補佐、復興副大臣、文科兼内閣府副大臣、文科委員長、早大教育(野球部)／68歳

〒960-8055　福島市野田町5-6-25　☎024(533)3131
〒100-8981　千代田区永田町2-2-1、会館　☎03(3508)7148

金田勝年 <ruby>金<rt>かね</rt></ruby><ruby>田<rt>だ</rt></ruby> <ruby>勝<rt>かつ</rt></ruby><ruby>年<rt>とし</rt></ruby>

自前[無] 当5(初/平21)※
秋田県
勤26年10ヵ月(参12年2ヵ月)　S24・10・4　〈秋田2区〉

予算委、災害特委、党総務会長代行、予算委員長、法務大臣、財務金融委員長、外務副大臣、農林水産政務次官、大蔵主計官、一橋大／74歳

〒016-0843 能代市中和1-16-2　☎0185(54)3000
〒107-0052 港区赤坂2-17-10、宿舎　☎03(5549)4671

上杉謙太郎 <ruby>上<rt>うえ</rt></ruby><ruby>杉<rt>すぎ</rt></ruby><ruby>謙<rt>けん</rt></ruby><ruby>太<rt>た</rt></ruby><ruby>郎<rt>ろう</rt></ruby>

自前[無] 当2(初/平29)
神奈川県
勤6年6ヵ月　S50・4・20　〈福島3区〉

外務委、文科委、地・こ・デジ特委理事、震災復興特委、外務大臣政務官、議員秘書、県3区支部長、早大／48歳

〒961-0075 白河市会津町93 県南会津ビル　☎0248(21)9477

岡本あき子 <ruby>岡<rt>おか</rt></ruby><ruby>本<rt>もと</rt></ruby>あき<ruby>子<rt>こ</rt></ruby>

立前 当2(初/平29)
宮城県
勤6年6ヵ月　S39・8・16　〈宮城1区〉

総務委、地・こ・デジ特委理、党政調副会長、子ども若者応援本部事務局長、党ジェンダー平等推進本部事務局長、仙台市議、NTT、東北大／59歳

〒980-0811 仙台市青葉区一番町2-5-12-3F　☎022(395)4781
〒100-8981 千代田区永田町2-2-1、会館　☎03(3508)7064

寺田　学 <ruby>寺<rt>てら</rt></ruby><ruby>田<rt>た</rt></ruby>　<ruby>学<rt>まなぶ</rt></ruby>

立前 当6(初/平15)
秋田県横手市
勤18年5ヵ月　S51・9・20　〈秋田1区〉

政倫審筆頭幹事、法務委理、内閣総理大臣補佐官、三菱商事社員、中央大／47歳

〒010-1424 秋田市御野場1-1-9　☎018(827)7515
〒100-8981 千代田区永田町2-2-1、会館　☎03(3508)7464

小沢一郎 <ruby>小<rt>お</rt></ruby><ruby>沢<rt>ざわ</rt></ruby><ruby>一<rt>いち</rt></ruby><ruby>郎<rt>ろう</rt></ruby>

立前 当18(初/昭44)
岩手県旧水沢市
勤54年6ヵ月　S17・5・24　〈岩手3区〉

自由党代表、生活の党代表、国民の生活が第一代表、民主党代表、自由党党首、新進党党首、自民党幹事長、官房副長官、自治相、慶大／81歳

〒023-0814 奥州市水沢袋町2-38　☎0197(24)3851
〒100-8981 千代田区永田町2-2-1、会館　☎03(3508)7175

馬場雄基 <ruby>馬<rt>ば</rt></ruby><ruby>場<rt>ば</rt></ruby><ruby>雄<rt>ゆう</rt></ruby><ruby>基<rt>き</rt></ruby>

立新 当1(初/令3)
福島県
勤2年5ヵ月　H4・10・15　〈福島2区〉

財金委、環境委、議運委、震災復興特委、三井住友信託銀行、松下政経塾、コミュニティ施設事業統括、慶大法／31歳

〒963-8014 郡山市虎丸町6-18 虎丸ビル201　☎024(953)8109
〒100-8982 千代田区永田町2-1-2、会館　☎03(3508)7631

公新　当1
庄子賢一　しょうじけんいち
宮城県仙台市　S38・2・8
勤2年5ヵ月　（初／令3）

党中央幹事、党東北方面本部長、内閣委理、決算行監委、復興特委理、宮城県議会議員5期、広告代理店、東北学院大／61歳

〒983-0852　仙台市宮城野区榴岡4-5-24-502
☎022(290)3770
〒100-8982　千代田区永田町2-1-2, 会館 ☎03(3508)7474

共前　当7
高橋千鶴子　たかはしちづこ
秋田県　S34・9・16
勤20年5ヵ月　（初／平15）

党衆議院議員団長、障害者の権利委員会会任者、党国交部会長、党幹部会委員、国交委、復興特委、地・こ・デジ特委、弘前大／64歳

〒980-0021　仙台市青葉区中央4-3-28
朝市ビル4F
☎022(223)7572
〒107-0052　港区赤坂2-17-10、宿舎 ☎03(5549)4671

維新　当1(初／令3)
早坂敦　はやさかあつし
宮城県　S46・3・11
勤2年5ヵ月　〈宮城4区〉

文科委、復興特委理、会社役員、児童指導員、仙台市議、東北高校／52歳

〒981-3304　宮城県富谷市ひより台2-31-1-202
〒107-0052　港区赤坂2-17-10、宿舎 ☎022(344)6115

略歴

比例東北

比例代表 東北	**13 人**	有効投票数 4,120,670票	

政党名	当選者数	得票数	得票率
	惜敗率 小選挙区		惜敗率 小選挙区

自民党　6 人　1,628,233票　39.51%

当①津島　　淳 前	②木村　次郎 前　　青3
当②秋葉　賢也 前(99.51)宮2	②鈴木　俊一 前　　岩2
当②菅家　一郎 前(96.22)福4	②藤原　　崇 前　　岩3
当②亀岡　偉民 前(95.51)福1	②土井　　亨 前　　宮1
当②金田　勝年 前(90.38)秋2	②西村　明宏 前　　宮3
当②上杉謙太郎 前(84.35)福3	②伊藤信太郎 前　　宮4
②森下　千里 新(75.78)宮5	②小野寺五典 前　　宮6
②高橋比奈子 前(72.02)岩1	②冨樫　博之 前　　秋1
㉔前川　　恵 元	②御法川信英 前　　秋3
㉕入野田　博 新	②遠藤　利明 前　　山1
【小選挙区での当選者】	②鈴木　憲和 前　　山2
②江渡　聡徳 前　　青1	②加藤　鮎子 前　　山3
②神田　潤一 新　　青2	②根本　　匠 前　　福2

立憲民主党　4 人　991,504票　24.06%

当①岡本　章子 前(94.79)宮1	①原田　和広 新(66.74)山1
当①寺田　　学 前(92.82)秋1	①大野　園子 新(62.61)宮3
当①小沢　一郎 前(92.11)岩3	①山内　　崇 新(53.96)青3
当①馬場　雄基 新(83.30)福2	①高畑　紀子 新(52.25)青2
当①升田世喜男 元(71.28)青1	①大林　正英 新(44.71)岩2

⑱佐野　利恵　新
⑲鳥居　作弥　新
⑳内海　太　新
【小選挙区での当選者】
①階　　猛　前　　岩1
①鎌田さゆり　元　　宮2

①安住　　淳　前　　宮5
①緑川　貴士　前　　秋2
①金子　恵美　前　　福1
①玄葉光一郎　前　　福3
①小熊　慎司　前　　福4

公明党　1人　　456,287票　11.07%

当①庄子　賢一　新
　②佐々木雅文　新
③曽根　周作　新

共産党　1人　　292,830票　7.11%

当①高橋千鶴子　前
　②舩山　由美　新　　宮4
③藤本　友里　新

日本維新の会　1人　　258,690票　6.28%

当①早坂　　敦　新(36.74)宮4　　▼①春藤沙弥香　新(22.59)宮1

....

その他の政党の得票数・得票率は下記のとおりです。
（当選者はいません）

政党名	得票数	得票率	
国民民主党	195,754票	4.75%	NHKと裁判してる党弁護士法72条違反で
れいわ新選組	143,265票	3.48%	52,664票　1.28%
社民党	101,442票	2.46%	

茨城県1区　402,090　㊤51.29

当105,072　福島　伸享　無元(52.1)
比当96,791　田所　嘉徳　自前(47.9)

水戸市(本庁管内、赤塚・常澄出張所管内)、下妻市の一部(P169参照)、笠間市(笠間支所管内)、常陸大宮市(御前山支所管内)、筑西市、桜川市、東茨城郡(城里町)

ふく　しま　のぶ　ゆき
福島　伸享　無元(有志)　　当3
茨城県　　　　　S45・8・8
勤8年7ヵ月　（初/平21）

国土交通委、震災復興特委、筑波大学客員教授、東京財団ディレクター、内閣官房参事官補佐、経産省、東大／53歳

〒310-0804　水戸市白梅1-7-21　☎029(302)8895
〒107-0052　港区赤坂2-17-10、宿舎

茨城県2区　355,390　㊤49.80

当110,831　額賀福志郎　自前(64.5)
比61,103　藤田　幸久　立元(35.5)

水戸市(第1区に属しない区域)、笠間市(第1区に属しない区域)、鹿嶋市、潮来市、神栖市、行方市、鉾田市、小美玉市(本庁管内、小川総合支所管内)、東茨城郡(茨城町、大洗町)

ぬか　が　ふく　し　ろう
額賀福志郎　無前　　　　　当13
茨城県行方市　S19・1・11
勤40年5ヵ月　（初/昭58）

衆議院議長、財務大臣、防衛庁長官、経済財政担当大臣、自民党政調会長、党税調顧問、党震災復興本部長、早大／80歳

〒311-3832　行方市麻生3287-32　☎0299(72)1218
〒100-8982　千代田区永田町2-1-2、会館　☎03(3508)7447

....

茨城県3区 389,521 ㊗53.52

当109,448 葉梨康弘 自前(53.6)
比63,674 梶岡博樹 立新(31.2)
比31,100 岸野智康 維新(15.2)

龍ヶ崎市、取手市、牛久市、守谷市、稲敷市、稲敷郡、北相馬郡

は　なし　やす　ひろ
葉梨康弘

自前[無]　　　当6
東京都　　S34・10・12
勤17年1ヵ月　（初/平15）

総務委、国家基本委、懲罰委、情報監視審査会、党国対副委員長、法務大臣、党政調会長代理、農林水産副大臣、東大法／64歳

〒302-0017　取手市桑原1108　☎0297(74)1859

茨城県4区 268,147 ㊗52.81

当98,254 梶山弘志 自前(70.5)
比25,162 武藤優子 共新(18.0)
比16,018 大内久美子 共新(11.5)

常陸太田市、ひたちなか市、常陸大宮市（第1区に属しない区域）、那珂市、久慈郡

かじ　やま　ひろ　し
梶山弘志

自前[無]　　　当8
茨城県常陸太田市　S30・10・18
勤23年10ヵ月　（初/平12）

党幹事長代行、経済産業大臣、地方創生大臣、国交副大臣・政務官、国交・災対特委員長、党選対委員長代理、政調会長代理、元JAEA職員、日大／68歳

〒313-0013　常陸太田市山下町1189　☎0294(72)2772
〒100-8982　千代田区永田町2-1-2、会館

茨城県5区 241,755 ㊗53.30

当61,373 浅野哲 国前(48.5)
比当53,878 石川昭政 自前(42.6)
8,061 飯田美弥子 共新(6.4)
3,248 田村弘 無新(2.6)

日立市、高萩市、北茨城市、那珂郡

あさ　の　さとし
浅野哲

国前　　　当2
東京都　　S57・9・25
勤6年6ヵ月　（初/平29）

党国対委員長代理、エネルギー調査会長、議運委、内閣委、原子力特委、衆議員秘書、(株)日立製作所、日立労組、青学院修了／41歳

〒317-0071　茨城県日立市鹿島町1-11-13
友愛ビル　☎0294(21)5522
〒100-8981　千代田区永田町2-1-1、会館☎03(3508)7231

茨城県6区 454,712 ㊗53.62

当125,703 国光文乃 自前(52.5)
比当113,570 青山大人 立前(47.5)

土浦市、石岡市、つくば市、かすみがうら市、つくばみらい市、小美玉市（第2区に属しない区域）

くに　みつ
国光あやの

自前[無]　　　当2
山口県　　S54・3・20
勤6年6ヵ月　（初/平29）

党外交副部会長、総務大臣政務官、医師、厚労省職員、長崎大医学部、東京医科歯科大院、UCLA大学院／44歳

〒305-0045　つくば市梅園2-7-1
コンフォートつくば101　☎029(886)3686
〒100-8982　千代田区永田町2-1-2、会館☎03(3508)7036

茨城県7区 303,353 53.71

当74,362　永岡桂子　自前（46.5）
比当70,843　中村喜四郎　立前（44.3）
比14,683　水梨伸晃　維新（9.2）

古河市、結城市、下妻市（第1区に属しない区域）、常総市、坂東市、結城郡、猿島郡

永岡桂子
なが　おか　けい　こ

自前［麻］　当6
東京都　S28・12・8
勤18年7ヵ月（初／平17）

党選対委員長代理、文科委筆頭理事、文部科学大臣、党副幹事長、文科・厚労各副大臣、文科・消費者特各委員長、農水政務官、学習院大法／70歳

〒306-0023　古河市本町2-7-13　☎0280（31）5033
〒100-8981　千代田区永田町2-2-1、会館　☎03（3508）7274

栃木県1区 434,814 52.42

当102,870　船田　元　自前（46.2）
比66,700　渡辺典喜　立前（29.9）
比43,935　柏倉祐司　維元（19.7）
9,393　青木　弘　共新（4.2）

宇都宮市（本庁管内、平石・清原・横川・瑞穂野・城山・国本・富屋・豊郷・篠井・姿川・富士地区市民センター管内、宝木・陽南出張所管内）、下野市の一部（P169参照）、河内郡

船田　元
ふな　だ　　　はじめ

自前［無］　当13
栃木県宇都宮市　S28・11・22
勤37年10ヵ月（初／昭54）

憲法審幹事、文科委、消費者特委、党消費者問題調査会長、裁判官弾劾裁判所裁判長、経企庁長官、慶大院／70歳

〒320-0047　宇都宮市一の沢1-2-6　☎028（666）8735
〒100-8982　千代田区永田町2-1-2、会館　☎03（3508）7156

栃木県2区 262,690 53.75

当73,593　福田昭夫　立前（53.4）
比当64,253　五十嵐清　自新（46.6）

宇都宮市（第1区に属しない区域）、栃木市（西方総合支所管内）、鹿沼市、日光市、さくら市、塩谷郡

福田昭夫
ふく　だ　あき　お

立前　当6
栃木県日光市　S23・4・17
勤18年7ヵ月（初／平17）

総務委、決算行政監視委、地・こ・デジ特委、党県連代表、総務大臣政務官、栃木県知事、今市市長、東北大／75歳

〒321-2335　日光市森友781-3　☎0288（21）4182
〒107-0052　港区赤坂2-17-10、宿舎

栃木県3区 241,014 52.07

当82,398　簗　和生　自前（67.4）
比39,826　伊賀　央　立新（32.6）

大田原市、矢板市、那須塩原市、那須烏山市、那須郡

簗　和生
やな　　かず　お

自前［無］　当4
東京都　S54・4・22
勤11年4ヵ月（初／平24）

内閣委、安保委、災害特委、安全保障委員長、文部科学副大臣、国交政務官兼内閣府政務官、党農林部会長、農水・国交・経産委理、慶大、東大院修／44歳

〒324-0042　栃木県大田原市末広2-3-17　☎0287（22）8706

茨城・栃木

栃木県4区 402,456 投55.37

当111,863 佐藤　勉　自前(51.1)
比当107,043 藤岡隆雄　立新(48.9)

栃木市(大平・藤岡・都賀・岩舟総合支所管内)、小山市、真岡市、下野市(第1区に属しない区域)、芳賀郡、下都賀郡

さ とう　つとむ
佐藤　勉

自前[無]　　　当9
栃木県壬生町　S27・6・20
勤27年7ヵ月　(初/平8)

国家基本委理、党総務会長、国家基本政策委員長、議院運営委員長、党国会対策委員長、総務大臣、日大/71歳

〒321-0225　下都賀郡壬生町本丸2-15-20　☎0282(83)0001

栃木県5区 284,314 投50.99

当108,380 茂木敏充　自前(77.4)
31,713 岡村恵子　共新(22.6)

足利市、栃木市(第2区及び第4区に属しない区域)、佐野市

も て ぎ　とし みつ
茂木敏充

自前[茂]　　　当10
栃木県足利市　S30・10・7
勤30年10ヵ月　(初/平5)

党幹事長、元外務大臣、経済財政政策担当大臣、元党政調会長、経産大臣、金融・行革大臣、科技・IT大臣、東大、ハーバード大院/68歳

〒326-0053　足利市伊勢4-14-6　　　☎0284(43)3050
〒100-8982　千代田区永田町2-1-2、会館　☎03(3508)1011

群馬県1区 378,869 投52.97

当110,244 中曽根康隆　自前(56.3)
比42,529 宮崎岳志　維元(21.7)
24,072 斎藤敦子　無新(12.3)
18,917 店橋世津子　共新(9.7)

前橋市、桐生市(新里・黒保根支所管内)、沼田市、渋川市(赤城・北橘行政センター管内)、みどり市(東支所管内)、利根郡

なか そ ね　やす たか
中曽根康隆

自前[無]　　　当2
東京都　　　　S57・1・19
勤6年6ヵ月　(初/平29)

自由民主党青年局長代理、防衛大臣政務官兼内閣府大臣政務官、参議院議員秘書、JPモルガン証券(株)、慶大/42歳

〒371-0841　前橋市石倉町3-10-5　　　☎027(289)6650
〒100-8982　千代田区永田町2-1-2、会館　☎03(3508)7272

群馬県2区 322,971 投50.66

当88,799 井野俊郎　自前(54.0)
比50,325 堀越啓仁　立前(30.6)
25,216 石関貴史　無元(15.3)

桐生市(第1区に属しない区域)、伊勢崎市、太田市(藪塚町、山之神町、寄合町、大原町、六千石町、大久保町)、みどり市(第1区に属しない区域)、佐波郡

い の　とし ろう
井野俊郎

自前[茂]　　　当4
群馬県　　　　S55・1・8
勤11年4ヵ月　(初/平24)

党国対副委員長、防衛副大臣兼内閣府副大臣、法務大臣政務官、弁護士、市議、明大法/44歳

〒372-0042　伊勢崎市中央町26-2　　　☎0270(75)1050
〒106-0032　港区六本木7-1-3、宿舎

略歴

栃木・群馬

70

群馬県3区　303,475　⑳53.62

当86,021　笹川博義　自前（54.6）
比67,689　長谷川嘉一　立前（43.0）
　3,737　説田健二　N新（ 2.4）

太田市（第2区に属しない区域）、
館林市、邑楽郡

自前［茂］　当4
笹川博義　さ さ がわ ひろ よし
東京都　S41・8・29
勤11年4ヵ月　（初／平24）

党法務部会長、衆議院農水委員長・議事
進行係、環境副大臣・政務官、党総務・副
幹事長、県議、明大中退／57歳

〒373-0818　群馬県太田市小舞木町270-1　☎0276（46）7424
〒100-8982　千代田区永田町2-1-2、会館　☎03（3508）7338

群馬県4区　295,511　⑳56.39

当105,359　福田達夫　自前（65.0）
比56,682　角倉邦良　立新（35.0）

高崎市（本庁管内、新町・吉井支
所管内）、藤岡市、多野郡

自前［無］　当4
福田達夫　ふく だ たつ お
東京都　S42・3・5
勤11年4ヵ月　（初／平24）

経産委、党筆頭副幹事長、党中小企業調査
会事務局長、党税調幹事、党総務会長、防衛
政務官、総理秘書官、商社員、慶大法／56歳

〒370-0073　高崎市緑町3-6-3　☎027（365）1192
〒100-8981　千代田区永田町2-2-1、会館　☎03（3508）7181

群馬県5区　303,298　⑳56.42

当125,702　小渕優子　自前（76.6）
38,428　伊藤達也　共新（23.4）

高崎市（第4区に属しない区域）、渋川
市（第1区に属しない区域）、富岡市、
安中市、北群馬郡、甘楽郡、吾妻郡

自前［無］　当8
小渕優子　お ぶち ゆう こ
群馬県　S48・12・11
勤23年10ヵ月　（初／平12）

党選挙対策委員長、国家基本委、経産大
臣、文科委員、財務副大臣、内閣府特命
担当大臣、成城大、早大院修了／50歳

〒377-0423　吾妻郡中之条町大字伊勢町1003-7　☎0279（75）2234
〒100-8982　千代田区永田町2-1-2、会館　☎03（3508）7424

埼玉県1区　465,306　⑳55.48

当120,856　村井英樹　自前（47.6）
比96,690　武正公一　立元（38.1）
比23,670　吉村豪介　維新（ 9.3）
11,540　佐藤真実　無新（ 4.5）
　1,234　中島徳二　無新（ 0.5）

さいたま市（見沼区の一部（P169
参照）、浦和区、緑区、岩槻区）

自前［無］　当4
村井英樹　むら い ひで き
埼玉県さいたま市　S55・5・14
勤11年4ヵ月　（初／平24）

内閣官房副長官、内閣総理大臣補佐官、党
国対副委員長、内閣府大臣政務官、党副幹
事長、財務省、ハーバード大院、東大／43歳

〒330-0061　さいたま市浦和区常盤9-27-9　☎048（711）3241
〒100-8981　千代田区永田町2-2-1、会館　☎03（3508）7467

埼玉県2区	470,538 ⑳50.35	当121,543	新藤 義孝	自前(52.8)
		比当57,327	髙橋 英明	維新(24.9)
川口市の一部(P169参照)		51,420	奥田 智子	共新(22.3)

新藤 義孝（しん どう よし たか）

自前［茂］　　当8
埼玉県川口市　S33・1・20
勤25年9ヵ月　（初/平8）

経済再生大臣、裁判官訴追委員長、衆憲法審査会与･党筆頭幹事、党政調会長代行、総務大臣、経産副大臣、明大／66歳

〒332-0034 川口市並木1-10-22　☎048(254)6000
〒100-8981 千代田区永田町2-2-1、会館☎03(3508)7313

埼玉県3区	462,607 ⑳51.88	当125,500	黄川田仁志	自前(53.6)
		比100,963	山川百合子	立前(43.1)
草加市、越谷市の一部(P170参照)		7,534	河合 悠祐	N新(3.2)

黄川田仁志（き かわ だ ひと し）

自前［無］　　当4
神奈川県横浜市　S45・10・13
勤11年4ヵ月　（初/平24）

党国防部会長、党海洋小委事務局長、外務委員長、内閣府副大臣、外務大臣政務官、松下政経塾、米メリーランド大学院修了／53歳

〒343-0813 越谷市越ケ谷1-4-3 イハシ第一ビル1階
〒100-8981 千代田区永田町2-2-1、会館☎03(3508)7123　☎048(962)8005

埼玉県4区	386,796 ⑳54.49	当107,135	穂坂 泰	自前(52.3)
		比47,863	浅野 克彦	国新(23.3)
朝霞市、志木市、和光市、新座市		34,897	工藤 薫	共新(17.0)
		11,733	遠藤 宣彦	無元(5.7)
		3,358	小笠原洋輝	無新(1.6)

穂坂 泰（ほ さか やすし）

自前［無］　　当2
埼玉県志木市　S49・2・17
勤6年6ヵ月　（初/平29）

外務大臣政務官、外務委、環境大臣政務官兼内閣府大臣政務官、志木市議、青山学院大／50歳

〒351-0011 埼玉県朝霞市本町1-10-40-101
〒100-8982 千代田区永田町2-1-2、会館☎03(3508)7030　☎048(458)3344

埼玉県5区	397,522 ⑳56.58	当113,615	枝野 幸男	立前(51.4)
		比当107,532	牧原 秀樹	自前(48.6)
さいたま市(西区、北区、大宮区、見沼区(大字砂、砂町2丁目、東大宮2～4丁目)、中央区)				

枝野 幸男（えだ の ゆき お）

立前　　当10
栃木県　S39・5・31
勤30年10ヵ月　（初/平5）

前党代表、民進党憲法調査会長、経済産業大臣、内閣官房長官、行政刷新大臣、沖縄・北方担当大臣、党幹事長、党政調会長、弁護士、東北大／59歳

〒330-0846 さいたま市大宮区大門町2-108-5
永峰ビル2F　☎048(648)9124

略歴

埼玉

埼玉県6区 443,180 / 55.32

当134,281	大島　敦　立前（56.0）
比当105,433	中根一幸　自前（44.0）

鴻巣市(本庁管内、吹上支所管内)、上尾市、桶川市、北本市、北足立郡

おお　しま　　あつし
大島　敦

立前　　　　　　当8
埼玉県北本市 S31・12・21
勤23年10ヵ月（初/平12）

憲法審査会委、経産委、党企業・団体交流委員長、懲罰委長、内閣府副大臣、総務副大臣、日本鋼管・ソニー生命社員、早大/67歳

〒363-0021　桶川市泉2-11-32 天沼ビル　☎048(789)2110
〒100-8981　千代田区永田町2-2-1、会館　☎03(3508)7093

埼玉県7区 436,985 / 52.63

当98,958	中野英幸　自新（44.2）
比当93,419	小宮山泰子　立前（41.7）
比31,475	伊勢田享子　維新（14.1）

川越市、富士見市、ふじみ野市(本庁管内)

なか　の　ひで　ゆき
中野英幸

自新［無］　　　　当1
埼玉県　　　　S36・9・6
勤2年5ヵ月　（初/令3）

法務大臣政務官、法務委、前内閣府大臣政務官兼復興大臣政務官、埼玉県議会議員(3期)、日大中退/62歳

〒350-0055　川越市久保町5-3　　☎049(226)8888
〒107-0052　港区赤坂2-17-10、宿舎　☎03(5549)4671

埼玉県8区 365,768 / 56.69

当104,650	柴山昌彦　自前（51.6）
	98,102　小野塚勝俊　無元（48.4）

所沢市、ふじみ野市(第7区に属しない区域)、入間郡(三芳町)

しば　やま　まさ　ひこ
柴山昌彦

自前［無］　　　　当7
愛知県名古屋市 S40・12・5
勤20年　　　（初/平16補）

党政調会長代理、県連会長、教育・人材力強化調査会長、幹事長代理、文部科学大臣、首相補佐官、総務副大臣、外務政務官、弁護士、東大法/58歳

〒359-1141　所沢市小手指町2-12-4
　　　　　　　ユーケー小手指101　☎04(2924)5100
〒100-8982　千代田区永田町2-1-2、会館　☎03(3508)7624

埼玉県9区 404,689 / 55.44

当117,002	大塚　拓　自前（53.4）
比80,756	杉村慎治　立新（36.8）
21,464	神田三春　共新（9.8）

飯能市、狭山市、入間市、日高市、入間郡(毛呂山町、越生町)

おお　つか　　たく
大塚　拓

自前［無］　　　　当5
東京都　　　　S48・6・14
勤15年3ヵ月　（初/平17）

党選対副委員長、党政調副会長、安保委員長、国防部会長、内閣府副大臣、法務政務官、三菱銀、慶大法、ハーバード大院/50歳

〒358-0003　入間市豊岡1-2-23
　　　　　　　清水ビル2F　　☎04(2901)1112

埼玉県10区 328,163 ⑯58.19

当96,153　山口　晋　自新(51.6)
比当90,214　坂本祐之輔　立元(48.4)

東松山市、坂戸市、鶴ヶ島市、
比企郡

やま　ぐち　すすむ
山口　晋

自新［戊］　　　当1
埼玉県川島町　S58・7・28
勤2年5ヵ月　（初／令3）

**衆院農水委、文科委、災害特委、党国会対策委員、
青年局次長**、行革推進本部幹事、衆議院議員秘書、一
橋大院修了、国立シンガポール大院修了／40歳

〒350-0227　坂戸市仲町12-10　　☎049(282)3773

埼玉県11区 351,863 ⑯52.87

当111,810　小泉龍司　自前(61.9)
比49,094　島田　誠　立新(27.2)
19,619　小山森也　共新(10.9)

熊谷市（江南行政センター管内）、
秩父市、本庄市、深谷市、秩父郡、
児玉郡、大里郡

こ　いずみりゅう　じ
小泉　龍司

自前［無］　　　当7
東京都　S27・9・17
勤19年11ヵ月　（初／平12）

法務大臣、元大蔵省銀行局調査室長、東
大法／71歳

〒366-0051　深谷市上柴町東3-17-19　　☎048(575)3030

埼玉県12区 369,482 ⑯55.52

当102,627　森田俊和　立前(51.0)
比98,493　野中　厚　自前(49.0)

熊谷市（第11区に属しない区域）、
行田市、加須市、羽生市、鴻巣
市（第6区に属しない区域）

もり　た　とし　かず
森田　俊和

立前　　　当2
埼玉県熊谷市　S49・9・19
勤6年6ヵ月　（初／平29）

環境委筆頭理事、会社役員、埼玉県議、
早大大学院／49歳

〒360-0831　埼玉県熊谷市久保島1003-2　　☎048(530)6001

埼玉県13区 400,359 ⑯52.43

当101,149　土屋品子　自前(49.4)
比86,923　三角創太　立新(42.5)
16,622　赤岸雅治　共新(8.1)

春日部市の一部（P170参照）、越谷市
（第3区に属しない区域）（P170参照）、
久喜市（本庁管内、菖蒲総合支所管
内）、蓮田市、白岡市、南埼玉郡

つち　や　しな　こ
土屋　品子

自前［無］　　　当8
埼玉県春日部市　S27・2・9
勤24年3ヵ月　（初／平8）

復興大臣、党総務会副会長、党食育調査会
長、厚生労働副大臣、環境副大臣、外務委員
長、消費者特委員長、聖心女子大／72歳

〒344-0062　春日部市粕壁東2-3-40-101　　☎048(761)0475
〒100-8981　千代田区永田町2-2-1、会館　　☎03(3508)7188

埼玉県14区	442,310 ⑳50.08	当111,262 三ッ林裕巳 自前(51.6)
		比当71,460 鈴木義弘 国元(33.1)
		33,062 田村 勉 共新(15.3)

春日部市(第13区に属しない区域)、久喜市(第13区に属しない区域)、八潮市、三郷市、幸手市、吉川市、北葛飾郡

み つばやしひろ み
三ッ林裕巳

自前[無]　当4
埼玉県　S30・9・7
勤11年4ヵ月 (初/平24)

法務委、厚労委、議運委、党国対副委員長、内閣府副大臣、厚労委員長、党副幹事長、日本歯科大特任教授、日大客員教授、医師、日大医学部/68歳

〒340-0161 埼玉県幸手市千塚490-1　☎0480(42)3535

埼玉県15区	422,917 ⑳53.65	当102,023 田中良生 自前(45.9)
		比71,958 高木錬太郎 立前(32.4)
		比当48,434 沢田 良 維新(21.8)

さいたま市(桜区、南区)、川口市の一部(P170参照)、蕨市、戸田市

た なかりょう せい
田中良生

自前[無]　当5
埼玉県　S38・11・11
勤15年3ヵ月 (初/平17)

総務委理事、党総務、内閣府・国土交通副大臣、党経済産業部会長、経済産業大臣政務官、党副幹事長、立教大/60歳

〒336-0018 さいたま市南区南本町1-14-5-104 ☎048(844)3131
〒100-8982 千代田区永田町2-1-2、会館　☎03(3508)7058

㊟略歴

比例代表 北関東 19人	茨城、栃木、群馬、埼玉

お み あさ こ
尾身朝子

自前[無]　当3
東京都　S36・4・26
勤9年4ヵ月 (初/平26)

文科委理、総務委、沖北特委、党総務会副会長、総務副大臣、外務大臣政務官、党情報・通信関係団体委員長、NTT、東大法/62歳

〒371-0852 前橋市総社町総社3137-1　☎027(280)5250
〒100-8982 千代田区永田町2-1-2、会館　☎03(3508)7484

の なか あつし
野中 厚

自前[茂]　当4(初/平24)
埼玉県　S51・11・17
勤11年4ヵ月 〈埼玉12区〉

農林水産委員長、農林水産副大臣、党総務、党国土・建設関係団体委員長、農水大臣政務官、党国対副委員長、埼玉県議、慶大/47歳

〒347-0001 埼玉県加須市大越2194　☎0480(53)5563
〒100-8981 千代田区永田町2-2-1、会館　☎03(3508)7041

牧原秀樹（まき はら ひで き）
自前［無］ 当5(初/平17)
東京都　S46・6・4
勤15年3ヵ月　〈埼玉5区〉

法務委筆頭理、予算委理、党厚労部会長、経産副大臣、内閣委員長、厚労副大臣、環境政務官、青年局長、弁護士、東大法／52歳

〒338-0001　さいたま市中央区上落合2-1-24
三殖ビル5F　☎048(854)0808
〒100-8981　千代田区永田町2-2-1、会館　☎03(3508)7254

田所嘉德（た どころ よし のり）
自前［無］ 当4(初/平24)
茨城県　S29・1・19
勤11年4ヵ月　〈茨城1区〉

党副幹事長、法務副大臣、法務政務官、党総務部会長、労働関係団体委員長、法務・自治関係団体委員長、白鷗大法科大学院／70歳

〒310-0804　水戸市白梅2-4-12　☎029(353)6822
〒100-8981　千代田区永田町2-2-1、会館　☎03(3508)7068

石川昭政（いし かわ あき まさ）
自前［無］ 当4(初/平24)
茨城県日立市　S47・9・18
勤11年4ヵ月　〈茨城5区〉

デジタル副大臣兼内閣府副大臣、党経済産業部会長、経済産業兼内閣府兼復興大臣政務官、國學院大学院修了／51歳

〒317-0076　茨城県日立市会瀬町4-5-17　☎0294(51)5887

五十嵐清（い がらし きよし）
自新［茂］ 当1(初/令3)
栃木県小山市　S44・12・14
勤2年5ヵ月　〈栃木2区〉

衆農水委、法務委、震災復興特委、党農水・環境団体委副委員長、国際協力調査会事務局次長、元栃木県議会議長、豪州ボンド大／54歳

〒322-0024　栃木県鹿沼市晃望台25　☎0289(60)8811
〒100-8982　千代田区永田町2-1-2、会館　☎03(3508)7085

中根一幸（なか ね かず ゆき）
自前［無］ 当5(初/平17)
埼玉県鴻巣市　S44・7・11
勤15年3ヵ月　〈埼玉6区〉

国交委、原子力特委、党ITS推進・道路調査会幹事長、原子力特委長、国交委員長、内閣府副大臣、外務副大臣、党総務部会長、党国交部会長、専大院法／54歳

〒365-0038　埼玉県鴻巣市本町3-9-28　☎048(543)8880
〒100-8982　千代田区永田町2-1-2、会館　☎03(3508)7458

藤岡隆雄（ふじ おか たか お）
立新 当1(初/令3)
愛知県　S52・3・28
勤2年5ヵ月　〈栃木4区〉

総務委、地・こ・デジ特委理、党政調会長補佐、党栃木県連代表代行、金融庁課長補佐、大阪大／46歳

〒323-0022　小山市駅東通り2-14-22　☎0285(37)8214

<ruby>中村<rt>なかむら</rt></ruby> <ruby>喜四郎<rt>きしろう</rt></ruby>

立前　当15(初/昭51)
茨城県　S24・4・10
勤44年10ヵ月　〈茨城7区〉

国家基本委、建設大臣、自民党国対副委員長、政調副会長、科技庁長官、建設委員長、日大／74歳

〒306-0400　猿島郡境町1728　☎0280(87)0154
〒107-0052　港区赤坂2-17-10、宿舎　☎03(5549)4671

<ruby>小宮山<rt>こみやま</rt></ruby> <ruby>泰子<rt>やすこ</rt></ruby>

立前　当7(初/平15)
埼玉県川越市　S40・4・25
勤20年5ヵ月　〈埼玉7区〉

国交委、復興特委、党国土交通・復興部門長、ネクスト国交・復興大臣、元農水委員長、埼玉県議、衆議員秘書、NTT社員、慶大商、日大院修了／58歳

〒350-0043　川越市新富町1-18-6-2F　☎049(222)2900

<ruby>坂本<rt>さかもと</rt></ruby> <ruby>祐之輔<rt>ゆうのすけ</rt></ruby>

立元　当3(初/平24)
埼玉県東松山市　S30・1・30
勤7年3ヵ月　〈埼玉10区〉

文科委理、地・こ・デジ特委、武蔵丘短大客員教授、元科技特委員、民進党副代表、埼玉県体育協会長、東松山市長、日大／69歳

〒355-0016　東松山市材木町20-9　☎0493(22)3682
〒100-8982　千代田区永田町2-1-2、会館　☎03(3508)7449

<ruby>青山<rt>あおやま</rt></ruby> <ruby>大人<rt>やまと</rt></ruby>

立前　当2(初/平29)
茨城県土浦市　S54・1・24
勤6年6ヵ月　〈茨城6区〉

文科委、消費者特委理、茨城県議、世界史講師、土浦YEG顧問、消防団員、土浦一高、慶大経／45歳

〒300-0815　土浦市中高津1-21-3
　　　　　　　村山ビル2F　☎029(828)7011

<ruby>石井<rt>いしい</rt></ruby> <ruby>啓一<rt>けいいち</rt></ruby>

公　当10
東京都　S33・3・20
勤30年10ヵ月　(初/平5)

党幹事長、党茨城県本部顧問、埼玉県本部顧問、国土交通大臣、党政調会長、財務副大臣、東大工／65歳

〒340-0005　草加市中根3-34-33　☎048(951)7110
〒107-0052　港区赤坂2-17-10、宿舎

<ruby>輿水<rt>こしみず</rt></ruby> <ruby>恵一<rt>けいいち</rt></ruby>

公元　当3
山梨県　S37・2・4
勤7年3ヵ月　(初/平24)

党国対委員長代理、党地方議会局長、議運委理、倫選特委、総務大臣政務官、さいたま市議、キヤノン、青学大／62歳

〒336-0967　さいたま市緑区美園4-13-5
　　　　　　　ドルフィーノ浦和美園202

公新 当1
ふく しげ たか ひろ
福 重 隆 浩 東京都 S37・5・3
勤2年5ヵ月 （初/令3）

党群馬県本部代表、党地方議会局次長、国際局次長、労働局次長、厚労委、決算行政監理、震災復興特委、群馬県議、創価大／61歳

〒370-0069 高崎市飯塚町457-2 3F ☎027（370）5650
〒100-8981 千代田区永田町2-2-1、会館 ☎03（3508）7249

維新 当1（初/令3）
さわ だ りょう
沢 田 　良 東京都江東区 S54・9・27
勤2年5ヵ月 〈埼玉15区〉

財金委、復興特委、参議員秘書、浦和北ロータリー会員、日大校友会埼玉県支部常任幹事、日大芸術学部／44歳

〒336-0024 さいたま市南区根岸2-22-16 1F ☎048（767）8045

維新 当1（初/令3）
たか はし ひで あき
高 橋 英 明 埼玉県川口市 S38・5・10
勤2年5ヵ月 〈埼玉2区〉

国交委、沖北特委理、政倫審委、川口市議、武蔵大経済学部、中央工学校／60歳

〒337-0847 川口市芝中田2-9-6 ☎048（262）5808

共前 当8
しお かわ てつ や
塩 川 鉄 也 埼玉県日高市 S36・12・18
勤23年10ヵ月 （初/平12）

党幹部会委員、党国会議員団国対委員長代理、衆院国対副委員長、内閣委、議運委、倫選特委、日高市職員、都立大／62歳

〒330-0835 さいたま市大宮区北袋町1-171-1 ☎048（649）0409
〒100-8982 千代田区永田町2-1-2、会館 ☎03（3508）7507

国元 当3（初/平24）
すず き よし ひろ
鈴 木 義 弘 埼玉県三郷市 S37・11・10
勤7年3ヵ月 〈埼玉14区〉

経産委、消費者特委、復興特委、（故）土屋義彦参院議員秘書、元埼玉県議、日本大学理工学部／61歳

〒341-0044 三郷市戸ヶ崎3-347 ☎048（948）2070

政党名	当選者数		得票数	得票率
	惜敗率	小選挙区		惜敗率 小選挙区
自民党	7 人		2,172,065票	35.19%

当①尾身　朝子 前　　　　　　　当②牧原　秀樹 前（94.65）埼5
当②野中　　厚 前（95.97）埼12　当②田所　嘉徳 前（92.12）茨1

当②石川　昭政　前(87.79)　茨5
当②五十嵐　清　新(87.31)　栃2
当②中根　一幸　前(78.52)　埼6
㉜河村　建一　新
㉝神山　佐市　新
㉞西川　鎮央　新
㉟上野　宏史　新
㊲佐藤　明男　前
㊳鈴木　聖二　新
㊴小川　雅幸　新
【小選挙区での当選者】
②葉梨　康弘　前　茨3
②梶山　弘志　前　茨4
②国光　文乃　前　茨6
②永岡　桂子　前　茨7
②船田　元　前　栃1
②簗　和生　前　栃3
②佐藤　勉　前　栃4

②茂木　敏充　前　栃5
②中曽根康隆　前　群1
②井野　俊郎　前　群2
②笹川　博義　前　群3
②福田　達夫　前　群4
②小渕　優子　前　群5
②村井　英樹　前　埼1
②新藤　義孝　前　埼2
②黄川田仁志　前　埼3
②穂坂　泰　前　埼4
②柴山　昌彦　前　埼8
②大塚　拓　前　埼9
②山口　晋　新　埼10
②小泉　龍司　前　埼11
②土屋　品子　前　埼13
②三ッ林裕巳　前　埼14
②田中　良生　前　埼15
㊱中野　英幸　新　埼7

立憲民主党　5人　1,391,148票　22.54%

当①藤岡　隆雄　新(95.69)　栃4
当①中村喜四郎　前(95.27)　茨7
当①小宮山泰子　前(94.40)　埼7
当①坂本祐之輔　元(93.82)　埼10
当①青山　大人　前(90.35)　茨6
①三角　創太　新(85.94)　埼13
①山川百合子　前(80.45)　埼3
①武正　公一　元(80.00)　埼1
①長谷川嘉一　前(78.69)　群3
①高木錬太郎　前(70.53)　埼15
①杉村　慎治　新(69.02)　埼9
①渡辺　典喜　新(64.84)　栃3
①梶岡　博樹　新(58.18)　茨3

①堀越　啓仁　前(56.67)　群2
①藤田　幸久　元(55.13)　茨2
①角倉　邦良　新(53.80)　群4
①伊賀　央　新(48.33)　栃3
①島田　誠　新(43.91)　埼11
㉓石塚　貞通　新
㉔船山　幸雄　新
㉕高杉　徹　新
【小選挙区での当選者】
①福田　昭夫　前　栃1
①枝野　幸男　前　埼5
①大島　敦　前　埼6
①森田　俊和　前　埼12

公明党　3人　823,930票　13.35%

当①石井　啓一　前
当②輿水　恵一　元

当③重福　隆浩　新
④村上　知己　新

日本維新の会　2人　617,531票　10.01%

当①沢田　良　新(47.47)　埼15
当①高橋　英明　新(47.17)　埼2
①柏倉　祐司　元(42.71)　栃1
①宮崎　岳志　元(38.58)　群1
①伊勢田享子　新(31.81)　埼7

①岸野　智康　新(28.42)　茨3
①武藤　優子　新(25.61)　茨4
▼①水梨　伸晃　新(19.75)　茨7
▼①吉村　豪介　新(19.59)　埼1

共産党　1人　444,115票　7.20%

当①塩川　鉄也　前
②梅村早江子　元

③大内久美子　新　　　　茨4

国民民主党　1人　298,056票　4.83%

当①鈴木　義弘　元(64.23)　埼14
①浅野　克彦　新(44.68)　埼4
【小選挙区での当選者】
①浅野　哲　前　茨5

その他の政党の得票数・得票率は下記のとおりです。
（当選者はいません）

政党名	得票数	得票率	
れいわ新選組	239,592票	3.88%	NHKと裁判してる党弁護士法72条違反で
社民党	97,963票	1.59%	87,702票　1.42%

▼は小選挙区の得票が有効投票総数の10分の1未満で、復活当選の資格がない者

千葉県1区 430,513 ⑯54.51

千葉市(中央区、稲毛区、美浜区)

当128,556 田嶋 要 立前(56.3)
比当99,895 門山宏哲 自前(43.7)

た じま　かなめ　　　立前　　　　当7
田嶋 要 愛知県 S36・9・22
勤20年4ヵ月 (初/平15)

党NC経産大臣、経産委、原子力特委、経産政務官、原子力災害現地対策本部長、NTT、世銀IFC投資官、米ウォートンMBA、東大法／62歳

〒260-0015 千葉市中央区富士見2-9-28
第1山崎ビル6F ☎043(202)1511

千葉県2区 460,509 ⑯54.65

千葉市(花見川区)、習志野市、八千代市

当153,017 小林鷹之 自前(62.0)
比69,583 黒田 雄 立元(28.2)
比24,052 寺尾 賢 共新(9.8)

こ ばやしたか ゆき　自前［無］　当4
小林 鷹之 千葉県 S49・11・29
勤11年4ヵ月 (初/平24)

憲法審幹事、復興特委理事、経産委、国交委、党組織運動本部長、経済安全保障大臣、防衛大臣政務官、財務省、ハーバード大院、東大法／49歳

〒276-0033 千葉県八千代市八千代台南1-3-3
山萬八千代台ビル1F ☎047(409)5842
〒100-8981 千代田区永田町2-2-1、会館 ☎03(3508)7617

千葉県3区 336,241 ⑯52.36

千葉市(緑区)、市原市

当106,500 松野博一 自前(61.9)
比65,627 岡島一正 立前(38.1)

まつ の ひろ かず　自前［無］　当8
松野 博一 千葉県 S37・9・13
勤23年10ヵ月 (初/平12)

前内閣官房長官、情報監視審査会長、党総務会長代行、党雇用問題調査会長、文科大臣、厚労政務官、松下政経塾、ライオン(株)、早大法／61歳

〒290-0072 市原市西国分寺台1-16-16 ☎0436(23)9060
〒107-0052 港区赤坂2-17-10、宿舎 ☎03(5549)4671

千葉県4区 463,083 ⑯52.69

船橋市(本庁管内、二宮・芝山・高根台・習志野台・西船橋出張所管内、船橋駅前総合窓口センター管内(丸山1～5丁目に属する区域を除く。))

当154,412 野田佳彦 立前(64.5)
比84,813 木村善也 自前(35.5)

の だ よし ひこ　　立前　　　　当9
野田 佳彦 千葉県船橋市 S32・5・20
勤27年1ヵ月 (初/平5)

党最高顧問、元民進党幹事長、内閣総理大臣、財務大臣、財務副大臣、懲罰委員、党幹事長代理、党国対委員、県議、松下政経塾、早大／66歳

〒274-0077 船橋市薬円台6-6-8-202 ☎047(496)1110
〒107-0052 港区赤坂2-17-10、宿舎

㊟略歴

千葉

市川市（本庁管内の一部（P170参照）、
行徳支所管内）、浦安市
令和4年12月21日 薗浦健太郎議員辞職

（総選挙の結果はP168参照）
補選（令和5.4.23）
当50,578 英利アルフィヤ 自新（30.6）
45,635 矢崎堅太郎 立新（27.6）
24,842 岡野 純子 国新（15.0）
22,952 斉藤 和子 維新（13.9）
12,360 斉藤 和子 共新（7.5）
6,561 林 卓哉 無新（4.0）
2,463 織田 三江 政女新（1.5）

えり
英利アルフィヤ

自新［麻］ 補当1
福岡県北九州市 S63・10・16
勤11ヵ月 （初／令5補）

法務委、財金委、消費者特委、党国対委、党女性局・青
年局次長、党広報戦略局次長、国連事務局本部、日本
銀行、ジョージタウン大学外交政策学部・院卒／35歳

〒272-0021 市川市八幡3-14-3 シロワビル202
☎047(702)8520
〒100-8981 千代田区永田町2-2-1 会館 ☎03(3508)7436

市川市（第5区に属しない区域）、
松戸市（本庁管内、常盤平・六実・
矢切・東部支所管内）

当80,764 渡辺 博道 自前（42.5）
比当48,829 藤巻 健太 維新（25.7）
32,444 浅野 史子 共新（17.1）
28,083 生方 幸夫 無前（14.8）

わた なべ ひろ みち
渡辺 博道

自前［茂］ 当8
千葉県 S25・8・3
勤24年3ヵ月 （初／平8）

党財務委員長、党再犯防止推進特別委員長、復興大
臣、党経理局長、原子力特委員、地方創生特委員、厚
労委員、総務委員、経産副大臣、早大、明大院／73歳

〒270-2241 松戸市松戸新田592 ☎047(369)2929
〒100-8981 千代田区永田町2-2-1 会館 ☎03(3508)7387

松戸市（第6区に属しない区域）、
野田市、流山市

当127,545 斎藤 健 自前（55.0）
比71,048 竹内 千春 立新（30.6）
比28,594 内山 晃 維元（12.3）
4,749 渡辺 晋宏 N新（2.0）

さい とう けん
齋藤 健

自前［無］ 当5
東京都港区 S34・6・14
勤14年8ヵ月 （初／平21）

経済産業大臣、法務大臣、農水大臣、党
団体総局長、環境政務官、経産省課長、
埼玉県副知事、ハーバード大院／64歳

〒270-0119 千葉県流山市おおたかの森北1-5-2
セレーナおおたかの森2F ☎04(7190)5271

柏市（本庁管内、田中・増尾・富勢・光ヶ丘・豊
四季台・南部・西原・松葉・藤心出張所管内、柏
駅前行政サービスセンター管内）、我孫子市

当135,125 本庄 知史 立新（59.7）
比81,556 桜田 義孝 自前（36.0）
9,845 宮岡進一郎 無新（4.3）

ほん じょう さと し
本庄 知史

立新 当1
京都府 S49・10・22
勤2年5ヵ月 （初／令3）

内閣委、倫選特理、憲法審委、党副幹事長、
千葉県連副代表、副総理・外務大臣秘書官、
衆議院議員政策秘書、東大法学部／49歳

〒277-0863 柏市豊四季949-9-101 ☎04(7170)2680

略歴

千葉

81

千葉県9区 407,331 ⊕53.01

当107,322	奥野総一郎 立前(51.1)
比当102,741	秋本真利 自前(48.9)

千葉市(若葉区)、佐倉市、四街道市、八街市

おくの そういちろう

奥野総一郎
立前 当5
兵庫県神戸市 S39・7・15
勤14年8ヵ月 (初/平21)

予算委理、総務委理、憲法審委、党役員室長、党千葉県連代表、沖北特委長、総務省調査官、東大法／59歳

〒285-0845 佐倉市西志津1-20-4 ☎043(461)8609

千葉県10区 341,141 ⊕53.28

当83,822	林 幹雄 自前(47.3)
比当80,971	谷田川元 立前(45.7)
	10,272 梓 まり 諸新(5.8)
	2,173 今留尚人 無新(1.2)

銚子市、成田市、旭市、匝瑳市、香取市、香取郡、山武郡(横芝光町の一部(P170参照))

はやし もとお

林 幹雄
自前[無] 当10
千葉県銚子市 S22・1・3
勤30年10ヵ月 (初/平5)

党地方創生実行統合本部長、党経理局長、党幹事長代理、経産大臣、議運委長、党航空特委長、党総務会長代理、国務大臣国家公安委員、沖北・防災担当大臣、国交委長、国交副大臣、運輸政務次官、日大法／77歳

〒288-0046 銚子市大橋町2-2 ☎0479(23)1093
〒100-8981 千代田区永田町2-2-1、会館

千葉県11区 351,570 ⊕51.38

当110,538	森 英介 自前(64.4)
	30,557 椎名史明 共新(17.8)
比当30,432	多ケ谷亮 れ新(17.7)

茂原市、東金市、勝浦市、山武市、いすみ市、大網白里市、山武郡(九十九里町、芝山町、横芝光町(第10区に属しない区域))、長生郡、夷隅郡

もり えいすけ

森 英介
自前[麻] 当11
東京都 S23・8・31
勤34年3ヵ月 (初/平2)

憲法審査会長、党労政局長、政倫審会長、憲法審査会長、法務大臣、厚労副大臣、川崎重工社員、工学博士、東北大／75歳

〒297-0016 茂原市木崎284-10 ☎0475(26)0200

千葉県12区 380,864 ⊕52.20

当123,210	浜田靖一 自前(64.0)
	56,747 樋高 剛 立元(29.5)
	12,530 葛原 茂 共新(6.5)

館山市、木更津市、鴨川市、君津市、富津市、袖ヶ浦市、南房総市、安房郡

はまだ やすかず

浜田靖一
自前[無] 当10
千葉県富津市 S30・10・21
勤30年10ヵ月 (初/平5)

党国対委員長、国家基本委、情報監視審査会長、防衛大臣、予算委員長、党幹事長代理、国対委員長、専修大／68歳

〒292-0066 木更津市新宿1-3柴野ビル2F ☎0438(23)5432
〒100-8982 千代田区永田町2-1-2、会館 ☎03(3508)7020

千葉県13区　416,857　投54.49

船橋市(豊富・二和出張所管内、船橋駅前総合窓口センター管内(丸山1〜5丁目に属する区域に限る。)、柏市(第8区に属しない区域)、鎌ケ谷市、印西市、白井市、富里市、印旛郡

当100,227　松本　尚　自新(45.1)
比79,687　宮川　伸　立前(35.8)
比42,473　清水聖士　維新(19.1)

まつ　もと　ひさし
松本　尚
自新[無]　当1
石川県金沢市　S37・6・3
勤2年5ヵ月　(初/令3)

防衛大臣政務官、救急・外傷外科医、日本医科大学千葉北総病院副院長、同大学特任教授、千葉県医師会顧問、MBA、金沢大医学部／61歳

〒270-1345　印西市船尾1380-2　☎0476(29)5099
〒107-0052　港区赤坂2-17-10、宿舎

神奈川県1区　427,922　投53.99

横浜市(中区、磯子区、金沢区)

当100,118　篠原　豪　立前(45.0)
76,064　松本　純　無前(34.2)
比当46,271　浅川義治　維新(20.8)

しの　はら　ごう
篠原　豪
立前　当3
神奈川県横浜市　S50・2・12
勤9年4ヵ月　(初/平26)

安保委筆頭理事、党政調副会長、党外交・安保PT事務局長、党県政策委員長、横浜市議、早大院／49歳

〒235-0016　横浜市磯子区磯子3-6-23
　アイランドビル1F　☎045(349)9180
〒100-8982　千代田区永田町2-1-2、会館　☎03(3508)7130

神奈川県2区　436,066　投56.00

横浜市(西区、南区、港南区)

当146,166　菅　義偉　自前(61.1)
比92,880　岡本英子　立元(38.9)

すが　よし　ひで
菅　義偉
自前[無]　当9
秋田県　S23・12・6
勤27年7ヵ月　(初/平8)

前内閣総理大臣、前党総裁、内閣官房長官、党幹事長代行、総務大臣、総務副大臣、経産・国交各政務官、横浜市議、法政大／75歳

〒232-0017　横浜市南区宿町2-49　☎045(743)5550
〒100-8982　千代田区永田町2-1-2、会館　☎03(3508)7446

神奈川県3区　442,398　投52.64

横浜市(鶴見区、神奈川区)

当119,199　中西健治　自新(52.5)
比68,457　小林丈人　立新(30.2)
23,310　木佐木晶子　共新(10.3)
15,908　藤村晃子　無新(7.0)

なか　にし　けん　じ
中西健治
自新[麻]　当1(初/令3)※
東京都　S39・1・4
勤13年10ヵ月　(参11年5ヵ月)

決算行監委筆頭理事、憲法審委、財務副大臣、参財政金融委員長、党財金部会長、元JPモルガン証券副社長、東大法／60歳

〒221-0822　横浜市神奈川区西神奈川2-2-1
　日光堂ビル2F　☎045(565)5520

千葉・神奈川

神奈川県4区　332,708　投61.70

横浜市（栄区）、鎌倉市、逗子市、三浦郡

	当66,841	早稲田夕季	立前（33.0）
	63,687	浅尾慶一郎	無元（31.5）
比	47,511	山本朋広	自前（23.5）
比	16,559	高谷清彦	維新（ 8.2）
	7,790	大西恒樹	無新（ 3.8）

早稲田ゆき（わせだ）　立前　当2
東京都渋谷区　S33・12・6
勤6年6ヵ月　（初/平29）

予算委、厚労委、地・こ・デジ特委、党政調副会長、神奈川県議、鎌倉市議、日本輸出入銀行、早大／65歳

〒248-0012　神奈川県鎌倉市御成町5-41-2F　☎0467（24）0573

神奈川県5区　467,198　投56.05

横浜市（戸塚区、泉区、瀬谷区）

| | 当136,288 | 坂井　学 | 自前（53.5） |
| 比 | 118,619 | 山崎　誠 | 立前（46.5） |

坂井　学（さかい　まなぶ）　自前［無］　当5
東京都府中市　S40・9・4
勤15年3ヵ月　（初/平17）

党政調副、党花博特委員長、総務委、党総務、前内閣官房副長官、財金委員長、総務兼内閣府副大臣、財務副大臣、党国交部会長、国交復興政務官、松下政経塾十期生、東大法／58歳

〒244-0003　横浜市戸塚区戸塚町142
鈴木ビル3F　　☎045（863）0900

神奈川県6区　381,141　投55.88

横浜市（保土ヶ谷区、旭区）

	当92,405	古川直季	自新（44.3）
比	87,880	青柳陽一郎	立前（42.1）
比	28,214	串田誠一	維前（13.5）

古川直季（ふるかわ　なおき）　自新［無］　当1
神奈川県横浜市　S43・8・31
勤2年5ヵ月　（初/令3）

総務委、文科委、倫選特委、党国対委、横浜市会議員、衆議院議員秘書、横浜銀行員、明治大政経、明治大院／55歳

〒241-0825　横浜市旭区中希望が丘199-1　☎045（391）4000

神奈川県7区　449,449　投57.58

横浜市（港北区、都筑区の一部（P170参照））

| | 当128,870 | 鈴木馨祐 | 自前（50.9） |
| 比当 | 124,524 | 中谷一馬 | 立前（49.1） |

鈴木馨祐（すずき　けいすけ）　自前［麻］　当5
東京都　S52・2・9
勤15年3ヵ月　（初/平17）

財金委理事、党政調副会長、外務副大臣、財務副大臣、党青年局長、国土交通政務官、予算・議運理、法務委員長、大蔵省、（ジョージタウン大学院）、在ニューヨーク副領事、東大法／47歳

〒222-0033　横浜市港北区新横浜3-18-9
新横浜ICビル102号室　　☎045（620）0223
〒100-8981　千代田区永田町2-2-1、会館 ☎03（3508）7304

神奈川県8区　427,843　㊗59.37

当130,925　江田憲司　立前（52.6）
比当117,963　三谷英弘　自前（47.4）

横浜市（緑区、青葉区、都筑区（荏田東町、荏田東1～4丁目、荏田南町、荏田南1～5丁目、大丸）

立前　　　　　　　当7
江田憲司
え　だ　けん　じ
岡山県　S31・4・28
勤19年8ヵ月（初/平14補）

財金委、決算行政監視委員長、党代表行、民進党代表行、維新の党代表、桐蔭横浜大客員教授、首相・通産相秘書官、ハーバード大客員研究員、東大／67歳

〒227-0062 横浜市青葉区青葉台2-9-30　☎045(989)3911

神奈川県9区　338,241　㊗59.47

当83,847　笠　浩史　立前（42.4）
比当68,918　中山展宏　自前（34.9）
比24,547　吉田大成　維新（12.4）
　20,432　斎藤　温　共新（10.3）

川崎市（多摩区、宮前区（神木本町1～5丁目）、麻生区）

立前　　　　　　　当7
笠　　浩史
りゅう　　ひろ　ふみ
福岡県　S40・1・3
勤20年5ヵ月（初/平15）

文科委、国家基本委、政倫審委、党国対委員長代理、科技特委長、文科副大臣、文科政務官、民主党幹事長代理、衆議運委筆頭理事、テレビ朝日政治記者、慶大文／59歳

〒214-0014 川崎市多摩区登戸1644-1
　　新川ガーデンビル1F　☎044(900)1800

神奈川県10区　470,746　㊗55.04

当104,832　田中和徳　自前（41.4）
比69,594　金村龍那　維新（27.5）
比48,839　畑野君枝　共新（19.3）
比当30,013　鈴木　敦　国新（11.8）

川崎市（川崎区、幸区、中原区の一部（P170参照））

自前［麻］　　　　当9
田中和徳
た　なか　かず　のり
山口県下関市　S24・1・21
勤27年7ヵ月（初/平8）

政倫審会長、党交通安全対策特委長、党税調副会長、党幹事長代理、復興大臣、党組織運動本部長、財務副大臣、財金委員長、法大／75歳

〒210-0846 川崎市川崎区小田6-11-24　☎044(366)1400

神奈川県11区　374,938　㊗52.21

当147,634　小泉進次郎　自前（79.2）
　38,843　林　伸明　共新（20.8）

横須賀市、三浦市

自前［無］　　　　当5
小泉進次郎
こいずみしんじ　ろう
神奈川県横須賀市　S56・4・14
勤14年8ヵ月（初/平21）

安全保障委員長、党国対副委長、党総務会長代理、元環境大臣、党厚労部会長、筆頭副幹事長、農林部会長、コロンビア大院修了／42歳

〒238-0004 横須賀市小川町13　宇野ビル3F
　　　　　　　　　　　　　　☎046(822)6600
〒100-8981 千代田区永田町2-2-1、会館☎03(3508)7327

神奈川県12区 406,623 ⑯56.14

藤沢市、高座郡

当95,013 阿部知子 立前（42.4）
比当91,159 星野剛士 自前（40.7）
比37,753 水戸将史 維元（16.9）

あ　べ　とも　こ
阿部知子

立前　　　　　　　　当8
東京都目黒区　S23・4・24
勤23年10ヵ月（初/平12）

衆厚労委、原子力特委、超党派議連「原発ゼロ再エネ100の会」事務局長、小児科医、東大医学部/75歳

〒251-0025　藤沢市鵠沼石上1-13-13
藤沢共同ビル1F　☎0466(52)2680

神奈川県13区 471,671 ⑯55.77

大和市、海老名市、座間市の一部（P170参照）、綾瀬市

当130,124 太 栄志 立新（51.1）
比当124,595 甘利 明 自前（48.9）

ふとり　　　ひで　し
太　　栄志

立新　　　　　　　　当1
鹿児島県大島郡知名町　S52・4・27
勤2年5ヵ月（初/令3）

内閣委、倫選特委、衆議院議員秘書、米ハーバード大国際問題研究所員、ウィルソン・センター研究員、中大法、中大院/46歳

〒242-0017　大和市大和東3-7-11
大和東共同ビル101　☎046(244)3203

神奈川県14区 460,744 ⑯56.02

相模原市（緑区の一部P171参照）、中央区、南区の一部（P171参照））

当135,197 赤間二郎 自前（53.8）
比116,273 長友克洋 立新（46.2）

じ　ろう
あかま二郎

自前［麻］　　　　　当5
神奈川県相模原市　S43・3・27
勤15年3ヵ月（初/平17）

国交委筆頭理事、国交委長、党総務部会長、内閣府副大臣、総務副大臣、総務政務官、副幹事長、県議、立教大、マンチェスター大学院/55歳

〒252-0239　相模原市中央区中央2-11-10　☎042(756)1500
〒100-8601　千代田区永田町2-2-1、会館　☎03(3508)7317

神奈川県15区 473,497 ⑯57.32

平塚市、茅ヶ崎市、中郡

当210,515 河野太郎 自前（79.3）
比46,312 佐々木克己 社새（17.5）
8,565 渡辺マリコ N新（3.2）

こう　の　た　ろう
河野太郎

自前［麻］　　　　　当9
神奈川県小田原市　S38・1・10
勤27年7ヵ月（初/平8）

デジタル大臣、党広報本部長、ワクチン担当大臣、規制改革・行政改革・沖北対策担当大臣、防衛大臣、外務大臣、国家公安委員長、富士ゼロックス、ジョージタウン大/61歳

〒254-0811　平塚市八重咲町26-8　☎0463(20)2001
〒100-8982　千代田区永田町2-1-2、会館　☎03(3508)7006

神奈川県16区 466,042 ⑳55.35

当137,558 後藤祐一 立前(54.6)
比当114,396 義家弘介 自前(45.4)

相模原市(緑区〈第14区に属しない区域〉、南区〈第14区に属しない区域〉(P171参照))、厚木市、伊勢原市、座間市(相模が丘1～6丁目)、愛甲郡

ご とう ゆう いち
後藤祐一

立前　　　　　　当5
神奈川県相模原市 S44・3・25
勤14年8ヵ月 (初/平21)

議運委理事、国家基本委理事、倫選特委、党国対副委員長、県連選対委員長、党役員室長、経産省課長補佐、東大法/54歳

〒243-0017 厚木市栄町2-4-28-212　☎046(296)2411
〒106-0032 港区六本木7-1-3、宿舎

神奈川県17区 424,659 ⑳56.98

当131,284 牧島かれん 自前(55.3)
比89,837 神山洋介 立元(37.9)
16,202 山田 正 共新(6.8)

小田原市、秦野市、南足柄市、足柄上郡、足柄下郡

まきしま
牧島かれん

自前[麻]　　　　当4
神奈川県 S51・11・1
勤11年4ヵ月 (初/平24)

党副幹事長、党ネットメディア局長、前デジタル大臣、第51代党青年局長、元内閣府政務官、ICU大(Ph.D)、GW大修士/47歳

〒250-0862 小田原市成田178-1　☎0465(38)3388
〒100-8981 千代田区永田町2-2-1、会館　☎03(3508)7026

神奈川県18区 451,301 ⑳57.25

当120,365 山際大志郎 自前(47.7)
比90,390 三村和也 立元(35.8)
比41,562 横田光弘 維新(16.5)

川崎市(中原区〈第10区に属しない区域〉(P171参照)、高津区、宮前区〈第9区に属しない区域〉(P171参照))

やまぎわ だい し ろう
山際大志郎

自前[麻]　　　　当6
東京都 S43・9・12
勤17年1ヵ月 (初/平15)

党コロナ対策本部長、経産委筆頭理事、経済再生・コロナ担当大臣、経産副大臣、内閣府大臣政務官、獣医学博士、東大院/55歳

〒213-0001 川崎市高津区溝口2-14-12　☎044(850)8884
〒100-8981 千代田区永田町2-2-1、会館　☎03(3508)7477

山梨県1区 424,441 ⑳59.49

当125,325 中谷真一 自前(50.5)
比当118,223 中島克仁 立前(47.6)
4,826 辺見信介 N新(1.9)

甲府市、韮崎市、南アルプス市、北杜市、甲斐市、中央市、西八代郡、南巨摩郡、中巨摩郡

なか たに しん いち
中谷真一

自前[茂]　　　　当4
山梨県甲府市 S51・9・30
勤11年4ヵ月 (初/平24)

党国対副委員長、党総務、経産副大臣兼内閣府副大臣、外務大臣政務官、元自衛官、元参議院議員秘書、防大/47歳

〒400-0064 山梨県甲府市下飯田3-8-29　☎055(288)8220
〒106-0032 港区六本木7-1-3、宿舎

当109,036 堀内詔子 自前（67.9）
比44,441 市来伴子 立新（27.7）
7,027 大久保令子 共新（4.4）

富士吉田市、都留市、山梨市、大月市、笛吹市、上野原市、甲州市、南都留郡、北都留郡

堀内詔子（ほり うち のり こ）

自前［無］　当4
山梨県笛吹市 S40・10・28
勤11年4ヵ月〈初/平24〉

環境委理、厚労委、消費者特委、党女性活躍推進特別委員長、党副幹事長、元ワクチン接種推進担当大臣、東京オリパラ担当大臣、環境副大臣兼内閣府副大臣、厚労大臣政務官、学習院大院/58歳

〒403-0007 富士吉田市中曽根1-5-25　☎0555（23）7688
〒100-8982 千代田区永田町2-1-2、会館　☎03（3508）7487

比例代表 南関東 22人　千葉、神奈川、山梨

星野剛士（ほし の つよ し）

自前［無］　当4（初/平24）
神奈川県藤沢市 S38・8・8
勤11年4ヵ月〈神奈川12区〉

衆議院内閣委員長、内閣府副大臣、経産兼内閣府兼復興政務官、産経新聞記者、神奈川県議、NYエルマイラ大、日大法/60歳

〒251-0052 藤沢市藤洸973
相模プラザ第三ビル1F　☎0466（23）6338
〒100-8982 千代田区永田町2-1-2、会館　☎03（3508）7413

甘利明（あま り　あきら）

自前［麻］　当13（初/昭58）
神奈川県厚木市 S24・8・27
勤40年5ヵ月〈神奈川13区〉

党税調顧問、党幹事長、選対委員長、政調会長、予算委員長、労働大臣、経済産業大臣、行革大臣、経済再生大臣、慶大/74歳

〒252-0303 相模原市南区相模大野6-7-9-1F
　　　　　　　　　　　　　☎042（765）0011
〒100-8982 千代田区永田町2-1-2、会館　☎03（3508）7528

秋本真利（あき もと まさ とし）

無前　　　　　当4（初/平24）
千葉県 S50・8・10
勤11年4ヵ月〈千葉9区〉

決算行監委、外務大臣政務官、自民党副幹事長、党再エネ議連事務局長、党国対副委員長、国土交通大臣政務官、法政大法/48歳

〒264-0021 千葉市若葉区若松町360-21　☎043（214）3600

三谷英弘（み たに ひで ひろ）

自前［無］　当3（初/平24）
神奈川県藤沢市 S51・6・28
勤8年6ヵ月〈神奈川8区〉

厚労委理事、文科委、復興特委、党遊説局長、党ネットメディア局次長、党国際局次長、弁護士、東大法学部/47歳

〒227-0055 横浜市青葉区つつじが丘10-20
ラポール若野 2F　☎045（532）4600

よし いえ ひろ ゆき
義家 弘介

自 前［無］ 当4(初/平24)※
長野県　S46・3・31
勤16年9ヵ月(参5年5ヵ月)〈神奈川16区〉

党政調副会長、文科委、拉致特委、法務副大臣、文科副大臣、文科政務官、党副幹事長、党財金部会長、参院議員、教育再生会議担当室長、横浜市教育委員、高校教諭、明治学院大学／52歳

〒243-0014　厚木市旭町1-15-17　　☎046(226)8585

なか やま のり ひろ
中山 展宏

自 前［麻］ 当4(初/平24)
兵庫県　S43・9・16
勤11年4ヵ月　〈神奈川9区〉

内閣委理、財金委、消費者特委、国土交通副大臣、外務大臣政務官、内閣委理、ルール形成戦略議連事務局長、東大先端研上級研究員、早大院中退／55歳

〒214-0014　川崎市多摩区登戸2663
東洋ビル5F　　☎044(322)8600

かど やま ひろ あき
門山 宏哲

自 前［無］ 当4(初/平24)
千葉県千葉市　S39・9・3
勤11年4ヵ月　〈千葉1区〉

法務副大臣、元党副幹事長、元法務大臣政務官、弁護士、元千葉家裁家事調停委員、中央大学法学部／59歳

〒260-0013　千葉市中央区中央4-13-31
高嶋ビル101　　☎043(223)0050
〒106-0032　港区六本木7-1-3、宿舎

やまもと
山本 ともひろ

自 前［無］ 当5(初/平17)
京都府京都市　S50・6・20
勤15年3ヵ月　〈神奈川4区〉

内閣委、党文科部会長、防衛副大臣・内閣府副大臣、松下政経塾員、米ジョージタウン大客員研究員、関西大、京大院修／48歳

〒247-0056　鎌倉市大船1-22-2 つるやビル301　　☎0467(39)6933

さくら だ よし たか
櫻田 義孝

自 前［無］ 当8(初/平8)
千葉県柏市　S24・12・20
勤24年3ヵ月　〈千葉8区〉

自民党千葉県連会長、国交委、拉致特委、国務大臣、文科副大臣、内閣府副大臣、外務政務官、千葉県議、柏市議、明大商／74歳

〒277-0814　柏市正連寺373-3　　☎04(7132)0881
〒100-8982　千代田区永田町2-1-2、会館　　☎03(3508)7381

なか たに かず ま
中谷 一馬

立 前 当2(初/平29)
神奈川県川崎市　S58・8・30
勤6年6ヵ月　〈神奈川7区〉

内閣委、決算行監委、地・こ・デジ特委、党政調副会長、党デジタル政策PT座長、県議、デジタルハリウッド大大学院／40歳

〒223-0061　横浜市港北区日吉2-6-3-201　　☎045(534)9624
〒107-0052　港区赤坂2-17-10、宿舎

やたがわ　はじめ
谷田川　元
立 前　当3(初/平21)
千葉県香取市　S38・1・17
勤8年5ヵ月　〈千葉10区〉

国交委理、決算行監委理、憲法審委、党政調副会長、千葉県議4期、山村新治郎衆院議員秘書、松下政経塾、早大政経／61歳

〒287-0001　香取市佐原ロ2164-2　☎0478(54)5678

あおやぎ　よういちろう
青柳陽一郎
立 前　当4(初/平24)
神奈川県横浜市
保土ヶ谷区　S44・8・29
勤11年4ヵ月　〈神奈川6区〉

議運委理事、決算行監委、党神奈川県代表、NPO法人ICAジャパン会長、元国務大臣秘書、早大院、日大法／54歳

〒240-0003　横浜市保土ヶ谷区天王町1-9-5
　　　　　　第7瀬戸ビル1F　☎045(334)4110
〒100-8982　千代田区永田町2-1-2、会館☎03(3508)7245

なか　じま　かつ　ひと
中島克仁
立 前　当4(初/平24)
山梨県　S42・9・27
勤11年4ヵ月　〈山梨1区〉

厚労委筆頭理事、ほくと診療所院長、韮崎市立病院、山梨大学病院第一外科、帝京大医学部、医師／56歳

〒400-0858　山梨県甲府市相生1-1-21　☎055(242)9208
〒107-0052　港区赤坂2-17-10、宿舎

やま　ざき　まこと
山崎　誠
立 前　当3(初/平21)
東京都練馬区　S37・11・22
勤9年10ヵ月　〈神奈川5区〉

内閣委、経産委理、原子力特委、党政調副会長、党環境エネルギーPT事務局長、横浜市議2期、横浜国大院博士課程単位取得／61歳

〒244-0003　横浜市戸塚区戸塚町121-2F　☎045(438)9696
〒100-8981　千代田区永田町2-2-1、会館　☎03(3508)7137

かね　むら　りゅう　な
金村龍那
維 新　当1(初/令3)
愛知県名古屋市　S54・4・6
勤2年5ヵ月　〈神奈川10区〉

文科委理、決算行監委、拉致特委、党国対副委員長、神奈川維新の会代表、会社役員、児童福祉施設代表、衆議院秘書、専修大法中退／44歳

〒210-0836　川崎市川崎区大島上町18-1
　　　　　　サニークレイン201　☎044(366)8680

ふじ　まき　けん　た
藤巻健太
維 新　当1(初/令3)
英国ロンドン　S58・10・7
勤2年5ヵ月　〈千葉6区〉

財金委、沖北特委、参院議員秘書、みずほ銀行、慶大経済／40歳

〒271-0092　千葉県松戸市松戸1836
　　　　　　メグロビル1F　☎047(710)0523
〒100-8982　千代田区永田町2-1-2、会館☎03(3508)7503

浅川　義治（あさ　かわ　よし　はる）

維新　当1（初/令3）
神奈川県横浜市　S43・2・23
勤2年5ヵ月　〈神奈川1区〉

党県幹事長、安保委、消費者特委、党国対副委員長、横浜市議会議員、日本大学法学部／56歳

〒236-0021　横浜市金沢区泥亀1-15-4
雨宮ビル1F　☎045（349）4231

古屋　範子（ふる　や　のり　こ）

公前　当7
埼玉県さいたま市　S31・5・14
勤20年5ヵ月　（初/平15）

党副代表、総務委員長、党神奈川県本部顧問、厚労副大臣、総務大臣政務官、早大／67歳

〒238-0011　横須賀市米が浜通1-7-2
サクマ横須賀ビル503号　☎046（828）4230

角田　秀穂（つの　だ　ひで　お）

公元　当2
東京都　S36・3・25
勤5年3ヵ月　（初/平26）

農水委理事、予算委、党国対副委員長、党千葉県本部副代表、農水政務官、船橋市議4期、社会保険労務士、創価大／62歳

〒273-0011　船橋市湊町1-7-4　☎047（404）8013

志位　和夫（し　い　かず　お）

共前　当10
千葉県四街道市　S29・7・29
勤30年10ヵ月　（初/平5）

党中央委員会議長、国家基本委、党委員長、党書記局長、党青年・学生対策委員会責任者、党選挙対策局政策論戦副部長、東大／69歳

〒221-0822　横浜市神奈川区西神奈川1-10-16
斉藤ビル2F　☎045（324）6516

鈴木　敦（すず　き　あつし）

教新　当1（初/令3）
神奈川県川崎市　S63・12・15
勤2年5ヵ月　〈神奈川10区〉

外務委、拉致特委、党国対委員長、政党職員、元衆院議員秘書、航空関連会社社員、駿河台大中退／35歳

〒211-0025　川崎市中原区木月2-4-3
TFTビル2階　☎044（872）7182
〒100-8982　千代田区永田町2-1-2、会館　☎03（3508）7286

たがや　亮（りょう）

れ新　当1（初/令3）
東京都　S43・11・25
勤2年5ヵ月　〈千葉11区〉

党国会対策委員長、国土交通委、決算行監委、会社経営、国学院大／55歳

〒297-0037　茂原市早野1342-1　☎0475（44）6750
〒107-0052　港区赤坂2-17-10、宿舎

比例代表 南関東 22人	有効投票数 7,414,308票

政党名	当選者数	得票数	得票率
	惜敗率 小選挙区		惜敗率 小選挙区

自 民 党　9人　2,590,787票　34.94%

当①星野　剛士 前(95.94)神12		①松野　博一 前	千3
当①甘利　　明 前(95.75)神13		①薗浦健太郎 前	千5
当①秋本　真利 前(95.73)千9		①渡辺　博道 前	千6
当①三谷　英弘 前(90.10)神8		①斎藤　　健 前	千7
当①義家　弘介 前(83.16)神16		①浜田　靖一 前	千12
当①中山　展宏 前(82.19)神9		①松本　　尚 新	千13
当①門山　宏哲 前(77.71)千1		①菅　　義偉 前	神2
当①山本　朋広 前(71.08)神4		①中西　健治 新	神3
当①桜田　義孝 前(60.36)千8		①坂井　　学 前	神5
①木村　哲也 前(54.93)千4		①古川　直季 新	神6
㉚出畑　　実 新		①鈴木　馨祐 前	神7
㉛高橋　恭介 新		①田中　和徳 前	神10
㉜文月　　涼 新		①赤間　二郎 前	神14
㉝望月　忠彦 新		①河野　太郎 前	神15
㉞高木　昭寿 新		①牧島かれん 前	神17
㉟及川　　博 新		①山際大志郎 前	神18
【小選挙区での当選者】		①中谷　真一 前	山1
①小林　鷹之 前　　　千2		①堀内　詔子 前	山2

立憲民主党　5人　1,651,562票　22.28%

当①中谷　一馬 前(96.63)神7		①市来　伴子 新(40.76)山2	
当①谷田川　元 前(96.60)千10		㉙小野　次郎 元	
当①青柳陽一郎 前(95.10)神6		㉚金子　建一 元	
当①中島　克仁 前(94.34)山1		【小選挙区での当選者】	
①山崎　　誠 新(91.45)千7		①田嶋　　要 前	千1
①長友　克洋 新(86.00)神14		①野田　佳彦 前	千4
①宮川　　伸 前(79.51)千13		①本庄　知史 新	千8
①三村　和也 元(75.10)神18		①奥野総一郎 前	千9
①神山　洋介 元(68.43)神17		①篠原　　豪 前	神1
①岡本　英子 元(63.54)神2		①早稲田夕季 前	神4
①矢崎堅太郎 新(62.41)千5		①江田　憲司 前	神8
①岡島　一正 前(61.62)千3		①笠　　浩史 前	神9
①小林　丈人 新(57.43)神3		①阿部　知子 前	神12
①竹内　千春 新(55.70)千7		①太　　栄志 新	神13
①樋高　　剛 元(46.06)千12		①後藤　祐一 前	神16
①黒田　　雄 元(45.47)千2			

日本維新の会　3人　863,897票　11.65%

当①金村　龍那 新(66.39)神10		①串田　誠一 前(30.53)神6	
当①藤巻　健太 新(60.46)千6		①吉田　大成 新(29.28)神9	
当①浅川　義治 新(46.22)神1		①椎木　　保 元(28.79)千5	
①清水　聖士 新(42.38)千5		①内山　　晃 元(22.42)千7	
①水戸　将史 元(39.73)神12		▼①高谷　清彦 新(24.77)神4	
①横田　光弘 新(34.53)神18			

公 明 党　2人　850,667票　11.47%

当①古屋　範子 前		④江端　功一 新	
当①角田　秀穂 元		⑤井川　泰雄 新	
③上田　　勇 元			

共 産 党　1人　534,493票　7.21%

当①志位　和夫 前		④沼上　徳光 新	
②畑野　君枝 前　　　神10		▼⑤寺尾　　賢 新	千2
③斉藤　和子 元			

　▼は小選挙区の得票が有効投票総数の10分の1未満で、復活当選の資格がない者

国民民主党	1人	384,481票	5.19%

当①鈴木　敦　新(28.63)神10　　③長谷　康人　新
　①鏑田　敦　新(21.71)千5

れいわ新選組	1人	302,675票	4.08%

当①多ケ谷　亮　新　千11　　②木下　隼　新

その他の政党の得票数・得票率は下記のとおりです。
(当選者はいません)

政党名	得票数	得票率	NHKと裁判してる党弁護士72条違反で	
社民党	124,447票	1.68%	111,298票	1.50%

東京都1区	462,609 ⑰56.27

当99,133　山田美樹　自前(39.0)
　　千代田区、港区の一部(P171参　　比当90,043　海江田万里　立前(35.4)
照)、新宿区の一部(P171参照)　　比当60,230　小野泰輔　維新(23.7)
　　　　　　　　　　　　　　4,715　内藤久遠　無所(1.9)

やま　だ　み　き　　　　　　　　自前[無]　　当4
山田美樹
東京都　S49・3・15
勤11年4ヵ月　(初/平24)

財金委理事、党副幹事長、環境副大臣、党
法務部会長、外務政務官、エルメス、BCG、
通産省、東大法、コロンビア大／49歳

〒100-8982　千代田区永田町2-1-2、会館　☎03(3508)7037

東京都2区	463,165 ⑰60.82

当119,281　辻　清人　自前(43.4)
　　中央区、港区(第1区に属しない　　比90,422　松尾明弘　立前(32.9)
区域)(P171参照)、文京区、台　　比45,754　木内孝胤　維元(16.7)
東区の一部(P171参照)　　　　比14,487　北村　造　れ新(5.3)
　　　　　　　　　　　　　4,659　出口紳一郎　無新(1.7)

つじ　　きよ　と　　　　　　　　自前[無]　　当4
辻　清人
東京都　S54・9・7
勤11年4ヵ月　(初/平24)

外務副大臣、党国会対策副委員長、党副
幹事長、外務大臣政務官、京大、米コロ
ンビア大院修了／44歳

〒111-0021　台東区日本堤2-23-13
深谷ビル　　　　　　　　　　　　☎03(6802)4701

東京都3区	470,083 ⑰59.87

当124,961　松原　仁　立前(45.9)
　　品川区の一部(P171参照)、大田　　比当116,753　石原宏高　自前(42.9)
区の一部(P171参照)、大島・三　　　30,648　香西克介　共新(11.3)
宅・八丈・小笠原支庁管内

まつ　ばら　　じん　　　　　　　無前(立憲)　　当8
松原　仁
東京都板橋区　S31・7・31
勤23年10ヵ月　(初/平12)

外務委、民進党国対委員長、党都連会長、国家公
安委長、拉致担当大臣、消費者担当大臣、国交副
大臣、拉致特委長、都議、松下政経塾、早大／67歳

〒152-0004　目黒区鷹番3-19-2
第8エスペランス3階　　　　　　☎03(6412)7655

東京都4区　474,029　投54.43

当128,708　平　　将明　自前（51.5）
比62,286　谷川　智行　共新（24.9）
比58,891　林　　智興　維新（23.6）

大田区（第3区に属しない区域）
（P171参照）

たいら　　まさ　あき
平　　将明

自前［無］　　　　　当6
東京都　S42・2・21
勤18年7ヵ月（初／平17）

原子力特別委員長、内閣府副大臣、選対副委員長、消費者特委筆頭理事、経産政務官兼内閣府政務官、副幹事長、早大／57歳

〒144-0052　大田区蒲田5-30-15
第20下川ビル7F　　　☎03（5714）7071

東京都5区　464,694　投60.03

当111,246　手塚　仁雄　立前（41.0）
比当105,842　若宮　健嗣　自前（39.0）
比54,363　田淵　正文　維新（20.0）

目黒区の一部（P171参照）、世田谷区の一部（P171参照）

て　づか　よし　お
手塚　仁雄

立前　　　　　当5
東京都目黒区　S41・9・14
勤15年1ヵ月（初／平12）

党幹事長代理、党東京都連幹事長、科技特委長、議運野党筆頭理事、内閣総理大臣補佐官、都議、早大／57歳

〒154-0002　世田谷区下馬2-20-2-2F　☎03（3412）0440

東京都6区　467,339　投60.36

当110,169　落合　貴之　立前（40.1）
比105,186　越智　隆雄　自前（38.3）
比59,490　碓井　梨恵　維新（21.6）

世田谷区（第5区に属しない区域）
（P171参照）

おち　あい　たか　ゆき
落合　貴之

立前　　　　　当3
東京都世田谷区　S54・8・17
勤9年4ヵ月（初／平26）

倫選特委理、経産委、党副幹事長、党政治改革実行本部事務局長、党都連政調会長、元銀行員、慶大経済／44歳

〒156-0055　世田谷区船橋2-1-1
　　千歳第一マンション103号　☎03（5938）1800
〒100-8982　千代田区永田町2-1-2、会館　☎03（3508）7134

東京都7区　459,575　投56.47

当124,541　長妻　　昭　立前（49.2）
比81,087　松本　文明　自前（32.1）
比37,781　辻　健太郎　共新（14.9）
5,665　込山　　洋　無新（2.2）
3,822　猪野　恵司　N新（1.5）

品川区（第3区に属しない区域）（P171参照）、目黒区（第5区に属しない区域）（P171参照）、渋谷区、中野区の一部（P171参照）、杉並区（方南1〜2丁目）

なが　つま　　あきら
長妻　　昭

立前　　　　　当8
東京都　S35・6・14
勤23年10ヵ月（初／平12）

党政調会長、党都連会長、党代表代行、党選対委員長、厚労委員、厚生労働大臣、日経ビジネス記者、NEC、慶大／63歳

〒164-0011　中野区中央4-11-13-101　☎03（5342）6551

東京都8区 476,188 ⑯61.03

杉並区（第7区に属しない区域）（P172参照）

当137,341 吉田 晴美 立新（48.4）
比105,381 石原 伸晃 自前（37.2）
比40,763 笠谷 圭司 維新（14.4）

よし だ
吉田 はるみ

立新　　　　当1
山形県　　S47・1・1
勤2年5ヵ月　（初/令3）

文科委、議運委、懲罰委、憲法審委、党国際局副局長、外資系経営コンサルタント、法務大臣政務秘書官、大学特任教授、立教大卒、バーミンガム大学経営大学院修了／52歳

〒166-0001　杉並区阿佐谷北1-3-4
　　　　　　小堺ビル301　　　☎03(5364)9620

東京都9区 478,743 ⑯57.71

練馬区の一部（P172参照）

当109,489 山岸 一生 立新（40.9）
比95,284 安藤 高夫 自前（35.6）
比47,842 南　　純 維新（17.9）
15,091 小林 興起 諸元（5.6）

やま ぎし いっ せい
山岸 一生

立新　　　　当1
東京都練馬区　S56・8・28
勤2年5ヵ月　（初/令3）

予算委、内閣委、情報監視審委、党政調会長筆頭補佐、党政治改革実行本部役員、元朝日新聞記者、東大法／42歳

〒177-0041　練馬区石神井町8-17-8-105　☎03(6676)7318
〒100-8981　千代田区永田町2-2-1、会館　☎03(3508)7124

東京都10区 479,088 ⑯56.50

新宿区（第1区に属しない区域）（P172参照）、中野区（第7区に属しない区域）（P172参照）、豊島区の一部（P172参照）、練馬区（第9区に属しない区域）

当115,122 鈴木 隼人 自前（43.8）
比107,920 鈴木 庸介 立前（41.1）
比30,574 藤川 隆史 維新（11.6）
4,684 小山　徹 無新（1.8）
4,552 沢口 祐司 諸新（1.7）

すず き はや と
鈴木 隼人

自前［茂］　　当3
東京都　　S52・8・8
勤9年4ヵ月　（初/平26）

経済産業委理、財務委、沖北特委、前外務大臣政務官、経済産業省課長補佐、東大、東大院修／46歳

〒171-0022　豊島区南池袋2-35-7-602　☎03(6908)1071
〒100-8981　千代田区永田町2-1-2、会館　☎03(3508)7463

東京都11区 462,626 ⑯54.97

板橋区の一部（P172参照）

当122,465 下村 博文 自前（50.0）
比87,635 阿久津幸彦 立前（35.8）
29,304 西之原修斗 共新（12.0）
5,639 桑島 康文 無新（2.3）

しも むら はく ぶん
下村 博文

自前［無］　　当9
群馬県　　S29・5・23
勤27年7ヵ月　（初/平8）

党総務、党中央政治大学院長、党政調会長、党選対委員長、憲法改正本部長、党幹事長代行、文科大臣、オリパラ大臣、内閣官房副長官、都議、早大／69歳

〒173-0024　板橋区大山金井町38-12
　　　　　　新大山ビル205　　　☎03(5995)4491
〒100-8982　千代田区永田町1-2-2、会館☎03(3508)7084

略歴

東京

東京都12区 462,732 ㊗57.45

当101,020 岡本三成 公前（39.9）
比当80,323 阿部 司 維新（31.7）
比71,948 池内沙織 共元（28.4）

豊島区（第10区に属しない区域）（P172参照）、北区、板橋区（第11区に属しない区域）（P172参照）、足立区の一部（P172参照）

公前　　　当4
岡本三成
おか　もと　みつ　なり
佐賀県　S40・5・5
勤11年4ヵ月　（初／平24）

経産委員長、党国際委員長、財務副大臣、外務政務官、ゴールドマン・サックス証券、米国ケロッグ経営大学院（MBA）、創価大／58歳

〒116-0013 荒川区西日暮里5-32-5 ウシオビル2階 ☎03(5604)5923
〒100-8981 千代田区永田町2-2-1、会館 ☎03(3508)7147

東京都13区 480,247 ㊗50.88

当115,669 土田 慎 自新（49.3）
比78,665 比條智彦 立新（33.5）
30,204 沢田真吾 共新（12.9）
5,985 渡辺秀高 無新（2.6）
4,039 橋本孫美 無新（1.7）

足立区（第12区に属しない区域）（P172参照）

自新［麻］　　当1
土田 慎
つち　だ　しん
神奈川県茅ヶ崎市　H2・10・30
勤2年5ヵ月　（初／令3）

デジタル大臣政務官兼内閣府大臣政務官、衆・参議員秘書、参議院議長参事、京大／33歳

〒121-0816 足立区梅島2-2-10 楠ビル201

東京都14区 465,702 ㊗55.96

当108,681 松島みどり 自前（43.3）
比80,932 木村剛司 立元（32.2）
比49,517 西村恵美 維新（19.7）
5,845 梁本和則 無新（2.3）
3,364 竹本秀之 無新（1.3）
2,772 大塚紀久雄 無新（1.1）

台東区（第2区に属しない区域）（P172参照）、墨田区、荒川区

自前［無］　　当7
松島みどり
まつ　しま
大阪府　S31・7・15
勤20年6ヵ月　（初／平12）

党住宅土地・都市政策調査会長、党中小企業・小規模事業者政策調査会長代理、党文化立国調査会長代理、法務大臣、経産副大臣、国交副大臣、外務政務官、朝日新聞記者、東大経／67歳

〒131-0045 墨田区押上1-24-2川új川新ビル2F ☎03(5610)5566
〒100-8981 千代田区永田町2-2-1、会館 ☎03(3508)7065

東京都15区 424,125 ㊗58.73

当76,261 柿沢未途 自前（32.0）
比58,978 井戸正枝 立元（24.7）
比44,882 金沢結衣 維新（18.8）
26,628 今村洋史 無元（11.2）
17,514 猪野隆 無新（7.3）
9,449 桜井誠 諸新（4.0）
4,608 吉田浩司 無新（1.9）

江東区

かき　ざわ　み　と
柿沢未途 無所属

辞　職（令和6年2月1日）

※補選は令和6年4月28日に行われる予定。

東京都16区 465,115 ㊙51.58

江戸川区の一部（P173参照）

当88,758　大西英男　自前（38.7）
比68,397　水野素子　立新（29.8）
比39,290　中津川博郷　維元（17.1）
　26,819　太田彩花　共新（11.7）
比6,264　田中　健　N新（ 2.7）

おおにし　ひで　お
大西英男

自前［無］　当4
東京都江戸川区　S21・8・28
勤11年4ヵ月　（初/平24）

党総務、衆議院内閣委員長、国土交通副大臣、総務大臣政務官、江戸川区議会議長、都議会自民党幹事長、國学院大/77歳

〒132-0011　江戸川区瑞江2-6-19 6階　☎03(5666)7770

東京都17区 475,912 ㊙53.06

葛飾区、江戸川区（本庁管内（上一色1～3丁目、本一色1～3丁目、興宮町）、小岩事務所管内）

当119,384　平沢勝栄　自前（50.1）
比52,260　猪口幸子　立新（22.0）
　36,309　新井杉生　共新（15.3）
比30,103　円より子　国新（12.6）

ひら　さわ　かつ　えい
平沢勝栄

自前［無］　当9
岐阜県　S20・9・4
勤27年7ヵ月　（初/平8）

外務委、予算委、党選挙対策委員長代理、復興大臣、党広報本部長、予算委理、党政調会長代理、外務委員、内閣府副大臣、拉致問題委員、警察庁審議官、官房長官秘書官、東大/78歳

〒124-0012　葛飾区立石8-6-1-102　☎03(5670)1111

東京都18区 444,924 ㊙59.86

武蔵野市、府中市、小金井市

当122,091　菅　直人　立前（47.1）
比当115,881　長島昭久　自前（44.7）
　21,151　子安正美　無新（ 8.2）

かん　なお　と
菅　直人

立前　当14
山口県　S21・10・10
勤43年11ヵ月　（初/昭55）

党最高顧問、懲罰委、原子力特委、首相、副総理、財務相、厚相、民主党代表、さきがけ政調会長、社民連政審会長、弁護士、東工大/77歳

〒180-0006　武蔵野市中町1-2-9-302　☎0422(55)7010

東京都19区 439,147 ㊙60.00

小平市、国分寺市、西東京市

当111,267　末松義規　立前（43.0）
比当109,131　松本洋平　自前（42.2）
比38,182　山崎英昭　維新（14.8）

すえ　まつ　よし　のり
末松義規

立前　当7
福岡県北九州市　S31・12・5
勤22年9ヵ月　（初/平8）

財金委筆頭理事、沖北特委員、元復興副大臣兼内閣府副大臣、内閣総理大臣補佐官、一橋大、米国プリンストン大学大学院/67歳

〒187-0002　小平市花小金井2-1-39　☎042(460)9050

東京都20区 418,245 ㊗56.77

当121,621 木原 誠二 自前(52.6)
比当66,516 宮 本 徹 共前(28.8)
比43,089 前田順一郎 維新(18.6)

東村山市、東大和市、清瀬市、
東久留米市、武蔵村山市

き はら せい じ

木原 誠二

自前[無] 当5
東京都 S45・6・8
勤15年3ヵ月 (初/平17)

党幹事長代理兼政調会長特別補佐、官房副
長官、外務副大臣、外務政務官、議運委理
事、党情報調査局長、財務省、東大法／53歳

〒189-0013 東村山市栄町2-22-3 ☎042(392)4105

東京都21区 438,466 ㊗57.72

当112,433 小田原 潔 自前(45.5)
比当99,090 大河原雅子 立前(40.1)
比35,527 竹 田 光 明 維元(14.4)

八王子市(中野、大塚)、立川市、
日野市、国立市、多摩市の一部(P173
参照)、稲城市の一部(P173参照)

お だ わら きよし

小田原 潔

自前[無] 当4
大分県宇佐市 S39・5・23
勤11年4ヵ月 (初/平24)

外務委理、財金委、震災復興特委、外務副
大臣、モルガンスタンレー証券マネジン
グディレクター、富士銀行、東大／59歳

〒190-0011 立川市高松町3-14-11
マスターズオフィス立川 ☎042(548)0065

東京都22区 478,721 ㊗60.01

当131,351 伊藤 達也 自前(46.9)
比112,393 山 花 郁 夫 立前(40.1)
比31,981 櫛 渕 万 里 れ元(11.4)
4,535 長谷川洋平 N新(1.6)

三鷹市、調布市、狛江市、稲城
市(第21区に属しない区域)(P173
参照)

い とう たつ や

伊藤 達也

自前[茂] 当9
東京都 S36・7・6
勤27年6ヵ月 (初/平5)

党国際局長、中小企業調査会長、税調副会長、
予算委、憲法審、情報監視審委、元金融相、
総理大臣補佐官、衆財金委員長、慶大／62歳

〒182-0024 調布市布田1-3-1ダイヤビル2F ☎042(499)0501
〒107-0052 港区赤坂2-17-10、宿舎

東京都23区 458,998 ㊗58.37

当133,206 小倉 将信 自前(51.2)
比当126,732 伊藤 俊輔 立前(48.8)

町田市、多摩市(第21区に属しな
い区域)(P173参照)

お ぐら まさ のぶ

小倉 將信

自前[無] 当4
東京都 S56・5・30
勤11年4ヵ月 (初/平24)

党副幹事長、少子化担当大臣、党青年局
長、総務政務官、日本銀行職員、東大、
オックスフォード大学院／42歳

〒194-0013 町田市原町田5-4-7 からかあさ101号
☎042(710)1192

㊝ 略 歴

東京

98

東京都24区	463,096 ⑳56.77	当149,152	萩生田光一	自前(58.5)
		比44,546	佐藤由美	国新(17.5)
		44,474	吉川穂香	共新(17.5)
		比16,590	朝倉玲子	社新(6.5)

八王子市(第21区に属しない区域)(P173参照)

萩生田光一
はぎうだこういち

自前[無] 当6
東京都八王子市 S38・8・31
勤17年1ヵ月 (初/平15)

党都連会長、党政調会長、経済産業大臣、文科大臣、党幹事長代行、内閣官房副長官、党総裁特別補佐、党青年局長、都議、市議、明大／60歳

〒192-0046 八王子市明神町4-1-2
ストーク八王子205 ☎042(646)3008

東京都25区	413,266 ⑳54.90	当131,430	井上信治	自前(59.4)
		比89,991	島田幸成	立新(40.6)

青梅市、昭島市、福生市、羽村市、あきる野市、西多摩郡

井上信治
いのうえしんじ

自前[麻] 当7
東京都 S44・10・7
勤20年5ヵ月 (初/平15)

党幹事長代理、環境・温暖化対策調査会長、国際博覧会担当大臣、内閣府特命担当大臣、環境副大臣、内閣委員長、国交省、東大／54歳

〒198-0024 青梅市新町3-39-1 ☎0428(32)8182
〒100-8981 千代田区永田町2-2-1、会館 ☎03(3508)7328

比例代表 東京都 17人 東京

㊝略歴

東京・比例東京

髙木啓
たかぎけい

自前[無] 当2
東京都北区 S40・3・16
勤6年6ヵ月 (初/平29)

党経済産業部会長、運輸・交通関係団体副委長、外務大臣政務官、党国土交通副部会長、都議、北区議、立教大／58歳

〒114-0022 北区王子本町1-14-9-202 ☎03(5948)6790

松本洋平
まつもとようへい

自前[無] 当5(初/平17)
東京都 S48・8・31
勤15年3ヵ月 (東京19区)

党政調副会長兼事務局長、経産委、災害特委、経産副大臣、内閣府副大臣、党副幹事長、党青年局長、慶大経済学部／50歳

〒187-0003 小平市花小金井南町2-17-4 ☎042(461)6644
〒100-8981 千代田区永田町2-2-1、会館 ☎03(3508)7133

越智隆雄
おち たか お

自前[無]　当5(初/平17)
東京都　S39・2・27
勤15年3ヵ月　〈東京6区〉

予算委、財金委、憲法審委、党金融調査会幹事長、元内閣府副大臣（経済財政）、住友銀行、東大法院、慶大経／60歳

〒156-0052　世田谷区経堂2-2-11-2F　☎03(5799)4260

若宮健嗣
わか みや けん じ

自前[茂]　当5(初/平17)
東京都　S36・9・2
勤15年3ヵ月　〈東京5区〉

党政調会長代理、幹事長代理、内閣府特命担当大臣、外務副大臣、防衛副大臣、外務委長、安保委長、慶大／62歳

〒154-0004　世田谷区太子堂4-6-1　パークヒル6
☎03(3795)8255
〒100-8982　千代田区永田町2-1-2、会館　☎03(3508)7509

長島昭久
なが しま あき ひさ

自前[無]　当7(初/平15)
神奈川県横浜市　S37・2・17
勤20年5ヵ月　〈東京18区〉

党政務調査会副会長・国際局長代理、震災復興特委筆頭理事、安保委、震災復興特委員長、防衛副大臣、総理補佐官、慶大院、米ジョンズホプキンス大院／62歳

〒183-0022　府中市宮西町4-12-11
モア府中2F　☎042(319)2118

石原宏高
いし はら ひろ たか

自前[無]　当5(初/平17)
神奈川県　S39・6・19
勤15年3ヵ月　〈東京3区〉

総理補佐官、党環境調査会事務局長、党小笠原小委、環境委員長、環境・内閣府副大臣、外務大臣政務官、銀行員、慶大／59歳

〒140-0014　品川区大井1-22-5
八木ビル7F　☎03(3777)2275
〒100-8981　千代田区永田町2-2-1、会館　☎03(3508)7319

伊藤俊輔
い とう しゅん すけ

立前　当2(初/平29)
東京都町田市　S54・8・5
勤6年6ヵ月　〈東京23区〉

党副幹事長、青年局長、UR議連事務局次長、全建総連懇話会幹事、小田急多摩線延伸促進議連顧問、議運委、情報監視審委、桐蔭高、北京大留学、中央大／44歳

〒194-0021　町田市中町2-6-11
サワダビル3F　☎042(723)0117

鈴木庸介
すず き よう すけ

立新　当1(初/令3)
東京都　S50・11・21
勤2年5ヵ月　〈東京10区〉

法務委、外務委、復興特委、元NHK記者、立教大学経済学部兼任講師、コロンビア大院／48歳

〒170-0004　豊島区北大塚2-14-1
鈴矢ビル3F　☎03(6903)1544

海江田万里　かいえだばんり

無前　当8(初/平5)
東京都　S24・2・26
勤22年1ヵ月　〈東京1区〉

衆議院副議長、立憲民主党都連顧問、税制調査会顧問、前決算行監委員長、元民主党代表、元経済産業大臣、元内閣府特命担当大臣、慶大/75歳

〒160-0004　新宿区四谷3-11山一ビル6F　☎03(5363)6015
〒160-0023　新宿区西新宿4-8-4-301(自宅)☎03(3375)1445

大河原まさこ　おおかわら

立前　当2(初/平29)※
神奈川県横浜市　S28・4・8
勤12年7ヵ月(参6年1ヵ月)〈東京21区〉

環境委、決算行監委員、消費者特委、党ジェンダー平等推進本部副事務局長、元参議院議員、東京都議、国際基督教大/70歳

〒190-0022　立川市錦町1-10-25
　　　　　　YS錦町ビル1F　☎042(529)5155
〒100-8981　千代田区永田町2-2-1、会館☎03(3508)7261

阿部　司　あべつかさ

維新　当1(初/令3)
東京都大田区　S57・6・18
勤2年5ヵ月　〈東京12区〉

内閣委、総務委、党代表付、青山社中株式会社(政策シンクタンク)、日本ヒューレット・パッカード、早大/41歳

〒114-0022　北区王子本町1-22-7
　　　　　　パークハイムKT1階　☎03(3908)3121

小野泰輔　おのたいすけ

維新　当1(初/令3)
東京都　S49・4・20
　　　　〈東京1区〉

経産委、原子力特委理、憲法審委、熊本県副知事、東大法/49歳

〒150-0012　渋谷区広尾5-16-1 北村60館 302号室
　　　　　　　　　　　　　　　　☎03(6824)6087
〒100-8981　千代田区永田町2-2-1、会館☎03(3508)7340

高木陽介　たかぎようすけ

公前　当9
東京都　S34・12・16
勤27年1ヵ月　(初/平5)

党政調会長、党都本部代表、経産副大臣、衆総務委員長、国交政務官、党国対委員長、党選対委員長、毎日記者、創価大/64歳

〒190-0022　立川市錦町1-4-4
　　　　　　立川サニーハイツ301　☎042(540)1155

河西宏一　かさいこういち

公新　当1
神奈川県鎌倉市　S54・6・25
勤2年5ヵ月　(初/令3)

党青年局次長・学生局長、党都本部副代表、内閣委、憲法審査会、地こデジ特委理事、政党職員、電機メーカー社員、東大/44歳

〒100-8982　千代田区永田町2-1-2、会館　☎03(3508)7630

笠井　亮　かさい　あきら　共前　当6(初/平17)※
大阪府　S27・10・15
勤24年8ヵ月（参院6年1ヵ月）

党原発・気候変動・エネルギー対策委員
会責任者、経産委、原子力特委、拉致特
委、参院議員1期、東大／71歳

〒151-0053　渋谷区代々木1-44-11-1F　☎03(5304)5639
〒107-0052　港区赤坂2-17-10、宿舎

宮本　徹　みや　もと　とおる　共前　当3(初/平26)
兵庫県三木市　S47・1・22
勤9年4ヵ月　〈東京20区〉

党中央委員、厚労委、予算委、東大教育
／52歳

〒151-0053　渋谷区代々木1-44-11　☎03(5304)5639
〒100-8981　千代田区永田町2-2-1、会館　☎03(3508)7508

櫛渕万里　くし　ぶち　ま　り　れ元　繰当2(初/平21)
群馬県沼田市　S42・10・15
勤5年3ヵ月　〈東京22区〉

決算行監委、党共同代表、国際交流
NGO共同代表兼事務局長、立教大／56
歳

〒182-0002　調布市国領町1-25-38-203　☎042(444)7188
〒100-8982　千代田区永田町2-1-2、会館　☎03(3508)7063

比例代表　東京都　17人　有効投票数　6,446,898票

政党名	当選者数		得票数	得票率
	惜敗率	小選挙区	惜敗率	小選挙区

自民党　6人　2,000,084票　31.02%

		【小選挙区での当選者】	
当①高木　啓　前			
当②松本　洋平　前(98.08)東19	②山田　美樹　前	東1
当②越智　隆雄　前(95.48)東6	②辻　清人　前	東2
当②若宮　健嗣　前(95.14)東5	②平　将明　前	東4
当②長島　昭久　前(94.91)東18	②鈴木　隼人　前	東10
②石原　宏高　前(93.43)東3	②下村　博文　前	東11
②安藤　高夫　前(87.03)東9	②土田　慎　新	東13
②石原　伸晃　前(76.73)東8	②松島みどり　前	東14
②松本　文明　前(65.11)東7	②木原　誠二　前	東20
㉓伊藤　智加　新	②小田原　潔　前	東21
㉔松野　未佳　新	②伊藤　達也　前	東22
㉕小松　裕　前	②小倉　将信　前	東23
㉖西田　譲　元	②萩生田光一　前	東24
㉗和泉　武彦　新	②井上　信治　前	東25
㉘崎山　知尚　新		

立憲民主党　4人　1,293,281票　20.06%

当①伊藤　俊輔　前(95.14)東23	①山花　郁夫　前(85.57)東22
当①鈴木　庸介　新(93.74)東10	①井戸　正枝　元(77.38)東15
当①海江田万里　前(90.83)東1	①水野　素子　新(77.06)東16
当①大河原雅子　前(88.13)東21	①松尾　明弘　前(75.81)東2

※ 平7参院初当選

①木村　剛司　元(74.47)東14	①松原　　仁　前　　東 3
①阿久津幸彦　前(71.56)東11	①手塚　仁雄　前　　東 5
①島田　幸成　前(68.47)東25	①落合　貴之　前　　東 6
①北條　智彦　新(68.01)東13	①長妻　　昭　前　　東 7
㉑高松　智之　新	①吉田　晴美　新　　東 8
㉒川島智太郎　元	①山岸　一生　新　　東 9
㉓北出　美翔　新	①菅　　直人　前　　東18
【小選挙区での当選者】	①末松　義規　前　　東19

日本維新の会　2人　858,577票　13.32%

当①阿部　　司　新(79.51)東12	①南　　純　新(43.70)東 9
当①小野　泰輔　新(60.76)東 1	①木内　孝胤　元(38.36)東 2
①金沢　結衣　新(58.85)東15	①前田順一郎　新(35.43)東20
①碓井　梨恵　新(54.00)東 6	①山崎　英昭　新(34.32)東19
①田淵　正文　新(45.87)東 5	①竹田　光明　新(31.60)東21
①林　　智興　新(45.76)東 4	①辻　健太郎　新(30.37)東 7
①西村　恵美　新(45.56)東14	①笠谷　圭司　新(29.68)東 8
①中津川博郷　元(44.27)東16	①藤川　隆史　新(26.56)東10
①猪口　幸子　新(43.77)東17	

公　明　党　2人　715,450票　11.10%

当①高木　陽介　前	③藤井　伸城　新
当①河西　宏一　新	④大沼　伸貴　新
	（令4.6.15離党）

共　産　党　2人　670,340票　10.40%

当①笠井　　亮　前	③池内　沙織　元　　東12
当②宮本　　徹　前　　東20	④谷川　智行　新　　東 4

れいわ新選組　1人　360,387票　5.59%

当①山本　太郎　新	▼②北村　　造　新(12.15)東 2
（令4.4.19辞職）	④渡辺　照子　新
繰②櫛渕　万里　元(24.35)東22	
（令4.4.27繰上）	

その他の政党の得票数・得票率は下記のとおりです。
（当選者はいません）

政党名	得票数	得票率			
国民民主党	306,179票	4.75%	日本第一党	33,661票	0.52%
社民党	92,995票	1.44%	新党やまと	16,970票	0.26%
NHKと裁判してる党弁護士法72条違反で			政権交代によるコロナ対策強化新党		
	92,353票	1.43%		6,620票	0.10%

新潟県1区	434,016 ㊟57.25		当127,365　西村智奈美　立前(52.6)

比96,591　塚田一郎　自前(39.9)
比18,333　石崎　徹　維元(7.6)

新潟市（北区・東区・中央区・江南区・南区・西区の一部）（P173参照）

にしむら　ち　な　み
西村智奈美
立前　　当6
新潟県　　S42・1・13
勤18年5ヵ月　（初／平15）

党代表代行、厚労委、拉致特委、党県連代表、厚労副大臣、外務大臣政務官、新潟県議、新潟大院／57歳

〒950-0916　新潟市中央区米山2-5-8
　　　　　　米山プラザビル202　　☎025(244)1173
〒107-0052　港区赤坂2-17-10、宿舎

▼は小選挙区の得票が有効投票総数の10分の1未満で、復活当選の資格がない者　　103

新潟県2区 288,107 投62.66

当105,426 細田健一 自前(59.9)
比37,157 高倉　栄 国新(21.1)
比33,399 平あや子 共新(19.0)

新潟市(南区(味方・月潟出張所管内)、西区(第1区に属しない全区域)、西蒲区)、長岡市の一部(P173参照)、柏崎市、燕市、佐渡市、西蒲原郡、三島郡、刈羽郡

ほそ　だ　けん　いち
細田健一
自前[無]　　　　　当4
東京都　S39・7・11
勤11年4ヵ月　（初/平24）

党農林部会長、農林水産委理事、経産副大臣、予算委理事、農水政務官、経産省、京大法、米ハーバード大学院／59歳

〒959-1232　燕市井土巻4-21　☎0256(47)1809
〒100-8982　千代田区永田町2-1-2、会館　☎03(3508)7278

新潟県3区 298,289 投65.04

当102,564 斎藤洋明 自前(53.6)
比88,744 黒岩宇洋 立前(46.4)

新潟市(北区の一部(P173参照))、新発田市、村上市、五泉市、阿賀野市、胎内市、北蒲原郡、東蒲原郡、岩船郡

さい　とう　ひろ　あき
斎藤洋明
自前[麻]　　　　　当4
新潟県村上市　S51・12・8
勤11年4ヵ月　（初/平24）

総務委、党情報・通信関係団体委員長、総務大臣政務官、党総務部会長代理、内閣府、公正取引委員会、神戸大学大学院、学習院大／47歳

〒957-0056　新発田市大栄町3-6-3　☎0254(21)0003
〒100-8981　千代田区永田町2-2-1、会館　☎03(3508)7155

新潟県4区 307,471 投64.17

当97,494 菊田真紀子 立前(50.1)
比当97,256 国定勇人 自新(49.9)

新潟市(北区・東区・中央区・江南区の一部、秋葉区、南区の一部(P173参照))、長岡市の一部(P173参照)、三条市、加茂市、見附市、南蒲原郡

きく　た　ま　き　こ
菊田真紀子
立前　　　　　当7
新潟県加茂市　S44・10・24
勤20年5ヵ月　（初/平15）

党「次の内閣」文科大臣・子ども政策担当大臣、拉致問題対策副本部長、外務政務官、市議(2期)、中国黒龍江大学留学、加茂高／54歳

〒955-0071　三条市本町6-13-3　☎0256(35)6066
〒107-0052　港区赤坂2-17-10、宿舎

新潟県5区 275,224 投65.20

当79,447 米山隆一 無新(45.0)
比60,837 泉田裕彦 自前(34.4)
36,422 森　民夫 無新(20.6)

長岡市(第2区及び第4区に属しない全区域)、小千谷市、魚沼市、南魚沼市、南魚沼郡

よね　やまりゅう　いち
米山隆一
立新　　　　　当1
新潟県魚沼市　S42・9・8
勤2年5ヵ月　（初/令3）

法務委、予算委、災害特委、前新潟県知事、医師、医学博士、弁護士、灘高校、東大大学院医学系研究科／56歳

〒940-0063　長岡市旭町2-3-31
　　　　　　　プラザ・コバヤシ3F　☎0258(89)8800
〒100-8982　千代田区永田町2-1-2、会館　☎03(3508)7485

略歴

新潟

104

新潟県6区	272,966 ⑰67.79	当90,679 梅谷　守 立新(49.6)
		比当90,549 高鳥修一 自前(49.5)
		1,711 神高古贄 無所(0.9)

十日町市、糸魚川市、妙高市、
上越市、中魚沼郡

梅谷　守 うめ たに まもる

立新　当1
東京都　S48・12・9
勤2年5ヵ月　（初／令3）

党政調会長補佐、農水委、予算委、拉致
特委理、新潟県議会議員、国会議員政策
担当秘書、早大／50歳

〒943-0805 上越市木田1-8-14　☎025(526)4211
〒100-8982 千代田区永田町2-1-2、会館　☎03(3508)7403

富山県1区	267,782 ⑰52.43	当71,696 田畑裕明 自前(51.8)
		比当45,411 吉田豊史 維元(32.8)
		比14,563 西尾政英 立新(10.5)
		6,800 青山了介 共新(4.9)

富山市の一部(P173参照)

田畑裕明 た ばた ひろ あき

自前[無]　当4
富山県　S48・1・2
勤11年4ヵ月　（初／平24）

総務委、厚労委、厚労委員長、党厚労部会長、総務
副大臣、厚労・文科委理、国対副委員長、厚労大臣
政務官、県議、富山市議、獨協大学経済学部／51歳

〒930-0017 富山市東田地方町2-2-5　☎076(471)6036
〒107-0052 港区赤坂2-17-10、宿舎

富山県2区	247,492 ⑰54.22	当89,341 上田英俊 自新(68.4)
		比41,252 越川康晴 立新(31.6)

富山市（第1区に属しない区域）、
魚津市、滑川市、黒部市、中新
川郡、下新川郡

上田英俊 うえ だ えいしゅん

自新[茂]　当1
富山県下新川郡入善町　S40・1・22
勤2年5ヵ月　（初／令3）

厚労委、農水委、沖北特委、原子力特委、
党地方組織・議員総局長、党総務、富山
県議会議員、早大政経学部／59歳

〒937-0051 魚津市駅前新町5-30
　　　　　　魚津サンプラザ3F　☎0765(22)6648
〒107-0052 港区赤坂2-17-10、宿舎　☎03(5549)4671

富山県3区	364,742 ⑰59.06	当161,818 橘 慶一郎 自前(78.5)
		44,214 坂本洋史 共新(21.5)

高岡市、氷見市、砺波市、小矢
部市、南砺市、射水市

橘　慶一郎 たちばな けい いち ろう

自前[無]　当5
富山県高岡市　S36・1・23
勤14年8ヵ月　（初／平21）

議運理事、農水・地デジ特各委、政倫審
幹事、党国対副委長、復興副大臣、総務大
臣政務官、高岡市長、北開庁、東大／63歳

〒933-0912 高岡市丸の内1-40
　　　　　　高岡商工ビル　☎0766(25)5780
〒107-0052 港区赤坂2-17-10、宿舎

略歴

新潟・富山

石川県1区	376,122 ⑰52.20	当88,321	小森　卓郎	自新（46.1）
金沢市		比48,491	荒井淳志	立新（25.3）
		比45,663	小林　誠	維新（23.9）
		8,930	亀田良典	共新（4.7）

こ　もり　たく　お
小森　卓郎

自新［無］　　当1
神奈川県　S45・5・21
勤2年5ヵ月　（初/令3）

国交委、内閣委、倫選特委、原子力特委、総務大臣政務官、金融庁総合政策課長、防衛省会計課長、財務省主計局主査、石川県総務部長、プリンストン大院修了、東大法／53歳

〒920-8203　金沢市鞍月5-181　　☎076（239）0102
〒100-8981　千代田区永田町2-2-1、会館　☎03（3508）7179

石川県2区	325,273 ⑰56.13	当137,032	佐々木　紀	自前（78.4）
小松市、加賀市、白山市、能美市、		27,049	坂本　浩	共新（15.5）
野々市市、能美郡		10,632	山本保彦	無新（6.1）

さ　さ　き　　はじめ
佐々木　紀

自前［無］　　当4
石川県能美市　S49・10・18
勤11年4ヵ月　（初/平24）

国交委理事、党国土交通部会長、国交大臣政務官、党青年局長、会社役員、東北大法／49歳

〒923-0941　小松市城南町35番地　　☎0761（21）1181
〒107-0052　港区赤坂2-17-10、宿舎　☎03（5549）4671

石川県3区	243,618 ⑰66.09	当80,692	西田昭二	自前（50.7）
七尾市、輪島市、珠洲市、かほく市、河北郡、羽咋郡、鹿島郡、鳳珠郡		比76,747 1,588	近藤和也 倉知昭一	立前（48.3） 無新（1.0）

にし　だ　しょう　じ
西　田　昭　二

自前［無］　　当2
石川県七尾市　S44・5・1
勤6年6ヵ月　（初/平29）

総務大臣政務官、国土交通・内閣府・復興大臣政務官、党総務、党国交副部会長、元県議会副議長、県議（3期）、市議（3期）、秘書、愛知学院大／54歳

〒926-0041　石川県七尾市府中町目外26　☎0767（58）6140
〒100-8981　千代田区永田町2-2-1、会館　☎03（3508）7139

福井県1区	375,210 ⑰56.82	当136,171	稲田朋美	自前（65.5）
福井市、大野市、勝山市、あわら市、坂井市、吉田郡		比71,845	野田富久	立新（34.5）

いな　だ　とも　み
稲　田　朋　美

自前［無］　　当6
福井県　S34・2・20
勤18年7ヵ月　（初/平17）

党幹事長長代理、環境委筆頭理事、党整備新幹線等鉄道調査会長、党幹事長代行、防衛大臣、党政調会長、内閣府特命担当相、弁護士、早大／65歳

〒910-0858　福井市手寄1-9-20　　☎0776（22）0510
〒100-8982　千代田区永田町2-1-2、会館　☎03（3508）7035

福井県2区 262,612 ⊗59.12

当81,705 髙木　毅 自前（53.9）
比69,984 斉木武志 立前（46.1）

敦賀市、小浜市、鯖江市、越前市、
今立郡、南条郡、丹生郡、三方郡、
大飯郡、三方上中郡

たか　ぎ　　つよし
髙木　毅

自前［無］　　当8
福井県敦賀市　S31・1・16
勤23年10ヵ月（初／平12）

前党国対委員長、議運委員長、復興大臣、
国交副大臣、防衛政務官、党遊説局長、原
子力特委員長、青山学院大学／68歳

〒914-0805　敦賀市鋳物師町4-8
　　　　　　森口ビル2F　　　☎0770(21)2244
〒100-8981　千代田区永田町2-2-1,会館 ☎03(3508)7296

長野県1区 425,440 ⊗59.74

当128,423 若林健太 自前（51.3）
比当121,962 篠原　孝 立前（48.7）

長野市の一部（P174参照）、須坂
市、中野市、飯山市、上高井郡、
下高井郡、下水内郡

わか ばやし けん　た
若林健太

自新［無］　当1(初/令3)※
長野県長野市　S39・1・11
勤8年6ヵ月（参6年1ヵ月）

党国対副委員長、予算委、財金委、経産委、災害特委、
税理士・公認会計士、参院水委長、外務政務官、監査
法人代表社員、長野JC理事長、慶大、早大院／60歳

〒380-0921　長野市栗田8-1
〒107-0052　港区赤坂2-17-10、宿舎 ☎026(269)0330

長野県2区 382,123 ⊗57.03

当101,391 下条みつ 立前（47.5）
比68,958 務台俊介 自前（32.3）
比43,026 手塚大輔 維新（20.2）

長野市（第1区に属しない区域）、
松本市、大町市、安曇野市、東
筑摩郡、北安曇郡、上水内郡

しも じょう
下条みつ

立前　　　　当5
長野県松本市　S30・12・29
勤15年7ヵ月（初／平15）

文科委、拉致特委、防衛大臣政務官、拉
致特委、予算委理、党総務、厚生大臣
秘書官、富士銀行参事役、信州大／68歳

〒390-0877　松本市沢村2-13-9　☎0263(87)3280
〒100-8981　千代田区永田町2-2-1、会館 ☎03(3508)7271

長野県3区 399,168 ⊗59.32

当120,023 井出庸生 自前（51.5）
比当109,179 神津　健 立新（46.9）
比3,722 池　高生 N新（1.6）

上田市、小諸市、佐久市、千曲市、
東御市、南佐久郡、北佐久郡、
小県郡、埴科郡

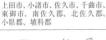

い で よう せい
井出庸生

自前［麻］　　当4
東京都　S52・11・21
勤11年4ヵ月　（初／平24）

党国対副委員長、文部科学副大臣、党厚
生労働部会長代理、党司法制度調査会
事務局長、NHK記者、東大／46歳

〒385-0022　佐久市岩村田638　☎0267(78)5515
〒100-8982　千代田区永田町2-1-2、会館 ☎03(3508)7469

長野県4区 240,401 ⑯59.37

当86,962 後藤茂之 自前(62.6)
51,922 長瀬由希子 共新(37.4)

岡谷市、諏訪市、茅野市、塩尻市、
諏訪郡、木曽郡

ご とう しげ ゆき
後藤茂之

自前[無] 　　当7
東京都 S30・12・9
勤20年6ヵ月 (初/平12)

災害特別委員長、党こども若者未来本部長、税調小委長代理、経済再生大臣、厚生労働大臣、党政調会長代理、社会保障制度調査会長、大蔵省、東大法/68歳

〒392-0021 諏訪市上川3丁目2212-1 ☎0266(57)3370
〒100-8981 千代田区永田町2-2-1、会館 ☎03(3508)7702

長野県5区 280,123 ⑯64.54

当97,730 宮下一郎 自前(54.9)
比80,408 曽我逸郎 立新(45.1)

飯田市、伊那市、駒ヶ根市、上
伊那郡、下伊那郡

みや した いち ろう
宮下一郎

自前[無] 　　当6
長野県伊那市 S33・8・1
勤17年1ヵ月 (初/平15)

財金委、党長野県連会長、前農林水産大臣、党農林・経産部会長、内閣府・財務副大臣、財務金融委員長、東大/65歳

〒396-0010 伊那市境1550-3 ☎0265(78)2828

比例代表 北陸信越 11人 新潟、富山、石川、福井、長野

わし お えい いち ろう
鷲尾英一郎

自前[無] 　　当6
新潟県 S52・1・3
勤18年7ヵ月 (初/平12)

議運委理事、党国対副委員長、党労政局次長、党副幹事長、外務副大臣、環境委員、農水政務官、公認会計士、税理士、行政書士、新日本監査法人、東大経/47歳

〒940-2023 長岡市蓮潟5-1-72 ☎0258(86)4900

たか とり しゅう いち
髙鳥修一

自前[無] 　当5(初/平17)
新潟県上越市 S35・9・29
勤15年3ヵ月 〈新潟6区〉

拉致特委理事、農水委、災害特委、党政調会長代理、元党筆頭副幹事長・総裁特別補佐、元農水・内閣府副大臣、早大/63歳

〒943-0804 上越市新光町2-1-1 ☎025(521)0760

くに さだ いさ と
国 定 勇 人
勤2年5ヵ月

自 新［無］　当1(初/令3)
東京都　S47・8・30
〈新潟4区〉

環境大臣政務官兼内閣府大臣政務官、三条市長、総務省、一橋大商学部/51歳

〒955-0071　三条市本町4-9-27　☎0256(47)1555
〒100-8981　千代田区永田町2-2-1、会館　☎03(3508)7131

いずみ だ ひろ ひこ
泉 田 裕 彦
勤6年6ヵ月

自 前［無］　当2(初/平29)
新潟県　S37・9・15
〈新潟5区〉

原子力特委理、内閣委、国交委、国土交通・内閣府・復興大臣政務官、元新潟県知事、経産省、通産省、京大法/61歳

〒940-0082　長岡市千歳3-2-33　☎0258(89)8506
〒100-8982　千代田区永田町2-1-2、会館　☎03(3508)7640

つか だ いち ろう
塚 田 一 郎
勤14年7ヵ月(参12年2ヵ月)

自 新［麻］　当1(初/令3)※
新潟県新潟市　S38・12・27
〈新潟1区〉

財金委、予算委、拉致特委理、財務金融委員長、国土交通副大臣、復興副大臣、内閣府副大臣、党新潟県連会長、中央大、ボストン大院/60歳

〒950-0945　新潟市中央区女池上山2-22-7　☎025(280)1016
〒107-0052　港区赤坂2-17-10、宿舎

む たい しゅん すけ
務 台 俊 介
勤11年4ヵ月

自 前［麻］　当4(初/平24)
長野県安曇野市　S31・7・3
〈長野2区〉

環境委員長、環境兼内閣府副大臣、内閣府兼復興大臣政務官、消防庁防災課長、神奈川大教授、東大法/67歳

〒390-0863　松本市白板2-3-30　大永第三ビル101　☎0263(33)0518
〒100-8981　千代田区永田町2-2-1、会館　☎03(3508)7334

こん どう かず や
近 藤 和 也
勤9年10ヵ月

立 前　当3(初/平21)
石川県　S48・12・12
〈石川3区〉

農水委理、復興特委、党選対委員長代理、党拉致問題対策本部幹事、元野村證券(株)、京大経済学部/50歳

〒926-0054　七尾市川原町60-2　☎0767(57)5717

しの はら たかし
篠 原 孝
勤20年5ヵ月

立 前　当7(初/平15)
長野県中野市　S23・7・17
〈長野1区〉

環境委筆頭理事、憲法審委、農水副大臣、農水政策研究所長、OECD代表部、京大法、UW大修士/75歳

〒380-0928　長野市若里4-12-26　宮沢ビル2F　☎026(229)5777
〒100-8981　千代田区永田町2-2-1、会館　☎03(3508)7268

比例北陸信越

※平19参院初当選

立新 当1(初/令3)
神津たけし（こうづ）
神奈川県鎌倉市　S52・1・21
勤2年5ヵ月　〈長野3区〉

国交委、災害特委、元JICA企画調査員(南アフリカ、ケニア、チュニジア、コートジボワール、ルワンダ駐在)、政策研究大学院大／47歳

〒386-0023　上田市中央西1-7-7 北大手ビル201号室　☎0268(71)5250
〒385-0011　佐久市猿久保668-1 ミニタウンA&A-2号室　☎0267(88)7866

無元 当2(初/平26)
吉田豊史（よしだとよふみ）
富山県　S45・4・10
勤5年3ヵ月　〈富山1区〉

財金委、会社員、起業、会社役員、富山県議会議員(2期)、早大法／53歳

〒930-0975　富山市西長江3-1-14　☎076(495)8823

公新 当1
中川宏昌（なかがわひろまさ）
長野県塩尻市　S45・7・15
勤2年5ヵ月　(初/令3)

党中央幹事、北信越方面本部長、長野県代表、安保部会長代理、衆安保理事、法務委、拉致特委、長野県議、長野銀行、創価大／53歳

〒399-0006　松本市野溝西1-3-4 2F　☎0263(88)5550
〒106-0032　港区六本木7-1-3、宿舎

比例代表 北陸信越　11人　有効投票数 3,510,613票

政党名	当選者数		得票数	得票率
		惜敗率 小選挙区		惜敗率 小選挙区

自 民 党　6人　　1,468,380票　41.83%

当①鷲尾英一郎 前		②斎藤 洋明 前	新3
当②高鳥 修一 前(99.86) 新6		②田畑 裕明 前	富1
当②国定 勇人 新(99.76) 新4		②上田 英俊 新	富2
当②泉田 裕彦 前(76.58) 新5		②橘 慶一郎 前	富3
当②塚田 一郎 前(75.84) 新1		②小森 卓郎 新	石1
当②務台 俊介 前(68.01) 長2		②佐々木 紀 前	石2
②山本 拓 前		②西田 昭二 前	石3
②佐藤 俊 新		②稲田 朋美 前	福1
②工藤 昌克 新		②高木 毅 前	福2
②滝沢 圭隆 新		②若林 健太 新	長1
②近藤 真衣 新		②井出 庸生 前	長3
【小選挙区での当選者】		②後藤 茂之 前	長4
②細田 健一 前 新2		②宮下 一郎 前	長5

立憲民主党　3人　　773,076票　22.02%

当①近藤 和也 前(95.11) 石3		①越川 康晴 新(46.17) 富2
当①篠原 孝 前(94.97) 長1		①西尾 政英 新(20.31) 富1
当①神津 健 新(90.97) 長3		⑮石本 伸二 新
①黒岩 宇洋 前(86.53) 新3		【小選挙区での当選者】
①斉木 武志 前(85.65) 福2		①西村智奈美 前 新1
①曽我 逸郎 新(82.28) 長5		①菊田真紀子 前 新4
①荒井 淳志 新(54.90) 石1		①梅谷 守 新 新6
①野田 富久 新(52.76) 福1		①下条 みつ 前 長2

110

日本維新の会　1人	361,476票　10.30%

当①吉田　豊史　元(63.34)・富1　　①手塚　大輔　新(42.44)長2
　①小林　誠　新(51.70)石1　　▼①石崎　徹　元(14.39)新1

公 明 党　1人	322,535票　9.19%

当①中川　宏昌　新　　　②小松　実　新

・・

その他の政党の得票数・得票率は下記のとおりです。
（当選者はいません）

政党名	得票数	得票率			
共産党	225,551票	6.42%	社民党	71,185票	2.03%
国民民主党	133,599票	3.81%	NHKと裁判してる党弁護士法72条違反で		
れいわ新選組	111,281票	3.17%		43,529票	1.24%

岐阜県1区　326,022 ㉯52.31	当103,805　野田聖子　自前(62.5)

　　　　　　　　　　　比48,629　川本慧佑　立新(29.3)
　　　　　　　　　　　　9,846　山越　徹　共新(5.9)
　　　　　　　　　　　　3,698　土田正光　諸新(2.2)

岐阜市(本庁管内、西部・東部・北
部・南部東・南部西・日光事務所管
内)

の　だ　せい　こ　　　　　　自前［無］　　　　当10
野田聖子　岐阜県岐阜市　S35・9・3
　　　　　　　　勤30年10ヵ月　（初／平5）

党情報通信戦略調査会長、内閣府特命担当大臣、
党幹事長代行、予算委員長、総務大臣、党総務会
長、郵政大臣、県議、帝国ホテル、上智大／63歳

〒500-8367　岐阜市宇佐南4-14-20 2F　　☎058(276)2601
〒100-8981　千代田区永田町2-2-1、会館　☎03(3508)7161

岐阜県2区　300,608 ㉯56.09	当108,755　棚橋泰文　自前(65.8)

　　　　　　　　　　　比40,179　大谷由里子　国新(24.3)
　　　　　　　　　　　16,374　三尾圭司　共新(9.9)

大垣市、海津市、養老郡、不破郡、
安八郡、揖斐郡

たな　はし　やす　ふみ　　　　自前［麻］　　　　当9
棚橋泰文　岐阜県大垣市　S38・2・11
　　　　　　　　勤27年7ヵ月　（初／平8）

党行政改革推進本部長、党総務副会長、国家公安委員
長、予算委員長、党幹事長代理、内閣府特命担当大臣、
党青年局長、通産省課長補佐、弁護士、東大／61歳

〒503-0904　大垣市桐ヶ崎町93　　☎0584(73)3000
〒100-8982　千代田区永田町2-1-2、会館　☎03(3508)7429

▼は小選挙区の得票が有効投票総数の10分の1未満で、復活当選の資格がない者　　　111

岐阜県3区　422,993　⑳54.55

当132,357　武藤　容治　自前(58.6)
比93,616　阪口　直人　立元(41.4)

岐阜市(第1区に属しない区域)、関市、
美濃市、羽島市、各務原市、山県市、
瑞穂市、本巣市、羽島郡、本巣郡

む とう よう じ
武藤　容治

自前[麻]　　　　当5
岐阜県　S30・10・18
勤15年3ヵ月　(初/平17)

議運理事、党国対副委員長、農水委長、
経産副大臣、外務副大臣、総務政務官、
党政調副会長、会社会長、慶大商／68歳

〒504-0909　各務原市那加信長町1-91　☎058(389)2711
〒100-8982　千代田区永田町2-1-2、会館　☎03(3508)7482

岐阜県4区　330,497　⑳66.37

当110,844　金子　俊平　自前(51.2)
比91,354　今井　雅人　立元(42.2)
比14,171　佐伯　哲也　維新(6.5)

高山市、美濃加茂市、可児市、
飛騨市、郡上市、下呂市、加茂郡、
可児郡、大野郡

かね こ しゅん ぺい
金子　俊平

自前[無]　　　　当2
岐阜県高山市　S53・5・28
勤6年6ヵ月　(初/平29)

党青年局国際部長、党国交副部会長、財務大臣政務官、党副幹事
長、党農林副部会長、三井不動産、国交相秘書官、高山青年会議
所理事長、日本青年会議所岐阜ブロック協議会長、慶大／45歳

〒506-0008　高山市初田町1-58-15　☎0577(32)0395

岐阜県5区　273,847　⑳62.72

当82,140　古屋　圭司　自前(48.5)
比68,615　今井　瑠々　立新(40.5)
比9,921　山田　良司　維元(5.9)
8,736　小関　祥子　共新(5.2)

多治見市、中津川市、瑞浪市、
恵那市、土岐市

ふる や けい じ
古屋　圭司

自前[無]　　　　当11
岐阜県恵那市　S27・11・1
勤34年3ヵ月　(初/平2)

党憲法改正実現本部長、予算委、憲法審委、党政調会長
代行、議運委長、党選対委長、国家公安委員、拉致問題・
国土強靭化・防災担当大臣、経産副大臣、成蹊大／71歳

〒509-7203　恵那市長島町正家1-1-25
　　　　　　ナカヤマプラザ2F　☎0573(25)7550
〒100-8982　千代田区永田町2-1-2、会館　☎03(3508)7440

静岡県1区　387,132　⑳50.99

当101,868　上川　陽子　自前(52.4)
比53,974　遠藤　行洋　立新(27.7)
比21,074　高橋　美穂　国元(10.8)
比17,667　青山　雅幸　維前(9.1)

静岡市(葵区・駿河区・清水区の一
部(P175参照))

かみ かわ よう こ
上川　陽子

自前[無]　　　　当7
静岡県静岡市　S28・3・1
勤20年6ヵ月　(初/平12)

外務大臣、党幹事長代理、法務大臣、党一億総活躍推進本
部長、党司法制度調査会長、厚労委長、総務副大臣、内閣府
特命大臣、公文書管理担、東大、ハーバード大院／70歳

〒420-0035　静岡市葵区七間町18-10　☎054(251)8424
〒100-8982　千代田区永田町2-1-2、会館　☎03(3508)7460

㊙略歴

岐阜・静岡

静岡県2区　388,436　投56.11

当131,082　井林辰憲　自前(61.1)
比71,032　福村　隆　立新(33.1)
12,396　山口祐樹　共新(5.8)

島田市、焼津市、藤枝市、御前崎市(御前崎支所管内)、牧之原市、榛原郡

いばやし たつ のり
井林辰憲　自前[麻]　当4
東京都　S51・7・18
勤11年4ヵ月　(初/平24)

内閣府副大臣、党副幹事長、党財務金融部会長、環境兼内閣府大臣政務官、国土交通省、京都大学工学部環境工学科、大学院／47歳

〒426-0037　藤枝市青木3-13-8　☎054(639)5801
〒100-8981　千代田区永田町2-2-1、会館　☎03(3508)7127

静岡県3区　371,830　投58.14

当112,464　小山展弘　立元(52.7)
比当100,775　宮沢博行　自前(47.3)

浜松市(天竜区の一部(P175参照))、磐田市、掛川市、袋井市、御前崎市(第2区に属しない区域)、菊川市、周智郡

こ やま のぶ ひろ
小山展弘　立元　当3
静岡県掛川市　S50・12・26
勤8年7ヵ月　(初/平21)

予算委、経済産業委、災害特委、党企業団体委副委員長、党静岡県連筆頭代表、農林中央金庫職員、早大院／48歳

〒438-0078　磐田市中泉656-1　☎0538(39)1234

静岡県4区　320,374　投50.07

当84,154　深沢陽一　自前(53.3)
比当49,305　田中　健　国新(31.2)
比24,441　中村憲一　維新(15.5)

静岡市(葵区(第1区に属しない区域)、駿河区(第1区に属しない区域)、清水区(第1区に属しない区域))、富士宮市、富士市(木島、岩淵、中之郷、南松野、北松野、中野台1〜27丁目)

ふか ざわ よう いち
深澤陽一　自前[無]　当2
静岡県静岡市　S51・6・21
勤4年　(初/令2)

外務大臣政務官、外務委、党財務金融副部会長、厚労政務官、党青年局・女性局次長、静岡県議、静岡市議、衆院議員秘書、信州大学／47歳

〒424-0817　静岡市清水区銀座14-17　☎054(361)0615
〒107-0052　港区赤坂2-17-10、宿舎

静岡県5区　458,636　投54.39

当127,580　細野豪志　無所(51.8)
比当61,337　吉川　赳　自前(24.9)
比51,965　小野範和　立新(21.1)
5,350　千田　光　諸新(2.2)

三島市、富士市(第4区に属しない区域)、御殿場市、裾野市、伊豆の国市(本庁管内)、田方郡、駿東郡(小山町)

ほそ の ごう し
細野豪志　自前[無]　当8
滋賀県　S46・8・21
勤23年10ヵ月　(初/平12)

安保委、復興特委、憲法審委、民主党政調会長、党幹事長、環境大臣、原発事故収束・再発防止担当大臣、内閣府特命担当大臣(原子力行政)、京大法／52歳

〒411-0847　三島市西本町4-6
　　　コーア三島ビル2F　☎055(991)1269

静岡県6区 425,131 ⑳53.77

当104,178 勝俣孝明 自前(46.1)
比当99,758 渡辺 周 立前(44.1)
比22,086 山下洸棋 維新(9.8)

沼津市、熱海市、伊東市、下田市、伊豆市、伊豆の国市(第5区に属しない区域)、賀茂郡、駿東郡(清水町、長泉町)

かつ また たか あき
勝俣孝明

自前[無] 当4
静岡県沼津市 S51・4・7
勤11年4ヵ月 (初/平24) 47歳

外務委員長、農林水産副大臣、党政調副会長、環境大臣政務官、スルガ銀行、財団法人企業経営研究所、学習院大、慶大院修了／47歳

〒410-0062 静岡県沼津市宮前町13-3 ☎055(922)5526

静岡県7区 328,735 ⑳58.72

当130,024 城内 実 自前(68.2)
比60,726 日吉雄太 立前(31.8)

浜松市(中区の一部(P175参照)、西区、南区の一部(P175参照)、北区、浜北区、天竜区(第3区に属しない区域))、湖西市

き うち みのる
城内 実

自前[無] 当6
静岡県浜松市 S40・4・19
勤16年6ヵ月 (初/平15) 58歳

党副幹事長、党政務調査会副会長、県連会長、外務委長、環境副大臣、外務副大臣、外務省、東大教養国際関係論／58歳

〒433-8112 浜松市中央区初生町1288-1 ☎053(430)5789

静岡県8区 367,189 ⑳56.47

当114,210 源馬謙太郎 立前(55.8)
比当90,408 塩谷 立 自前(44.2)

浜松市(中区(第7区に属しない区域)、東区、南区(第7区に属しない区域))

げん ま けん た ろう
源馬謙太郎

立前 当2
静岡県浜松市 S47・12・21
勤6年6ヵ月 (初/平29) 51歳

外務委筆頭理事、議運委、倫選特委、党副幹事長、国際局長、県連代表、静岡県議、松下政経塾、成蹊大、American University大学院／51歳

〒430-0852 浜松市中央区領家1-1-16 ☎053(464)0755

愛知県1区 400,338 ⑳49.49

当94,107 熊田裕通 自前(48.8)
比当91,707 吉田統彦 立前(47.6)
6,988 門田節代 N新(3.6)

名古屋市(東区、北区、西区、中区)

くま だ ひろ みち
熊田裕通

自前[無] 当4
愛知県名古屋市 S39・8・28
勤11年4ヵ月 (初/平24) 59歳

法務委理、環境委、拉致特委、党法務部会長代理、安保調査会事務局長、総務副大臣、防衛大臣政務官、県議、総理秘書、神奈川大法／59歳

〒451-0061 名古屋市西区浄心1-1-41浄心ステーションビル北館102
〒107-0052 港区赤坂2-17-10、宿舎 ☎052(521)1144

愛知県2区
404,436
⑳53.44

当131,397 古川元久 国前(62.3)
比当79,418 中川貴元 自新(37.7)

名古屋市(千種区、守山区、名東区)

ふる かわ もと ひさ
古川元久

国前　　　　　　　当9
愛知県名古屋市 S40・12・6
勤27年7ヵ月　（初/平8）

党国対委員長、企業団体委員長、国際局長、国交委、災害特委、内閣委員、国家戦略担当大臣、官房副長官、大蔵省、米国コロンビア大学院留学、東大／58歳

〒464-0075　名古屋市千種区内山3-8-16
　　　　　　トキワビル2F
〒107-0052　港区赤坂2-17-10、宿舎　☎052(733)8401

愛知県3区
417,728
⑳54.22

当121,400 近藤昭一 立前(55.0)
比当99,489 池田佳隆 自前(45.0)

名古屋市(昭和区、緑区、天白区)

こん どう しょう いち
近藤昭一

立前　　　　　　　当9
愛知県名古屋市 S33・5・26
勤27年7ヵ月　（初/平8）

環境委、憲法審査、党企業・団体交流委員会顧問、党副代表・選対委員長、環境副大臣、総務委員長、中日新聞社員、上智大／65歳

〒468-0058　名古屋市天白区植田西3-1207☎052(808)1181
〒100-8982　千代田区永田町2-1-2、会館　☎03(3508)7402

愛知県4区
372,310
⑳48.95

当78,004 工藤彰三 自前(43.7)
比当72,786 牧 義夫 立前(40.8)
比27,640 中田千代 維新(15.5)

名古屋市(瑞穂区、熱田区、港区、南区)

く どう しょう ぞう
工藤彰三

自前［麻］　　　　当4
愛知県　　　　　 S39・12・8
勤11年4ヵ月　（初/平24）

内閣府副大臣、国土交通大臣政務官、国交委理事、文科委理事、災害特委理事、名古屋市議、議員秘書、中央大商／59歳

〒456-0052　名古屋市熱田区二番2-2-24 ☎052(651)9591
〒107-0052　港区赤坂2-17-10、宿舎

愛知県5区
432,024
⑳48.63

当84,320 神田憲次 自前(41.2)
比74,995 西川厚志 立前(36.6)
比当45,540 岬 麻紀 維新(22.2)

名古屋市(中村区、中川区)、清須市、北名古屋市、西春日井郡

かん だ けん じ
神田憲次

自前［無］　　　　当4
大分県　　　　　 S38・2・19
勤11年4ヵ月　（初/平24）

農水委、経産委、財務副大臣、内閣府大臣政務官、内閣委理、財金委、党内閣第二部会長、税理士、中京大院、愛知学院大院／61歳

〒453-0021　名古屋市中村区松原町5-64 ☎052(462)9872
〒107-0052　港区赤坂2-17-10、宿舎

愛知県6区 435,949 投54.83

瀬戸市の一部(P175参照)、春日井市、犬山市、小牧市

当136,168 丹羽秀樹 自前(58.3)
比76,912 松田　功 立前(33.0)
20,299 内田　謙 共新(8.7)

丹羽秀樹 に　わ　ひで　き

自前[無]　　当6
愛知県　S47・12・20
勤16年11ヵ月(初/平14)

議運委筆頭理事、党国対筆頭副委員長、文部科学副大臣兼内閣府副大臣、党広報戦略局長、厚労委員長、党副幹事長、玉川大／51歳

〒486-0844　春日井市鳥居松町4-68
　　　　　　シティ春日井ビル1階　☎0568(87)6226
〒107-0052　港区赤坂2-17-10、宿舎

愛知県7区 455,656 投59.54

瀬戸市(第6区に属しない区域)、大府市、尾張旭市、豊明市、日進市、長久手市、愛知郡

当144,725 鈴木淳司 自前(54.7)
比88,914 森本和義 立元(33.6)
30,956 須山初美 共新(11.7)

鈴木淳司 すず　き　じゅん　じ

自前[無]　　当6
愛知県瀬戸市　S33・4・7
勤17年1ヵ月(初/平15)

経産委、前総務大臣、元法務・原子力特委員長、党原子力規制特委員長、党経産部会長、瀬戸市議、松下政経塾、早大／65歳

〒489-0929　瀬戸市西長根町83
　　　　　　Kインタービル2F　☎0561(89)3611
〒100-8981　千代田区永田町2-2-1、会館☎03(3508)7264

愛知県8区 437,645 投56.53

半田市、常滑市、東海市、知多市、知多郡

当121,714 伊藤忠彦 自前(50.2)
比120,649 伴野　豊 立元(49.8)

伊藤忠彦 い　とう　ただ　ひこ

自前[無]　　当5
愛知県　S39・7・11
勤15年3ヵ月(初/平17)

衆環境委理事、前衆法務委員、前震災復興特委員長、前国交部会長、前環境副大臣、県議、電通、早大法／59歳

〒478-0021　知多市岡田字向田61　☎0562(55)5508
〒100-8982　千代田区永田町2-1-2、会館☎03(3508)7003

愛知県9区 432,760 投53.98

一宮市(本庁管内(P175参照))、津島市、稲沢市、愛西市、弥富市、あま市、海部郡

当120,213 長坂康正 自前(52.7)
比107,722 岡本充功 立前(47.3)

長坂康正 なが　さか　やす　まさ

自前[麻]　　当4
愛知県　S32・4・10
勤11年4ヵ月(初/平24)

国土交通委員長、経産兼内閣府副大臣、内閣府兼復興政務官、県連幹事長、県議6期、総理大臣秘書、内閣官房調査員、青山学院大学経済学部／66歳

〒496-0044　津島市立込町3-26-2　☎0567(26)3339
〒100-8981　千代田区永田町2-2-1、会館☎03(3508)7043

愛知県10区	436,560 ⊕54.49	当81,107	江崎鉄磨	自前（35.0）
		比当62,601	杉本和巳	維前（27.0）
一宮市（第9区に属しない区域）、江南市、岩倉市、丹羽郡		比53,375	藤原規真	立新（23.0）
		比20,989	安井美沙子	れ新（ 9.1）
		13,605	板倉正文	共新（ 5.9）

江﨑鐵磨
え さき てつ ま

自前［無］　　　当8
愛知県　　S18・9・17
勤24年1ヵ月　（初／平5）

決算行監委、党総務会長代理、元内閣府特命大臣（沖縄・北方・消費者等担当）、法務・消費者各委員長、国土交通副大臣、外務総括次官、立教大／80歳

〒491-0002　一宮市時之島字下奈良西2　☎0586(77)8555
〒107-0052　港区赤坂2-17-10、宿舎　☎03(5563)9732

愛知県11区	383,834 ⊕62.80	当158,018	八木哲也	自前（69.1）
		36,788	本多信弘	共新（16.1）
豊田市（旭・足助・小原・上郷・挙母・猿投・下山・高岡・高橋・藤岡・松平地域自治区）、みよし市		33,990	梅村忠司	無新（14.9）

八木哲也
や ぎ てつ や

自前［無］　　　当4
愛知県豊田市　S22・8・10
勤11年4ヵ月　（初／平24）

環境副大臣、予算委、環境委、復興特委、党国対副委員長、党経産副部会長、党副幹事長、環境大臣政務官、豊田市議長、中大理工／76歳

〒471-0868　豊田市神田町1-5-9　☎0565(32)0048
〒107-0052　港区赤坂2-17-10、宿舎

愛知県12区	444,780 ⊕61.97	当142,536	重徳和彦	立前（52.7）
岡崎市、西尾市		比当128,083	青山周平	自前（47.3）

重徳和彦
しげ とく かず ひこ

立前　　　　　当4
愛知県　　S45・12・21
勤11年4ヵ月　（初／平24）

安保委理、経産委、党県連代表、総務省課長補佐、コロンビア大公共経営学修士、東大法／53歳

〒444-0858　岡崎市上六名3-13-13浅井ビル3F西　☎0564(51)1192
〒107-0052　港区赤坂2-17-10、宿舎

愛知県13区	422,731 ⊕61.56	当134,033	大西健介	立前（52.7）
碧南市、刈谷市、安城市、知立市、高浜市		比当120,203	石井拓	自新（47.3）

大西健介
おお にし けん すけ

立前　　　　　当5
奈良県　　S46・4・13
勤14年8ヵ月　（初／平21）

予算委、厚労委、消費者特委、党政調会長代理、元議員秘書、元外交官、元参院職員、京大法／52歳

〒446-0074　安城市井杭山町高見8-7-2F　☎0566(70)7122
〒100-8981　千代田区永田町2-2-1、会館　☎03(3508)7108

愛知県14区 296,452 ②62.26

当114,160	今枝宗一郎 自前（63.0）
比59,462	田中克典 立新（32.8）
7,689	野沢康幸 共新（ 4.2）

豊川市、豊田市（第11区に属しない区域）、蒲郡市、新城市、額田郡、北設楽郡

いま えだ そう いち ろう
今枝宗一郎

自前［麻］　　　当4
愛知県　S59・2・18
勤11年4ヵ月　（初/平24）

文部科学副大臣、党経産部会長代理、党青年局青年部長、経産委、党新型コロナ対策本部事務局長、財務大臣政務官、医師、名大医学部/40歳

〒442-0031　豊川市豊川西町64　☎0533(89)9010
〒100-8981　千代田区永田町2-2-1、会館　☎03(3508)7080

愛知県15区 348,761 ②58.10

当104,204	根本幸典 自前（52.4）
比80,776	関 健一郎 立前（40.6）
比13,832	菅谷 竜 れ新（ 7.0）

豊橋市、田原市

ね もと ゆき のり
根本幸典

自前［無］　　　当4
愛知県豊橋市　S40・2・18
勤11年4ヵ月　（初/平24）

党総務部会長、総務委理事、文科委、災害特委、国土交通政務官兼内閣府政務官、豊橋市議(2期)、一橋大経済/59歳

〒441-8032　豊橋市花中町63　☎0532(35)0261
〒107-0052　港区赤坂2-17-10、宿舎

三重県1区 359,419 ②54.88

当122,772	田村憲久 自前（63.1）
比64,507	松田直久 立元（33.1）
比7,329	山田いずみ N新（ 3.8）

津市、松阪市

た むら のり ひさ
田村憲久

自前［無］　　　当9
三重県松阪市　S39・12・15
勤27年7ヵ月　（初/平8）

党政調会長代行、元厚労大臣(2回)、元働き方改革大臣、元総務副大臣、元厚労委長、保育関係議連会長、千葉大/59歳

〒514-0053　津市博多町5-63　☎059(253)2883
〒107-0052　港区赤坂2-17-10、宿舎　☎03(3508)7163

三重県2区 408,281 ②54.86

当110,155	川崎秀人 自新（50.2）
比当109,165	中川正春 立前（49.8）

四日市市（日永・四郷・内部・塩浜・小山田・河原田・水沢・楠地区市民センター管内）、鈴鹿市、名張市、亀山市、伊賀市

かわ さき
川崎ひでと

自新［無］　　　当1
三重県伊賀市　S56・11・4
勤2年5ヵ月　（初/令3）

総務委、厚労委、倫選特委、党青年局団体部長、党ネットメディア局次長、衆議院議員秘書、(株)NTTドコモ、法政大/42歳

〒518-0832　伊賀市上野車坂町821　☎0595(21)3249
〒107-0052　港区赤坂2-17-10、宿舎　☎03(5549)4671

三重県3区　414,312　投55.31

当144,688　岡田克也　立前（64.1）
比当81,209　石原正敬　自新（35.9）

四日市市（富洲原・富田・羽津・常磐・川島・神前・桜・三重・県・八郷・下野・大矢知・保々・海蔵・橋北・中部地区市民センター管内）、桑名市、いなべ市、桑名郡、員弁郡、三重郡

岡田克也　おか　だ　かつ　や

立前　　　　　　　　当11
三重県四日市市　S28・7・14
勤34年3ヵ月　　（初/平2）

立憲民主党幹事長、民進党・民主党代表、副総理、外相、東大法／70歳

〒510-8121　三重郡川越町高松30-1　☎059(361)6633
〒100-8981　千代田区永田町2-2-1、会館　☎03(3508)7109

三重県4区　297,008　投60.76

当128,753　鈴木英敬　自新（72.4）
比41,311　坊農秀治　立新（23.2）
7,882　中川民英　共新（4.4）

伊勢市、尾鷲市、鳥羽市、熊野市、志摩市、多気郡、度会郡、北牟婁郡、南牟婁郡

鈴木英敬　すず　き　えい　けい

自新［無］　　　　当1
兵庫県　　　　　S49・8・15
勤2年5ヵ月　　（初/令3）

党文部科学部会副部会長、女性局次長、新聞出版局次長、内閣委、厚労委、前内閣府大臣政務官、三重県知事、東大／49歳

〒516-0007　伊勢市小木町677-1　☎0596(31)0001
〒100-8981　千代田区永田町2-2-1、会館　☎03(3508)7269

比例代表　東海　21人　岐阜、静岡、愛知、三重

青山周平　あお　やま　しゅう　へい

自前［無］　当4(初/平24)
愛知県岡崎市　S52・4・28
勤10年　　（愛知12区）

内閣委、文部科学副大臣、党国対副委員長、幼教委次長、ラグビー少年団指導員、幼稚園園長、法政大／46歳

〒444-0038　岡崎市伝馬通5-63-1　☎0564(25)2345
〒106-0032　港区六本木7-1-3、宿舎

石井　拓　いし　い　たく

自新［無］　当1(初/令3)
愛知県碧南市　S40・4・11
勤2年5ヵ月　　（愛知13区）

経済産業大臣政務官兼内閣府大臣政務官（国際博覧会担当）、党国対委、愛知県議、碧南市議、立命館大学法学部／58歳

〒446-0039　愛知県安城市花ノ木町49-96
　　　　　　Actic HANANOKI D号　☎0566(87)7407
〒107-0052　港区赤坂2-17-10、宿舎

みや ざわ ひろ ゆき
宮 澤 博 行

自前［無］　当4(初/平24)
静岡県磐田郡龍山村　S50・1・10
勤11年4ヵ月　〈静岡3区〉

環境委、防衛副大臣兼内閣府副大臣、党国防部会長、防衛兼内閣府大臣政務官、磐田市議3期、東大法／49歳

〒438-0086　磐田市見付5738-13　☎0538(30)7701
〒100-8981　千代田区永田町2-2-1、会館　☎03(3581)5111 内51021

いけ だ よし たか
池 田 佳 隆

無前　当4(初/平24)
愛知県　S41・6・20
勤11年4ヵ月　〈愛知3区〉

決算行監委、文科副大臣、内閣府副大臣、日本JC会頭、MBA、慶大院／57歳

〒468-0037　名古屋市天白区天白町
　　　　　野並上大塚124-1　☎052(838)6381
〒100-8982　千代田区永田町2-1-2、会館　☎03(3508)7616

しお のや りゅう
塩 谷 立

自前［無］　当10(初/平2)
静岡県浜松市　S25・2・18
勤28年4ヵ月　〈静岡8区〉

党雇用問題調査会長、党税制調査会副会長、政治倫理審査会長、文科大臣、内閣官房副長官、国交委長、文科副大臣、総務政務次官、慶大／74歳

〒430-0928　浜松市中区板屋町605　☎053(455)3711
〒107-0052　港区赤坂2-17-10、宿舎

なか がわ たか もと
中 川 貴 元

自新［麻］　当1(初/令3)
愛知県あま市　S42・2・25
勤2年5ヵ月　〈愛知2区〉

総務委、経産委、党国対委、前総務大臣政務官、名古屋市議、名古屋市会議長、指定都市議長会会長、早大／57歳

〒464-0848　名古屋市千種区春岡1-4-8 805号　☎052(752)6255
〒107-0052　港区赤坂2-17-10、宿舎

いし はら まさ たか
石 原 正 敬

自新［無］　当1
三重県菰野町　S46・11・29
勤2年5ヵ月　〈三重3区〉

党総務会総務、衆議運委、財金委、環境委、災害特委、政倫審、党中小企業小規模事業者政策調査会幹事、菰野町長、名古屋大院／52歳

〒510-1226　三重郡菰野町吉澤441-1　☎059(394)6533
〒510-8028　四日市市下之宮町345-1　☎059(324)0661

よし かわ たける
吉 川 赳

無前　当3(初/平24)
静岡県　S57・4・7
勤7年1ヵ月　〈静岡5区〉

総務委、内閣府大臣政務官兼復興大臣政務官、医療法人役員、国会議員秘書、日大院博士前期課程修了／41歳

〒416-0923　静岡県富士市横割本町16-1　☎0545(62)3020
〒107-0052　港区赤坂2-17-10、宿舎

やまもとさこん
山本左近
自新［麻］　当1
愛知県豊橋市　S57・7・9
勤2年5ヵ月　（初/令3）

文科委、厚労委、文部科学大臣政務官兼復興大臣政務官、元F1ドライバー、医療法人・社会福祉法人理事、南山大学中退／41歳

〒440-0806　豊橋市八町通1-14-1　☎0532(21)7008
〒100-8981　千代田区永田町2-2-1、会館　☎03(3508)7302

ばんのゆたか
伴野　豊
立元　当6(初/平12)
愛知県東海市　S36・1・1
勤17年9ヵ月　〈愛知8区〉

国土交通委筆頭理事、外務副大臣、国土交通副大臣、国土交通委員長、立憲民主党愛知県第8区総支部長、名古屋工業大学大学院修了／63歳

〒475-0836　半田市青山2-19-8
　　　　　　アンビシャス青山1F　☎0569(25)1888
〒107-0052　港区赤坂2-17-10、宿舎　☎03(5549)4671

なかがわまさはる
中川正春
立前　当9(初/平8)
三重県　S25・6・10
勤27年7ヵ月　〈三重2区〉

懲罰委員長、党憲法調査会長、防災担当大臣、文部科学大臣、党外交・安保調査会長、NC財務大臣、三重県議、米ジョージタウン大／73歳

〒513-0801　鈴鹿市神戸7-1-5　☎059(381)3513
〒100-8981　千代田区永田町2-2-1、会館　☎03(3508)7128

よしだつねひこ
吉田統彦
立前　当3(初/平21)
愛知県名古屋市　S49・11・14
勤9年10ヵ月　〈愛知1区〉

厚労委、党愛知県連副代表、医師・医博、愛知学院大歯学部眼科客員教授、名大、名大院修了／49歳

〒462-0810　名古屋市北区山田1-10-8　☎052(508)8412

わたなべしゅう
渡辺　周
立前　当9(初/平8)
静岡県沼津市　S36・12・11
勤27年7ヵ月　〈静岡6区〉

安保委理、党常幹議長、NC安保大臣、党政治改革推進本部長、元総務・防衛副大臣、領土議連事務局長、拉致議連会長代行、早大／62歳

〒410-0888　沼津市末広町54　☎055(951)1949

まきよしお
牧　義夫
立前　当7(初/平12)
愛知県名古屋市　S33・1・14
勤21年10ヵ月　〈愛知4区〉

文科委理事、政倫審、憲法審査会委、議運委理、環境委員長、厚生労働委員長、厚生労働副大臣、議員秘書、上智大中退／66歳

〒456-0031　名古屋市熱田区神宮2-9-12　☎052(681)0440
〒100-8981　千代田区永田町2-2-1、会館　☎03(3508)7628

略歴

比例東海

121

おお ぐち よし のり **大口善徳** 公前 当9
大阪府大阪市 S30・9・5
勤27年5ヵ月 （初/平5）

党政務調査会長代理、党中央幹事、党静岡県本部代表、党中
部方面副本部長、党東海道方面本部長、法務委理、憲法審委、
情監審委、裁判官訴追委、厚労副大臣、弁護士、創価大／68歳

〒420-0067 静岡市葵区幸町11-1 1F ☎054（273）8739
〒107-0052 港区赤坂2-17-10、宿舎

い とう わたる **伊藤 渉** 公前 当5
愛知県名古屋市 S44・11・13
勤15年3ヵ月 （初/平17）

党中央幹事、党政調会長代理、党中部方面本部
長、財務副大臣、厚生労働大臣政務官、JR東海
（新幹線運転免許所持）、防災士、阪大院／54歳

〒485-0031 小牧市若草町173 カーサ
フェリーチェ若草101 ☎0568（54）2231
〒100-8981 千代田区永田町2-2-1、会館 ☎03（3508）7187

なか がわ やす ひろ **中川康洋** 公元 当2
三重県四日市市 S43・2・12
勤5年3ヵ月 （初/平26）

党中央幹事、党国対筆頭副委員長、党総務部会
長、党三重県本部代表、環境大臣政務官、三重県
議、四日市市議、衆・参議員秘書、創価大／56歳

〒510-0822 四日市市芝田1-10-29
新栄ビル ☎059（340）5341

すぎ もと かず み **杉本和巳** 維前 当4（初/平21）
東京都 S35・9・17
勤11年10ヵ月 （愛知10区）

環境委、決算行監委理、元銀行員、英
オックスフォード大院・米ハーバード
大院修了、早大政経／63歳

〒491-0873 一宮市せんい4-5-1 ☎0586（75）5507
〒100-8981 千代田区永田町2-2-1、会館 ☎03（3508）7266

みさき ま き **岬 麻紀** 維新 当1（初/令3）
愛知県名古屋市 S43・12・26
勤2年5ヵ月 （愛知5区）

厚労委、消費者特委、フリーアナウン
サー、愛知大学（中退）、早大eスクール
在学中／55歳

〒453-0043 名古屋市中村区上ノ宮町1-2-2
☎052（264）0833

もと むら のぶ こ **本村伸子** 共前 当3
愛知県豊田市 S47・10・20
勤9年4ヵ月 （初/平26）

党幹部会委員、党中央委員、法務委、消費
者特委、八田ひろ子参院議員秘書、県立
刈谷高、龍谷大院修士課程修了／51歳

〒460-0007 名古屋市中区新栄3-12-25 ☎052（264）0833
〒107-0052 港区赤坂2-17-10、宿舎

田中　健 <ruby>田<rt>た</rt></ruby><ruby>中<rt>なか</rt></ruby>　<ruby>健<rt>けん</rt></ruby>

国 新　当1(初/令3)
静岡県　S52・7・18
勤2年5ヵ月　〈静岡4区〉

党政務調査副会長、党静岡県連代表、予算委、厚労委、地・こ・デジ特委、東京都議、大田区議、銀行員、青学大／46歳

〒424-0872　静岡市清水区平川地6-50　☎054(340)5256

比例代表 東海　21人　有効投票数 6,728,400票

政党名	当選者数		得票数	得票率	
		惜敗率 小選挙区		惜敗率	小選挙区

自民党　9人　2,515,841票　37.39%

当①青山　周平 前	(89.86)	愛12	①古屋　圭司 前		岐5
当①石井　拓 新	(89.68)	愛13	①上川　陽子 前		静1
当①宮沢　博行 前	(89.61)	静3	①井林　辰憲 前		静2
当①池田　佳隆 前	(81.95)	静3	①深沢　陽一 前		静4
当①塩谷　立 前	(79.16)	静8	①勝俣　孝明 前		静6
当①中川　貴元 前	(60.44)	愛2	①城内　実 前		静7
当①石原　正敬 新	(56.13)	三3	①熊田　裕通 前		愛1
当①吉川　赳 前	(48.08)	静5	①工藤　彰三 前		愛4
当31山本　左近 新			①神田　憲次 前		愛5
32木造　燿子 新			①丹羽　秀樹 前		愛6
33森　由紀子 新			①鈴木　淳司 前		愛7
34松本　忠真 新			①伊藤　忠彦 前		愛8
35岡本　康宏 新			①長坂　康正 前		愛9
【小選挙区での当選者】			①今枝宗一郎 前		愛14
①野田　聖子 前		岐1	①根本　幸典 前		愛15
①棚橋　泰文 前		岐2	①田村　憲久 前		三1
①武藤　容治 前		岐3	①川崎　秀人 新		三2
①金子　俊平 前		岐4	①鈴木　英敬 新		三4

立憲民主党　5人　1,485,947票　22.08%

当①伴野　豊 元	(99.12)	愛8	①遠藤　行洋 新	(52.98)	静1
当①中川　正春 前	(99.10)	三2	①松田　直久 元	(52.54)	三1
当①吉田　統彦 前	(97.45)	愛1	①田中　克典 新	(52.09)	愛14
当①渡辺　周 前	(95.76)	静6	①川本　慧佑 新	(46.85)	岐1
当①牧　義夫 前	(93.31)	愛4	①日吉　雄太 前	(46.70)	静7
①岡本　充功 前	(89.61)	愛9	①小野　克典 新	(40.73)	静5
①西川　厚志 新	(88.94)	愛5	①坊農　秀治 新	(32.09)	三4
①今井　瑠々 新	(83.53)	岐5	28芳野　正英 新		
①今井　雅人 前	(82.42)	岐4	29大島　もえ 新		
①関　健一郎 前	(77.52)	愛15	【小選挙区での当選者】		
①阪口　直人 元	(70.73)	岐3	①小山　展弘 元		静3
①藤原　規真 新	(65.81)	愛10	①源馬謙太郎 前		静8
①森本　和義 元	(61.44)	愛7	①近藤　昭一 前		愛3
①松田　功 新	(56.48)	愛3	①重徳　和彦 前		愛12
①福村　隆 新	(54.19)	静2	①大西　健介 前		愛13

公明党　3人　784,976票　11.67%

当①大口　善徳 前		④国森　光信 新		
当①伊藤　渉 前		⑤越野　優一 新		
当③中川　康洋 元				

日本維新の会　2人　694,630票　10.32%

当	①杉本	和巳	前(77.18)	愛10	▼①山下	洸棋	新(21.20)	静6

当①杉本　和巳　前(77.18)　愛10　　　▼①山下　洸棋　新(21.20)　静6
当①岬　　麻紀　新(54.01)　愛5　　　　▼①青山　雅幸　前(17.34)　静1
　①中田　千代　新(35.43)　愛4　　　　▼①佐伯　哲也　新(12.78)　岐4
　①中村　憲一　新(29.04)　静4　　　　▼①山田　良司　元(12.08)　岐5

共産党　1人　408,606票　6.07%

当①本村　伸子　前　　　　　　　　　　③長内　史子　新
　②島津　幸広　元

国民民主党　1人　382,733票　5.69%

当①田中　　健　新(58.59)　静4　　　【小選挙区での当選者】
　①大谷由里子　新(36.94)　岐2　　　　①古川　元久　前　　　愛2
　①高橋　美穂　元(20.69)　静1

・・

その他の政党の得票数・得票率は下記のとおりです。
（当選者はいません）

政党名	得票数	得票率		政党名	得票数	得票率
れいわ新選組	273,208票	4.06%		社民党	84,220票	1.25%
NHKと裁判してる党弁護士法72条違反で						
	98,238票	1.46%				

滋賀県1区　324,354 ㊵58.90	当97,482　大 岡 敏 孝　自前(52.2)
大津市、高島市	比当84,106　斎藤アレックス　国新(45.1) 比5,092　日 高 千 穂　N新(2.7)

大 岡 敏 孝　おお おか とし たか

自前［無］　　当4
滋賀県　S47・4・16
勤11年4ヵ月　（初/平24）

厚労委理、経産委、原子力特委、党副幹事長、環境副
大臣、財務大臣政務官、静岡県議、浜松市議、中小企
業診断士、スズキ㈱、早大政治経済学部／51歳

〒520-0026　大津市桜野町1-1-6
　　　　　　西大津ビルⅡ203
〒106-0032　港区六本木7-1-3、宿舎　☎077(572)7770

滋賀県2区　263,110 ㊵56.93	当83,502　上野賢一郎　自前(56.6)
彦根市、長浜市、東近江市(愛東・ 湖東支所管内)、米原市、愛知郡、 犬上郡	比64,119　田 島 一 成　立元(43.4)

上 野 賢一郎　うえ の けん いち ろう

自前［無］　　当5
滋賀県長浜市　S40・8・3
勤15年3ヵ月　（初/平17）

予算委理事、厚労委筆頭、税調幹事、内閣委員
長、財務副大臣、党経産部会長、党財金部
会長、国交政務官、総務省、京大法／58歳

〒526-0021　長浜市八幡中山町88-11
　　　　　　　　　　　　　　　　　　☎0749(63)9977
〒100-8981　千代田区永田町2-2-1、会館　☎03(3508)7004

滋賀県3区	274,521 ⑯57.43	当81,888	武村展英	自前(52.8)
草津市、守山市、栗東市、野洲市		比41,593	直山　仁	維新(26.8)
		20,423	佐藤耕平	共新(13.2)
		比11,227	高井崇志	れ前(7.2)

たけ むら のぶ ひで
武村展英

自前[無]　　　　当4
滋賀県草津市　S47・1・21
勤11年4ヵ月　（初／平24）

農林水産副大臣、党副幹事長、党総務部会長、内閣府政務官、公認会計士、新日本監査法人、慶大／52歳

〒525-0025　草津市西渋川1-4-6
　　　　　　MAEDA第二ビル1F　☎077(566)5345
〒107-0052　港区赤坂2-17-10、宿舎　☎03(5549)4671

滋賀県4区	291,102 ⑯55.83	当86,762	小寺裕雄	自前(54.6)
近江八幡市、甲賀市、湖南市、東近江市(第2区に属しない区域)、蒲生郡		比72,116	徳永久志	立新(45.4)

こ てら ひろ お
小寺裕雄

自前[無]　　　　当2
滋賀県東近江市　S35・9・18
勤6年6ヵ月　（初／平29）

農水委、文科委、復興特委理事、地デジ特委、党農林副部会長、内閣府大臣政務官、会社役員、滋賀県議会副議長、八日市青年会議所理事長、同志社大／63歳

〒527-0032　東近江市春日町3-1　☎0748(22)5001
〒106-0032　港区六本木7-1-3、宿舎

京都府1区	390,373 ⑯55.90	当86,238	勝目　康	自新(40.4)
京都市(北区、上京区、中京区、下京区、南区)		比当65,201	穀田恵二	共前(30.5)
		比62,007	堀場幸子	維新(29.1)

かつ め　やすし
勝目　康

自新[無]　　　　当1
京都府　　S49・5・17
勤2年5ヵ月　（初／令3）

党京都府第一選挙区支部長、文科委、厚労委、総務省室長、京都府総務部長、内閣官房副長官秘書官、在仏大使館書記官、東大法／49歳

〒600-8008　京都市下京区四条通東洞院角
　　　　　　フコク生命ビル3F　☎075(211)1889

京都府2区	264,808 ⑯57.14	当72,516	前原誠司	国前(48.9)
京都市(左京区、東山区、山科区)		比43,291	繁本　護	自前(29.2)
		25,260	地坂拓晃	共新(17.0)
		比7,263	中　辰哉	れ新(4.9)

まえ はら せい じ
前原誠司

教前　　　　　　当10
京都府京都市　S37・4・30
勤30年10ヵ月　（初／平5）

党代表、文科委、民進党代表、外相、国交相、国家戦略担当相、民主党代表、府議、松下政経塾、京大法／61歳

〒606-8007　京都市左京区山端壱町田町8-46
〒100-8981　千代田区永田町2-2-1、会館　☎075(723)2751

125

京都府3区 353,915 ⑯53.52

京都市(伏見区)、向日市、長岡
京市、乙訓郡

当89,259　泉　健太　立前(48.2)
比61,674　木村弥生　自前(33.3)
比34,288　井上博明　維新(18.5)

いずみ　けん　た
泉　　健太

立前　　　　　　　当8
北海道　　S49・7・29
勤20年6ヵ月　(初/平15)

**党代表、国家基本委、党政務調査会長、
国民民主党国対委員長、議運筆頭理事、
内閣府政務官、立命館大／49歳**

〒612-8434　京都市伏見区深草加賀屋敷町3-6
ネクスト21ⅡⅠF　☎075(646)5566
〒100-8981　千代田区永田町2-2-1、会館☎03(3508)7005

京都府4区 396,960 ⑯56.21

京都市(右京区、西京区)、亀岡市、
南丹市、船井郡

当96,172　北神圭朗　無元(44.2)
比当80,775　田中英之　自前(37.1)
40,603　吉田幸一　共新(18.7)

きた　がみ　けい　ろう
北　神　圭　朗

無元(有志)　　　当4
東京都　　S42・2・1
勤11年2ヵ月　(初/平17)

**農水委、憲法審査会、首相補佐官、経済産業
大臣政務官、内閣府大臣政務官、経産委
筆頭理事、大蔵省、金融庁、京大法／57歳**

〒615-0055　京都市右京区西院西田町23
日新ビル2F　☎075(315)3487
〒100-8982　千代田区永田町2-1-2、会館☎03(3508)7069

京都府5区 238,618 ⑯59.49

福知山市、舞鶴市、綾部市、宮
津市、京丹後市、与謝郡

当68,693　本田太郎　自前(49.4)
比32,108　山本和嘉子　立前(23.1)
21,904　井上一徳　無前(15.7)
16,375　山内　健　共新(11.8)

ほん　だ　た　ろう
本　田　太　郎

自前[無]　　　　当2
京都府　　S48・12・1
勤6年6ヵ月　(初/平29)

**議運委、厚労委、総務委、政倫審委、党税
調幹事、党厚労副部会長、外務大臣政務
官、弁護士、府議、東大法／50歳**

〒629-2251　京都府宮津市須津413-41　☎0772(46)5033
〒100-8982　千代田区永田町2-1-2、会館　☎03(3508)7012

京都府6区 460,284 ⑯56.81

宇治市、城陽市、八幡市、京田
辺市、木津川市、久世郡、綴喜郡、
相楽郡

当116,111　山井和則　立前(45.2)
82,004　清水鴻一郎　自元(32.0)
比58,487　中嶋秀樹　維新(22.8)

やま　の　い　かず　のり
山　井　和　則

立前　　　　　　　当8
京都府京都市　S37・1・6
勤23年10ヵ月　(初/平12)

**厚労委、予算委、党国対筆頭副委員長、民進党
国対委員、厚生労働大臣政務官、高齢社会研究
所長、大学講師、松下政経塾、京大工院／62歳**

〒610-0101　城陽市平川茶屋裏58-1　☎0774(54)0703
〒100-8981　千代田区永田町2-2-1、会館　☎03(3508)7240

大阪府1区 427,637 ㊟53.27

大阪市(中央区、西区、港区、天王寺区、浪速区、東成区)

当110,120	井上英孝 維前(49.4)
比67,145	大西宏幸 自前(30.1)
比28,477	村上賀厚 立新(12.8)
17,194	竹内祥倫 共新(7.7)

維前　　　　当4
井上英孝
いのうえ ひでたか
大阪府大阪市 S46・10・25
勤11年4ヵ月　(初/平24)

党会計監査人代表、選対本部長代行、懲罰委理事、科技特委員長、国交理事、大阪市議、近畿大／52歳

〒552-0011 大阪市港区南市岡1-7-24 1F　☎06(6581)0001
〒107-0052 港区赤坂2-17-10、宿舎　　☎03(5549)4671

大阪府2区 446,933 ㊟56.98

大阪市(生野区、阿倍野区、東住吉区、平野区)

当120,913	守島　正 維新(48.5)
比80,937	左藤　章 自前(32.5)
比47,487	尾辻かな子 立前(19.0)

維新　　　　当1
守島　正
もりしま ただし
大阪府　　S56・7・15
勤2年5ヵ月　(初/令3)

経産委理事、予算委、党代表付、国会議員団政調副会長、経産部会長、大阪市議3期、中小企業診断士、同志社大商、大阪市大院／42歳

〒545-0011 大阪市阿倍野区昭和町2-1-26-6B
　　　　　　　　　　　　　　　☎06(6195)4774

大阪府3区 367,518 ㊟53.87

大阪市(大正区、住之江区、住吉区、西成区)

当79,507	佐藤茂樹 公前(44.7)
比41,737	萩原　仁 立元(23.4)
38,170	渡部　結 共新(21.4)
18,637	中条栄太郎 無新(10.5)

佐藤茂樹 公前　　　　当10
佐藤茂樹
さとう しげき
滋賀県　　S34・6・8
勤27年10ヵ月　(初/平5)

党国会対策委員長、党関西方面副本部長、厚生労働副大臣、文部科学委員長、国土交通大臣政務官、京大／64歳

〒557-0041 大阪市西成区岸里3-1-29　☎06(6653)3630
〒100-8981 千代田区永田町2-2-1、会館☎03(3508)7200

大阪府4区 408,256 ㊟58.33

大阪市(北区、都島区、福島区、城東区)

当107,585	美延映夫 維前(46.1)
比72,835	中山泰秀 自前(31.2)
比28,254	吉田　治 立元(12.1)
比24,469	清水忠史 共前(10.5)

維前　　　　当2
美延映夫
み のべ てる お
大阪府大阪市北区 S36・5・23
勤4年　　(初/令2)

法務委、復興特委、大阪市会議長、大阪維新の会市会議員団幹事長2期、大阪市監査委員、大阪市議、会社役員、神戸学院大／62歳

〒530-0043 大阪市北区天満1-6-6
　　　　　　井上ビル3F　　　　☎06(6351)1258
〒100-8981 千代田区永田町2-2-1、会館☎03(3508)7194

大阪府5区 431,558 ⑯52.98

大阪市(此花区、西淀川区、淀川区、東淀川区)

当106,508	国重　徹	公前（53.1）
比当48,248	宮本岳志	共元（24.1）
比当34,202	大石晃子	れ新（17.1）
11,458	籠池諄子	無新（ 5.7）

くに　しげ　　とおる
國重　徹　公前　当4
大阪市大阪市　S49・11・23
勤11年4ヵ月　（初／平24）

党青年委員長、党広報局長、党国交部会長、国交理事、憲法審委、総務大臣政務官、弁護士、税理士、創価大／49歳

〒532-0023　大阪市淀川区十三東1-17-19
ファルコンビル5F　☎06(6885)6000
〒100-8982　千代田区永田町2-1-2、会館☎03(3508)7405

大阪府6区 391,045 ⑯54.27

大阪市(旭区、鶴見区)、守口市、門真市

当106,878	伊佐進一	公前（54.8）
比59,191	村上史好	立前（30.4）
28,895	星　健太郎	無新（14.8）

い　さ　しん　いち
伊佐進一　公前　当4
大阪府　S49・12・10
勤11年4ヵ月　（初／平24）

党厚生労働部会長、党政調副会長、前厚生労働副大臣兼内閣府副大臣、ジョンズホプキンス大院／49歳

〒570-0027　守口市桜町5-9-201　☎06(6992)8881

大阪府7区 382,714 ⑯60.02

吹田市、摂津市

当102,486	奥下剛光	維新（45.3）
比71,592	渡嘉敷奈緒美	自前（31.7）
比24,952	乃木涼介	立新（11.0）
20,083	川添健真	共新（ 8.9）
比6,927	西川弘城	れ新（ 3.1）

おく　した　たけ　みつ
奥下剛光　維新　当1
大阪府　S50・10・4
勤2年5ヵ月　（初／令3）

環境理事、予算委、倫選特委、党国対副委員長、元大阪市長・元大阪府知事秘書、元外務副大臣秘書、元内閣総理大臣宮澤喜一秘書、専修大学／48歳

〒564-0032　吹田市内本町2-6-13
アイワステーションビルⅡ号館☎06(6381)7711

大阪府8区 337,105 ⑯59.75

豊中市

当105,073	漆間譲司	維新（53.2）
比53,877	高麗啓一郎	自新（27.2）
比38,458	松井博史	立新（19.5）

うる　ま　じょう　じ
漆間譲司　維新　当1
大阪府　S49・9・14
勤2年5ヵ月　（初／令3）

予算委理事、国交委、党政調副会長、党代表付、大阪府議3期、会社役員、銀行勤務、慶大商学部／49歳

〒561-0884　豊中市岡町北1-1-4 3F　☎06(6857)7770
〒107-0052　港区赤坂2-17-10、宿舎

略歴

大阪

大阪府9区	456,232 ⑳59.08	当133,146 足立康史 維前（50.3）
池田市、茨木市、箕面市、豊能郡		83,776 原田憲治 自前（31.7）
		比42,165 大椿裕子 社新（15.9）
		5,369 磯部和哉 無新（ 2.0）

あ だち やす し
足立康史

維前　　　　　当4
大阪府　S40・10・14
勤11年4ヵ月　（初/平24）

厚生労働委理事、元経済産業省大臣官房参事官、米コロンビア大院、京大院、京大工学部／58歳

〒567-0883 茨木市大手町9-26 吉川ビル3F ☎072(623)5834
〒107-0052 港区赤坂2-17-10、宿舎　☎03(5549)4671

大阪府10区	320,990 ⑳63.32	当80,932 池下 卓 維新（40.3）
高槻市、三島郡		比66,943 辻元清美 立前（33.4）
		比52,843 大隈和英 自前（26.3）

いけ した たく
池下 卓

維新　　　　　当1
大阪府高槻市　S50・4・10
勤2年5ヵ月　（初/令3）

法務委理、倫選特委、党国会議員団政調会副会長、法務部会長、党会計監査人、大阪府議、税理士、龍谷大院／48歳

〒569-0804 高槻市紺屋町3-1-219 グリーンプラザたかつき3号館2階　☎072(668)2013

大阪府11区	398,749 ⑳60.57	当105,746 中司 宏 維新（44.7）
枚方市、交野市		比70,568 佐藤ゆかり 自前（29.8）
		比60,281 平野博文 立前（25.5）

なか つか ひろし
中司 宏

維新　　　　　当1
大阪府枚方市　S31・3・11
勤2年5ヵ月　（初/令3）

総務委理、議運委、情報監視審査会委、党議員団代表補佐、国対委員長代理、党紀委員長、枚方市長、府議、産経記者、早大／67歳

〒573-0022 枚方市宮之阪1-22-10-101 ☎072(898)4567
〒107-0052 港区赤坂2-17-10、宿舎

大阪府12区	339,395 ⑳55.00	当94,003 藤田文武 維前（51.2）
寝屋川市、大東市、四條畷市		比59,304 北川晋平 自新（32.3）
		比17,730 宇都宮優子 立新（ 9.7）
		12,614 松尾正利 共新（ 6.9）

ふじ た ふみ たけ
藤 田 文 武

維前　　　　　当2
大阪府寝屋川市　S55・12・27
勤5年　（初/平31）

党幹事長、国家基本委理、会社役員、筑波大／43歳

〒572-0838 寝屋川市八坂町24-6
ロイヤルライフ八坂101 ☎072(830)2620
〒107-0052 港区赤坂2-17-10、宿舎

大阪府13区 400,235 ⑳53.43

東大阪市

当101,857	岩谷 良平	維新(48.5)
比当85,321	宗清 皇一	自前(40.6)
22,982	神野 淳一	共新(10.9)

いわ たに りょう へい
岩谷 良平

維新　　　当1
大阪府守口市　S55・6・7
勤2年5ヵ月　（初／令3）

安保委理、憲法委、党副幹事長、党政調副
会長、行政書士、元会社経営者、早大法卒、
京産大院修了「法務博士（専門職）」／43歳

〒577-0809　大阪府東大阪市永和1-25-14-2F
☎06(6732)4204

大阪府14区 421,826 ⑳55.28

八尾市、柏原市、羽曳野市、藤井寺市

当126,307	青柳 仁士	維新(55.7)
比70,029	長尾 敬	自前(30.9)
30,547	小松 久	共新(13.5)

あお やぎ ひと し
青柳 仁士

維新　　　当1
埼玉県所沢市　S53・11・7
勤2年5ヵ月　（初／令3）

外務委理、憲法審、党国会議員団政調会
長代行、党国際局長、国連職員、JICA職
員、早大政経、米デューク大修士／45歳

〒581-0081　八尾市南本町4-6-37　☎072(992)2459
〒100-8981　千代田区永田町2-2-1、会館　☎03(3508)7609

大阪府15区 390,415 ⑳55.78

堺市（美原区）、富田林市、河内長野市、松原市、大阪狭山市、南河内郡

当114,861	浦野 靖人	維前(54.1)
比67,887	加納 陽之助	自新(32.0)
29,570	為 仁史	共新(13.9)

うら の やす と
浦野 靖人

維前　　　当4
大阪府松原市　S48・4・4
勤11年4ヵ月　（初／平24）

党選挙対策本部長代理、内閣委、政倫審
幹事、保育士、聖和大学（現関西学院大
学）／50歳

〒580-0016　松原市上田3-4-6　☎072(330)6700
〒107-0052　港区赤坂2-17-10、宿舎

大阪府16区 326,278 ⑳55.50

堺市（堺区、東区、北区）

当84,563	北側 一雄	公前(50.8)
比当72,571	森山 浩行	立前(43.6)
9,288	西脇 京子	N新(5.6)

きた がわ かず お
北側 一雄

公前　　　当10
大阪府　S28・3・2
勤30年11ヵ月　（初／平2）

党副代表・中央幹事会会長、党関西方面本部長、
党憲法調査会長、憲法審幹事、安保委、元国土交
通大臣、弁護士、税理士、創価大学法学部／70歳

〒590-0957　堺市堺区中之町西1-1-10
堀ビル2F　☎072(221)2706
〒107-0052　港区赤坂2-17-10、宿舎　☎03(5549)4671

大阪府17区 330,263 ㊗54.50

当94,398	馬場 伸幸	維前(53.6)
比56,061	岡下 昌平	自前(31.8)
25,660	森 流星	共新(14.6)

堺市(中区、西区、南区)

ば ば のぶ ゆき　維前　　　　当4
馬場 伸幸
大阪府　S40・1・27
勤11年4ヵ月　(初/平24)

党代表、国家基本委理事、憲法審幹事、元
堺市議会議員、衆議院議員中山太郎秘書、
「大阪維新の会」副代表、鳳高校／59歳

〒593-8325 堺市西区鳳南町5-711-5　☎072(274)0771
〒107-0052 港区赤坂2-17-10、宿舎

大阪府18区 434,309 ㊗52.91

当118,421	遠藤 敬	維前(53.0)
比61,769	神谷 昇	自前(27.5)
比24,490	川戸 康嗣	立新(11.0)
19,075	望月 亮佑	共新(8.5)

岸和田市、泉大津市、和泉市、
高石市、泉北郡

えん どう たかし　維前　　　　当4
遠藤 敬
大阪府　S43・6・6
勤11年4ヵ月　(初/平24)

党国対委員長、議運委理、(社)秋田犬保
存会会長、日本青年会議所大阪ブロッ
ク協議会会長、大産大附属高／55歳

〒592-0014 高石市綾園2-7-18
　　　　　　千代田ビル201号　☎072(266)8228
〒107-0052 港区赤坂2-17-10、宿舎

大阪府19区 304,908 ㊗53.96

当68,209	伊東 信久	維元(42.2)
比52,052	谷川 とむ	自前(32.2)
比32,193	長安 豊	立元(19.9)
9,258	北村 みき	共新(5.7)

貝塚市、泉佐野市、泉南市、阪
南市、泉南郡

い とう のぶ ひさ　維元　　　　当3
伊東 信久
大阪府大阪市　S39・1・4
勤7年3ヵ月　(初/平24)

財金委理、地・こ・デジ特委、党政務調査
会副会長、医療法人理事長、大阪大学大
学院招聘教授、神戸大学／60歳

〒598-0055 泉佐野市若宮町7-13
　　　　　　田端ビル4F　☎072(463)8777
〒107-0052 港区赤坂2-17-10、宿舎　☎03(5549)4671

兵庫県1区 393,494 ㊗55.48

当78,657	井坂 信彦	立元(36.9)
比64,202	盛山 正仁	自前(30.1)
比53,211	一谷 勇一郎	維新(25.0)
9,922	高橋 進吾	無新(4.7)
7,174	木原 功仁哉	無新(3.4)

神戸市(東灘区、灘区、中央区)

い さか のぶ ひこ　立元　　　　当3
井坂 信彦
東京都　S49・3・27
勤7年3ヵ月　(初/平24)

予算委、決算行監委理、厚労委理、消費者
特委、党デジタルPT・フリーランスWT事
務局長、行政書士、神戸市議、京大／49歳

〒651-0085 神戸市中央区八幡通4-2-14
　　　　　　　トロア神戸ビル4F　☎078(271)3705

兵庫県2区 385,611 ⑫50.97

当99,455　赤羽一嘉　公前（54.2）
比61,884　舩川治郎　立新（33.7）
22,124　宮野鶴生　共新（12.1）

神戸市（兵庫区、北区、長田区）、
西宮市（塩瀬・山口支所管内）

あか ば かず よし
赤羽一嘉
公前
東京都　S33・5・7　当9
勤27年6ヵ月　（初/平5）

党幹事長代行、前国土交通大臣、経済産業委員長、経済産業副大臣（兼）内閣府副大臣、三井物産、慶大法学部／65歳

〒652-0803　神戸市兵庫区大開通2-3-6
　　　　　　メゾンユニベール203　☎078（575）5139
〒107-0052　港区赤坂2-17-10、宿舎

兵庫県3区 315,484 ⑫54.43

当68,957　関　芳弘　自前（40.9）
比当59,537　和田有一朗　維新（35.4）
比22,765　佐藤泰樹　国新（13.5）
17,155　赤田勝紀　共新（10.2）

神戸市（須磨区、垂水区）

せき　　よし ひろ
関　芳弘
自前［無］
徳島県小松島市　S40・6・7　当5
勤15年3ヵ月　（初/平17）

経済産業委筆頭理事、党副幹事長、経産副大臣、環境副大臣、三井住友銀行、関学大、英国ウェールズ大学院（MBA取得）／58歳

〒654-0026　神戸市須磨区大池町2-3-7
　　　　　　オルタンシア大池1F5号　☎078（739）0904

兵庫県4区 421,086 ⑫54.69

当112,810　藤井比早之　自前（50.0）
比当59,143　赤木正幸　維新（26.2）
比53,476　今泉真緒　立新（23.7）

神戸市（西区）、西脇市、三木市、
小野市、加西市、加東市、多可
郡

ふじ い ひ さ ゆき
藤井比早之
自前［無］
兵庫県西脇市　S46・9・11　当4
勤11年4ヵ月　（初/平24）

党外交部会長、外務委理、党副幹事長、選対副委員長、内閣府副大臣、デジタル副大臣、国交大臣政務官、彦根市副市長、総務省、東大法／52歳

〒673-0404　兵庫県三木市大村530-1　☎0794（81）1118
〒100-8981　千代田区永田町2-2-1、会館　☎03（3508）7185

兵庫県5区 368,205 ⑫61.59

当94,656　谷　公一　自前（42.5）
比当65,714　遠藤良太　維新（29.5）
比62,414　梶原康弘　立元（28.0）

豊岡市、川西市の一部（P175参
照）、三田市、丹波篠山市、養父市、
丹波市、朝来市、川辺郡、美方郡

たに　　こう いち
谷　公一
自前［無］
兵庫県　S27・1・28　当7
勤20年5ヵ月　（初/平15）

地域活性化・こども政策・デジタル社会形成に関する特別委員長、国家公安委員長・国務大臣、党政調会長代理、総務会副会長、衆国交委長、復興特委長、復興大臣補佐官、復興副大臣、国交政務官、明大／72歳

〒667-0024　養父市八鹿町朝倉49-1　☎079（665）7070
〒107-0052　港区赤坂2-17-10、宿舎　☎03（5549）4671

兵庫県6区 465,210 ㊺55.58

伊丹市、宝塚市、川西市（第5区に属しない区域）（P175参照）

当89,571	市村浩一郎	維元（35.2）
比当87,502	大串 正樹	自前（34.4）
比当77,347	桜井 周	立前（30.4）

いちむら こういちろう
市村浩一郎
維元　当4
福岡県福岡市　S39・7・16
勤11年6ヵ月　（初/平15）

党代議士会長、経産委、復興特委、国土交通大臣政務官、松下政経塾9期生、一橋大／59歳

〒665-0035　宝塚市逆瀬川1-2-6-2　☎0797(71)1111
〒106-0032　港区六本木7-1-3、宿舎　☎03(3408)4911

兵庫県7区 441,775 ㊺58.38

西宮市（本庁管内、甲東・瓦木・鳴尾支所管内）、芦屋市

当95,140	山田賢司	自前（37.5）
比当93,610	三木 圭恵	維元（36.9）
比64,817	安田 真理	立新（25.6）

やまだ けんじ
山田賢司
自前［麻］　当4
大阪府　S41・4・20
勤11年4ヵ月　（初/平24）

文科委理事、党文科部会長、外務副大臣、議運委（議事進行係）、外務政務官、三井住友銀行、神戸大法／57歳

〒662-0998　西宮市産所町4-8
　　　　　　村井ビル205号室　☎0798(22)0340
〒107-0052　港区赤坂2-17-10、宿舎　☎03(5549)4671

兵庫県8区 386,254 ㊺48.83

尼崎市

当100,313	中野 洋昌	公前（58.8）
比45,403	小村 潤	共新（26.6）
比24,880	辻 恵	れ元（14.6）

なかの ひろまさ
中野洋昌
公前　当4
京都府京都市　S53・1・4
勤11年4ヵ月　（初/平24）

党経済産業部会長、経済産業委理事、元経済産業大臣政務官、元国交省課長補佐、東大、米コロンビア大院修了／46歳

〒660-0052　尼崎市七松町3-17-20-201　☎06(6415)0220

兵庫県9区 363,347 ㊺53.23

明石市、洲本市、南あわじ市、淡路市

当141,973	西村 康稔	自前（76.3）
44,172	福原由加利	共新（23.7）

にしむら やすとし
西村康稔
自前［無］　当7
兵庫県明石市　S37・10・15
勤20年5ヵ月　（初/平15）

前経済産業大臣、原子力経済被害・GX実行推進・産業競争力・ロシア経済分野協力担当大臣、内閣府特命担当大臣（原子力損害賠償・廃炉等支援機構）、東大法／61歳

〒673-0882　明石市相生町2-8-21
　　　　　　ドール明石201号　☎078(919)2320
〒107-0052　港区赤坂2-17-10、宿舎　☎03(5549)4671（代）

兵庫県10区	347,835 ㊺51.55	当79,061	渡海紀三朗	自前（45.0）
		比当57,874	掘井 健智	維新（32.9）
		比38,786	隠樹 圭子	立新（22.1）

加古川市、高砂市、加古郡

渡海紀三朗　とかいきさぶろう　自前［無］　当10
兵庫県高砂市　S23・2・11
勤30年9ヵ月（初／昭61）

党政調会長、国家基本委、文部科学大臣、決算行監委員長、総理補佐官、政倫審会長、国家基本政策委員長、一級建築士、早大建築／76歳

〒676-0082　高砂市曽根町2248　☎079(447)4353
〒107-0052　港区赤坂2-17-10、宿舎

兵庫県11区	399,029 ㊺48.39	当92,761	松本 剛明	自前（49.0）
		比78,082	住吉 寛紀	維新（41.3）
		18,363	太田 清幸	共新（9.7）

姫路市の一部（P175参照）

松本剛明　まつもとたけあき　自前［麻］　当8
東京都　S34・4・25
勤23年10ヵ月（初／平12）

総務大臣、外相、議運委員、外務委員、党税調副会長、政調会長代理、競争調会長、国協調会長、金融調、情報調、新しい資本主義本部、デジタル本部、旧民主党政調会長、興銀、東大法／64歳

〒670-0972　姫路市手柄1-124　☎079(282)5516
〒100-8981　千代田区永田町2-2-1、会館　☎03(3508)7214

兵庫県12区	284,813 ㊺58.90	当91,099	山口 壯	自前（55.6）
		比当49,736	池畑浩太朗	維新（30.3）
		比23,137	酒井 孝典	立新（14.1）

姫路市（第11区に属しない区域）、相生市、赤穂市、宍粟市、たつの市、神崎郡、揖保郡、赤穂郡、佐用郡

山口壯　やまぐちつよし　自前［無］　当7
兵庫県相生市　S29・10・3
勤22年（初／平12）

農水委理、環境大臣、党筆頭副幹事長、拉致特委員、安保委長、内閣府・外務各副大臣、外務省国際科学協力室長、国際政治学博士、東大法、米ジョンズ・ホプキンス大院／69歳

〒678-0005　相生市大石町19-10
西本ビル2F　☎0791(23)6122
〒107-0052　港区赤坂2-17-10、宿舎

奈良県1区	359,066 ㊺61.30	当93,050	馬淵 澄夫	立前（39.0）
		比当83,718	小林 茂樹	自前（35.1）
		比当62,000	前川 清成	維新（26.0）

奈良市（本庁管内、西部・北部・東部出張所管内、月ヶ瀬行政センター管内）、生駒市

馬淵澄夫　まぶちすみお　立前　当7
奈良県奈良市　S35・8・23
勤19年1ヵ月（初／平15）

国交委、党国対委員長、党常任幹事、国土交通大臣、国土交通副大臣、内閣総理大臣補佐官、災害特委長、決算行政監視委員長、会社役員、横浜国大／63歳

〒631-0036　奈良市学園北1-11-10
森田ビル6F　☎0742(40)5531
〒100-8981　千代田区永田町2-2-1、会館　☎03(3508)7122

奈良県2区	383,875 ㉒58.69	当141,858	高市 早苗	自前(64.6)
		比54,326	猪奥 美里	立新(24.8)
		23,285	宮本 次郎	共新(10.6)

奈良市(都祁行政センター管内)、
大和郡山市、天理市、香芝市、山
辺郡、生駒郡、磯城郡、北葛城郡

たか いち さ なえ
高市 早苗

自前[無]　　　　当9
奈良県奈良市　S36・3・7
勤29年　　　　（初/平5）

経済安全保障担当大臣、党政調会長、総務大臣、科学技術担当大臣、経産副大臣、議運委員長、近畿大学教授、松下政経塾、神戸大/62歳

〒639-1123　大和郡山市筒井町940-1
〒107-0052　港区赤坂2-17-10、宿舎

奈良県3区	355,246 ㉒57.19	当114,553	田野瀬太道	自前(60.8)
		34,334	西川 正克	共新(18.2)
		32,669	高見 省次	無新(17.3)
		6,824	加藤 孝	N新(3.6)

大和高田市、橿原市、桜井市、
五條市、御所市、葛城市、宇陀市、
宇陀郡、高市郡、吉野郡

た の せ たい どう
田野瀬太道

自前[無]　　　　当4
奈良県五條市　S49・7・4
勤11年4ヵ月　（初/平24）

衆院文部科学委員長、元文部科学兼内閣府副大臣、文部科学兼内閣府兼復興大臣政務官、衆議院運理事、議事進行係、早大/49歳

〒634-0813　橿原市四条町627-5-2F　☎0744(29)6000
〒107-0052　港区赤坂2-17-10、宿舎

和歌山県1区	307,817 ㉒55.16	補選(令和5.4.23)		
		当61,720	林 佑美	維新(47.5)
		55,657	門 博文	自元(42.8)
		11,145	国重 秀明	共新(8.6)
		1,476	山本 貴平	政新(1.1)

和歌山市
令和4年9月1日　岸本周平議員辞職
（総選挙の結果はP168参照）

はやし ゆ み
林 佑美

維新　　　　　補当1
京都府京都市中京区　S56・5・12
勤11ヵ月　　（初/令5補）

予算委、環境委、消費者特委理、和歌山維新の会副代表、和歌山市議、会社役員、立命館大学大学院政策科学研究科修了/42歳

〒640-8158　和歌山市十二番丁31番地 雑賀ビル1階
☎073(488)9331

和歌山県2区	242,858 ㉒57.94	当79,365	石田 真敏	自前(57.7)
		比35,654	藤井 幹雄	立新(25.9)
		比19,735	所 順子	維新(14.4)
		2,700	遠西 愛美	N新(2.0)

海南市、橋本市、有田市、紀の
川市、岩出市、海草郡、伊都郡

いし だ まさ とし
石田 真敏

自前[無]　　　　当8
和歌山県　S27・4・11
勤22年　　　（初/平14補）

倫選特委員長、党選対委員長代理、党税調副会長、裁判官訴追委員、総務大臣、財務副大臣、国交政務官、和歌山県議、海南市長、早大政経/71歳

〒649-6226　岩出市宮83 ホテルいとう1F　☎0736(69)0123
〒107-0052　港区赤坂2-17-10、宿舎

和歌山県3区	250,261	当102,834	二階 俊博	自前(69.3)
⑲62.32		20,692	畑野 良弘	共新(14.0)
		19,034	本間 奈々	諸新(12.8)
		5,745	根来 英樹	無新(3.9)

御坊市、田辺市、新宮市、有田郡、
日高郡、西牟婁郡、東牟婁郡

二階 俊博
に かい とし ひろ

自前[無] 当13
和歌山県 S14・2・17
勤40年5ヵ月 (初/昭58)

党国土強靭化推進本部長、元党幹事長、総
務会長、予算委員長、元経産相・運輸相、
(社)全国旅行業協会長、県議、中大/85歳

〒644-0003 御坊市島440-1　☎0738(23)0123

比例代表 近畿	28人	滋賀、京都、大阪、兵庫、奈良、和歌山

三木 圭恵
み き け え

維元 当2(初/平24)
兵庫県西宮市 S41・7・7
勤4年5ヵ月 〈兵庫7区〉

国交委理、憲法審査会委、日本維新の会国
会議員団幹事長代理、兵庫維新の会幹事
長、三田市議2期、関西大学社会学部/57歳

〒662-0837 西宮市広田町1-27　☎0798(73)1825
〒100-8982 千代田区永田町2-1-2、会館　☎03(3508)7638

和田 有一朗
わ だ ゆういちろう

維新 当1(初/令3)
兵庫県神戸市 S39・10・23
勤2年5ヵ月 〈兵庫3区〉

外務委、拉致特委理、国会議員秘書、団
体役員、神戸市議、兵庫県議、早大、神戸
市外国語大学大学院/59歳

〒655-0894 神戸市垂水区川原4-1-1　☎078(753)3533

住吉 寛紀
すみ よし ひろ き

維新 当1(初/令3)
兵庫県神戸市 S60・1・24
勤2年5ヵ月 〈兵庫11区〉

内閣委、安保委、三菱UFJモルガン・ス
タンレー証券、兵庫県議、白陵高、名古
屋大、東大院/39歳

〒670-0043 姫路市小姓町35-1
船場西ビル1F4号室　☎079(293)7105
〒106-0032 港区六本木7-1-3、宿舎　☎03(3508)7415

堀井 健智
ほり い けん じ

維新 当1(初/令3)
兵庫県 S42・1・10
勤2年5ヵ月 〈兵庫10区〉

財金委、災害特委理、農水委、兵庫維新の会政治活動強化対策
本部長、超党派石橋湛山研究会事務局次長、党能登半島地震
対策副本部長、加古川市議、兵庫県議、大阪産業大学/57歳

〒675-0063 加古川市加古川町平野386 船原ビル1階
　☎079(423)7458
〒107-0052 港区赤坂2-17-10、宿舎　☎03(5549)4671

堀場 幸子
ほり ば さち こ

維 新　当1(初/令3)
北海道札幌市　S54・3・24
勤2年5ヵ月　〈京都1区〉

文科委、内閣委理、災害特委、党文科部会長、党国対副委員長、アンガーマネジメントファシリテーター、フェリス女学院大学大学院修士号／44歳

〒601-8025　京都市南区東九条柳下町6-4　☎075(888)6045

遠 藤 良 太
えん どう りょう た

維 新　当1(初/令3)
大阪府　S59・12・19
勤2年5ヵ月　〈兵庫5区〉

厚労委、決算行監委、介護関連会社役員、追手門学院大／39歳

〒669-1529　兵庫県三田市中央町3-12
　　　　　　マスダビル3階
〒107-0052　港区赤坂2-17-10、宿舎　☎079(564)6156

一谷 勇一郎
いち たに ゆう いち ろう

維 新　当1(初/令3)
大阪府大阪市　S50・1・22
勤2年5ヵ月　〈兵庫1区〉

厚労委、農水委、地・こ・デジ特委、党国対副委員長、柔道整復師、介護事業所経営、関西医療学園専門学校／49歳

〒650-0001　神戸市中央区加納町4-4-15
　　　　　　KGビル201　☎078(332)3536

池畑 浩太朗
いけ はた こう た ろう

維 新　当1(初/令3)
東京都港区　S49・9・26
勤2年5ヵ月　〈兵庫12区〉

農林水産委理、党国対副委員長、兵庫県議、衆院議員秘書、農業高校教員、岡山県立農業大学校／49歳

〒679-4167　兵庫県たつの市龍野町富永730-20
　　　　　　玉田ビル1F
〒107-0052　港区赤坂2-17-10、宿舎　☎0791(63)2814

赤 木 正 幸
あか ぎ まさ ゆき

維 新　当1(初/令3)
岡山県倉敷市　S50・2・22
勤2年5ヵ月　〈兵庫4区〉

党代表付、国土交通委、IT会社代表、不動産会社代表、早大法学部、早大大学院政治学研究科博士課程修了／49歳

〒651-2276　神戸市西区春日台9-12-4　☎050(3154)0117
〒100-8982　千代田区永田町2-1-2、会館　☎03(3508)7505

中嶋 秀樹
なか じま ひで き

維 新　繰当1(初/令5繰)
京都府八幡市　S46・5・20
勤5ヵ月　〈京都6区〉

総務委、会社役員、大阪国際大学／52歳

〒611-0021　京都府宇治市宇治宇文字15-6
〒107-0052　港区赤坂2-17-10、宿舎　☎0774(34)4188

おく の しん すけ
奥野信亮
自前［無］　　　当6
奈良県　　S19・3・5
勤17年1ヵ月（初/平15）

懲罰委、予算委、法務委、倫選特委、党紀委、総務・法務副大臣、日産取締役、慶大／79歳

〒639-2212　御所市中央通り2-113-1　☎0745(62)4379
〒100-8982　千代田区永田町2-1-2、会館☎03(3581)5111
　　　　　　　　　　　　　　　　　　　　　（内71001）

やなぎ もと　あきら
柳本　顕
自新［麻］　　　当1
大阪府大阪市　S49・1・29
勤2年5ヵ月　（初/令3）

厚労委、環境委、地・こ・デジ特委、環境兼内閣府政務官、大阪市議(5期)、大阪市議幹事長、関西電力㈱、京大法卒／50歳

〒557-0034　大阪市西成区松1-1-6　☎06(4398)6090
〒107-0052　港区赤坂2-17-10、宿舎

おお ぐし まさ き
大串正樹
自前［無］　当4(初/平24)
兵庫県　　S41・1・20
勤11年4ヵ月　〈兵庫6区〉

党厚労部会長、厚生関係団体委員長、厚労委、デジタル副大臣兼内閣府副大臣、経産政務官、IHI、松下政経塾、JAIST(Ph.D.)助教、西武文理大准教授、東北大院／58歳

〒664-0851　伊丹市中央1-2-6
　　　　　　グランドハイツコーワ2-12　☎072(773)7601
〒100-8981　千代田区永田町2-2-1、会館☎03(3508)7191

こ ばやし しげ き
小林茂樹
自前［無］　当3(初/平24)
奈良県奈良市　S39・10・9
勤8年6ヵ月　〈奈良1区〉

党国交部会長代理、党国土・建設関係団体委員長、国交理事、文科委、環境副大臣、国交政務官、元奈良県議、慶大法／59歳

〒631-0827　奈良市西大寺小坊町1-6
　　　　　　西大寺ビル1F東　☎0742(52)6700

た なか ひで ゆき
田中英之
自前［無］　当4(初/平24)
京都府　　S45・7・11
勤11年4ヵ月　〈京都4区〉

国交委、地・こ・デジ特委理、決算行監委理、党副幹事長、文科副大臣、国交政務官、党農林部会長代理、京都市議、京都外大／53歳

〒615-0852　京都市右京区西京極西川町1-5
〒107-0052　港区赤坂2-17-10、宿舎　☎075(315)7500

むね きよ こう いち
宗清皇一
自前［無］　当3(初/平26)
大阪府東大阪市　S45・8・9
勤9年4ヵ月　〈大阪13区〉

財金委理、経産委、原子力特委、党財政・金融・証券団体委員長、内閣府兼復興大臣政務官、経産兼内閣府大臣政務官(万博担当)、大阪府議、衆院議員秘書、龍谷大／53歳

〒577-0843　東大阪市荒川1-13-23　☎06(6726)0090
〒107-0052　港区赤坂2-17-10、宿舎

盛山正仁 もり やま まさ ひと
自 前[無] 当5(初/平17)
大阪府大阪市 S28・12・14
勤15年3ヵ月 〈兵庫1区〉

文科大臣、議運委筆頭理、党国対筆頭副委員長、厚労委員、法務副大臣、国交省部長、東大、神戸大院、法学・商学博士／70歳

〒650-0001 神戸市中央区加納町2-4-10
水木ビル601 ☎078(231)5888

谷川とむ たに がわ とむ
自 前[無] 当3(初/平26)
兵庫県尼崎市 S51・4・27
勤9年4ヵ月 〈大阪19区〉

法務委理、国交委、地・こ・デジ特委、党大阪府連会長、党副幹事長、総務政務官、参院議員秘書、僧侶、俳優、阪大院修士／47歳

〒598-0007 大阪府泉佐野市上町1-1-35
1,3ビルディング2階 ☎072(464)1416
〒107-0052 港区赤坂2-17-10、宿舎

竹内譲 たけ うち ゆずる
公 前 当6
京都府京都市 S33・6・25
勤17年11ヵ月 (初/平5)

党中央幹事会会長代理、経済産業委長、総務委長、厚労副大臣、党政調会長、京都市議、三和銀行、京大法／65歳

〒602-8442 京都市上京区今出川通大宮南西角
☎075(417)4440
〒100-8982 千代田区永田町2-1-2、会館 ☎03(3508)7473

浮島智子 うき しま とも こ
公 前 当4(初/平24)[※1]
東京都 S38・2・1
勤17年5ヵ月(参6年1ヵ月)

党文科部会長、政調副会長、中央規律委員長、女性委副委員長、文化芸術振興会議議長、文化芸術局長、教育改革推進本部長、衆総務委員長、文部科学副大臣兼内閣府副大臣、衆経産委、環境兼内閣府政務官、参院議員、東京立正高／61歳

〒540-0025 大阪市中央区徳井町2-4-15
タニイビル6F ☎06(6942)1150
〒107-0052 港区赤坂2-17-10、宿舎

鰐淵洋子 わに ぶち よう こ
公 前 当2(初/平29)[※2]
福岡県福岡市 S47・4・10
勤12年7ヵ月(参6年1ヵ月)

党女性委副委員長、党国対副委員長、環境委理、文科委、消費者特委、文科大臣政務官、参議院議員、公明党本部、創価女子短大／51歳

〒550-0013 大阪市西区新町3-5-8
エーペック西長堀ビル401
〒107-0052 港区赤坂2-17-10、宿舎

櫻井周 さくら い しゅう
立 前 当2(初/平29)
兵庫県 S45・8・16
勤6年6ヵ月 〈兵庫6区〉

財金委理、党国際局副局長、政調副会長、兵庫県連代表代行、伊丹市議、弁理士、JBIC、京大、京大院、ブラウン大院／53歳

〒664-0858 伊丹市西台5-1-11
☎072(768)9260
〒107-0052 港区赤坂2-17-10、宿舎

※1 平16参院初当選　※2 平16参院初当選

もり やま ひろ ゆき
森山浩行

立前　当3(初/平21)
大阪府堺市　S46・4・8
勤9年10ヵ月　〈大阪16区〉

内閣委、党災害・緊急事態局長、副幹事長、大阪府連代表、関西TV記者、堺市議、大阪府議、明大法／52歳

〒590-0078　堺市堺区南瓦町1-21
　　　　　　宏昌センタービル2F　☎072(233)8188

とく なが ひさ し
徳永久志

教新　当1(初/令3)※1
滋賀県　S38・6・27
勤8年6ヵ月(参6年1ヵ月)(滋賀4区)

教育無償化を実現する会幹事長、国家基本委、参議院議員、外務大臣政務官、滋賀県議、松下政経塾、早大政経／60歳

〒523-0892　近江八幡市出町414-6
　　　　　　サツキビル　☎0748(31)3047
〒107-0052　港区赤坂2-17-10、宿舎

こく た けい じ
穀田恵二

共前　当10(初/平5)
岩手県水沢市　S22・1・11
勤30年10ヵ月　〈京都1区〉

党国対委員長、党選挙対策委員長、党常任幹部会委員、外務委、政倫審、京都市議、立命館職員、立命館大／77歳

〒604-0092　京都市中京区丸太町
　　　　　　新町角大炊町186　☎075(231)5198
〒107-0052　港区赤坂2-17-10、宿舎　☎03(5549)3114

みや もと たけ し
宮本岳志

共元　当5(初/平21)※2
和歌山県和歌山市　S34・12・25
勤18年3ヵ月(参1年1ヵ月)(大阪5区)

党中央委員、総務委、文科委、和歌山大学教育学部除籍／64歳

〒537-0025　大阪市東成区中道1-10-10　☎06(6975)9111
〒100-8981　千代田区永田町2-2-1、会館　☎03(3508)7255

さいとう
斎藤アレックス

教新　当1(初/令3)
スペイン国マドリッド市　S60・6・30
勤2年5ヵ月　〈滋賀1区〉

党政調会長、安保委理、法務委、沖北特委、証券会社社員、松下政経塾、米国議会フェロー、衆議院議員秘書、同志社大／38歳

〒520-0044　大津市京町3-2-11　☎077(525)5030
〒107-0052　港区赤坂2-17-10、宿舎

おおいし
大石あきこ

れ新　当1(初/令3)
大阪府大阪市　S52・5・27
勤2年5ヵ月　〈大阪5区〉

内閣委、元大阪府職員、大阪大／46歳

〒532-0011　大阪市淀川区西中島7-1-1　興北ビル2階
〒100-8982　千代田区永田町1-2-2、会館

　　　※1 平19参院初当選　※2 平10参院初当選

比例代表　近畿　28人　有効投票数 9,378,905票

政党名	当選者数	得票数	得票率
	惜敗率 小選挙区		惜敗率 小選挙区

日本維新の会　10人　3,180,219票　33.91%

当①三木　圭恵　元(98.39)兵7
当①和田有一朗　新(86.34)兵3
当①住吉　寛紀　新(84.18)兵11
当①堀井　健智　新(73.20)兵10
当①堀場　幸子　新(71.90)京1
当①遠藤　良太　新(69.42)兵5
当①一谷勇一郎　新(67.65)兵1
当①前川　清成　新(66.63)奈1
　（令5.10.4辞職）
当①池畑浩太朗　新(54.60)兵12
①赤木　正幸　新(52.43)兵4
①直山　仁　新(50.79)滋3
　（公民権停止中）
繰①中嶋　秀樹　新(50.37)京6
　（令5.10.18繰上）
①井上　博明　新(38.41)京3
①所　順子　新(24.87)和2

【小選挙区での当選者】
①井上　英孝　前　大1
①守島　正　新　大2
①美延　映夫　前　大4
①奥下　剛光　新　大7
①漆間　譲司　新　大8
①足立　康史　前　大9
①池下　卓　新　大10
①中司　宏　新　大11
①藤田　文武　前　大12
①岩谷　良平　新　大13
①青柳　仁士　新　大14
①浦野　靖人　前　大15
①馬場　伸幸　前　大17
①遠藤　敬　前　大18
①伊東　信久　元　大19
①市村浩一郎　元　兵6

自民党　8人　2,407,699票　25.67%

当③奥野　信亮　前
当③柳本　顕　新
当③大串　正樹　前(97.69)兵6
当③小林　茂樹　前(89.97)奈1
当③田中英之　前(83.99)京4
③宗清　皇一　前(83.77)大13
③盛山　正仁　前(81.62)兵1
③谷川　とむ　前(76.31)大19
③渡嘉敷奈緒美　前(69.86)大7
③木村　弥生　前(69.10)京3
③中山　泰秀　前(67.70)大4
③左藤　章　前(66.94)大2
③佐藤ゆかり　前(66.73)大11
③大隈　和英　前(65.29)大10
③北川　晋平　前(63.09)大12
③大西　宏幸　前(60.97)大1
③繁本　護　前(59.70)京2
③門　博文　前(59.42)和1
③岡下　昌平　前(59.39)大17
③加納陽之助　新(59.10)大15
③長尾　敬　前(55.44)大14

③神谷　昇(52.02)大18
③高麗啓一郎　新(51.28)大8
③⑨湯峯　光　新
④⑩野村　広志　新

【小選挙区での当選者】
③大岡　敏孝　前　滋1
③上野賢一郎　前　滋2
③武村　展英　前　滋3
③小寺　裕雄　前　滋4
③勝目　康　新　京1
③本田　太郎　前　京5
③関　芳弘　前　兵3
③藤井比早之　前　兵4
③谷　公一　前　兵5
③山田　賢司　前　兵7
③西村　康稔　前　兵9
③松本　剛明　前　兵11
③山口　壮　前　兵12
③高市　早苗　前　奈2
③石田　真敏　前　和2

公明党　3人　1,155,683票　12.32%

当①竹内　譲　前
当②浮島　智子　前
当③鰐淵　洋子　前
①浜村　進　前

⑤田丸　義高　新
⑥鷲岡　秀明　新
⑦田中　博之　新
⑧井上　幸作　新

立憲民主党　3人　1,090,665票　11.63%

当①桜井　周　前(86.35)兵6
当①森山　浩行　前(85.82)大16
当①徳永　久志　新(83.12)滋4
①辻元　清美　前(82.72)大10
①田島　一成　元(76.79)滋2
①安田　真理　新(68.13)兵7
①梶原　康弘　元(65.94)兵5
①船川　治郎　新(62.22)兵2

①平野　博文　前(57.01)大11
①村上　史好　前(55.38)大6
①萩原　仁　元(52.49)大3
①隠樹　圭子　新(49.06)兵10
①今尾　真織　新(47.40)兵4
①長安　豊　元(47.20)大19
①山本和嘉子　前(46.74)京5
①藤井　幹雄　新(44.92)和2

衆　略歴　比例近畿

①尾辻かな子 前 (39.27) 大 2 ▼①宇都宮優子 新 (18.86) 大 12
①猪奥 美里 新 (38.30) 奈 2 ㉚笹田 能美 新
①松井 博史 新 (36.60) 大 8 ㉛豊田謂多郎 元
①吉田 治 元 (26.26) 大 4 【小選挙区での当選者】
①村上 賀厚 新 (25.86) 大 1 ①泉 健太 前 京 3
①酒井 孝典 新 (25.40) 兵 12 ①山井 和則 前 京 6
①乃木 涼介 新 (24.35) 大 7 ①井坂 信彦 元 兵 1
①川戸 康嗣 新 (20.68) 大 18 ①馬淵 澄夫 前 奈 1

共産党　2人　　　　　736,156票　7.85%

当 ①穀田 恵二 前 京 1 ④小村 潤 新 兵 8
当 ②宮本 岳志 元 大 5 ⑤武山 彩子 新
③清水 忠史 前 大 4 ⑥西田佐枝子 新

国民民主党　1人　　　303,480票　3.24%

当 ①斎藤アレックス 新 (86.28) 滋 1 【小選挙区での当選者】
①佐藤 泰樹 新 (33.01) 兵 3 ①岸本 周平 前 和 1
①前原 誠司 前 京 2

れいわ新選組　1人　　　292,483票　3.12%

当 ①大石 晃子 新 (32.11) 大 5 ▼①中 辰哉 新 (10.02) 京 2
①辻 恵 元 (24.80) 兵 8 ▼①西川 弘城 新 (6.76) 大 7
①高井 崇志 前 (13.71) 滋 3 ⑥八幡 愛 新

- -

その他の政党の得票数・得票率は下記のとおりです。
（当選者はいません）

政党名	得票数	得票率
NHKと裁判してる党弁護士法72条違反で 111,539票　1.19%	社民党	100,980票　1.08%

鳥取県1区　230,959 ㉘56.10

当 105,441　石破　茂　自前 (84.1)
　　19,985　岡田正和　共新 (15.9)

鳥取市、倉吉市、岩美郡、八頭郡、
東伯郡 (三朝町)

いし ば しげる
石破　茂

自前 [無]　　当12
鳥取県八頭郡　S32・2・4
勤37年10ヵ月（初/昭61）

予算委、憲法審委、党総務、元地方創生担当
相、党幹事長、政調会長、農林水産相、防衛相、
防衛庁長官、運輸委員、三井銀行、慶大／67歳

〒680-0055　鳥取市戎町515-3　　　　☎0857(27)4898
〒100-8982　千代田区永田町2-1-2、会館

鳥取県2区　234,420 ㉖60.20

当 75,005　赤沢亮正　自前 (54.0)
比当 63,947　湯原俊二　立元 (46.0)

米子市、境港市、東伯郡 (湯梨浜
町、琴浦町、北栄町)、西伯郡、
日野郡

あか ざわ りょう せい
赤澤亮正

自前 [無]　　当6
東京都　S35・12・18
勤18年7ヵ月（初/平17）

財務副大臣、内閣府副大臣、国交大臣政
務官、東大法／63歳

〒683-0823　米子市加茂町1-24　　　　☎0859(38)7333
〒100-8982　千代田区永田町2-1-2、会館　☎03(3508)7490

島根県1区	268,337 ㊗61.23		当90,638	細田 博之	自前（56.0）
			比66,847	亀井亜紀子	立前（41.3）
			4,318	亀井彰子	無所（ 2.7）

松江市、出雲市（平田支所管内）、安来市、雲南市（大東・加茂・木次総合センター管内）、仁多郡、隠岐郡

ほそ　だ　ひろ　ゆき
細田 博之 自民

死　去（令和5年11月10日）

※補選は令和6年4月28日に行われる予定。

島根県2区	291,649 ㊗61.85		当110,327	高見 康裕	自新（62.4）
			比52,016	山本　誉	立前（29.4）
			14,361	向瀬慎一	共新（ 8.1）

浜田市、出雲市（第1区に属しない区域）、益田市、大田市、江津市、雲南市（第1区に属しない区域）、飯石郡、邑智郡、鹿足郡

たか　み　やす　ひろ　　　自新［茂］　　　当1
高見 康裕
島根県出雲市 S55・10・16
勤2年5ヵ月　（初／令3）

防衛大臣補佐官、党青年局学生部長、法務委、安保委、消費者特委、法務大臣政務官、島根県議、海上自衛隊、読売新聞、東大大学院／43歳

〒693-0058　出雲市矢野町941-4　☎0853(23)8118
〒107-0052　港区赤坂2-17-10、宿舎

岡山県1区	364,162 ㊗46.73		当90,939	逢沢 一郎	自前（55.0）
			比65,499	原田謙介	立新（39.6）
			8,990	余江雪央	共新（ 5.4）

岡山市（北区の一部（P176参照）、南区の一部（P176参照））、加賀郡（吉備中央町（本庁管内（P176参照）、井原出張所管内）

あい　さわ　いち　ろう　　　自前［無］　　　当12
逢沢 一郎
岡山県岡山市 S29・6・10
勤37年10ヵ月　（初／昭61）

党選挙制度調査会長、政倫審会長、国家基本委、議運委、党国対委長、予算委員、幹事長代理、外務副大臣、通産政務次官、松下政経塾理事、慶大工／69歳

〒700-0933　岡山市北区奥田1-2-3　☎086(233)0016
〒100-8981　千代田区永田町2-2-1、会館　☎03(3508)7105

岡山県2区	289,071 ㊗50.42		当80,903	山下 貴司	自前（56.4）
			比62,555	津村啓介	立前（43.6）

岡山市（北区（第1区に属しない区域）、中区、東区、南区（本庁管内）、南区（第1区に属しない区域））、玉野市、瀬戸内市

やま　した　たか　し　　　自前［茂］　　　当4
山下 貴司
岡山県岡山市 S40・9・8
勤11年4ヵ月　（初／平24）

党政調副会長、党改革実行本部事務局長、党憲法改正実現本部事務局長、決算委理事、法務大臣、検事、外交官、弁護士、東大法／58歳

〒703-8282　岡山市中区平井6-3-13　☎086(230)1570
〒100-8982　千代田区永田町2-1-2、会館　☎03(3508)7057

岡山県3区　270,568　⊕57.97

当68,631　平沼正二郎　無新（44.4）
比当54,930　阿部俊子　自前（35.5）
比23,316　森本　栄　立新（15.1）
7,760　尾崎宏子　共新（5.0）

岡山市（東区〈第2区に属しない区域〉）、
津山市、備前市、赤磐市、真庭市の一
部（P176参照）、美作市、和気郡、真庭
郡、苫田郡、勝田郡、英田郡、久米郡

ひらぬましょうじ ろう
平沼正二郎

自新［無］　　当1
岡山県岡山市　S54・11・11
勤2年5ヵ月　（初／令3）

内閣府兼復興大臣政務官、学習院大学
経済学部／44歳

〒708-0806　津山市大田81-11　☎0868（24）0107
〒100-8982　千代田区永田町2-1-2、会館　☎03（3508）7251

岡山県4区　381,828　⊕48.04

当89,052　橋本　岳　自前（49.7）
比当83,859　柚木道義　立前（46.8）
6,146　中川智晴　無新（3.4）

倉敷市（本庁管内、児島・玉島・水
島・庄・茶屋町支所管内）、都窪郡

はし もと　がく
橋　本　岳

自前［茂］　　当5
岡山県総社市　S49・2・5
勤15年3ヵ月　（初／平17）

厚労委理、予算委理、地・こ・デジ特委長、厚労委員
長、党総務、厚労副大臣、党厚労部会長、党外交部
会長、厚労政務官、三菱総研研究員、慶大院／50歳

〒710-0842　倉敷市吉岡552　☎086（422）8410
〒107-0052　港区赤坂2-17-10、宿舎

岡山県5区　262,936　⊕54.33

当102,139　加藤勝信　自前（72.6）
比31,467　はたともこ　立新（22.4）
7,067　美見芳明　共新（5.0）

倉敷市（第4区に属しない区域）、笠岡市、井
原市、総社市、高梁市、新見市、真庭市（第3
区に属しない区域）、浅口市、浅口郡、小田郡、
加賀郡（吉備中央町〈第1区に属しない区域〉）

か とう かつ のぶ
加　藤　勝　信

自前［茂］　　当7
東京都　S30・11・22
勤20年5ヵ月　（初／平15）

**党税制調査会小委員長、党社会保障制度調
査会長**、厚労相、官房長官、党総務会長、
一億総活躍相、元大蔵省、東大／68歳

〒714-0088　笠岡市中央町31-1　☎0865（63）6800
〒100-8982　千代田区永田町2-1-2、会館　☎03（3508）7459

広島県1区　332,001　⊕50.81

当133,704　岸田文雄　自前（80.7）
比15,904　有田優子　社新（9.6）
14,508　大西　理　共新（8.8）
1,630　上出圭一　諸新（1.0）

広島市（中区、東区、南区）

きし だ ふみ お
岸　田　文　雄

自前［無］　　当10
東京都渋谷区　S32・7・29
勤30年10ヵ月　（初／平5）

内閣総理大臣、自民党総裁、党政調会長、外
務大臣、防衛大臣、党国対委員長、内閣府特
命担当大臣、厚労委員長、早大法／66歳

〒730-0013　広島市中区八丁堀6-3
　　　　　　和光八丁堀ビル　☎082（228）2411
〒100-8981　千代田区永田町2-2-1、会館　☎03（3508）7279

広島県2区　404,009　当51.48

当133,126　平　口　　洋　自前（65.2）
比70,939　大井赤亥　立新（34.8）

広島市（西区、佐伯区）、大竹市、廿日市市、江田島市（本庁管内、能美・沖美支所管内、深江・柿浦連絡所管内）

ひら　ぐち　　　　ひろし
平　口　　　洋

自前［茂］　　　　当5
広島県江田島市　　S23・8・1
勤15年3ヵ月　（初/平17）

党報道局長、倫選特委員、農水委員、**党国交部会長**、法務副大臣、法務委員、**党副幹事長**、環境副大臣、国交省河川局次長、秋田県警本部長、東大法/75歳

〒733-0812　広島市西区己斐本町2-6-20　☎082（527）2100
〒100-8982　千代田区永田町2-1-2、会館　☎03（3508）7622

広島県3区　360,107　当51.07

当97,844　斉藤鉄夫　公前（55.1）
比53,143　ライアン真由美　立新（29.9）
比18,088　瀬木寛親　維新（10.2）
3,559　大山　宏　諸新（2.0）
比2,789　矢島秀平　N新（1.6）
2,251　山田憲勲　無新（1.3）

広島市（安佐南区、安佐北区）、安芸高田市、山県郡

さい　とう　てつ　お
斉　藤　鉄　夫

公前　　　　　　当10
島根県　　　　　　S27・2・5
勤30年10ヵ月　（初/平5）

国交大臣、党副代表、党幹事長、党選対委員長、党税制調査会長、党政調会長、環境大臣、文科委員、科技総括政務次官、プリンストン大研究員、清水建設、工博、技術士、東工大院/72歳

〒731-0103　広島市安佐南区緑井2-18-15　☎082（870）0088
〒107-0052　港区赤坂2-17-10、宿舎　☎03（5549）3145

広島県4区　309,781　当53.18

当78,253　新谷正義　自前（48.3）
比33,681　上野寛治　立新（20.8）
比当28,966　空本誠喜　維元（17.9）
21,112　中川俊直　無元（13.0）

広島市（安佐区）、三原市（大和支所管内）、東広島市（本庁管内、八本松・志和・高屋出張所管内、黒瀬・福富・豊栄・河内支所管内）、安芸郡

しん　たに　まさ　よし
新　谷　正　義

自前［茂］　　　　当4
広島　　　　　　　S50・3・8
勤11年4ヵ月　（初/平24）

厚生労働委員長、党副幹事長、総務副大臣、厚労大臣政務官、医師、医療法人理事長、帝京大経、東大経/48歳

〒739-0015　東広島市西条栄町9-21　☎082（431）5177
〒100-8982　千代田区永田町2-1-2、会館　☎03（3508）7604

広島県5区　242,034　当54.52

当87,434　寺田　稔　自前（67.7）
比41,788　野村功次郎　立新（32.3）

呉市、竹原市、三原市（本郷支所管内）、尾道市（瀬戸田支所管内）、東広島市（第4区に属しない区域）、江田島市（第2区に属しない区域）、豊田郡

てら　だ　　　みのる
寺　田　　　稔

自前［無］　　　　当6
広島県　　　　　　S33・1・24
勤16年8ヵ月　（初/平16補）

党総務会長代理、総務委、憲法審幹事、総務大臣、総理大臣補佐官、党経理局長、総務副大臣兼内閣府副大臣、安保委員長、内閣府副大臣、防衛政務官、内閣参事官、財務省主計官、ハーバード大院、東大法/66歳

〒737-0045　呉市本通4-3-18　佐藤ビル1F　☎0823（24）2358
〒100-8981　千代田区永田町2-2-1、会館　☎03（3508）7606

広島県6区 294,154 ㊹56.35

当83,796 佐藤公治 立前（51.4）
比79,158 小島敏文 自前（48.6）

三原市（第4区及び第5区に属しない区域）、尾道市（第5区に属しない区域）、府中市、三次市、庄原市、世羅郡、神石郡

佐藤公治（さ とう こう じ）　立前　当4（初/平12）※

広島県尾道市　S34・7・28
勤17年10ヵ月（参6年1ヵ月）

沖北特別委員長、県連代表、元参外交防衛委員長、国務大臣秘書官（旧国土庁、旧北海道・沖縄開発庁）、電通、慶大法／64歳

〒722-0045 広島県尾道市久保2-26-2　☎0848（37）2100
〒100-8981 千代田区永田町2-2-1、会館　☎03（3508）7145

広島県7区 382,135 ㊹49.35

当123,396 小林史明 自前（66.4）
比45,520 佐藤広典 立新（24.5）
11,580 村井明美 共新（6.2）
5,207 橋本加代 無新（2.8）

福山市

小林史明（こ ばやし ふみ あき）　自前［無］　当4

広島県福山市　S58・4・8
勤11年4ヵ月　（初/平24）

決算行監筆理、国交委、党情報調査局長、党新しい資本主義実行本部事務局長、デジタル副大臣兼内閣府副大臣、上智大学／40歳

〒721-0958 福山市西新涯町2-23-34　☎084（959）5884
〒107-0052 港区赤坂2-17-10、宿舎

山口県1区 356,209 ㊹48.50

当118,882 高村正大 自前（70.1）
比50,684 大内一也 立新（29.9）

山口市（山口・小郡・秋穂・阿知須・徳地総合支所管内）、防府市、周南市の一部（P176参照））

高村正大（こう むら まさ ひろ）　自前［麻］　当2

山口県周南市　S45・11・14
勤6年6ヵ月　（初/平29）

外務大臣政務官、財務大臣政務官、党財務・国防・外務副部会長、外務大臣秘書官、経企庁長官秘書官、会社員、慶大／53歳

〒745-0004 山口県周南市毛利町1-3　☎0834（31）4715
〒100-8981 千代田区永田町2-2-1、会館　☎03（3508）7113

山口県2区 283,552 ㊹51.61

（総選挙の結果はP168参照）
補選（令和5.4.23）
当61,369 岸 信千世 自新（52.5）
55,601 平岡秀夫 無元（47.5）

下松市、岩国市、光市、柳井市、周南市（第3区に属しない区域）、大島郡、玖珂郡、熊毛郡
令和5年2月7日 岸信夫議員辞職

岸 信千世（きし のぶちよ）　自新［無］　補当1

東京都　H3・5・16
勤11ヵ月　（初/令5補）

文科委、財金委、消費者特委、党国対委員、党青年局次長、防衛大臣秘書官、衆議院議員秘書、フジテレビ、慶大商／32歳

〒740-0017 山口県岩国市今津町1-10-17 三福ビル2階　☎0827（30）7000
〒100-8981 千代田区永田町2-2-1、会館　☎03（3508）1203

　　　　※ 平19参院初当選

山口県3区　256,039　⑳50.14

当96,983	林　芳正	自新(76.9)
比29,073	坂本史子	立新(23.1)

宇部市、山口市(第1区に属しない区域)、萩市、美祢市、山陽小野田市、阿武郡

はやし　よしまさ
林　芳正

自新[無]　　　　　　当1※
山口県　　　　S36・1・19
勤28年11ヵ月(参26年6ヵ月)　(初/平26)

内閣官房長官、外務大臣、文部科学大臣、農林水産大臣、党政調会長代理、経済財政担当大臣、防衛大臣、三井物産、東大法、ハーバード大院／63歳

〒751-0823　山口県下関市貴船町4-8-18-101　☎083(224)1111
〒100-8981　千代田区永田町2-2-1、会館　☎03(3508)7115

山口県4区　244,858　⑳48.64　補選(令和5.4.23)

当51,961	吉田真次	自新(63.5)
25,595	有田芳生	立新(31.3)
2,381	大野頼子	無新(2.9)
1,186	渡部亜衣	政新(1.4)
734	竹本秀之	無新(0.9)

下関市、長門市
令和4年7月8日　安倍晋三議員死去
(総選挙の結果はP168参照)

よしだ　しんじ
吉田真次

自新[無]　　　　　補当1
山口県　　　　S59・7・6
勤11ヵ月　　　(初/令5補)

厚労委、経産委、復興特委、下関市議会議員3期、大阪府議会議員秘書、関西大学法学部政治学科／39歳

〒750-0066　下関市東大和町1-8-16　☎083(250)7311
〒100-8981　千代田区永田町2-2-1、会館　☎03(3508)7172

比例代表　中国　11人　鳥取、島根、岡山、広島、山口

いしばしりんたろう
石橋林太郎

自新[無]　　　　　　当1
広島県広島市　　　S53・5・2
勤2年5ヵ月　　　(初/令3)

国交大臣政務官、国交委、党青年局・女性局各次長、広島県議会議員(二期)、大阪外国語大学／45歳

〒731-0124　広島市安佐南区大町東2-15-7
〒107-0052　港区赤坂2-17-10、宿舎　☎082(836)3444

こじまとしふみ
小島敏文

自前[無]　　　当4(初/平24)
広島県世羅町　　S25・9・7
勤11年4ヵ月　　〈広島6区〉

農林水産委理事、復興副大臣、党国土交通部会長、党厚労部会長代理、厚生労働大臣政務官、経産部会長代理、農林部会長代理、副幹事長、広島県議会副議長、大東文化大／73歳

〒722-1114　世羅郡世羅町東神崎368-21　☎0847(22)4055
〒107-0052　港区赤坂2-17-10、宿舎

あべ俊子
<small>とし こ</small>

自前［無］　当6（初/平17）
宮城県　S34・5・19
勤18年7ヵ月　〈岡山3区〉

文部科学副大臣、農水委・消費者特委筆頭理事、外務・農水副大臣、外務委員長、東京医科歯科大助教授、米イリノイ州立大院／64歳

〒708-0841　津山市川崎162-5　　☎0868(26)6711
〒100-8981　千代田区永田町2-2-1、会館　☎03(3508)7136

髙階恵美子
<small>たかがい え み こ</small>

自新［無］　当1（初/令3）※
宮城県　S38・12・21
勤13年10ヵ月（参11年5ヵ月）

復興特委員長、厚労委、元厚労副大臣、元厚労大臣政務官、元参院文教委員長、元党女性局長、東京医科歯科大大学院／60歳

〒690-0873　松江市内中原町140-2　　☎0852(28)2158
　　　　　　島根県政会館3F
〒100-8982　千代田区永田町2-1-2、会館　☎03(3508)7518

杉田水脈
<small>すぎ た み お</small>

自前［無］　当3
兵庫県神戸市　S42・4・22
勤8年6ヵ月　〈初/平24〉

安保委理、内閣委、災害特委、党環境部会長代理、総務大臣政務官、党国土交通副部会長、党女性局次長、鳥取大学農学部／56歳

〒753-0067　山口市赤妻町3-1-102　　☎083(924)0588
〒107-0052　港区赤坂2-17-10、宿舎

畦元将吾
<small>あぜ もと しょう ご</small>

自前［無］　当2
広島県広島市　S33・4・30
勤4年4ヵ月　〈初/令元〉

党副幹事長、厚生労働大臣政務官、党総務、党環境副部会長、党厚生労働副部会長、東邦大医学部客員教授、診療放射線技師／65歳

〒739-0269　広島県東広島市志和町志和堀3470-3
　　　　　　　　　　　　　　　　　☎082(433)5080
〒100-8981　千代田区永田町2-2-1、会館　☎03(3508)7710

柚木道義
<small>ゆの き みち よし</small>

立前　当6（初/平17）
岡山県倉敷市　S47・5・28
勤18年7ヵ月　〈岡山4区〉

厚労委、倫選特委、財務大臣政務官、会社員、岡山大文学部／51歳

〒710-0052　倉敷市美和2-16-20　　☎086(430)2355
〒100-8982　千代田区永田町2-1-2、会館　☎03(3508)7301

湯原俊二
<small>ゆ はら しゅん じ</small>

立元　当2（初/平21）
鳥取県米子市　S37・11・20
勤5年9ヵ月　〈鳥取2区〉

総務委理、党国対副委員長、党鳥取県連代表、鳥取県議、米子市議、衆議員秘書、早大／61歳

〒683-0804　米子市米原5-3-20　　☎0859(21)2888

公 新 当1
愛知県名古屋市 S46・2・2
勤2年5ヵ月 （初/令3）

平林 晃
ひら ばやし あきら

総務委、文科委、原子力特委理、党組織局次長、
デジタル社会推進本部事務局次長、立命館大
学教授、山口大学准教授、博士（東工大）／53歳

〒732-0057 広島市東区二葉の里1-1-72-901

公 新 当1
和歌山県 S40・11・25
勤2年5ヵ月 （初/令3）

日 下 正 喜
くさ か まさ き

党組織局次長、広島県本部副代表、災害特
委理、国交委、法務委、党広島県本部事務
長、広大院中退、創大法（通信）卒／58歳

〒730-0854 広島市中区土橋町2-43-406
〒107-0052 港区赤坂2-17-10、宿舎

維 元 当2(初/平21)
広島県呉市 S39・3・11
勤5年9ヵ月 〈広島4区〉

空 本 誠 喜
そら もと せい き

党広島県総支部代表、環境委、原子力特
委、技術指導会社代表、元東芝（原子
力）、工学博士（原子力）、東大院／59歳

〒739-0044 東広島市西条町下見4623番地15
〒107-0052 港区赤坂2-17-10、宿舎 ☎082(421)8146

㊗ 略歴

比例中国

比例代表 中国 **11人** 有効投票数 3,119,427票

政党名	当選者数	得票数	得票率
	惜敗率 小選挙区		惜敗率 小選挙区

自 民 党 **6人** 1,352,723票 43.36%

当①石橋林太郎 新		②逢沢 一郎 前	岡1
当②小島 敏文 前(94.47)広6		②山下 貴司 前	岡2
当②阿部 俊子 前(80.04)岡3		②橋本 岳 前	岡4
当⑱高階恵美子 新		②加藤 勝信 前	岡5
当⑲杉田 水脈 前		②新谷 正義 前	広4
当⑳畦元 将吾 前		②寺田 稔 前	広5
㉑小林孝一郎 新		②小林 史明 前	広7
㉒徳村純一郎 新		②高村 正大 前	山1
【小選挙区での当選者】		②岸 信夫 前	山2
②石破 茂 前	鳥1	②林 芳正 新	山3
②赤沢 亮正 前	鳥2	②安倍 晋三 前	山4
②高見 康裕 新	島2		

立憲民主党 **2人** 573,324票 18.38%

当①柚木 道義 前(94.17)岡4		①ライアン真由美 新(54.31)広3
当①湯原 俊二 元(85.26)鳥2		①大井 赤亥 新(53.29)広2
①津村 啓介 前(77.32)岡2		①野村功次郎 新(47.79)広5
①亀井亜紀子 前(73.75)島1		①山本 誉 新(47.15)島2
①原田 謙介 新(72.03)岡1		①上野 寛治 新(43.04)広4

①大内　一也 新(42.63) 山1　　⑰加藤　寿彦 新
①佐藤　広典 新(36.89) 広7　　⑱姫井由美子 新
①森本　　栄 新(33.97) 岡3　　【小選挙区での当選前】
①はたともこ 新(30.81) 岡5　　①佐藤　公治 前　　　広6
①坂本　史子 新(29.98) 山3

公明党　2人　　　436,220票　13.98%

当①平林　　晃 新　　　③長谷川裕輝 新
当②日下　正喜 新

日本維新の会　1人　　286,302票　9.18%

当①空本　誠喜 元(37.02) 広4　　③喜多　義典 新
①瀬木　寛親 新(18.49) 広3

. . . .

その他の政党の得票数・得票率は下記のとおりです。
（当選者はいません）

党名	得票数	得票率	
共産党	173,117票	5.55%	社民党　52,638票　1.69%
国民民主党	113,898票	3.65%	NHKと裁判してる党弁護士法72条違反で
れいわ新選組	94,446票	3.03%	36,758票　1.18%

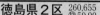

徳島県1区	362,130
	�55.93

当99,474　仁木博文　無元(50.1)
比当77,398　後藤田正純　自前(38.9)
比当20,065　吉田知代　維新(10.1)
　1,808　佐藤行俊　無新(0.9)

徳島市、小松島市、阿南市、勝浦郡、名東郡、名西郡、那賀郡、海部郡

に　き　ひろ　ぶみ　　自元［麻］　　当2
仁木博文　徳島県阿南市　S41・5・23
　　　　　　勤5年9ヵ月　（初／平21）

厚労委、法務委、消費者特委、党厚生労働副部会長、党農水関係団体副委員長、党情報通信関係団体副委員長、徳大院医学博士／57歳

〒770-0865　徳島県南末広町4-88-1　☎088(624)9350
〒107-0052　港区赤坂2-17-10、宿舎　☎03(5549)4671

徳島県2区	260,655
	㊗50.99

当76,879　山口俊一　自前(59.5)
比43,473　中野真由美　立新(33.6)
　8,851　久保孝之　共新(6.9)

鳴門市、吉野川市、阿波市、美馬市、三好市、板野郡、美馬郡、三好郡

やま　ぐち　しゅん　いち　　自前［麻］　　当11
山口俊一　徳島県　S25・2・28
　　　　　　勤34年3ヵ月　（初／平2）

議院運営委員長、内閣府特命担当大臣、首相補佐官、総務・財務副大臣、郵政政務次官、青山学院大／74歳

〒771-0219　板野郡松茂町笹木野字八北開拓247-1　☎088(624)4851
〒107-0052　港区赤坂2-17-10、宿舎　☎03(5571)9512

香川県1区	313,296 ⑧57.52	当90,267　小川淳也　立前(51.0)
		比当70,827　平井卓也　自前(40.0)
		比15,888　町川順子　維新(9.0)

高松市の一部(P176参照)、小豆郡、香川郡

小川淳也　<ruby>お<rt></rt>が<rt></rt>わ<rt></rt>じゅん<rt></rt>や</ruby>

立前　　　　　　当6
香川県　　　S46・4・18
勤18年7ヵ月（初/平17）

決算行政監視委員長、香川県連代表、国土審議会離島振興対策分科会長、総務政務官、総務省課長補佐、春日井市部長、自治省、東大／52歳

〒761-8083　高松市三名町569-3　☎087(814)5600
〒107-0052　港区赤坂2-17-10、宿舎　☎03(5549)4671

| 香川県2区 | 258,730 ⑧58.53 | 当94,530　玉木雄一郎　国前(63.5) |
| | | 比54,334　瀬戸隆一　自元(36.5) |

高松市(第1区に属しない区域)、丸亀市(綾歌・飯山市民総合センター管内)、坂出市、さぬき市、東かがわ市、木田郡、綾歌郡

玉木雄一郎　<ruby>た<rt></rt>ま<rt></rt>き<rt></rt>ゆう<rt></rt>いち<rt></rt>ろう</ruby>

国前　　　　　　当5
香川県さぬき市寒川町　S44・5・1
勤14年8ヵ月（初/平21）

党代表、国家基本委、憲法審査会委、元民進党幹事長代理、財務省主計局課長補佐、東大法、ハーバード大院修了／54歳

〒769-2321　さぬき市寒川町石田東甲814-1　☎0879(43)0280
〒107-0052　港区赤坂2-17-10、宿舎

| 香川県3区 | 240,033 ⑧51.60 | 当94,437　大野敬太郎　自前(79.8) |
| | | 23,937　尾崎淳一郎　共新(20.2) |

丸亀市(第2区に属しない区域)、善通寺市、観音寺市、三豊市、仲多度郡

大野敬太郎　<ruby>おお<rt></rt>の<rt></rt>けい<rt></rt>た<rt></rt>ろう</ruby>

自前［無］　　　当4
香川県丸亀市　S43・11・4
勤11年4ヵ月（初/平24）

党総務会副会長、国会対策副委員長、党科技イノベ調査会長、党副幹事長、内閣府副大臣、防衛政務官、UCB、東大博士、東工大、同大学院修士／55歳

〒763-0082　丸亀市土器町東1-129-2　☎0877(21)7711
〒100-8981　千代田区永田町2-2-1、会館　☎03(3508)7132

| 愛媛県1区 | 385,321 ⑧52.10 | 当119,633　塩崎彰久　自新(60.8) |
| | | 比77,091　友近聡朗　立新(39.2) |

松山市の一部(P176参照)

塩崎彰久　<ruby>しお<rt></rt>ざき<rt></rt>あき<rt></rt>ひさ</ruby>

自新［無］　　　当1
愛媛県松山市　S51・9・9
勤2年5ヵ月　（初/令3）

厚生労働大臣政務官、厚労委、長島・大野・常松法律事務所パートナー弁護士、内閣官房長官秘書官、東大／47歳

〒790-0003　松山市三番町4-7-2　☎089(941)4843

愛媛県2区 249,121 ⓐ52.73

当72,861　村上誠一郎　自前（57.5）
比42,520　石井智恵　国新（33.5）
11,358　片岡　朗　共新（9.0）

松山市（浮穴支所管内（北井門2丁目に属する区域を除く。）、久谷・北条・中島支所管内）、今治市、東温市、越智郡、伊予郡

むらかみせいいちろう
村上誠一郎

自前［無］　　当12
愛媛県今治市　S27・5・11
勤37年10ヵ月　（初/昭61）

決算行監委、国務大臣・内閣府特命担当大臣、財務副大臣、大蔵・石炭委長、大蔵政務次官、東大法／71歳

〒794-0028　今治市北宝来町1-5-11　☎0898(31)2600
〒107-0052　港区赤坂2-17-10、宿舎　☎03(5549)4671

愛媛県3区 260,288 ⓐ57.42

当76,263　井原　巧　自新（51.6）
比当71,600　白石洋一　立前（48.4）

新居浜市、西条市、四国中央市

いはら　たくみ
井原　巧

自新［無］　当1(初/令3)※
愛媛県四国中央市　S38・11・13
勤8年6ヵ月（参6年1ヵ月）

総務委理、消費者特委理、経産委、党文科部会長代理、経産・内閣府・復興大臣政務官、参議院議員、四国中央市長、県議、専修大／60歳

〒799-0413　四国中央市中曽根町411-5　☎0896(23)8650
〒100-8982　千代田区永田町2-1-2、会館　☎03(3508)7201

愛媛県4区 246,664 ⓐ59.16

当81,015　長谷川淳二　自新（56.6）
47,717　桜内文城　無元（33.3）
11,555　西井直人　共新（8.1）
1,547　藤島利久　無新（1.1）
1,319　前田龍夫　無新（0.9）

宇和島市、八幡浜市、大洲市、伊予市、西予市、上浮穴郡、喜多郡、西宇和郡、北宇和郡、南宇和郡

はせがわじゅんじ
長谷川淳二

自新［無］　　当1
岐阜県　S43・8・5
勤2年5ヵ月　（初/令3）

総務大臣政務官、総務委、党農林水産関係団体副委員長、総務省地域政策課長、内閣参事官、愛媛県副知事、東大／55歳

〒798-0040　宇和島市中央町2-3-30　☎0895(65)9410
〒100-8982　千代田区永田町2-1-2、会館　☎03(3508)7453

高知県1区 310,468 ⓐ53.50

当104,837　中谷　元　自前（64.3）
比50,033　武内則男　立前（30.7）
比4,081　中島康治　N新（2.5）
4,036　川田永二　無新（2.5）

高知市の一部（P176参照）、室戸市、安芸市、南国市、香南市、香美市、安芸郡、長岡郡、土佐郡

なかたに　げん
中谷　元

自前［無］　　当11
高知県高知市　S32・10・14
勤34年3ヵ月　（初/平2）

内閣総理大臣補佐官、防衛大臣、防衛庁長官、自治総括政務次官、郵政政務次官、衆総務委員長、中央政治大学院長、防衛大／66歳

〒781-5106　高知市介良乙278-1　タイシンビル2F　☎088(855)6678
〒107-0052　港区赤坂2-17-10、宿舎

※平25参院初当選

高知県2区 287,552 ㊹61.50

当117,810 尾﨑正直 自新（67.2）
比55,214 広田　一 立前（31.5）
　2,171 広田晋一郎 N新（ 1.2）

高知市（第1区に属しない区域）、土
佐市、須崎市、宿毛市、土佐清水市、
四万十市、吾川郡、高岡郡、幡多郡

尾﨑正直 <small>お ざき まさ なお</small>

自新［無］　当1
高知県高知市　S42・9・14
勤2年5ヵ月　（初／令3）

**国土交通大臣政務官兼内閣府大臣政務
官兼復興大臣政務官**、デジタル大臣政
務官、前高知県知事、東大／56歳

〒781-8010 高知市桟橋通3-25-31　☎088(855)9140
〒100-8982 千代田区永田町2-1-2、会館　☎03(3508)7619

比例代表 四国 6人 徳島、香川、愛媛、高知

山本有二 <small>やま もと ゆう じ</small>

自前［無］　当11
高知県　S27・5・11
勤34年3ヵ月　（初／平2）

予算委、憲法審委、党財務委員長、農林水産
大臣、党道路調査会長、予算委員長、金融担
当大臣、法務総括、弁護士、早大／71歳

〒781-8010 高知市桟橋通3-31-1　☎088(803)7788
〒100-8981 千代田区永田町2-2-1、会館　☎03(3508)7232

平井卓也 <small>ひら い たく や</small>

自前［無］　当8(初/平12)
香川県高松市　S33・1・25
勤23年10ヵ月　（香川1区）

国家基本委理、内閣委、党デジタル社会推進本
部長、党広報本部長、初代デジタル大臣、デジ
タル改革担当相、内閣委長、電通、上智大／66歳

〒760-0025 高松市古新町4-3　☎087(826)2811
〒100-8981 千代田区永田町2-2-1、会館　☎03(3508)7307

瀬戸隆一 <small>せ と たか かず</small>

自元［麻］　繰当3
香川県坂出市　S40・8・2
勤6年　（初／平24）

財務大臣政務官、財金委、総務省、岩手
県警、郵政省、東京工業大学大学院／58
歳

〒762-0007 坂出市室町2-5-20　☎0877(44)1755
〒100-8981 千代田区永田町2-2-1、会館　☎03(3508)7712

白石洋一 <small>しら いし よう いち</small>

立前　当3(初/平21)
愛媛県　S38・6・25
勤9年10ヵ月　〈愛媛3区〉

**国交委、党四国ブロック常任幹事、党国際局長
代理**、党政調副会長、米国監査法人、長銀、カリ
フォルニア大バークレー校MBA、東大法／60歳

〒793-0028 愛媛県西条市新田197-4　☎0897(47)1000

山崎 正恭
やまさき まさやす

高知県高知市 S46・3・5
勤2年5ヵ月 （初/令3）

党教育改革推進本部事務局次長、農林水産委、高知県議、中京大、鳴門教育大学院／52歳

〒781-8010 高知市桟橋通4-12-36 ウィンビル1F ☎088(805)0607
〒100-8982 千代田区永田町2-1-2、会館 ☎03(3508)7472

維新 当1(初/令3)

吉田 とも代
よしだ

兵庫県神戸市 S50・2・23
勤2年5ヵ月 （徳島1区）

党徳島県第1選挙区支部長、総務委、災害特委、徳島維新の会会長、丹波篠山市議、神戸松陰短大／49歳

〒770-0861 徳島市住吉2-1-10 ☎088(635)1718
〒100-8982 千代田区永田町2-1-2、会館 ☎03(3508)7001

比例代表 四国 6人　有効投票数 1,698,487票

政党名	当選者数	得票数	得票率
	惜敗率 小選挙区		惜敗率 小選挙区

自民党　3人　664,805票　39.14%

当①山本 有二 前	【小選挙区での当選者】	
当②平井 卓也 前(78.46)愛1	②山口 俊一 前	徳2
当②後藤田正純 前(77.81)徳1	②大野敬太郎 前	香3
（令5.1.5辞職）	②塩﨑 彰久 新	愛1
繰②瀬戸 隆一 元(57.48)香1	②村上誠一郎 前	愛2
（令5.1.17繰上）	②井原 巧 新	愛3
⑬福山 守 前	②長谷川淳二 新	愛4
⑭福井 照 前	②中谷 元 前	高1
⑮二川 弘康 新	②尾﨑 正直 新	高2
⑯井桜 康司 新		

立憲民主党　1人　291,870票　17.18%

当①白石 洋一 前(93.89)愛3	⑦長山 雅一 新	
友近 聡朗 新(64.44)愛1	⑧小山田經子 新	
①中野真由美 新(56.55)徳2	【小選挙区での当選者】	
①武内 則男 前(47.72)高1	①小川 淳也 前	香1
①広田 一 前(46.87)高2		

公明党　1人　233,407票　13.74%

当①山崎 正恭 新	②坂本 道応 新

日本維新の会　1人　173,826票　10.23%

当①吉田 知代 新(20.17)徳1	③佐藤 暁 新
▼①町川 順子 新(17.60)香1	

･･････････････････････････････････････

その他の政党の得票数・得票率は下記のとおりです。
（当選者はいません）

政党名	得票数	得票率			
国民民主	122,082票	7.19%	社民党	30,249票	1.78%
共産党	108,021票	6.36%	NHKと裁判してる党弁護士法72条違反で		
れいわ新選組	52,941票	3.12%		21,285票	1.25%

福岡県1区 453,215 ⓣ47.56

当99,430 井上貴博 自前(47.5)
比53,755 坪田 晋 立新(25.7)
比37,604 山本剛正 維元(18.0)
18,487 木村拓史 共新(8.8)

福岡市(東区、博多区)

井上貴博 いのうえたかひろ
自前[麻] 当4
福岡県福岡市 S37・4・2
勤11年4ヵ月 (初/平24)

党総括副幹事長、財務副大臣、財務大臣政務官、財務大臣補佐官、党国対副委員長、福岡県議、福岡JC理事長、獨協大法/61歳

〒812-0014 福岡市博多区比恵町2-1
博多エステートビル102号 ☎092(418)9898

福岡県2区 449,552 ⓣ53.81

当109,382 鬼木 誠 自前(46.0)
比当101,258 稲富修二 立前(42.6)
比27,302 新開崇司 維新(11.5)

福岡市(中央区、南区の一部(P177参照)、城南区の一部(P177参照))

鬼木 誠 おにきまこと
自前[無] 当4
福岡県福岡市 S47・10・16
勤11年4ヵ月 (初/平24)

防衛副大臣、前党国防部会長、元衆院安保委員長、衆院経産・国交・法務各委理事、環境政務官、県議、銀行員、九大法/51歳

〒810-0014 福岡市中央区平尾2-3-15 ☎092(707)1972
〒107-0052 港区赤坂2-17-10、宿舎

福岡県3区 433,603 ⓣ54.42

当135,031 古賀 篤 自前(57.9)
比98,304 山内康一 立前(42.1)

福岡市(城南区(第2区に属しない区域)(P177参照)、早良区、西区)、糸島市

古賀 篤 こがあつし
自前[無] 当4
福岡県福岡市 S47・7・14
勤11年4ヵ月 (初/平24)

内閣府副大臣、党厚労部会長、厚生労働副大臣、総務(兼)内閣府大臣政務官、国交委理事、金融庁課長補佐、財務省主計局主査、東大法/51歳

〒814-0015 福岡市早良区室見2-1-22 2F ☎092(822)5051
〒100-8982 千代田区永田町2-1-2、会館 ☎03(3508)7081

福岡県4区 369,215 ⓣ53.97

当96,023 宮内秀樹 自前(49.4)
比49,935 森本慎太郎 立新(25.7)
比36,998 阿部弘樹 維新(19.0)
比11,338 竹内信昭 社新(5.8)

宗像市、古賀市、福津市、糟屋郡

宮内秀樹 みやうちひでき
自前[無] 当4
愛媛県 S37・10・19
勤11年4ヵ月 (初/平24)

党経済産業部会長、前文部科学委員長、元農林水産副大臣、党副幹事長、国土交通大臣政務官、青山学院大/61歳

〒811-3101 古賀市天神4-8-1 ☎092(942)5510
〒100-8981 千代田区永田町2-2-1、会館 ☎03(3508)7174

| 福岡県5区 | 454,493 | 当125,315 | 堤　かなめ | 立新（53.1） |
| | 当54.52 | 110,706 | 原田義昭 | 自前（46.9） |

福岡市（南区〈第2区に属しない区域〉）(P177参照)）、筑紫野市、春日市、大野城市、太宰府市、朝倉市、那珂川市、朝倉郡

つつみ　かなめ
堤　かなめ

立新　福岡県　S35・10・27
勤2年5ヵ月　（初/令3）　当1

厚労委、復興特委、党政調会長補佐、党福岡県連副代表、福岡県議（3期）、大学教員、NPO法人、九州大学／63歳

〒818-0072　筑紫野市二日市中央2-7-17-2F　☎092(409)0077
〒100-8982　千代田区永田町2-1-2、会館　☎03(3508)7062

福岡県6区	374,631	当125,366	鳩山二郎	自前（67.4）
	当51.19	比38,578	田辺　徹	立新（20.8）
		12,565	河野一弘	共新（6.8）
		5,612	組坂善昭	無新（3.0）
		3,753	熊丸英治	N新（2.0）

久留米市、大川市、小郡市、うきは市、三井郡、三潴郡

はと　やま　じ　ろう
鳩山二郎

自前［無］　東京都　S54・1・1
勤7年6ヵ月　（初/平28補）　当3

内閣委理、農水委、倫選特委理、総務大臣政務官、国土交通大臣政務官兼内閣府大臣政務官、大川市長、法務大臣秘書官、杏林大／45歳

〒830-0018　久留米市通町1-1 2F　☎0942(39)2111
〒107-0052　港区赤坂2-17-10、宿舎

| 福岡県7区 | 288,733 | 当92,233 | 藤丸　敏 | 自前（62.3） |
| | 当52.53 | 比55,820 | 青木剛志 | 立新（37.7） |

大牟田市、柳川市、八女市、筑後市、みやま市、八女郡

ふじ　まる　さとし
藤丸　敏

自前［無］　福岡県　S35・1・19
勤11年4ヵ月　（初/平24）　当4

財金委、安保委理、内閣府副大臣、党外交部会長代理、防衛政務官兼内閣府政務官、衆議院議員秘書、高校教師、東京学芸大学大学院中退／64歳

〒836-0842　大牟田市有明町2-1-16　ウドノビル4F　☎0944(57)6106

福岡県8区	349,058	当104,924	麻生太郎	自前（59.6）
	当53.04	38,083	河野祥子	共新（21.6）
		比32,964	大島九州男	れ新（18.7）

直方市、飯塚市、中間市、宮若市、嘉麻市、遠賀郡、鞍手郡、嘉穂郡

あそう　う　た　ろう
麻生太郎

自前［麻］　福岡県飯塚市　S15・9・20
勤42年　（初/昭54）　当14

党副総裁、前副総理・財務相・金融相、元首相、党幹事長、外相、総務相、党政調会長、経財相、経企庁長官、学習院大／83歳

〒820-0040　飯塚市吉原町10-7　☎0948(25)1121
〒100-8981　千代田区永田町2-2-1、会館　☎03(3508)7703

㊂略歴

福岡

福岡県9区 380,277 ⑳50.95

当91,591 緒方林太郎 無元(48.1)
　76,481 三原朝彦 自前(40.2)
比22,273 真島省三 共元(11.7)

北九州市(若松区、八幡東区、八幡西区、戸畑区)

おがたりんたろう
緒方林太郎 無元(有志) 当3
福岡県 S48・1・8
勤8年7ヵ月 (初/平21)

内閣委、予算委、元外務省課長補佐、東大法中退／51歳

〒806-0045 北九州市八幡西区竹末2-2-21 ☎093(644)7077

福岡県10区 408,059 ⑳48.00

当85,361 城井 崇 立前(44.5)
　81,882 山本幸三 自前(42.7)
比21,829 西田主税 維新(11.4)
　2,840 大西啓雅 無新(1.5)

北九州市(門司区、小倉北区、小倉南区)

きいたかし
城井 崇 立前 当4
福岡県北九州市 S48・6・23
勤11年8ヵ月 (初/平15)

国交委筆頭理、憲法審委、地・こ・デジ特委、党政調会長代理、広報本部副本部長、子ども若者応援本部副本部長、憲法調査会副会長、県連代表、文科大臣政務官、社会福祉法人評議員、衆院議員秘書、京大／50歳

〒802-0072 北九州市小倉北区東篠崎1-4-1
　TAKAビル片野2F ☎093(941)7767
〒100-8981 千代田区永田町2-2-1、会館 ☎03(3508)7389

福岡県11区 256,676 ⑳54.28

当75,997 武田良太 自前(55.8)
　40,996 村上智信 無新(30.1)
比19,310 志岐玲子 社新(14.2)

田川市、行橋市、豊前市、田川郡、京都郡、築上郡

たけだりょうた
武田良太 自前[無] 当7
福岡県福智町(旧赤池町) S43・4・1
勤20年5ヵ月 (初/平15)

党災害特委員長、総務大臣、国家公安委員長、内閣府特命担当大臣(防災)、幹事長特別補佐、防衛副大臣・政務官、安保委員長、早大院修了／55歳

〒826-0041 福岡県田川市大字弓削田3513-1 ☎0947(46)0224
〒107-0052 港区赤坂2-17-10、宿舎

佐賀県1区 333,792 ⑳56.19

当92,452 原口一博 立前(50.0)
比当92,319 岩田和親 自前(50.0)

佐賀市、鳥栖市、神埼市、神埼郡、三養基郡

はらぐちかずひろ
原口一博 立前 当9
佐賀県 S34・7・2
勤27年7ヵ月 (初/平8)

財金委、党副代表、国会対策委員長代行、県連代表、国家基本委理、政倫審幹事、総務大臣、県議、松下政経塾、東大／64歳

〒849-0922 佐賀市高木瀬東2-5-41 ☎0952(32)2321
〒107-0052 港区赤坂2-17-10、宿舎

佐賀県2区 340,930 ㊙60.75

当106,608 大串 博志 立前（52.0）
比当98,224 古川 康 自前（48.0）

唐津市、多久市、伊万里市、武雄市、
鹿島市、小城市、嬉野市、東松浦郡、
西松浦郡、杵島郡、藤津郡

立前 当6
大串 博志（おおぐし ひろし）
佐賀県白石町 S40・8・31
勤18年7ヵ月 （初/平17）

党選対委員長、懲罰委、党政調会長、首
相補佐官、財務大臣政務官、財務省主計
局主査、東大／58歳

〒849-0302 小城市牛津町柿樋瀬1062-1 セリオ2F ☎0952(66)5776
〒107-0052 港区赤坂2-17-10、宿舎 ☎03(5549)4671

長崎県1区 334,139 ㊙55.25

当101,877 西岡 秀子 国前（56.1）
比69,053 初村滝一郎 自前（38.0）
10,754 安江 綾子 共新（ 5.9）

長崎市(本庁管内、小ケ倉・土井首・小榊・
西浦上・滑石・福田・深堀・日見・茂木・式
見・東長崎・三重支所管内、香焼・伊王島・
高島・野母崎・三和行政センター管内)

国前 当2
西岡 秀子（にし おか ひで こ）
長崎県長崎市 S39・3・15
勤6年6ヵ月 （初/平29）

総務委、文科委、党政調会長代理、党副幹事
長、党男女共同参画推進本部長代理、党長崎
県連代表、国会議員秘書、学習院大法／59歳

〒850-0842 長崎市新地町5-6 ☎095(821)2077
〒100-8982 千代田区永田町2-1-2、会館 ☎03(3508)7343

長崎県2区 293,298 ㊙57.03

当95,271 加藤 竜祥 自新（58.2）
比68,405 松平 浩一 立前（41.8）

長崎市(第1区に属しない区域)、
島原市、諫早市、雲仙市、南島
原市、西彼杵郡

自新［無］ 当1
加藤 竜祥（か とう りゅうしょう）
長崎県島原市 S55・2・10
勤2年5ヵ月 （初/令3）

農水委、国土交通大臣政務官兼内閣府
大臣政務官兼復興大臣政務官、衆議院
議員秘書、日大経／44歳

〒854-0026 諫早市東本町2-4三央ビル2F ☎0957(35)1000
〒107-0052 港区赤坂2-17-10、宿舎 ☎03(5549)4671

長崎県3区 236,525 ㊙60.93

当57,223 谷川 弥一 自前（40.7）
比当55,189 山田 勝彦 立新（39.2）
25,566 山田 博司 無新（18.2）
2,750 石本 啓之 諸新（ 2.0）

佐世保市(早岐・三川内・宮支所管内)、大
村市、対馬市、壱岐市、五島市、東彼杵
郡、北松浦郡(小値賀町)、南松浦郡

谷川 弥一（たに がわ や いち） 無所属

辞 職（令和6年1月24日）

※補選は令和6年4月28日に行われる予定。

158

（総選挙の結果はP168参照）
補選〔令和5.10.22〕

佐世保市（第3区に属しない区域）、平戸
市、松浦市、西海市、北松浦郡（佐々町）
令和5年5月20日、北村誠吾議員死去

当53,915	金子容三	自新(53.5)
46,899	末次精一	立前(46.5)

かね こ よう ぞう
金子容三

自新［無］　　補当1
長崎県　　　　S58・2・1
勤5ヵ月　　　（初／令5選）

厚労委、環境委、災害特委、消費者特委、
党青年局次長、会社員、慶大法、ウィリ
アム＆メアリー大院修了／41歳

〒857-0028　佐世保市八幡町4-3-107　☎0956(23)5151
〒100-8982　千代田区永田町2-1-2、会館　☎03(3508)7627

熊本県1区 421,038 ⑫ 52.91

当131,371	木原　稔	自前(61.0)
比83,842	濱田大造	立新(39.0)

熊本市（中央区、東区、北区）

き はら みのる
木原　稔

自前［茂］　　　　当5
熊本県熊本市　S44・8・12
勤15年3ヵ月　（初／平17）

防衛大臣、国土交通委員長、党政調副会長兼幹事長
長、選対副委員長、文科部会長、青年局長、総理補佐官、
財務副大臣、防衛政務官、日本航空、早大／54歳

〒862-0976　熊本市中央区九品寺2-8-17
九品寺サンシャイン1F　☎096(273)6833
〒100-8982　千代田区永田町2-1-2、会館　☎03(3508)7450

熊本県2区 314,184 ⑫ 58.67

当110,310	西野太亮	無新(60.6)
60,091	野田　毅	自前(33.0)
11,521	橋田芳昭	共新(6.3)

熊本市（西区、南区）、荒尾市、
玉名市、玉名郡

にし の だい すけ
西野太亮

自新［無］　　　　当1
熊本県熊本市　S53・9・22
勤2年5ヵ月　　（初／令3）

総務委、農水委、震災復興特委、党青年
局次長、財務省主計局主査、復興庁参事
官補佐、コロンビア大学院、東大／45歳

〒861-4101　熊本市南区近見7-5-40　☎096(355)5008
〒100-8982　千代田区永田町2-1-2、会館　☎03(3508)7144

熊本県3区 315,296 ⑫ 57.37

当125,158	坂本哲志	自前(71.2)
比37,832	馬場功世	社新(21.5)
12,909	本間明子	N新(7.3)

山鹿市、菊池市、阿蘇市、合志市、
菊池郡、阿蘇郡、上益城郡

さか もと てつ し
坂本哲志

自前［無］　　　　当7
熊本県菊池郡　S25・11・6
勤18年7ヵ月　（初／平15）

農林水産大臣、党組織運動本部長代理、
内閣府特命担当大臣、農林水産委員長、
県議、新聞記者、中大法／73歳

〒869-1235　菊池郡大津町室122-4　☎096(293)7990
〒100-8982　千代田区永田町2-1-2、会館　☎03(3508)7034

㊟略歴

長崎・熊本

熊本県4区 404,286 57.50

当155,572 金子恭之 自前(68.1)
比72,966 矢上雅義 立前(31.9)

八代市、人吉市、水俣市、天草市、
宇土市、上天草市、宇城市、下益城郡、
八代郡、葦北郡、球磨郡、天草郡

自前[無] 当8

**かねこ やすし
金子恭之** 熊本県あさぎり町 S36・2・27
勤23年10ヵ月 (初/平12)

党組織運動本部長、総務大臣、党総務会
長代理、党政調会長代理、党副幹事長、国
土交通副大臣、農水政務官、早大／63歳

〒866-0814 八代市東片町463-1 ☎0965(39)8366

大分県1区 385,469 53.17

当97,117 吉良州司 無前(48.8)
比75,932 高橋舞子 自新(38.1)
15,889 山下 魁 共新(8.0)
6,216 西宮重貴 無新(3.1)
4,001 野中美咲 N新(2.0)

大分市の一部(P177参照)

無前(有志) 当6

**きら しゅうじ
吉良州司** 大分県 S33・3・16
勤18年5ヵ月 (初/平15)

外務委、有志の会(会派)代表、元外務副
大臣、外務大臣政務官、沖北特委長、日商
岩井ニューヨーク部長、東大法／65歳

〒870-0820 大分市西大道2-4-2 ☎097(545)7777
〒100-8982 千代田区永田町2-1-2、会館 ☎03(3508)7412

大分県2区 267,779 60.45

当79,433 衛藤征士郎 自前(50.2)
比当78,779 吉川 元 立前(49.8)

大分(第1区に属しない区域)、田田
市、佐伯市、臼杵市、津久見市、竹
田市、豊後大野市、由布市、玖珠市

自前[無] 当13(初/昭58)※

**えとうせいしろう
衛藤征士郎** 大分県 S16・4・29
勤46年6ヵ月 (参6年1ヵ月)

予算委、党外交調査会長、衆議院副議長、予
算委員長、外務副大臣、決算・大蔵委員長、防衛
庁長官、参議院議員、玖珠町長、早大院／82歳

〒876-0833 佐伯市池船町21-1 ☎0972(24)0003
〒107-0052 港区赤坂2-17-10、宿舎

大分県3区 301,700 59.67

当102,807 岩屋 毅 自前(58.4)
比73,159 横光克彦 立前(41.6)

別府市、中津市、豊後高田市、
杵築市、宇佐市、国東市、東国
東郡、速見郡

**いわや たけし
岩屋 毅** 自前[無] 当9
大分県別府市 S32・8・24
勤27年3ヵ月 (初/平2)

**情報監視審査会長、予算委、憲法審、党治安
テロ調査会長**、防衛大臣、外務副大臣、防衛
政務官、文科委員長、県議、早大政経／66歳

〒874-0933 別府市野口元町1-3
富士吉ビル2F ☎0977(21)1781
〒107-0052 港区赤坂2-17-10、宿舎 ☎03(5549)4671

宮崎県1区

宮崎県1区 354,691 投 53.29	当60,719　渡　辺　創　立新（32.6） 比当59,649　武井俊輔　自前（32.0） 　43,555　脇谷のりこ　無新（23.4） 比22,350　外山　斎　維新（12.0）

宮崎市、東諸県郡

わた　なべ　　　そう　　　**立新**　　　当1

渡辺　創

宮崎県宮崎市　S52・10・3
勤2年5ヵ月　（初/令3）

農水委、災害特委理、党県連代表、党組織委副委員長、党災害・緊急事態局事務局長、宮崎県議、毎日新聞記者、新潟大／46歳

〒880-0001　宮崎市橘通西5-5-19　☎0985（77）8777
〒107-0052　港区赤坂2-17-10、宿舎

宮崎県2区

宮崎県2区 273,071 投 56.28	当94,156　江　藤　拓　自前（62.2） 比57,210　長友慎治　国新（37.8）

延岡市、日向市、西都市、児湯郡、
東臼杵郡、西臼杵郡

え　とう　　　たく　　　**自前［無］**　　　当7

江　藤　拓

宮崎県門川町　S35・7・1
勤20年5ヵ月　（初/平15）

農水委、党総合農林政策調査会長、農水大臣、内閣総理大臣補佐官、災害特委員長、拉致特委員長、成城大／63歳

〒883-0021　日向市大字財光寺233-1　☎0982（53）1367
〒100-8982　千代田区永田町1-2-2、会館　☎03（3508）7468

宮崎県3区

宮崎県3区 274,053 投 51.53	当111,845　古川禎久　自前（80.7） 　20,342　松　本　隆　共新（14.7） 　6,347　重黒木優平　N新（4.6）

都城市、日南市、小林市、串間市、
えびの市、北諸県郡、西諸県郡

ふる　かわ　よし　ひさ　　　**自前［無］**　　　当7

古川禎久

宮崎県串間市　S40・8・3
勤20年5ヵ月　（初/平15）

党団体総局長、財政健全化推進本部長、司法制度調査会長、税制調査会副会長、道路調査会事務総長、法務大臣、財務副大臣、東大法／58歳

〒885-0006　都城市吉尾町811-7　☎0986（47）1881
〒107-0052　港区赤坂2-17-10、宿舎

鹿児島県1区

鹿児島県1区 358,070 投 54.10	当101,251　宮路拓馬　自前（53.2） 比89,232　川内博史　立前（46.8）

鹿児島市（本庁管内、伊敷・東桜島・吉野・吉田・桜島・松元・郡山支所管内）、鹿児島郡

みや　じ　たく　ま　　　**自前［無］**　　　当3

宮路拓馬

鹿児島県南さつま市　S54・12・6
勤9年4ヵ月　（初/平26）

議運委、予算委、外務委、災害特委、政倫審、党総務、党総務、国対副委員長、内閣府政務官、総務政務官、総務省課長補佐、内閣官房参事官補佐、広島市財政課長、東大法／44歳

〒892-0838　鹿児島市新屋敷町16-422
　　　　　　公社ビル　☎099（295）4860
〒100-8981　千代田区永田町2-2-1、会館　☎03（3508）7206

鹿児島県2区 337,186 投58.58

当92,614	三反園　訓	無新（47.7）
80,469	金子万寿夫	自前（41.4）
比21,084	松崎真琴	共新（10.9）

鹿児島市（谷山・喜入支所管内）、枕崎市、指宿市、南さつま市、奄美市、南九州市、大島郡

三反園　訓
み た ぞの　さとし

無新（自民）　　当1
鹿児島県指宿市　S33・2・13
勤2年5ヵ月　　（初／令3）

決算行監委、鹿児島県知事、ニュースキャスター、政治記者、総理官邸各省庁キャップ、早大大学院非常勤講師、早大／66歳

〒891-0141　鹿児島市谷山中央3-4701-4　☎099(266)3333
〒100-8982　千代田区永田町2-1-2、会館　☎03(3508)7511

鹿児島県3区 318,530 投61.39

当104,053	野間　健	立元（53.9）
比89,110	小里泰弘	自前（46.1）

阿久根市、出水市、薩摩川内市、日置市、いちき串木野市、伊佐市、姶良市、薩摩郡、出水郡、姶良郡

野間　健
の ま　たけし

立元　　　　　当3
鹿児島県日置市　S33・10・8
勤7年3ヵ月　　（初／平24）

農林水産委筆頭理事、原子力特委、国民新党政調会長、国務大臣秘書官、商社員、松下政経塾、慶大／65歳

〒895-0061　薩摩川内市御陵下町27-23　☎0996(22)1505
〒100-8981　千代田区永田町2-1-2、会館　☎03(3508)7027

鹿児島県4区 325,670 投57.16

当127,131	森山　裕	自前（69.5）
比49,077	米永淳子	社新（26.8）
6,618	宮川直輝	N新（3.6）

鹿屋市、西之表市、垂水市、曽於市、霧島市、志布志市、曽於郡、肝属郡、熊毛郡

森山　裕
もり やま　ひろし

自前［無］　当7(初/平16補)※
鹿児島県鹿屋市　S20・4・8
勤25年10ヵ月（参5年10ヵ月）

党総務会長、党選対委員長、党国対委員長、党政調会長代理、農林水産大臣、財務副大臣、参議院議員、鹿児島市議会議員5期、日新高校（旧鶴丸高夜間課程）／78歳

〒893-0015　鹿屋市新川町671-2　☎0994(31)1035
〒100-8981　千代田区永田町2-2-1、会館　☎03(3508)7164

沖縄県1区 267,939 投55.89

当61,519	赤嶺政賢	共前（42.2）
比当54,532	国場幸之助	自前（37.4）
29,827	下地幹郎	無前（20.4）

那覇市、島尻郡（渡嘉敷村、座間味村、粟国村、渡名喜村、南大東村、北大東村、久米島町）

赤嶺政賢
あか みね せい けん

共前　　　　　当8
沖縄県那覇市　S22・12・18
勤23年10ヵ月（初／平12）

党沖縄県委員長、党幹部会委員、安保委、沖北特委、憲法審委、那覇市議、東京教育大／76歳

〒900-0016　那覇市前島3-1-17　☎098(862)7521
〒100-8981　千代田区永田町2-2-1、会館　☎03(3508)7196

※平10参院初当選

あら かき くに お
新 垣 邦 男

社新　　　当1(初/令3)
沖縄県　　　S31・6・19
勤2年5ヵ月　〈沖縄2区〉

党副党首、政審会長、国対委員長、安保委、沖北特委、元北中城村長、日大／67歳

〒901-2212　宜野湾市長田4-16-11　☎098(892)2131
〒107-0052　港区赤坂2-17-10、宿舎

しまじり あ い こ
島 尻 安伊子

自新［茂］　当1(初/令3)※
宮城県仙台市　S40・3・4
勤11年10ヵ月　(参9年5ヵ月)

予算委理、沖北特委理、外務委、総務委、党副幹事長、内閣府特命担当大臣、参院環境委員長、党沖縄県連会長、参院議員、那覇市議、上智大／58歳

〒904-2172　沖縄市泡瀬4-24-16　☎098(921)3144
〒100-8981　千代田区永田町2-2-1、会館　☎03(3508)7265

にしめ こう さぶろう
西 銘 恒三郎

自前［無］　　　当6
沖縄県　　　S29・8・7
勤17年1ヵ月　(初/平15)

党幹事長代理、衆沖北特委筆頭、外務委、復興・沖北担当大臣、沖北特委理、安保・国交委員長、経産・総務副大臣、国交政務官、予算委理、県議4期、上智大／69歳

〒901-1115　沖縄県島尻郡南風原町字山川1286-1(2F)　☎098(888)5360
〒100-8982　千代田区永田町2-1-2、会館　☎03(3508)7218

いま むら まさ ひろ
今 村 雅 弘

自前［無］　　　当9
佐賀県鹿島市　S22・1・5
勤27年7ヵ月　(初/平8)

党物流調査会長、予算委、元復興大臣、農林水産副大臣、国交・外務政務官、衆国交委長、JR九州、東大法／77歳

〒840-0032　佐賀市末広2-13-36　☎0952(27)8015
〒100-8982　千代田区永田町2-1-2、会館　☎03(3508)7610

※平19補参院初当選

やす おか ひろ たけ
保岡宏武

自新［無］　当1
鹿児島県　S48・5・6
勤2年5ヵ月　（初／令3）

総務委、農水委、消費者特委、地・こ・デジ特委、衆議員保岡興治公設第一秘書、鹿児島事務所長、青山学院大法学部、鹿児島大学大学院農学研究科／50歳

〒891-0114　鹿児島市小松原2-14-15
　　　　　　新西ビル2F
〒106-0032　港区六本木7-1-3、宿舎　☎099(296)8948

いわ た かず ちか
岩田和親

自前［無］　当4(初／平24)
佐賀県　S48・9・20
勤11年4ヵ月　〈佐賀1区〉

経産・内閣府副大臣、党経産部会長、経産・内閣府・復興・GX大臣政務官、防衛大臣政務官、佐賀県議、九州大法／50歳

〒840-0045　佐賀市西田代2-3-14-1
〒100-0052　港区赤坂2-17-10、宿舎　☎0952(23)7880

たけ い しゅん すけ
武井俊輔

自前［無］　当4(初／平24)
宮崎県宮崎市　S50・3・29
勤11年4ヵ月　〈宮崎1区〉

国交委理、外務委、沖北特委、消費者特委理、外務副大臣、党国対副委長、県水泳連盟会長、県議、早大院、中大／48歳

〒880-0805　宮崎市橘通東2-1-4
　　　　　　テツカビル1F
〒100-8982　千代田区永田町2-1-2、会館　☎0985(28)7608
　　　　　　　　　　　　　　　　　　　　☎03(3508)7388

ふる かわ やすし
古川　康

自前［茂］　当3(初／平26)
佐賀県唐津市　S33・7・15
勤9年4ヵ月　〈佐賀2区〉

党農林部会長代理、畜産・酪農対策委員長、農林水産関係団体委員長、高専小委幹事長、報道局次長、国土交通大臣政務官、総務大臣政務官、党税調幹事、財政金融証券関係団体委員長、佐賀県知事、東大／65歳

〒847-0052　唐津市呉服町1790
〒107-0052　港区赤坂2-17-10、宿舎　☎0955(74)7888

こく ば こう の すけ
國場幸之助

自前［無］　当4(初／平24)
沖縄県　S48・1・10
勤11年4ヵ月　〈沖縄1区〉

国土交通副大臣、党国防部会長、中小企業・小規模事業者政策調査会事務局長、外務大臣政務官、党副幹事長、党沖縄県連会長、県議、会社員、早大卒、日大中退／51歳

〒900-0033　那覇市久米2-31-1
　　　　　　マリーナヴィスタ久米2F　☎098(861)6813
〒100-8982　千代田区永田町2-1-2、会館　☎03(3508)7741

みや ざき まさ ひさ
宮﨑政久

自前［茂］　当4(初／平24)
長野県　S40・8・8
勤10年3ヵ月　〈沖縄2区〉

厚生労働副大臣、党法務部会長、法務大臣政務官、党経産部会長代理、国交部会長代理、弁護士、明大法／58歳

〒901-2211　宜野湾市宜野湾1-1-1 2F　☎098(893)2955
〒107-0052　港区赤坂2-17-10、宿舎　☎03(5549)4671

小里泰弘
おざとやすひろ

自 前［無］　当6(初/平17)
鹿児島県　S33・9・29
勤18年7ヵ月　〈鹿児島3区〉

内閣総理大臣補佐官、党総務会長代理、災害特委員長、農水副大臣、農水委員長、環境（兼）内閣府副大臣、慶大／65歳

〒895-0012　鹿児島県薩摩川内市平佐1-10　☎0996(23)5888
〒100-8981　千代田区永田町2-2-1、会館　☎03(3508)7247

吉川 元
よしかわ　はじめ

立 前　当4(初/平24)
香川県　S41・9・28
勤11年4ヵ月　〈大分2区〉

文科委、総務委、党国対副委員長、社民党副党首、政策秘書、神戸大中退／57歳

〒875-0041　大分県臼杵市大字臼杵195　☎0972(64)0370
〒107-0052　港区赤坂2-17-10、宿舎

山田勝彦
やまだかつひこ

立 新　当1(初/令3)
長崎県長崎市　S54・7・19
勤2年5ヵ月　〈長崎3区〉

法務委、農水委、消費者特委、障がい福祉施設代表、衆議員秘書、法政大／44歳

〒856-0805　大村市竹松本町859-1　☎0957(46)3788
〒107-0052　港区赤坂2-17-10、宿舎

稲富修二
いなとみしゅうじ

立 前　当3(初/平21)
福岡県　S45・8・26
勤9年10ヵ月　〈福岡2区〉

財金委、政倫審幹事、党副幹事長、財務局長、党政調副会長、丸紅、松下政経塾、東大法、米コロンビア大院修了／53歳

〒815-0041　福岡市南区野間4-1-35-107　☎092(557)8501
〒100-8982　千代田区永田町2-1-2、会館　☎03(3508)7515

屋良朝博
やらともひろ

立 元　繰当2(初/平31)
沖縄県　S37・8・22
勤3年　〈沖縄3区〉

沖北特委理事、安保委、環境委、沖縄タイムス論説委員、ハワイ東西センター客員研究員、沖縄国際大学非常勤講師、フィリピン大／61歳

〒904-2155　沖縄市美原4-22-12 B203号　☎098(929)2416
〒100-8981　千代田区永田町2-2-1、会館　☎03(3508)7904

濵地雅一
はまちまさかず

公 前　当4
福岡県福岡市　S45・5・8
勤11年4ヵ月　（初/平24）

厚生労働副大臣、党福岡県本部代表、外務大臣政務官、弁護士、早大法学部／53歳

〒812-0023　福岡市博多区奈良屋町11-6
　　　　　　奈良屋ビル2F　☎092(262)6616
〒100-8981　千代田区永田町2-2-1、会館　☎03(3508)7235

吉田宣弘 よしだのぶひろ
公前　当3
熊本県荒尾市　S42・12・8
勤6年　（初/平26）

経済産業・内閣府・復興政務官、党熊本県本部顧問、元福岡県議、元参院議員秘書、九州大学／56歳

〒862-0910　熊本市東区健軍本町26-10-2FA　☎096(285)3685
〒100-8981　千代田区永田町2-2-1、会館　☎03(3508)7276

金城泰邦 きんじょうやすくに
公新　当1
沖縄県浦添市　S44・7・16
勤2年5ヵ月　（初/令3）

外務委、予算委、沖北特委理、党外交部会部会長代理、党内閣部会副部会長、党沖縄県本部代表代行、沖縄県議、浦添市議、沖縄国際大／54歳

〒901-2114　浦添市安波茶1-6-5 3F　☎098(870)7120
〒107-0052　港区赤坂2-17-10、宿舎

吉田久美子 よしだくみこ
公新　当1
佐賀県　S38・7・19
勤2年5ヵ月　（初/令3）

党女性委員会副委員長、内閣委、厚労委、消費者特委理、佐賀大教育学部／60歳

〒818-0072　筑紫野市二日市中央6-3-1-202　☎092(929)2801
〒100-8982　千代田区永田町2-1-2、会館　☎03(3508)7055

阿部弘樹 あべひろき
維新　当1(初/令3)
福岡県　S36・12・15
勤2年5ヵ月　〈福岡4区〉

法務委、原子力特委、福岡県議、津屋崎町長、厚生省課長補佐、保健所、医師、医博、熊本大学大学院／62歳

〒811-2207　福岡県糟屋郡志免町南里3-4-1　☎092(957)8760
〒100-8982　千代田区永田町2-1-2、会館　☎03(3508)7480

山本剛正 やまもとごうせい
維元　当2(初/平21)
東京都　S47・1・1
勤5年9ヵ月　〈福岡1区〉

経産委、倫選特委理事、商社員、会社役員、衆議院議員秘書、駒澤大学／52歳

〒812-0001　福岡市博多区大井2-13-23　☎092(621)0120

田村貴昭 たむらたかあき
共前　当3(初/平26)
大阪府枚方市　S36・4・30
勤9年4ヵ月

党中央委員、農水委、財金委、災害特委、北九州市議、北九州大学法学部政治学科／62歳

〒810-0022　福岡市中央区薬院3-13-12　大場ビル3F　☎092(526)1933
〒107-0052　港区赤坂2-17-10、宿舎

166

なが とも しん じ
長友 慎治

国新 当1(初/令3)
宮崎県宮崎市
S52・6・22
勤2年5ヵ月 〈宮崎2区〉

農水委、倫選特委、党政調副会長、NPO法人フードバンク日向理事長、日向市産業支援センター長、㈱博報堂ケトル、早大法／46歳

〒882-0823 延岡市中町2-2-20 ☎0982(20)2011
〒100-8982 千代田区永田町2-1-2、会館 ☎03(3508)7212

比例代表	九州	20 人	有効投票数	6,307,040票

政党名	当選者数		得票数	得票率	
		惜敗率 小選挙区		惜敗率	小選挙区

自 民 党　8 人　2,250,966票　35.69%

当①今井　雅弘 前		③古賀　篤 前　福3
当②保岡　宏武 新		③宮内　秀樹 前　福4
当③岩田　和親 前(99.86)佐1		③鳩山　二郎 前　福6
当③武井　俊輔 前(98.24)宮1		③藤丸　敏 前　福5
当③古川　康 前(92.14)佐2		③武田　良太 前　福11
当③国場幸之助 前(88.41)沖1		③加藤　竜祥 新　長2
当③宮崎　政久 前(86.44)沖2		③木原　稔 前　熊1
当③小里　泰弘 前(85.64)鹿3		③坂本　哲志 前　熊3
③高橋　舞子 新(78.19)大1		③金子　恭之 前　熊4
③初村滝一郎 新(67.78)長1		③岩屋　毅 前　大3
㉘河野　正美 元		③江藤　拓 前　宮2
㉙新　義明 新		③古川　禎久 前　宮3
㉚田畑　隆治 新		③宮路　拓馬 前　鹿1
【小選挙区での当選者】		③島尻安伊子 新　沖3
③井上　貴博 前　福1		③西銘恒三郎 前　沖4
③鬼木　誠 前　福2		

立憲民主党　4 人　1,266,801票　20.09%

当①末次　精一 新(99.30)長4		①坪田　晋 新(54.06)福1
(令5.10.10失職)		①森本慎太郎 新(52.00)福4
当①吉川　元 前(99.18)大2		①矢上　雅義 前(46.90)熊4
当①山田　勝彦 新(96.45)長3		①田辺　徹 新(30.77)福6
当①稲富　修二 前(92.57)福2		㉓出口慎太郎 新
繰①屋良　朝博 前(91.78)沖3		㉔大川　富洋 新
(令5.10.18繰上)		㉕川西　義人 新
①川内　博史 前(88.13)鹿1		【小選挙区での当選者】
①金城　徹 新(82.16)沖4		①堤　かなめ 新　福5
①山内　康一 前(72.80)福3		①城井　崇 前　福10
①松平　浩一 前(71.80)長2		①原口　一博 前　佐1
①横光　克彦 前(71.16)大3		①大串　博志 前　佐2
①濱田　大造 前(63.82)熊1		①渡辺　創 新　宮1
①青木　剛志 新(60.52)福7		①野間　健 元　鹿3

公 明 党　4 人　1,040,756票　16.50%

当①浜地　雅一 前		当③吉田久美子 新
当②吉田　宣弘 前		⑤窪田　哲也 新
当③金城　泰邦 新		⑥中山　英一 新

日本維新の会　2人　540,338票　8.57%

当①阿部　弘樹 新(38.53)福4　　①西田　主税 新(25.57)福10
当①山本　剛正 元(37.82)福1　　①新開　崇司 新(24.96)福2
　①外山　　斎 新(36.81)宮1　　▼①山川　泰博 新(20.49)沖2

共 産 党　1人　365,658票　5.80%

当②田村　貴昭 前　　　　　　　【小選挙区での当選者】
　③真島　省三 元　　　福9　　①赤嶺　政賢 前　　　沖1
　④松崎　真琴 新　　　鹿2

国民民主党　1人　279,509票　4.43%

当②長友　慎治 新(60.76)宮2　　【小選挙区での当選者】
　③前野真実子 新　　　　　　　①西岡　秀子 前　　　長1

・・

その他の政党の得票数・得票率は下記のとおりです。
（当選者はいません）

政党名	得票数	得票率	
れいわ新選組	243,284票	3.86%	NHKと裁判してる党弁護士法72条違反で
社民党	221,221票	3.51%	98,506票　1.56%

衆議院選挙結果（未掲載分）

【千葉県5区】(P81参照)
当111,985 薗浦健太郎 自前(47.0)
　　比69,887 矢崎堅太郎 立新(29.3)
　　比32,241 椎木　保 維元(13.5)
　　比24,307 鵃田　敦 国新(10.2)

【和歌山県1区】(P135参照)
当103,676 岸本周平 国前(62.7)
　　比61,608 門　博文 自前(37.3)

【山口県2区】(P146参照)
当109,914 岸　信夫 自前(76.9)
　　32,936 松田一志 共新(23.1)

【山口県4区】(P147参照)
当80,448 安倍晋三 自前(69.7)
　　比19,096 竹村克司 れ新(16.6)
　　15,836 大野頼子 無新(13.7)

【長崎県4区】(P159参照)
当55,968 北村誠吾 自前(42.1)
　　比当55,577 末次精一 立新(41.8)
　　16,860 萩原　活 無新(12.7)
　　4,675 田中隆治 無新(3.5)

⑫略歴

比例九州

衆議院小選挙区区割り詳細(未掲載分)

【北海道1区の札幌市北区・西区の一部】（P53参照）

北区（本庁管内（北六条西1～9丁目、北七条西1～10丁目、北八条西1～11丁目、北九条西1～11丁目、北十条西1～11丁目、北十一条西1～11丁目、北十二条西5～12丁目、北十三条西5～12丁目、北十四条西5～13丁目、北十五条西6～13丁目、北十六条西6～13丁目、北十七条西7～13丁目））、**西区**（山の手一条1～13丁目、山の手二条1～12丁目、山の手三条1～12丁目、山の手四条1～11丁目、山の手五条1～10丁目、山の手六条1～9丁目、山の手七条5～8丁目、山の手、二十四軒一条1～7丁目、二十四軒二条1～7丁目、二十四軒三条1～7丁目、二十四軒四条1～7丁目、琴似一条1～7丁目、琴似二条1～7丁目、琴似三条1～7丁目、琴似四条1～7丁目、発寒六条14丁目、発寒七条14丁目、発寒八条13丁目（14番）、発寒八条14丁目、発寒九条13丁目（5番から7番まで）、発寒九条14丁目、小別沢、宮の沢一条1～5丁目、宮の沢二条1～5丁目、宮の沢三条2～5丁目、宮の沢四条3～5丁目、宮の沢、西町南1～21丁目、西町北1～20丁目、西野一条1～9丁目、西野二条1～10丁目、西野三条1～10丁目、西野四条1～10丁目、西野五条1～10丁目、西野六条1～10丁目、西野七条1～10丁目、西野八条1～10丁目、西野九条3～9丁目、西野十条6～9丁目、西野十一条7～9丁目、西野十二条8丁目、西野十三条8丁目、西野十四条8丁目、西野、福井1 -10丁目、福井、平和一条2～11丁目、平和二条1～11丁目、平和三条4～10丁目、平和）

【北海道2区の札幌市北区(1区に属しない区域)】（P53参照）

本庁管内（北十二条西1～4丁目、北十三条西1～4丁目、北十四条西1～4丁目、北十五条西1～5丁目、北十六条西1～5丁目、北十七条西1～6丁目、北十八条西2～13丁目、北十九条西2～13丁目、北二十条西2～13丁目、北二十一条西2～13丁目、北二十二条西2～13丁目、北二十三条西2～14丁目、北二十四条西2～19丁目、北二十五条西2～9丁目、北二十五条西11～18丁目、北二十六条西2～9丁目、北二十六条西12～17丁目、北二十七条西2～16丁目、北二十八条西2～15丁目、北二十九条西2～15丁目、北三十条西2～14丁目、北三十一条西2～14丁目、北三十二条西2～13丁目、北三十三条西2～12丁目、北三十四条西2～11丁目、北三十五条西2～10丁目、北三十六条西2～10丁目、北三十七条西2～9丁目、北三十八条西2～8丁目、北三十九条西3～7丁目、北四十条西4～6丁目、新川一条1～6丁目、新川二条1～13丁目、新川三条1～20丁目、新川四条1～20丁目、新川五条1～6丁目、新川五条14～16丁目、新川五条20丁目、新川六条14～16丁目、新川六条20丁目、新川七条16丁目、新川八条17丁目、新川西一条1～4丁目、新川西一条6～7丁目、新川西二条1～7丁目、新川西三条1～7丁目、新川西四条3～4丁目、新川西五条4丁目、新川、新琴似一条1～13丁目、新琴似二条1～13丁目、新琴似三条1～13丁目、新琴似四条1～17丁目、新琴似五条1～17丁目、新琴似六条1～17丁目、新琴似七条1～17丁目、新琴似八条1～17丁目、新琴似九条1～16丁目、新琴似十条1～17丁目、新琴似十一条1～17丁目、新琴似十二条1～17丁目、新琴似町、屯田一条1～2丁目、屯田二条1～5丁目、屯田三条1～8丁目、屯田四条1～10丁目、屯田五条1～12丁目、屯田六条1～12丁目、屯田七条1～12丁目、屯田八条1～12丁目、屯田九条1～12丁目、屯田十条1～3丁目、屯田十一条1～3丁目、屯田町、麻生町1～9丁目）、篠路出張所管内

【北海道4区の札幌市西区(1区に属しない区域)】（P54参照）

八軒一条東1～5丁目、八軒二条東1～5丁目、八軒三条東1～5丁目、八軒四条東1～5丁目、八軒五条東1～5丁目、八軒六条東1～5丁目、八軒七条東1～5丁目、八軒八条東1～5丁目、八軒九条東1～5丁目、八軒十条東1～5丁目、八軒一条西1～4丁目、八軒二条西1～4丁目、八軒三条西1～5丁目、八軒四条西1～6丁目、八軒五条西1～6丁目、八軒五条西8～11丁目、八軒六条西1～11丁目、八軒七条西1～11丁目、八軒八条西1～10丁目、八軒九条西1～7丁目、八軒九条西9～11丁目、八軒十条西1～6丁目、八軒十条西9～13丁目、発寒一条2～4丁目、発寒二条1～5丁目、発寒三条1～6丁目、発寒四条1～7丁目、発寒五条2～8丁目、発寒六条3～5丁目、発寒六条7～13丁目、発寒七条4～5丁目、発寒七条7～13丁目、発寒八条5丁目、発寒八条7丁目、発寒八条9～12丁目、発寒八条13丁目（14番を除く。）、発寒九条9～12丁目、発寒九条13丁目（5番から7番までを除く。）、発寒十条1～6丁目、発寒十条11～14丁目、発寒十一条1～6丁目、発寒十一条11～12丁目、発寒十一条14丁目、発寒十二条1～5丁目、発寒十二条11～14丁目、発寒十三条2～5丁目、発寒十三条11～14丁目、発寒十四条1～5丁目、発寒十四条11～14丁目、発寒十五条1～4丁目、発寒十五条12～14丁目、発寒十六条1～4丁目、発寒十六条12～14丁目、発寒十七条3～4丁目、発寒十七条13～14丁目

【茨城県1区の下妻市の一部】（P67参照）

下妻、長塚、砂沼新田、坂本新田、大木新田、石の宮、堀篭、坂井、比毛、横根、平川戸、北大宝、大宝、大串、平沼、福田、下木戸、神明、若柳、下宮、数須、筑波島、下田、中郷、黒駒、江、平方、尻手、渋井、桐ヶ瀬、前河原、赤須、柴、半谷、大木、南原、上野、関本下、袋畑、古沢、小島、二本紀、今泉、中居指、新堀、加養、亀崎、樋橋、肘谷、山尻、谷田部、柳原、安食、高道祖、本城町1～3丁目、小野子町1～2丁目、本宿町1～2丁目、田町1～2丁目

【栃木県1区の下野市の一部】（P69参照）

薬師寺、成田、町田、谷地賀、下文狭、田中、仁良川、本吉田、別当河原、下吉田、磯部、中川島、上川島、上吉田、三王山、絹板、花田、下坪山、上坪山、東根、祇園1～5丁目、緑1～6丁目

【埼玉県1区のさいたま市見沼区の一部】（P71参照）

大字大谷、大和田町1～2丁目、御町1～2丁目、大字加田屋新田、加田屋1～2丁目、大字片柳、片柳1～2丁目、片柳東、大字上山口新田、大字小深作、大字笹丸、大字島、島町、島町1～2丁目、大字新右ェ門新田、大字染谷、染谷1～3丁目、大字中川、大字新堤、大字西山新田、大字西山村新田、大字蓮沼、春岡1～3丁目、春野1～4丁目、大字東新井、東大宮1丁目、東大宮5～7丁目、大字東宮下、東宮下1～3丁目、大字東門前、大字膝子、大字深作、深作1～5丁目、大字風渡野、堀崎町、大字丸ヶ崎、丸ヶ崎町、大字御蔵、大字南中野、大字南中丸、大字宮ヶ谷塔、宮ヶ谷塔1～4丁目、大字見山、大字山

【埼玉県2区の川口市の一部】（P72参照）

本庁管内、新郷・神根支所管内、芝支所管内（芝中田1～2丁目、芝宮根町、芝

高木1～2丁目、芝東町、芝1～4丁目、芝下1～3丁目、大字芝（3102番地から3198番地までを除く。）、芝西1丁目（1番から11番までで除く。）、芝西2丁目、芝塚原町1丁目（1番及び4番を除く。）、芝塚原2丁目、大字伊刈、大字小谷場、柳崎1～5丁目、北園町、北園町、横町、安行・戸塚・鳩ヶ谷支所管内

【埼玉県3区の越谷市の一部】（P72参照）
赤山町1～5丁目、赤山本町、東町1～4丁目、伊原1～2丁目、大字大里、大沢、大沢1～4丁目、大字大杉、大字大泊、大字大林、大字大房、大字大松、大間野町1～5丁目、大字大吉、大字小曾川、大字上間久里（976番地より1075番地までを除く。）、大字蒲生、蒲生1～2丁目、蒲生西町、蒲生旭町、蒲生愛宕町、蒲生寿町、蒲生西町1～2丁目、蒲生東町、蒲生本町、蒲生南町、川柳町1～6丁目、瓦曽根1～3丁目、大字北後谷、大字北川崎、北越谷1～5丁目、越ヶ谷、越ヶ谷1～5丁目、越ヶ谷本町、御殿町、相模町1～7丁目、七左町1丁目、七左町4～9丁目、大字下間久里、新川町1～2丁目、新越谷1～2丁目、神明町1～3丁目、大字砂原、千間台東1～3丁目、大成町1～8丁目、大字中島、中島1～3丁目、大字長島、中町、大字西新井、大字西方、西方1～2丁目、大字野島、登戸町、大字花田、花田1～7丁目、東大沢1～5丁目、東越谷1～10丁目、東柳田町、大字平方、平方南町、大字袋山（671番地から679番地まで、681番地から687番地まで、696番地から699番地まで、704番地、728番地から753番地まで、761番地から805番地まで、811番地から837番地まで、843番地、856番地から888番地まで、899番地から952番地まで、978番地から1021番地まで、1081番地から1162番地まで、1164番地から1187番地まで、1191番地から1218番地まで、1677番地、1717番地、1718番地、1756番地、1851番地から2001番地まで及び2004番地から2060番地まで）、大字船渡、大字増林、増林1～3丁目、大字増森、増森1～2丁目、大字南荻島（1番地から4013番地まで、4095番地、4096番地及び4131番地から4135番地まで）、南越谷1～5丁目、南町1～3丁目、宮前1丁目、宮本町1～5丁目、大字向畑、元柳田町、弥栄町1～4丁目、大字弥十郎、谷中町1～4丁目、柳町、弥生町、流通団地1～4丁目、レイクタウン1～9丁目

【埼玉県13区の春日部市の一部、越谷市（3区に属さない区域）】（P74参照）
春日部市（赤沼、一ノ割、一ノ割1～4丁目、牛島、内牧、梅田、梅田1～3丁目、梅田本町1～2丁目、大枝、大沼1～7丁目、大場、大畑、粕壁、粕壁1～4丁目、粕壁東1～6丁目、上大増新田、上蛭田、小渕、栄町1～3丁目、下大増新田、下蛭田、新川、薄谷、千間1丁目、中央1～8丁目、銚子口、道口蛭田、道順川戸、豊野町1～3丁目、武里中野、新方袋、西八木崎1～3丁目、八丁目、花積、浜川戸1～2丁目、樋掘、樋籠、備後西1～3丁目、備後東1～8丁目、藤塚、不動院野、本田町1～2丁目、増戸、増富、増田新田、緑町1～5丁目、南1丁目、南栄町、南中曽根、八木崎町、谷原1～3丁目、谷原新田、豊町1～6丁目、六軒町）、**越谷市**（大字大竹、大字大道、大字恩間、大字恩間新田、大字上間久里（976番地から679番地まで、681番地から687番地まで、696番地まで、704番地、728番地から753番地まで、761番地から805番地まで、811番地から837番地まで、843番地、856番地から888番地まで、899番地から952番地まで、978番地から1021番地まで、1081番地から1162番地まで、1164番地から1187番地まで、1191番地から1218番地まで、1677番地、1717番地、1718番地、1756番地、1757番地、1851番地から2001番地まで及び2004番地から2060番地までを除く。）、大字南荻島（1番地から4013番地まで、4095番地、4096番地及び4131番地から4135番地までを除く。））

【埼玉県15区の川口市の一部】（P75参照）
芝支所管内（芝新町、芝5丁目、芝樋ノ爪1～2丁目、芝富士1～2丁目、芝園町、大字芝（3102番地から3198番地まで）、芝西1丁目（1番から11番まで）、芝塚原1丁目（1番及び4番まで））

【千葉県5区の市川市本庁管内】（P81参照）
市川1～3丁目、市川南1～5丁目、真間1～3丁目、新田1～5丁目、平田1～3丁目、大洲1～3丁目、大和田1～5丁目、東大和田1～2丁目、稲荷木1～3丁目、八幡1～6丁目、南八幡1～5丁目、菅野1～6丁目、東菅野1～3丁目、鬼越1～2丁目、鬼高1～4丁目、高石神、中山1～4丁目、若宮1～3丁目、北方1～3丁目、本北方1～3丁目、北方町4丁目、東浜1丁目、田尻1～5丁目、高谷、高谷1～3丁目、高谷新町、原木1～4丁目、二俣、二俣1～2丁目、二俣新町、上妙典

【千葉県10区の横芝光町の一部】（P82参照）
篠本、新井、宝米、市野原、二又、小川台、台、傍示戸、富下、虫生、小田部、母子、芝崎、芝崎南、宮川、谷中、目篠、上原、原方、木戸、尾垂イ、尾垂ロ、篠本根切

【神奈川県7区の横浜市都筑区の一部】（P84参照）
あゆみが丘、池辺町、牛久保東、牛久保1～3丁目、牛久保西1～4丁目、牛久保東1～3丁目、大熊町、大棚町、大棚西、折本町、加賀原1～2丁目、勝田町、勝田南1～2丁目、川向町、川和台、川和町、川和台1～3丁目、葛が谷、佐江戸町、桜並木、新栄町、すみれが丘、高山、茅ケ崎町、茅ケ崎中央、茅ヶ崎東1～5丁目、茅ヶ崎南1～5丁目、中川1～8丁目、中川中央1～2丁目、長坂、仲町台1～5丁目、二の丸、早渕1～3丁目、東方町、東山田、東山田1～4丁目、平台、富士見が丘、南山田町、南山田1～3丁目、見花山

【神奈川県10区の川崎市中原区の一部】（P85参照）
新丸子町、新丸子東1～3丁目、丸子通1～2丁目、上丸子山王町1～2丁目、上丸子八幡町、上丸子天神町、小杉町1～3丁目、小杉御殿町1～2丁目、小杉陣屋町1～2丁目、等々力、木月1～4丁目、西加瀬、木月祗園町、木月伊勢町、木月大町、木月住吉町、苅宿、大倉町、木ノ上、今井上町、今井仲町、今井南町、井田1～3丁目、井田中ノ町、上平間、田尻町、北谷町、中丸子、下沼部、上丸子、小杉

【神奈川県13区の座間市の一部】（P86参照）
入谷1～5丁目、栗原、栗原中央1～6丁目、小松原1～2丁目、さがみ野1～3丁目、座間、座間1～2丁目、座間入谷、新田宿、相武台1～4丁目、立野台1～3丁目、

西栗原1〜2丁目、東原1〜5丁目、ひばりが丘1〜5丁目、広野台1〜2丁目、緑ケ丘1〜3丁目、南栗原1〜6丁目、明王、四ツ谷

【神奈川県14区の相模原市緑区・南区の一部】（P86参照）

緑区（相原、相原1〜6丁目、大島、大山町、上九沢、下九沢、田名、西橋本1〜5丁目、二本松1〜6丁目、橋本1〜8丁目、橋本台1〜4丁目、東橋本1〜4丁目、元橋本町1〜8丁目、旭町、鵜野森1〜3丁目、大野台1〜8丁目、上鶴間1〜8丁目、上鶴間本町1〜9丁目、古淵1〜6丁目、栄町、相模大野1〜9丁目、相南1丁目（1番から18番まで）、相南2丁目（1番から12番まで、17番及び25番から28番まで）、相南3丁目（1番から26番まで及び34番から47番まで）、西大沼1〜5丁目、東大沼1〜4丁目、東林間1〜8丁目、双葉1〜2丁目、御園1〜3丁目、豊町、若松1〜6丁目）

【神奈川県16区の相模原市南区（14区に属しない区域）】（P87参照）

麻溝台、麻溝台1〜8丁目、新磯野、新磯野1〜5丁目、磯部、上鶴間、北里1〜2丁目、相模台1〜7丁目、相模台団地、桜台、下溝、新戸、相南1丁目（19番から24番まで）、相南2丁目（13番から16番まで及び18番から24番まで）、相南3丁目（27番から33番まで）、相南4丁目、相武台1〜3丁目、相武台団地1〜2丁目、当麻、双葉1〜2丁目、松が枝町、御園4〜5丁目、南台1〜6丁目

【神奈川県18区の川崎市中原区（10区に属しない区域）・宮前区（9区に属しない区域）】（P87参照）

中原区（宮内1〜4丁目、新城、上新城1〜2丁目、新城1〜5丁目、新城中町、下新城1〜3丁目、上小田中1〜7丁目、下小田中1〜6丁目、井田1三舞町、井田杉山町）、宮前区（向ケ丘、けやき平、神木1〜2丁目、馬絹、馬絹1〜3丁目、水沢1〜2丁目、土橋1〜6丁目、有馬1〜9丁目、東有馬1〜5丁目、野川、宮崎、宮崎1〜6丁目、宮前平1〜3丁目、梶ケ谷、梶ケ谷、菅生ケ丘、水沢1〜3丁目、潮見台、初山1〜2丁目、菅生1〜6丁目、犬蔵1〜3丁目、五所塚1〜2丁目、南平台、白幡台1〜2丁目）

【東京都1区の港区・新宿区の一部】（P93参照）

港区（芝地区総合支所管内（芝5丁目、三田1〜3丁目）、麻布地区・赤坂地区・高輪地区総合支所管内、芝浦港南地区総合支所管内（芝浦4丁目、海岸3丁目（4番から13番まで、20番、21番及び31番から43番まで）、港南1〜5丁目、台場1〜2丁目））、新宿区（本庁管内、四谷・箪笥町・榎町・若松町・大久保・戸塚特別出張所管内（下落合1〜4丁目、中落合2丁目、高田馬場3丁目）、柏木・角筈特別出張所管内）

【東京都2区の港区（1区に属しない区域）、台東区の一部】（P93参照）

港区（芝地区総合支所管内（芝1〜4丁目、東新橋1〜2丁目、新橋1〜6丁目、西新橋1〜3丁目、浜松町1〜2丁目、芝大門1〜2丁目、芝公園1〜4丁目、虎ノ門1〜5丁目、愛宕1〜2丁目）、芝浦港南地区総合支所管内（芝浦1丁目、海岸2丁目、海岸3丁目（1番から3番まで、14番から19番まで及び22番から30番まで）））、台東区（台東1〜4丁目、柳橋1〜2丁目、浅草橋1〜5丁目、鳥越1〜2丁目、蔵前1〜4丁目、小島1〜2丁目、三筋1〜2丁目、秋葉原、上野1〜7丁目、東上野1〜6丁目、元浅草1〜4丁目、寿1〜4丁目、駒形1〜2丁目、上野公園、下谷1丁目、下谷2丁目（1番から12番まで、13番6号から13番13号まで及び16番から23番まで）、下谷3丁目、浅草橋5丁目、雷門1〜2丁目、浅草2丁目（1番から12番まで及び28番から35番まで）、花川戸1〜2丁目、千束2丁目（33番から36番まで）、日本堤2丁目（36番から39番まで）、三ノ輪1〜2丁目、竜泉1〜3丁目、入谷1〜2丁目（34番から39番まで）、竜泉1〜3丁目、西浅草1丁目、清川1〜2丁目、橋場1〜2丁目、今戸1〜2丁目、東浅草1〜2丁目、上野桜木1〜2丁目、谷中1〜7丁目）

【東京都3区の品川区・大田区の一部】（P93参照）

品川区（品川第一・品川第二地域センター管内、大崎第一地域センター管内（東五反田1〜3丁目、西五反田1丁目、西五反田2丁目（1番から21番まで）、西五反田8丁目（4番1号から4番13号まで、5番、6番10号から6番23号まで、7番及び8番）、小山台1丁目、小山1丁目、荏原1丁目）、大崎第二地域センター管内（西五反田6丁目及び西五反田7丁目に属する区域を除く。）、大井第一・大井第二・大井第三・荏原第一・荏原第二・荏原第三・荏原第四・荏原第五・八潮地域センター管内）、大田区（嶺町・田園調布特別出張所管内、鵜の木特別出張所管内（鵜の木2丁目及び鵜の木3丁目に属する区域に限る。）、久が原特別出張所管内（千鳥1丁目及び池上3丁目に属する区域を除く。）、雪谷・千束特別出張所管内）

【東京都4区の大田区（3区に属しない区域）の一部】（P94参照）

大森東・大森西・入新井・馬込・池上・新井宿特別出張所管内、鵜の木特別出張所管内（鵜の木2丁目及び鵜の木3丁目に属する区域を除く。）、久が原特別出張所管内（千鳥1丁目及び池上3丁目に属する区域に限る。）、糀谷・羽田・六郷・矢口・蒲田西・蒲田東特別出張所管内

【東京都5区の目黒区・世田谷区の一部】（P94参照）

目黒本町2丁目（47番から49番まで）、上目黒4丁目、中目黒5丁目、目黒4丁目（12番から26番まで）、下目黒4丁目（21番から23番まで）、下目黒5丁目（8番から37番まで）、下目黒6丁目、中町1〜2丁目、五本木1〜3丁目、祐天寺1〜2丁目、中央町1〜2丁目、目黒本町1〜6丁目、原町1〜2丁目、洗足1〜2丁目、南1〜3丁目、碑文谷1〜6丁目、鷹番1〜3丁目、平町1〜2丁目、大岡山1〜2丁目、緑が丘1〜3丁目、自由が丘1〜3丁目、中根1〜2丁目、八雲1〜5丁目、東が丘1〜2丁目）、世田谷区（池尻・太子堂・下馬・代沢・奥沢・九品仏・等々力・上野毛・用賀・深沢まちづくりセンター管内）

【東京都6区の世田谷区（5区に属しない区域）】（P94参照）

若林・上町・経堂・梅丘・新代田・北沢・松原・松沢・祖師谷・成城・船橋・喜多見・砧・上北沢・上祖師谷・烏山まちづくりセンター管内

【東京都7区の品川区（3区に属しない区域）、目黒区（5区に属しない区域）、中野区の一部】（P94参照）

品川区（大崎第一地域センター管内（上大崎1〜3丁目、東五反田4〜5丁目、西五反田2丁目（1番から21番までを除く。）、西五反田3〜7丁目、西五反田1丁目（1番から5番まで））、大崎第二地域センター管内（西五反田6丁目及び西五反田7丁目に属する区域に限る。）、目黒区（駒場1〜4丁目、青葉台1〜4丁目、東山1〜3丁目、大橋1〜2丁目、上目黒1丁目、上目黒2丁目（21番から46番まで）、上目黒3丁目、上目黒5丁目、中目黒1〜4丁目、三田1〜2丁目、目黒1〜3丁目、目黒4丁目（6番から11番まで）、中目黒4丁目、東山4丁目（1番から20番まで）、下目黒5丁目（1番から7番まで））、中野区（南台1〜5丁目、弥生町1〜6丁目、本町1〜6丁目、中央1〜5丁目、東中野1〜5丁目、中野1〜4丁目、中野5丁目（10番から68番まで）、新井1丁目（1番から35番まで）、新井2〜3丁目、野方1丁目（1番から31番まで及び41番から62番まで））

【東京都8区の杉並区（7区に属しない区域）】（P95参照）

井草1〜5丁目、上井草1〜4丁目、下井草1〜5丁目、善福寺1〜4丁目、今川1〜4丁目、桃井1〜4丁目、西荻北1〜5丁目、上荻1〜4丁目、清水1〜3丁目、本天沼1〜3丁目、天沼1〜3丁目、阿佐谷北1〜6丁目、阿佐谷南1〜3丁目、高円寺北1〜4丁目、高円寺南1〜5丁目、和田1〜3丁目、和泉1〜4丁目、堀ノ内1〜3丁目、松ノ木1〜3丁目、大宮1〜2丁目、梅里1〜2丁目、久我山1〜5丁目、高井戸西1〜3丁目、高井戸東1〜3丁目、永福1〜4丁目、浜田山1〜4丁目、下高井戸1〜5丁目、高井戸東1〜4丁目、成田東1〜5丁目、成田西1〜4丁目、荻窪1〜5丁目、南荻窪1〜4丁目、西荻南1〜4丁目、宮前1〜5丁目

【東京都9区の練馬区の一部】（P95参照）

豊玉上1丁目、豊玉中1〜4丁目、豊玉南1〜3丁目、豊玉北1〜5丁目、中村1〜3丁目、中村南1〜3丁目、中村北1〜4丁目、練馬1〜4丁目、向山1〜4丁目、貫井1〜5丁目、春日町1〜6丁目、高松1〜6丁目、田柄2丁目（14番から30番までを除く。）、田柄5丁目（21番から28番までを除く。）、光が丘2〜7丁目、旭町1〜3丁目、土支田1〜4丁目、富士見台1〜4丁目、石神井町1〜8丁目、石神井台1〜8丁目、下石神井1〜6丁目、東大泉1〜7丁目、西大泉町、西大泉1〜6丁目、南大泉1〜5丁目、大泉町1〜6丁目、大泉学園町1〜9丁目、関町北1〜5丁目、関町南1〜4丁目、上石神井南町、立野町、上石神井1〜4丁目、関町東1〜2丁目

【東京都10区の新宿区（1区に属しない区域）、中野区（7区に属しない区域）、豊島区の一部】（P95参照）

新宿区（落合第一特別出張所管内（上落合1〜2丁目、中落合1丁目、中落合3〜4丁目、中井2丁目）、落合第二特別出張所管内）、中野区（東中野3丁目、中野5丁目（1番から9番まで）、中野6丁目、上高田1〜5丁目、新井1丁目（36番から43番まで）、新井4〜5丁目、沼袋1〜4丁目、松が丘1〜2丁目、江原町1丁目、江古田1〜4丁目、丸山1〜2丁目、野方2丁目（32番から40番まで及び63番から69番まで）、野方3〜6丁目、大和町1〜4丁目、若宮1〜3丁目、白鷺1〜3丁目、鷺宮1〜6丁目、上鷺宮1〜5丁目）、豊島区（本庁管内（東池袋1〜5丁目、南池袋1〜4丁目、西池袋1〜5丁目、池袋1〜4丁目、池袋本町1丁目、雑司が谷1〜3丁目、高田1〜3丁目、目白1〜5丁目）、東部区民事務所管内（南大塚3丁目及び東池袋5丁目に属する区域に限る。）、西部区民事務所管内）

【東京都11区の板橋区の一部】（P95参照）

本庁管内（板橋1〜4丁目、加賀1〜2丁目、大山東町、大山金井町、熊野町、中丸町、南町、稲荷台、仲宿、氷川町、栄町、大山町、大山西町、幸町、中板橋、仲町、弥生町、本町、大和町、双葉町、富士見町、大谷口上町、大谷口1丁目、大谷口1〜2丁目、向原1〜3丁目、小茂根1〜5丁目、常盤台1〜4丁目、南常盤台1〜2丁目、東新町1〜2丁目、上板橋1〜3丁目、清水町、蓮沼町、大原町、泉町、宮本町、志村1〜3丁目、坂下1〜3丁目、東坂下1〜2丁目、小豆沢1〜4丁目、西台1〜4丁目、若木1〜3丁目、蓮根1〜3丁目、相生町、前野町1〜6丁目、三園2丁目、東山町、板橋1〜3丁目、高島平1〜9丁目、新河岸3丁目、赤塚支所管内

【東京都12区の豊島区（10区に属しない区域）、板橋区（11区に属しない区域）、足立区の一部】（P96参照）

豊島区（本庁管内（西巣鴨1丁目、大塚3丁目、上池袋1〜4丁目）、東部区民事務所管内（南大塚3丁目及び東池袋5丁目に属する区域を除く。））、板橋区（本庁管内（新河岸1〜2丁目、舟渡1〜4丁目））、足立区（谷中1〜9丁目、入谷町、扇2丁目、小台1〜2丁目、加賀1〜2丁目、江北1〜7丁目、皿沼1〜3丁目、鹿浜1〜8丁目、新田1〜3丁目、椿1〜2丁目、舎人1〜6丁目、舎人公園、舎人町、堀之内1〜2丁目、宮城1〜2丁目、谷在家2〜3丁目）

【東京都13区の足立区（12区に属しない区域）】（P96参照）

青井1〜6丁目、足立1〜4丁目、綾瀬1〜7丁目、伊興1〜5丁目、伊興本町1〜2丁目、梅島1〜3丁目、梅田1〜8丁目、大谷田1〜5丁目、加平1丁目、北加平町、栗原1〜4丁目、弘道1〜2丁目、古千谷1〜2丁目、古千谷本町1〜4丁目、佐野1〜2丁目、島根1〜4丁目、神明1〜3丁目、神明南1〜2丁目、関原1〜3丁目、千住1〜5丁目、千住曙町、千住旭町、千住東1〜2丁目、千住大川町、千住河原町、千住寿町、千住桜木1〜2丁目、千住関屋町、千住龍田町、千住中居町、千住仲町、千住橋戸町、千住緑町1〜3丁目、千住宮元町、千住元町、千住柳町、竹の塚1〜7丁目、辰沼1〜2丁目、中央本町1〜5丁目、東和1〜5丁目、中川1〜5丁目、西綾瀬1〜4丁目、西新井1〜7丁目、西新井栄町1〜2丁目、西伊興1〜4丁目、西伊興町、西加平1〜2丁目、西竹の塚1〜2丁目、西保木間1〜4丁目、花畑1〜8丁目、東綾瀬1〜3丁目、東伊興1〜4丁目、東保木間1〜2丁目、東六月町、一ツ家1〜4丁目、日ノ出町、東和1〜5丁目、保木間1〜5丁目、保塚町、南花畑1〜5丁目、六月1〜3丁目、六木1〜4丁目、谷在家1丁目、谷中1〜5丁目、柳原1〜2丁目、六町1〜4丁目、西新井本町1〜5丁目、西新井町1〜5丁目、本木1〜2丁目、本木北町、本木東町、本木南町

【東京都14区の台東区（2区に属しない区域）】（P96参照）

東上野6丁目、下谷2丁目（13番5号から13番5号まで、13番14号から13番24号まで、14番、15番及び24番）、入谷1丁目（1番から3番まで、9番から14番まで、

21番から28番まで、32番及び33番）、入谷2丁目（1番から33番まで）、松が谷1～4丁目、西浅草2～3丁目、浅草2丁目（13番から27番まで）、浅草3～7丁目、千束1丁目、千束2丁目（1番から32番まで）、千束3～4丁目、今戸1～2丁目、東浅草1～2丁目、橋場1～2丁目、清川1～2丁目、南千住1丁目、日本堤2丁目（1番から35番まで）

【東京都16区の江戸川区の一部】（P97参照）
本庁管内（中央1～4丁目、松島1～4丁目、松江1～7丁目、東小松川1～4丁目、西小松川町、大杉1～5丁目、西一之江1～4丁目、春江町4丁目、一之江町、西瑞江4丁目、江戸川1丁目、松本1～2丁目）、小松川・葛西・東部・鹿骨事務所管内

【東京都21区の多摩市・稲城市の一部】（P98参照）
多摩市（関戸、関戸1～4丁目、関戸5丁目（1番から8番まで及び13番から31番まで）、連光寺、連光寺1～6丁目、東寺方1丁目、一ノ宮、一ノ宮1～4丁目、聖ヶ丘1丁目（1番から24番まで、35番及び44番）、聖ヶ丘2～5丁目）、**稲城市**（坂浜、平尾、平尾1～3丁目、若葉台1～4丁目、若葉台1～4丁目）

【東京都22区の稲城市（21区に属しない区域）】（P98参照）
矢野口、東長沼、大丸、百村、押立、向陽台1～6丁目

【東京都23区の多摩市（21区に属しない区域）】（P98参照）
関戸5丁目（1番から8番まで及び13番から31番までを除く。）、関戸6丁目、貝取、乞田、和田、百草、落川、東寺方、桜ヶ丘1～4丁目、聖ヶ丘1丁目（1番から24番まで、35番及び44番を除く。）、馬引沢1～2丁目、山王下、中沢、唐木田、諏訪1～6丁目、永山1～7丁目、貝取1～5丁目、豊ヶ丘1～6丁目、落合1～6丁目、鶴牧1～6丁目、南野1～3丁目、東寺方3丁目、和田3丁目、愛宕1～4丁目

【東京都24区の八王子市（21区に属しない区域）】（P99参照）
横山町、八日町、八幡町、八木町、追分町、千人町1～4丁目、元本郷町1～4丁目、平岡町、本郷町、大横町、本町、元横山町1～3丁目、田町、新町、明神町1～4丁目、子安町1～4丁目、東町、旭町、三崎町、中町、南町、寺町、万町、上野町、小門町、小門町、台町1～4丁目、中野町、梅坪1～3丁目、中野上町1～5丁目、大和田町1～7丁目、富士見町、緑町、清川町、東浅川町、初沢町、高尾町、南浅川町、西浅川町、裏高尾町、甘里町、下柚木、下柚木2～3丁目、上柚木、上柚木2～3丁目、中山、越野、南陽台1～3丁目、堀之内、堀之内2～3丁目、鹿島、松が谷、鑓水、鑓水2丁目、南大沢1～5丁目、松木、別所1～2丁目、並木町、散田町1～5丁目、山田町、めじろ台1～4丁目、長房町、城山手1～2丁目、狭間町、館町、寺田町、大船町、大楽寺町、上壱分方町、諏訪町、四谷町、叶谷町、泉町、横川町、弐分方町、川町、元八王子1～3丁目、下恩方町、上恩方町、西寺方町、小津町、川口町、上川町、犬目町、楢原町、美山町、尾崎町、左入町、滝山町1～2丁目、梅坪町、谷野町、みつい台1～2丁目、丹木町1～3丁目、加住町1～2丁目、宮下町、戸吹町、高月町、小比企町、片倉町、西片倉1～3丁目、宇津貫町、みなみ野1～6丁目、兵衛1～2丁目、七国1～6丁目、北野町、打越町、北野台1～5丁目、長沼町、絹ヶ丘1～3丁目、高倉町、石川町、宇津木町、平町、小宮町、久保山町1～2丁目、大谷町、丸山町

【新潟県1区の新潟市北区・東区・中央区・江南区・南区・西区の一部】（P103参照）
北区（本庁管内（細山に属する区域に限る。）、北出張所管内（すみれ野4丁目に属する区域を除く。））、**東区**（本庁管内、石山出張所管内（亀田中島4丁目に属する区域を除く。））、**中央区**（本庁管内、東出張所管内、西出張所管内（鵜ノ子及び亀田早通に属する区域を除く。））、**江南区**（本庁管内（天野、天野1～3丁目、栗山、能ケ山、江口、大淵、祖父興野、嘉木、上和田、北山、久蔵興野、城蔵、酒屋町、笹山、三百地、鐘木、清五郎、曽川、楚川、曽野木1～2丁目、太右エ門新田、俵橋、直り山、長潟、中野山、満願寺新田、西山、花ノ牧、平賀、細山、舞潟、松山、丸潟新田、丸山、丸山ノ内善之丞組、茗荷谷、山二ツ、両川1～2丁目、和田新田、丸渡に属する区域に限る。））、**西区**（本庁管内、西出張所管内（四ツ郷屋及び興兵衛野新田に属する区域を除く。黒鳥出張所管内）

【新潟県2区の長岡市の一部】（P104参照）
本庁管内（西津町に属する区域のうち、平成17年3月31日において三島郡越路町の区域であった区域に限る。）、越路・三島・小国・和島・寺泊・与板支所管内

【新潟県3区の新潟市北区の一部】（P104参照）
本庁管内（細山、小杉、十二潟及び横越に属する区域を除く。）、北出張所管内（すみれ野4丁目に属する区域に限る。）

【新潟県4区の新潟市北区・東区・中央区・江南区・南区の一部、長岡市の一部】（P104参照）
新潟市（北区（第1区及び第3区に属しない区域）、東区（第1区に属しない区域）、中央区（第1区に属しない区域）、江南区（第1区に属しない区域）、南区（第1区及び第2区に属しない区域））、**長岡市**（中之島支所管内（押切川原町に属する区域のうち、平成17年3月31日において長岡市の区域であった区域を除く。）、栃尾支所管内）

【富山県1区の富山市の一部】（P105参照）
相生町、綾田町1～3丁目、青柳、青柳新、赤江町、赤田、秋ヶ島、秋吉、秋吉新町、悪王寺、曙町、朝日、旭町、安住町、愛宕町1～2丁目、荒川、荒川1～5丁目、荒町、安野屋町1～3丁目、安養坊、飯野、池多、石金1～3丁目、石倉町、石坂、石坂新、石坂本町、石屋、泉町1～2丁目、磯部町1丁目、稲荷園町、稲荷元町1～3丁目、犬島1～7丁目、犬島新町1～2丁目、今泉、今泉西部町、今市、今木町、岩瀬赤田町、岩瀬天池町、岩瀬入船町、岩瀬梅本町、岩瀬御蔵町、岩瀬表町、岩瀬古志町、岩瀬諏訪町、岩瀬高畠町、岩瀬天神町、岩瀬萩浦町、岩瀬白山町、岩瀬文化町、岩瀬前田町、

岩瀬松原町、岩瀬港町、牛島新町、牛島町、牛島本町1～2丁目、打出、打出新、内幸町、梅沢町1～3丁目、上野、上野寿町、上野新、上野新町、永楽町、越前町、江本、荏原新町、蛯町、追分茶屋、大井、大桑、大泉北町、大桑中町、大泉東町1～3丁目、大泉本町1～3丁目、於保多町、太田南町、大桑、大塚、大塚北、大塚西、大塚南、大塚町、大手町、大町、於保多町、太田南町、大桑、大塚北、大塚西、大塚南、大塚町、大手町、大町、於保多町、太田南町、大桑、大塚

【静岡県1区の静岡市葵区・駿河区・清水区の一部】（P112参照）

葵区（本庁管内（瀬名川3丁目（5番25号及び5番50号から5番59号までに属する区域を除く。）、麻機2丁所管内）、駿河区（本庁管内（谷田に属する区域のうち、平成15年3月31日において清水市に属することであった区域を除く。）、長田支所管内）、清水区（本庁管内（楠（694番地1及び694番地3）に属する区域に限る。）

【静岡県3区の浜松市天竜区の一部】（P113参照）

春野町領家、春野町堀之内、春野町胡桃平、春野町和泉平、春野町砂川、春野町大時、春野町長蔵寺、春野町石打松下、春野町田黒、春野町筏戸大上、春野町五和、春野町越木平、春野町川上、春野町気田、春野町花島、春野町杉、春野町川上、春野町宮川、春野町気田、春野町豊岡、春野町石切、春野町小俣京丸

【静岡県7区の浜松市中区・南区の一部】（P114参照）

中区（西öll町及び花川町に属する区域に限る。）、南区（高塚町、増楽町、若林町及び東若林町に属する区域に限る。）

【愛知県6区の瀬戸市の一部】（P116参照）

川平町、本郷町（10番から1048番まで）、十軒町、鹿乗町、内田町1～2丁目、北みずの坂1～3丁目

【愛知県9区の一宮市本庁管内】（P116参照）

起、開明、上祖父江、北今、小信中島、三条、玉野、冨田、西五城、西中野、西中野番外、西萩原、蓮池、東五城、東加賀野井、明地、祐久、篭屋1～5丁目

【兵庫県5区の川西市の一部】（P132参照）

平野（字カキヲジ原）、西植野（字丸山及び字東通りを除く。）、一庫、国崎、黒川、横路、大和東1～5丁目、大和西1～5丁目、美山台1～3丁目、丸山台1～3丁目、東畔野、東畔野1～6丁目、東畔野山手1～2丁目、長尾町、西畔野1～2丁目、山原、山原1～2丁目、緑が丘1～2丁目、山下町、笹部1～3丁目、笹部、下財町、一庫1～3丁目

【兵庫県6区の川西市（5区に属しない区域）】（P133参照）

中央町、小花1～2丁目、小戸1～3丁目、美園町、絹延町、出在家町、丸の内町、滝山町、鶯の森町、萩原1～3丁目、火打1～2丁目、松が丘町、霞ケ丘1～2丁目、日高町、栄町、花屋敷山手町、花屋敷1～2丁目、寺畑1～2丁目、栄根1～2丁目、南花屋敷1～4丁目、加茂1～6丁目、下加茂1～2丁目、久代1～6丁目、萩原台東1～2丁目、萩原台西1～3丁目、鶯が丘、新田1～3丁目、新田、平野1～3丁目、多田桜木1～2丁目、東多田1～3丁目、鼓が滝1～3丁目、多田院1～3丁目、多田院西1～2丁目、多田院多田所町、多田院西1～2丁目、満願寺町、満願寺、平野（字カキヲジ原を除く。）、東多田、西多田、多田院、石道、虫生、水明台1～5丁目、清和台東1～5丁目、向陽台1～2丁目、水明台1～2丁目、清和台西1～5丁目、湯山台1～2丁目、鶯台1～2丁目、けやき坂1～5丁目、南野坂1～2丁目、西畔野（字丸山及び字東通り）、清流台

【兵庫県11区の姫路市の一部】（P134参照）

相野、青山、青山1～8丁目、青山北1～3丁目、青山西1～5丁目、青山南1～4丁目、朝日町、網干区（網干区（網干区大江島、大江島宇野町、大江島古川町、興浜、垣内北町、垣内西町、垣内南町、垣内本町、垣内南町、北新在家町、東新在家、新在家、田井、高田、津市場、浜田、福井、宮内、余子浜、和久）、嵐山町、飯田、飯田1～3丁目、生野町、石倉、市川台1～3丁目、市川橋通1～2丁目、市之郷町、市之郷町1～4丁目、伊伝居、威徳寺町、井ノ口、今宿、岩端町、魚町、打越、梅ケ枝町、梅ケ谷町、梨前町、太市中、大塩町、大塩町宮前、大津区（惠美酒町1～2丁目、天神町1～2丁目、天満、長松、平松、平松、真砂町）、大野町、岡田、岡町、奥山、鍵町、柿山伏、鍛冶町、片田町、刀出、刀出栄立町、勝原区（朝日谷、大谷、勝原町、勝山町、熊見、下太田、宮田、山戸、丁）、金屋町、兼田、上大野1～7丁目、上片町、上手野、神屋町、神屋町1～6丁目、亀井町、亀山、亀山1～2丁目、川西、川西合、神田町1～4丁目、北今宿1～3丁目、北原在家1～3丁目、北原、北平野1～6丁目、北平野奥垣内、北平野台町、北平野南町、北八代1～2丁目、北夢前台1～2丁目、木場、木場十八反町、木場前山町、城見台1～2丁目、京口1～3丁目、楠町、久保町、栗山町、車崎1～3丁目、景福寺前、国府寺町、五軒邸1～4丁目、小姓町、琴岡町、古二階町、河間町、呉服町、米屋町、小利木町、五郎右衛門邸、紺屋町、西庄、材木町、幸町、栄町、坂田町、坂元町、定元町、三左衛門堀西の町、三左衛門堀東の町、三条町1～2丁目、塩町、飾磨区（英賀、英賀春日町1～2丁目、英賀清水町1～3丁目、英賀西町1～3丁目、英賀宮町1～3丁目、英賀東町1～3丁目、阿成、阿成植木、阿成鹿古、阿成下垣内、阿成中垣内、阿成渡場、今在家、今在家2～7丁目、今在家北1～3丁目、入船場、恵美酒、大浜、細江、構1～5丁目、鎌倉町、上野田1～6丁目、亀山、加茂、加茂北、加茂東、加茂南、御幸、栄町、三和町、思案橋、清水、清水1～3丁目、下野田1～4丁目、妻鹿、妻鹿常盤町、高町、高町1～2丁目、蓼野町、玉地、玉地1丁目、付城、付城1～2丁目、天神、都倉1～3丁目、都倉町、都倉、中島1丁目、中野田1～4丁目、西浜町1～3丁目、東堀、富士見ケ丘町、細江、堀川町、宮、三宅1～3丁目、妻鹿東海岸町、妻鹿常盤町、飾磨、飾磨台、飾磨台大釜、飾磨町大釜、飾磨町小原、飾磨町小原新、飾磨町須加新、飾磨町北堀、飾磨町北山、飾磨町清水、飾磨町佐良和、飾磨町塩崎、飾磨町志吹、飾磨町高町、飾磨町豊国、飾磨町構、飾磨町中島、飾磨町中島新、飾磨町夕陽ケ丘、四郷町明田、四郷町上鈴、四郷町坂元、四郷町山脇、東雲町1～6丁目、城北新町、城見町、下手野1～6丁目、十二所前町、庄田、城東町、城東町京口台、城東町五軒屋、城東町中河原、城東町竹之門、城東町清水、城東町毘沙門、城東町backup、城東町野田、書写、書写台1～3丁目、白国、白国1～5丁目、白浜町、白浜町宇佐崎北1～3丁目、白浜町宇佐崎中1～3丁目、白浜町宇佐崎南1～2丁目、白浜町神田1～2丁目、白浜町寺家1～2丁目、

白浜町灘浜、白銀町、城見台1～4丁目、城見町、新在家、新在家1～4丁目、新在家中の町、新在家本町1～6丁目、神和町、菅生台、総社本町、大黒壱丁町、大寿台1～2丁目、大善町、田井台、高岡新町、高尾町、鷹匠町、竹田町、龍野町1～6丁目、立町、田寺1～8丁目、田寺東1～4丁目、田寺山手町、玉手、玉手1～4丁目、地内町、中地、中地南町、町田、町坪、町坪南町、千代田町、継、佃町、辻井1～9丁目、土山1～7丁目、土山東の町、手柄、手柄1～2丁目、天神町、東郷町、同心町、豆腐町、砥堀、苫編、苫編南1～2丁目、豊沢町、豊富町甲丘1～4丁目、豊富町神谷、豊富町豊富、豊富町御蔭、名古山町、南条、南条1～3丁目、二階町、西今宿1～8丁目、西駅前町、西新在家1～3丁目、西新町、西大寿台、西中島、西二階町、西延末、西八代町、西夢前台1～3丁目、西脇、仁豊野、農人町、南畝町、南畝町1～2丁目、野里、野里上野町1～2丁目、野里慶雲寺前町、野里新町、野里月丘町、野里寺町、野里中町、野里東同心町、野里東町、野里堀留町、野里大和町、延末、延末1丁目、白鳥台1～3丁目、博労町、橋之町、花影町1～4丁目、花田町一本松、花田町小川、花田町加納原田、花田町上原田、花田町高木、花田町勅旨、林田町大堤、林田町奥佐見、林田町上伊勢、林田町上構、林田町口佐見、林田町久保、林田町下伊勢、林田町下構、林田町新町、林田町中構、林田町中山下、林田町林田、林田町林谷、林田町松山、林田町六九谷、林田町八幡、林田町山田、東今宿1～6丁目、東駅前町、東辻井1～4丁目、東延末、東延末1～5丁目、東山、東夢前台1～3丁目、日出町1～3丁目、平野町、広畑区（吾妻町1～3丁目、大町1～3丁目、蒲田、蒲田1～5丁目、北河原町、北野町1～2丁目、京見町、小坂、小松町1～4丁目、才、清水町1～3丁目、城山町、末広町1～3丁目、正門通1～4丁目、高浜町1～4丁目、鶴町1～2丁目、長町1～2丁目、西蒲田、西夢前台4～8丁目、則直、早瀬町1～3丁目、東新町1～3丁目、東夢前台4丁目、富士町、本町1～6丁目、夢前町1～4丁目、広峰1～2丁目、広嶺山、福居町、福沢町、福中町、福本町、藤ケ台、双葉町、船丘町、船津町、船橋町2～6丁目、別所町家具町、別所町北宿、別所町小林、別所町佐土、別所町佐土1～3丁目、別所町佐土新、別所町別所、別所町別所1～5丁目、北条、北条1丁目、北条梅原町、北条口1～5丁目、北条永良町、北条宮の町、保城、坊主町、峰南町、本町、増位新町1～2丁目、増位本町1～2丁目、的形町福泊、的形町的形、丸尾町、御国野町国分寺、御国野町御着、御国野町西御着、御国野町深志野、神子岡前1～4丁目、御立北1～4丁目、御立中1～8丁目、御立西1～6丁目、御立東1～6丁目、緑台1～2丁目、南今宿、南駅前町、南車崎1～2丁目、南新在家、南町、南八代町、宮上町1～2丁目、宮西町1～4丁目、睦町、元塩町、元町、八家、八木町、八代、八代東光寺町、八代本町1～2丁目、八代緑ケ丘町、八代宮前町、安田1～4丁目、柳町、山田町北山田、山田町多田、山田町西山田、山田町牧野、山田町南山田、山野井町、山畑新田、山吹1～2丁目、吉田町、米田町、余部区（上川原、上余部、下余部）、六角、若菜町1～2丁目、綿町

【岡山県1区の岡山市北区・南区の一部、吉備中央町本庁管内】（P143参照）

岡山市（**北区**（本庁管内（祇園、後楽園、中原及び牟佐に属する区域を除く。)、御津・建部支所管内)、**南区**（青江6丁目、あけぼの町、泉田、泉田1～5丁目、内尾、浦安西町、浦安本町、浦安南町、大福、海岸通1～2丁目、古新田、市場1～2丁目、下中野、新福1～2丁目、新保、洲崎1～3丁目、妹尾、妹尾崎、曽根、立川町、築港栄町、築港新町1～2丁目、築港ひかり町、築港緑町1～3丁目、築港元町、千鳥町、当新田、富浜町、豊成1～3丁目、豊浜町、中畦、並木町1～2丁目、南輝1～3丁目、西市、西畦、浜野1～4丁目、東畦、平福1～2丁目、福島1～4丁目、福田、福富中1～2丁目、福富西1～3丁目、福富東1～2丁目、福成1～3丁目、福浜町、福浜西町、福吉町、藤田、芳泉1～4丁目、松浜町、万倍、箕島、三浜町1～2丁目、山田、米倉、若葉町)、**吉備中央町**（広面、上加茂、下加茂、美原、加茂市場、高谷、平岡、上野、竹部、上田東、細田、三納谷、上田西、円城、案田、高富、神瀬、船津、小森)

【岡山県3区の真庭市の一部】（P144参照）

本庁管内、蒜山・落合・勝山・美甘・湯原振興局管内

【山口県1区の周南市の一部】（P146参照）

本庁管内、新南陽・鹿野総合支所管内、櫛浜・鼓南・久米・菊川・夜市・戸田・湯野・大津島・向道・長穂・須々万・中須・須金支所管内

【香川県1区の高松市の一部】（P151参照）

本庁管内、勝賀総合センター管内、山田支所管内、鶴尾・太田・木太・古高松・屋島・前田・川添・林・三谷・仏生山・一宮・多肥・川岡・円座・檀紙・女木・男木出張所管内

【愛媛県1区の松山市の一部】（P151参照）

本庁管内、桑原・道後・味生・生石・垣生・三津浜・久枝・潮見・和気・堀江・余土・興居島・久米・湯山・伊台・五明・小野支所管内、浮穴支所管内（北井門2丁目に属する区域に限る。)、石井支所管内

【高知県1区の高知市の一部】（P152参照）

上町1～5丁目、本丁筋、水通町、通町、唐人町、与力町、鷹匠町1～2丁目、本町1～5丁目、升形、帯屋町1～2丁目、追手筋1～2丁目、廿代町、永国寺町、丸ノ内1～2丁目、中の島、九反田、菜園場町、農人町、城見町、堺町、南はりまや町1～2丁目、弘化台、桜井町1～2丁目、はりまや町1～3丁目、宝永町、弥生町、丸池町、小倉町、東雲町、日の出町、知寄町1～3丁目、青柳町、稲荷町、若松町、高埇、杉井流、北金田、南金田、札場、南御座、北御座、南川添、北川添、北久保、南久保、海老ノ丸、中宝永町、南宝永町、二葉町、入明町、洞ケ島町、寿町、中水道、幸町、伊勢崎町、相模町、吉田町、愛宕町1～4丁目、大川筋1～2丁目、駅前町、相生町、江陽町、北本町1～4丁目、新本町1～2丁目、昭和町、和泉町、塩田町、比島町1～4丁目、栄田町1～3丁目、井口町、平和町、三ノ丸、宮前町、西町、大膳町、山ノ端町、桜馬場、城北町、北八反町、宝町、小津町、越前町1～2丁目、新屋敷1～2丁目、八反町1～2丁目、東城山町、城山町、東石立町、石立町、玉水町、縄手町、鏡川町、下島町、旭町1～3丁目、赤石町、中須賀町、旭駅前町、元町、南元町、旭上町、水源町、本宮町、上本

宮町、大谷、岩ケ淵、鳥越、塚ノ原、西塚ノ原、長尾山町、旭天神町、佐々木町、山西町、山手町、横内、口細山、尾立、轟台、福井町、福井扇町、福井東町、池、仁井田、種崎、十津1～6丁目、吸江、五台山、屋頭、高須、葛島1～4丁目、高須新町1～3丁目、高須砂地、高須新木、高須1～3丁目、高須東町、高須西町、高須絶海、高須大谷、高須大島、布師田、一宮、薊野、重倉、久礼野、薊野西町1～3丁目、薊野北町1～4丁目、薊野東町、薊野中町、薊野南町、一宮西町1～4丁目、一宮しなね1～2丁目、一宮南町1～2丁目、一宮中町1～3丁目、一宮東町1～5丁目、一宮徳谷、愛宕山、前里、東秦泉寺、中秦泉寺、三園町、西秦泉寺、北秦泉寺、宇津野、三谷、七ツ淵、加賀野井1～2丁目、愛宕山南町、秦南町1～2丁目、東久万、中久万、西久万、南久万、万々、中万々、南万々、柴巻、円行寺、一ツ橋町1～2丁目、みづき1～3丁目、みづき山、大津甲、大津乙、介良甲、介良乙、介良丙、介良、明見台、若久団地、若久1～2丁目、三宅1～3丁目、南大簗1～2丁目、和田1～4丁目、野多目1～3丁目、野多目4丁目（1番から13番まで、18番191から18番14号まで、18番61号から18番82号まで及び19番から30番まで）、野多目5丁目、老司1丁目（1番1号から1番17号まで、1番26号から1番48号まで、2番から4番まで、5番18号から5番36号まで、6番及び7番9号から7番28号まで）、市崎1～2丁目、大池1～2丁目、平和1～2丁目、平和4丁目、寺塚1～2丁目、柳河内1～2丁目、皿山1～4丁目、平和1～2丁目、花畑1～4丁目、屋形原1～5丁目、鶴田4丁目（1番1号から1番8号まで、1番44号から1番47号まで、3番5号から3番24号まで及び38号から3番54号まで）、長丘1～5丁目、長住1～7丁目、西長住1～3丁目、大字桜原、桜原1～7丁目、大平寺1～2丁目、大字柏原、柏原1丁目（1番から25番まで及び27番から53番まで）、柏原3～7丁目）、**城南区**（鳥飼4～7丁目、別府団地、別府1～7丁目、城西団地、荒江団地、荒江1丁目、飯倉1丁目（1番から5番まで、8番24号、8番31号から8番44号まで、15番から19番まで、20番1号から20番24号まで及び20番25号から20番67号まで）、松山1～2丁目、友丘1～6丁目、友泉亭、長尾1～5丁目、樋井川1～7丁目、室住団地、堤団地、堤1～2丁目、東油山1～6丁目、大字東油山、大字片江、片江1～5丁目、南片江1～6丁目、西片江1～2丁目、神松寺1～3丁目）

【福岡県3区の福岡市城南区（2区に属しない区域）】（P155参照）

七隈3丁目（6番、7番、8番1号から8番23号まで、8番25号から8番30号まで、8番45号、8番46号、9番から14番まで、20番5号から20番24号まで及び21番から23番まで）、七隈4～8丁目、片江1～5丁目、東油山1～6丁目、大字梅林

【福岡県5区の福岡市南区（2区に属しない区域）】（P156参照）

日佐3丁目、警弥郷1～3丁目、柳瀬1～2丁目、弥永1～5丁目、弥永団地、野多目4丁目（14番から17番まで、18番15号から18番60号まで、31番及び32番）、野多目6丁目、老司1丁目（1番18号から1番49号まで、5番から5番17号まで、5番37号から5番53号まで、7番1号から7番8号まで、7番29号から7番39号まで及び8番から35番まで）、老司2～5丁目、鶴田1～3丁目、大字東入（1番9号から1番43号まで、2番、3番1号から3番4号まで、3番25号から3番37号まで、3番55号から3番60号まで及び4番から54番まで）、柏原1丁目（26番）、柏原2丁目

【大分県1区の大分市の一部】（P160参照）

本庁管内、鶴崎・大南支所管内、稙田支所管内（大字廻栖野（618番地から747番地まで、830番地から832番地1まで、833番地1、833番地3から836番地3まで、838番地1から838番地2まで、841番地、1587番地、1591番地から1618番地まで及び1620番地）に属する区域を除く。）、大在・坂ノ市・明野支所管内

【常任委員会】

内閣委員(40)
(自22)(立7)(維教4)(公3)
(共1)(国1)(有1)(れ1)

	氏名	会派
(長)	星野剛士	自
(理)	冨樫博之	自
(理)	中山展宏	自
(理)	鳩山二郎	自
(理)	藤原崇	自
(理)	牧島かれん	自
(理)	森田俊和	立
(理)	稲富修二	立
(理)	堀場幸子	維教
(理)	國重徹	公
	青柳仁士	
	泉田裕彦	自
	上野賢一郎	自
	大串正樹	自
	大西英男	自
	神田潤一	自
	髙木啓	自
	土田慎	自
	平沼正二郎	自
	牧原秀樹	自
	宮路拓馬	自
	逢坂誠二	立
	太栄志	立
	森山浩行	立
	山岸一生	立
	阿部司	維教
	住吉寛紀	維教
	河西宏一	公
	吉田はるみ	立
	塩川鉄也	共
	浅野哲	国
	緒方林太郎	有
	大石あきこ	れ

総務委員(40)
(自22)(立8)(維教4)(公3)
(共1)(国1)(無1)

	氏名	会派
(長)	古屋範子	公
(理)	井原巧	自
(理)	斎藤洋明	自
(理)	中川貴元	自
(理)	長谷川淳二	自
(理)	奥野総一郎	立
(理)	おおつき紅葉	立
(理)	守島正	維教
	幸村典郎	自
	本田太郎	自
	国光あやの	自
	小森卓郎	自
	坂井学	自
	島田智明	自
	寺田稔	自
	中西健治	自
	西野太亮	自
	古本伸一郎	立
	岡本あき子	立
	福田昭夫	立
	道下大樹	立
	湯原俊二	立
	阿部弘樹	維教
	中嶋秀樹	維教
	平林晃	公
	西岡秀子	国
	福重隆浩	無

法務委員(35)
(自20)(立7)(維教4)
(公3)(共1)

	氏名	会派
(長)	武部新	自
(理)	田所嘉德	自
(理)	熊田裕通	自
(理)	笹川博義	自
(理)	谷川とむ	自
(理)	牧原秀樹	立
(理)	鎌田さゆり	立
(理)	池下卓	維教
(理)	大口善德	公
	五十嵐清	自
	十嵐...	自
	稲田朋美	自

⟨委員会⟩

(長)＝委員長・会長、(理)＝理事、(幹)＝幹事、議員氏名の右は会派名

財務金融委員（40）
（自23）（立8）（維教4）
（公3）（共1）（無1）

	氏名	会派
長㊞	津島　淳	自
理㊞	大野　敬太郎	自
理㊞	鈴木　馨祐	自
理㊞	宗清　皇一	自
理㊞	山井　和則	立
理㊞		維教
	野田　佳彦	立
	櫻田　義孝	自
	井上　貴博	自
	松本　尚	自
	上田　英俊	自
	稲田　朋美	自
	石原　正敬	自
	小田原　潔	自
	大岡　敏孝	自
	金子　俊平	自
	木原　誠二	自
	岸　信千世	自
	鈴木　隼人	自
	瀬戸　隆一	自
	中川　宏昌	立
	藤丸　敏	立
	古川　禎久	維教
	若林　健太	維教
	稲富　修二	維教
	階　猛	公
	野間　健	共
	馬場　雄基	無
	藤岡　隆雄	
	沢田　良	
	掘場　幸子	
	伊藤　渉	
	竹内　譲	
	田村　貴昭	
	吉田　豊史	
	村上　智信	
	神田　潤一	
	アルフィヤ	
	三ッ林　裕巳	
	おおつき　紅葉	
	鈴木　道彦	
	道下　大樹	
	米山　隆一	
	阿部　弘樹	
	斎藤　アレックス	
	日下　正喜	
	中村　映	
	本村　伸子	

外務委員（30）
（自17）（立5）（維教4）
（公2）（共1）（有1）

	氏名	会派
長㊞	勝俣　孝明	自
理㊞	小田原　潔	自
理㊞	城内　実	自
理㊞	中川　郁子	自
理㊞	藤井　比早之	維教
理㊞	源馬　謙太郎	公
理㊞	青柳　仁士	自
	竹内　譲	自
	上杉　謙太郎	自
	黄川田　仁志	自
	高村　正大	自
	塩崎　彰久	自
	武井　俊輔	立
	西銘　恒三郎	立
	平沢　勝栄	立
	深澤　陽一	維教
	穂坂　泰	維教
	宮路　拓馬	維教
	小熊　慎司	公
	佐藤　公治	公
	鈴木　敦	共
	松原　仁	有
	徳永　久志	
	和田　有一朗	
	金城　泰邦	
	穀田　恵二	
	吉良　州司	

文部科学委員（40）
（自23）（立8）（維教4）
（公3）（共1）（国1）

	氏名	会派
長㊞	田野瀬　太道	自
理㊞	尾身　朝子	自
理㊞	永岡　桂子	自
理㊞	山田　賢司	維教
理㊞	金子　恭之	公
理㊞	青山　周平	自
理㊞	井出　庸生	
	浮島　智子	

農林水産委員(40)

（自22）（立8）（維教3）（公3）
（共1）（国1）（有1）（欠1）

㊞長 野中
㊞理 厚文康一壮也士朗幹清孝拓直次郎雄一郎亮郎学武晋守
㊞理 敏健和貴浩国良英正憲次裕修慶郁太二宏
㊞理 中島川田口藤川畑田
小古細山近緑池角東五伊上江尾神木小高橋中西鳩堀保山梅
嵐東藤﨑田村寺鳥
十　川野山井岡口谷

党派: 自自自自自自自自自自自自自自自自自自自自自自立立立立立立立立維維維公公共国有

厚生労働委員(45)

（自25）（立10）（維教4）
（公3）（共1）（国1）（有1）

㊞長 新
㊞理 谷
㊞理 正
㊞理 義

義孝岳弘仁史一也吾俊樹康三と久敬徳明久子
正敏英克康進賢将英正容ひ彰英嘉裕憲
谷岡本谷島立佐葉元田串目子崎崎木所畑村階
新大橋三中足伊秋畦上大勝金川塩田田高

党派: 自自自立立立立維教維教維教維教公公公共国有

委員会

180

金子恵美 立
神谷裕 立
野間健 立
山田勝彦 立
渡辺創 立
一谷勇一郎 維教
掘井健智 維教
稲津久 公
山崎正恭 公
田村貴昭 共
長友慎治 国
北神圭朗 有

経済産業委員(40)

(自23)(立8)(維教4)(公3)(共1)(国1)

(長) **岡本三成** 公
(理) 鈴木隼人 自
(理) 関芳弘 自
(理) 宮内秀樹 自
(理) 落合貴之 立
(理) 山崎誠 立
(理) 守島正 維教
(理) 中野洋昌 公
井原巧 自
石井拓 自
尾崎正直 自
大岡敏孝 自
神田憲次 自
国光あやの 自
小林鷹之 自
鈴木淳司 自
冨樫博之 自
中川貴元 自
福田達夫 自
細田健一 自
堀井学 自
松本洋平 自
宗清皇一 自
山際大志郎 自
山下貴司 自
吉田真次 自
和田義明 自
若林健太 自
荒井優 立
大島敦 立
小山展弘 立
重徳和彦 立
田嶋要 立
山岡達丸 立
市村浩一郎 維教
小野泰輔 維教
山本剛正 維教
吉田宣弘 公
笠井亮 共
鈴木義弘 国

国土交通委員(45)

(自25)(立9)(維教4)(公3)(共1)(国1)(有1)(れ1)

(長) **長坂康正** 自
(理) あかま二郎 自
(理) 小林茂樹 自
(理) 佐々木紀 自
(理) 武井俊輔 自
(理) 伴野豊 立
(理) 谷田川元 立
(理) 三木圭恵 維教
(理) 國重徹 公
石橋林太郎 自
泉田裕彦 自
大西英男 自
加藤竜祥 自
金子俊平 自
菅家一郎 自
小島敏文 自
小林鷹之 自
小林史明 自
櫻田義孝 自
田中英之 自
高木啓 自
谷公一 自
谷川とむ 自
土井亨 自
中根一幸 自
中村裕之 自
西田昭二 自
古川康 自
武藤容治 自
石川香織 立
枝野幸男 立
城井崇 立
小宮山泰子 立
神津たけし 立
白石洋一 立
馬淵澄夫 立
赤木正幸 維教
漆間譲司 維教
高橋英明 維教
伊藤渉 公
日下正喜 公
高橋千鶴子 共
古川元久 国
福島伸享 有
たがや亮 れ

環境委員(30)

(自17)(立7)(維教4)(公2)

(長) **務台俊介** 自
(理) 伊藤忠彦 自
(理) 稲田朋美 自
(理) 菅家一郎 自

維　公
教　共
　　無

住　吉　寛　紀
北　側　一　雄
赤　嶺　政　賢
柿　沢　未　途

国家基本政策委員会（30）
（自18）（維教3）（公1）（共1）（国1）

㊤（長）　根本　匠　　自

理	金子恭之	自
理	佐藤　勉	自
理	西村明宏	自
理	平井卓文	維教
理	井田啓太	自
理	田村　優	自
理	生　弘	自
理	渕山勝憲	自
理	村田紀秀	自
理	海羽梨信	自
理	渡丹靖敏	自
理	葉浜　三	自
理	御法川信英	立
理	茂森鷲泉	立
理	岡後中長笠徳志玉	維教国

子　年　一　之
孝　久　郎　勉
和　朗　志　宏
吾　樹　英　武
治　弘　充　也
博　一　裕　一
信　英　郎　郎
三　也　太　子
人　志　史　志
義　幸　四
顕　夫　昭
郎　昌　和
一　和　浩
基　健　久
博　克　位
巳　喜　木
喜　山　田
美　尾　村
洋　田　妻

詔　元　永　山
俊　上　場　木
剛　倉　藤　良
洋　定　原　本
将　田　尾　川
信　澤　本
貴　本
正　川
容
裕
博

㊛堀　内　原田下
㊛篠　奥　淵元上
㊛森　鰐　井石小
㊛奥　畔　金国熊
　井　宮鷲大
　石　近松杉
　小　空林中
　金
　国
　熊
　宮
　鷲
　大
　近
　松
　杉
　空
　林
　中

安全保障委員会（30）
（自16）（立6）（維教4）（公2）（共1）（国1）

㊤（長）　小泉　進次郎　　自

理	杉田水脈	自
理	藤丸　敏	自
理	篠原　豪	立
理	岩屋　毅	自

泉　進次郎
田　水脈
丸　良宏聡
原　仁康良
谷　昭豪み
川　和義健邦光和朝義
渡　宮葉徳良辺川藤
塚　田　宮徳良辺
田　見田谷島野島本
大　黄川高武中長細松築和若新玄
江　中江大
屋　中長武中細松

昌　拓裕太元久尚生明嗣男彦博治
徳　川谷島野本田
アレックス

予算委員会（50）
（自28）（立11）（維教4）（公4）（共1）（国1）（有1）

㊤（長）　小野寺　五典　　自

理	上野賢一郎	自
理	加島橋牧奥山漆間井伊石	自
理	野藤尻伊安総英藤出東破	自

野　賢　五　典
勝　信　郎　子
安　子　岳
かれん　則司道生孝也茂
総和譲英庸達
和　間藤出東
佐　伊　藤
井　伊
伊　石
石

右段上部（前ページからの続き）

氏名	会派
稲田朋美	自
子安一郎	自
一夫一訓	自
郎芳介	自
康聖光達博	自
一郎	自
村田田園上	自
ともひろ	自
本柳坂塚谷田村藤子や本	立
西野萩福松三反村森	立
吉青井手中福遠金庄たが秋池	立
彦雄馬夫那樹一亮利隆	維
里	教
龍茂賢万	公
佐庄	公
真佳	れ
	れ
	無

議院運営委員（25）
（自14）（立6）（維教2）
（公1）（共1）（国1）

	氏名	会派
長	山口俊一	自
理	橘慶一郎	自
理	谷 一樹	自
理	中 治郎	自
理	丹羽武	維
理	藤尾秀樹	公
理	柳鷲青容英陽祐	自
理	藤藤水後遠 恵庸俊正次	自
理	興井井石本三ッ宮	立
	原村田路藤馬場田司川野	立
	敬一生郎郎巳馬司輔太	立
	郎基宏也哲	立
	山伊源馬吉中塩浅 裕拓賢俊雄はる 鉄	維 教
		公
		共
		国

決算行政監視委員（40）
（自21）（立8）（維教2）
（公3）（れ2）（無2）（欠1）

	氏名	会派
長	小川淳也	立
理	小林史明	自
理	田中英之	自
理	中山展宏	自
理	大河原	立
理	谷杉福江遠小下高棚中	自
	西下原川本重﨑藤倉村木橋谷	自
	健貴まさ和隆鐵利將博泰真	維教 公 自 自 自 自 自 自 自
	明之治司こ元巳浩磨明信文毅文一	立

左段上部（前ページからの続き）

氏名	会派
弘毅郎雄亮年民之徳明郎栄司樹馬二道彦織守介弘猛生き光美正	自
雅征隆勝偉茂和将一勝圭秀拓有健博信香	自
士	自
村屋藤智田岡藤中 田沢屋原路本辺坂川谷西山 岸山田下 島羽城田本中方	自
今岩衛越奥金後田平古牧宮山若渡井石梅大小階山米早奥林守赤金角宮田緒	自

（㊙）委員会

右欄（前ページからの続き）

党	氏名
立	米山隆一
維	堀場幸子
教	吉田とも代
公	山崎正恭
公	中川康洋
共	田村貴昭
国	古川元久

政治倫理の確立及び公職選挙法改正に関する特別委員(35)

(自20)(立7)(維教3)(公3)(共1)(国1)

役	氏名	党
長	石田真敏	自
理	大野敬太郎	自
理	西野太亮	自
理	鳩山二郎	自
理	平口洋	自
理	本庄知史	立
理	中川正春	立
理	小倉將信	維教
理	大串正樹	公
	大岡敏孝	自
	奥野信亮	自
	亀岡偉民	自
	川崎ひでと	自
	斎藤洋明	自
	寺田稔	自
	冨樫博之	自
	古川康	自
	山田賢司	自
	源馬謙太郎	立
	野田佳彦	立
	太栄志	立
	柚木道義	立
	池下卓	維
	奥下剛光	維
	伊東信久	教
	塩川鉄也	共

懲罰委員(20)

(自10)(立6)(維教1)
(公1)(欠2)

役	氏名	党
長	中川正春	立
理	丹羽秀樹	自
理	林幹雄	自
理	井上信治	自
	逢沢一郎	自
	甘利明	自
	奥野信亮	自
	菅家一郎	自
	二階俊博	自
	葉梨康弘	自
	武藤容治	自
	鷲尾英一郎	立
	安住淳	立
	小沢一郎	立
	大串博志	立
	菅直人	立
	吉田はるみ	立
	高木陽介	公

【特別委員会】

災害対策特別委員(35)

(自20)(立7)(維教3)
(公3)(共1)(国1)

役	氏名	党
長	後藤茂之	自
理	金子俊平	自
理	坂井学	自
理	笹川博義	自
理	渡辺博道	自
理	掘井健智	維教
理	日下正喜	公
理	東国幹	自
理	石原宏高	自
	金城泰邦	公
	杉田水脈	自
	高木宏壽	自
	根本幸典	自
	藤丸敏	自
	松本洋平	自
	宮路拓馬	自
	築山	自
	山口晋	自
	若林健太	自
	渡辺周	立
	小山展弘	立
	神津たけし	立
	近藤和也	立
	中島克仁	立

沖縄及び北方問題に関する特別委員(25)
(自14)(立5)(維教3)(公2)(共1)

- 長 佐藤公治 立
- 理 伊東良孝 自
- 理 島尻安伊子 自
- 理 西銘恒三郎 自
- 理 神谷裕 立
- 理 高橋英明 維教
- 理 金城泰邦 公
- 東国幹 自
- 井野俊郎 自
- 尾身朝子 自
- 鈴木隼人 自
- 武井俊輔 自
- 中谷真一 自
- 宮内秀樹 自
- 山口晋 自
- 和田義明 自
- 新垣邦男 立
- 松木けんこう 立
- 斎藤アレックス 維教
- 佐藤英道 公
- 赤嶺政賢 共

北朝鮮による拉致問題等に関する特別委員(25)
(自14)(立5)(維教3)(公2)(共1)

- 長 小熊慎司 立
- 理 斎藤明 自
- 理 熊田啓一郎 自
- 理 藤木守 自
- 理 鳥田奈朗 立
- 理 村田恭生 維教
- 理 田信通 公
- 崎紀 自
- 出孝 自
- 藤田脈 自
- 木田子 自
- 田川樹 自
- 山本近 自
- 山下介 自
- 高木 自
- 高塚 自
- 梅谷 立
- 西村 立
- 和山 維教
- 井加 公
- 熊佐々 共
- 櫻杉中

消費者問題に関する特別委員(35)
(自20)(立7)(維教3)(公3)(共1)(国1)

- 長 秋葉賢也 自
- 小倉將信 自
- 三ッ林裕巳 自
- 若林健太 自
- 青山大人 立
- 大西健介 立
- 大河原まさこ 立
- 堀場幸子 維教
- 岬麻紀 維教
- 鰐淵洋子 公
- 巧信輔 自
- 大西英男 自
- 吉田宏美 自
- 金子容三 自
- 中西健治 自
- 永岡桂子 自
- 松本洋平 自
- 井林辰憲 自
- 山田美樹 自
- 林幹雄 自
- 岡本あき子 立
- 山岡達丸 立
- 木村次郎 自
- 田島麻衣子 立
- 浅野哲 国
- 岬麻紀 維教
- 河西宏一 公
- 本村伸子 共
- 大岡敏孝 自
- 山本剛正 維教
- 下村博文 自
- 淵洋子 公
- 村田享子 立
- 木島日出夫

東日本大震災復興特別委員(40)
(自22)(立8)(維教4)(公3)(共1)(国1)(有1)

- 長 髙階恵美子 自
- 理 小寺裕雄 自
- 理 小林鷹之 自
- 理 坂井学 自
- 理 島尻長 自

立・維教・維教・公・共（前委員会の続き）
- 渡辺周 立
- 金村龍那 維教
- 鈴木敦 維教
- 中川宏昌 公
- 笠井亮 共

（前委員会つづき）

佐々木　紀（自）
鈴木　淳司（自）
土井　亨（自）
中根　一幸（自）
西田　昭二（自）
古川　康（自）
細田　健一（自）
宮澤　博行（立）
阿部　知子（立）
逢坂　誠二（立）
菅　直人（立）
嶋田　　（立）
間部　弘（維教）
本野　誠（維教）
内野　洋（公）
野　空（公）
井　竹（共）
笠　中（国）
浅

地域活性化・こども政策・デジタル社会形成に関する特別委員(35)
(自20)(立7)(維教3)(公3)(共1)(国1)

長　谷　公一（自）
理　井上　信治（自）
理　上杉　謙太郎（自）
理　中島　克仁（立）
理　牧　義夫（立）
理　岡本　あき子（立）
理　藤岡　隆雄（維教）
理　一河　宏（公）

西野　太亮（自）
田中　英之（自）
寺田　稔（自）
林　幹雄（自）
川崎　ひでと（自）
本田　太郎（自）
井林　辰憲（自）
本田　顕子（自）

治
子雄　一弘志雄郎　む慎亨子岳夫敏学武顕輔馬夫き

今　小橋　土中福堀柳中福早
達　宏　　祐ゆ　一昭

原子力問題調査特別委員(35)
(自20)(立7)(維教3)(公3)(共1)(国1)

長　平　将明（自）
理　泉田　裕彦（自）
理　大西　英男（自）
理　中村　裕之（自）
理　伴野　豊（立）
理　山崎　誠（立）
理　今村　雅弘（維教）
理　上村　将（公）
理　江渡　聡徳（公）
理　大木　敏（自）

田西村藤野林元村田渡岡村
泰　将雅英聡敏
将裕英裕容
明彦之治豊誠晃吾弘徳孝

山小平畦今上江大木
村田渡岡村

【情報監視審査会】

情報監視審査会委員(8)
(自4)(立2)(維教1)(公1)

- ⾧ 岩屋　毅（自）
- 伊達　久弘（自）
- 藤田　憲俊（自）
- 村　梨一生（自）
- 葉　康宏（立）
- 伊山　岸司（立）
- 中　善（維教）
- 大口　善（公）

【政治倫理審査会】

政治倫理審査会委員(25)
(自15)(立5)(維教2)
(公2)(共1)

- ⾧ 田中和徳（自）
- ㊝ 橘慶一郎（自）
- ㊝ 丹羽秀樹（自）
- ㊝ 羽田二郎（自）
- ㊝ 鷲尾英一郎（自）
- 尾　学（自）
- 稲　人道（自）
- 浦　生郎（自）
- 佐　一巳（自）
- 石井　馬（自）
- 木　司太（自）
- 三ツ林　男史（自）
- 　明（立）
- 　一二（立）
- 富　靖英（立）
- 田　庸俊（立）
- 野　正次（立）
- 原　真太裕（維教）
- 村谷　賢（維教）
- 林路田　幸義（公）
- 本山林野　浩英（公）
- 三宮若　宏恵（共）
- 牧枝　橋西田
- 笠高河穀

【憲法審査会】

憲法審査会委員(50)
(自28)(立10)(維教5)
(公4)(共1)(国1)(有1)

- ⾧ ㊝ 森英介（自）
- ㊝ 加藤勝信（自）
- ㊝ 小林鷹之（自）
- ㊝ 寺田稔（自）
- ㊝ 中谷元（自）
- ㊝ 船田元（自）
- ㊝ 馬場伸幸（自）
- ㊝ 北側一雄（自）
- ㊝ 井出庸生（自）
- ㊝ 井上貴博（自）
- ㊝ 伊藤達也（自）
- ㊝ 石破茂（自）
- ㊝ 稲田朋美（自）
- ㊝ 岩屋毅（自）
- ㊝ 越智隆雄（自）
- 大串正樹（自）
- 大塚拓（自）
- 城内実（自）
- 下村博文（自）
- 中西健治（自）
- 長島昭久（自）
- 古川禎久（自）
- 細田健一（自）
- 山下貴司（自）
- 山田賢司（自）
- 山本ともひろ（自）
- 大野敬太郎（自）
- 逢沢一郎（自）
- 城井崇（立）
- 近藤昭一（立）
- 篠原孝（立）
- 本庄知史（立）
- 牧義夫（立）
- 谷田川元（立）
- 吉田はるみ（立）
- 青柳仁士（維教）
- 岩谷良平（維教）
- 小野泰輔（維教）
- 三木圭恵（維教）
- 大西善（維教）
- 河西宏一（公）

㊝委員会

2005年以降の主な政党の変遷（数字は年月）

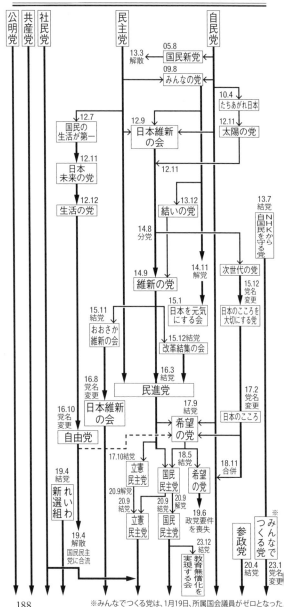

※みんなでつくる党は、1月19日、所属国会議員がゼロとなった

参 議 院

●凡例　記載内容は原則として令和6年2月1日現在。

選挙区	定　数

第25回選挙得票数・得票率　第26回選挙得票数・得票率
（令和元年7月21日）　　　（令和4年7月10日）

得票数の左の▽印は繰り上げ当選者の資格を持つ法定得票数獲得者。

<table>
<tr><td></td><td>党派＊・（会派）　選挙年 当選回数</td></tr>
<tr><td rowspan="2">ふり　がな
氏　　名</td><td>出身地　　　　　生年月日</td></tr>
<tr><td>勤続年数(うち㋺年数)(初当選年)</td></tr>
</table>

略　歴 〔現職はゴシック。但し大臣・副大臣・
政務官、委員会及び党役職のみ。〕

〒 地元 住所　☎
〒 東京 住所　☎

●編集要領

○ 住所に宿舎とあるのは議員宿舎、会館とあるのは議員会館。
○ 党派名、自民党の派閥名([　]で表示)を略称で表記した。

自 …自由民主党	**れ** …れいわ新選組	[麻]…麻生派	（　）内は会派名
立 …立憲民主党	**社** …社会民主党	[茂]…茂木派	● 立憲…立憲民主・社民
公 …公明党	**参** …参政党	[無]…無派閥	● 国民…国民民主・新緑風会
維 …日本維新の会	**教** …教育無償化を		● 沖縄…沖縄の風
共 …日本共産党	実現する会		● N党…NHKから国民を守る党
国 …国民民主党	**無** …無所属		

○ 常任委員会

内閣委員会………………………**内閣委**	国土交通委員会…………………**国交委**
総務委員会………………………**総務委**	環境委員会………………………**環境委**
法務委員会………………………**法務委**	国家基本政策委員会……………**国家基本委**
外交防衛委員会………………**外交防衛委**	予算委員会………………………**予算委**
財政金融委員会…………………**財金委**	決算委員会………………………**決算委**
文教科学委員会…………………**文科委**	行政監視委員会…………………**行政監視委**
厚生労働委員会…………………**厚労委**	議院運営委員会…………………**議運委**
農林水産委員会…………………**農水委**	懲罰委員会………………………**懲罰委**
経済産業委員会…………………**経産委**	

○ 特別委員会

災害対策特別委員会 …………………………………………………………**災害特委**
政府開発援助等及び沖縄・北方問題に関する特別委員会 ……**ODA・沖北特委**
政治倫理の確立及び選挙制度に関する特別委員会 ……………………**倫選特委**
北朝鮮による拉致問題等に関する特別委員会 ……………………………**拉致特委**
地方創生及びデジタル社会の形成等に関する特別委員会 ……**地方・デジ特委**
消費者問題に関する特別委員会 ………………………………………**消費者特委**
東日本大震災復興特別委員会 ……………………………………………**復興特委**

○ 調査会・審査会

外交・安全保障に関する調査会 ……………………………………**外交・安保調委**
国民生活・経済及び地方に関する調査会 ………………………**国民生活調委**
資源エネルギー・持続可能社会に関する調査会 ………………………**資源エネ調委**
憲法審査会 ………………………………………………………………**憲法審委**
情報監視審査会 …………………………………………………………**情報監視審委**
政治倫理審査会 …………………………………………………………**政倫審委**

※所属の委員会名は、1月26日現在の委員部資料及び議員への取材に基づいて掲載
しています。
※勤続年数・年齢は令和6年2月末現在
＊新…当選1回の議員。前…当選2回以上で、選出される選挙時点で参議院議員で
あった議員。元…当選2回以上で、選出される選挙時点では、参議院議員で
なかった議員、または当選2回以上で、繰上補充もしくは、補欠選挙により選
出された議員。

参議院議員・秘書名一覧

	議員名	党派(会派)	選挙区／選挙年	政策秘書名／第1秘書名／第2秘書名	号室	直通／FAX	略歴頁
あ	足立敏之 （あだちとしゆき）	自[無]	比例④	竹島睦二／本田俊二／中山麻友	501	6550-0501 6551-0501	227
	阿達雅志 （あだちまさし）	自[無]	比例④	土屋達之介／長岐康紀／安西直	309	6550-0309 6551-0309	228
	青木愛 （あおきあい）	立	比例④	―／―／―	507	6550-0507 6551-0507	231
	青木一彦 （あおきかずひこ）	自[無]	鳥取・島根④	青戸哲哉／佐々木弘行	814	6550-0814 3502-8825	261
	青島健太 （あおしまけんた）	維	比例④	有働正美／剱持益之／高橋叔	405	6550-0405 6551-0405	230
	青山繁晴 （あおやましげはる）	自[無]	比例④	出口太未／三浦麻美／入間川和美	1215	3581-3111(代)	226
	赤池誠章 （あかいけまさあき）	自[無]	比例元	中島朱美／松岡俊一	524	6550-0524 6551-0524	216
	赤松健 （あかまつけん）	自[無]	比例④	広野文治／日高周／野梨紗	423	6550-0423 6551-0423	226
	秋野公造 （あきのこうぞう）	公	福岡④	中條壽信／前田洋義／和田	711	6550-0711 6551-0711	265
	浅尾慶一郎 （あさおけいいちろう）	自[麻]	神奈川④	東海林大雄／三谷智祐／長尾	601	6550-0601 6551-0601	249
	浅田均 （あさだひとし）	維	大阪④	熊谷知志／平岡紀政／坪内史	621	6550-0621 6551-0621	258
	朝日健太郎 （あさひけんたろう）	自[無]	東京④	桑門哉／代内淳紀／宮川正	620	6550-0620 6551-0620	247
	東徹 （あずまとおる）	維	大阪元	吉高則宏／成野正隆／柊谷龍	510	6550-0510 6551-0510	257
	有村治子 （ありむらはるこ）	自[麻]	比例元	高渡部光子／橋部弘／中桃恵	1015	6550-1015 6551-1015	215
い	井上哲士 （いのうえさとし）	共	比例元	児玉善彦／広井真光／藤浦修	321	6550-0321 6551-0321	221
	井上義行 （いのうえよしゆき）	自[無]	比例元	小川雅幸子／黒木乃梨子／梅澤恭	920	6550-0920 6551-0920	228
	伊藤岳 （いとうがく）	共	埼玉元	石川健介／岡嵜拓理／磯ヶ谷也	609	6550-0609 6551-0609	243
	伊藤孝江 （いとうたかえ）	公	兵庫④	本孝薫／園谷晃一／武田朋久	1014	6550-1014 6551-1014	259
	伊藤孝恵 （いとうたかえ）	国	愛知④	中島浩司／川井太陽／永久平	1008	6550-1008 6551-1008	255

※内線電話番号は、5＋室番号（3～9階は5のあとに0を入れる）

議員名	党派(会派)	選挙区選挙年	政策秘書名 第1秘書名 第2秘書名	号室	直通 FAX	略歴頁
伊波洋一 いは よういち (沖縄)	無 (沖縄)	沖縄④	末廣 哲 伊波俊介 高江洲満子	519	6550-0519 6551-0519	269
生稲晃子 いくいな あきこ	自 [無]	東京④	伊藤慎一 永瀬祐見子	904	6550-0904 6551-0904	247
石井 章 いしい あきら	維	比例④	————	1204	6550-1204 6551-1204	229
石井準一 いしい じゅんいち	自 [無]	千葉元	森﨑大輔 東野俊男 山田光光	506	6550-0506 5512-2606	244
石井浩郎 いしい ひろお	自 [茂]	秋田④	黒川茂雄 畑澤敦子 千葉 淳一	713	6550-0713 6551-0713	240
石井正弘 いしい まさひろ	自 [無]	岡山元	近藤儀道 田淵善一 石田真佐代	1214	6550-1214 6551-1214	261
石井苗子 いしい みつこ	維	比例④	橋本範子 森本卓矢	1115	6550-1115 6551-1115	229
石垣のりこ いしがき	立	宮城④	青木まり子	813	6550-0813 6551-0813	239
石川大我 いしかわ たいが	立	比例元	榎本順一 浜原健伍 飛鳥斗亜	1113	6550-1113 6551-1113	218
石川博崇 いしかわ ひろたか	公	大阪④	櫻井久美子 青木正伸 本浦正志	616	6550-0616 6551-0616	258
石田昌宏 いしだ まさひろ	自 [無]	比例元	五反分正彦 大田京子 橋本祥太朗	1101	6550-1101 6551-1101	215
石橋通宏 いしばし みちひろ	立	比例④	渡辺卓也 鈴木良知子 伊藤淳子	523	6550-0523 6551-0523	231
磯﨑仁彦 いそざき よしひこ	自 [無]	香川④	冨田久雄 後藤寿也 竹内康弘	624	6550-0624 6551-0624	264
礒﨑哲史 いそざき てつじ	国	比例元	長谷康人 ————	1210	6550-1210 6551-1210	221
猪口邦子 いのぐち くにこ	自 [麻]	千葉元	末原功太郎 小久保時子	1105	6550-1105 6551-1105	245
猪瀬直樹 いのせ なおき	維	比例④	樋澤 悟 中嶋徳彦	513	6550-0513 6551-0513	229
今井絵理子 いまい えりこ	自 [麻]	比例元	柳澤浩美 吉川夏貴 川﨑多津也	315	6550-0315 6551-0315	228
岩渕 友 いわぶち とも	共	比例④	安部由美子 阿部 了 小島あずみ	1002	6550-1002 6551-1002	233
岩本剛人 いわもと つよひと	自 [無]	北海道元	荒木真一 小林三奈子 原 雅	205	6550-0205 6551-0205	237
上田 勇 うえだ いさむ	公	比例④	嶋林秀一 時田能行 大井源也	1212	6550-1212 6551-1212	232

参議員・秘書

い・う

う

議員名	党派（会派）	選挙区 選挙年	政策秘書名 第1秘書名 第2秘書名	号室	直通 FAX	略歴頁
うえだ きよし 上田清司	無	埼玉④	六川鉄平 池田麻里 西澤理	618	6550-0618 6551-0618	244
うえの みちこ 上野通子	自 [無]	栃木④	齋藤淳 根本龍夫 横田地美佳	918	6550-0918 6551-0918	242
うすい しょういち 臼井正一	自 [茂]	千葉④	江熊富美代 大森裕志 鹿嶋祐介	909	6550-0909 6551-0909	245
うちこし さくら 打越さく良	立	新潟(元)	山口希望 相墨武人 石田佳	901	6550-0901 6551-0901	249
うめむら さとし 梅村聡	維	比例(元)	北野大地 ― ―	326	6550-0326 6551-0326	220
うめむら 梅村みずほ	維	大阪(元)	浅田淳志 松村東 大嶋公一	1004	6550-1004 6551-1004	257
え えじま きよし 江島潔	自 [無]	山口④	三浦善一郎 稲田亮 亀永誉晃	1103	6550-1103 6551-1103	263
えとう せいいち 衛藤晟一	自 [無]	比例(元)	北村賢一 柴原佳史 清水剛	1216	6550-1216 6551-1216	216
お おざわ まさひと 小沢雅仁	立	比例(元)	加藤陽子 秋野健太郎 園田健人	1119	6550-1119 6551-1119	217
おぬま たくみ 小沼巧	立	茨城(元)	西恵美子 宮田康則 四倉茂	1012	6550-1012 6551-1012	241
おのだ きみ 小野田紀美	自 [茂]	岡山④	山口栄利香 石原千絵 ―	318	6550-0318 6551-0318	261
おつじ ひでひさ 尾辻秀久	無	鹿児島(元)	松尾有嗣 ― 竹内和香	515	6550-0515 3595-1127	268
おち としゆき 越智俊之	自 [無]	比例④	皆川洋平 一瀬晃一朗 張富栄偉	821	6550-0821 5512-5121	229
おおいえ さとし 大家敏志	自 [麻]	福岡④	石田麻子 伊原隆敏 柴田泰夫	518	6550-0518 6551-0518	265
おおしま くすお 大島九州男	れ	比例④繰	― ― ―	714	6550-0714 6551-0714	233
おおつか こうへい 大塚耕平	国	愛知(元)	河本安子 岩崎孝史 川越崇史	1121	6550-1121 6551-1121	254
おおつばき 大椿ゆうこ	社	比例(元)繰	野崎哲 ― 小野寺葉月	906	6550-0906 6551-0906	222
おおの やすただ 大野泰正	無	岐阜(元)	岩田佳子 髙井雅之 髙木まゆみ	503	6550-0503 6551-0503	252
おおた ふさえ 太田房江	自 [無]	大阪(元)	郷千鶴子 川端威臣 星神裕希枝	308	6550-0308 6551-0308	257
おかだ なおき 岡田直樹	自 [無]	石川④	丹後智浩 下田学 大畠央三	807	6550-0807 6551-0807	250

※内線電話番号は、5＋室番号（3～9階は5のあとに0を入れる）

議員名	党派（会派）	選挙区 選挙年	政策秘書名 第１秘書名 第２秘書名	号室	直通 FAX	略歴頁
おと きた しゅん **音喜多 駿**	維	東京元	小林 優輔 小濱 あやこ 下山 達人	612	6550-0612 6551-0612	246
おに き まこと **鬼木 誠**	立	比例④	鳥越 保浩 三木みどり	511	6550-0511 6551-0511	230
か だ ひろゆき **加田裕之**	自[無]	兵庫元	福田 聖也 藤本 哲也 宇都宮祥一郎	819	6550-0819 6551-0819	259
か とう あきよし **加藤明良**	自[茂]	茨城④	大塚 典子 前田 拓哉希 雨澤 陸	414	6550-0414 6551-0414	241
か だ ゆき こ **嘉田由紀子**	教	滋賀元	安部 秀行 五月女彩子 田代 直	815	6550-0815 6551-0815	256
かじ はら だい すけ **梶原大介**	自[無]	比例④	吉澤 昌樹 泉 栄恵子 穴戸麻里	201	6550-0201 6551-0201	226
かた やま さつき **片山さつき**	自[無]	比例④	源平 尚人 山下 英二 山崎 規	420	6550-0420 6551-0420	227
かた やま だい すけ **片山大介**	維	兵庫④	三井 敏弘 近藤 純子	721	6550-0721 6551-0721	259
かつ べ けん じ **勝部賢志**	立	北海道元	田中 信彦 片桐 眞昭 花 雅	608	6550-0608 6551-0608	237
かね こ みち ひと **金子道仁**	維	比例④	宮田 宗冬 米宏 理 伊藤 裕哲	1013	6550-1013 6551-1013	230
かみ や そう へい **神谷宗幣**	参	比例④	上原千可子 高岩 勝人 和田 武士	520	6550-0520 6551-0520	234
かみ や まさ ゆき **神谷政幸**	自[麻]	比例④	柴原 健也 五十嵐哲和 内田 美	1218	6550-1218 6551-1218	228
かみ とも こ **紙 智子**	共	比例元	田井 共生 小松 正英	710	6550-0710 6551-0710	221
かわ い たか のり **川合孝典**	国	比例④	平澤 幸子 海保 順一	1223	6550-1223 6551-1223	233
かわ た りゅうへい **川田龍平**	立	比例元	稲葉 治久 小室 靖浩	508	6550-0508 6551-0508	218
かわ の よし ひろ **河野義博**	公	比例元	新保 正則 矢野 久枝 保田 博	720	6550-0720 6551-0720	219
き むら えい こ **木村英子**	れ	比例元	入野田智也 堤 昌也	314	6550-0314 6551-0314	222
きら よし こ **吉良よし子**	共	東京元	加藤 昭宏 菊田 由佳子 田川 京子	509	6550-0509 6551-0509	246
きし ま き こ **岸 真紀子**	立	比例元	岸野ミチル 米田由美子 森木 亮太	611	6550-0611 6551-0611	217
きた むら つね お **北村経夫**	自[無]	山口元補	菅田 誠志 渡邊部 仁志 黒坂 陽子	1109	6550-1109 6551-1109	262

か

き

議員名	党派(会派)	選挙区 選挙年	政策秘書名 第1秘書名 第2秘書名	号室	直通 FAX	略歴頁
く 串田誠一 (くしだせいいち)	維	比例④	大塚莉沙/新山美香	1203	6550-1203 6551-1203	230
窪田哲也 (くぼたてつや)	公	比例④	細田鶴子一/仮屋雄広/甲斐宣	202	6550-0202 6551-0202	232
熊谷裕人 (くまがいひろと)	立	埼玉元	上原広/野口浩	1217	6550-1217 6551-1217	243
倉林明子 (くらばやしあきこ)	共	京都④	増田裕太/山本萌/佐藤太海	1021	6550-1021 6551-1021	256
こ こやり隆史 (たかし)	自[無]	滋賀元	増田綾子/田村敏子/田中里佳子	716	6550-0716 6551-0716	256
小池晃 (こいけあきら)	共	比例④	丸井龍平/吉井芳明/槐島明香	1208	6550-1208 6551-1208	220
小西洋之 (こにしひろゆき)	立	千葉④	千葉章明/鈴木宏章/小野寺	915	6550-0915 6551-0915	245
小林一大 (こばやしかずひろ)	自[無]	新潟④	橋本美奈子/向井崇浩	416	6550-0416 6551-0416	249
古賀千景 (こがちかげ)	立	比例④	前川浩司/安西仁美	409	6550-0409 6551-0409	230
古賀友一郎 (こがゆういちろう)	自[無]	長崎元	高田久美子/葉山史織/坂爪ひとみ	1206	6550-1206 6551-1206	266
古賀之士 (こがゆきひと)	立	福岡④	鈴木加世子/片山陽美/西田久美	1108	6550-1108 6551-1108	265
古庄玄知 (こしょうはるとも)	自[無]	大分④	原敬一男/川江純男/古庄はるか	907	6550-0907 6551-0907	267
上月良祐 (こうづきりょうすけ)	自[茂]	茨城元	岸田礼子/平島剛彦/瀧幸	704	6550-0704 6551-0704	241
さ 佐々木さやか (ささき)	公	神奈川元	長岡光伸明一/古屋和/高木	514	6550-0514 6551-0514	248
佐藤啓 (さとうけい)	自[無]	奈良④	榎本政子/寺内清有/岩本智有	708	6550-0708 6551-0708	260
佐藤信秋 (さとうのぶあき)	自[茂]	比例元	玉村貴博/安富和彦/富山山	722	6550-0722 6551-0722	215
佐藤正久 (さとうまさひさ)	自[茂]	比例元	木下俊治/橋谷田洋介/野口マ	705	6550-0705 6551-0705	215
齊藤健一郎 (さいとうけんいちろう)	無[N党]	比例④繰	渡辺文久子/本間明高/丸山穂	304	6550-0304 6551-0304	234
斎藤嘉隆 (さいとうよしたか)	立	愛知元	石川敏晶/市川畑高幸/若松善	707	6550-0707 6551-0707	255
酒井庸行 (さかいやすゆき)	自[無]	愛知元	忽那薫二/鈴木秀純/歌川川	723	6550-0723 6551-0723	254

※内線電話番号は、5＋室番号（3～9階は5のあとに0を入れる）

議員名	党派(会派)	選挙区 選挙年	政策秘書名 第1秘書名 第2秘書名	号室	直通 FAX	略歴頁
さくらい みつる 櫻井 充	自[無]	宮城④	庄司 真央 増田 裕子 尾形 幸一	512	6550-0512 6551-0512	239
さとみ りゅうじ 里見 隆治	公	愛知④	黒田 泰広 山内 明稔 長 尾高	301	6550-0301 6551-0301	254
さんとう あきこ 山東 昭子	自[麻]	比例元	勝島 岳人 俣田 好隆 京谷 政春	310	6550-0310 6551-0310	216
し みず たかゆき 清水 貴之	維	兵庫④	上杉 真子 小濱 丈弥 福西 ここ	404	6550-0404 6551-0404	258
し みず まさと 清水 真人	自[無]	群馬元	三佐 留哲 郎 藤田 始彩 神田	923	6550-0923 6551-0923	242
じみ はなこ 自見 はなこ	自[無]	比例④	讃岐 浩士 佐藤 裕之 大畑 成美	504	6550-0504 6551-0504	227
しおた ひろあき 塩田 博昭	公	比例元	橋本 正博 菊地 淑康 尾形 子彦	1117	6550-1117 6551-1117	219
しおむら あやか 塩村 あやか	立	東京元	石井 茂 丸子 知奈美	706	6550-0706 6551-0706	246
しば しんいち 柴 愼一	立	比例④	高木 智章 加藤 久美子	1009	6550-1009 6551-1009	231
しば た たくみ 柴田 巧	維	比例元	吉岡 彩乃 富田 道康 牧 毅	816	6550-0816 6551-0816	220
しま むら だい 島村 大		神奈川元	(令和5年8月30日死去)			248
しも の ろくた 下野 六太	公	福岡④	奈須野 文麿 成松 明 清川 通貴	913	6550-0913 6551-0913	265
しらさか あき 白坂 亜紀	自[無]	大分元補	神田 信浩 関澤 一洋 大塚 久美	419	6550-0419 6551-0419	267
しんどうかねひこ 進藤 金日子	自[無]	比例④	豊田 輝久 知花 正博 佐々木 理恵	719	6550-0719 6551-0719	228
しんば かづや 榛葉 賀津也	国	静岡元	堀日 厚志 池田 由佳 林 高玲	1011	6550-1011 6551-0026	253
す どうげんき 須藤 元気	無	比例元	西 悦蔵 御子貝 浩太	914	6550-0914 6551-0914	218
すえまつしんすけ 末松 信介	自[無]	兵庫④	荒金 美保 中根 健治 末松 真帆	905	6550-0905 5512-2616	259
すぎ ひさたけ 杉 久武	公	大阪④	小神 輝高 川久保一司 井崎 光城	615	6550-0615 6551-0615	257
すぎ お ひでや 杉尾 秀哉	立	長野④	山根 睦弘 松原 秀吉 小林 直樹	724	6550-0724 6551-0724	252
すずき むねお 鈴木 宗男	無	比例元	赤松 真次 飯島 翔 堀居 和美	1219	6550-1219 6551-1219	220

(参) 議員・秘書

さ・し・す

	議員名	党派(会派)	選挙区選挙年	政策秘書名第1秘書名第2秘書名	号室	直通FAX	略歴頁
せ	世耕弘成 せ こう ひろ しげ	自[無]	和歌山元	佐藤 拓治 福井 康周 花田 周基	1017	6550-1017 6551-1017	260
	関口昌一 せき ぐち まさ かず	自[無]	埼玉④	多田 政弘 関口 恵太 齋藤 亮	1104	6550-1104 6551-1104	244
た	田島麻衣子 た じま ま い こ	立	愛知元	矢下 雄介 河合 利弘	410	6550-0410 6551-0410	254
	田中昌史 た なか まさ し	自[無]繰	比例元	上内 裕子 内藤 貴司	505	6550-0505 6551-0505	217
	田名部匡代 た な ぶ まさ よ	立	青森元	大谷 佳子 八歳 博希 田中 春	1106	6550-1106 6551-1106	238
	田村智子 た むら とも こ	共	比例元	岩藤 智彦 寺関 真吾 恵美子	908	6550-0908 6551-0908	232
	田村まみ た むら	国	比例元	堺 知美 林 公太郎 岡 光隆	910	6550-0910 6551-0910	228
	高木かおり たか ぎ	維	大阪④	近藤 晶久 石田 航一	306	6550-0306 6551-0306	258
	高木真理 たか ぎ ま り	立	埼玉④	森 千代子 細川 千恵子 浅沼 祐輝	317	6550-0317 6551-0317	244
	高橋克法 たか はし かつ のり	自[麻]	栃木元	網野 辰男 阿久津伸之 市村 綾子	324	6550-0324 6551-0324	242
	高橋はるみ たかはし	自[無]	北海道元	斎藤 伸志 三上 静	303	6550-0303 6551-0303	237
	高橋光男 たか はし みつ お	公	兵庫元	深田 知行 青木 勇人 中 和住	614	6550-0614 6551-0614	259
	髙良鉄美 たか ら てつ み	無(沖縄)	沖縄元	新澤 有紀 知念 祐	712	6550-0712 6551-0712	269
	滝沢求 たき さわ もとめ	自[麻]	青森元	平岡 久宣 野月 法文 細谷真理	522	6550-0522 6551-0522	238
	滝波宏文 たき なみ ひろ ふみ	自[無]	福井元	磯村 圭一 前川 正治 橋本 純	307	6550-0307 6551-0307	251
	竹内真二 たけ うち しん じ	公	比例④	金田 守正 半沢 拓巳 中村 純	801	6550-0801 6551-0801	231
	竹詰仁 たけ づめ ひとし	国	比例④	小池ひろみ 井上 徹 塚越 深雪	406	6550-0406 6551-0406	233
	竹谷とし子 たけ や とし こ	公	東京元	池田奈保美 松下 秋子 萩谷 明子	517	6550-0517 6551-0517	247
	武見敬三 たけ み けい ぞう	自[麻]	東京元	牧野 能治 畠山恵美子	413	6550-0413 6206-1502	246
	谷合正明 たに あい まさ あき	公	比例④	木倉谷 靖 田村 智太 尾上 健太	922	6550-0922 6551-0922	232

※内線電話番号は、5＋室番号（3〜9階は5のあとに0を入れる）

参議員・秘書

せ・た

	議員名	党派(会派)	選挙区 選挙年	政策秘書名 第1秘書名 第2秘書名	号室	直通 FAX	略歴頁
つ	柘植芳文 （つげ よしふみ）	自[無]	比例元	辰巳知宏／丸水方敏／己野真梨	1114	6550-1114 6551-1114	214
	辻元清美 （つじもと きよみ）	立	比例④	長谷川哲也／辻元一之／岩崎雅子	613	6550-0613 6551-0613	230
	鶴保庸介 （つるほ ようすけ）	自[無]	和歌山④	山本明／小川哲	313	6550-0313 6551-0313	260
て	寺田静 （てらた しずか）	無	秋田元	反田麻理／桑原愛子／荒木裕美子	204	6550-0204 6551-0204	240
	天畠大輔 （てんばた だいすけ）	れ	比例④	中島浩矢／黒田宗／篠田恵	316	6550-0316 6551-0316	233
と	堂故茂 （どうこ しげる）	自[茂]	富山元	深谷登宏／津忠加／亀関由	1003	6550-1003 6551-1003	250
	堂込麻紀子 （どうごみ まきこ）	無	茨城④	荒木有子／武田宏司／黒誠	607	6550-0607 6551-0607	242
	徳永エリ （とくなが えり）	立	北海道④	岡矢博彦／内野隆信／水見祥	701	6550-0701 6551-0701	238
	友納理緒 （とものう りお）	自[無]	比例④	池田達郎／星井孝之／セイク千亜紀	1116	6550-1116 6551-1116	227
	豊田俊郎 （とよだ としろう）	自[麻]	千葉元	木村慎一也／松崎和瑛／鶴岡岡右	1213	6550-1213 6551-1213	245
な	ながえ孝子 （ながえ たかこ）	無	愛媛元	林弘樹／福田剛成／藤田一	709	6550-0709 6551-0709	264
	中条きよし （なかじょう きよし）	維	比例④	進藤慶子／園田弘幸／畠山昭	805	6550-0805 6551-0805	229
	中曽根弘文 （なかそね ひろふみ）	自[無]	群馬元	上屋勝哉／望月美樹／米岡輝和	1224	6550-1224 3592-2424	243
	中田宏 （なかだ ひろし）	自[無]	比例元繰	中田敬二	1102	6550-1102 6551-1102	217
	中西祐介 （なかにし ゆうすけ）	自[麻]	徳島・高知④	平岡英士／喜多村旬	622	6550-0622 6551-0622	263
	永井学 （ながい まなぶ）	自[茂]	山梨④	玉木武彦／吉峰佳俊／折山世樹	516	6550-0516 6551-0516	251
	長浜博行 （ながはま ひろゆき）	無	千葉元	鈴木浩暢／大滝奈央／山田由美子	606	6550-0606 6551-0606	245
	長峯誠 （ながみね まこと）	自[無]	宮崎元	早川健一郎／持永大也／栗山真	802	6550-0802 6551-0802	268
に	仁比聡平 （にひ そうへい）	共	比例④	加藤紀男／園山あゆみ／韮澤彰	408	6550-0408 6551-0408	232
	新妻秀規 （にいづま ひでき）	公	比例元	萱原信喜子／松浦美喜子／樋上輝夫	1112	6550-1112 6551-1112	219

議員名	党派(会派)	選挙区選挙年	政策秘書名 第1秘書名 第2秘書名	号室	直通 FAX	略歴頁
西田昌司 にし だ しょうじ	自[無]	京都㉑	安藤 髙士 柿本 大輔 新村 崇	1110	6550-1110 3502-8897	256
西田実仁 にし だ まこと	公	埼玉④	吉田 正 関谷富士男 大間 博昭	1005	6550-1005 6551-1005	244
野上浩太郎 の がみこうたろう	自[無]	富山㉑	野村 隆宏 小林 靖也 白川 智也	1010	6550-1010 6551-1010	250
野田国義 の だ くによし	立	福岡㉑	大谷 正人 林 卓也	323	6550-0323 6551-0323	265
野村哲郎 の むらてつろう	自[茂]	鹿児島㉑	留奥 敦義 碇本畑 一博代	1120	6550-1120 6551-1120	268
羽田次郎 は た じ ろう	立	長野㉑補	辻 甲子 横山志保夫 朝倉 秀夫	818	6550-0818 6551-0818	252
羽生田 俊 はにゅうだ たかし	自[無]	比例㉑	安部 和之 白鳥 貴子	319	6550-0319 6551-0319	216
芳賀道也 は が みち や	無(国民)	山形④	戸次 貴彦 横尾 和美 関井美喜男	917	6550-0917 6551-0917	240
長谷川 岳 は せ がわ がく	自[無]	北海道㉑	前島 英希 牛間由美子 森 越正也	619	6550-0619 6550-0055	237
長谷川英晴 は せ がわひではる	自[無]	比例㉑	坪根 輝彦 藤澤 信行 渡辺 正明	1020	6550-1020 6551-1020	226
馬場成志 ば ば せい し	自[無]	熊本㉑	吉津 暢章 登柴 耕太 啓介	1016	6550-1016 6551-1016	267
橋本聖子 はしもとせい こ	自[無]	比例㉑	宮内 榮子 藤原 清美 甲斐 将裕	803	6550-0803 6551-0803	215
浜口 誠 はまぐち まこと	国	比例④	石綿 慶子 井上 香織	1022	6550-1022 6551-1022	233
浜田 聡 はま だ さとし	無(N党)	比例㉑繰	坂本 雅彦 末永友香梨 重黒木優平	403	6550-0403 6551-0403	222
浜野喜史 はま の よしふみ	国	比例㉑	下橋 佑治 小林 和男 居垣 未人	521	6550-0521 6551-0521	221
比嘉奈津美 ひ が なつみ	自[茂]	比例㉑繰	岡田 英 齋藤 正純	1221	6550-1221 6551-1221	217
平木大作 ひら き だいさく	公	比例④	田中 大作 麻生賢一郎 遠藤 彰子	422	6550-0422 6551-0422	219
平山佐知子 ひらやまさ ち こ	無	静岡④	細井 貴光 宮﨑 隆司 篠原倫太郎	822	6550-0822 6551-0822	253
広瀬めぐみ ひろせ	自[麻]	岩手④	———	418	6550-0418 6551-0418	239
広田 一 ひろ た はじめ	無	徳島・高知㉑補	二瓶真樹子 野村 公紀 青木 光男	421	6550-0421 6551-0421	263

※内線電話番号は、5＋室番号（3〜9階は5のあとに0を入れる）

198

	議員名	党派(会派)	選挙区選挙年	政策秘書第2秘書	秘書名第1秘書名	号室	直通FAX	略歴頁
ふ	福岡資麿 ふくおか たか まろ	自[無]	佐賀④	岩永 幸男 吉田 相澤晃二	雄二	919	6550-0919 6551-0919	266
	福島みずほ ふくしま	社	比例④	石川 顕 露木 佳代 鍋野 哲		1111	6550-1111 6551-1111	234
	福山哲郎 ふくやま てつ ろう	立	京都④	正木 幸一		808	6550-0808 6551-0808	257
	藤井一博 ふじ い かず ひろ	自[無]	比例④	伊勢田暁子 浅井 政厚 上 杉和輝		605	6550-0605 6551-0605	226
	藤川政人 ふじ かわ まさ ひと	自[麻]	愛知④	松本由紀子 藤原 勝志 小 林祐太		717	6550-0717 6550-0057	254
	藤木眞也 ふじ き しん や	自[無]	比例④	池上 知子 石黒もも子		1006	6550-1006 6551-1006	227
	藤巻健史 ふじ まき たけ し	維	比例㊦繰	藤川 賢哉 鍋 修司		1122	6550-1122 6551-1122	220
	舟山康江 ふな やま やす え	国	山形④	中田 兼司 伊藤 洋昭 齊藤 秀昭		810	6550-0810 6551-0810	240
	舩後靖彦 ふな ご やす ひこ	れ	比例㊦	岡田哲扶 蒔田備憲 小林 律子		302	6550-0302 6551-0302	222
	船橋利実 ふな はし とし みつ	自[麻]	北海道④	戸田 玄子 三浦祐真 船橋 典		424	6550-0424 6551-0424	238
	古川俊治 ふる かわ とし はる	自[無]	埼玉㊦	森本 義久 池上 聡 高橋 利典		718	6550-0718 6551-0718	243
ほ	星 北斗 ほし ほく と	自[無]	福島④	漆 畑 佑		322	6550-0322 6551-0322	241
	堀井巌 ほり い いわお	自[無]	奈良㊦	平田 勝紀 米田憲司 吉田 悠亮		417	6550-0417 6551-0417	260
	本田顕子 ほん だ あき こ	自[無]	比例④	関野秀人 我妻 理子		1001	6550-1001 6551-1001	216
ま	舞立昇治 まい たち しょう じ	自[無]	鳥取・島根④	中園めぐみ 浅井 威厚 中ノ森早苗		603	6550-0603 6551-0603	261
	牧野たかお まきの	自[茂]	静岡㊦	渡邊 恵美 鷲見正親 土屋 行男		812	6550-0812 6551-0812	253
	牧山ひろえ まきやま	立	神奈川㊦	平澤和也 柴田明良 渡辺 真也		1007	6550-1007 6551-1007	248
	松川るい まつ かわ	自[無]	大阪④	津波 光継 清水康弘 秋山 真美		407	6550-0407 6551-0407	258
	松沢成文 まつ ざわ しげ ふみ	維	神奈川④	千葉 平 神田輔卓 杉山 友		903	6550-0903 6551-0903	248
	松下新平 まつ した しん ぺい	自[無]	宮崎④	児玉 勝己 大出浩哉 松浦 克		824	6550-0824 6551-0824	268

議員名	党派(会派)	選挙区選挙年	政策秘書名第1秘書名第2秘書名	号室	直通FAX	略歴頁
まつ の あけ み **松野明美**	維	比例④	内 畠 雅 吾 金 光 村 仁 美 西 村 仁 美	912	6550-0912 6551-0912	229
まつ むら よし ふみ **松村祥史**	自[茂]	熊本④	古 畑 正 秋 賀 田 登 嗣 小 野 晃	1023	6550-1023 6551-1023	267
まつ やま まさ じ **松山政司**	自[無]	福岡③	中 島 基 彰 佐々木 久 之 松 本 久 麗	1124	6550-1124 6551-1124	264
まる かわ たま よ **丸川珠代**	自[無]	東京元	三 浦 基 広 山 孝 次 坂 美 勇 輝	902	6550-0902 6551-0902	246
み うら のぶ ひろ **三浦信祐**	公	神奈川③	山 本 大 三郎 浪 川 健 太郎 薗 部 幸 広	804	6550-0804 6551-0804	249
み うら やすし **三浦 靖**	自[茂]	比例元	小 林 巳 志 尾 山 広 真 長 森 山 吉	811	6550-0811 6551-0811	214
み かみ **三上えり**	無[立憲]	広島③	石 橋 鉄 也 槙 埜 秀 樹 川 海 栄	320	6550-0320 6551-0320	262
み はら こ **三原じゅん子**	自[無]	神奈川③	宮 崎 達 也 関 根 千 里 武 原 美 佐	823	6550-0823 6551-0823	248
み やけ しん ご **三宅伸吾**	自[無]	香川元	須 山 義 正	604	6550-0604 6551-0604	263
みず おか しゅんいち **水岡俊一**	立	比例③	平 野 和 子 藤 濱 花 菜 井 彦 丸	305	6550-0305 6551-0305	217
みず の もと こ **水野素子**	立	神奈川④*	東 使 塔 浩志 西 松 謙 志央 本 美	1209	6550-1209 6551-1209	249
みや ぐち はる こ **宮口治子**	立	広島元再	江 田 洋 一 山 田 洋 満 藤 井 奈 央	206	6550-0206 6551-0206	262
みや ざき まさ お **宮崎雅夫**	自[無]	比例元	前 津 田 健 次男 大 竹 澄 晃 夫	610	6550-0610 6551-0610	216
みや ざき まさる **宮崎 勝**	公	比例元繰	廣 野 光 夫 青 木 正 美 坪 井 正 一朗	1118	6550-1118 6551-1118	232
みや ざわ よう いち **宮沢洋一**	自[無]	広島④	小 川 修 子 高 島 淳 二 有 本 悦	820	6550-0820 6551-0820	262
みや もとしゅうじ **宮本周司**	自[無]	石川補	不 破 行 大 中 嶋 友 紀恵 南 野 祥	1018	6550-1018 6551-1018	250
むら た きょう こ **村田享子**	立	比例④	井 出 智 則 田 中 美 佐江 田 代 宏 大	1222	6550-1222 6551-1222	231
もり **森 まさこ**	自[無]	福島③	工 吉 田 誠 一代 小 池 佳 康 之	924	6550-0924 6551-0924	241
もり もとしん じ **森本真治**	立	広島③	八木橋美千代 古 賀 寛 三 百 田 正 則	311	6550-0311 6551-0311	262
もり や たかし **森屋 隆**	立	比例④	大 澤 祥 文 瀬 森 理 介 城 戸 美 奈	1211	6550-1211 6551-1211	218

※内線電話番号は、5＋号室番号（3〜9階は5のあとに0を入れる）

200

＊水野素子議員の任期は令和7年まで。

議員名	党派(会派)	選挙区／選挙年	政策秘書名／第1秘書名／第2秘書名	号室	直通／FAX	略歴頁
森屋 宏 （もりや ひろし）	自[無]	山梨	漆原大介 小泉文彦 高橋賢治	502	6550-0502 6551-0502	251
や 矢倉克夫 （やくら かつお）	公	埼玉	中居俊夫 久富礼子	401	6550-0401 6551-0401	243
安江伸夫 （やすえ のぶお）	公	愛知	大﨑順一樹 高橋直樹 鐘ヶ江義之	312	6550-0312 6551-0312	254
柳ヶ瀬裕文 （やながせ ひろふみ）	維	比例元	鈴木崇久 岡貴志 吉岡美智子	703	6550-0703 6551-0703	220
山口那津男 （やまぐち なつお）	公	東京元	山下千秋 口俊夫 大川満里子	806	6550-0806 6551-0806	246
山崎正昭 （やまざき まさあき）	自[無]	福井元	石山秀樹 松本康成 岸本代美	1201	6550-1201 6551-1201	251
山下雄平 （やました ゆうへい）	自[茂]	佐賀元	永石浩視 水谷秀美 中原茂	916	6550-0916 6551-0916	266
山下芳生 （やました よしき）	共	比例元	中村哲也 中島敬介	1123	6550-1123 6551-1123	221
山添 拓 （やまぞえ たく）	共	東京④	阿佐折知則 戸藤原祐実子 奈子	817	6550-0817 6551-0817	247
山田太郎 （やまだ たろう）	自[無]	比例元	小山紘一 荒井理沙 小寺直子	623	6550-0623 6551-0623	214
山田俊男 （やまだ としお）	自[無]	比例元	村瀬弘美 西野下司 木下純宏	809	6550-0809 6551-0809	215
山田 宏 （やまだ ひろし）	自[無]	比例④	新良薫 大島康之 吉島晴	1205	6550-1205 6551-1205	227
山谷えり子 （やまたに えりこ）	自[無]	比例④	速水美智子 福元亮次 渡辺智彦	1107	6550-1107 6551-1107	228
山本香苗 （やまもと かなえ）	公	比例元	小谷恵美子 吹田幸一 太村広秀	1024	6550-1024 6551-1024	218
山本啓介 （やまもと けいすけ）	自[無]	長崎④	太田晴章 前田浩秀 吉田安秀	1202	6550-1202 6551-1202	266
山本佐知子 （やまもと さちこ）	自[茂]	三重④	────	203	6550-0203 6551-0203	255
山本順三 （やまもと じゅんぞう）	自[無]	愛媛④	能登祐克宏 高岡直宏 近藤華菜子	1019	6550-1019 6551-1019	264
山本太郎 （やまもと たろう）	れ	東京④	────	602	6550-0602 6551-0602	247
山本博司 （やまもと ひろし）	公	比例元	梅津秀宣 鈴木孝久 髙井彰	911	6550-0911 6551-0911	219
よ 横沢高徳 （よこさわ たかのり）	立	岩手④	平居優 野上顕一 丸山亜里	702	6550-0702 6551-0702	239

参議員・秘書

も・や・よ

議員名	党派(会派)	選挙区 選挙年	政策秘書名 第1秘書名 第2秘書名	号室	直通 FAX	略歴頁
横山信一 よこやま しん いち	公	比例④	八木橋広宣 小田秀路 吉井　透	402	6550-0402 6551-0402	231
吉井　章 よし い あきら	自[無]	京都④	木本和 佐藤憲 堀　　宜愛人	921	6550-0921 6551-0921	256
吉川沙織 よし かわ さ おり	立	比例元	浅野英之 狩野恵理	617	6550-0617 6551-0617	218
吉川ゆうみ よしかわ	自[無]	三重元	岸田直樹 菊池知子	412	6550-0412 6551-0412	255
蓮　　舫 れん ほう	立	東京④	倉田顕子 鈴木綾廣 北嶋昭	411	6550-0411 6551-0411	247
和田政宗 わ だ まさ むね	自[無]	比例元	浜崎博 髙田彌 安藤純	1220	6550-1220 6551-1220	214
若林洋平 わかばやし よう へい	自[無]	静岡④	佐々木俊夫 勝亦好美	715	6550-0715 6551-0715	253
若松謙維 わか まつ かね しげ	公	比例④	恩田祐将 佐藤大作 柳沼明美	1207	6550-1207 6551-1207	219
渡辺猛之 わた なべ たけ ゆき	自[茂]	岐阜④	長谷川英樹 大由幸 榊原美穂	325	6550-0325 6551-0325	252

れ
わ

参議員・秘書

よ・れ・わ

参議院議員会館案内図

参議院議員会館 2 階

宮口治子 立　　広島㋑ 6550-0206 当1	206	
岩本剛人 自[無]北海道㋑ 6550-0205 当1	205	
寺田　静 無　　秋田㋑ 6550-0204 当1	204	
山本佐知子 自[茂]　三重④ 6550-0203 当1	203	
窪田哲也 公　　比例④ 6550-0202 当1	202	
梶原大介 自[無]　比例④ 6550-0201 当1	201	

国会議事堂側

参
会
館

梅村　聡
維　　　比例元　326
6550-0326　当2

渡辺猛之　326
自[茂]　岐阜④　325
6550-0325　当3

安江伸夫　312 公　　愛知元 6550-0312　当1	喫煙室	鶴保庸介 自[無]　和歌山④ 6550-0313　当5　313
森本真治　311 立　　広島元 6550-0311　当2	WC(男) WC(女)	木村英子 れ　　比例元 6550-0314　当1　314
山東昭子　310 自[麻]　比例元 6550-0310　当8		今井絵理子 自[麻]　比例元 6550-0315　当2　315
阿達雅志　309 自[無]　比例④ 6550-0309　当3	EV ホール	天畠大輔 れ　　比例④ 6550-0316　当1　316
太田房江　308 自[無]　大阪元 6550-0308　当2		高木真理 立　　埼玉④ 6550-0317　当1　317
滝波宏文　307 自[無]　福井元 6550-0307　当2		小野田紀美 自[茂]　岡山④ 6550-0318　当2　318
高木かおり　306 維　　大阪④ 6550-0306　当2	EV ホール	羽生田俊 自[無]　比例元 6550-0319　当2　319
水岡俊一　305 立　　比例元 6550-0305　当3		三上えり 無(立憲)　広島④ 6550-0320　当1　320
齊藤健一郎　304 無(N党)　比例④ 6550-0304　繰当1	EV	井上哲士 共　　比例元 6550-0321　当4　321
高橋はるみ　303 自[無]　北海道元 6550-0303　当1		星　北斗 自[無]　福島④ 6550-0322　当1　322
舩後靖彦　302 れ　　比例元 6550-0302　当1	WC(男) WC(女)	野田国義 立　　福岡④ 6550-0323　当2　323
里見隆治　301 公　　愛知④ 6550-0301　当2		高橋克法 自[麻]　栃木元 6550-0324　当2　324

参
会
館

参議院議員会館 4 階

左列	号室	中央	号室	右列
吉川ゆうみ 自[無] 三重元 6550-0412 当2	412	喫煙室	413	武見敬三 自[麻] 東京元 6550-0413 当5
蓮　舫 立 東京④ 6550-0411 当4	411	WC（男） WC（女）	414	加藤明良 自[茂] 茨城④ 6550-0414 当1
田島麻衣子 立 愛知元 6550-0410 当1	410		415	
古賀千景 立 比例④ 6550-0409 当1	409	EVホール	416	小林一大 自[無] 新潟④ 6550-0416 当1
仁比聡平 共 比例④ 6550-0408 当3	408		417	堀井　巌 自[無] 奈良元 6550-0417 当2
松川るい 自[無] 大阪④ 6550-0407 当2	407		418	広瀬めぐみ 自[麻] 岩手④ 6550-0418 当1
竹詰　仁 国 比例④ 6550-0406 当1	406	EVホール	419	白坂亜紀 自[無]大分元補 6550-0419 当1
青島健太 維 比例④ 6550-0405 当1	405		420	片山さつき 自[無] 比例④ 6550-0420 当3
清水貴之 維 兵庫元 6550-0404 当2	404	EV	421	広田　一 無 徳島・高知元 6550-0421 補当3
浜田　聡 無(N党) 比例元 6550-0403 当1	403		422	平木大作 公 比例元 6550-0422 当2
横山信一 公 比例④ 6550-0402 当3	402	WC（男） WC（女）	423	赤松　健 自[無] 比例④ 6550-0423 当1
矢倉克夫 公 埼玉元 6550-0401 当2	401		424	船橋利実 自[麻]北海道④ 6550-0424 当1

国会議事堂側

参 会館

205

参議院議員会館 5 階

櫻井　充 自[無]　宮城④ 6550-0512　当5	512	喫煙室	513	猪瀬直樹 維　　比例① 6550-0513　当1
鬼木　誠 立　　比例④ 6550-0511　当1	511	WC（男）WC（女）	514	佐々木さやか 公　神奈川① 6550-0514　当2
東　　徹 維　　大阪① 6550-0510　当2	510		515	尾辻秀久 無　鹿児島① 6550-0515　当6
吉良よし子 共　　東京① 6550-0509　当2	509	EV ホール	516	永井　学 自[茂]　山梨④ 6550-0516　当1
川田龍平 立　　比例① 6550-0508　当3	508		517	竹谷とし子 公　　東京① 6550-0517　当3
青木　愛 立　　比例③ 6550-0507　当3	507		518	大家敏志 自[麻]　福岡③ 6550-0518　当3
石井準一 自[無]　千葉① 6550-0506　当3	506	EV ホール	519	伊波洋一 無(沖縄)　沖縄④ 6550-0519　当2
田中昌史 自[無]　比例① 6550-0505　繰当1	505		520	神谷宗幣 参(無所属)比例④ 6550-0520　当1
自見はなこ 自[無]　比例④ 6550-0504　当2	504	EV	521	浜野喜史 国　　比例① 6550-0521　当2
大野泰正 無　　岐阜① 6550-0503　当2	503		522	滝沢　求 自[麻]　青森① 6550-0522　当2
森屋　宏 自[無]　山梨① 6550-0502　当2	502	WC（男）WC（女）	523	石橋通宏 立　　比例① 6550-0523　当3
足立敏之 自[無]　比例④ 6550-0501　当2	501		524	赤池誠章 自[無]　比例④ 6550-0524　当2

国会議事堂側

参議院議員会館 6 階

左列	室	中央	室	右列
音喜多　駿 維　　東京㊐ 6550-0612　当1	612	喫煙室	613	辻元清美 立　　比例④ 6550-0613　当1
岸　真紀子 立　　比例㊐ 6550-0611　当1	611	WC(男)　WC(女)	614	高橋光男 公　　兵庫㊐ 6550-0614　当1
宮崎雅夫 自[無]　比例㊐ 6550-0610　当1	610		615	杉　久武 公　　大阪㊐ 6550-0615　当2
伊藤　岳 共　　埼玉㊐ 6550-0609　当1	609	EVホール	616	石川博崇 公　　大阪④ 6550-0616　当3
勝部賢志 立　　北海道㊐ 6550-0608　当1	608		617	吉川沙織 立　　比例㊐ 6550-0617　当3
堂込麻紀子 無　　茨城④ 6550-0607　当1	607		618	上田清司 無　　埼玉④ 6550-0618　当2
長浜博行 無　　千葉㊐ 6550-0606　当3	606	EVホール	619	長谷川　岳 自[無]北海道④ 6550-0619　当3
藤井一博 自[無]　比例④ 6550-0605　当1	605		620	朝日健太郎 自[無]　東京④ 6550-0620　当2
三宅伸吾 自[無]　香川㊐ 6550-0604　当2	604	EV	621	浅田　均 維　　大阪④ 6550-0621　当2
舞立昇治 自[無]鳥取・島根㊐ 6550-0603　当2	603		622	中西祐介 自[麻]徳島・高知④ 6550-0622　当3
山本太郎 れ　　東京④ 6550-0602　当2	602	WC(男)　WC(女)	623	山田太郎 自[無]　比例④ 6550-0623　当2
浅尾慶一郎 自[麻]神奈川④ 6550-0601　当3	601		624	磯﨑仁彦 自[無]　香川④ 6550-0624　当3

国会議事堂側

㊜ 会館

参議院議員会館 7 階

左側	室番号	中央	室番号	右側
髙良鉄美 無(沖縄) 沖縄元 6550-0712 当1	712	喫煙室	713	石井浩郎 自[茂] 秋田③ 6550-0713 当3
秋野公造 公 福岡④ 6550-0711 当3	711	WC(男) WC(女)	714	大島九州男 れ 比例④ 6550-0714 繰当3
紙 智子 共 比例元 6550-0710 当4	710		715	若林洋平 自[無] 静岡④ 6550-0715 当1
ながえ孝子 無 愛媛元 6550-0709 当1	709	EVホール	716	こやり隆史 自[無] 滋賀④ 6550-0716 当2
佐藤 啓 自[無] 奈良④ 6550-0708 当2	708		717	藤川政人 自[麻] 愛知③ 6550-0717 当3
斎藤嘉隆 立 愛知④ 6550-0707 当3	707		718	古川俊治 自[無] 埼玉元 6550-0718 当3
塩村あやか 立 東京元 6550-0706 当1	706		719	進藤金日子 自[無] 比例元 6550-0719 当2
佐藤正久 自[茂] 比例元 6550-0705 当3	705	EVホール	720	河野義博 公 比例④ 6550-0720 当2
上月良祐 自[茂] 茨城元 6550-0704 当2	704	EV	721	片山大介 維 兵庫④ 6550-0721 当2
柳ヶ瀬裕文 維 比例元 6550-0703 当1	703		722	佐藤信秋 自[茂] 比例元 6550-0722 当3
横沢高徳 立 岩手元 6550-0702 当1	702	WC(男) WC(女)	723	酒井庸行 自[無] 愛知元 6550-0723 当3
徳永エリ 立 北海道④ 6550-0701 当3	701		724	杉尾秀哉 立 長野④ 6550-0724 当2

参 会館

国会議事堂側

参議院議員会館 8 階

議員	号室		号室	議員
牧野たかお 自[茂] 静岡㊄ 6550-0812 当3	812	喫煙室	813	石垣のりこ 立 宮城㊄ 6550-0813 当1
三浦 靖 自[茂] 比例㊄ 6550-0811 当1	811	WC WC (男)(女)	814	青木一彦 自[無] 鳥取・島根④ 6550-0814 当3
舟山康江 国 山形④ 6550-0810 当3	810		815	嘉田由紀子 教 滋賀㊄ 6550-0815 当1
山田俊男 自[無] 比例㊄ 6550-0809 当3	809	EV ホール	816	柴田 巧 維 比例㊄ 6550-0816 当2
福山哲郎 立 京都④ 6550-0808 当5	808		817	山添 拓 共 東京④ 6550-0817 当2
岡田直樹 自[無] 石川④ 6550-0807 当4	807		818	羽田次郎 立 長野㊄ 6550-0818 当1
山口那津男 公 東京㊄ 6550-0806 当4	806		819	加田裕之 自[無] 兵庫㊄ 6550-0819 当1
中条きよし 維 比例④ 6550-0805 当1	805	EV ホール	820	宮沢洋一 自[無] 広島④ 6550-0820 当3
三浦信祐 公 神奈川④ 6550-0804 当2	804	EV	821	越智俊之 自[無] 比例④ 6550-0821 当1
橋本聖子 自[無] 比例㊄ 6550-0803 当5	803		822	平山佐知子 無 静岡④ 6550-0822 当2
長峯 誠 自[無] 宮崎㊄ 6550-0802 当2	802	WC WC (男)(女)	823	三原じゅん子 自[無] 神奈川④ 6550-0823 当3
竹内真二 公 比例④ 6550-0801 当2	801		824	松下新平 自[無] 宮崎④ 6550-0824 当4

国会議事堂側

参
会
館

参議院議員会館 9 階

松野明美 維　　比例④ 6550-0912　当1	912	喫煙室	913	下野六太 公　　福岡① 6550-0913　当1
山本博司 公　　比例元 6550-0911　当3	911	WC (男)　WC (女)	914	須藤元気 無　　比例元 6550-0914　当1
田村まみ 国　　比例元 6550-0910　当1	910		915	小西洋之 立　　千葉③ 6550-0915　当3
臼井正一 自[茂]　千葉④ 6550-0909　当1	909		916	山下雄平 自[茂]　佐賀② 6550-0916　当2
田村智子 共　　比例元 6550-0908　当3	908	EV ホール	917	芳賀道也 無(国民)　山形① 6550-0917　当1
古庄玄知 自[無]　大分④ 6550-0907　当1	907		918	上野通子 自[無]　栃木③ 6550-0918　当3
大椿ゆうこ 社　　比例元 6550-0906　繰当1	906	EV ホール	919	福岡資麿 自[無]　佐賀④ 6550-0919　当3
末松信介 自[無]　兵庫④ 6550-0905　当4	905		920	井上義行 自[無]　比例元 6550-0920　当2
生稲晃子 自[無]　東京④ 6550-0904　当1	904	EV	921	吉井　章 自[無]　京都④ 6550-0921　当1
松沢成文 維　　神奈川④ 6550-0903　当3	903		922	谷合正明 公　　比例④ 6550-0922　当4
丸川珠代 自[無]　東京元 6550-0902　当3	902	WC (男)　WC (女)	923	清水真人 自[無]　群馬元 6550-0923　当1
打越さく良 立　　新潟元 6550-0901　当1	901		924	森　まさこ 自[無]　福島元 6550-0924　当3

国会議事堂側

参
会
館

参議院議員会館 10 階

左側	室番号	中央	室番号	右側
小沼 巧 立 茨城㊨ 6550-1012 当1	1012	喫煙室	1013	金子道仁 維 比例④ 6550-1013 当1
榛葉賀津也 国 静岡㊨ 6550-1011 当4	1011	WC（男） WC（女）	1014	伊藤孝江 公 兵庫④ 6550-1014 当2
野上浩太郎 自[無] 富山④ 6550-1010 当4	1010		1015	有村治子 自[麻] 比例㊨ 6550-1015 当4
柴 愼一 立 比例④ 6550-1009 当1	1009	EVホール	1016	馬場成志 自[無] 熊本㊨ 6550-1016 当2
伊藤孝恵 国 愛知④ 6550-1008 当2	1008		1017	世耕弘成 自[無] 和歌山㊨ 6550-1017 当5
牧山ひろえ 立 神奈川㊨ 6550-1007 当3	1007		1018	宮本周司 自[無] 石川㊨補 6550-1018 当3
藤木眞也 自[無] 比例④ 6550-1006 当2	1006	EVホール	1019	山本順三 自[無] 愛媛④ 6550-1019 当4
西田実仁 公 埼玉④ 6550-1005 当4	1005		1020	長谷川英晴 自[無] 比例④ 6550-1020 当1
梅村みずほ 維 大阪㊨ 6550-1004 当1	1004	EV	1021	倉林明子 共 京都㊨ 6550-1021 当2
堂故 茂 自[茂] 富山㊨ 6550-1003 当2	1003		1022	浜口 誠 国 比例④ 6550-1022 当2
岩渕 友 共 比例④ 6550-1002 当2	1002	WC（男） WC（女）	1023	松村祥史 自[茂] 熊本④ 6550-1023 当4
本田顕子 自[無] 比例㊨ 6550-1001 当1	1001		1024	山本香苗 公 比例㊨ 6550-1024 当4

国会議事堂側

参 会館

211

参議院議員会館 11 階

左側	室番号	中央	室番号	右側
新妻秀規 公　　　比例元 6550-1112　当2	1112	喫煙室	1113	石川大我 立　　　比例元 6550-1113　当1
福島みずほ 社　　　比例④ 6550-1111　当5	1111	WC（男）WC（女）	1114	柘植芳文 自[無]　比例元 6550-1114　当2
西田昌司 自[無]　京都元 6550-1110　当3	1110		1115	石井苗子 維　　　比例元 6550-1115　当2
北村経夫 自[無]山口元補 6550-1109　当3	1109	EV ホール	1116	友納理緒 自[無]　比例元 6550-1116　当1
古賀之士 立　　　福岡④ 6550-1108　当2	1108		1117	塩田博昭 公　　　比例元 6550-1117　当1
山谷えり子 自[無]　比例④ 6550-1107　当4	1107		1118	宮崎　勝 公　　比例④繰 6550-1118　当2
田名部匡代 立　　　青森④ 6550-1106　当2	1106	EV ホール	1119	小沢雅仁 立　　　比例元 6550-1119　当1
猪口邦子 自[麻]　千葉④ 6550-1105　当3	1105		1120	野村哲郎 自[茂]鹿児島④ 6550-1120　当4
関口昌一 自[無]　埼玉⑤ 6550-1104　当5	1104	EV	1121	大塚耕平 国　　　愛知④ 6550-1121　当4
江島　潔 自[無]　山口④ 6550-1103　当3	1103		1122	藤巻健史 維　　比例元繰 6550-1122　当2
中田　宏 自[無]　比例元 6550-1102　繰当1	1102	WC（男）WC（女）	1123	山下芳生 共　　　比例元 6550-1123　当4
石田昌宏 自[無]　比例元 6550-1101　当2	1101		1124	松山政司 自[無]　福岡④ 6550-1124　当4

参　会　館

国会議事堂側

参議院議員会館 12 階

上田 勇 公 比例④ 6550-1212 当1	1212	喫煙室	1213	豊田俊郎 自[麻] 千葉元 6550-1213 当2
森屋 隆 立 比例元 6550-1211 当1	1211	WC(男) WC(女)	1214	石井正弘 自[無] 岡山元 6550-1214 当2
礒﨑哲史 国 比例元 6550-1210 当2	1210	階段	1215	青山繁晴 自[無] 比例④ 3581-3111(代) 当2
水野素子 立 神奈川④ 6550-1209 当1	1209	EVホール	1216	衛藤晟一 自[無] 比例元 6550-1216 当3
小池 晃 共 比例元 6550-1208 当4	1208		1217	熊谷裕人 立 埼玉元 6550-1217 当1
若松謙維 公 比例元 6550-1207 当2	1207		1218	神谷政幸 自[麻] 比例④ 6550-1218 当1
古賀友一郎 自[無] 長崎元 6550-1206 当2	1206	EVホール	1219	鈴木宗男 無 比例元 6550-1219 当1
山田 宏 自[無] 比例④ 6550-1205 当2	1205		1220	和田政宗 自[無] 比例元 6550-1220 当2
石井 章 維 比例④ 6550-1204 当2	1204	階段 EV	1221	比嘉奈津美 自[茂] 比例元 6550-1221 当1
串田誠一 維 比例④ 6550-1203 当1	1203		1222	村田享子 立 比例④ 6550-1222 当1
山本啓介 自[無] 長崎④ 6550-1202 当1	1202	WC(男) WC(女)	1223	川合孝典 国 比例元 6550-1223 当3
山崎正昭 自[無] 福井④ 6550-1201 当6	1201		1224	中曽根弘文 自[無] 群馬④ 6550-1224 当7

参 会 館

国会議事堂側

議　長	尾辻秀久 お つじ ひで ひさ	秘書	末原　朋実 大澤　　敦	☎3581-1481
副議長	長浜博行 なが はま ひろ ゆき	秘書	副島　　浩 外川　裕之	☎3586-6741

勤続年数は**令和6年2月末現在**です。

参議院比例代表

第25回選挙

（令和元年7月21日施行／令和7年7月28日満了）

三浦　靖（み うら　やすし）

自新［茂］ RI 当1(初/令元)※
島根県大田市　S48・4・9
勤6年6ヵ月（衆1年10ヵ月）

厚生労働大臣政務官、総務大臣政務官、衆議院議員、大田市議、衆議院議員秘書、神奈川大／50歳

〒690-0873　島根県松江市内中原町140-2　☎0852(61)2828
〒100-8962　千代田区永田町2-1-1、会館　☎03(6550)0811

柘植芳文（つ げ　よし ふみ）

自前［無］ RI 当2
岐阜県　S20・10・11
勤10年9ヵ月（初/平25）

外務副大臣、総務副大臣、党政務調査会副会長、総務委筆頭理事、内閣委員長、環境委員長、愛知大／78歳

〒100-8962　千代田区永田町2-1-1、会館　☎03(6550)1114

山田太郎（やま だ　た ろう）

自元［無］ RI 当2
東京都　S42・5・12
勤8年4ヵ月　（初/平24）

環境委、文科兼復興政務官、デジタル兼内閣府政務官、党デジ本事務局長代理、党こどもDX小委員長、党コンテンツ小委事務局長、上場企業社長、東工大特任教授、東大非常勤講師、慶大、早大院／56歳

〒100-8962　千代田区永田町2-1-1、会館　☎03(6550)0623

和田政宗（わ だ　まさ むね）

自前［無］ RI 当2
東京都　S49・10・14
勤10年9ヵ月（初/平25）

法務委筆頭理、決算委、復興特委理、党広報副本部長、党新聞局長、元国土交通大臣政務官兼内閣府大臣政務官、慶大／49歳

〒980-0011　仙台市青葉区上杉1-5-13 3-B　☎022(263)3005
〒102-0083　千代田区麹町4-7、宿舎

比例代表

㊅略歴

※平29衆院初当選

佐藤　正久（さ とう まさ ひさ）
自前［茂］　RI　当3
福島県　S35・10・23
勤16年10ヵ月　（初/平19）

外防委理、参国対委員長代行、国防議連
事務局長、元外務副大臣・防衛政務官、元
自衛官・イラク先遣隊長、防衛大／63歳

〒162-0845　新宿区市谷本村町3-20新盛堂ビル4F
〒100-8962　千代田区永田町2-1-1、会館　☎03(5206)7668
　　　　　　　　　　　　　　　　　　☎03(6550)0705

佐藤　信秋（さ とう のぶ あき）
自前［茂］　RI　当3
新潟県　S22・11・8
勤16年10ヵ月　（初/平19）

決算委員長、党地方行政調査会長、党国
土強靭化推進本部本部長代理、元国交事
務次官、技監、道路局長、京大院／76歳

〒951-8062　新潟市中央区西堀前通11番町1645-4　☎025(226)7686
〒100-8962　千代田区永田町2-1-1、会館　☎03(6550)0722

橋本　聖子（はし もと せい こ）
自前［無］　RI　当5
北海道　S39・10・5
勤29年　（初/平7）

文科委、行監委、党両院議員総会長、元東京オリン
ピック・パラリンピック担当大臣、自民党参院議員
会長、外務副大臣、北開総括政務次官、駒苫高／59歳

〒060-0001　札幌市中央区北1条西5丁目2番
　　　　　　　札幌興銀ビル6F　☎011(222)7275
〒100-8962　千代田区永田町2-1-1、会館　☎03(6550)0803

山田　俊男（やま だ とし お）
自前［無］　RI　当3
富山県小矢部市　S21・11・29
勤16年10ヵ月　（初/平19）

農水委、予算委、党総務会副会長、都市農業対策
委員長、党人事局長、ODA特委員長、農水委員
長、全国農協中央会専務理事、早大政経／77歳

〒932-0836　富山県小矢部市埴生352-2　☎0766(67)8882
〒100-8962　千代田区永田町2-1-1、会館　☎03(6550)0809

有村　治子（あり むら はる こ）
自前［麻］　RI　当4
滋賀県　S45・9・21
勤22年11ヵ月　（初/平13）

情報監視審査会長、予算委、外防委、ODA・
沖北特委、党総務会副会長、裁判官弾劾裁判
長、女性活躍担当大臣、米SIT大院修士／53歳

〒100-8962　千代田区永田町2-1-1、会館　☎03(6550)1015

石田　昌宏（いし だ まさ ひろ）
自前［無］　RI　当2
奈良県大和郡山市　S42・5・20
勤10年9ヵ月　（初/平25）

予算委、参党国対副委員長、女性局長代理、
厚労委員長、党副幹事長、党財務金融副部会
長、日本看護連盟幹事長、東大応援部／56歳

〒100-8962　千代田区永田町2-1-1、会館　☎03(6550)1101

本田 顕子
ほんだ あきこ

自新[無]　　RI　当1
熊本県熊本市　S46・9・29
勤4年8ヵ月　（初／令元）

文部科学大臣政務官兼復興大臣政務官、厚生労働大臣政務官兼内閣府大臣政務官、党副幹事長、日本薬剤師会・連盟顧問、星薬科大学／52歳

〒860-0072　熊本市西区花園7-12-16　☎096(325)4470
〒100-8962　千代田区永田町2-1-1、会館　☎03(6550)1001

衛藤 晟一
えとう せいいち

自前[無]RI　3(初/平19)※1
大分県大分市　S22・10・1
勤29年1ヵ月（衆12年3ヵ月）

党紀委員長、党障害児者問題調査会長、一億総活躍・少子化対策担当大臣、元内閣総理大臣補佐官、厚労副大臣、大分大／76歳

〒870-0042　大分市豊町1-2-6　☎097(534)2015
〒100-8962　千代田区永田町2-1-1、会館　☎03(6550)1216

羽生田 俊
はにゅうだ たかし

自前[無]　　RI　当2
群馬県　S23・3・28
勤10年9ヵ月（初／平25）

党厚労会長代理、厚労委理、復興特委理、党政策審議会副会長、労働関係団体委員長、前厚労大臣、元厚労委員長、元日本医師会副会長、医師、東京医科大学／75歳

〒371-0022　前橋市千代田町2-10-13　☎027(289)8680
〒100-8962　千代田区永田町2-1-1、会館　☎03(6550)0319

宮崎 雅夫
みやざき まさお

自新[無]　　RI　当1
兵庫県神戸市　S38・12・3
勤4年8ヵ月　（初／令元）

予算委理、農水委、災害特委、資源エネ調理、参党政審副会長、党農林副部会長、党水産総合調査会副会長、元農水省地域整備課長、神戸大学農学部／60歳

〒100-8962　千代田区永田町2-1-1、会館　☎03(6550)0610

山東 昭子
さんとう あきこ

自前[麻]　　RI　当8
東京都　S17・5・11
勤42年5ヵ月（初／昭49）

法務委、党食育調査会長、前参議院議長、前党党紀委員長、元参議院副議長・科技庁長官・環境政務次官、文化学院／81歳

〒100-8962　千代田区永田町2-1-1、会館　☎03(6550)0310

赤池 誠章
あかいけ まさあき

自前[無]RI　当2(初/平25)※2
山梨県甲府市　S36・7・19
勤14年8ヵ月（衆3年11ヵ月）

文科委理事、党政調副会長、内閣府副大臣、党文科部会長3期、文科委員長、文科大臣政務官、衆議院議員、明治大学／62歳

〒400-0032　山梨県甲府市中央1-1-11-2F　☎055(237)5523

※1 平2衆院初当選　※2 平17衆院初当選

比嘉奈津美
<ruby>比<rt>ひ</rt></ruby><ruby>嘉<rt>が</rt></ruby><ruby>奈<rt>な</rt></ruby><ruby>津<rt>つ</rt></ruby><ruby>美<rt>み</rt></ruby>

自 新［茂］ R1 繰当1

沖縄県沖縄市 S33・10・3
勤7年3ヵ月（衆4年10ヵ月）（初/令3）※1

厚労委員長、消費者特委、環境大臣政務官、衆議院議員2期、歯科医師、福岡歯科大／65歳

〒904-0004 沖縄市中央1-18-6-101 ☎098(938)0070
〒102-0094 千代田区紀尾井町1-15、宿舎

中田　宏
<ruby>中<rt>なか</rt></ruby><ruby>田<rt>だ</rt></ruby>　<ruby>宏<rt>ひろし</rt></ruby>

自 新［無］ R1 繰当1

神奈川県横浜市 S39・9・20
勤12年9ヵ月（衆10年10ヵ月）（初/令4）※2

党環境部会長、経産委、衆議院議員4期、横浜市長2期、松下政経塾、青山学院大経済学部／59歳

〒222-0033 横浜市港北区新横浜2-14-14
　　　　　 新弘ビル7階 ☎045(548)4488

田中昌史
<ruby>田<rt>た</rt></ruby><ruby>中<rt>なか</rt></ruby><ruby>昌<rt>まさ</rt></ruby><ruby>史<rt>し</rt></ruby>

自 新［無］ R1 繰当1

北海道札幌市 S40・10・11
勤1年2ヵ月 （初/令5）

予算委、法務委、消費者特委、国民生活調査、党厚生関係団体副委員長、日本理学療法士協会政策参与、日本理学療法士連盟顧問、理学療法士、北翔大院修／58歳

〒100-8962 千代田区永田町2-1-1、会館 ☎03(6550)0505

岸　真紀子
<ruby>岸<rt>きし</rt></ruby>　<ruby>真<rt>ま</rt></ruby><ruby>紀<rt>き</rt></ruby><ruby>子<rt>こ</rt></ruby>

立 新 R1 当1

北海道岩見沢市 S51・3・24
勤4年8ヵ月 （初/令元）

総務委、決算委、地方・デジ特委理、党参幹事長代理、党参比例第13総支部長、自治労特別中央執行委員、岩見沢緑陵高／47歳

〒100-8962 千代田区永田町2-1-1、会館 ☎03(6550)0611

水岡俊一
<ruby>水<rt>みず</rt></ruby><ruby>岡<rt>おか</rt></ruby><ruby>俊<rt>しゅん</rt></ruby><ruby>一<rt>いち</rt></ruby>

立 元 R1 当3

兵庫県豊岡市 S31・6・13
勤16年10ヵ月 （初/平16）

環境委、懲罰委、党参議院議員会長、内閣総理大臣補佐官、内閣委員会、兵庫県教組役員、中学校教員、奈良教育大／67歳

〒102-0083 千代田区麹町4-7、宿舎

小沢雅仁
<ruby>小<rt>お</rt></ruby><ruby>沢<rt>ざわ</rt></ruby><ruby>雅<rt>まさ</rt></ruby><ruby>仁<rt>ひと</rt></ruby>

立 新 R1 当1

山梨県甲府市 S40・8・13
勤4年8ヵ月 （初/令元）

総務委理、消費者特委、憲法審委、日本郵政グループ労働組合中央執行委員長、山梨県立甲府西高／58歳

〒102-0083 千代田区麹町4-7、宿舎

比例代表

参 略歴

※1 平24衆院初当選　※2 平5衆院初当選

よし かわ　さ おり　　立前　　RI 当3
吉川 沙織　徳島県　S51·10·9
勤16年10ヵ月　（初/平19）

議運委筆頭理事、総務委、経産委員長、NTT元社員、同志社大院（博士前期）修了、京大院（博士後期）在学／47歳

〒100-8962　千代田区永田町2-1-1、会館　☎03(6550)0617

もり や　　たかし　　立新　　RI 当1
森 屋 　隆　東京都　S42·6·28
勤4年8ヵ月　（初/令元）

国交委理、倫選特委、国民生活調委、私鉄総連交通対策局長、西東京バス(株)、都立多摩工業高校／56歳

〒100-8962　千代田区永田町2-1-1、会館　☎03(6550)1211

かわ　だ りゅう へい　　立前　　RI 当3
川 田 龍 平　東京都　S51·1·12
勤16年10ヵ月　（初/平19）

行政監視委員長、環境委、拉致特委、党両院議員総会長、薬害エイズ訴訟原告、岩手医科大学客員教授、東経大／48歳

〒100-8962　千代田区永田町2-1-1、会館　☎03(6550)0508

いし かわ　たい　が　　立新　　RI 当1
石 川 大 我　東京都豊島区　S49·7·3
勤4年8ヵ月　（初/令元）

法務委、消費者特委理、憲法審委、NPO法人代表理事、早大大学院修了／49歳

〒100-8962　千代田区永田町2-1-1、会館　☎03(6550)1113

す どう げん き　　無新　　RI 当1
須 藤 元 気　東京都江東区　S53·3·8
勤4年8ヵ月　（初/令元）

農水委、元格闘家、中央大学レスリング部ゼネラルマネージャー、拓殖大学レスリング部アドバイザー、会社役員、アーティスト、調理師、拓殖大学大学院／45歳

〒100-8962　千代田区永田町2-1-1、会館　☎03(6550)0914

やま もと　か なえ　　公前　　RI 当4
山 本 香 苗　広島県　S46·5·14
勤22年11ヵ月　（初/平13）

厚労委、地方・デジ特委、党中央幹事、参議院副会長、関西方面副本部長、大阪府本部代表代行、元厚労副大臣、元総務委員長、外務省、京大／52歳

〒590-0957　堺市堺区中之町西1-1-10 堀ビル501号室　☎072(225)0102
〒100-8962　千代田区永田町2-1-1、会館　☎03(6550)1024

㊈略歴

山本博司 やま もと ひろ し
公前　R1 当3
愛媛県八幡浜市　S29・12・9
勤16年10ヵ月（初/平19）

総務委理、党中央幹事、党中央規律副委員長、
厚生労働副大臣兼内閣府副大臣、総務委員
長、財務大臣政務官、日本IBM、慶大/69歳

〒760-0080　香川県高松市木太町607-1
　　　　　　クリエイト木太201　☎087(868)3607
〒152-0022　目黒区柿の木坂3-11-15　☎03(3418)9838

若松謙維 わか まつ かね しげ
公前　RI 当2(初/平25)※
福島県石川町　S30・8・5
勤21年2ヵ月（衆10年5ヵ月）

党中央幹事・機関紙推進委員長、財金委理、決算委、資
源エネ調委、復興特委、元復興副大臣、元総務副大臣、
公認会計士、税理士、行政書士、防災士、中央大/68歳

〒960-8107　福島県福島市浜田町4-16
　　　　　　富士ビル1F2号　☎024(572)5567

河野義博 かわ の よし ひろ
公前　RI 当2
福岡県　S52・12・1
勤10年9ヵ月（初/平25）

予算委理、国交委、ODA・沖北特委、資源
エネ調理事、党中央幹事、農水大臣政務
官、丸紅、東京三菱銀行、慶大経済/46歳

〒810-0045　福岡市中央区草香江1-4-34
　　　　　　エーデル大濠202　☎092(753)6491

新妻秀規 にい づま ひで き
公前　RI 当2
埼玉県越谷市　S45・7・22
勤10年9ヵ月（初/平25）

総務委員長、拉致特委、外交・安保調委、党国際局長、
愛知県本部代表、元復興副大臣、元文部科学・内閣
府・復興政務官、東大院(工学系研究科)/53歳

〒460-0008　名古屋市中区栄1-14-15
　　　　　　RSビル203号室　☎052(253)5085
〒102-0094　千代田区紀尾井町1-15、宿舎　☎03(6550)1112

平木大作 ひら き だい さく
公前　RI 当2
長野県　S49・10・16
勤10年9ヵ月（初/平25）

復興副大臣、党外交部会長、広報委員長、経産・
内閣府・復興大臣政務官、東大法、スペイン・イ
エセ・ビジネススクール経営学修士/49歳

〒273-0011　船橋市湊町1-7-4 B号室　☎047(404)3202
〒100-8962　千代田区永田町2-1-1、会館　☎03(6550)0422

塩田博昭 しお た ひろ あき
公新　RI 当1
徳島県阿波市　S37・1・19
勤4年8ヵ月（初/令元）

党中央幹事、東京都本部副代表、秋田・山梨
県本部顧問、国交委理、議運委、消費者特委、
憲法審査、元党政調事務局長、秋田大/62歳

〒154-0004　世田谷区太子堂2-14-20-205　☎03(6805)3946
〒100-8962　千代田区永田町2-1-1、会館　☎03(6550)1117

比例代表　参略歴

※平5衆院初当選

鈴木宗男 すず き むね お
無新　R1 当1(初/令元)※1

北海道足寄町　S23・1・31
勤29年8ヵ月（衆25年）

法務委、前懲罰委員長、元国務大臣、元外務委員長、元沖縄北方特別委員長、衆議院議員8期、拓殖大／76歳

〒060-0061　札幌市中央区南1条西5丁目17-2
　　　　　プレジデント松井ビル1205　☎011(251)5351

梅村　聡 うめ むら さとし
維元　RI 当2

大阪府　S50・2・13
勤10年9ヵ月（初/平19）

厚労委、決算委理、倫選特委、党政調副会長、党コロナ対策本部長、元厚労政務官、医師、大阪大学医学部／49歳

〒532-0011　大阪市淀川区西中島4-6-29
　　　　　第3ユヤマ財ビル3-B　　☎06(6886)2000
〒100-8962　千代田区永田町2-1-1、会館☎03(6550)0326

柴田　巧 しば た たくみ
維元　RI 当2

富山県　S35・12・11
勤10年9ヵ月（初/平22）

内閣委、議運委理、憲法審委、党参院国対委員長、富山県議、衆議院議員秘書、早大院／63歳

〒932-0113　富山県小矢部市岩武1051　　☎0766(61)1315

柳ヶ瀬裕文 やな が せ ひろ ふみ
維新　RI 当1

東京都大田区　S49・11・8
勤4年8ヵ月（初/令元）

財金委、行政監視委理、拉致特委、党総務会長、東京都議会議員(3期)、大田区議会議員、議員秘書・会社員、早大／49歳

〒146-0083　東京都大田区千鳥3-11-19
　　　　　第2桜ビル3F　　　　　☎03(6459)8706
〒100-8962　千代田区永田町2-1-1、会館☎03(6550)0703

藤巻健史 ふじ まき たけ し
維元　RI 繰当2

東京都　S25・6・3
勤6年3ヵ月（初/平25）

元財政金融委、モルガン銀行日本における代表者兼東京支店長、一橋大講師(非常勤)、早大商学研究科講師(非常勤)、ノースウエスタン大院、一橋大／73歳

〒100-8962　千代田区永田町2-1-1、会館　☎03(6550)1122

小池　晃 こ いけ あきら
共前　RI 当4

東京都　S35・6・9
勤22年11ヵ月（初/平10）

党書記局長、財金委、国家基本委理、党政策委員長、東北大医／63歳

〒151-0053　渋谷区代々木1-44-11-1F　　☎03(5304)5639

　　※1 昭58衆院初当選　　※2 平15衆院初当選

山下芳生 <ruby>山<rt>やま</rt></ruby><ruby>下<rt>した</rt></ruby> <ruby>芳<rt>よし</rt></ruby><ruby>生<rt>き</rt></ruby>　共前　　RI 当4
香川県　S35・2・27
勤22年11ヵ月（初/平7）

党筆頭副委員長、環境委理、倫選特委、
政倫審委、党書記局長、鳥取大／64歳

〒537-0025　大阪市東成区中道1-10-10 102号
〒100-8962　千代田区永田町2-1-1、会館　☎06(6975)9111
　　　　　　　　　　　　　　　　　　　☎03(6550)1123

井上哲士 <ruby>井<rt>いの</rt></ruby><ruby>上<rt>うえ</rt></ruby> <ruby>哲<rt>さと</rt></ruby><ruby>士<rt>し</rt></ruby>　共前　　RI 当4
京都府　S33・5・5
勤22年11ヵ月（初/平13）

党参院幹事長・国対委長、党幹部会委
員、内閣委、懲罰委、倫選特委、拉致特
委、「赤旗」記者、京大／65歳

〒604-0092　京都市中京区丸太町新町角大炊町186
〒102-0083　千代田区麹町4-7、宿舎　☎075(231)5198

紙　智子 <ruby>紙<rt>かみ</rt></ruby> <ruby>智<rt>とも</rt></ruby><ruby>子<rt>こ</rt></ruby>　共前　　RI 当4
北海道　S30・1・13
勤22年11ヵ月（初/平13）

党常任幹部会委員、党農林・漁民局長、農水委、
ODA・沖北特委、復興特委、民青同盟副委員
長、国会議員団総会会長、北海道女短大／69歳

〒065-0012　札幌市東区北12条東2丁目3-2　☎011(750)6677
〒102-0083　千代田区麹町4-7、宿舎　☎03(3237)0804

田村まみ <ruby>田<rt>た</rt></ruby><ruby>村<rt>むら</rt></ruby> まみ　国新　　RI 当1
広島県広島市　S51・4・23
勤4年8ヵ月　（初/令元）

厚労委、予算委、消費者特委、政倫審委、
UAゼンセン、イオン労働組合、イオン
リテール（株）、同志社大／47歳

〒100-8962　千代田区永田町2-1-1、会館　☎03(6550)0910

礒﨑哲史 <ruby>礒<rt>いそ</rt></ruby><ruby>﨑<rt>ざき</rt></ruby> <ruby>哲<rt>てつ</rt></ruby><ruby>史<rt>じ</rt></ruby>　国前　　RI当2(初/平25)
東京都世田谷区　S44・4・7
勤10年9ヵ月（初/平25）

経産委、憲法審委、党副代表、参国対委
員長、広報局長、東京都連会長、元日産
自動車（株）、東京電機大工学部／54歳

〒100-8962　千代田区永田町2-1-1、会館　☎03(6550)1210

浜野喜史 <ruby>浜<rt>はま</rt></ruby><ruby>野<rt>の</rt></ruby> <ruby>喜<rt>よし</rt></ruby><ruby>史<rt>ふみ</rt></ruby>　国前　　RI 当2
兵庫県高砂市　S35・12・21
勤10年9ヵ月　（初/平25）

議運委理、環境委、党選挙対策委員長、
労働組合役員、神戸大／63歳

〒102-0083　千代田区麹町4-7、宿舎

ふな ご やす ひこ
舩後靖彦 れ新　　RI 当1
岐阜県岐阜市加納御車町 S32・10・4
勤4年8ヵ月　（初/令元）

文科委、拉致特委、(株)アース顧問、酒田時計貿易(株)、拓殖大学政経学部卒業／66歳

〒102-0083　千代田区麹町4-7、宿舎

き むら えい こ
木村英子 れ新　　RI 当1
神奈川県横浜市 S40・5・11
勤4年8ヵ月　（初/令元）

国交委、国家基本委、国民生活調委、自立ステーションつばさ事務局長、神奈川県立平塚養護学校高等部／58歳

〒100-8962　千代田区永田町2-1-1、会館　☎03(6550)0314

おおつばき
大椿ゆうこ 社新　　RI 繰当1
岡山県高梁市 S48・8・14
勤11ヵ月　（初/令5）

厚労委、党全国連合副党首、障害者支援コーディネーター、労組専従役員、社会福祉士、精神保健福祉士、保育士、四国学院大学社会学部／50歳

〒567-0816　茨木市永代町5-116 ソシオ I -1階 ☎072(648)7846
〒100-8962　千代田区永田町2-1-1、会館 ☎03(6550)0906

はま だ　　さとし
浜田聡 無新(N党)　RI 繰当1
京都府京都市 S52・5・11
勤4年5ヵ月　（初/令元）

党幹事長兼政調会長、総務委、日本医学放射線学会放射線科専門医、東大教育学部、同大学院修士課程、京大医学部医学科／46歳

〒710-0056　倉敷市鶴形1-5-33-1001 ☎03(6550)0403
〒102-0094　千代田区紀尾井町-15、宿舎 ☎03(3264)1351

参議院比例代表（第25回選挙・令和元年7月21日施行）

全国有権者数 105,886,064人　　全国投票者数 51,666,697人
　男　〃　　51,180,755人　　　男　〃　　25,288,059人
　女　〃　　54,705,309人　　　女　〃　　26,378,638人
　　　　　　　　　　　　　　　有効投票数　50,072,352票

党別当選者数・党別個人別得票数・党別得票率
（※小数点以下の得票数は按分票です）

自 民 党　　19人　17,712,373.119票　　35.37%

政党名得票 12,712,515.344　　個人名得票　4,999,857.775

当	三木　　亨 現	特定枠		当	赤池　誠章 現	131,727.208
	（令5.1.13辞職）			繰	比嘉奈津美 新	114,596
当	三浦　　靖 新	特定枠			（令3.10.20繰上）	
当	柘植　芳文 現	600,189.903		繰	中田　　宏 新	112,581.303
当	山田　太郎 元	540,077.960			（令4.14繰上）	
当	和田　政宗 現	288,080			田中　昌史 新	100,005.187
当	佐藤　正久 現	237,432.095			（令5.1.17繰上）	
当	佐藤　信秋 現	232,548.956			尾立　源幸 元	92,882
当	橋本　聖子 現	225,617			木村　義雄 現	92,419.856
当	山田　俊男 現	217,619.597			井上　義行 元	87,946.669
当	有村　治子 現	206,221			（令4.7.10当選）	
当	宮本　周司 現	202,122			小川　眞史 新	85,266.022
	（令4.4.7失職）				山本　左近 新	78,236.224
当	石田　昌宏 現	189,893			（令3.10.31衆院議員当選）	
当	北村　経夫 現	178,210			角田　充由 新	75,241.505
	（令3.10.7失職）				丸山　和也 現	58,587
当	本田　顕子 新	159,596.151			糸川　正晃 新	36,311.527
当	衛藤　晟一 現	154,578			熊田　篤嗣 新	29,961
当	羽生田　俊 現	152,807.948			水口　尚人 新	24,504.222
当	宮崎　雅夫 新	137,502			森本　勝也 新	23,450.657
当	山東　昭子 現	133,645.785				

立憲民主党　　8人　7,917,720.945票　　15.81%

政党名得票 6,697,707.000　　個人名得票　1,220,013.945

当	岸　真紀子 新	157,849			藤田　幸久 現	28,919.215
当	水岡　俊一 元	148,309			斉藤　里恵 新	23,002
当	小沢　雅仁 新	144,751			佐藤　　香 新	20,200.177
当	吉川　沙織 現	143,472			中村　起子 新	13,422.369
当	森屋　　隆 新	104,339.413			今泉　真緒 新	11,991
当	川田　龍平 現	94,702			小俣　一平 新	10,140
当	石川　大我 新	73,799			白沢　みき 新	9,483.260
当	須藤　元気 新	73,787			真野　　哲 新	9,008.343
	市井紗耶香 新	50,415.298			塩見　俊次 新	5,115
	奥村　政佳 新	32,024			深貝　　亨 新	4,529.113
	若林　智子 新	31,683.757				
	おしどりマコ 新	29,072				

公明党　　7人　6,536,336.451票　13.05%

政党名得票　4,283,918.000　　個人名得票　2,252,418.451

当	山本 香苗	現	594,288.947	西田 義光	新	3,986
当	山本 博司	現	471,759.555	藤井 伸城	新	3,249
当	若松 謙維	現	342,356	竹島 正人	新	3,106
当	河野 義博	現	328,659	角田健一郎	新	2,924.278
当	新妻 秀規	現	281,832	坂本 道応	新	2,438
当	平木 大作	現	183,869	村中 克也	新	2,163.335
当	塩田 博昭	新	15,175	塩崎 剛	新	1,996.336
	高橋 次郎	新	7,577	国分 隆作	新	1,623
	奈良 直記	新	5,413			

日本維新の会　5人　4,907,844.388票　9.80%

政党名得票　4,218,454.000　　個人名得票　689,390.388

当	鈴木 宗男	新	220,742.675	山口 和之	現	42,231.776
当	室井 邦彦	現	87,188	串田 久子	新	32,296
	（令6.1.3死去）			桑原久美子	新	20,721
当	梅村 聡	元	58,269.522	奥田 真理	新	20,478
当	柴田 巧	元	53,938	森口あゆみ	新	19,333.904
当	柳ヶ瀬裕文	新	53,086	空本 誠喜	新	12,772
繰	藤巻 健史	現	51,619.511	（令3.10.31衆院議員当選）		
	（令6.1.18繰上）			荒木 大樹	新	8,577
				岩河美智子	新	8,137

共産党　　4人　4,483,411.183票　8.95%

政党名得票　4,051,700.000　　個人名得票　431,711.183

当	小池 晃	現	158,621	伊藤理智子	新	3,079.612
当	山下 芳生	現	48,932.480	有坂ちひろ	新	2,787.721
当	井上 哲士	現	42,982.440	田辺 健一	新	2,677
当	紙 智子	現	34,696.013	青山 了介	新	2,600.721
	仁比 聡平	現	33,360	松崎 真琴	新	2,581
	（令4.7.10当選）			大野 聖美	新	2,170.469
	山本 訓子	新	32,816.665	島袋 恵祐	新	2,162
	椎葉 寿幸	新	16,728.218	伊藤 達也	新	2,152.164
	梅村早江子	元	15,357.129	小久保剛志	新	1,200.134
	山本千代子	新	7,573.462	下奥 奈歩	新	936
	舩山 由美	新	5,364	沼上 徳光	新	647
	佐藤ちひろ	新	4,199.426	住寄 聡美	新	582.529
	原 純子	新	3,671	鎌野 祥二	新	419
	藤本 友里	新	3,414			

国民民主党　3人　3,481,078.400票　6.95%

政党名得票　2,174,706.000　　個人名得票　1,306,372.400

当	田村 麻美	新	260,324	円 より子	元	24,709
当	礒崎 哲史	現	258,507	姫井由美子	元	21,006
当	浜野 喜史	現	256,928.785	小山田経子	新	8,306
	石上 俊雄	現	192,586.679	鈴木 覚	新	5,923.855
	田中 久弥	新	143,492.942	酒井 亮介	新	4,379.272
	大島九州男	現	87,740	中沢 健	新	4,058
	（令5.1.17れいわで繰上）			藤川 武人	新	2,472
	山下 容子	新	35,938.867			

れいわ新選組　2人　2,280,252.750票　4.55%

政党名得票　1,226,412.714　　個人名得票　1,053,840.036

当	舩後 靖彦	新	特定枠	大西 恒樹	新	19,842
当	木村 英子	新	特定枠	安冨 歩	新	8,632.076
	山本 太郎	現	991,756.597	渡辺 照子	新	5,073.675
	（令4.7.10当選）			辻村 千尋	新	4,070.549
	蓮池 透	新	20,557.200	三井 義文	新	3,907.939

社 民 党　　1人　1,046,011.520票　2.09%

政党名得票　761,207.000　　個人名得票　284,804.520

当	吉田　忠智 元	149,287		矢野　敦子 新	21,391	
	（令5.3.30辞職）			（離党）		
	仲村　未央 新	98,681.520	繰	大椿　裕子 新	15,445	
	（離党）			（令5.4.6繰上）		

NHKから国民を守る党　1人　　987,885.326票　1.97%

政党名得票　841,224.000　　個人名得票　146,661.326

当	立花　孝志 新	130,233.367	岡本　介伸 新	4,269
	（令元.10.10退職）		熊丸　英治 新	2,850
繰	浜田　聡 新	9,308.959		
	（令元.10.21繰上）			

· ·

その他の政党の得票総数・得票率等は下記のとおりです。
（当選者はいません。個人名得票の内訳は省略しました）

安楽死制度を考える会　　得票総数　269,052.000票（0.54%）
政党名得票　233,441.000　　個人名得票　35,611.000

幸福実現党　　得票総数　202,278.772票（0.40%）
政党名得票　158,954.000　　個人名得票　43,324.772

オリーブの木　　得票総数　167,897.997票（0.34%）
政党名得票　136,873.000　　個人名得票　31,024.997

労働の解放をめざす労働者党　　得票総数　80,054.927票（0.16%）
政党名得票　57,891.999　　個人名得票　22,163.928

比例代表

参 略歴

第26回選挙

（令和4年7月10日施行／令和10年7月25日満了）

藤井一博
ふじ い かず ひろ

自新［無］　　R4 当1
鳥取県　S52・12・23
勤1年8ヵ月　（初／令4）

厚労委、行監委、倫選特委理、党青年局長代理・女性局・新聞局次長、医師、鳥取県議会議員、鳥取大／46歳

〒682-0023 鳥取県倉吉市山根572-4
サンクピエスビル2F201号室 ☎0858(26)6081
〒100-8982 千代田区永田町2-1-1、会館 ☎03(6550)0605

梶原大介
かじ はら だい すけ

自新［無］　　R4 当1
高知県香南市　S48・10・29
勤1年8ヵ月　（初／令4）

国土交通委、議運委、災害特委、党国土・建設関係団体副委長、高知県連幹事長、県議(4期)、参議院議員秘書、国立高知高専／50歳

〒780-0861 高知市升形2-1 升形ビル2F ☎088(803)9600

赤松健
あか まつ けん

自新［無］　　R4 当1
愛知県名古屋市　S43・7・5
勤1年8ヵ月　（初／令4）

文科委理、決算委、消費者特委、外交・安保調委、漫画家、(公社)日本漫画家協会常務理事、(株)Jコミックテラス取締役、中央大／55歳

〒100-8962 千代田区永田町2-1-1、会館 ☎03(6550)0423

長谷川英晴
は せ がわ ひで はる

自新［無］　　R4 当1
千葉県いすみ市　S34・5・7
勤1年8ヵ月　（初／令4）

総務委、行監委理、地方・デジ特委、外交・安保調委、全国郵便局長会相談役、千葉県山田郵便局長、全国郵便局長会副会長、東北大／64歳

〒100-8962 千代田区永田町2-1-1、会館 ☎03(6550)1020

青山繁晴
あお やま しげ はる

自前［無］　　R4 当2
兵庫県神戸市　S27・7・25
勤7年9ヵ月　（初／平28）

経産委理事、ODA・沖北特委、憲法審委、党経産部会長代理、(株)独立総合研究所社長、共同通信社、早大／71歳

〒100-8962 千代田区永田町2-1-1、会館

かたやま
片山さつき
自前［無］R4 当3(初/平22)※1
埼玉県　S34・5・9
勤17年9ヵ月（衆3年11ヵ月）

予算委、環境委理、倫選特委、党金融調査会長、党政調会長代理、元国務大臣(地方創生・規制改革・女性活躍)、衆院議員、財務省主計官、東大法／64歳

〒432-8069　浜松市西区志都呂1-32-15　☎053(581)7151
〒100-8962　千代田区永田町2-1-1、会館　☎03(6550)0420

あ だち とし ゆき
足立敏之
自前［無］R4 当2
京都府福知山市 S29・5・20
勤7年9ヵ月（初/平28）

財政金融委員長、倫選特委、参党国会対策副委員長、国土交通省元技監、元水管理・国土保全局長、京大大学院修了／69歳

〒100-8962　千代田区永田町2-1-1、会館　☎03(6550)0501

じ み
自見はなこ
自前［無］R4 当2
福岡県北九州市 S51・2・15
勤7年9ヵ月（初/平28）

内閣府特命担当大臣、前内閣府大臣政務官、元自民党女性局長、元厚生労働大臣政務官、筑波大・東海大医／48歳

〒802-0077　北九州市小倉北区馬借2-7-28-2F　☎093(513)0875
〒100-8962　千代田区永田町2-1-1、会館　☎03(6550)0504

ふじ き しん や
藤木眞也
自前［無］R4 当2
熊本県　S42・2・25
勤7年9ヵ月（初/平28）

党農林部会長代理、議運委理、参党副幹事長、農水政務官、JAかみましき組合長、JA全青協会長、農業生産法人社長、熊本農高／57歳

〒861-3101　熊本県上益城郡嘉島町大字鯰2792　☎096(282)8856
〒100-8962　千代田区永田町2-1-1、会館　☎03(6550)1006

やま だ ひろし
山田　宏
自前［無］R4 当2(初/平28)※2
東京都八王子市 S33・1・8
勤13年(衆5年3ヵ月)

厚労委筆頭理事、憲法審委、党副幹事長、防衛大臣政務官、衆院議員2期、杉並区長3期、東京都議2期、松下政経塾第2期生、京大／66歳

〒102-0093　千代田区平河町2-16-5-602
〒100-8962　千代田区永田町2-1-1、会館　☎03(6550)1205

とも の う り お
友納理緒
自新［無］R4 当1
東京都世田谷区 S55・11・18
勤1年8ヵ月（初/令4）

厚労委、議運委、地方・デジ特委、国民生活調委、看護師、弁護士、元日本看護協会参与、早大大学院法務研究科、東京医科歯科大大学院修士／43歳

〒100-8962　千代田区永田町2-1-1、会館　☎03(6550)1116

比例代表

参 略歴

やまたに えり こ
山谷えり子　自前［無］　R4 当4(初/平16)※
福井県　S25・9・19
勤23年4ヵ月（衆3年5ヵ月）

内閣委、拉致特委長、倫選特委長、国家公安委員長・拉致問題担当大臣、参党政審会長、首相補佐官、サンケイリビング編集長、聖心女子大／73歳

〒100-8962　千代田区永田町2-1-1、会館　☎03(6550)1107

いの うえ よし ゆき
井上義行　自元［無］　R4 当2
神奈川県小田原市　S38・3・12
勤7年8ヵ月　（初/平25）

総務委、行監委、第一次安倍内閣総理大臣秘書官、日大経済学部（通信）／60歳

〒250-0011　小田原市栄町1-14-48
　　ジャンボーナックビル706　☎0465(20)8357

しん どう かね ひ こ
進藤金日子　自前［無］　R4 当2
秋田県協和町（現大仙市）　S38・7・7
勤7年9ヵ月　（初/平28）

財務大臣政務官、党農林部会長代理、党水産調査会副会長、元農水省中山間地域振興課長、全国水土里ネット会長会議顧問、岩手大／60歳

〒100-8962　千代田区永田町2-1-1、会館　☎03(6550)0719

いま い え り こ
今井絵理子　自前［麻］　R4 当2
沖縄県那覇市　S58・9・22
勤7年9ヵ月　（初/平28）

文科委理、ODA・沖北特委理、決算委、参党国対副委員長、元内閣府大臣政務官、歌手、八雲学園高校／40歳

〒900-0014　那覇市松尾1-21-59 1F　☎098(975)9216
〒100-8962　千代田区永田町2-1-1、会館　☎03(6550)0315

あ だち まさ し
阿達雅志　自前［無］　R4 当3
京都府　S34・9・27
勤9年5ヵ月　（初/平26繰）

内閣委員長、予算委、外交防衛委員長、総理補佐官、国交政務官、党外交部会長、NY州弁護士、住友商事、東大法／64歳

〒100-8962　千代田区永田町2-1-1、会館　☎03(6550)0309

かみ や まさ ゆき
神谷政幸　自新［麻］　R4 当1
愛知県豊橋市　S54・1・6
勤1年8ヵ月　（初/令4）

厚労委、議運委、消費者特委理、資源エネ調委、党青年局次長、党厚生関係団体委副委員長、党広報戦略局次長、薬剤師、福山大薬学部／45歳

〒100-8962　千代田区永田町2-1-1、会館　☎03(6550)1218

比例代表

㊟略歴

※平12衆院初当選

おち　とし　ゆき
越智 俊之　自新［無］　R4 当1
広島県江田島市　S53・3・9
勤1年8ヵ月　（初/令4）

経産委、決算委、全国商工会連合会顧問、三興建設（株）専務取締役、全国商工会青年部連合会第22代会長、法政大／45歳

〒730-0051 広島市中区大手町3-3-27 1F ☎082(545)5500
〒100-8962 千代田区永田町2-1-1、会館 ☎03(6550)0821

いし　い　　　あきら
石井 章　維前　R4 当2(初/平28)※
茨城県取手市　S32・5・6
勤11年1ヵ月（衆3年4ヵ月）

消費者特委長、経産委、元衆議院議員、社会福祉法人理事長、専修大法学部／66歳

〒300-1513 茨城県取手市片町296 ☎0297(83)8900
〒100-8962 千代田区永田町2-1-1、会館 ☎03(6550)1204

いし　い　みつ　こ
石井 苗子　維前　R4 当2
東京都　S29・2・25
勤7年9ヵ月　（初/平28）

外交防衛委理、決算委、震災復興特委理、保健師、看護師、女優、民放キャスター、心療内科勤務、聖路加大・東大院／70歳

〒100-8962 千代田区永田町2-1-1、会館 ☎03(6550)1115
〒102-0083 千代田区麹町4-7、宿舎

まつ　の　あけ　み
松野 明美　維新　R4 当1
熊本県　S43・4・27
勤1年8ヵ月　（初/令4）

農水委、予算委、災害特委、党代表付、党政調副会長、元オリンピック選手、元熊本市議、元熊本県議、県立鹿本高校／55歳

〒861-0113 熊本市北区植木町伊知坊410-3 ☎096(273)6377

なかじょう
中条 きよし　維新　R4 当1
岐阜県岐阜市　S21・3・4
勤1年8ヵ月　（初/令4）

文科委、拉致特委、国民生活調委、党代表付、歌手、俳優、岐阜東高中退／77歳

〒100-8962 千代田区永田町2-1-1、会館 ☎03(6550)0805

いの　せ　なお　き
猪瀬 直樹　維新　R4 当1
長野県長野市　S21・11・20
勤1年8ヵ月　（初/令4）

厚労委、憲法審査、ODA・沖北特委、党参議院幹事長、作家、元東京都知事、副知事、道路公団民営化委、信州大、明大院／77歳

〒100-8962 千代田区永田町2-1-1、会館 ☎03(6550)0513

<ruby>金子<rt>かね こ</rt></ruby> <ruby>道仁<rt>みち ひと</rt></ruby>　**維新**　R4 当1

神奈川県横浜市　S45・2・20
勤1年8ヵ月　（初/令4）

予算委理、文科委、外交・安保調委、党代表付、党政調副会長、キリスト教会牧師、社会福祉法人理事長、外務省、東大法／54歳

〒666-0251　兵庫県川辺郡猪名川町若葉1-137-22
〒102-0083　千代田区麹町4-7、宿舎　☎072(767)6004

<ruby>串田<rt>くし だ</rt></ruby> <ruby>誠一<rt>せい いち</rt></ruby>　**維新**　R4 当1

東京都大田区　S33・6・20
勤5年9ヵ月（衆4年1ヵ月）（初/令4）※1

環境委員、決算委、外交・安保調委、情報監視審委、党政調副会長、前衆議院議員、弁護士、法政大学／65歳

〒231-0012　横浜市中区相生町2-27
　　　　　　宇田川ビル3F　☎045(212)3327
〒100-8962　千代田区永田町2-1-1、会館　☎03(6550)1203

<ruby>青島<rt>あお しま</rt></ruby> <ruby>健太<rt>けん た</rt></ruby>　**維新**　R4 当1

新潟県新潟市　S33・4・7
勤1年8ヵ月　（初/令4）

国交委理、議運委、資源エネ調理、党代表付、党国対副委員長、元プロ野球選手、スポーツライター、慶大／65歳

〒340-0023　埼玉県草加市谷塚町952
　　　　　　関マンション104号　☎048(954)6641
〒100-8962　千代田区永田町2-1-1、会館　☎03(6550)0405

<ruby>辻元<rt>つじ もと</rt></ruby> <ruby>清美<rt>きよ み</rt></ruby>　**立新**　R4 当1

奈良県　S35・4・28
勤23年5ヵ月（衆21年9ヵ月）（初/令4）※2

党代表代行、憲法審筆頭幹事、予算委、経産委、党副代表、衆予算委筆頭理事、党国対委員長、首相補佐官、国交副大臣、早大／63歳

〒100-8962　千代田区永田町2-1-1、会館　☎03(6550)0613

<ruby>鬼木<rt>おに き</rt></ruby> <ruby>誠<rt>まこと</rt></ruby>　**立新**　R4 当1

福岡県筑紫野市　S38・12・7
勤1年8ヵ月　（初/令4）

内閣委、行政監視委、復興特委、資源エネ調委、自治労本部書記長、福岡県職員労働組合委員長、福岡県職員、福岡県立筑紫高校／60歳

〒102-0083　千代田区麹町4-7、宿舎

<ruby>古賀<rt>こ が</rt></ruby> <ruby>千景<rt>ち かげ</rt></ruby>　**立新**　R4 当1

福岡県久留米市　S41・11・25
勤1年8ヵ月　（初/令4）

文科委、決算委、復興特委、憲法審委、党参議院比例第16総支部長、日教組特別中央執行委員、小学校教諭、熊本大／57歳

〒100-8962　千代田区永田町2-1-1、会館　☎03(6550)0409

　※1 平29衆院初当選　※2 平8衆院初当選

しば　しん　いち
柴　　慎一　立新　　R4 当1
神奈川県　S39・9・14
勤1年8ヵ月　（初/令4）

財金委、行監委、震災復興特委、国民生活調委、元JP労組中央副執行委員長、柿生高校／59歳

〒100-8962　千代田区永田町2-1-1、会館　☎03(6550)1009

むら　た　きょうこ
村　田　享　子　立新　　R4 当1
鹿児島県鹿児島市　S58・5・16
勤1年8ヵ月　（初/令4）

決算委、経産委、消費者特委、基幹労連職員、参院議員秘書、東大／40歳

〒100-8962　千代田区永田町2-1-1、会館　☎03(6550)1222

あお　き　あい
青　木　　愛　立前　　R4 当3(初/平19)※
東京都　S40・8・18
勤17年1ヵ月（衆7年2ヵ月）

国土交通委員長、元行政監視委員長、元復興特委員長、保育士、千葉大院修了、高野山大院修了／58歳

〒114-0021　北区岸町1-2-9　☎03(5948)5038
〒100-8962　千代田区永田町2-1-1、会館　☎03(6550)0507

いし　ばし　みち　ひろ
石　橋　通　宏　立前　　R4 当3
島根県　S40・7・1
勤13年10ヵ月　（初/平22）

党参院国会対策委員長代理、予算委筆頭理事、厚労委、厚労委、情報労連、元ILO専門官、米アラバマ大院、中大法／58歳

〒100-8962　千代田区永田町2-1-1、会館　☎03(6550)0523

たけ　うち　しん　じ
竹　内　真　二　公前　　R4 当2
東京都　S39・3・19
勤6年6ヵ月（初/平29繰）

災害特委長、財金委、行監委、国民生活調委、党遊説局長、団体局次長、公明新聞編集局次長、早大／59歳

〒102-0094　千代田区紀尾井町1-15、宿舎

よこ　やま　しん　いち
横　山　信　一　公前　　R4 当3
北海道　S34・7・21
勤13年10ヵ月　（初/平22）

党北海道本部代表代行、党東北方面副本部長、党復興・防災部会長、復興副大臣、法務委員長、総務委員長、北大院／64歳

〒060-0001　札幌市中央区北1条西19丁目
　緒方ビル3F
〒102-0083　千代田区麹町4-7、宿舎　☎011(688)6222

比例代表

※平15衆院初当選

<ruby>谷<rt>たに</rt></ruby> <ruby>合<rt>あい</rt></ruby> <ruby>正<rt>まさ</rt></ruby> <ruby>明<rt>あき</rt></ruby>　**公前**　R4　当4
埼玉県　S48・4・27
勤19年11ヵ月（初/平16）

党幹事長代理・参幹事長・広報委員長・中国方面本部長・岡山県本部代表、倫選特委理、農水副大臣、NGO職員、京大院／50歳

〒702-8031　岡山市南区福富西1-20-48
　　　　　　クボタビル2F ☎086(262)3611
〒102-0094　千代田区紀尾井町1-15、宿舎

<ruby>窪<rt>くぼ</rt></ruby> <ruby>田<rt>た</rt></ruby> <ruby>哲<rt>てつ</rt></ruby> <ruby>也<rt>や</rt></ruby>　**公新**　R4　当1
愛媛県　S40・11・2
勤1年8ヵ月　（初/令4）

党参国対副委員長、党団体局次長、党沖縄21世紀委員会事務局次長、内閣委、議運委、ODA・沖北特委理、元公明新聞九州支局長、明治大／58歳

〒100-8962　千代田区永田町2-1-1、会館　☎03(6550)0202

<ruby>上<rt>うえ</rt></ruby> <ruby>田<rt>だ</rt></ruby> <ruby>勇<rt>いさむ</rt></ruby>　**公新**　R4　当1
神奈川県横浜市　S33・8・5
勤22年8ヵ月(衆21年)(初/令4)※

党政調会長代理、外交防衛委理、衆院議員7期、財務副大臣、法務総括次長、農水省、東大、米コーネル大学大学院／65歳

〒430-0917　浜松市中区常盤町139-18　☎053(523)7977

<ruby>宮<rt>みや</rt></ruby> <ruby>崎<rt>ざき</rt></ruby> <ruby>勝<rt>まさる</rt></ruby>　**公元**　R4　繰当2
埼玉県　S33・3・18
勤7年6ヵ月　（初/平28）

内閣委理、予算委、災害特委理、党埼玉県本部副代表、党税調事務局次長、元環境大臣政務官、元公明新聞編集局長、埼玉大／65歳

〒330-0063　さいたま市浦和区高砂3-7-4 2F
〒102-0083　千代田区麹町4-7、宿舎

<ruby>田<rt>た</rt></ruby> <ruby>村<rt>むら</rt></ruby> <ruby>智<rt>とも</rt></ruby> <ruby>子<rt>こ</rt></ruby>　**共前**　R4　当3
長野県小諸市　S40・7・4
勤13年10ヵ月（初/平22）

党委員長、国交委、国家基本委、元政策委員長、元党東京都副委員長、参議院議員秘書、早大第一文学部／58歳

〒151-0053　渋谷区代々木1-44-11　☎03(5304)5639
〒100-8962　千代田区永田町2-1-1、会館　☎03(6550)0908

<ruby>仁<rt>に</rt></ruby> <ruby>比<rt>ひ</rt></ruby> <ruby>聡<rt>そう</rt></ruby> <ruby>平<rt>へい</rt></ruby>　**共元**　R4　当3
福岡県北九州市　S38・10・16
勤13年10ヵ月（初/平16）

法務委、災害特委、憲法審委、党参院国対副委員長、党中央委員、弁護士、京大法／60歳

〒810-0022　福岡市中央区薬院3-13-12-3F ☎092(526)1933
〒102-0083　千代田区麹町4-7、宿舎

比例代表

略歴

※平5衆院初当選

岩渕 友（いわ ぶち とも）　共 前　R4 当2
福島県喜多方市　S51・10・3
勤7年9ヵ月　（初/平28）

党幹部会委員、党国会対策副委員長、経産委、復興特委、外交・安保調理、議運委理、日本民主青年同盟福島県委員長、福島大／47歳

〒960-0112　福島市南矢野目字谷地65-3　☎024(555)0550
〒100-8962　千代田区永田町2-1-1、会館　☎03(6550)1002

竹詰 仁（たけ づめ ひとし）　国 新　R4 当1
東京都　S44・2・6
勤1年8ヵ月　（初/令4）

内閣委、決算委、復興特委、資源エネ調理、東電労組中央執行委員長、全国電力総連副会長、在タイ日本大使館一等書記官、慶大経／55歳

〒100-8962　千代田区永田町2-1-1、会館　☎03(6550)0406

浜口 誠（はま ぐち まこと）　国 前　R4 当2
三重県松阪市　S40・5・18
勤7年9ヵ月　（初/平28）

国交委、ODA・沖北特委、外交・安保調理、情監審委、党役員室長、政調会長代理、自動車総連顧問、トヨタ自動車、筑波大／58歳

〒100-8962　千代田区永田町2-1-1、会館　☎03(6550)1022

川合孝典（かわ い たか のり）　国 前　R4 当3
京都府京都市　S39・1・29
勤13年10ヵ月　（初/平19）

法務委理、懲罰委、拉致特委、党幹事長代行、党拉致問題対策本部長、UAゼンセン政治顧問、立命館大法学部／60歳

〒152-0004　目黒区鷹番3-4-5（自宅）

天畠大輔（てん ばた だい すけ）　れ 新　R4 当1
広島県呉市　S56・12・29
勤1年8ヵ月　（初/令4）

厚労委、倫選特委、重度障がい者支援団体代表理事、ルーテル大、立命館大院（博士）／42歳

〒100-8962　千代田区永田町2-1-1、会館　☎03(6550)0316

大島九州男（おおしまく すお）　れ 元　R4 繰当3
福岡県直方市　S36・6・11
勤13年4ヵ月　（初/平19）

内閣委、行監委、災害特委、内閣委員長、予算委理、民主党副幹事長、直方市議3期、全国学習塾協会常任理事、日大法学部／62歳

〒902-0062　沖縄県那覇市松川2-16-1
〒100-8962　千代田区永田町2-1-1、会館　☎03(6550)0714

参新 　R4 当1

かみ や そう へい
神谷 宗幣

福井県　S52・10・12
勤1年8ヵ月　（初／令4）

財金委、参政党代表、会社役員、吹田市議、関西大法科大学院／46歳

〒920-0967　金沢市菊川2-24-3　☎076(255)0177
〒102-0083　千代田区麹町4-7、宿舎

社前 　R4 当5

ふくしま
福島 みずほ

宮崎県　S30・12・24
勤26年　（初／平10）

党首、法務委、予算委、憲法審委、地方・デジ特委、前副党首、消費者庁・男女共同参画・少子化・食品安全担当大臣、弁護士、東大／68歳

〒100-8962　千代田区永田町2-1-1、会館　☎03(6550)1111

無新（N党）　R4 繰当1

さい とう けん いち ろう
齊藤 健一郎

兵庫県尼崎市　S55・12・25
勤1年　（初／令5）

総務委、震災復興特委、NHKから国民を守る党党首、（一社）EXPEDITION STYLE理事、奈良産業大学法学部／43歳

〒660-0892　尼崎市東難波町1-1-1-1412
〒102-0083　千代田区麹町4-7、宿舎

参議院比例代表（第26回選挙・令和4年7月10日施行）

全国有権者数	105,019,203人	全国投票者数	54,655,446人
男　〃	50,740,309人	男　〃	26,517,077人
女　〃	54,278,894人	女　〃	28,138,369人
		有効投票数	53,027,260票

党別当選者数・党別個人別得票数・党別得票率
（※小数点以下の得票数は按分票です）

自 民 党　　18人　18,256,245.412票　34.43%

政党名得票　13,713,427.488　　個人名得票　4,542,817.924

当	藤井　一博	新	特定枠		当	越智　俊之	新	118,710.034
当	梶原　大介	新	特定枠			小川　克巳	現	118,222.945
当	赤松　健	新	528,053			木村　義雄	元	113,873.825
当	長谷川英晴	新	414,371.020			宇都　隆史	現	101,840.710
当	青山　繁晴	現	373,786			園田　修光	現	93,380
当	片山さつき	現	298,091.510			水落　敏栄	現	82,920
当	足立　敏之	現	247,755.055			藤末　健三	元	74,972
当	自見　英子	現	213,369			岩城　光英	元	63,714
当	藤木　真也	現	187,740.202			河村　建一	新	59,007.679
当	山田　宏	現	175,871.715			吉岡伸太郎	新	55,804
当	友納　理緒	新	174,335			英利アルフィヤ	新	54,646
当	山谷えり子	現	172,640.169			尾立　源幸	元	24,576
当	井上　義行	元	165,062.175			向山　淳	新	20,638
当	進藤金日子	現	150,759			有里　真穂	新	18,561
当	今井絵理子	現	148,630.162			高原　朗子	新	17,542.622
当	阿達　雅志	現	138,994.642			遠藤奈央子	新	7,762
当	神谷　政幸	新	127,188.459					

日本維新の会　8人　7,845,995.352票　14.80%

政党名得票　7,086,854.000　個人名得票　759,141.352

当	石井　章	現	123,279.274		松浦　大悟	元	20,222
当	石井　苗子	現	74,118.112		飯田　哲史	新	19,522
当	松野　明美	新	55,608		井上　一徳	新	18,370.158
当	中条きよし	新	47,420		山口　和之	新	18,175.008
当	猪瀬　直樹	新	44,211.978		石田　隆史	新	17,408.867
当	金子　道仁	新	36,944		西川　鎮央	新	16,722
当	串田　誠一	新	35,842		中川　健一	新	14,986.577
当	青島　健太	新	33,553		水ノ上成彰	新	11,701
	上野　蛍	新	29,095		木内　孝胤	新	11,313
	神谷　ゆり	新	27,215.249		小林　悟	新	9,370
	後藤　斎	新	24,874.182		西郷隆太郎	新	8,637
	森口あゆみ	新	23,664.322		八田　盛茂	新	8,346
	岸口　実	新	22,399		中村　悠基	新	6,143.625

立憲民主党　7人　6,771,945.011票　12.77%

政党名得票　5,204,394.497　個人名得票　1,567,550.514

当	辻元　清美	新	428,859.769		堀越　啓仁	新	39,631
当	鬼木　誠	新	171,619.697		栗下　善行	新	39,555
当	古賀　千景	新	144,344		はたともこ	元	18,208.635
当	柴　慎一	新	127,382.292		要　友紀子	新	17,529
当	村田　享子	新	125,340.850		森永　美樹	新	10,055
当	青木　愛	現	123,742		河野　麻美	新	7,941
当	石橋　通宏	現	111,703		沢邑　啓子	新	7,602
	白　真勲	現	84,242		木村　正弘	新	7,101.466
	石川　雅俊	新	48,702.805		田中　勝一	新	4,503
	有田　芳生	現	46,715		菅原　美香	新	2,773

公　明　党　6人　6,181,431.937票　11.66%

政党名得票　4,048,585.000　個人名得票　2,132,846.937

当	竹内　真二	現	437,228		水島　春香	新	9,058
当	横山　信一	現	415,178.606		河合　綾	新	5,417.599
当	谷合　正明	現	351,413		中嶋　健二	新	2,786
当	窪田　哲也	新	349,359.320		塩野　正貴	新	1,717
当	熊野　正士	現	269,048		深沢　淳	新	1,212
	（令4.9.30辞職）				伊大知孝一	新	797
当	上田　勇	新	268,403		奈良　直記	新	738.014
繰	宮崎　勝	現	9,695		淀屋　伸雄	新	730
	（令4.10.6繰上）				光延　康治	新	426
	中北　京子	新	9,640.398				

共　産　党　3人　3,618,342.792票　6.82%

政党名得票　3,321,097.000　個人名得票　297,245.792

当	田村　智子	現	112,132.341		渡辺喜代子	新	2,199
当	仁比　聡平	元	36,098.530		上里　清美	新	2,141.184
当	岩渕　友	現	35,392		花木　則彰	新	1,488
	大門実紀史	現	31,570		片岡　朗	新	1,453
	武田　良介	現	23,370.641		髙橋真生子	新	1,416.760
	山本　訓子	新	11,736.820		赤田　勝紀	新	1,258
	小山　早紀	新	6,618		冨田　直樹	新	1,164.007
	今村あゆみ	新	5,768.646		西沢　博	新	968.268
	片山　和子	新	4,646.951		細野　真理	新	872
	佐々木とし子	新	4,635		堀川　朗子	新	736.367
	吉田　恭子	新	4,174.277		深田　秀美	新	583
	西田佐枝子	新	3,674		来田　時子	新	495
	丸本由美子	新	2,654				

比例代表

参　略歴

国民民主党　3人　3,159,625.890票　5.96%

政党名得票 2,234,837.672　個人名得票 924,788.218

当	竹詰 仁	新	238,956.023		上松 正和	新	20,790
当	浜口 誠	現	234,744.965		樽井 良和	元	16,373.229
当	川合 孝典	現	211,783.997		城戸 佳織	新	16,078
	矢田 稚子	現	159,929.004		河辺 佳朗	新	3,822
	山下 容子	新	22,311				

れいわ新選組　2人　2,319,156.016票　4.37%

政党名得票 2,074,146.801　個人名得票 245,009.215

当	天畠 大輔	新	特定枠		辻 恵	新	18,393
当	水道橋博士	新	117,794		蓮池 透	新	17,684
	（令5.1.16辞職）				依田 花蓮	新	14,821
繰	大島九州男	新	28,123		高井 崇志	新	13,326.841
	（令5.1.17繰上）				金 泰泳	新	13,041
	長谷川羽衣子	新	21,826.374				

参 政 党　1人　1,768,385.409票　3.33%

政党名得票 1,370,215.000　個人名得票 398,170.409

当	神谷 宗幣	新	159,433.516		吉野 敏明	新	25,463
	武田 邦彦	新	128,257.022		赤尾 由美	新	11,344
	松田 学	新	73,672.871				

社 民 党　1人　1,258,501.715票　2.37%

政党名得票 963,899.000　個人名得票 294,602.715

当	福島 瑞穂	現	216,984		大椿 裕子	新	10,390
	宮城 一郎	新	22,309		秋葉 忠利	新	6,623
	岡崎 彩子	新	17,466		久保 孝喜	新	4,518
	山口わか子	新	13,793.548		村田 峻一	新	2,519.167

ＮＨＫ党　1人　1,253,872.467票　2.36%

政党名得票 834,995.000　個人名得票 418,877.467

当	東谷 義和	新	287,714.767		久保田 学	新	17,947.257
	（令5.3.15除名）				西村 斉	新	6,564.622
	山本 太郎	新	53,351.732		添田 真也	新	4,555.701
	（離党）				高橋 理洋	新	2,905.258
	黒川 敦彦	新	22,595		上妻 敬二	新	817
	（離党）						
繰	斉藤健一郎	新	22,426.130				

· ·

その他の政党の得票総数・得票率等は下記のとおりです。
（当選者はいません。個人名得票の内訳は省略しました）

ごぼうの党　得票総数　193,724.387票（0.37%）
政党名得票 184,285.075　個人名得票 9,439.312

幸福実現党　得票総数　148,020.000票（0.28%）
政党名得票 129,662.000　個人名得票 18,358.000

日本第一党　得票総数　109,045.614票（0.21%）
政党名得票 76,912.000　個人名得票 32,133.614

新党くにもり　得票総数　77,861.000票（0.15%）
政党名得票 61,907.000　個人名得票 15,954.000

維新政党・新風　得票総数　65,107.000票（0.12%）
政党名得票 56,949.000　個人名得票 8,158.000

比例代表

参 略歴

第25回選挙
（令和元年7月21日施行／令和7年7月28日満了）

第26回選挙
（令和4年7月10日施行／令和10年7月25日満了）

北海道	6人

令和元年選挙得票数

当	828,220	髙橋 はるみ	自現	(34.4)
当	523,737	勝部 賢志	立新	(21.7)
当	454,285	岩本 剛人	自新	(18.8)
▽	265,862	畠山 和也	共新	(11.0)
▽	227,174	原谷 那美	国新	(9.4)
	63,308	山本 貴平	諸新	(2.6)

以下は P269 に掲載

令和4年選挙得票数

当	595,033	長谷川 岳	自現	(25.5)
当	455,057	徳永 エリ	立現	(19.5)
当	447,232	船橋 利実	自新	(19.1)
▽	422,392	石川 知裕	立新	(18.1)
▽	163,252	畠山 和也	共新	(7.0)
	91,127	臼木 秀剛	国新	(3.9)
	75,299	大村小太郎	参新	(3.2)
	23,039	斉藤 忠行	N新	(1.0)
	18,831	石井 良恵	N新	(0.8)
	18,760	浜田 智	N新	(0.8)
	16,006	沢田 英一	諸新	(0.7)
	11,625	森山 佳則	諸新	(0.5)

たかはし
髙橋 はるみ

自新［無］　　RI　当1
富山県富山市　S29・1・6
勤4年8ヵ月　（初／令元）

党女性局長、決算委理、ODA・沖北特委、文
科委、資源エネ調委、北海道知事(4期)、北海
道経済産業局長、一橋大学経済学部／70歳

〒060-0042　札幌市中央区大通西10丁目
　　　　　　　南大通ビル4F　　☎011(200)8066

かつ べ けん じ
勝部 賢志

立新　　RI　当1
北海道千歳市　S34・9・6
勤4年8ヵ月　（初／令元）

議運委理、財金委、ODA・沖北特委、党副
幹事長、道議会副議長、道議会議員、小学
校教員、北海道教育大札幌分校／64歳

〒060-0042　札幌市中央区大通西5丁目8番
　　　　　　　昭和ビル5F　　☎011(596)7339
〒100-8962　千代田区永田町2-1-1、会館☎03(6550)0608

いわ もと つよ ひと
岩本 剛人

自新［無］　　RI　当1
北海道札幌市　S39・10・19
勤4年8ヵ月　（初／令元）

参党副幹事長、災害特委理、決算委、党環境副
部会長、地方組織・議員総局次長、道議(5期)、
防衛政務官、淑徳大社会福祉学科／59歳

〒060-0041　札幌市中央区大通2丁目3-1
　　　　　　　第36桂和ビル7F　　☎011(211)8185
〒100-8962　千代田区永田町2-1-1、会館☎03(6550)0205

は せ がわ がく
長谷川 岳

自前［無］　　R4　当3
愛知県　S46・2・16
勤13年10ヵ月　（初／平22）

地方・デジ特委長、総務副大臣、総務大臣
政務官、財政金融委員長、農林水産委員
長、法務部会長、水産部会長、北大／53歳

〒060-0004　札幌市中央区北4条西4丁目
　　　　　　　ニュー札幌ビル7F　☎011(223)7708
〒100-8962　千代田区永田町2-1-1、会館☎03(6550)0619

北海道

参
略
歴

徳永エリ

立前　R4 当3

北海道札幌市　S37・1・1
勤13年10ヵ月（初/平22）

決算委理、農水委、ODA・沖北特委、参議院政審会長（党政調会長代理）、TVリポーター、法大中退／62歳

〒060-0042　札幌市中央区大通西5-8
　　　　　昭和ビル9F　　　　　☎011(218)2133
〒100-8962　千代田区永田町2-1-1、会館☎03(6550)0701

ふな はし とし みつ
船橋利実

自新［麻］　R4 当1(初/令4)※1

北海道北見市　S35・11・20
勤7年9ヵ月（衆6年1ヵ月）

総務大臣政務官、総務委、国家基本委、資源エネ調委、衆議院2期、財務大臣政務官、北海道議、北見市議、北海商科大学大学院商学研究科修了／63歳

〒060-0042　札幌市中央区大通西8丁目1-32
　　　　　ダイヤモンドビル　　☎011(272)0171
〒100-8962　千代田区永田町2-1-1、会館☎03(6550)0424

青森県　　2人

令和元年選挙得票数				令和4年選挙得票数			
当	239,757	滝沢　　求	自現(51.5)	当	277,009	田名部匡代	立現(53.5)
▽	206,582	小田切　達	自新(44.4)		216,265	斉藤直飛人	自新(41.7)
	19,310	小山日奈子	諸新(4.1)		13,607	中条栄太郎	参新(2.6)
					11,335	佐々木　晃	N新(2.2)

たき さわ　もとめ
滝沢　求

自前［麻］　R1 当2

青森県　S33・10・11
勤10年9ヵ月（初/平25）

環境副大臣兼内閣府副大臣、復興特委、環境委員長、党環境部会長、副幹事長、国交・環境部会長代理、外務大臣政務官、中大法／65歳

〒031-0057　八戸市上徒士町15-1　　☎0178(45)5858
〒100-8962　千代田区永田町2-1-1、会館　☎03(6550)0522

た な ぶ まさ よ
田名部匡代

立前　R4 当2(初/平28)※2

青森県八戸市　S44・7・10
勤15年4ヵ月（衆7年7ヵ月）

農水委、国家基本委、国民生活調理、党参院幹事長、党幹事長代理、元農水政務官、衆議院秘書、玉川学園女子短大／54歳

〒031-0088　八戸市岩泉町4-7　　☎0178(44)1414
〒100-8962　千代田区永田町2-1-1、会館

岩手県　　2人

令和元年選挙得票数				令和4年選挙得票数			
当	288,239	横沢　高徳	無新(49.0)	当	264,422	広瀬めぐみ	自新(47.2)
▽	272,733	平野　達男	自現(46.3)		242,174	木戸口英司	立現(43.2)
	27,658	梶谷　秀一	諸新(4.7)		26,960	白鳥　顕志	参新(4.8)
					13,637	大越　裕子	無新(2.4)
					13,352	松田　隆嗣	N新(2.4)

　　　　※1 平24衆院初当選　　※2 平15衆院初当選

よこ さわ たか のり
横沢 高徳

立新　　R1　当1
岩手県矢巾町　S47・3・6
勤4年8ヵ月　（初/令元）

震災復興特委理、農水委理、議運委、モトクロス選手、バンクーバー・パラリンピックアルペンスキー日本代表、盛岡工業高校／51歳

〒020-0022　盛岡市大通3-1-24
　　　　　　第三菱和ビル5F　　　☎019(625)6601

ひろ せ
広瀬 めぐみ

自新［麻］　R4　当1
岩手県　S41・6・27
勤1年8ヵ月　（初/令4）

内閣委、予算委、震災復興特委理、弁護士、上智大学外国語学部英文科／57歳

〒020-0024　盛岡市薬園1-11-4
　　　　　　樋下建設ビル3F　　　☎019(681)6686

宮城県　　2人

令和元年選挙得票数

当	474,692	石垣のり子	立新(48.6)
▽	465,194	愛知　治郎	自現(47.7)
	36,321	三宅　紀昭	諸新(3.7)

令和4年選挙得票数

当	472,963	桜井　充	自現(51.9)
	271,455	小畑　仁子	立新(29.8)
	91,924	平井みどり	維新(10.1)
	52,938	ローレンス綾子	参新(5.8)
	21,286	中江　友美	N新(2.3)

いし がき
石垣のりこ

立新　　RI　当1
宮城県仙台市　S49・8・1
勤4年8ヵ月　（初/令元）

内閣委理、予算委、復興特委、ラジオ局アナウンサー、宮城県立第二女子高等学校、宮城教育大学／49歳

〒980-0014　仙台市青葉区本町3丁目5-21
　　　　　　アーカス本町ビル1F　☎022(355)9737
〒102-0083　千代田区麹町4-7、宿舎

さくら い　　みつる
櫻井　充

自前［無］　R4　当5
宮城県仙台市　S31・5・12
勤26年　　（初/平10）

予算委員長、復興特委、財金委、党財務金融部会長、厚労副大臣、財務副大臣、医学博士、東北大院／67歳

〒980-0811　仙台市青葉区一番町1-1-30
　　　　　　南町通有楽館ビル2F　☎022(723)4077
〒102-0083　千代田区麹町4-7、宿舎

秋田県　　2人

令和元年選挙得票数

当	242,286	寺田　静	無新(50.5)
▽	221,219	中泉　松司	自現(46.1)
	16,683	石岡　隆治	諸新(3.5)

令和4年選挙得票数

当	194,949	石井　浩郎	自現(42.7)
▽	162,889	村岡　敏英	無新(35.6)
	62,415	佐々百合子	無新(13.7)
	19,983	藤本　友里	維新(4.4)
	10,329	伊東万美子	参新(2.3)
	6,368	本田　幸久	N新(1.4)

岩手・宮城・秋田

⦿略歴

寺田 静 （てら た しずか） 無新　RI 当1
秋田県横手市　S50・3・23
勤4年8ヵ月　（初／令元）

農水委、元議員秘書、早大／48歳

〒010-1424　秋田市御野場1-1-9　☎018（853）9226

石井浩郎 （いし い ひろ お） 自前［茂］　R4 当3
秋田県八郎潟町　S39・6・21
勤13年10ヵ月　（初／平22）

決算委筆頭理、国交委、倫選特委理、復興特委理、党国対筆頭副委員長、国交・内閣府・復興副大臣、党副幹事長、早大中退／59歳

〒010-0951　秋田市山王3-1-15　☎018（883）1711
〒100-8962　千代田区永田町2-1-1、会館　☎03（6550）0713

山形県　2人

令和元年選挙得票数				令和4年選挙得票数			
当	279,709	芳賀　道也	無新(50.2)	当	269,494	舟山　康江	国現(49.0)
▽	263,185	大沼　瑞穂	自現(47.3)		242,433	大内　理加	自新(44.0)
	13,800	小野沢健至	諸新(2.5)		19,767	石川　渉	共新(3.6)
					11,481	黒木　明	参新(2.1)
					7,217	小泉　明	N新(1.3)

芳賀道也 （は が みち や） 無新（国民）　RI 当1
山形県　S33・3・2
勤4年8ヵ月　（初／令元）

総務委、決算委、災害特委、キャスター、アナウンサー、日本大学文理学部／65歳

〒990-0825　山形市城北町1-24-15 2A　☎023（676）5115
〒100-8962　千代田区永田町2-1-1、会館　☎03（6550）0917

舟山康江 （ふな やま やす え） 国前　R4 当3
埼玉県　S41・5・26
勤13年10ヵ月　（初／平19）

党参議院議員会長、農水委理、消費者特委員長、元党政調会長、元農水大臣政務官、農水省職員、北海道大／57歳

〒990-0039　山形市香澄町3-2-1　山交ビル8F　☎023（627）2780
〒102-0083　千代田区麹町4-7、宿舎

福島県　2人

令和元年選挙得票数				令和4年選挙得票数			
当	445,547	森　雅子	自現(54.1)	当	419,701	星　北斗	自新(51.6)
▽	345,001	水野さち子	無新(41.9)		320,151	小野寺彰子	無新(39.3)
	33,326	田山　雅仁	諸新(4.0)		30,913	佐藤　早苗	無新(3.8)
					23,027	窪山紗和子	参新(2.8)
					19,829	皆川真紀子	N新(2.4)

秋田・山形・福島

参　略歴

森　まさこ
もり

自前[無]　R1　当3

福島県いわき市　S39・8・22
勤16年10ヵ月　（初／平19）

党人事局長、内閣総理大臣補佐官、法務大臣、国務大臣、環境・行政監視委員長、党環境・法務部会長、女性活躍推進本部長、弁護士、東北大／59歳

〒970-8026　いわき市平五色町1-103　☎0246(21)3700
〒100-8962　千代田区永田町2-1-1、会館　☎03(6550)0924

星　北斗
ほし　ほくと

自新[無]　R4　当1

福島県郡山市　S39・3・18
勤1年8ヵ月　（初／令4）

厚労委理事、行監委、復興特委、国民生活調委、（公財）星総合病院理事長、福島県医師会参与、旧厚生省医系技官、東邦大学医学部／59歳

〒963-8071　郡山市富久山町久保田字久保田227-1
〒100-8962　千代田区永田町2-1-1、会館　☎03(6550)0322
☎024(953)4711

茨城県	4人			

令和元年選挙得票数

当	507,260	上月　良祐	自現(47.9)
当	237,614	小沼　巧	立新(22.4)
▽	129,151	大内久美子	共新(12.2)
▽	125,542	海野　徹	維新(11.9)
	58,978	田中　健	諸新(5.6)

令和4年選挙得票数

当	544,187	加藤　明良	自新(49.9)
当	197,292	堂込麻紀子	無新(18.1)
▽	159,017	佐々木里加	維新(14.6)
▽	105,735	大内久美子	共新(9.7)
	48,582	菊池　政també	参新(4.5)
	16,966	村田　大地	N新(1.6)
	14,724	丹羽　茂之	N新(1.3)
	4,866	仲村渠哲勝	無新(0.4)

上月　良祐
こう　づき　りょう　すけ

自前[茂]　R1　当2

兵庫県神戸市　S37・12・26
勤10年9ヵ月　（初／平25）

経産副大臣兼内閣府副大臣、党国対副幹事長、農水委員長、農林水産大臣政務官、元総務省、茨城県副知事、東大法／61歳

〒310-0063　水戸市五軒町1-3-4-301　☎029(291)7231

小沼　巧
お　ぬま　たくみ

立新[無]　R1　当1

茨城県鉾田市　S60・12・21
勤4年8ヵ月　（初／令元）

倫選特委筆頭理事、予算委、国交委、党政調副会長、ボストンコンサルティング、経産省、タフツ大院、早大／38歳

〒310-0851　水戸市千波町1150-1
　　　　　　石川ビル105　☎029(350)1815
〒100-8962　千代田区永田町2-1-1、会館　☎03(6550)1012

加藤　明良
か　とう　あき　よし

自新[茂]　R4　当1

茨城県水戸市　S43・2・7
勤1年8ヵ月　（初／令4）

内閣委、予算委、災害特委理、憲法審委、党女性局次長、党農林水産関係団体委副委員長、茨城県議3期、専修大／56歳

〒310-0817　水戸市柳町2-7-10　☎029(306)7778

無 新 　　R4 当1
どう ごみ ま き こ
堂込麻紀子 茨城県阿見町 S50・9・16
勤1年8ヵ月 （初/令4）

財金委、連合茨城執行委員、UAゼンセン、イオンリテールワーカーズユニオン、流通経済大／48歳

〒310-0022 水戸市梅香2-1-39
　　　　　茨城県労働福祉会館3階　☎029（306）6444
〒100-8962 千代田区永田町2-1-1、会館　☎03（6550）0607

栃木県　　2人

令和元年選挙得票数				令和4年選挙得票数			
当	373,099	高橋　克法	自現(53.5)	当	414,456	上野　通子	自現(56.2)
▽	285,681	加藤　千穂	立新(41.0)	▽	127,628	板倉　京	立新(17.3)
	38,508	町田　紀光	諸新(5.5)		100,529	大久保裕美	維新(13.6)
					44,310	岡村　恵子	共新(6.0)
					30,864	大隈　広郷	参新(4.2)
					19,090	高橋真佐子	N新(2.6)

自 前 [麻] 　　R1 当2
たか はし かつ のり
高橋克法 栃木県 S32・12・7
勤10年9ヵ月 （初/平25）

文教科学委員長、参党国対筆頭副委員長、議運委理事、国交政務官、予算委理事、高根沢町長、栃木県議、参院議員秘書、明大／66歳

〒329-1232 栃木県塩谷郡高根沢町光陽台1-1-2 ☎028（675）6500
〒100-8962 千代田区永田町2-1-1、会館　☎03（6550）0324

自 前 [無] 　　R4 当3
うえ の みち こ
上野通子 栃木県宇都宮市 S33・4・21
勤13年10ヵ月 （初/平22）

文科委、ODA・沖北特委、消費者特委、外交・安保調委、参党政審会長代理、文科副大臣、文科委員長、党女性局長、栃木県議、共立女子大／65歳

〒320-0034 宇都宮市泉町6-22　　☎028（627）8801
〒100-8962 千代田区永田町2-1-1、会館　☎03（6550）0918

群馬県　　2人

令和元年選挙得票数				令和4年選挙得票数			
当	400,369	清水　真人	自新(53.9)	当	476,017	中曽根弘文	自現(63.8)
▽	286,651	斎藤　敦子	立新(38.6)		138,429	白井　桂子	無新(18.6)
	55,209	前田みか子	諸新(7.4)		69,490	高橋　保	共新(9.3)
					39,523	新倉　哲郎	参新(5.3)
					22,276	小島　糾史	N新(3.0)

自 新 [無] 　　R1 当1
し みず まさ と
清水真人 群馬県高崎市 S50・2・26
勤4年8ヵ月 （初/令元）

参党国対副委員長、議運委理、国土交通政務官、参党副幹事長、群馬県議2期、高崎市議2期、明治学院大／49歳

〒371-0805 前橋市南町2-38-4
　　　　　AMビル1F　　　☎027（212）9366
〒100-8962 千代田区永田町2-1-1、会館　☎03（6550）0923

なか そ ね ひろ ふみ
中曽根弘文

自前[無]　　R4 当7
群馬県前橋市 S20・11・28
勤38年2ヵ月（初/昭61）

憲法審査会長、外防委、党総務、予算委長、党参院議員会長、外務大臣、文相、科技長官、慶大／78歳

〒371-0801　前橋市文京町1-1-14　☎027(221)1133
〒100-8962　千代田区永田町2-1-1、会館　☎03(6550)1224

埼玉県　8人

（令和元、4年選挙で定数各1増）

令和元年選挙得票数

当	786,479	古川	俊治人	自現	(28.2)
当	536,338	熊谷	裕人	立新	(19.3)
当	532,302	矢倉	克夫	公現	(19.1)
当	359,297	伊藤	岳	共新	(12.9)
▷	244,399	宍戸	千絵	国新	(8.8)
▷	204,075	沢田	良	維新	(7.3)

以下はP269に掲載

令和4年選挙得票数

当	727,232	関口	昌一	自現	(24.1)
当	501,820	上田	清司	無現	(16.6)
当	476,642	西田	実仁	公現	(15.8)
当	444,567	高木	真理	立新	(14.7)
▷	324,476	加来	武宜	維新	(10.7)
▷	236,899	梅村	早江子	維新	(7.8)
▷	121,769	西	美友加	れ新	(4.0)
▷	89,693	坂上	仁志	参新	(3.0)
▷	22,613	高橋	易資	無新	(0.7)

以下はP269に掲載

ふる かわ とし はる
古川俊治

自前[無]　　R1 当3
埼玉県 S38・1・14
勤16年10ヵ月（初/平19）

財金委理、医師、弁護士、慶大教授、博士（医学）、慶大医・文・法卒、オックスフォード大院修／61歳

〒330-0063　さいたま市浦和区高砂3-12-24
小峰ビル3F　☎048(788)8887

くま がい ひろ と
熊谷裕人

立新　　R1 当1
埼玉県さいたま市 S37・3・23
勤4年8ヵ月（初/令元）

財金委理、予算委、倫選特委、憲法審査、党参院国対委員長代理、党埼玉県連合代表代行、さいたま市議、国会議員政策担当秘書、中央大／61歳

〒330-0841　さいたま市大宮区東町2-289-2　☎048(640)5977

や くら かつ お
矢倉克夫

公前　　R1 当2
神奈川県横浜市 S50・1・11
勤10年9ヵ月（初/平25）

財務副大臣、党青年委員会顧問、埼玉県本部副代表、財金委、倫選特委、弁護士、元経済産業省参事官補佐、東大／49歳

〒331-0815　さいたま市北区大成町4-81-201
〒100-8962　千代田区永田町2-1-1、会館　☎03(6550)0401

い とう がく
伊藤岳

共新　　R1 当1
埼玉県 S35・3・6
勤4年8ヵ月（初/令元）

総務委、予算委、地方・デジ特委、党中央委員、文教大学人間科学部卒／63歳

〒330-0835　さいたま市大宮区北袋町1-171-1　☎048(658)5551
〒102-0083　千代田区麴町4-7、宿舎

せき ぐち まさ かず
関口 昌一　自前［無］　R4 当5
埼玉県
S28・6・4
勤20年9ヵ月（初/平15補）

党参院議員会長、環境委、政倫審委、党参国
対委員長、地方創生特委員長、総務副大臣兼
内閣府副大臣、外務政務官、城西歯大／70歳

〒369-1412　埼玉県秩父郡皆野町皆野2391-9　☎0494(62)3535
〒102-0083　千代田区麴町4-7、宿舎　☎03(3237)0341

うえ だ きよ し
上田 清司　無前　R4 当2(初/令元)※
福岡県福岡市 S23・5・15
勤14年9ヵ月（衆10年3ヵ月）

厚労委、国家基本委員長、埼玉県知事4期、
全国知事会会長、衆議院議員3期、建設省
建設大学校非常勤講師、早大院／75歳

〒100-8962　千代田区永田町2-1-1、会館　☎03(6550)0618

にし だ まこと
西田 実仁　公前　R4 当4
東京都旧田無市 S37・8・27
勤19年11ヵ月（初/平16）

総務委、憲法審幹事、党参議院会長、税
調会長、選対委員長、埼玉県本部代表、
経済週刊誌副編集長、慶大経／61歳

〒330-0063　さいたま市浦和区高砂3-7-4 2F
〒102-0094　千代田区紀尾井町1-15、宿舎

たか ぎ まり
高木 真理　立新　R4 当1
栃木県
S42・8・12
勤1年8ヵ月（初/令4）

厚労委、地方・デジ特委、外交・安保調
委、党県連副代表、さいたま市議、埼玉
県議、衆院議員秘書、東大／56歳

〒331-0812　さいたま市北区宮原町
3-364-1　☎048(654)2559

千葉県	6人		令和4年選挙得票数			
令和元年選挙得票数		当	656,952	臼井	正一	自新(25.9)
当	698,993	石井	準一	自現(30.5)	当	587,809	猪口	邦子	自現(23.1)
当	661,224	浜田	博行	立現(28.9)	当	473,175	小西	洋之	立現(18.6)
当	436,182	豊田	俊郎	自現(19.1)	▽	251,416	佐野	正人	維新(9.9)
▽	359,854	浅野	史子	共新(15.7)	▽	194,475	斉藤	和子	共新(7.7)
	89,941	平塚	正幸	諸新(3.9)	▽	161,648	礒部	裕和	国新(6.4)
	42,643	門田	正則	諸新(1.9)		86,147	椎名	亮太	参新(3.4)
						28,295	中村	典子	N新(1.1)
								以下はP269に掲載	

いし い じゅん いち
石井 準一　自前［無］　R1 当3
千葉県
S32・11・23
勤16年10ヵ月（初/平19）

参党国会対策委員長、議運委員長、憲法審会長、予
算委員長、国交委員会理事、党幹事長代理、党選対委
員長代理、党国対委員長代行、党議5期、長生高／66歳

〒297-0035　茂原市下永吉964-2　☎0475(25)2311
〒100-8962　千代田区永田町2-1-1、会館　☎03(6550)0506

長浜 博行 （なが はま ひろ ゆき）　無前　RI　当3(初/平19)※1
東京都　S33・10・20
勤27年3ヵ月（衆10年5ヵ月）

参議院副議長、元環境大臣、内閣官房副長官、厚労副大臣、環境委員長、国交委員長、衆院4期、松下政経塾、早大政経／65歳

〒277-0021　柏市中央町5-21-705　☎04(7166)8333
〒100-8962　千代田区永田町2-1-1、会館　☎03(6550)0606

豊田 俊郎 （とよ だ とし ろう）　自前[麻]　RI　当2
千葉県　S27・8・21
勤10年9ヵ月（初/平25）

倫選特委員長、党副幹事長、国土交通副大臣、内閣府大臣政務官、千葉県議、八千代市長、中央工学校／71歳

〒276-0046　八千代市大和田新田310　☎047(480)7777
〒100-8962　千代田区永田町2-1-1、会館　☎03(6550)1213

臼井 正一 （うす い しょう いち）　自新[茂]　RI　当1
千葉県習志野市　S50・1・8
勤1年8ヵ月　（初/令4）

文科委、予算委、ODA・沖北特委理、憲法審委、千葉県議5期、(公財)千葉県肢体不自由児協会理事長、株式会社オリエンタルランド、日本大学／49歳

〒261-0004　千葉市美浜区高洲1-9-7-2　☎043(244)0033

猪口 邦子 （いの ぐち くに こ）　自前[麻]　R4　当3(初/平22)※2
千葉県　S27・5・3
勤17年0ヵ月（衆3年11ヵ月）

外交・安保調査会長、予算委、外防委、党領土に関する特委長、上智大名誉教授、元少子化・男女共同参画大臣、ジュネーブ軍縮大使、エール大博士号(Ph.D.)／71歳

〒260-0027　千葉市中央区新田町14-5　☎043(307)9001
　　　　　　大野ビル101
〒100-8962　千代田区永田町2-1-1、会館　☎03(6550)1105

小西 洋之 （こ にし ひろ ゆき）　立前　R4　当3
徳島県　S47・1・28
勤13年10ヵ月（初/平22）

外防委筆頭理、憲法審委、弾劾裁判所裁判員、党外務・安保副部会長、総務省・経産課長補佐、徳島大医、東大、コロンビア大院修、東大医療人材講座／52歳

〒260-0012　千葉市中央区本町2-2-6　☎043(441)3011
　　　　　　パークサイド小柴102
〒100-8962　千代田区永田町2-1-1、会館　☎03(6550)0915

千葉・東京

東京都　12人

令和元年選挙得票数		
当	1,143,458	丸川　珠代　自現 (19.9)
当	815,445	山口那津男　公現 (14.2)
当	706,532	吉良　佳子　共現 (12.3)
当	688,234	塩村　文夏　立新 (12.0)
当	526,575	音喜多　駿　維新 (9.2)
当	525,302	武見　敬三　自現 (9.1)
▽	496,347	山岸　一生　立新 (8.6)

令和4年選挙得票数		
当	922,793	朝日健太郎　自現 (14.7)
当	742,968	竹谷とし子　公現 (11.8)
当	685,224	山添　拓　共現 (10.9)
当	670,339	蓮　舫　立現 (10.6)
当	619,792	生稲　晃子　自新 (9.8)
当	565,925	山本　太郎　れ元 (9.0)
▽	530,361	海老沢由紀　維新 (8.4)
▽	372,064	松尾　明弘　立新 (5.9)
▽	322,904	乙武　洋匡　無新 (5.1)
▽	284,629	荒木　千陽　諸新 (4.5)
		以下は P269 に掲載

略歴

参

※1 平5衆院初当選　※2 平17衆院初当選

245

まる かわ たま よ
丸川 珠代

自前［無］　　Ｒ1 当3
兵庫県　S46・1・19
勤16年10ヵ月（初／平19）

党都連会長代行、憲法審委、元東京オリパラ大臣、元広報本部長、前参記者致特委、元環境大臣、厚労委員長、党厚労部会長、厚労政務官、元テレ朝アナ、東大／53歳

〒160-0004　新宿区四谷1-9-3
　　　　　　新盛ビル4F B室　　☎03(3350)9504

やまぐち な つ お
山口 那津男

公前　　Ｒ1 当4(初/平13)※
茨城県　S27・7・12
勤29年7ヵ月（衆6年8ヵ月）

党代表、外防委、国家基本委、党政務調査会長、参行政監視委員長、予算委理事、防衛政務次官、弁護士、東大／71歳

〒100-8962　千代田区永田町2-1-1、会館☎03(6550)0806

きら　　　こ
吉良 よし子

共前　　Ｒ1 当2
高知県高知市　S57・9・14
勤10年9ヵ月（初／平25）

文教科学委、決算委、党常任幹部会委員、子どもの権利委員会責任者、早大第一文学部／41歳

〒151-0053　渋谷区代々木1-44-11　　☎03(5302)6511

しおむら
塩村 あやか

立新　　　　　Ｒ1 当1
広島県　S53・7・6
勤4年8ヵ月（初／令元）

内閣委、ODA・沖北特委、外交・安保調委野筆頭理、党青年局長代理、国際局副局長、東京都議、放送作家、共立女子短大／45歳

〒154-0017　世田谷区世田谷4-18-3-202
〒100-8962　千代田区永田町2-1-1、会館☎03(6550)0706

おと き た しゅん
音喜多 駿

維新　　　　　Ｒ1 当1
東京都北区　S58・9・21
勤4年8ヵ月（初／令元）

党政調会長、東京維新の会幹事長、総務委、予算委、ODA・沖北特委、元東京都議、早大／40歳

〒160-0022　新宿区新宿1-10-2 文芸社別館1階
〒100-8962　千代田区永田町2-1-1、会館☎03(6550)0612

たけ み けい ぞう
武見 敬三

自前［麻］　　Ｒ1 当5
東京都　S26・11・5
勤23年7ヵ月（初／平7）

厚生労働大臣、参院党政審会長、厚労副大臣、外務政務次官、ハーバード公衆衛生大学院研究員、慶大院／72歳

〒100-8962　千代田区永田町2-1-1、会館　☎03(6550)0413

参
略歴

※平2衆院初当選

朝日健太郎 <ruby>朝<rt>あさ</rt></ruby><ruby>日<rt>ひ</rt></ruby><ruby>健<rt>けん</rt></ruby><ruby>太<rt>た</rt></ruby><ruby>郎<rt>ろう</rt></ruby>

自前［無］　[R4] 当2
熊本県　S50・9・19
勤7年9ヵ月　（初/平28）

環境大臣政務官、環境委、ODA・沖北特委、外交・安保調委、国土交通大臣政務官、法政大、早大院/48歳

〒100-8962　千代田区永田町2-1-1、会館　☎03(6550)0620

竹谷とし子 <ruby>竹<rt>たけ</rt></ruby><ruby>谷<rt>や</rt></ruby>とし<ruby>子<rt>こ</rt></ruby>

公前　[R4] 当3
北海道　S44・9・30
勤13年10ヵ月　（初/平22）

参公明国対委員長、党女性委員長、党都本部副代表、法務委員、総務委員、復興副大臣、財務政務官、公認会計士、創価大/54歳

〒100-8962　千代田区永田町2-1-1、会館　☎03(6550)0517

山添　拓 <ruby>山<rt>やま</rt></ruby><ruby>添<rt>ぞえ</rt></ruby>　<ruby>拓<rt>たく</rt></ruby>

共前　[R4] 当2
京都府京都市　S59・11・20
勤7年9ヵ月　（初/平28）

予算委、外交防衛委、憲法審幹事、党常任幹部会委員、党政策委員長、弁護士、東大法、早大院/39歳

〒151-0053　渋谷区代々木1-44-11　☎03(5302)6511
〒102-0094　千代田区紀尾井町1-15、宿舎

蓮　舫 <ruby>蓮<rt>れん</rt></ruby>　<ruby>舫<rt>ほう</rt></ruby>

立前　[R4] 当4
東京都目黒区　S42・11・28
勤19年11ヵ月　（初/平16）

文科委理、政倫審委、国交委員長、党代表代行、民進党代表、内閣府特命担当大臣、総理補佐官、報道キャスター、青学大/56歳

〒100-8962　千代田区永田町2-1-1、会館　☎03(6550)0411

生稲晃子 <ruby>生<rt>いく</rt></ruby><ruby>稲<rt>いな</rt></ruby><ruby>晃<rt>あき</rt></ruby><ruby>子<rt>こ</rt></ruby>

自新［無］　[R4] 当1
東京都小金井市　S43・4・28
勤1年8ヵ月　（初/令4）

厚労委、議運委、消費者特委、外交・安保調委、参党国対委員、党女性局次長、党ネットメディア局次長、恵泉女学園短大/55歳

〒100-8962　千代田区永田町2-1-1、会館　☎03(6550)0904

山本太郎 <ruby>山<rt>やま</rt></ruby><ruby>本<rt>もと</rt></ruby><ruby>太<rt>た</rt></ruby><ruby>郎<rt>ろう</rt></ruby>

れ元　[R4] 当2
兵庫県宝塚市　S49・11・24
勤8年4ヵ月(衆7ヵ月)　（初/平25）※

れいわ新選組代表、環境委、予算委、震災復興特委、憲法審、箕面自由学園高等学校中退/49歳

〒100-8962　千代田区永田町2-1-1、会館　☎03(6550)0602

令和元年選挙得票数

当	917,058	島村　　大	自現	(25.2)
当	742,658	牧山　弘恵	立現	(20.4)
当	615,417	佐々木さやか	公現	(16.9)
当	575,884	松沢　成文	維現	(15.8)
▽	422,603	浅賀　由香	共新	(11.6)
▽	126,672	乃木　涼介	国新	(3.5)

以下は P269 に掲載

令和4年選挙得票数

当	807,300	三原じゅん子	自現	(19.7)
当	605,248	松沢　成文	維元	(14.8)
当	547,028	三浦　信祐	公現	(13.4)
当	544,597	浅尾慶一郎	自元	(13.3)
▽	394,303	水野　素子	立新	(9.6)
▽	354,456	浅賀　由香	共新	(8.7)
▽	253,234	深作ヘスス	立新	(6.2)
▽	210,016	寺崎　雄介	立新	(5.1)

以下は P270 に掲載

島村　　大 しま　むら　だい 自民

死　去（令和5年8月30日）

※公職選挙法の規定により補選は行われない

牧山ひろえ まきやま　立前　R1 当3
東京都　S39・9・29
勤16年10ヵ月（初/平19）

法務委理、党ネクスト法務大臣、党参議院議員会長代行、米国弁護士、TBSディレクター、ICU、トーマス・クーリー法科大学院／59歳

〒231-0012　横浜市中区相生町1-7
　　　　　　和同ビル403号　☎045(226)2393

佐々木さやか ささき　公前　R1 当2
青森県八戸市　S56・1・18
勤10年9ヵ月（初/平25）

法務委、資源エネ調委、党女性委女性局長、党青年委副委長、議運委理、党参国対筆頭副委長、災害特委長、文科政務官、弁護士、税理士、創価大、同法科大学院修了／43歳

〒231-0002　横浜市中区海岸通4-22
　　　　　　関内カサハラビル3F　☎045(319)4945
〒100-8962　千代田区永田町2-1-1、会館☎03(6550)0514

三原じゅん子 みはら　こ　自前［無］　R4 当3
東京都　S39・9・13
勤13年10ヵ月（初/平22）

環境委員長、ODA・沖北特委、内閣府大臣補佐官、厚生労働副大臣、党女性局長、厚労委員長、女優／59歳

〒231-0013　横浜市中区住吉町5-64-1
　　　　　　VELUTINA馬車道704　☎045(228)9520
〒100-8962　千代田区永田町2-1-1、会館☎03(6550)0823

松沢成文 まつ　ざわ　しげ　ふみ　維元　R4 当3(初/平25)※
神奈川県川崎市　S33・4・2
勤19年9ヵ月（衆9年10ヵ月）

懲罰委員長、外防委、聖マリアンナ医科大客員教授、神奈川大法学部非常勤講師、松下政経塾、慶大／65歳

〒231-0048　横浜市中区蓬莱町2-4-5
　　　　　　関内DOMONビル6階　☎045(594)6991

※平5衆院初当選

神奈川

参　略歴

三浦信祐 みうらのぶひろ　公前　　R4 当2
宮城県仙台市　S50・3・5
勤7年9ヵ月　（初/平28）

議運理事、経産委、党青年局長、党安全保障部会長、党神奈川県本部代表、博士（工学）、千葉工大／48歳

〒231-0033　横浜市中区長者町5-48-2
　　　　　　　トローチャンビル303　☎045(341)3751
〒100-8962　千代田区永田町2-1-1、会館　☎03(6550)0804

浅尾慶一郎 あさおけいいちろう　自元［麻］　　R4 当3
東京都　S39・2・11
勤21年1ヵ月(衆8年2ヵ月)(初/平10)※1

議院運営委員長、総務委、憲法審、参政策審議会長代理、政調会長代理、参財金委員長、銀行員、東大、スタンフォード院修了／60歳

〒247-0036　鎌倉市大船1-23-11
　　　　　　　松岡ビル5F　☎0467(47)5682

水野素子 みずのもとこ　立新　　R4※2 当1
埼玉県久喜市　S45・4・9
勤1年8ヵ月　（初/令4）

外交防衛委、ODA・沖北特委、外交・安保調委、JAXA、東大非常勤講師、慶大非常勤講師、中小企業診断士、東大法、蘭ライデン大国際法修士／53歳

〒231-0014　横浜市中区常盤町3-21-501　☎050(8883)8488

新潟県　　2人

令和元年選挙得票数	令和4年選挙得票数

令和元年選挙得票数
当 521,717 打越さく良 無новый(50.5)
▽ 479,050 塚田 一郎 自現(46.4)
　 32,628 小島 糾史 諸新(3.2)

令和4年選挙得票数
当 517,581 小林 一大 自現(51.0)
▽ 448,651 森 裕子 立現(44.2)
　 32,500 遠藤 弘樹 参新(3.2)
　 17,098 越智 寛之 N新(1.7)

打越さく良 うちこしさくら　立新　　R1 当1
北海道旭川市　S43・1・6
勤4年8ヵ月　（初/令元）

厚労委理、拉致特委理、憲法審委、弁護士、東大大学院教育学研究科博士課程中途退学／56歳

〒950-0916　新潟市中央区米山2-5-8米山プラザビル201　☎025(250)5915
〒100-8962　千代田区永田町2-1-1、会館　　☎03(6550)0901

小林一大 こばやしかずひろ　自新［無］　　R4 当1
新潟県新潟市　S48・6・12
勤1年8ヵ月　（初/令4）

経産委、予算委、拉致特委、憲法審委、新潟県議、党新潟県連政調会長、普談寺副住職、東京海上日動火災保険(株)、東大／50歳

〒950-0941　新潟市中央区女池5-9-19
　　　　　　　Charites1-2　☎025(383)6696
〒100-8962　千代田区永田町2-1-1、会館 ☎03(6550)0416

略歴

※1 平21衆院初当選　　※2 任期は令和7年まで

令和元年選挙得票数	令和4年選挙得票数

令和元年選挙得票数
当　270,000　堂故　　茂　自現(66.7)
▽　134,625　西尾　政英　国新(33.3)

令和4年選挙得票数
当　302,951　野上浩太郎　自現(68.8)
　　 43,177　京谷　公友　維新(9.8)
　　 40,735　山　登志浩　立新(9.2)
　　 26,493　坂本　洋史　共新(6.0)
　　 20,970　海老　克昌　参新(4.8)
　　 6,209　小関　真二　Ｎ新(1.4)

どう　こ　　　しげる
堂 故　　茂

自前［茂］　　R1 当2
富山県氷見市　S27・8・7
勤10年9ヵ月（初/平25）

国土交通・内閣府・復興副大臣、国交委、復興特委、国民生活調委、文科政務官、農水委長、秘書、県議、市長、慶大／71歳

〒930-0095　富山市舟橋南町3-15
　　　　　　県自由民主会館4F
〒100-8962　千代田区永田町2-1-1、会館　☎03(6550)1003　☎076(432)1217

の　がみこう　た　ろう
野 上 浩太郎

自前［無］　　R1 当4
富山県富山市　S42・5・20
勤19年11ヵ月（初/平13）

参党国会対策委員長、農林水産大臣、内閣官房副長官、国交副大臣、財務政務官、文教科学委長、三井不動産、県議、慶大／56歳

〒939-8272　富山市太郎丸本町3-1-12　☎076(491)7500

令和元年選挙得票数	令和4年選挙得票数

令和元年選挙得票数
当　288,040　山田　修路　自現(67.2)
▽　140,279　田辺　　徹　国新(32.8)
令和3年12月24日　山田修路議員　辞職　補選(令和4.4.24)
当　189,503　宮本　周司　自現(68.4)
　　 59,906　小山田経子　立新(21.6)
　　 18,158　西村　祐士　共新(6.6)
　　 9,430　斉藤健一郎　Ｎ新(3.4)

令和4年選挙得票数
当　274,253　岡田　直樹　自現(64.5)
▽　 83,766　小山田経子　立新(19.7)
　　 23,119　西村　祐士　共新(5.4)
　　 21,567　先沖　仁志　参新(5.1)
　　 12,120　山田　信一　Ｎ新(2.9)
　　 10,188　針原　崇志　諸新(2.4)

みや　もと　しゅう　じ
宮 本 周 司

自前［無］　　R1 補当3
石川県能美市　S46・3・27
勤10年10ヵ月（初/平25）

国交委、予算委、財金委員長、財務大臣政務官、参党国対副委員長、経済産業大臣政務官、全国商工会連合会顧問、東経大／52歳

〒920-8203　石川県金沢市鞍月3-127　☎076(256)5623
〒100-8962　千代田区永田町2-1-1、会館　☎03(6550)1018

おか　だ　なお　き
岡 田 直 樹

自前［無］　　R4 当4
石川県金沢市　S37・6・9
勤19年11ヵ月（初/平16）

参党幹事長代行、内閣府特命担当大臣、参党国対委員長、内閣官房副長官、財務副大臣、国交委員長、国交大臣政務官、県議、北國新聞記者・論説委、東大／61歳

〒920-8203　金沢市鞍月4-115
　　　　　　金沢シーサイドビル4F
〒102-0094　千代田区紀尾井町1-15、宿舎　☎076(255)1931

福井県　2人

令和元年選挙得票数	令和4年選挙得票数
当 195,515 滝波　宏文 自現(66.1)	当 135,762 山崎　正昭 自現(39.7)
▽ 77,377 山田　和雄 共新(26.2)	▽ 122,389 斉木　武志 無新(35.8)
22,719 嶋谷　昌美 諸新(7.7)	31,228 笹岡　一彦 無新(9.1)
	26,042 砂畑まみ恵 無新(7.6)
	17,044 山田　和雄 共新(5.0)
	9,203 ダニエル益資 N新(2.7)

滝波宏文 （たき なみ ひろ ふみ）

自前［無］　R1 当2

福井県　S46・10・20
勤10年9ヵ月　(初/平25)

農林水産委員長、党原子力規制特委幹事長、経産政務官、党水産部会長、党青年局長代理、財務省広報室長、早大院博士、シカゴ大院修士、東大法／52歳

〒910-0854 福井市御幸4-20-18
オノダニビル御幸5F　☎0776(28)2815
〒100-8962 千代田区永田町2-1-1、会館☎03(6550)0307

山崎正昭 （やま ざき まさ あき）

自前［無］　R4 当6

福井県大野市　S17・5・24
勤32年1ヵ月　(初/平4)

法務委、参院議長、参院副議長、党参院幹事長、ODA特委長、内閣官房副長官、議運委長、大蔵政務次官、県議長、日大／81歳

〒912-0043 大野市国時町1205(自宅)　☎0779(65)3000
〒102-0083 千代田区麹町4-7、宿舎　☎03(5211)0248

山梨県　2人

令和元年選挙得票数	令和4年選挙得票数
当 184,383 森屋　宏 自現(53.0)	当 183,073 永井　学 自新(48.9)
▽ 150,327 市来 伴子 無新(43.2)	▽ 163,740 宮沢 由佳 立現(43.8)
13,344 猪野 恵司 諸新(3.8)	20,291 渡辺 知彦 参新(5.4)
	7,006 黒木 一郎 N新(1.9)

森屋宏 （もり や ひろし）

自前［無］　R1 当2

山梨県　S32・7・21
勤10年9ヵ月　(初/平25)

内閣官房副長官、内閣委、党県連会長、内閣委員長、総務大臣政務官、県議会議長、北海道教育大、山梨学院大院／66歳

〒400-0031 山梨県甲府市丸の内1-17-18
東山ビル2F　☎055(298)6357
〒102-0083 千代田区麹町4-7、宿舎

永井学 （なが い まなぶ）

自新［茂］　R4 当1

山梨県甲府市　S49・5・7
勤1年8ヵ月　(初/令4)

国土交通委、拉致特委、党運輸交通関係団体副委員長、FM富士記者、旅行会社役員、県議、議員秘書、国学院大学法学部／49歳

〒400-0034 甲府市宝2-27-5　☎055(267)6626
〒102-0083 千代田区麹町4-7、宿舎

令和元年選挙得票数		
当	512,462	羽田雄一郎　国現（55.1）
▽	366,810	小松　裕　自新（39.5）
	31,137	古谷　孝　諸新（3.3）
	19,211	齋藤　好明　諸新（2.1）

令和2年12月27日羽田雄一郎議員死去 補選（令和3.4.25）

当	415,781	羽田　次郎　立新（54.8）
	325,826	小松　裕　自元（42.9）
	17,559	神谷幸太郎　N新（2.3）

令和4年選挙得票数		
当	433,154	杉尾　秀哉　立現（44.6）
▽	376,028	松山三四六　自新（38.7）
	102,223	手塚　大輔　維新（10.5）
	31,644	秋山　良治　参新（3.3）
	16,646	日高　千穂　N新（1.7）
	10,978	サルサ岩渕　無新（1.1）

はた　じろう
羽田次郎
立新　　R1 補当1
東京　　S44・9・7
勤2年11ヵ月　（初／令3）

農水委、決算委、災害特理、党政調会長補佐、会社社長、衆議院議員秘書、米ウェイクフォレスト大学留学／54歳

〒386-0014　上田市材木町1-1-13　☎0268(22)0321
〒102-0094　千代田区紀尾井町1-15、宿舎

すぎ　お　ひで　や
杉尾秀哉
立前　　R4 当2
兵庫県明石市　S32・9・30
勤7年9ヵ月　（初／平28）

内閣委、予算委理、災害特委、党NC内閣府担当大臣、元TBSテレビキャスター、東大文／66歳

〒380-0936　長野市中御所岡田102-28　☎026(236)1517
〒100-8962　千代田区永田町2-1-1、会館　☎03(6550)0724

令和元年選挙得票数		
当	467,309	大野　泰正　自現（56.4）
▽	299,463	梅村　慎一　立新（36.1）
	61,975	坂本　雅彦　諸新（7.5）

令和4年選挙得票数		
当	452,085	渡辺　猛之　自現（52.8）
▽	257,852	丹野みどり　国新（30.1）
	74,072	三尾　圭司　共新（8.7）
	49,350	広江めぐみ　参新（5.8）
	22,648	坂本　雅彦　N新（2.6）

おお　の　やす　ただ
大野泰正
無前　　R1 当2
岐阜県　S34・5・31
勤10年9ヵ月　（初／平25）

財金委、内閣委員長、予算委理、自民党副幹事長、国交委筆理、元国土交通大臣政務官、県議、全日空(株)、慶大法／64歳

〒501-6244　羽島市竹鼻町丸の内3-25-1　☎058(391)0273
〒100-8962　千代田区永田町2-1-1、会館　☎03(6550)0503

わた　なべ　たけ　ゆき
渡辺猛之
自前［茂］　R4 当3
岐阜県　S43・4・18
勤13年10ヵ月　（初／平22）

議運委筆頭理事、経産委、国土交通副大臣兼内閣府副大臣兼復興副大臣、元県議、名古屋大経／55歳

〒505-0027　美濃加茂市本郷町6-11-12　☎0574(23)1511
〒100-8962　千代田区永田町2-1-1、会館　☎03(6550)0325

令和元年選挙得票数	
当	585,271 牧野　京夫　自現(38.5)
当	445,866 榛葉賀津也　国現(29.4)
▽	301,895 徳川　家広　立新(19.9)
▽	136,623 鈴木　浩一　共新(9.0)
	48,739 畑山　浩一　諸新(3.2)

令和4年選挙得票数	
当	622,141 若林　洋平　自新(39.5)
当	446,185 平山佐知子　無現(28.4)
	250,391 山崎真之輔　無現(15.9)
	137,835 鈴木　千佳　共新(8.8)
	72,662 山本　貴史　無新(4.6)
	19,023 堀川　圭輔　N新(1.2)
	14,640 舟橋　夢人　N新(0.9)
	10,666 船川　淳志　無新(0.7)

まきの
牧野たかお
自前［茂］　　R1 当3
静岡県島田市　　S34・1・1
勤16年10ヵ月 (初/平19)

総務委、党幹事長代理、国交副大臣、外務政務官、議運筆頭理事、党副幹事長、県議3期、民放記者、早大／65歳

〒422-8056　静岡市駿河区津島町11-25
　　　　　　山形ビル1F　　☎054(285)9777

しんば かづや
榛葉賀津也
国前　　R1 当4
静岡県　　S42・4・25
勤22年11ヵ月 (初/平13)

党幹事長、外交防衛委、外務副大臣、防衛副大臣、党参国対委長、内閣委員長、外防委員、議運筆頭理事、予算委理、米オタバイン大／56歳

〒436-0022　掛川市上張862-1 FGKビル　☎0537(62)3355
〒100-8962　千代田区永田町2-1-1、会館　☎03(6550)1011

わかばやし よう へい
若林洋平
自新［無］　　R4 当1
茨城県　　S46・12・24
勤1年8ヵ月 (初/令4)

予算委、外交防衛委、ODA・沖北特委理、参党国対委員、御殿場市長、医療法人事務長、御殿場JC副理事長、埼玉大理学部／52歳

〒422-8065　静岡市駿河区宮本町1-9　　☎054(272)1137

ひらやま さ ち こ
平山佐知子
無前　　R4 当2
静岡県　　S46・1・3
勤7年9ヵ月 (初/平28)

経産委、フリーアナウンサー、元NHK静岡放送局キャスター、日本福祉大学女子短大部／53歳

〒422-8061　静岡市駿河区森下町1-23　　☎054(287)5511
〒100-8962　千代田区永田町2-1-1、会館　☎03(6550)0822

令和元年選挙得票数	
当	737,317 酒井　庸行　自現(25.7)
当	506,817 大塚　耕平　国現(17.7)
当	461,531 田島麻衣子　立新(16.1)
当	453,246 安江　伸夫　公新(15.8)
▽	269,081 岬　　麻紀　維新(9.4)
▽	216,674 須山　初美　共新(7.6)
	85,262 末永友香梨　諸新(3.0)

以下は P269 に掲載

令和4年選挙得票数	
当	878,403 藤川　政人　自現(28.4)
当	443,250 里見　隆治　公現(14.3)
当	403,027 斎藤　嘉隆　立現(13.0)
当	391,757 伊藤　孝恵　国現(12.6)
	351,840 広沢　一郎　維新(11.4)
	198,962 須山　初美　共新(6.4)
	108,922 我喜屋宗司　N新(3.5)
	107,387 伊藤　正哉　参新(3.5)
	40,868 石川　昭彦　無新(1.3)
	39,569 塚崎　海緒　社新(1.3)

以下は P270 に掲載

さか い やす ゆき
酒井　庸行　自前［無］　R1 当2
愛知県刈谷市　S27・2・14
勤10年9ヵ月（初/平25）

経産委、経産副大臣兼内閣府副大臣、財金委員長、内閣委員長、党政調副会長、内閣府大臣政務官、愛知県議、刈谷市議、日大芸術学部／72歳

〒448-0003　刈谷市一ツ木町8-11-14　☎0566(25)3071
〒102-0083　千代田区麹町4-7、宿舎

おお つか こう へい
大塚　耕平　国前　R1 当4
愛知県　S34・10・5
勤22年11ヵ月（初/平13）

党代表代行、政調会長・税調会長、財政金融委、元民進党代表、厚労・内閣府副大臣、日銀、早大院／64歳

〒464-0841　名古屋市千種区覚王山通9-19
　　　　　　覚王山プラザ2F　☎052(757)1955
〒100-8962　千代田区永田町2-1-1、会館☎03(6550)1121

た じま ま い こ
田島麻衣子　立新　R1 当1
東京都大田区　S51・12・20
勤4年8ヵ月　（初/令元）

環境委、ODA・沖北特委理、党副幹事長、党県連副代表、国連世界食糧計画（WFP）、英オックスフォード大院／47歳

〒461-0003　名古屋市東区筒井3-26-10
　　　　　　リムファースト5F　☎052(937)0151
〒100-8962　千代田区永田町2-1-1、会館☎03(6550)0410

やす え のぶ お
安江　伸夫　公新　R1 当1
愛知県　S62・6・26
勤4年8ヵ月　（初/令元）

文部科学大臣政務官、党県本部副代表、弁護士、創価大法科大学院／36歳

〒462-0044　名古屋市北区元志賀町1-68-1
　　　　　　ヴェルドミール志賀　☎052(908)3955
〒100-8962　千代田区永田町2-1-1、会館☎03(6550)0312

ふじ かわ まさ ひと
藤川　政人　自前［麻］　R4 当3
愛知県丹羽郡　S35・7・8
勤13年10ヵ月（初/平22）

ODA・沖北特委長、総務委、財務副大臣、総務政務官、財金委員、予算委筆頭理事、党愛知県連会長、県議、南山大／63歳

〒451-0042　名古屋市西区那古野2-23-21
　　　　　　デラ・ドーラ6C　☎052(485)8361
〒102-0094　千代田区紀尾井町1-15、宿舎

さと み りゅう じ
里見　隆治　公前　R4 当2
京都府　S42・10・17
勤7年9ヵ月　（初/平28）

経産委、決算委、倫選特委、憲法審、党経産部会長代理、厚労副部会長、愛知県本部代表、経済産業大臣政務官、東大／56歳

〒451-0031　名古屋市西区城西1-9-5
　　　　　　寺島ビル1F　☎052(522)1666
〒100-8962　千代田区永田町2-1-1、会館☎03(6550)0301

斎藤嘉隆 <ruby>斎<rt>さい</rt></ruby><ruby>藤<rt>とう</rt></ruby><ruby>嘉<rt>よし</rt></ruby><ruby>隆<rt>たか</rt></ruby>　立前　R4 当3
愛知県　S38・2・18
勤13年10ヵ月（初／平22）

文科委、国家基本委、党参院国対委員長、党県連代表代行、国土交通委員長、経産委員長、環境委員長、連合愛知副会長、愛教組委員長、愛知教育大／61歳

〒454-0976　名古屋市中川区服部3-507　☎052(439)0550
〒100-8962　千代田区永田町2-1-1、会館　☎03(6550)0707

伊藤孝恵 <ruby>伊<rt>い</rt></ruby><ruby>藤<rt>とう</rt></ruby><ruby>孝<rt>たか</rt></ruby><ruby>恵<rt>え</rt></ruby>　国前　R4 当2
愛知県犬山市　S50・6・30
勤7年9ヵ月（初／平28）

文科委理、予算委、地方・デジ特委、党選対委員長代理、組織委員長、金城学院大非常勤講師、テレビ大阪、リクルート、金城学院大／48歳

〒456-0002　名古屋市熱田区金山町1-5-3
　　　　　　トーワ金山ビル7F　　　　　☎052(683)1101
〒100-8962　千代田区永田町2-1-1、会館　☎03(6550)1008

三重県　2人

令和元年選挙得票数		
当	379,339	吉川　有美　自現（50.3）
▽	334,353	芳野　正英　無新（44.3）
	40,906	門田　節代　諸新（ 5.4）

令和4年選挙得票数		
当	403,630	山本佐知子　自新（53.4）
▽	278,508	芳野　正英　無新（36.9）
	51,069	堀江　珠恵　参新（ 6.8）
	22,128	門田　節代　N新（ 2.9）

吉川ゆうみ <ruby>よし<rt></rt></ruby><ruby>かわ<rt></rt></ruby>　自前［無］　R1 当2
三重県桑名市　S48・9・4
勤10年9ヵ月（初／平25）

自民党副幹事長、外務大臣政務官、経産大臣政務官、文科委員長、党女性局長、三井住友銀行、東京農工大院／50歳

〒510-0821　四日市市久保田2-8-1-103　☎059(356)8060
〒100-8962　千代田区永田町2-1-1、会館　☎03(6550)0412

山本佐知子 <ruby>やまもと<rt></rt></ruby><ruby>さ<rt></rt></ruby><ruby>ち<rt></rt></ruby><ruby>こ<rt></rt></ruby>　自新［茂］　R4 当1
三重県桑名市　S42・10・24
勤1年8ヵ月（初／令4）

国交委、議運委、三重県議、旅行会社員、住友銀行、神戸大学法学部、米オハイオ大学院修士／56歳

〒511-0836　三重県桑名市江場554　☎0594(86)7200
〒100-8962　千代田区永田町2-1-1、会館　☎03(6550)0203

滋賀県　2人

令和元年選挙得票数		
当	291,072	嘉田由紀子　無現（49.4）
▽	277,165	二之湯武史　自現（47.0）
	21,358	服部　修　諸新（ 3.6）

令和4年選挙得票数		
当	315,249	小鑓　隆史　自現（51.6）
▽	190,700	田島　一成　無新（31.2）
	51,742	石堂　淳士　共新（ 8.5）
	35,839	片岡　真　参新（ 5.9）
	16,980	田野上勇人　N新（ 2.8）

※選挙区別の当日有権者数・投票者数・投票率は271頁

教新　　　　RI 当1
嘉田由紀子（かだゆきこ）
埼玉県本庄市　S25・5・18
勤4年8ヵ月　（初/令元）

国交委、災害特委、環境社会学者、滋賀県知事、びわこ成蹊スポーツ大学長、博士（農学）、京大／73歳

〒520-0044　滋賀県大津市京町2-4-23　☎077(509)7206
〒102-0083　千代田区麹町4-7、宿舎

自前[無]　　RI 当2
こやり隆史（たかし）
滋賀県大津市　S41・9・9
勤7年9ヵ月　（初/平28）

国交政務官、国交委、国家基本委、外交・安保調委、厚労政務官、経産省職員、京大院、インペリアルカレッジ大学院／57歳

〒520-0043　滋賀県大津市中央3-2-1
　　　　　　セザール大津森田ビル7F　☎077(523)5048
〒102-0094　千代田区紀尾井町1-15、宿舎

京都府	4人

令和元年選挙得票数		令和4年選挙得票数	
当	421,731 西田　昌司 自現(44.2)	当	293,071 吉井　章 自新(28.2)
▽	246,436 倉林　明子 共現(25.8)	当	275,140 福山　哲郎 立現(26.5)
	232,354 増原　裕子 立新(24.4)	▽	257,852 楠井　祐子 維新(24.8)
	37,353 山田　彰久 諸新(3.9)		130,260 武山　彩子 共新(12.5)
	16,057 三上　隆 諸新(1.7)		40,500 安達　悠司 参新(3.9)
			21,614 橋本　久美 諸新(2.1)
			8,946 星野　達也 N新(0.9)
			7,181 近江　政彦 N新(0.7)
			5,414 平井　基之 諸新(0.5)

自前[無]　　RI 当3
西田昌司（にしだしょうじ）
京都府　S33・9・19
勤16年10ヵ月　（初/平19）

党政調財政政策検討本部長、党税調幹事、政調整備新幹線等鉄道調査会副会長、倫選特委員長、財金委員長、税理士、京都府議、滋賀大／65歳

〒601-8031　京都市南区烏丸通り十条上ル西側　☎075(661)6100
〒102-0083　千代田区麹町4-7、宿舎

共前　　　　RI 当2
倉林明子（くらばやしあきこ）
福島県　S35・12・3
勤10年9ヵ月　（初/平25）

厚労委、行監理委、党副委員長、ジェンダー平等委員会責任者、看護師、京都府議、京都市議、京都市立看護短大／63歳

〒604-0092　京都市中京区丸太町新町角大炊町186　☎075(231)5198

自新[無]　　RI 当1
吉井　章（よしいあきら）
京都府京都市　S42・1・2
勤1年8ヵ月　（初/令4）

国交委、議運委、拉致特委理、憲法審委、参党国会対策委、党女性局次長、京都市会議員(4期)、衆院議員秘書、京都産業大学中退／57歳

〒600-8177　京都市下京区大坂町391 第10長谷ビル6階
　　　　　　　　　　　　　　　　　　　☎075(341)5800
〒100-8962　千代田区永田町2-1-1、会館　☎03(6550)0921

略歴

福山哲郎
ふく やま てつ ろう

立 前　東京都　S37・1・19
勤26年　（初/平10）

|R4| 当5

国民生活調査会長、外交防衛委、党幹事長、内閣官房副長官、外務副大臣、外防委員長、環境委員長、松下政経塾、大和証券、京大院／62歳

〒602-0873　京都市上京区河原町通丸太町下ル伊勢屋町406
マツヲビル1F　☎075(213)0988
〒100-8962　千代田区永田町2-1-1、会館　☎03(6550)0808

大阪府　8人

令和元年選挙得票数

当	729,818	梅村みずほ	維新	(20.9)
当	660,128	東　　徹	維現	(18.9)
当	591,664	杉　久武	公現	(16.9)
当	559,709	太田　房江	自現	(16.0)
	381,854	辰巳孝太郎	共現	(10.9)
▽	356,177	亀石　倫子	立新	(10.2)

以下は P270 に掲載

令和4年選挙得票数

当	862,736	高木佳保里	維現	(23.1)
当	725,243	松川　るい	自現	(19.4)
当	598,021	浅田　均	維現	(16.0)
当	586,940	石川　博崇	公現	(15.7)
▽	337,467	辰巳孝太郎	共元	(9.0)
▽	197,975	石田　敏高	立新	(5.3)
▽	110,767	八幡　愛	れ新	(3.0)
▽	103,052	大谷由里子	国新	(2.8)
▽	97,426	油谷聖一郎	参新	(2.6)

以下は P270 に掲載

梅村みずほ
うめ むら

維新　愛知県名古屋市　S53・9・10
勤4年8ヵ月　（初/令元）

|R1| 当1

環境委、復興特委、資源エネ調委、フリーアナウンサー、立命館大／45歳

〒532-0011　大阪市淀川区西中島5-1-4
モジュール新大阪1002号室　☎06(6379)3183
〒102-0094　千代田区紀尾井町1-15、宿舎

東　徹
あずま　とおる

維 前　大阪府大阪市住之江区　S41・9・16
勤10年9ヵ月　（初/平25）

|R1| 当2

経産委理、維新拉致対策本部長、大阪府議3期、社会福祉士、福祉専門学校副学科長、東洋大院修士課程修了／57歳

〒559-0012　大阪市住之江区東加賀屋4-5-19　☎06(6681)0350
〒100-8962　千代田区永田町2-1-1、会館　☎03(6550)0510

杉　久武
すぎ　ひさ たけ

公 前　大阪府大阪市　S51・1・4
勤10年9ヵ月　（初/平25）

|R1| 当2

党税調事務局長、法務委員、予算委員、議運委員、財務大臣政務官、公認会計士、米国公認会計士、税理士、創価大／48歳

〒543-0033　大阪市天王寺区堂ヶ芝1-9-2-3B　☎06(6773)0234
〒102-0083　千代田区麹町4-7、宿舎

太田房江
おお た　ふさ え

自 前［無］　広島県　S26・6・26
勤10年9ヵ月　（初/平25）

|R1| 当2

党内閣第一部会長、経産副大臣兼内閣府副大臣、参文科委員、党女性局長、厚労政務官、大阪府知事、通産省官房審議官、岡山県副知事、通産省、東大／72歳

〒541-0046　大阪市中央区平野町2-5-14
FUKUビル三休橋502号室　☎06(4862)4822
〒102-0094　千代田区紀尾井町1-15、宿舎　☎03(3264)1351

※選挙区別の当日有権者数・投票者数・投票率は271頁

維 前　　R4 当2

たか ぎ
高木かおり

大阪府堺市　S47・10・10
勤7年9ヵ月　（初／平28）

総務委、倫選特委、国民生活調委、党代表補佐、党政調副会長、総務部会長、ダイバーシティ推進局長、元堺市議2期、京都女子大／51歳

〒593-8311　堺市西区上野4-39-8　☎072(349)3295
〒100-8962　千代田区永田町2-1-1、会館　☎03(6550)0306

自 前［無］　　R4 当2

まつ かわ
松川るい

奈良県　S46・2・26
勤7年9ヵ月　（初／平28）

外交防衛委理、党副幹事長、党大阪関西万博推進本部事務局長、党国防部会長代理、防衛大臣政務官、外務省、東大法／53歳

〒571-0030　門真市末広町8-13-6階　☎06(6908)6677
〒100-8962　千代田区永田町2-1-1、会館　☎03(6550)0407

維 前　　R4 当2

あさ だ　　　ひと し
浅 田　均

大阪府大阪市　S25・12・29
勤7年9ヵ月　（初／平28）

国家基本委員長、財金委、憲法審委、日本維新の会参議院会長、大阪府議、OECD日本政府代表、スタンフォード大院／73歳

〒536-0005　大阪市城東区中央1-13-13-218　☎06(6933)2300
〒102-0094　千代田区紀尾井町1-15、宿舎

公 前　　R4 当3

いし かわ ひろ たか
石 川 博 崇

大阪府　S48・9・12
勤13年10ヵ月　（初／平22）

拉致特委理、法務委、情報監視委理、党中央幹事、市民活動委員長、党参政審会長、法務委員長、外務省職員、創価大／50歳

〒534-0027　大阪市都島区中野町4-4-2　☎06(6357)1458
〒102-0083　千代田区麹町4-7、宿舎

兵庫県	6人			

令和元年選挙得票数			令和4年選挙得票数		
当	573,427	清水 潔史 維現 (26.1)	当	652,384 片山 大介 維現 (28.3)
当当	503,790	高橋 光男 公新 (22.9)	当	562,853 末松 信介 自現 (24.5)
当	466,161	加田 裕之 自新 (21.2)	当	454,962 伊藤 孝江 公現 (19.8)
	434,846	安田 真理 立新 (19.8)	▽	260,496 相崎佐和子 立新 (11.3)
▽	166,183	金田 峰生 共新 (7.6)		150,040 小村 潤 共新 (6.5)
	54,152	原 博義 諸新 (2.5)		88,231 西村しのぶ 参新 (3.8)
				33,870 黒田 秀高 諸新 (1.5)
				27,057 山崎 藍子 N新 (1.2)

以下は P270 に掲載

維 前　　R1 当2

し　みず たか ゆき
清 水 貴 之

福岡県筑紫野市　S49・6・29
勤10年9ヵ月　（初／平25）

法務委、行監委、ODA・沖北特委理、朝日放送アナウンサー、早大、関西学院大学大学院修士／49歳

〒660-0892　尼崎市東難波町5-7-18　☎06(6482)7577
〒102-0094　千代田区紀尾井町1-15、宿舎

大阪・兵庫

㉘略歴

たかはし みつ お
高橋 光男 公新 ［R1］当1
兵庫県宝塚市 S52・2・15
勤4年8ヵ月 （初/令元）

農林水産大臣政務官、農水委、復興特
委、党青年委員会副委員長、兵庫県本部副代
表、元外務省職員、中央大学法/47歳

〒650-0015 神戸市中央区多聞通3-3-16-1102 ☎078(367)6755
〒100-8962 千代田区永田町2-1-1、会館 ☎03(6550)0614

か だ ひろ ゆき
加田 裕之 自新［無］ ［R1］当1
兵庫県神戸市 S45・6・8
勤4年8ヵ月 （初/令元）

決算委理、内閣委、災害特委理、参議院国対
副委員長、法務大臣政務官、兵庫県議会
副議長、兵庫県議(4期)、甲南大/53歳

〒650-0001 神戸市中央区加納町2-4-10-603 ☎078(262)1666
〒100-8962 千代田区永田町2-1-1、会館 ☎03(6550)0819

かた やま だい すけ
片山 大介 維前 ［R4］当2
岡山県 S41・10・6
勤7年9ヵ月 （初/平28）

内閣委、地方・デジ特委、憲法審幹事、党国会議員団政調会
長代理、参議院政策審議会長、兵庫維新の会代表、NHK記
者、慶大理工学部、早大院公共経営研究科修了/57歳

〒650-0022 神戸市中央区元町通3-17-8
TOWA神戸元町ビル202号室 ☎078(332)4224

すえ まつ しん すけ
末松 信介 自前［無］ ［R4］当4
兵庫県 S30・12・17
勤19年11ヵ月 （初/平16）

文科委、予算委員長、文部科学大臣、参院国対委
員長、議運委員長、国土交通・内閣府・復興副大
臣、財務政務官、県議、全日空(株)、関学大/68歳

〒655-0044 神戸市垂水区舞子坂3-15-9 ☎078(783)8682
〒102-0094 千代田区紀尾井町1-15、宿舎

い とう たか え
伊藤 孝江 公前 ［R4］当2
兵庫県尼崎市 S43・1・13
勤7年9ヵ月 （初/平28）

党女性委員会副委員長、党兵庫県本部
副代表、弁護士、税理士、関西大/56歳

〒650-0015 神戸市中央区多聞通3-3-16
甲南第1ビル812号室 ☎078(599)6619
〒102-0083 千代田区麹町4-7、宿舎

奈良県	2人

令和元年選挙得票数		令和4年選挙得票数	
当	301,201 堀井 巌 自現(55.3)	当	256,139 佐藤 啓 自現(41.7)
▽	219,244 西田 一美 無前(40.2)	▽	180,124 中川 崇 維新(29.3)
	24,660 田中 孝子 諸新(4.5)		98,757 猪奥 美里 立新(16.1)
			42,609 北野伊津子 共新(6.9)
			28,919 中村 麻美 参新(4.7)
			8,161 冨田 哲之 N新(1.3)

※選挙区別の当日有権者数・投票者数・投票率は271頁

兵庫・奈良

参略歴

259

ほり　い　　いわお
堀井　巖　自前［無］　R1 当2
奈良県橿原市　S40・10・22
勤10年9ヵ月（初/平25）

参党副幹事長、予算委、総務委、外務副大臣、党外交部会長、外務政務官、総務省、SF領事、内閣官房副長官秘書官、岡山市総務部長、東大／58歳

〒630-8114　奈良市芝辻町1-2-27乾ビル2F　☎0742(30)3838
〒100-8962　千代田区永田町2-1-1、会館　☎03(6550)0417

さ　とう　　けい
佐藤　啓　自前［無］　R4 当2
奈良県奈良市　S54・4・7
勤7年9ヵ月（初/平28）

予算委、農水委、参党国対副委員長、財務大臣政務官、党税調幹事、経産兼内閣府兼復興大臣政務官、首相官邸、総務省、東大／44歳

〒630-8012　奈良市二条大路南1-2-7
松岡ビル301
〒100-8962　千代田区永田町2-1-1、会館　☎03(6550)0708

和歌山県　2人

令和元年選挙得票数		
当	295,608 世耕　弘成	自現(73.8)
▽	105,081 藤井　幹雄	無新(26.2)

令和4年選挙得票数		
当	283,965 鶴保　庸介	自現(72.1)
	57,522 前　　久	共新(14.6)
	22,967 加藤　充也	参新(5.8)
	15,420 遠西　愛美	N新(3.9)
	14,200 谷口　尚大	諸新(3.6)

せ　こう　ひろ　しげ
世耕弘成　自前［無］　R1 当5
大阪府　S37・11・9
勤25年8ヵ月（初/平10補）

法務委、参党幹事長、経済産業大臣、官房副長官、参党政審会長、党政調会長代理、参党国対委長代理、総理補佐官、NTT、早大／61歳

〒640-8232　和歌山市南汀丁22 汀ビル2F　☎073(427)1515
〒100-8962　千代田区永田町2-1-1、会館　☎03(6550)1017

つる　ほ　よう　すけ
鶴保庸介　自前［無］　R4 当5
大阪府大阪市　S42・2・5
勤26年（初/平10）

党観光立国調査会会長代行、国交委、国際経済調会長、沖北大臣、党参政審会長、議運・決算・厚労各委員長、東大法／57歳

〒640-8341　和歌山市黒田107-1-503　☎073(472)3311
〒100-8962　千代田区永田町2-1-1、会館　☎03(6550)0313

鳥取県・島根県　2人

令和元年選挙得票数		
当	328,394 舞立　昇治	自現(62.3)
▽	167,329 中林　佳子	無新(31.7)
	31,770 黒瀬　信明	諸新(6.0)

令和4年選挙得票数		
当	326,750 青木　一彦	自現(62.5)
	118,063 村上泰二朗	立新(22.6)
	37,723 福住　英行	共新(7.2)
	26,718 黒瀬　敬孝	参新(5.1)
	13,517 黒瀬　信明	N新(2.6)

まい たち しょう じ
舞立昇治

自前［無］　　R1 当2
鳥取県日吉津村 S50・8・13
勤10年9ヵ月（初／平25）

農林水産大臣政務官、農水委、倫選特委、
党副幹事長、水産部会長、過疎対策特委
幹事、内閣府政務官、総務省、東大／48歳

〒683-0067　米子市東町177 東町ビル1F　☎0859(37)5016
〒100-8962　千代田区永田町2-1-1、会館　☎03(6550)0603

あお き かず ひこ
青木一彦

自前［無］　　R4 当3
島根県 S36・3・25
勤13年10ヵ月（初／平22）

参党筆頭副幹事長・党副幹事長、国交委理事、
ODA・沖北特委理事、議運委、予算委筆頭理
事、国交副大臣、水産部会長代理、早大／62歳

〒690-0873　松江市内中原町140-2　☎0852(22)0111
〒100-8962　千代田区永田町2-1-1、会館　☎03(6550)0814

岡山県　2人

令和元年選挙得票数		
当	415,968	石井 正弘 自現(59.5)
▽	248,990	原田 謙介 立新(35.6)
	33,872	越智 寛之 諸新(4.8)

令和4年選挙得票数		
当	392,553	小野田紀美 自現(54.7)
	211,419	黒田 晋 無新(29.5)
	59,481	住寄 聡美 共新(8.3)
	37,281	高野由里子 参新(5.2)
	16,441	山本 貴平 N新(2.3)

いし い まさ ひろ
石井正弘

自前［無］　　R1 当2
岡山県岡山市 S20・11・29
勤10年9ヵ月（初／平25）

文科委、党政調副・参政審副・税調幹事、経産兼内
閣府副大臣、党国交部会長代理、内閣委員長、岡山
県知事4期、建設省大臣官房審議官、東大法／78歳

〒700-0824　岡山市北区内山下1-9-15　☎086(233)6600
〒100-8962　千代田区永田町2-1-1、会館　☎03(6550)1214

お の だ き み
小野田紀美

自前［茂］　　R4 当2
岡山県 S57・12・7
勤7年9ヵ月（初／平28）

外交防衛委員長、党副幹事長、参政副幹事長、法
務部会長代理、防衛大臣政務官、法務大臣政務
官、都北区議、CD・ゲーム制作会社、拓殖大／41歳

〒700-0927　岡山市北区西古松2-2-27　☎086(243)8000
〒100-8962　千代田区永田町2-1-1、会館　☎03(6550)0318

広島県　4人

令和4年選挙得票数		
当	530,375	宮沢 洋一 自現(50.3)
当	259,363	三上 絵里 無新(24.6)
	114,442	森川 央 維新(10.9)
	58,461	中村 孝江 共新(5.5)
	52,969	浅井 千晴 参新(5.0)
	11,087	渡辺 敏光 N新(1.1)
	7,335	玉田 憲勲 諸新(0.7)
	7,149	野村 昌央 諸新(0.7)
	6,717	産原 稔文 無新(0.6)
	5,846	猪飼 規之 N新(0.6)

令和元年選挙得票数		
当	329,792	森本 真治 無現(32.3)
当	295,871	河井 案里 自新(29.0)
▽	270,183	溝手 顕正 自現(26.5)
		以下は P270 に掲載

令和2年2月3日河井あんり議員辞職再選挙(令和3.4.25)
当	370,860	宮口 治子 諸新(48.4)
		西田 英範 自新(43.9)
		以下は P270 に掲載

※選挙区別の当日有権者数・投票者数・投票率は271頁

鳥取・島根・岡山・広島

参略歴

立前　　　R1 当2
もり もと しん じ
森本 真治　広島県広島市　S48・5・2
勤10年9ヵ月　（初/平25）

経済産業委員長、国家基本委、災害特委、党組織委員、党国民運動局長、広島市議3期、弁護士秘書、松下政経塾、同志社大学文/50歳

〒739-1732　広島市安佐北区落合南1-3-12 ☎082(840)0801

立新　　　R1 再当1
みや ぐち はる こ
宮口 治子　広島県福山市　S51・3・5
勤2年11ヵ月　（初/令3）

文科委、倫選特委、資源エネ調理、元TV局キャスター、フリーアナウンサー、声楽家、ヘルプマーク普及団体代表、大阪音大/47歳

〒720-0032　福山市三吉町南1-7-17 ☎084(926)4878
〒100-8962　千代田区永田町2-1-1、☎03(6550)0206

自前[無] R4 当3(初/平22)※
みや ざわ よう いち
宮沢 洋一　広島県福山市　S25・4・21
勤23年（衆9年2ヵ月）

資源エネ調査会長、財金委、党税調会長、党総務、経済産業大臣、党政調会長代理、元内閣府副大臣、元首相首席秘書官、大蔵省企画官、東大法/73歳

〒730-0017　広島市中区鉄砲町8-24
　にしたやビル401号 ☎082(511)5541
〒100-8962　千代田区永田町2-1-1、会館 ☎03(6550)0820

無新(立憲) R4 当1
み かみ
三上 えり　広島県　S45・6・11
勤1年8ヵ月　（初/令4）

国交委、行監委、拉致特委、外交・安保調委、TSSテレビ新広島アナウンサー、米サザンセミナリーカレッジ/53歳

〒732-0816　広島市南区比治山本町3-22 大保ビル201
　　　　　　☎082(250)8811
〒100-8962　千代田区永田町2-1-1、会館 ☎03(6550)0320

山口県　　2人

自前[無] R1 補当3
きた むら つね お
北村 経夫　山口県田布施町　S30・1・5
勤10年10ヵ月　（初/平25）

拉致議連事務局長、参外防委長、元経産政務官、党金融部会長代理、産経新聞政治部長、中央大、ペンシルベニア大院/69歳

〒753-0064　山口市神田町5-11 ☎083(928)8071
〒100-8962　千代田区永田町2-1-1、会館 ☎03(6550)1109

※平12衆院初当選

広島・山口

参略歴

江島　潔
えじま　きよし

自 前［無］　　R4 当3

山口県下関市　S32・4・2
勤11年1ヵ月　（初／平25補）

党副幹事長、国交委理事、元経済産業（兼）内閣府副大臣、農水委員長、党水産部会長、国交政務官、下関市長、東大院／66歳

〒754-0002　山口市小郡下郷2912-3　☎083（976）4318
〒102-0083　千代田区麹町4-7、宿舎

徳島県・高知県　2人

令和元年選挙得票数

当	253,883	高野光二郎	自現（50.3）
▽	201,820	松本　顕治	無新（40.0）
	33,764	石川新一郎	諸新（ 6.7）
	15,014	野村　秀昭	無新（ 3.0）

令和5年6月22日　高野光二郎議員辞職　補選（令和5年10月22日）

当	233,250	広田　　一	無現（62.2）
	142,036	西内　　健	自新（37.8）

令和4年選挙得票数

当	287,609	中西　祐介	自現（52.8）
	103,217	松本　顕治	共新（19.0）
	62,001	藤本　健一	維新（11.4）
	49,566	前田　強	国新（ 9.1）
	28,195	荒牧　慶彦	参新（ 5.2）
	14,006	中島　康治	N新（ 2.6）

広田　一
ひろた　はじめ

無 元　　R1 補当3（初／平16）※

高知県土佐清水市　S43・10・10
勤16年8ヵ月（衆4年1ヵ月）

経産委、防衛大臣政務官、参議院国土交通委員長、衆議院議員1期、高知県議2期、（株）コクド、早大／55歳

〒770-8008　徳島市西新浜町1-1-19
　　　　　　ハミングVILLAGE 106号室　☎088（624）8648
〒781-8001　高知市土居町9-8　☎088（821）7411

中西祐介
なか　にし　ゆう　すけ

自 前［麻］　　R4 当3

徳島県　S54・7・12
勤13年10ヵ月　（初／平22）

予算委筆頭理事、参議国対副委員長、総務副大臣、財政金融委員長、党水産部会長、党青年局長代理、財務大臣政務官、銀行員、松下政経塾、慶大法／44歳

〒770-8056　徳島市問屋町31　☎088（655）8852
〒100-8962　千代田区永田町2-1-1、会館　☎03（6550）0622

香川県　2人

令和元年選挙得票数

当	196,126	三宅　伸吾	自現（54.0）
▽	151,107	尾田美由子	無新（41.6）
	15,970	田中　邦明	諸新（ 4.4）

令和4年選挙得票数

当	199,135	磯崎　仁彦	自現（51.5）
	59,614	三谷　祥子	国新（15.4）
	52,897	茂木　邦夫	立新（13.7）
	33,399	町川　順子	維新（ 8.6）
	18,070	石田　真優	共新（ 4.7）
	13,528	小林　直美	参新（ 3.5）
	7,116	池田　順一	N新（ 1.8）
	2,890	鹿島日出喜	諸新（ 0.7）

三宅伸吾
み　やけ　しん　ご

自 前［無］　　R1 当2

香川県さぬき市　S36・11・24
勤10年9ヵ月　（初／平25）

防衛大臣政務官兼内閣府大臣政務官、外防委、外務大臣政務官、党環境部会長、日本経済新聞社記者、編集委員、東大大学院／62歳

〒760-0080　高松市木太町2343-4
　　　　　　木下産業ビル2F　☎087（802）3845

略歴

※平29衆院初当選

磯﨑仁彦 (いそざき よし ひこ)

自前［無］ R4 当3

香川県 S32・9・8
勤13年10ヵ月（初/平22）

内閣委、参党国対委員長代理、内閣官房
副長官、党政調会長代理、経産副大臣兼
内閣府副大臣、環境委員長、東大法／66歳

〒760-0068 高松市松島町1-13-14
九十九ビル4F ☎087(834)6301
〒102-0094 千代田区紀尾井町1-15、宿舎

愛媛県　2人

令和元年選挙得票数			
当	335,425	永江 孝子	無新(56.0)
▽	248,616	らくさぶろう	自新(41.5)
	14,943	椋本 薫	諸新(2.5)

令和4年選挙得票数			
当	318,846	山本 順三	自現(59.0)
	173,229	高見 知佳	無新(32.1)
	27,912	八木 邦靖	参新(5.2)
	12,724	吉原 弘訓	N新(2.4)
	7,350	松木 崇	諸新(1.4)

ながえ孝子 (ながえ たかこ)

無新 R1 当1(初/令元)※

愛媛県 S35・6・15
勤8年（衆3年4ヵ月）

環境委、衆議院議員1期、南海放送アナ
ウンサー、神戸大学法学部／63歳

〒790-0802 松山市喜与町1-5-4 ☎089(941)8007

山本順三 (やま もと じゅん ぞう)

自前［無］ R4 当4

愛媛県今治市 S29・10・27
勤19年11ヵ月（初/平16）

参党議員副会長、予算委員長、国家公安委員長、内閣府特命
担当大臣、議運委員長、党県連会長、国交・内閣府・復興副大
臣、幹事長代理、決算委員長、国交政務官、県議、早大／69歳

〒794-0005 今治市大新田町2-2-50 ☎0898(31)7800
〒102-0094 千代田区紀尾井町1-15、宿舎

福岡県　6人

令和元年選挙得票数			
当当	583,351	松山 政司	自現(33.2)
当	401,495	下野 六太	公新(22.8)
当	365,634	野田 国義	立現(20.8)
▽	171,436	河野 祥子	共新(9.8)
	143,955	春田久美子	国新(8.2)
	46,362	川口 尚宏	諸新(2.6)

以下は P270 に掲載

令和4年選挙得票数			
当	586,217	大家 敏志	自現(29.2)
当	438,876	古賀 之士	立現(21.9)
当	348,700	秋野 公造	公現(17.4)
	158,772	龍野真由美	維新(7.9)
	133,900	大田 京子	国新(6.7)
	98,746	真島 省三	共新(4.9)
	82,333	奥田美和子	れ新(4.1)
	72,263	野中しんすけ	参新(3.6)

以下は P270 に掲載

松山政司 (まつ やま まさ じ)

自前［無］ R1 当4

福岡県福岡市 S34・1・20
勤22年11ヵ月（初/平13）

参党幹事長、財金委、国家基本委理、ODA・沖北特委、党外
国人特委長、国務大臣、議運委、党政審会長、党国対委
長、外務副大臣、経産政務官、日本JC会頭、明大商／65歳

〒810-0001 福岡市中央区天神3-8-20-1F ☎092(725)7739
〒100-8962 千代田区永田町2-1-1、会館 ☎03(6550)1124

※平21衆院初当選

下野六太 しも の ろく た
公新　R1 当1
福岡県北九州市八幡西区 S39・5・1
勤4年8ヵ月　（初／令元）

文科委、党文部科学部会長代理、中学校
保健体育科教諭、国立福岡教育大学大
学院修士課程／59歳

〒812-0873　福岡市博多区西春町3-2-21
　　　　　　島田ビル2F　☎092(558)8910
〒100-8962　千代田区永田町2-1-1、会館☎03(6550)0913

野田国義 の だ くに よし
立前　R1 当2(初/平25)※
福岡県　S33・6・3
勤14年1ヵ月（衆3年4ヵ月）

復興特委員長、総務委、行政監視委員
長、衆議院議員、八女市長(4期)、日大法／
65歳

〒834-0031　福岡県八女市本町2-81　☎0943(24)4630
〒102-0094　千代田区紀尾井町1-15、宿舎

大家敏志 おお いえ さと し
自民[麻]　R4 当3
福岡県　S42・7・17
勤13年10ヵ月（初／平22）

財金委、財務副大臣、議運筆頭理事、財
金委員長、財務大臣政務官、予算理事、
県議、北九州大／56歳

〒805-0019　北九州市八幡東区中央3-8-24 ☎093(681)5500
〒100-8962　千代田区永田町2-1-1、会館 ☎03(6550)0518

古賀之士 こ が ゆき ひと
立前　R4 当2
福岡県久留米市 S34・4・9
勤7年2ヵ月　（初／平28）

経産委筆頭理事、行政監視委、ODA・沖北
特委、前震災復興特委長、国交委長、FBS
福岡放送キャスター、明治大政経／64歳

〒814-0015　福岡市早良区室見5-13-21
　　　　　　アローズ室見駅前201号 ☎092(833)2288
〒102-0094　千代田区紀尾井町1-15、宿舎

秋野公造 あき の こう ぞう
公前　R4 当3
兵庫県　S42・7・11
勤13年10ヵ月（初／平22）

党中央幹事、党政調副会長、党九州方面
本部長、財務副大臣、環境・内閣府大臣
政務官、厚労省、医師、長崎大医／56歳

〒804-0066　北九州市戸畑区初音町6-7
　　　　　　中西ビル201 ☎093(873)7550
〒102-0083　千代田区麹町4-7、宿舎

福岡・佐賀

参略歴

佐賀県	2人			

令和元年選挙得票数		令和4年選挙得票数		
当	186,209 山下 雄平 自現(61.6)	当	218,425 福岡 資麿 自現(65.2)	
▽	115,843 犬塚 直史 国元(38.4)		78,802 小野 司 立新(23.5)	
			18,008 稲葉 継男 参新(5.4)	
			13,442 上村 泰稔 共新(4.0)	
			6,383 真喜志雄一 N新(1.9)	

やま した ゆう へい
山下 雄平 自前［茂］ R1 当2
佐賀県唐津市　S54・8・27
勤10年9ヵ月（初／平25）

党水産部会長、参党副幹事長、農林水産委員
長、党新聞出版局長、内閣府大臣政務官、日
本経済新聞社記者、時事通信社記者、慶大／44歳

〒840-0801　佐賀市駅前中央3-6-11　☎0952(37)8290
〒102-0083　千代田区麴町4-7、宿舎　☎03(3237)0341

ふく おか たか まろ
福岡 資麿 自前［無］ R4当3(初/平22)※
佐賀県　S48・5・9
勤17年9ヵ月（衆3年11ヵ月）

党政審会長、厚労委理、倫選特委、議運委員
長、党厚労部会長、内閣府副大臣、党政調・
総務会長代理、衆院議員、慶大法／50歳

〒840-0826　佐賀市白山11-4-18　☎0952(20)0111
〒100-8962　千代田区永田町2-1-1、会館　☎03(6550)0919

長崎県　2人

令和元年選挙得票数			令和4年選挙得票数		
当	258,109	古賀友一郎 自現(51.5)	当	261,554	山本　啓介 自新(50.1)
▽	224,022	白川　鮎美 国新(44.7)		152,473	白川　鮎美 立新(29.2)
	19,240	神谷幸太郎 諸新(3.8)		53,715	山田　真美 維新(10.3)
				26,281	安江　綾子 共新(5.0)
				21,363	尾方　綾子 参新(4.1)
				6,969	大熊　和人 N新(1.3)

こ が ゆういちろう
古賀 友一郎 自前［無］ R1 当2
長崎県諫早市　S42・11・2
勤10年9ヵ月（初／平25）

内閣府大臣政務官、内閣委、国家基本委、消費者特
委、党政調副会長、総務大臣政務官兼内閣府大臣
政務官、長崎市副市長、総務省文化、東大法／56歳

〒850-0033　長崎市万才町2-7松本ビル301　☎095(832)6061
〒102-0083　千代田区麴町4-7、宿舎

やま もと けい すけ
山本 啓介 自新［無］ R4 当1
長崎県壱岐市　S50・6・21
勤1年8ヵ月（初／令4）

農林水産委、議運委、党長崎県連幹事
長、長崎県議会議員、衆議院議員秘書、
皇學館大學文学部／48歳

〒850-0033　長崎市万才町7-1 TBM長崎ビル10階　☎095(818)6588

熊本県　2人

令和元年選挙得票数			令和4年選挙得票数		
当	379,223	馬場　成志 自現(56.4)	当	426,623	松村　祥史 自現(62.2)
▽	262,664	阿部　広美 無新(39.1)		149,780	出口慎太郎 立新(21.8)
	30,539	最勝寺辰也 諸新(4.5)		78,101	高井　千鶴 参新(11.4)
				31,734	本間　明子 N新(4.6)

　　　　　　　※平17衆院初当選

自前［無］ ⸺ R1 当2

馬場 成志
ばば せいし

熊本県熊本市 S39・11・30
勤10年9ヵ月（初／平25）

総務副大臣、元外防委長、厚労大臣政務官、議運委理、予算委員、熊本県議会議長、市議、県立熊工／59歳

〒861-8045 熊本市東区小山6-2-20　☎096（388）8855
〒102-0083 千代田区麴町4-7、宿舎

自前［茂］ ⸺ R4 当4

松村 祥史
まつむら よしふみ

熊本県 S39・4・22
勤19年11ヵ月（初／平16）

国家公安委員長、内閣府防災担当大臣、経産委、議運委員長、経済産業副大臣、全国商工会顧問、専修大／59歳

〒862-0950 熊本市中央区水前寺6-41-5
　　　　　千代田レジデンス県庁東101　☎096（384）4423
〒100-8962 千代田区永田町2-1-1、会館　☎03（6550）1023

大分県　2人

	令和元年選挙得票数			
当	236,153	安達　　澄	無新	(49.6)
▽	219,498	礒崎　陽輔	自現	(46.1)
	20,909	牧原慶一郎	諸新	(4.3)

令和5年3月10日安達澄議員辞職
補選（令和5年4月23日）

| 当 | 196,122 | 白坂　亜紀 | 自新 | (50.0) |
| ▽ | 195,781 | 吉田　忠智 | 立前 | (50.0) |

	令和4年選挙得票数			
当	228,417	古庄　玄知	自新	(46.6)
▽	183,258	足立　信也	国現	(37.4)
	35,705	山下　　魁	共新	(7.3)
	21,723	重松　雄子	参新	(4.4)
	10,770	大造　　N	諸新	(2.2)
	10,512	小手川裕市	無新	(2.1)

自新［無］ ⸺ R1 補当1

白坂 亜紀
しらさか あき

大分県 S41・7・20
勤11ヵ月（初／令5）

内閣委、行政監視委、復興特委、国民生活調委、会社役員、早大（一文）／57歳

〒870-0036 大分市寿町5-24 カーサP4 101　☎097（533）8585

自新［無］ ⸺ R4 当1

古庄 玄知
こしょう はるとも

大分県国東市 S32・12・23
勤1年8ヵ月（初／令4）

法務委理、憲法審委、議運委、災害特委、元大分県弁護士会会長、元大分県暴力追放運動推進センター理事長、早大法／66歳

〒870-0047 大分市中島町2-5-20　☎097（540）6255
〒100-8962 千代田区永田町2-1-1、会館　☎03（6550）0907

宮崎県　2人

	令和元年選挙得票数			
当	241,492	長峯　　誠	自現	(64.4)
▽	110,782	園生　裕造	立新	(29.5)
	23,002	河野　一郎	諸新	(6.1)

	令和4年選挙得票数			
当	200,565	松下　新平	自現	(48.0)
▽	150,911	黒田　奈々光	立新	(36.1)
	30,162	黒木　章光	国新	(7.2)
	15,670	今村　幸史	参新	(3.8)
	12,260	白江　好友	共新	(2.9)
	8,255	森　　大地	N新	(2.0)

熊本・大分・宮崎

※選挙区別の当日有権者数・投票者数・投票率は271頁

なが みね まこと
長峯　誠

自前［無］　R1 当2
宮崎県都城市　S44・8・2
勤10年9ヵ月（初/平25）

経産委筆頭理、予算委、党参国対副委員長、経産政務官、党水産部会長、外防委員長、財務政務官、都城市長、県議、早大政経／54歳

〒880-0805　宮崎市橘通東1-8-11 3F　☎0985(27)7677
〒100-8962　千代田区永田町2-1-1、会館　☎03(6550)0802

まつ した しん ぺい
松下　新平

自前［無］　R4 当4
宮崎県宮崎市（旧高岡町）　S41・8・18
勤19年11ヵ月（初/平16）

拉致特委員長、党総務会長代理、財金・外交・総務部会長、総務兼内閣府副大臣、国交政務官、政倫審会長、倫選特・ODA特・災害特委長、県議、法大／57歳

〒880-0813　宮崎市丸島町5-18　平和ビル丸島1F　☎0985(61)1501
〒102-0083　千代田区麹町4-7、宿舎

鹿児島県　2人

令和元年選挙得票数			令和4年選挙得票数		
当	290,844	尾辻　秀久	自現(47.4)	当	291,169	野村　哲郎	自現(46.0)
▽	211,301	合原　千尋	無新(34.4)		185,055	柳　　誠子	立新(29.2)
▽	112,063	前田　終止	無新(18.2)		93,372	西郷　歩美	無新(14.8)
					47,479	昇　　拓真	参新(7.5)
					15,770	草尾　　敦	N新(2.5)

お つじ ひで ひさ
尾辻　秀久

無前　R1 当6
鹿児島県　S15・10・2
勤35年1ヵ月（初/平1）

参議院議員、自民党両院議員総会長、元参議院副議長、党参院議員会長、予算委員長、厚労大臣、財務副大臣、県議、防大、東大中退／83歳

〒890-0064　鹿児島市鴨池新町6-5-603　☎099(214)3754

の むら てつ ろう
野村　哲郎

自前［茂］　R4 当4
鹿児島県霧島市　S18・11・20
勤19年11ヵ月（初/平16）

参院政倫審会長、元農林水産大臣、前参党議員副会長、決算委員長、党農林部会長、党政調会代理、農水委長、参議運庶務小委長、農水政務官、鹿児島県農協中央会常務、ラ・サール高／80歳

〒890-0064　鹿児島市鴨池新町6-5-404　☎099(206)7557
〒100-8962　千代田区永田町2-1-1、会館　☎03(6550)1120

沖縄県　2人

令和元年選挙得票数			令和4年選挙得票数		
当	298,831	高良　鉄美	無新(53.6)	当	274,235	伊波　洋一	無現(46.9)
▽	234,928	安里　繁信	自新(42.1)	▽	271,347	古謝　玄太	自新(46.4)
	12,382	玉利　朝輝	無新(2.2)		22,585	河野　禎史	参新(3.9)
	11,662	磯山　秀夫	諸新(2.1)		11,034	山本　　圭	N新(1.9)
					5,644	金城　竜郎	諸新(1.0)

宮崎・鹿児島・沖縄

参　略歴

268

髙良 鉄美 （たからてつみ）　無 新（沖縄）　〔R1〕当1
沖縄県那覇市　S29・1・15
勤4年8ヵ月　（初/令元）

外防委、ODA・沖北特委、琉球大学名誉教授、琉球大学法科大学院院長、琉球大法文学部教授、九州大大学院博士課程／70歳

〒903-0803　沖縄県那覇市首里平良町1-18-102　☎098(885)7171
〒100-8962　千代田町2-1-1、会館　☎03(6550)0712

伊波 洋一 （いはよういち）　無 前（沖縄）　〔R4〕当2
沖縄県宜野湾市　S27・1・4
勤7年9ヵ月　（初/平28）

外交防衛委、行政監視委、外交・安保調委、宜野湾市長、沖縄県議、宜野湾市職員、琉球大／72歳

〒901-2203　沖縄県宜野湾市野嵩2-1-8-101　☎098(892)7734
〒100-8962　千代田区永田町2-1-1、会館　☎03(6550)0519

参議院議員選挙得票数（続き）

第25回選挙（令和元年）

北海道（P237 より）

23,785	中村　　治	諸新	（1.0）
13,724	森山　佳則	諸新	（0.5）
10,108	岩瀬　清次	無新	（0.4）

埼玉県（P243 より）

80,741	佐藤恵理子	諸新	（2.9）
21,153	鮫島　良司	諸新	（0.8）
19,515	小島　一郎	諸新	（0.7）

東京都（P245 より）

▽	214,438	野原　善正	諸新	（3.7）
▽	186,667	水野　素子	国新	（3.2）
	129,628	大橋　昌信	諸新	（2.3）
	91,194	野末　陳平	無元	（1.6）
	86,355	朝倉　玲子	社新	（1.5）
	34,121	七海ひろこ	諸新	（0.6）
	26,958	佐藤　　均	諸新	（0.5）
	23,582	横山　昌弘	諸新	（0.4）
	18,123	溝口　晃一	諸新	（0.3）
	15,475	森　　　純	無新	（0.3）
	9,686	関口　安弘	無新	（0.2）
	9,562	西野　貞吉	無新	（0.1）
	3,830	大塚紀久雄	諸新	（0.1）

神奈川県（P248 より）

79,208	林　　大祐	諸新	（2.2）
61,709	相原　倫子	諸新	（1.7）
22,057	森下　正勝	無新	（0.6）
21,755	壹岐　愛子	諸新	（0.6）
21,598	加藤　友行	諸新	（0.6）
17,170	榎本　太志	諸新	（0.5）
11,185	渋谷　　貢	諸新	（0.3）
8,514	圷　　孝行	無新	（0.2）

愛知県（P253 より）

43,756	平山　良平	社新	（1.5）
32,142	石井　　均	無新	（1.1）
25,219	末永　宏幸	諸新	（0.9）
17,905	古川　　均	諸新	（0.6）
16,425	橋本　　勉	諸新	（0.6）

第26回選挙（令和4年）

埼玉県（P243 より）

18,194	河合　悠祐	N新	（0.6）
15,389	湊　　侑子	N新	（0.5）
13,966	小林　　宏	N新	（0.5）
12,279	宮川　直輝	N新	（0.4）
8,588	堀切　笹美	N新	（0.3）
7,178	池　　高生	N新	（0.2）

千葉県（P244 より）

22,834	七海ひろこ	諸新	（0.9）
18,791	宇田　桜子	N新	（0.7）
18,329	椎　　茉璃	N新	（0.7）
17,511	渡辺　晋宏	N新	（0.7）
13,016	須田　　良	N新	（0.5）
10,922	記内　　恵	諸新	（0.4）

東京都（P245 より）

137,692	河西　泉緒	参新	（2.2）
59,365	服部　良一	社新	（0.9）
53,032	松田　美樹	N新	（0.8）
50,661	込山　洋史	N新	（0.8）
46,641	田村　亮治	N新	（0.7）
27,110	田村　真菜	N新	（0.4）
25,209	及川　幸久	諸新	（0.4）
22,306	河野　　憲二	諸新	（0.4）
20,758	安藤　　裕	維新	（0.3）
19,287	田中　健	諸新	（0.3）
19,100	後藤　輝樹	N新	（0.3）
17,020	服部　深雪	N新	（0.3）
14,845	青山　雅幸	N新	（0.2）
13,431	長谷川洋平	N新	（0.2）
10,150	猪野　恵司	N新	（0.2）
9,658	セッタケンジ	N新	（0.2）
7,417	中村　高志	N新	（0.1）
7,203	中川　智晴	無新	（0.1）
5,408	込山　　洋	諸新	（0.1）
3,559	内藤　久遠	諸新	（0.1）
3,370	油井　史正	N新	（0.1）
3,283	小畑　治彦	諸新	（0.1）
3,043	中村　之菊	諸新	（0.0）
1,913	桑島　康文	諸新	（0.0）

第25回選挙（令和元年）

大阪府（P257 より）
129,587	にしゃんた	国新	(3.7)
43,667	尾崎　全紀	諸新	(1.2)
14,732	浜田　健	諸新	(0.4)
11,203	數森　圭吾	諸新	(0.3)
9,314	足立美生代	諸新	(0.3)
7,252	佐々木一郎	諸新	(0.2)

広島県（P261 より）
70,886	高見　篤己	共新	(6.9)
26,454	加陽　輝実	諸新	(2.6)
15,253	玉田　憲勲	無新	(1.5)
8,806	泉　安政	諸新	(0.9)

広島県再選挙（P261 より）
20,848	佐藤　周一	無新	(2.7)
16,114	山本　貴平	N新	(2.1)
13,363	大山　宏	無新	(1.7)
8,806	玉田　憲勲	無新	(1.1)

山口県（P262 より）
▽ 118,491	大内　一也	国新	(22.1)
24,131	河井美和子	N新	(4.5)
18,177	竹本　秀之	無新	(3.4)

福岡県（P264 より）
15,511	本藤　昭子	諸新	(0.9)
15,380	江夏　正敏	諸新	(0.9)
14,586	浜武　振一	諸新	(0.8)

第26回選挙（令和4年）

神奈川県（P248 より）
120,471	藤村　晃子	参新	(2.9)
49,787	内海　洋一	社新	(1.2)
25,784	重黒木優平	N新	(0.6)
24,389	秋田　恵	N新	(0.6)
22,043	グリスタン・エズズ	諸新	(0.5)
19,920	橋本　博幸	諸新	(0.5)
19,867	針谷　大輔	諸新	(0.5)
19,155	藤沢あゆみ	無新	(0.5)
17,609	飯田富和子	N新	(0.4)
13,904	首藤　信彦	諸新	(0.3)
11,623	小野塚清仁	N新	(0.3)
11,073	壹岐　愛子	諸新	(0.3)
10,268	久保田　京	N新	(0.2)
8,099	萩山あゆみ	諸新	(0.2)

愛知県（P253 より）
36,370	山下　俊輔	無新	(1.2)
27,497	末永友香梨	N新	(0.9)
21,629	山下　健次	N新	(0.7)
16,359	平岡真奈美	諸新	(0.5)
12,459	曽我　周作	N新	(0.4)
9,841	斎藤　幸成	N新	(0.3)
8,071	伝　三樹雄	諸新	(0.3)

大阪府（P257 より）
37,088	西谷　久美	諸新	(1.0)
21,663	吉田　宏之	N新	(0.6)
13,234	西脇　京子	N新	(0.4)
11,220	丸吉孝文	N新	(0.3)
9,138	本多　香織	諸新	(0.2)
8,111	數森　圭吾	N新	(0.2)
7,254	高山純三朗	N新	(0.2)
6,217	後藤　住弘	諸新	(0.2)
2,440	押越　清悦	諸新	(0.1)

兵庫県（P258 より）
25,113	木原功仁哉	無新	(1.1)
16,324	中曽千鶴子	N新	(0.7)
14,323	速水　肇	N新	(0.6)
8,989	稲垣　秀哉	諸新	(0.4)
7,263	里村　英一	諸新	(0.3)

福岡県（P264 より）
30,190	福本　貴紀	社新	(1.5)
14,513	真島加央理	N新	(0.7)
9,309	熊丸　英治	N新	(0.5)
8,917	和田　昌子	N新	(0.4)
7,962	江夏　正敏	諸新	(0.4)
7,186	対馬　一誠	無新	(0.4)
4,908	先崎　玲	諸新	(0.2)
3,868	組坂　善昭	諸新	(0.2)

参議院議員選挙 選挙区別当日有権者数・投票者数・投票率

選挙区	第25回選挙(令和元年7月21日)			第26回選挙(令和4年7月10日)		
	当日有権者数	投票者数	投票率(%)	当日有権者数	投票者数	投票率(%)
北海道	4,569,237	2,456,307	53.76	4,465,577	2,410,392	53.98
青森県	1,109,105	476,241	42.94	1,073,060	531,101	49.49
岩手県	1,066,495	603,115	56.55	1,034,059	572,696	55.38
宮城県	1,942,518	993,990	51.17	1,921,486	937,723	48.80
秋田県	864,562	486,653	56.29	833,368	463,040	55.56
山形県	925,158	561,961	60.74	899,997	556,859	61.87
福島県	1,600,928	839,115	52.41	1,564,668	835,510	53.40
茨城県	2,431,531	1,094,580	45.02	2,409,541	1,137,768	47.22
栃木県	1,634,678	721,568	44.14	1,620,720	761,353	46.98
群馬県	1,630,505	785,514	48.18	1,608,605	780,048	48.49
埼玉県	6,121,021	2,845,047	46.48	6,146,072	3,088,514	50.25
千葉県	5,244,929	2,374,964	45.28	5,261,370	2,631,296	50.01
東京都	11,396,789	5,900,049	51.77	11,454,822	6,477,709	56.55
神奈川県	7,651,249	3,728,103	48.73	7,696,783	4,195,301	54.51
新潟県	1,919,522	1,061,606	55.31	1,866,525	1,032,469	55.32
富山県	891,171	417,762	46.88	875,460	449,734	51.37
石川県	952,304	447,560	47.00	941,362	436,850	46.41
福井県	646,976	308,201	47.64	635,127	351,323	55.32
山梨県	693,775	357,741	51.56	684,292	384,777	56.23
長野県	1,744,373	947,069	54.29	1,721,369	993,314	57.70
岐阜県	1,673,778	853,555	51.00	1,646,587	882,366	53.59
静岡県	3,074,712	1,551,423	50.46	3,037,295	1,608,958	52.97
愛知県	6,119,143	2,948,450	48.18	6,113,878	3,189,927	52.18
三重県	1,496,659	773,570	51.69	1,473,183	777,571	52.78
滋賀県	1,154,433	599,882	51.96	1,154,141	629,993	54.59
京都府	2,126,435	987,180	46.42	2,094,931	1,066,437	50.91
大阪府	7,311,131	3,555,053	48.63	7,299,848	3,828,471	52.45
兵庫県	4,603,272	2,237,085	48.60	4,558,268	2,352,776	51.62
奈良県	1,149,183	569,173	49.53	1,129,608	631,480	55.90
和歌山県	816,550	411,689	50.42	796,272	417,419	52.42
鳥取県・島根県	1,048,600	547,406	52.20	1,019,771	540,376	52.99
┌鳥取	474,342	237,076	49.98	463,109	226,580	48.93
└島根	574,258	310,330	54.04	556,662	313,796	56.37
岡山県	1,587,953	715,907	45.08	1,562,505	737,981	47.23
広島県	2,346,879	1,048,374	44.67	2,313,406	1,082,510	46.79
山口県	1,162,683	550,186	47.32	1,132,957	539,213	47.59
徳島県・高知県	1,247,237	528,657	42.39	1,213,323	564,520	46.53
┌徳島	636,739	245,745	38.59	619,194	283,122	45.72
└高知	610,498	282,912	46.34	594,129	281,398	47.36
香川県	825,466	373,999	45.31	808,630	398,021	49.22
愛媛県	1,161,978	608,817	52.39	1,135,046	554,056	48.81
福岡県	4,225,217	1,810,510	42.85	4,221,251	2,058,417	48.76
佐賀県	683,956	309,459	45.25	672,782	343,894	51.12
長崎県	1,137,066	516,939	45.46	1,107,592	539,595	48.72
熊本県	1,471,767	695,050	47.23	1,450,229	712,381	49.12
大分県	969,453	489,974	50.54	950,511	503,627	52.98
宮崎県	920,474	384,656	41.79	898,598	427,017	47.52
鹿児島県	1,371,428	627,480	45.75	1,337,184	650,267	48.63
沖縄県	1,163,784	570,305	49.00	1,177,144	595,192	50.56
合　計	105,886,063	51,671,922	48.80	105,019,203	54,660,242	52.05

参議院常任・特別委員一覧（令和6年1月30日現在）

広田　一　無

【常任委員会】

内閣委員(22)
(自11)(立4)(公2)(維教2)(国1)(共1)(れ1)

- 長 阿達雅志　自
- 理 太田房江　自
- 理 石井準一　自
- 幹 宮崎雅夫　自
- 幹 磯﨑仁彦　自
- 加田裕之　自
- 古賀友一郎　自
- 白坂亜紀　自
- 森屋宏　自
- 鬼木誠　立
- 杉尾秀哉　立
- 窪田哲也　公
- 片山大介　維教
- 柴田巧　維教
- 竹詰仁　国
- 井上哲士　共
- 大島九州男　れ

総務委員(25)
(自11)(立4)(公3)(維教2)(国1)(共1)(N2)(無1)

- 長 新妻秀規　公
- 理 小沢雅仁　立
- 理 山本博司　公
- 浅尾慶一郎　自
- 井上義行　自
- 中西祐介　自
- 長谷川英晴　自
- 馬場成志　自
- 藤川政人　自
- 船橋利実　自
- 堀井巌　自
- 牧野たかお　自
- 松下新平　自
- 山下雄平　自
- 岸真紀子　立
- 野田国義　立
- 吉川沙織　立
- 西田実仁　公
- 音喜多駿　維教
- 高木かおり　維教
- 芳賀道也　国
- 伊藤岳　共
- 齊藤健一郎　N
- 浜田聡　N
- 広田一　無

法務委員(21)
(自9)(立3)(公3)(維教1)(国1)(共1)(無3)

- 長 佐々木さやか　公
- 理 古庄玄知　無
- 理 牧山ひろえ　立
- 幹 和田政宗　自
- 幹 山田宏　自
- 伊藤孝江　公
- 古川俊治　自
- 福岡資麿　自
- 世耕弘成　自
- 森まさこ　自
- 山崎正昭　自
- 石川大我　立
- 石井苗子　維教
- 福島みずほ　無
- 川田龍平　立
- 水野素子　公
- 比嘉　公
- 辻元清美　立
- 鈴木宗男　無
- 浜　無

外交防衛委員(21)
(自10)(立3)(公2)(維教2)(国1)(共1)(沖2)

- 長 小野田紀美　自
- 理 佐藤正久　自
- 理 松川るい　自
- 幹 上　公
- 幹 西田昌司　自
- 石井正弘　自
- 有村　自
- 猪口邦子　自
- 柘植芳文　自
- 中曽根弘文　自
- 三宅伸吾　自
- 小西洋之　立
- 羽田　立
- 福山哲郎　立
- 塩村　立
- 榛葉賀津也　国
- 山添拓　共
- 髙良鉄美　沖
- 伊波洋一　沖

（長）＝委員長・会長、（理）＝理事、（幹）＝幹事、議員氏名の右は会派名

財政金融委員会（25）

(自12)(立3)(公3)(維教2)(国1)(共1)(無3)

- 長　足立敏之（自）
- 理　古川俊治（自）
- 理　熊谷裕人（立）
- 理　若松謙維（公）
- 大家敏志（自）
- 加田裕之（自）
- 櫻井充（自）
- 進藤金日子（自）
- 武見敬三（自）
- 豊田俊郎（自）
- 西田昌司（自）
- 野上浩太郎（自）
- 松山政司（自）
- 宮沢洋一（自）
- 勝部賢志（立）
- 柴慎一（立）
- 竹詰仁（国）
- 矢倉克夫（公）
- 浅田均（維）
- 柳ヶ瀬裕文（維）
- 里見隆治（公）
- 大塚耕平（無）
- 小池晃（共）
- 神谷宗幣（無）
- 堂故茂（無）

厚生労働委員会（25）

(自11)(立4)(公3)(維教2)(国1)(共1)(れ1)(無1)(欠1)

- 長　比嘉奈津美（自）
- 理　羽生田俊（自）
- 理　北村経夫（自）
- 理　星北斗（自）
- 理　打越さく良（立）
- 越智俊之（自）
- 石田昌宏（自）
- 神谷政幸（自）
- 自見英子（自）
- 藤井一博（自）
- 三浦靖（自）
- 友納理緒（自）
- 田村まみ（国）
- 谷合正明（公）
- 山本香苗（公）
- 窪田哲也（公）
- 大椿ゆうこ（無）
- 高木真理（立）
- 田島麻衣子（立）
- 猪瀬直樹（維）
- 梅村聡（維）
- 村田享子（立）
- 倉林明子（共）
- 天畠大輔（れ）

文教科学委員会（21）

(自10)(立4)(公2)(維教2)(国1)(共1)(れ1)

- 長　高橋克法（自）
- 理　赤池誠章（自）
- 理　赤松健（自）
- 理　今井絵理子（自）
- 理　蓮舫（立）
- 理　伊藤孝恵（国）
- 上野通子（自）
- 臼井正一（自）
- 末松信介（自）
- 高橋はるみ（自）
- 本田顕子（自）
- 古庄玄知（自）
- 古賀千景（立）
- 斎藤嘉隆（立）
- 宮口治子（立）
- 下野六太（公）
- 安江伸夫（公）
- 金子道仁（維）
- 中条きよし（維）
- 吉良よし子（共）
- 舩後靖彦（れ）

農林水産委員会（21）

(自10)(立4)(公2)(維教1)(国1)(共1)(無2)

- 長　滝波宏文（自）
- 理　山下雄平（自）
- 理　横山信一（公）
- 理　舟山康江（国）
- 理　徳永エリ（立）
- 加田裕之（自）
- 佐藤啓（自）
- 進藤金日子（自）
- 野村哲郎（自）
- 藤木眞也（自）
- 宮崎雅夫（自）
- 山田俊男（自）
- 山本佐知子（自）
- 小沼巧（立）
- 田名部匡代（立）
- 横沢高徳（立）
- 安江伸夫（公）
- 松野明美（維）
- 紙智子（共）
- 寺田静（無）
- 須藤元気（無）

経済産業委員(21)

(自10)(立4)(公2)(維教2)
(国1)(共1)(無1)

役	氏名	会派
㊗長	森本真治	立
㊟理	青山繁晴	自
㊟理	長峯誠	自
㊟理	古賀之士	立
	石井正弘	自
	越智俊之	自
	上月良祐	自
	小林一大	自
	松村祥史	自
	中田宏	自
	渡辺猛之	自
	辻村美代子	自
	里見隆治	公
	三石祐	公
	磯﨑哲史	国
	岩渕友	共
	平山佐知子	無

環 境 委 員(21)

(自10)(立3)(公2)(維教2)
(国1)(共1)(れ1)(無1)

役	氏名	会派
㊗長	三原じゅん子	自
㊟理	片山さつき	自
㊟理	串田誠一	維教
㊟理	山下芳生	共
	田島麻衣子	立
	下野六太	公
	日比逸平	自
	井上一秋	自
	本田顕子	自
	藤木眞也	自
	水落敏栄	自
	沢田良	自
	滝波宏文	立
	山田太郎	立
	川田龍平	公
	岡村喜史	維教
	合村正太	国
	野喜	れ
	浜田ながえ	無

国土交通委員(25)

(自12)(立4)(公3)(維教3)
(国1)(共1)(れ1)

役	氏名	会派
㊗長	青木愛	立
㊟理	木村愛彦	自
㊟理	島田潔	立
㊟理	一昭	公
	屋太郎介	維教
	田史介	自
	島博茂	自
	井浩学	自
	原大岳	自
	保隆司	自
	故庸子	自
	井川章	自
	本周巧り	自
	本佐博作	立
	沼知子	立
	上え史	公
	野義誠	公
	木大子	維教
	田由	維教
	巻健	国
	口智	共
	村英	れ

国家基本政策委員(20)

(自9)(立3)(公2)(維教2)
(国1)(共2)(れ1)

役	氏名	会派
㊗長	浅田均	維教
㊟理	松山政司	自
㊟理	山本順三	自
㊟理	大塚耕平	国
	こやり隆史	自
	古賀友一郎	自
	上月良祐	自
	滝沢求	自
	柘植芳文	自
	馬場成志	自
	船橋利実	自
	斎藤嘉隆	立
	名本代	立
	森合口治	公
	谷山村男	公
	山片村介	維教
	木田大智	共
		共
		れ

予 算 委 員(45)

(自23)(立8)(公5)(維教4)
(国2)(共1)(れ1)

役	氏名	会派
㊗長	櫻井充	自
㊟理	井上一良	自
㊟理	臼井正明	自
㊟理	加藤林	自
㊟理	小西一	自
㊟理	中西	自

参委員会（続）

自	自	自	自	立	立	立	公	公	公	繊	国	共

行田宗清皇一　景山　司維子一　仁也子
井田賀田見本井田詰賀良
庸俊政真千享隆博謙誠　道よし
酒豊和岸古羽村里山若石串竹芳吉

行政監視委員（35）
（自17）（立7）（公4）（維教2）
（国1）（共1）（れ1）（沖1）（N1）

長	川田龍平	立
理	杉 瀬 林 武文	公 繊 共
理	柳ヶ倉青　山上　井崎　井　子晴行一弘彦潔久紀学俊子博治斗巖平子こ人士一り勇二子駿江男一	自 自 自 …

久裕明繁義準正仁　正亜　聖一俊北　雄えゆ　裕之愼え　真とし　康九洋
瀬林山上井崎藤坂井本井川　井下椿木谷賀　上田内谷多山島波田
井石磯江佐白永羽橋藤古星堀山山大鬼熊古柴三上竹竹音舟大伊浜

決算委員（30）
（自15）（立5）（公4）
（維教3）（国2）（共1）

長	佐藤信秋	自
理	井橋 永野村池松井本智田田	自 自 自 …
理	佐高森徳下梅赤赤今岩小越太加	

郎みこり太聡章健子人美之江之
はまエ六　誠　絵剛紀俊房裕
るさ

議院運営委員(25)

(自13)(立5)(公3)
(維教2)(国1)(共1)

長	浅尾慶一郎	自
理	清水真人	自
理	藤木眞也	自
理	渡辺猛之	自
理	勝部賢志	立
理	吉川沙織	立
理	三浦信祐	公
理	柴田巧	維教
理	浜野喜史	国
理	岩渕友	共
	青木一彦	自
	生稲晃子	自
	梶原大介	自
	神谷政幸	自
	古庄玄知	自
	友納理緒	自
	山本啓介	自
	山本佐知子	自
	吉井章	自
	小沢雅仁	立
	牧山ひろえ	立
	横沢高徳	立
	窪田哲也	公
	塩田博昭	公
	青島健太	維教

懲罰委員(10)

(自5)(立1)(公1)
(維教1)(国1)(共1)

長	松沢成文	維教
理	牧野たかお	自
	世耕弘成	自
	関口昌一	自
	野上浩太郎	自
	福岡資麿	自
	水岡俊一	立
	山本香苗	公
	川合孝典	国
	井上哲士	共

【特別委員会】

災害対策特別委員(20)

(自10)(立3)(公2)
(維教2)(国1)(共1)(れ1)

長	竹内真二	公
理	岩本剛人	自
理	加藤明良	自
理	羽田次郎	立
理	宮崎勝	公
	阿達雅志	自
	加田裕之	自
	梶原大介	自
	古庄玄知	自
	藤木眞也	自
	堀井巌	自
	宮崎雅夫	自
	宮本周司	自
	杉尾秀哉	立
	森本真治	立
	嘉田由紀子	維教
	松野明美	維教
	芳賀道也	国
	仁比聡平	共
	大島九州男	れ

政府開発援助等及び沖縄・北方問題に関する特別委員(35)

(自17)(立6)(公4)(維教3)
(国2)(共1)(沖1)(N1)

長	藤川政人	自
理	青木一彦	自
理	今井絵理子	自
理	臼井正一	自
理	若林洋平	自
理	田島麻衣子	立
理	窪田哲也	公
理	清水貴之	維教
	青山繁晴	自
	朝日健太郎	自
	有村治子	自
	上野通子	自
	江島潔	自
	大家敏志	自
	高橋克法	自
	高橋はるみ	自
	中西祐介	自
	本田顕子	自
	松山政司	自
	三原じゅん子	自
	勝部賢志	立
	古賀之士	立
	塩村あやか	立
	徳永エリ	立
	水野素子	立
	秋野公造	公
	河野義博	公
	安江伸夫	公
	猪瀬直樹	維教
	音喜多駿	維教
	浜口誠	国
	舟山康江	国
	紙智子	共
	高良鉄美	沖
	浜田聡	N

政治倫理の確立及び選挙制度に関する特別委員(35)

(自17)(立6)(公4)(維教3)(国1)(共2)(れ1)(N1)

㊤	**豊田俊郎**	自
㊥	石井浩郎	自
㊥	磯﨑仁彦	自
㊥	藤井一博	自
㊥	牧野たかお	自
㊥	小沼巧	立
㊥	谷合正明	公
㊥	高木かおり	維教
	足立敏之	自
	石井正弘	自
	小野田紀美	自
	片山さつき	自
	上月良祐	自
	佐藤啓	自
	柘植芳文	自
	長峯誠	自
	福岡資麿	自
	古川俊治	自
	舞立昇治	自
	山下雄平	自
	青木愛	立
	熊谷裕人	立
	小西洋之	立
	宮口治子	立
	森屋隆	立
	里見隆治	公
	矢倉克夫	公
	山本博司	公
	梅村聡	維教
	藤巻健史	維教
	浜野喜史	国
	井上哲士	共
	山下芳生	共
	天畠大輔	れ
	伊波洋一	沖

北朝鮮による拉致問題等に関する特別委員(20)

(自10)(立3)(公2)(維教2)(国1)(共1)(れ1)

㊤	**松下新平**	自
㊥	清水真人	自
㊥	吉井章	自
㊥	打越さく良	立
㊥	石川博崇	公
	赤池誠章	自
	衛藤晟一	自
	北村経夫	自
	小林一大	自
	永井学	自
	山田宏	自
	山谷えり子	自
	川田龍平	立
	三上えり	立
	新妻秀規	公
	中条きよし	維教
	柳ヶ瀬裕文	維教
	川合孝典	国
	井上哲士	共
	船後靖彦	れ

地方創生及びデジタル社会の形成等に関する特別委員(20)

(自10)(立3)(公3)(維教2)(国1)(共1)

㊤	**長谷川岳**	自
㊥	磯﨑仁彦	自
㊥	山本佐知子	自
㊥	岸真紀子	立
㊥	杉久武	公
	越智俊之	自
	太田房江	自
	進藤金日子	自
	鶴保庸介	自
	友納理緒	自
	長谷川英晴	自
	山本啓介	自
	高木真理	立
	福島みずほ	立
	上田勇	公
	山本香苗	公
	東徹	維教
	片山大介	維教
	伊藤孝恵	国
	伊藤岳	共

消費者問題に関する特別委員(20)

(自10)(立4)(公2)(維教2)(国1)(共1)

㊤	**石井章**	維教
㊥	神谷政幸	自
㊥	中田宏	自
㊥	石川大我	立
㊥	伊藤孝江	公
	赤松健	自
	生稲晃子	自
	上野通子	自
	古賀友一郎	自
	田中昌史	自
	比嘉奈津美	自
	宮本周司	自
	山田太郎	自
	小沢雅仁	立
	大椿ゆうこ	立
	村田享子	立
	塩田博昭	公
	松沢成文	維教
	田村まみ	国
	倉林明子	共

東日本大震災復興特別委員会(35)
(自17)(立6)(公4)(維教2)(国2)(共2)(れ1)(N1)

役職	氏名	
長	野田国義	自
理	石井浩郎	自
理	梶原大介	自
理	広瀬めぐみ	自
理	和田政宗	公
理	横沢高徳	繊

義 郎介み宗徳一子潔江充紀求俊斗靖一こ郎こ誠景一男作維ほ也仁友子郎郎
国 浩大め政高信苗 房 亜 聖北 洋ま太の 千慎光大謙ず賀 太
田 井原瀬田沢山井島田井坂沢故田本 浦 田垣木賀 橋木松葉詰渕 智 藤
石梶広和横石江 太櫻白滝堂羽橋三宮森石鬼古柴高平若梅榛岩紙山齊
自自自自公繊自自自自自自自自自自自立立公公繊国共れN

【調査会】

外交・安全保障に関する調査会委員(25)
(自12)(立5)(公2)(維教2)(国1)(共1)(沖1)(N1)

役職	氏名	
長	猪口邦子	自

子 人いみか勝一誠友郎子
邦 剛ゆあ 一 健晃太子
口 本川川村崎田口渕松日稲
猪 岩松吉塩串浜岩赤朝
自自自自立公繊国共自自

国民生活・経済及び地方に関する調査会委員(25)
(自13)(立4)(公3)(維教2)(国1)(共1)(れ1)

役職	氏名	
長	福山哲郎	立

郎 理絵真匡六き康俊亜昌理北政佐洋愼真信かお英
哲 人誠代太し江拓之紀茂緒斗介平一隆二祐り子
山 井水峯部野条添中故納本本林屋内村村
福 今清長名野下中舟越白田堂友星山和柴森竹三高木
立自自自自自繊国共自自自自自自自自自自自立公公繊れ

資源エネルギー・持続可能社会に関する調査会委員(25)
(自12)(立4)(公4)(維教3)(国1)(共1)

役職	氏名	
長	宮沢洋一	自

洋 一 夫子博太仁子 子
め雅治義健 よし治
沢 瀬崎口河島詰良村青竹吉有
宮 広宮宮河青竹吉
自自立自自公繊国共自

（憲法審査会委員 前頁より続き）

塩田博昭	公
浅田均	維教
猪瀬直樹	維教
柴田巧	国
礒﨑哲史	共
仁比聡平	れ
山本太郎	沖
高良鉄美	

【情報監視審査会】

情報監視審査会委員(8)
(自4)(立1)(公1)
(維教1)(国1)

㊝ 有村治子	自
石田昌宏	自
羽生田俊	自
宮崎雅夫	自
牧山ひろえ	立
石井浩郎	公
川崇一	維教
串浜口誠	国

【政治倫理審査会】

政治倫理審査会委員(15)
(自8)(立2)(公2)
(維教1)(国1)(共1)

㊝ 野村哲郎	自
㊞ 岡田直樹	自
㊞ 佐藤正久	自
吉川沙織	自
世耕弘成	自
関口昌一	自
福岡資麿	自
蓮舫	自
竹谷とし子	立
谷合正明	立
石井苗子	公
田村まみ	公
山下芳生	維教
谷合	国
村田	共

（前委員会 前頁より続き）

行	自
美幸	自
幸文	自
文博	自
博実	自
実子	自
子愛	立
愛誠	立
誠か	公
か武	公
武史	維教
史	維教

（井上／小野／神高／滝藤／船本／青鬼／佐々／若杉／梅藤、上田／谷橋／波井田／木木木／松村巻、義紀政は宏一利顕）

【憲法審査会】

憲法審査会委員(45)
(自22)(立8)(公5)(維教4)
(国2)(共2)(れ1)(沖1)

㊝ 中曽根弘文	自
㊞ 山下雄平	自
㊞ 片山さつき	自
㊞ 佐藤正久	自
㊞ 本西元	自
㊞ 山塚添	自
㊞ 池尾井	自
㊞ 庄林西	自
㊞ 山川越	自
賀島藤	自
田見	自
松松松	自
丸山吉	自
石打小	自
熊古福	自
伊窪里	自
青赤浅臼	立
衛加小古	立
進柘中	公
松松松丸	公
山吉石打	公
小熊古福	維教
伊窪里	維教

（久之美仁介平拓晴章郎一良大知子文介い平代宏子章我仁人景ほ江也治／さつき正順洋清実大耕繁誠慶正晟一玄金芳祐る新政珠えり大雅裕千み孝哲隆／ほか）

会派名の表記は下記の通り。
- **自** ＝自由民主党
- **立** ＝立憲民主・社民
- **公** ＝公明党
- **維教** ＝日本維新の会・教育無償化を実現する会
- **国** ＝国民民主党・新緑風会
- **共** ＝日本共産党
- **れ** ＝れいわ新選組
- **沖** ＝沖縄の風
- **Ｎ** ＝ＮＨＫから国民を守る党
- **無** ＝各派に属しない議員
- **欠** ＝欠員

各政党役員一覧

(令和6年2月6日現在)

自由民主党

(昭和30年11月15日結成)

〒100-8910 千代田区永田町1-11-23
☎03-3581-6211

総　　　　　裁	岸田	文雄
副　総　　裁	麻生	太郎
幹　事　　長	茂木	敏充
幹事長代行	梶山	弘志
幹事長代理	井上	信治
同	稲田	朋美
同	西銘	恒三郎
同	木原	誠二
同	牧野	たかお

副　幹　事　長　福田達夫(筆頭)、
城内実、井上貴博、関芳弘、大
岡敏孝、小倉將信、新谷正義、
鈴木貴子、田所嘉德、田中英之、
堀内詔子、牧島かれん、山田美
樹、島尻安伊子、畦元将吾、青
木一彦、江島潔、吉川ゆうみ、
山田宏、松川るい、岩本剛人

人　事　局　長	森	まさこ
経　理　局　長	林	幹雄
情報調査局長	小林	史明
国　際　局　長	伊藤	達也
財　務　委　員　長	渡辺	博道
両院議員総会長	橋本	聖子
衆議院議員総会長	船田	元
党　紀　委　員　長	衛藤	晟一
中央政治大学院長	遠藤	利明
組織運動本部長	金子	恭之

同本部長代理　古川禎久、山際
大志郎、江島潔

団　体　総　局　長	古川	禎久
法務・自治関係団体委員長	武井	俊輔
財政・金融・証券関係団体委員長	宗清	皇一
教育・文化・スポーツ関係団体委員長	井原	巧
社会教育・宗教関係団体委員長	山田	宏
厚生関係団体委員長	大串	正樹
環境関係団体委員長	杉田	水脈
労働関係団体委員長	羽生田	俊

農林水産関係団体委員長	古川	康
商工・中小企業関係団体委員長	中山	展宏
運輸・交通関係団体委員長	江島	潔
情報・通信関係団体委員長	斎藤	洋明
国土・建設関係団体委員長	小林	茂樹
安全保障関係団体委員長	黄川田	仁志
生活安全関係団体委員長	中川	郁子
NPO・NGO関係団体委員長	山田	太郎
地方組織・議員総局長	上田	英俊
女　性　局　長	高橋	はるみ
青　年　局　長	藤原	崇
労　政　局　長	森	英介
遊　説　局　長	三谷	英弘
広　報　本　部　長	平井	卓也

同本部長代理　平将明、阿達
雅志

広報戦略局長	小林	史明
ネットメディア局長	牧島	かれん
新聞出版局長	和田	政宗
報　道　局　長	平口	洋
国会対策委員長	浜田	靖一

委員長代理　西村明宏(委員
長代行)、御法川信英

副　委　員　長　丹羽秀樹(筆頭)、
葉梨康弘、鷲尾英一郎、武藤容
治、橘慶一郎、三ッ林裕巳、藤
丸敏、大野敬太郎、中谷真一、
井出庸生、井野俊郎、若林健太、
宮路拓馬、佐藤正久、磯崎仁彦

総　務　会　長	森山	裕
会　長　代　行	金田	勝年
会　長　代　理	寺田稔、松下新平	

副　会　長　尾身朝子、大野
敬太郎、有村治子、古川俊治、
山田俊男

総　　　務　逢沢一郎、伊東
良孝、石破茂、石原正敬、上田
英俊、江渡聡徳、大西英男、下
村博文、田中良生、中谷真一、
宮路拓馬、山口壯、石井浩郎、
中曽根弘文、宮沢洋一、山本順三

政務調査会長	渡海紀三朗
会長代行	田村憲久
会長代理	柴山昌彦、若宮健嗣、片山さつき
副会長	長島昭久、義家弘介、城内実、坂井学、松本洋平、鈴木馨祐、山下貴司、赤池誠章、石井正弘

部会長

内閣第一部会長	太田房江
〃部会長代理	中川郁子、山田宏
内閣第二部会長	冨樫博之
〃部会長代理	鳩山二郎
国防部会長	黄川田仁志
〃部会長代理	松川るい
総務部会長	根本幸典
〃部会長代理	斎藤洋明
法務部会長	笹川博義
〃部会長代理	武井俊輔
外交部会長	藤井比早之
〃部会長代理	鈴木隼人、吉川ゆうみ
財務金融部会長	櫻井充
〃部会長代理	宗清皇一
文部科学部会長	山田賢司
〃部会長代理	井原巧、和田政宗
厚生労働部会長	大串正樹
〃部会長代理	羽生田俊
農林部会長	細田健一
〃部会長代理	古川康、藤木眞也
水産部会長	山下雄平
〃部会長代理	中村裕之
経済産業部会長	宮内秀樹
〃部会長代理	中山展宏、青山繁晴
国土交通部会長	佐々木紀
〃部会長代理	小林茂樹、江島潔
環境部会長	中田宏
〃部会長代理	杉田水脈

調査会長

税制調査会長	宮沢洋一
選挙制度調査会長	逢沢一郎
科学技術・イノベーション戦略調査会長	大野敬太郎
ITS推進・道路調査会長	金子恭之
治安・テロ対策調査会長	岩屋毅
沖縄振興調査会長	岡田直樹
消費者問題調査会長	船田元
障害児者問題調査会長	衛藤晟一
雇用問題調査会長	塩谷立
総合農林政策調査会長	江藤拓
水産総合調査会長	石破茂
金融調査会長	片山さつき
知的財産戦略調査会長	小林鷹之
中小企業・小規模事業者政策調査会長	伊藤達也
国際協力調査会長	牧島かれん
司法制度調査会長	古川禎久
スポーツ立国調査会長	橋本聖子
環境・温暖化対策調査会長	井上信治
住宅土地・都市政策調査会長	松島みどり
文化立国調査会長	山谷えり子
食育調査会長	山東昭子
観光立国調査会長	林幹雄
青少年健全育成推進調査会長	中曽根弘文
外交調査会長	衛藤征士郎
安全保障調査会長	小野寺五典
社会保障制度調査会長	加藤勝信
総合エネルギー戦略調査会長	梶山弘志
情報通信戦略調査会長	野田聖子
整備新幹線等鉄道調査会長	稲田朋美
競争政策調査会長	山際大志郎
地方行政調査会長	佐藤信秋
教育・人材力強化調査会長	柴山昌彦
物流調査会長	今村雅弘

特別委員長

過疎対策特別委員長	谷公一
外国人労働者等特別委員長	松山政司
たばこ特別委員長	江渡聡徳
捕鯨対策特別委員長	鶴保庸介
災害対策特別委員長	武田良太
再犯防止推進特別委員長	渡辺博道
国際保健戦略特別委員長	羽生田俊
宇宙・海洋開発特別委員長	若宮健嗣
超電導リニア鉄道に関する特別委員長	古屋圭司

役職	氏名
航空政策特別委員長	西村明宏
海運・造船対策特別委員長	石田真敏
都市公園緑地対策特別委員長	江﨑鐵磨
山村振興対策委員長	奥野信亮
離島・半島振興対策委員長	石原宏高
インフラシステム輸出総合対策特別委員長	細野豪志
原子力規制に関する特別委員長	武藤容治
鳥獣被害対策委員長	森山裕
奄美振興対策委員長	世耕弘成
クールジャパン戦略推進特別委員長	猪口邦子
領土に関する特別委員長	伊東良孝
北海道総合開発特別委員長	田中英之
交通安全対策特別委員長	山本有二
下水道・浄化槽対策特別委員長	橘慶一郎
社会的事業推進特別委員長	土井亨
所有者不明土地等に関する特別委員長	
女性活躍推進特別委員長	堀内詔子

特命委員長

役職	氏名
郵政事業に関する特命委員長	森山裕
戦没者遺骨帰還問題に関する特命委員長	福岡資麿
日本の名誉と信頼を確立するための特命委員長	有村治子
性的マイノリティに関する特命委員長	高階恵美子
安全保障と土地法制に関する特命委員長	北村経夫
医療情報政策・ゲノム医療推進に関する特命委員長	古川俊治
日本Well-being計画推進特命委員長	下村博文
孤独・孤立対策特命委員長	小倉將信
2027横浜国際園芸博覧会(花博)推進特命委員長	坂井学
PFI推進特命委員長	上野賢一郎
令和の教育人材確保に関する特命委員長	萩生田光一
防衛関係費の財源検討に関する特命委員長	渡海紀三朗
差別問題に関する特命委員長「日本電信電話株式会社等に関する法律の在り方に関する検討委員会」	甘利明

本部長・PT座長

役職	氏名
財政政策検討本部長	西田昌司
経済安全保障推進本部長	甘利明
デジタル社会推進本部長	平井卓也
自由で開かれたインド太平洋戦略本部長	麻生太郎
社会機能移転分散型国づくり推進本部長	古屋圭司
「子ども・若者」輝く未来創造本部長	後藤茂之
日・グローバルサウス連携本部長	萩生田光一
デジタル行財政改革推進本部長	渡海紀三朗
有明海・八代海再生PT座長	金子恭之
終末期医療に関する検討PT座長	三ツ林裕巳
子どもの元気!農林漁村で育むPT座長	
二輪車問題対策PT座長	三原じゅん子
国民皆歯科健診実現PT座長	古屋圭司
女性の生涯の健康に関するPT座長	高階恵美子
佐渡島の金山世界遺産登録実現PT座長	髙橋慶一郎
選挙対策委員長	小渕優子

〔参議院自由民主党〕

役職	氏名
参議院議員会長	関口昌一
副会長	山本順三
参議院幹事長	松山政司
幹事長代行	岡田直樹
幹事長代理	牧野たかお
副幹事長	青木一彦、江島潔、堀井巌、吉川ゆうみ、山下雄平、山田宏、藤木眞也、松川るい、岩本剛人
参議院政策審議会長	福岡資麿
会長代理	片山さつき、上野通子
副会長	赤池誠章、石井正弘、羽生田俊、山下雄平、宮崎雅夫
参議院国会対策委員長	石井準一
委員長代行	佐藤正久
委員長代理	磯﨑仁彦
副委員長	石井浩郎、中西祐介、石田昌宏、長峯誠、佐藤啓、今井絵理子、加田裕之、清水真人
会計	江島潔

特別機関

役職	氏名
憲法改正実現本部長	古屋圭司
党改革実行本部長	茂木敏充
行政改革推進本部長	棚橋泰文
新しい資本主義実行本部長	岸田文雄
東日本大震災復興加速化本部長	根本匠
地方創生実行統合本部長	林幹雄
国土強靭化推進本部長	二階俊博
財政健全化推進本部長	古川禎久
2025年大阪・関西万博推進本部長	二階俊博
TPP・日EU・日米TAG等経済連携対策本部長	森山裕
北朝鮮核実験・ミサイル問題対策本部長	江渡聡徳
北朝鮮による拉致問題対策本部長	山谷えり子
ウクライナ問題に関する対策本部長	茂木敏充
GX実行本部長	萩生田光一

安定的な皇位継承の確保に関する懇談会会長　麻生太郎
令和6年能登半島地震対策本部長　茂木敏充
政治刷新本部長　岸田文雄

立憲民主党

（令和2年9月15日結成）

〒100-0014 千代田区永田町1-11-1
三宅坂ビル ☎03-3595-9988

役職	氏名
最高顧問	菅直人
同	野田佳彦
代表	泉健太
代表代行	辻元清美
同	西村智奈美
同	逢坂誠二
幹事長	岡田克也
幹事長代理	手塚仁雄
同	田名部匡代
総務局長／副幹事長	山岡達丸
財務局長／副幹事長	稲富修二
青年局長／副幹事長	伊藤俊輔
災害・緊急事態局長／副幹事長	森山浩行
国際局長／副幹事長	源馬謙太郎
人材局長／副幹事長	荒井優
副幹事長(政治改革担当)	落合貴之
副幹事長	石川香織、本庄知史、勝部賢志、田島麻衣子
国民運動局長	森本真治
常任幹事会長	渡辺周
参議院議員会長	水岡俊一
両院議員総会長	川田龍平
役員室長	奥野総一郎
選挙対策委員長	大串博志
政務調査会長	長妻昭
政務調査会長代理	大西健介(筆頭代理)、城井崇、徳永エリ
政務調査会副会長	稲富修二、篠原豪、山崎誠、早稲田ゆき、岡本あき子、神谷裕、櫻井周、中谷一馬、小沼巧、岸真紀子、小沢雅仁
国会対策委員長	安住淳
国会対策委員長代理	笠浩史
同	斎藤嘉隆
国会対策副委員長	山井和則(筆頭)、後藤祐一、吉川元、青柳陽一郎、道下大樹、湯原俊二
代議士会長	寺田学
組織委員長	森本真治
企業・団体交流委員長	大島敦
参議院議会会長代行	牧山ひろえ
参議院幹事長	田名部匡代
参議院国会対策委員長	斎藤嘉隆
参議院政策審議会長	徳永エリ
総合選挙対策本部長	泉健太
つながる本部本部長	泉健太
ジェンダー平等推進本部長	西村智奈美
政治改革推進本部長	渡辺周
広報本部長	逢坂誠二
拉致問題対策本部長	渡辺周
東日本大震災復興対策本部長	玄葉光一郎
新型コロナウイルス対策本部長	小川淳也
子ども・若者応援本部長	泉健太
倫理委員長	菊田真紀子
代表選挙管理委員長	吉川沙織
会計監査	金子恵美
同	野田国義
ハラスメント対策委員長	金子恵美
旧統一教会被害対策本部長	西村智奈美
沖縄協議会座長	福山哲郎
令和6年能登半島地震対策本部長	泉健太
政治改革実行本部長	岡田克也
農林漁業再生本部長	田名部匡代
北海道ブロック常任幹事	岸真紀子
東北ブロック常任幹事	横沢高徳
北関東ブロック常任幹事	坂本祐之輔
南関東ブロック常任幹事	小沢雅仁
東京ブロック常任幹事	手塚仁雄
北陸信越ブロック常任幹事	杉尾秀哉
東海ブロック常任幹事	吉田統彦
近畿ブロック常任幹事	櫻井周
中国ブロック常任幹事	柚木道義
四国ブロック常任幹事	白石洋一
九州ブロック常任幹事	野間健
自治体議員ネットワーク代表	遊佐美由紀

立憲民主党「次の内閣」

役職	氏名
ネクスト総理大臣	泉健太
ネクスト内閣官房長官	長妻昭
ネクスト内閣府担当大臣	杉秀哉

283

ネクスト総務大臣	野田 国義
ネクスト法務大臣	牧山 ひろえ
ネクスト外務大臣	玄葉 光一郎
ネクスト安全保障大臣	渡辺 周
ネクスト財務金融大臣	階 猛
ネクスト文部科学兼・ネクスト子ども政策担当大臣	菊田 真紀子
ネクスト厚生労働大臣	高木 真理
ネクスト農林水産大臣	金子 恵美
ネクスト経済産業大臣	田嶋 要
ネクスト国土交通・復興大臣	小宮山 泰子
ネクスト環境大臣	近藤 昭一
憲法調査会長	中川 正春
税制調査会長	小川 淳也
SOGIに関するPT座長	大河原 まさこ
障がい・難病PT座長	横沢 高徳
外国人受け入れ制度及び多文化共生社会のあり方に関する検討PT座長	石橋 通宏
デジタル政策PT座長	中谷 一馬
生殖補助医療PT座長	西村 智奈美
島政策PT座長	野間 健
外交・安全保障戦略PT座長	玄葉 光一郎
公務員制度改革PT座長	大島 敦
公文書管理PT座長	逢坂 誠二
雇用問題対策PT座長	西村 智奈美
マイナンバー在り方検討会PT座長	逢坂 誠二
経済政策PT座長	大西 健介
環境エネルギーPT座長	田嶋 要
ビジネスと人権PT座長	西村 智奈美

日本維新の会
（※1、P287参照）

〒542-0082 大阪市中央区島之内1-17-16
三栄長堀ビル ☎06-4963-8800

代 表	馬場 伸幸
共 同 代 表	吉村 洋文
副 代 表	辻 淳子
幹事長兼・選挙対策本部長	藤田 文武
選挙対策本部長代行	井上 英孝
選挙対策本部長代理	浦野 靖人
幹 事 長 代 行	河崎 大樹
政 務 調 査 会 長	音喜多 駿
政務調査会長代行	藤田 暁
総 務 会 長	柳ヶ瀬 裕文
総 務 会 長 代 行	岡崎 太
改 革 実 行 本 部 長	東 徹

常 任 役 員	森 和臣、山下昌彦、横山英幸、黒田征樹、宮本一孝
非 常 任 役 員	松沢 成文
同	天野 浩
学 生 局 長	松本 常広
ダイバーシティ推進局長	高木 かおり
国 際 局 長	青柳 仁士
広 報 局 長	伊良原 勉
財 務 局 長	高見 りょう
党 紀 委 員 長	横倉 廉幸
維新政治塾名誉塾長	馬場 伸幸
維新政治塾塾長	音喜多 駿
会 計 監 査 人 代 表	井上 英孝

〔国会議員団〕

代 表	馬場 伸幸
代 表 補 佐	中司 宏、高木かおり
代 表 付	阿部 司、守島正、漆間譲司、赤木正幸、金子道仁、青島健太、松野明美、中条きよし
幹 事 長	藤田 文武
幹 事 長 代 理	三木 圭恵
広 報 局 長	柳ヶ瀬 裕文
学 生 局 長	沢田 良
ダイバーシティ推進局長	高木 かおり
政 務 調 査 会 長	音喜多 駿
政務調査会長代行	青柳 仁士
政務調査会長代理	片山 大介
政務調査会副会長	高木かおり、池下 卓、岩谷良平、伊東信久、金子道仁、梅村 聡、松野明美、守島 正、漆間譲司、串田誠一
国会対策委員長	遠藤 敬
国会対策委員長代行	柴田 巧
国会対策委員長代理	中司 宏
国会対策副委員長	金村龍那、奥下剛光、池畑浩太朗、一谷勇一郎、浅川義治、堀場幸子、青島健太
両院議員総会長	石井 章
代 議 士 会 長	市村 浩一郎
参 議 院 会 長	浅田 均
参 議 院 幹 事 長	猪瀬 直樹

参議院国会対策委員長	柴 田	巧
参議院国会対策委員長代理	青 島 健 太
参議院政策審議会長	片 山 大 介
党 紀 委 員 長	中 司	宏
党 紀 委 員	浦野靖人、三木

圭恵、柴田 巧、小野泰輔

公 明 党

（※2、P287参照）

〒160-0012 新宿区南元町17
☎03-3353-0111

代 表	山 口 那津男
副 代 表	北側一雄、古屋

範子、斉藤鉄夫

幹 事 長	石 井 啓 一
中央幹事会会長	北 側 一 雄
政務調査会長	高 木 陽 介
中 央 幹 事	竹内譲（会長

代理）、大口善徳、稲津 久、
庄子賢一、塩田博昭、中川宏昌、
中川康洋、山本香苗、山本博司、
河野義博、中島義雄、松葉多美
子、山口広治、若松謙維、伊藤
渉、石川博崇、岡本三成、國重
徹、秋野公造、土岐恭生、千葉
宣男

中央規律委員長	浮 島 智 子
中央会計監査委員	佐々木 さやか
同	杉 久 武
幹 事 長 代 行	赤 羽 一 嘉
幹 事 長 代 理	稲 津 久
同	谷 合 正 明
政務調査会長代理	上 田 勇、大口

善徳、伊藤渉、山本香苗、稲津久

国会対策委員長	佐 藤 茂 樹
国会対策委員長代理	輿 水 恵 一
国対筆頭副委員長	中 川 康 洋
選挙対策委員長	西 田 実 仁
組 織 委 員 長	大 口 善 徳
組 織 局 長	稲 津 久
地方議会局長	輿 水 恵 一
遊 説 局 長	竹 内 真 二
広 報 委 員 長	谷 合 正 明
広 報 局 長	國 重 徹

宣 伝 局 長	佐々木 さやか
総 務 委 員 長	高 鍋 博 之
財 務 委 員 長	石 井 啓 一
機関紙委員長	吉 本 正 史
機関紙推進委員長	若 松 謙 維
国 際 委 員 長	岡 本 三 成
国 際 局 長	新 妻 秀 規
団体渉外委員長	伊 藤 渉
団 体 局 長	中 野 洋 昌
労 働 局 長	佐 藤 英 道
市民活動委員長	石 川 博 崇
市民活動局長	石 川 博 崇
文化芸術局長	浮 島 智 子
ＮＰＯ局長	鰐 淵 洋 子
女 性 委 員 長	竹 谷 とし子
女 性 局 長	佐々木 さやか
青 年 委 員 長	國 重 徹
青 年 局 長	三 浦 信 祐
学 生 局 長	河 西 宏 一
常 任 顧 問	太田昭宏、井上

義久

アドバイザー	石田祝稔、桝屋

敬悟、高木美智代、浜田昌良

参 議 院 会 長	西 田 実 仁
参 議 院 副 会 長	山 本 香 苗
参 議 院 幹 事 長	谷 合 正 明
参院国会対策委員長	竹 谷 とし子
参院国対筆頭副委員長	三 浦 信 祐
参院政策審議会長	石 川 博 崇
全国地方議員団会議議長	中 島 義 雄

日 本 共 産 党

（大正11年7月15日結成）

〒151-8586 渋谷区千駄ヶ谷4-26-7
☎03-3403-6111

中央委員会議長	志 位 和 夫
幹 部 会 委 員 長	田 村 智 子
書 記 局 長	小 池 晃
幹部会副委員長	山下芳生（筆頭）、

田中 悠、市田忠義、緒方靖夫、
倉林明子、浜野忠夫

政 策 委 員 長	山 添 拓
常任幹部会委員	市田忠義、岩井

鐵也、大幡基夫、岡嵜郁子、緒

方靖夫、紙　智子、吉良よし子、倉林明子、小池　晃、小木曽陽司、穀田恵二、坂井　希、志位和夫、田中　悠、田村智子、堤文俊、寺沢亜志也、中井作太郎、浜野忠夫、土方明果、広井暢子、藤田　文、山下芳生、山添　拓、若林義春

書記局長代行　田中　悠
書記局次長　中井作太郎、堤文俊、土方明果、土井洋彦
政策委員会委員長　山添　拓
経済・社会保障政策委員会責任者　垣内　亮
政治・外交委員会責任者　小松公生
理論委員会責任者　小田中　悠
人権委員会責任者　倉林明子
ジェンダー平等委員会責任者　倉林明子
子どもの権利委員会責任者　吉良よし子
障害者の権利委員会責任者　高橋千鶴子
先住民（アイヌ）の権利委員会責任者　紙　智子
在日外国人の権利委員会責任者　田川　実
宣伝局長　田村一志
広報部長　植木俊雄
国民の声責任者　藤原忠俊
国民運動委員会責任者　堤　文俊
労働局長　堤　文俊
農林・漁民局長　紙　智子
市民・住民運動・中小企業委員会責任者　松原昭夫
平和運動局長　川田忠明
基地対策委員会責任者　小泉親司
災害問題対策委員会責任者　太田善作
学術・文化委員会責任者　土井洋彦
文教委員会責任者　藤森　毅
宗教委員会責任者　土井洋彦
スポーツ委員会責任者　畑野君枝
選挙・自治体委員会責任者　中井作太郎
選挙対策局長　中井作太郎
自治体局長　岡嵜郁子
選挙対策局長　穀田恵二
国際委員会責任者　緒方靖夫
党建設委員会責任者　山下芳生
組織局長　土方明果
機関紙活動局長　大幡基夫

学習・教育局長　広井暢子
青年・学生委員会責任者　坂井　希
中央党学校運営委員会責任者　田中　悠
法規対策部長　柳沢明夫
人事局長　浜野忠夫
財務・業務委員会責任者　岩井鐵也
財政部長　藤本哲也
機関紙誌業務部長　大井伸行
管理部長　大久保健三
厚生部長　大久保健三
システム開発管理部長　葛西邦司
赤旗まつり実行委員会責任者　小木曽陽男
社会科学研究所長　山口富鐵也
出版企画委員会責任者　岩井忠也
出版局長　田代忠利
雑誌刊行委員会責任者　田代忠利
資料室責任者　鈴木裕宏
党史資料（研究）室責任者　岡工充
中央委員会事務室長　高藤宮芳
第二事務室責任者　高宮正司
赤旗編集局長　小木曽陽
原発・気候変動・エネルギー問題対策委員会責任者　笠井亮
国会議員団総会長　紙　智子
衆議院議員団長　高橋千鶴子
参議院議員団長　紙　智子
参議院幹事長　井上哲士
国会対策委員長　穀田恵二
衆議院国会対策委員長　穀田恵二
参議院国会対策委員長　井上哲士
国会議員団事務局長　藤井正人

国民民主党
（令和2年9月15日結成）

〒100-0014 千代田区永田町2-17-17
JBS永田町　☎03-3593-6229

代表　玉木雄一郎
代表兼代表調査会行　大塚耕平
選挙対策委員長　浜野喜史
幹事長　榛葉賀津也
幹事長代行　川合孝典
選挙対策委員長　浜野喜史
国会対策委員長兼企業団体委員会長　古川元久
参議院議員会長兼両院議員総会長　舟山康江

役員室長	浜口　誠
副代表兼広報局長	礒﨑　哲史
幹事長代理	鈴木　義弘
副幹事長	西岡　秀子
同	竹詰　仁
国会対策委員長代理	浅野　哲
組織委員長	伊藤　孝恵
財務局長	浜口　誠
人事・総務局長	竹詰　仁
倫理委員長	
国民運動局長	田村　まみ
青年局長	浅野　哲
国際局長	古川　元久
参議院議員会長	舟山　康江
参議院幹事長	川合　孝典
参議院国会対策委員長	礒﨑　哲史
政治改革・行政改革推進本部長	古川　元久
男女共同参画推進本部長	玉木　雄一郎
男女共同参画推進本部長代理兼LGBT担当	西岡　秀子
拉致問題対策本部長	川合　孝典
災害対策本部長	榛葉　賀津也
政務調査会長代理	西岡　秀子
同	浜口　誠

 れいわ新選組
（平成31年4月1日結成）

〒102-0083　千代田区麹町2-5-20
押田ビル4F　☎03-6384-1974

代表	山本　太郎
共同代表	櫛渕　万里
同	大石　あきこ
副代表兼参議院会長	舩後　靖彦
副代表兼参議院国会対策委員長	木村　英子
国会対策委員長	たがや　亮
政策審議会長	大石　あきこ

政策審議会長代理兼衆議院会長	櫛渕　万里
参議院国会対策委員長	大島　九州男
幹事長	高井　たかし
幹事	天畠　大輔
両院議員総会長	舩後　靖彦
選挙対策委員長	山本　太郎

教育無償化を実現する会
（令和5年12月13日結成）

〒100-0014　千代田区永田町2-17-17-272

代表	前原　誠司
副代表	嘉田　由紀子
幹事長	徳永　久志
政務調査会長	斎藤アレックス
国会対策委員長	鈴木　敦

社会民主党
（※3、P287参照）

〒104-0043　中央区湊3-18-17
マルキ榎本ビル5F　☎03-3553-3731

党首	福島　みずほ
副党首兼総務企画局長兼政策審議会長	新垣　邦男
副党首	大椿　裕子
幹事長兼選挙対策委員長	服部　良一
総務企画局長兼機関紙宣伝局長	中島　修
組織団体局長	渡辺　英明
常任幹事	山城博治、伊地智恭子、伊是名夏子

参政党
（令和2年4月11日結成）

〒107-0052　港区赤坂3-4-3
赤坂マカベビル5F　☎03-6807-4228

代表	神谷　宗幣
副代表	川　裕一郎

※1　平成27年10月31日、おおさか維新の会結党。平成28年8月23日、日本維新の会へ党名変更

※2　昭和39年11月17日旧公明党結党。平成10年11月7日、「公明」と「新党平和」が合流して、新しい現在の「公明党」結成

※3　昭和20年11月2日、日本社会党結成。昭和30年10月13日、左右再統一。平成8年1月19日、社会民主党へ党名変更

衆議院議員勤続年数・当選回数表

（令和6年2月末現在）

氏名の前の（ ）内の数字は衆議院の通算在職年数、端数は切り上げてあります。
○内の数字は参議院議員としての当選回数。

衆 勤続年数

55年 （1人）
小沢一郎 ⑱

47年 （1人）
(7)衛藤征士郎 ⑬

45年 （1人）
中村喜四郎 ⑮

44年 （1人）
菅直人 ⑭

42年 （1人）
麻生太郎 ⑭

41年 （3人）
甘利明 ⑬
二階俊博 ⑬
額賀福志郎

38年 （4人）
逢沢一郎 ⑫
石破茂 ⑫
船田元 ⑬
村上誠一郎 ⑫

35年 （6人）
岡田克也 ⑪
中谷元 ⑪
古屋圭司 ⑪
森英介 ⑪
山口俊一 ⑪
山本有二 ⑪

31年 （15人）
石井啓一 ⑩
枝野幸男 ⑩
岸田文雄 ⑩
北側一雄 ⑩
玄葉光一郎 ⑩
穀田恵二 ⑩
斉藤鉄夫 ⑩
志位和夫 ⑩
鈴木俊一 ⑩
渡海紀三朗 ⑩
野田聖子 ⑩
浜田靖一 ⑩
林幹雄 ⑩
前原誠司 ⑩
茂木敏充 ⑩

29年 （3人）
塩谷立 ⑩
高市早苗 ⑨
(27)林芳正 ①

28年 （24人）
安住淳 ⑨
赤羽一嘉 ⑨
伊藤達也 ⑨
今村雅弘 ⑨
岩屋毅 ⑨
遠藤利明 ⑨
大口善德 ⑨
河野太郎 ⑨
近藤昭一 ⑨
佐藤茂樹 ⑨
佐藤勉 ⑨
下村博文 ⑨
菅義偉 ⑨
田中和德 ⑨
田村憲久 ⑨
高木陽介 ⑨
棚橋泰文 ⑨
中川正春 ⑨
根本匠 ⑨
野田佳彦 ⑨
原口一博 ⑨
平沢勝栄 ⑨
古川元久 ⑨
渡辺周 ⑨

27年 （1人）
(13)金田勝年 ⑤

26年 （2人）
新藤義孝 ⑦
(6)森山裕 ⑦

25年 （6人）
江﨑鐵磨 ⑧
江渡聡德 ⑧
(7)笠井亮 ⑥
櫻田義孝 ⑧
土屋品子 ⑧
渡辺博道 ⑧

24年 （16人）
阿部知子 ⑧
赤嶺政賢 ⑧

小渕優子 ⑧
大島敦 ⑧
梶山弘志 ⑧
金子恭之 ⑧
塩川鉄也 ⑧
髙木毅 ⑧
長妻昭 ⑧
平井卓也 ⑧
細野豪志 ⑧
松野博一 ⑧
松原仁 ⑧
松本剛明 ⑧
山井和則 ⑧
吉野正芳 ⑧

23年 （3人）
小野寺五典 ⑧
海江田万里 ⑧
末松義規 ⑦

22年 （3人）
石田真敏 ⑧
牧義夫 ⑧
山口壯 ⑦

21年 （19人）
井上信治 ⑦
泉健太 ⑧
江藤拓 ⑦
加藤勝信 ⑦
上川陽子 ⑦
菊田真紀子 ⑦
小宮山泰子 ⑦
後藤茂之 ⑦
篠原孝 ⑦
田嶋要 ⑦
髙橋千鶴子 ⑦
武田良太 ⑦
谷公一 ⑦
長島昭久 ⑦
西村康稔 ⑦
古川禎久 ⑦
古屋範子 ⑦
松島みどり ⑦
笠浩史 ⑦

20年 (5人)
伊藤 信太郎 ⑦
江田 憲司 ⑦
小泉 龍司 ⑦
柴山 昌彦 ⑦
馬淵 澄夫 ⑦

19年 (17人)
あべ 俊子 ⑥
赤澤 亮正 ⑥
秋葉 賢也 ⑥
稲田 朋美 ⑥
小川 淳也 ⑥
小里 泰弘 ⑥
大串 博志 ⑥
吉良 州司 ⑥
坂本 哲志 ⑦
平 将明 ⑦
寺田 学 ⑦
永岡 桂子 ⑥
西村 智奈美 ⑦
福田 昭夫 ⑥
(7)宮本 岳志 ⑤
柚木 道義 ⑥
鷲尾 英一郎 ⑥

18年 (13人)
(7)浮島 智子 ④
奥野 信亮 ⑦
(7)佐藤 公治 ⑤
鈴木 淳司 ⑦
竹内 譲 ⑥
西村 明宏 ⑥
西銘 恒三郎 ⑥
葉梨 康弘 ⑥
萩生田 光一 ⑥
伴野 豊 ⑥
御法川 信英 ⑥
宮下 一郎 ⑥
山際 大志郎 ⑥

17年 (6人)
逢坂 誠二 ⑦
城内 実 ⑥
階 猛 ⑥
寺田 稔 ⑥
丹羽 秀樹 ⑥
(6)義家 弘介 ④

16年 (28人)
あかま 二郎 ⑤
伊藤 忠彦 ⑤
伊藤 渉 ⑤
石原 宏高 ⑤
上野 賢一郎 ⑤
越智 隆雄 ⑤
大塚 拓 ⑤
(7)金子 恵美 ③
亀岡 偉民 ⑤
木原 稔 ⑤
木原 誠二 ⑤
坂井 学 ⑤
下条 みつ ⑤
鈴木 馨祐 ⑤
関 芳弘 ⑤
田中 良生 ⑤
髙鳥 修一 ⑤
手塚 仁雄 ⑤
土井 亨 ⑤
中根 一幸 ⑤
橋本 岳 ⑤
平口 洋 ⑤
牧原 秀樹 ⑤
松本 洋平 ⑤
武藤 容治 ⑤
盛山 正仁 ⑤
山本 ともひろ ⑤
若宮 健嗣 ⑤

15年 (11人)
伊東 良孝 ⑤
稲津 久 ⑤
大西 健介 ⑤
奥野 総一郎 ⑤
小泉 進次郎 ⑤
後藤 祐一 ⑤
齋藤 健 ⑤
橘 慶一郎 ⑤
玉木 雄一郎 ⑤
(13)塚田 一郎 ①
松木 けんこう ⑥

14年 (3人)
(3)小熊 慎司 ④
(12)髙階 恵美子 ①
(12)中西 健治 ①

13年 (2人)
(7)大河原 まさこ ②
(7)鰐淵 洋子 ②

12年 (89人)
足立 康史 ④
青柳 陽一郎 ④
秋本 真利 ④
井出 庸生 ④
井野 俊郎 ④
井上 貴博 ④
井上 英孝 ④
井林 辰憲 ④
伊佐 進一 ④
池田 佳隆 ④
石川 昭政 ④
市村 浩一郎 ④
今枝 宗一郎 ④
岩田 和親 ④
浦野 靖人 ④
遠藤 敬 ④
小倉 將信 ④
小田原 潔 ④
大岡 敏孝 ④
大串 正樹 ④
大西 英男 ④
大野 敬太郎 ④
大岡 三成 ④
鬼木 誠 ④
勝俣 孝明 ④
門山 宏哲 ④
神田 憲次 ④
菅家 一郎 ④
城井 崇 ④
黄川田 仁志 ④
北神 圭朗 ④
工藤 彰三 ④
國重 徹 ④
熊田 裕通 ④
小島 敏文 ④
小林 鷹之 ④
小林 史明 ④
古賀 篤 ④
國場 幸之助 ④
佐々木 紀 ④
佐藤 英道 ④
斎藤 洋明 ④
笹川 博義 ④
重徳 和彦 ④
(10)島尻 安伊子 ①
新谷 正義 ④
杉本 和巳 ④
鈴木 憲和 ④
田所 嘉德 ④
田中 英之 ④
田野瀬 太道 ④
田畑 裕明 ④
武井 俊輔 ④

（12年つづき）

氏名	
武部	新 ④
武村	展英 ④
津島	淳 ④
辻	清人 ④
冨樫	博之 ④
中谷	真一 ④
中野	洋昌 ④
中村	裕之 ④
中山	展宏 ④
長坂	康幸 ④
野中	厚 ④
馬場	伸幸 ④
濱地	雅一 ④
福田	達夫 ④
藤井	比早之 ④
藤丸	敏 ④
藤原	崇 ④
星野	剛士 ④
細田	健一 ④
堀井	学 ④
堀内	詔子 ④
牧島	かれん ④
三ッ林	裕巳 ④
宮内	秀樹 ④
宮澤	博行 ④
務台	俊介 ④
村井	英樹 ④
八木	哲也 ④
簗	和生 ④
山下	貴司 ④
山田	賢司 ④
山田	美樹 ④
吉川	元 ④
渡辺	孝一 ④

11年（2人）

鈴木	貴子 ④
宮﨑	政久 ④

10年（20人）

青山	周平 ④
稲富	修二 ④
尾身	朝子 ④
落合	貴之 ④
加藤	鮎子 ④
近藤	和也 ④
篠原	豪 ④
白石	洋一 ④
鈴木	隼人 ④

9年（10人）

(7)井原	巧 ①
緒方	林太郎 ①
小林	茂樹 ③
小山	展弘 ③
杉田	水脈 ③
(7)德永	久志 ③
福島	伸享 ③
三谷	英弘 ③
谷田川	元 ③
(7)若林	健太 ①

8年（11人）

井坂	信彦 ③
伊東	信久 ③
興水	恵一 ③
坂本	祐之輔 ③
鈴木	義弘 ③
高木	宏壽 ③
中川	郁子 ③
野間	健 ③
鳩山	二郎 ③
吉川	赳 ③
和田	義明 ③

7年（27人）

青山	大人 ②
浅野	哲 ②
伊藤	俊輔 ②
石川	香織 ②
泉田	裕彦 ②
上杉	謙太郎 ②
岡本	あき子 ②
金子	俊平 ②
鎌田	さゆり ②
神谷	裕 ②
木村	次郎 ②
国光	あやの ②
源馬	謙太郎 ②
小寺	裕雄 ②
高村	正大 ②
高木	啓 ②
中曽根	康隆 ②
西岡	秀子 ②
西田	昭二 ②
穂坂	泰 ②
本田	太郎 ②
道下	大樹 ②
緑川	貴士 ②
森田	俊和 ②
早稲田	ゆき ②

6年（10人）

櫛渕	万里 ②
瀬戸	隆一 ③
空本	誠喜 ③
角田	秀穂 ③
中川	康洋 ③
仁木	博文 ③
山本	剛正 ③
湯原	俊二 ③
吉田	豊史 ③
吉田	宣弘 ③

5年（3人）

畦元	将吾 ②
藤田	文武 ②
三木	圭恵 ②

4年（2人）

深澤	陽一 ②
美延	映夫 ②

3年（87人）

阿部	司 ①
阿部	弘樹 ①
青柳	仁士 ①
赤木	正幸 ①
浅川	義治 ①
東	国幹 ①
荒井	優 ①
新垣	邦男 ①
五十嵐	清 ①
池下	卓 ①
池畑	浩太朗 ①
石井	拓 ①
石橋	林太郎 ①
石原	正敬 ①
一谷	勇一郎 ①
岩谷	良平 ①
上田	英俊 ①

堀場　幸子　①
掘井　健智　①
本庄　知史　①
松本　　尚　①
三反園　訓　①
岬　　麻紀　①
守島　　正　①
屋良　朝博　②
保岡　宏武　①
柳本　　顕　①
山岸　一生　①
山口　　晋　①
山崎　正恭　①
山田　勝彦　①
山本　左近　①
吉田　久美子　①
吉田　とも代　①
吉田　はるみ　①
米山　隆一　①
和田　有一朗　①
渡辺　　創　①

1年　(6人)

英利　アルフィヤ　①
金子　容三　①
岸　信千世　①
中嶋　秀樹　①
林　　佑美　①
吉田　真次　①

梅谷　　守　①
漆間　譲司　①
遠藤　良太　①
おおつき　紅葉　①
小野　泰輔　①
尾崎　正直　①
大石　あきこ　①
奥下　剛光　①
加藤　竜祥　①
河西　宏一　①
勝目　　康　①
金村　龍那　①
川崎　ひでと　①
神田　潤一　①
金城　泰邦　①
日下　正喜　①
国定　勇人　①
小森　卓郎　①
神津　たけし　①
斎藤　アレックス　①
沢田　　良　①
塩崎　彰久　①
庄子　賢一　①
鈴木　　敦　①
鈴木　英敬　①
鈴木　庸介　①
住吉　寛紀　①
たがや　亮　①
田中　　健　①
高橋　英明　①
高見　康裕　①
土田　　慎　①
堤　かなめ　①
中川　貴元　①
中川　宏昌　①
中司　　宏　①
中野　英幸　①
長友　慎治　①
西野　太亮　①
長谷川　淳二　①
馬場　雄基　①
早坂　　敦　①
平沼　正二郎　①
平林　　晃　①
福重　隆浩　①
藤岡　隆雄　①
藤巻　健太　①
太　　栄志　①
古川　直季　①

291

参議院議員勤続年数・当選回数表

氏名の前の（　）内の数字は衆議院の通算在職年数、端数は切り上げてあります。
○内の数字は参議院議員としての当選回数。

参 勤続年数

43年 （1人）
山東昭子 ⑧

39年 （1人）
中曽根弘文 ⑦

36年 （1人）
尾辻秀久 ⑥

33年 （1人）
山崎正昭 ⑥

30年 （3人）
⒀衛藤晟一 ③
㉕鈴木宗男 ①
⑺山口那津男 ④

29年 （1人）
橋本聖子 ⑤

28年 （1人）
⑾長浜博行 ③

26年 （5人）
櫻井充 ⑤
世耕弘成 ⑤
鶴保庸介 ⑤
福島みずほ ⑤
福山哲郎 ⑤

24年 （3人）
武見敬三 ⑤
㉒辻元清美 ①
⑷山谷えり子 ④

23年 （11人）
有村治子 ④
井上哲士 ④
㉑上田勇 ―
大塚耕平 ④
紙智子 ④
小池晃 ④
榛葉賀津也 ④
松山政司 ④
⑽宮沢洋一 ③
山下芳生 ④
山本香苗 ④

22年 （2人）
⑼浅尾慶一郎 ④
⑾若松謙維 ③

21年 （1人）
関口昌一 ⑤

20年 （11人）
岡田直樹 ④
末松信介 ④
谷合正明 ④
西田実仁 ④
野上浩太郎 ④
野村哲郎 ④
⑽松沢成文 ③
松下新平 ④
松村祥史 ④
山本順三 ④
蓮舫 ④

18年 （4人）
⑻青木愛 ③
⑷猪口邦子 ②
⑷片山さつき ②
⑷福岡資麿 ③

17年 （15人）
石井準一 ③
川田龍平 ③
佐藤信秋 ③
佐藤正久 ③
西田昌司 ③
⑸広田一 ③
古川俊治 ③
牧野たかお ③
牧山ひろえ ③
丸川珠代 ③
水岡俊一 ③
森まさこ ③
山田俊男 ③
山本博司 ③
吉川沙織 ③

16年 （1人）
⑻田名部匡代 ②

15年 （3人）
⑷赤池誠章 ②
⑾上田清司 ②
⑷野田国義 ②

14年 （23人）
青木一彦 ③
秋野公造 ③
石井浩郎 ③
石川博崇 ③
石橋通宏 ③
磯崎仁彦 ③
上野通子 ③
大家敏志 ③
大島九州男 ③
川合孝典 ③
小西洋之 ③
斎藤嘉隆 ③
田村智子 ③
竹谷とし子 ③
徳永エリ ③
中西祐介 ③
仁比聡平 ③
長谷川岳 ③
藤川政人 ③
舟山康江 ③
三原じゅん子 ③
横山信一 ③
渡辺猛之 ③

13年 （2人）
⑾中田宏 ①
⑹山田宏 ①

12年 （2人）
⑷石井章 ③
江島潔 ③

11年 （40人）
東徹 ②
石井正弘 ②
石田昌宏 ②
礒崎哲史 ②
梅村聡 ②
大野泰正 ②
太田房江 ②
河野義博 ②
吉良よし子 ②
北村経夫 ③
倉林明子 ②
古賀友一郎 ②
上月良祐 ②
佐々木さやか ②
酒井庸行 ②
清水貴之 ②
柴田巧 ②
杉久武 ②

参 勤続年数

高橋 克法 ②
滝沢 求 ②
滝波 宏文 ②
柘植 芳文 ②
堂故 茂 ②
豊田 俊郎 ②
長峯 誠 ②
新妻 秀規 ②
羽生田 俊 ②
馬場 成志 ②
浜野 喜史 ②
平木 大作 ②
堀井 巌 ②
舞立 昇治 ②
三宅 伸吾 ②
宮本 周司 ②
森本 真治 ②
森屋 宏 ②
矢倉 克夫 ②
山下 雄平 ②
吉川 ゆうみ ②
和田 政宗 ②

10年 (1人)
阿達 雅志 ③

9年 (2人)
山田 太郎 ②
(1)山本 太郎 ②

8年 (31人)
足立 敏之 ②
青山 繁晴 ②
浅田 均 ②
朝日 健太郎 ②
井上 義行 ②
伊藤 孝江 ②
伊藤 孝恵 ②
伊波 洋一 ②
石井 苗子 ②
今井 絵理子 ②
岩渕 友 ②
小野田 紀美 ②
片山 大介 ②
こやり 隆史 ②
古賀 之士 ②
佐藤 啓 ②
里見 隆治 ②
自見 はなこ ②
進藤 金日子 ②
杉尾 秀哉 ②
高木 かおり ②
(4)ながえ 孝子 ①
浜口 誠 ②
(5)比嘉 奈津美 ①
平山 佐知子 ②
藤木 眞也 ②
(7)船橋 利実 ①
松川 るい ②
三浦 信祐 ②
宮崎 勝 ②
山添 拓 ②

7年 (3人)
竹内 真二 ②
藤巻 健史 ②
(2)三浦 靖 ①

6年 (1人)
(5)串田 誠一 ①

5年 (35人)
伊藤 岳 ①
石垣 のりこ ①
石川 大我 ①
岩本 剛人 ①
打越 さく良 ①
梅村 みずほ ①
小沢 雅仁 ①
小沼 巧 ①
音喜多 駿 ①
加田 裕之 ①
嘉田 由紀子 ①
勝部 賢志 ①
木村 英子 ①
岸 真紀子 ①
熊谷 裕人 ①
清水 真人 ①
塩田 博昭 ①
塩村 あやか ①
下野 六太 ①
須藤 元気 ①
田島 麻衣子 ①
田村 まみ ①
高橋 はるみ ①
高橋 光男 ①
髙良 鉄美 ①
寺田 静 ①
芳賀 道也 ①
浜田 聡 ①
舩後 靖彦 ①
本田 顕子 ①
宮崎 雅夫 ①
森屋 隆 ①
安江 伸夫 ①
柳ヶ瀬 裕文 ①
横沢 高徳 ①

3年 (2人)
羽田 次郎 ①
宮口 治子 ①

2年 (37人)
青島 健太 ①
赤松 健 ①
生稲 晃子 ①
猪瀬 直樹 ①
臼井 正一 ①
越智 俊之 ①
鬼木 誠 ①
加藤 明良 ①
梶原 大介 ①
金子 道仁 ①
神谷 宗幣 ①
神谷 政幸 ①
窪田 哲也 ①
小林 一大 ①
古賀 千景 ①
古庄 玄知 ①
柴 愼一 ①
田中 昌史 ①
高木 真理 ①
竹詰 仁 ①
天畠 大輔 ①
堂込 麻紀子 ①
友納 理緒 ①
中条 きよし ①
永井 学 ①
長谷川 英晴 ①
広瀬 めぐみ ①
藤井 一博 ①
星 北斗 ①
松野 明美 ①
三上 えり ①
水野 素子 ①
村田 享子 ①
山本 啓介 ①
山本 佐知子 ①
吉井 章 ①
若林 洋平 ①

1年 (3人)
大椿 ゆうこ ①
齊藤 健一郎 ①
白坂 亜紀 ①

党派別国会議員一覧
（令和6年2月1日現在）

※衆参の正副議長は無所属に含む。○内は当選回数・無所属には諸派を含む。
衆議院議員の（ ）内は参議院の当選回数。参議院議員の（ ）内は衆議院の当選回数。

自民党　374人
（衆議院258人）

麻生　太郎⑭
甘利　明⑬(1)
衛藤征士郎⑬(1)
二階　俊博⑬
船田　元⑬
逢沢　一郎⑫
石破　茂⑫
村上誠一郎⑪
中谷　元⑪
古屋　圭司⑪
森　英介⑪
山口　俊一⑪
山本　有二⑪
岸田　文雄⑩
塩谷　立⑩
鈴木　俊一⑩
渡海紀三朗⑩
野田　聖子⑩
浜田　靖一⑩
林　幹雄⑩
茂木　敏充⑩
伊藤　達也⑨
今村　雅弘⑨
岩屋　毅⑨
遠藤　利明⑨
河村　建夫⑨
佐藤　勉⑨
下村　博文⑨
菅　義偉⑨
田中　和徳⑨
田村　憲久⑨
高市　早苗⑨
棚橋　泰文⑨
根本　匠⑨
平沢　勝栄⑨
石田　真敏⑧
江﨑　鐵磨⑧
江渡　聡徳⑧
小野寺五典⑧
小渕　優子⑧

梶山　弘志⑧
金子　恭之⑧
櫻田　義孝⑧
新藤　義孝⑧
高木　毅⑧
土屋　品子⑧
平井　卓也⑧
細野　豪志⑧
松野　博一⑧
松本　剛明⑧
吉野　正芳⑧
渡辺　博道⑦
秋葉　賢也⑦
井上　信治⑦
伊藤信太郎⑦
江藤　拓⑦
加藤　勝信⑦
上川　陽子⑦
小泉　龍司⑦
後藤　茂之⑦
坂本　哲志⑦
柴山　昌彦⑦
武田　良太⑦
谷　公一⑦
長島　昭久⑦
西村　康稔⑦
古川　禎久⑦
松島みどり⑦(1)
森山　裕⑦
山口　壯⑥
あべ　俊子⑥
赤澤　亮正⑥
稲田　朋美⑥
小里　泰弘⑥
奥野　信亮⑥
鈴木　淳司⑥
寺田　稔⑥
永岡　桂子⑥
西村　明宏⑥
西銘恒三郎⑥

葉梨　康弘⑥
萩生田光一⑥
御法川信英⑥
宮下　一郎⑥
山際大志郎⑥
鷲尾英一郎⑥(1)
あかま二郎⑤
伊東　良孝⑤
伊藤　忠彦⑤
石原　宏高⑤
上野賢一郎⑤
越智　隆雄⑤
大塚　拓⑤(2)
金子　俊平⑤
亀岡　偉民⑤
木原　誠二⑤
木原　稔⑤
小泉進次郎⑤
齋藤　健⑤
坂井　学⑤
鈴木　馨祐⑤
関　芳弘⑤
田中　良生⑤
髙鳥　修一⑤
髙橋慶一郎⑤
土井　亨⑤
中根　一幸⑤
橋本　岳⑤
牧原　秀樹⑤
松本　洋平⑤
武藤　容治⑤
盛山　正仁⑤
山本ともひろ⑤
青山　周平④
井野　俊郎④
井上　貴博④
井林　辰憲④
石川　昭政④
今枝宗一郎④
岩田　和親④

小倉　將信 ④
小田原　潔 ④
大岡　敏孝 ④
大串　正樹 ④
大西　英男 ④
大野　敬太郎 ④
鬼木　誠 ④
勝俣　孝明 ④
門山　宏哲 ④
神田　憲次 ④
菅家　一郎 ④
黄川田　仁志 ④
工藤　彰三 ④
熊田　裕通 ④
小島　敏文 ④
小林　鷹之 ④
小林　史明 ④
古賀　篤 ④
國場　幸之助 ④
佐々木　紀 ④
斎藤　洋明 ④
笹川　博義 ④
新谷　正義 ④
鈴木　貴子 ④
鈴木　憲和 ④
田所　嘉德 ④
田野瀬　太道 ④
田畑　裕明 ④
武井　俊輔 ④
武部　新 ④
武村　展英 ④
津島　淳 ④
辻　清人 ④
冨樫　博之 ④
中村　裕之 ④
中山　展宏 ④
長坂　康正 ④
根本　幸典 ④
野中　厚 ④
福田　達夫 ④
藤井　比早之 ④
藤丸　敏 ④
藤原　崇 ④
星野　剛士 ④
細田　健一 ④
堀井　学 ④

堀内　詔子 ④
牧島　かれん ④
三ッ林　裕巳 ④
宮内　秀樹 ④
宮﨑　政久 ④
宮澤　博行 ④
務台　俊介 ④
村井　英樹 ④
八木　哲也 ④
簗　和生 ④
山下　貴司 ④
山田　賢司 ④
山田　美樹 ④
義家　弘介 ④(1)
渡辺　孝一 ④
尾身　朝子 ③
加藤　鮎子 ③
小林　茂樹 ③
杉田　水脈 ③
鈴木　隼人 ③
瀬戸　隆一 ③
髙木　宏壽 ③
中川　郁子 ③
鳩山　二郎 ③
古川　康 ③
三谷　英弘 ③
宗清　皇一 ③
和田　義明 ③
畦元　将吾 ②
泉田　裕彦 ②
上杉　謙太郎 ②
金子　俊平 ②
木村　次郎 ②
国光　あやの ②
小寺　裕雄 ②
高村　正大 ②
髙木　啓 ②
中曽根　康隆 ②
仁木　博文 ②
西田　昭二 ②
深澤　陽一 ②
穂坂　泰 ②
本田　太郎 ②
東　国幹 ①
五十嵐　清 ①
井原　巧 ①(1)

石井　拓 ①
石橋　林太郎 ①
石原　正敬 ①
上田　英俊 ①
英利アルフィヤ ①
尾﨑　正直 ①
加藤　竜祥 ①
勝目　康 ①
金子　容三 ①
川崎　ひでと ①
神田　潤一 ①
岸　信千世 ①
国定　勇人 ①
小森　卓郎 ①
塩崎　彰久 ①
島尻　安伊子 ①(2)
鈴木　英敬 ①
髙階　恵美子 ①(2)
高見　康裕 ①
土田　慎 ①
中川　貴元 ①
中西　健治 ①(2)
中野　英幸 ①
西野　太亮 ①
長谷川　淳二 ①
林　芳正 ①(5)
平沼　正二郎 ①
古川　直季 ①
松本　尚 ①
保岡　宏武 ①
柳本　顕 ①
山口　晋 ①
山本　左近 ①
吉田　真次 ①
若林　健太 ①(1)

（参議院116人）
（任期R7.7.28　53人）
山東　昭子 ⑧
世耕　弘成 ⑤
武見　敬三 ⑤
橋本　聖子 ⑤
有村　治子 ④
松山　政司 ④
石井　準一 ③(4)
衛藤　晟一 ③(4)
北村　経夫 ③

佐藤 信秋 ③
佐藤 正久 ③
西田 昌司 ③
古川 俊治 ③
牧野 たかお ③
丸川 珠代 ③
森 まさこ ③
山田 俊男 ③
赤池 誠章 ②(1)
石井 正弘 ②
石田 昌宏 ②
太田 房江 ②
古賀 友一郎 ②
上月 良祐 ②
酒井 庸行 ②
高橋 克法 ②
滝沢 求 ②
滝波 宏文 ②
柘植 芳文 ②
堂故 茂 ②
豊田 俊郎 ②
長峯 誠 ②
羽生田 俊 ②
馬場 成志 ②
堀井 巌 ②
舞立 昇治 ②
三宅 伸吾 ②
宮本 周司 ②
森屋 宏 ②
山下 雄平 ②
山田 太郎 ②
吉川 ゆうみ ②
和田 政宗 ②
岩本 剛人 ①
加田 裕之 ①
清水 真人 ①
白坂 亜紀 ①
田中 昌史 ①
高橋 はるみ ①
中田 宏 ①(4)
比嘉 奈津美 ①(2)
本田 顕子 ①
三浦 靖 ①(1)
宮崎 雅夫 ①
（任期R10.7.25　63人）
中曽根 弘文 ⑦
山崎 正昭 ⑥
櫻井 充 ⑤

関口 昌一 ⑤
鶴保 庸介 ⑤
岡田 直樹 ④
末松 信介 ④
野上 浩太郎 ④
野村 哲郎 ④
松下 新平 ④
松村 祥史 ④
山谷 えり子 ④(1)
山本 順三 ③
阿達 雅志 ③
青木 一彦 ③
浅尾 慶一郎 ③(3)
石井 浩郎 ③
磯崎 仁彦 ③
猪口 邦子 ③(1)
上野 通子 ③
江島 潔 ③
大家 敏志 ③
片山 さつき ③(1)
中西 祐介 ③
長谷川 岳 ③
福岡 資麿 ③(1)
藤川 政人 ③
三原 じゅん子 ③
宮沢 洋一 ③(3)
渡辺 猛之 ②
足立 敏之 ②
青山 繁晴 ②
朝日 健太郎 ②
井上 義行 ②
今井 絵理子 ②
小野田 紀美 ②
こやり 隆史 ②
佐藤 啓 ②
自見 はなこ ②
進藤 金日子 ②
藤木 眞也 ②
松川 るい ②
山田 宏 ②(2)
赤松 健 ①
生稲 晃子 ①
臼井 正一 ①
越智 俊之 ①
加藤 明良 ①
梶原 大介 ①
神谷 政幸 ①
小林 一大 ①

古庄 玄知 ①
友納 理緒 ①
永井 学 ①
長谷川 英晴 ①
広瀬 めぐみ ①
藤井 一博 ①
船橋 利実 ①(2)
星 北斗 ①
山本 啓介 ①
山本 佐知子 ①
吉井 章 ①
若林 洋平 ①

立憲民主党 131人
（衆議院94人）

小沢 一郎 ⑱
中村 喜四郎 ⑮
菅 直人 ⑭
岡田 克也 ⑪
枝野 幸男 ⑩
玄葉 光一郎 ⑩
安住 淳 ⑨
近藤 昭一 ⑨
中川 正春 ⑨
野田 佳彦 ⑨
原口 一博 ⑨
渡辺 周 ⑨
阿部 知子 ⑧
泉 健太 ⑧
大島 敦 ⑧
長妻 昭 ⑧
山井 和則 ⑧
江田 憲司 ⑦
菊田 真紀子 ⑦
小宮山 泰子 ⑦
篠原 孝 ⑦
末松 義規 ⑦
田嶋 要 ⑦
馬淵 澄夫 ⑦
牧 義夫 ⑦
笠 浩史 ⑦
小川 淳也 ⑥
大串 博志 ⑥
階 猛 ⑥
寺田 学 ⑥
西村 智奈美 ⑥
伴野 豊 ⑥
福田 昭夫 ⑥

立憲民主党（衆議院）

松木けんこう ⑥
柚木　道義 ⑥
大西　健介 ⑤
逢坂　誠二 ⑤
奥野総一郎 ⑤
後藤　祐一 ⑤
下条　みつ ⑤
手塚　仁雄 ④
青柳陽一郎 ④
小熊　慎司 ④(1)
城井　　崇 ④(1)
佐藤　公治 ④
重徳　和彦 ④
中島　克仁 ④
井坂　信彦 ③
稲富　修二 ③
落合　貴之 ③
金子　恵美 ③(1)
鎌田さゆり ③
小山　展弘 ③
近藤　和也 ③
坂本祐之輔 ③
篠原　　豪 ③
白石　洋一 ③
野間　　健 ③
森山　浩行 ③
山岡　達丸 ③
山崎　　誠 ③
吉田　統彦 ③
伊藤　俊輔 ②
石川　香織 ②
大河原まさこ ②(1)
岡本あき子 ②
神谷　　裕 ②
源馬謙太郎 ②
櫻井　　周 ②
中谷　一馬 ②
道下　大樹 ②
緑川　貴士 ②
森田　俊和 ②
屋良　朝博 ②
湯原　俊二 ②
早稲田ゆき ②
荒井　　優 ①
梅谷　　守 ①
おおつき紅葉 ①
神津たけし ①
鈴木　庸介 ①
堤　かなめ ①
馬場　雄基 ①
藤岡　隆雄 ①
本庄　知史 ①
山岸　一生 ①
山田　勝彦 ①
吉田はるみ ①
米山　隆一 ①
渡辺　　創 ①

（参議院37人）

（任期R7.7.28　21人）

川田　龍平 ③
牧山ひろえ ③
水岡　俊一 ③
吉川　沙織 ②(1)
野田　国義 ②
森本　真治 ②
石垣のりこ ①
石川　大我 ①
打越さく良 ①
小沼　　巧 ①
勝部　賢志 ①
岸　真紀子 ①
熊谷　裕人 ①
塩村あやか ①
田島麻衣子 ①
羽田　次郎 ①
水野　素子 ①
森屋　　隆 ①
横沢　高徳 ①

（任期R10.7.25　16人）

福山　哲郎 ⑤
蓮　　　舫 ④
青木　　愛 ③(3)
石橋　通宏 ③
小西　洋之 ③
斎藤　嘉隆 ③
徳永エリ ③
古賀　千景 ①
杉尾　秀哉 ②
田名部匡代 ②(3)
鬼木　　誠 ①
柴　　愼一 ①
高木　真理 ①
村田　享子 ①
辻元　清美 ①(7)

日本維新の会 61人
（衆議院41人）

足立　康史 ④
井上　英孝 ④
市村浩一郎 ④
浦野　靖人 ④
遠藤　　敬 ④
杉本　和巳 ④
馬場　伸幸 ④
伊東　信久 ④
空本　誠喜 ④
藤田　文武 ④
三木　圭恵 ②
山本　剛正 ②
阿部　　司 ①
阿部　弘樹 ①
青柳　仁士 ①
赤木　正幸 ①
浅川　義治 ①
池下　　卓 ①
池畑浩太朗 ①
一谷勇一郎 ①
岩谷　良平 ①
漆間　譲司 ①
遠藤　良太 ①
小野　泰輔 ①
奥下　剛光 ①
金村　龍那 ①
沢田　　良 ①
住吉　寛紀 ①
高橋　英明 ①
中嶋　秀樹 ①
中司　　宏 ①
早坂　　敦 ①
林　　佑美 ①
藤巻　健太 ①
堀場　幸子 ①
掘井　健智 ①
岬　　麻紀 ①
守島　　正 ①

吉田 とも代 ①
和田 有一朗 ①
　（参議院20人）
　（任期R7.7.28　8人）
東　　徹 ②
梅村　聡 ②
清水　貴之 ②
柴田　巧 ②
藤巻　健史 ②
梅村　みずほ ①
音喜多　駿 ①
柳ヶ瀬　裕文 ①
　（任期R10.7.25　12人）
松沢　成文 ③(3)
浅田　均 ②
石井　章 ②(1)
石井　苗子 ②
片山　大介 ②
高木　かおり ②
青島　健太 ①
猪瀬　直樹 ①
金子　道仁 ①
串田　誠一 ①(1)
中条　きよし ①
松野　明美 ①

公明党　59人
　（衆議院32人）
石井　啓一 ⑩
北側　一雄 ⑩
佐藤　茂樹 ⑩
斉藤　鉄夫 ⑩
赤羽　一嘉 ⑨
大口　善徳 ⑨
高木　陽介 ⑨
古屋　範子 ⑦
竹内　譲 ⑥
伊藤　渉 ⑤
稲津　久 ⑤
伊佐　進一 ④
浮島　智子 ④(1)
岡本　三成 ④
國重　徹 ④
佐藤　英道 ④
中野　洋昌 ④
濵地　雅一 ④
興水　恵一 ③

吉田　宣弘 ③
角田　秀穂 ②
中川　康洋 ②
鰐淵　洋子 ②(1)
河西　宏一 ①
金城　泰邦 ①
日下　正喜 ①
庄子　賢一 ①
中川　宏昌 ①
平林　晃 ①
福重　隆浩 ①
山崎　正恭 ①
吉田　久美子 ①

　（参議院27人）
　（任期R7.7.28　14人）
山口　那津男 ④(2)
山本　香苗 ④
山本　博司 ③
河野　義博 ②
佐々木　さやか ②
杉　久武 ②
新妻　秀規 ②
平木　大作 ②
矢倉　克夫 ②
若松　謙維 ②(3)
塩田　博昭 ①
下野　六太 ①
高橋　光男 ①
安江　伸夫 ①
　（任期R10.7.25　13人）
谷合　正明 ④
西田　実仁 ④
秋野　公造 ③
石川　博崇 ③
竹谷　とし子 ③
横山　信一 ③
伊藤　孝江 ②
里見　隆治 ②
竹内　真二 ②
三浦　信祐 ②
宮崎　勝 ②
上田　勇 ①(7)
窪田　哲也 ①

共産党　21人
　（衆議院10人）
穀田　恵二 ⑩
志位　和夫 ⑩
赤嶺　政賢 ⑧
塩川　鉄也 ⑧
高橋　千鶴子 ⑦
笠井　亮 ⑥(1)
宮本　岳志 ⑤(1)
田村　貴昭 ②
宮本　徹 ②
本村　伸子 ③

　（参議院11人）
　（任期R7.7.28　7人）
井上　哲士 ④
紙　智子 ④
小池　晃 ④
山下　芳生 ④
吉良　よし子 ②
倉林　明子 ②
伊藤　岳 ①
　（任期R10.7.25　4人）
田村　智子 ③
仁比　聡平 ③
岩渕　友 ②
山添　拓 ②

国民民主党　17人
　（衆議院7人）
古川　元久 ⑨
玉木　雄一郎 ⑤
鈴木　義弘 ②
浅野　哲 ②
西岡　秀子 ②
田中　健 ①
長友　慎治 ①

　（参議院10人）
　（任期R7.7.28　5人）
大塚　耕平 ④
榛葉　賀津也 ④
礒﨑　哲史 ②
浜野　喜史 ②
田村　まみ ①
　（任期R10.7.25　5人）
川合　孝典 ③
舟山　康江 ③

党派別一覧

伊藤　孝恵 ②
浜口　　誠 ②
竹詰　　仁 ①

れいわ新選組　8人

（衆議院3人）

櫛渕　万里 ②
大石あきこ ①
たがや　亮 ①

（参議院5人）
（任期R7.7.28　2人）

木村　英子 ①
舩後　靖彦 ①
（任期R10.7.25　3人）
大島　九州男 ①
山本　太郎 ②(1)
天畠　大輔 ①

教育無償化を実現する会5人

（衆議院4人）

前原　誠司 ⑩
斎藤アレックス ①
鈴木　　敦 ①
徳永　久志 ①(1)

（参議院1人）
（任期R7.7.28　1人）

嘉田由紀子 ①

社民党　3人

（衆議院1人）

新垣　邦男 ①※2

（参議院2人）
（任期R7.7.28　1人）

大椿ゆうこ ①※4
（任期R10.7.28　1人）
福島みずほ ④※4

参政党　1人

（参議院1人）
（任期R10.7.25　1人）

神谷　宗幣 ①
（会派は無所属）

無所属　29人

（衆議院12人）

額賀福志郎 ⑬
海江田万里 ⑧
松原　　仁 ⑧※2
吉良　州司 ⑥※3
秋本　真利 ④
池田　佳隆 ④
北神　圭朗 ④※3
緒方林太郎 ③※3
福島　伸享 ③※3
吉川　　赳 ③
吉田　豊史 ②
三反園　訓 ①※1

（参議院17人）
（任期R7.7.28　11人）

尾辻　秀久 ⑥
長浜　博行 ③(4)
広田　　一 ③(1)
大野　泰正 ②
須藤　元気 ①
鈴木　宗男 ①(8)
髙良　鉄美 ①※6
寺田　　静 ①
ながえ孝子 ①
芳賀　道也 ①※5
浜田　　聡 ①※7
（任期R10.7.25　6人）
伊波　洋一 ②※6
上田　清司 ②(3)
平山佐知子 ②
齊藤健一郎 ①※7
堂込麻紀子 ①
三上　えり ①※4

※の議員の所属会派は
以下の通り。

衆議院
※1 自由民主党・
　無所属の会
※2 立憲民主党・
　無所属
※3 有志の会
参議院
※4 立憲民主・社民
※5 国民民主党・新緑
　風会
※6 沖縄の風
※7 NHKから国民
　を守る党

自由民主党内派閥一覧

（令和6年2月1日現在）

○内は当選回数・他派との重複及び自民党系議員を含む。衆議院議員の（）内は参議院の当選回数。参議院議員の（ ）内は衆議院の当選回数。

麻生派　55人

（衆議院40人）

麻生太郎 ⑭
甘利明 ⑬
森英介 ⑪
山口俊一 ⑪
鈴木俊一 ⑩
河野太郎 ⑩
田中和德 ⑩
棚橋泰文 ⑨
江渡聡德 ⑧
松本剛明 ⑧
井上信治 ⑦
伊藤信太郎 ⑦
永岡桂子 ⑦
山際大志郎 ⑥
あかま二郎 ⑤
鈴木馨祐 ⑤
武藤容治 ⑤
塚田一郎 ①(2)
中西健治 ①(2)
井上貴博 ④
今枝宗一郎 ④
工藤彰三 ④
斎藤洋明 ④
中村裕之 ④
中山展宏 ④
長坂康正 ④
牧島かれん ④
務台俊介 ④
山田賢司 ④
井林辰憲 ③
中川郁子 ③
高村正大 ③
仁木博文 ②
英利アルフィヤ ①
土田慎 ①
中川貴元 ①
柳本顕 ①
山本左近 ①

（参議院15人）

（任期R7.7.28　6人）

山東昭子 ⑧
武見敬三 ⑤
有村治子 ④
高橋克法 ④
滝沢求 ②
豊田俊郎 ②

（任期R10.7.25　9人）

浅尾慶一郎 ③(3)
猪口邦子 ③(1)
大家敏志 ③
中西祐介 ③
藤川政人 ③
今井絵理子 ②
船橋利実 ①(2)
神谷政幸 ①
広瀬めぐみ ①

茂木派　45人

（衆議院28人）

茂木敏充 ⑩
伊藤達也 ⑨
新藤義孝 ⑨
渡辺博道 ⑧
秋葉賢也 ⑦
加藤勝信 ⑦
橋本岳 ⑤
若宮健嗣 ⑤
井野俊郎 ④
笹川博義 ④
新谷正義 ④
鈴木憲和 ④
津島淳 ④
中谷真一 ③
中野英幸 ②
宮下一郎 ⑥
山下貴司 ③
鈴木隼人 ③
古川康 ④
東国幹 ①
五十嵐清 ①
上田英俊 ①
島尻安伊子 ①(2)
高見康裕 ①

（参議院17人）

（任期R7.7.28　8人）

佐藤信秋 ③
佐藤正久 ③
牧野たかお ③
上月良祐 ②
堂故茂 ②
山下雄平 ②
比嘉奈津美 ①(2)
三浦靖 ①(1)

（任期R10.7.25　9人）

野村哲郎 ④
松村祥史 ④
石井浩郎 ③
渡辺猛之 ③
小野田紀美 ②
臼井正一 ①
加藤明良 ①
永井学 ①
山本佐知子 ①

無派閥　274人

（衆議院190人）

衛藤征士郎 ⑬(1)
二階俊博 ⑬
船田元 ⑬
逢沢一郎 ⑫
石破茂 ⑫
村上誠一郎 ⑫
中谷元 ⑪
古屋圭司 ⑪
山本有二 ⑩
岸田文雄 ⑩
塩谷立 ⑩
渡海紀三朗 ⑩
野田聖子 ⑩
浜田靖一 ⑩
林幹雄 ⑩
今村雅弘 ⑨
岩屋毅 ⑨
遠藤利明 ⑨
下村博文 ⑨
菅義偉 ⑨
田村憲久 ⑨
高市早苗 ⑨
根本匠 ⑨

自民党派閥

自民党派閥

子④　巳④　裕④　秀④　博④　英④　哲④　和④　美④　弘④　一④⑴
詔③　行③　樹③　也③　生③　樹③　介③　一③　脈③　壽む③　郎③　弘③　吾③　彦③
裕②　秀②　博②　英②　哲②　和②　美②　弘②　二郎②　平②　雄②　啓②　隆②　一②　泰②　郎②　巧②　拓②　郎②
裕①　秀①　博①　英①　哲①　正①　竜①　容①　ひ①　と①　潤①　一①　勇①　彰①　久①　敬①　子①　定①　英①　恵美子①⑴

堀内詔子④　林　内澤井木④　田家辺身林田木④　川山谷路清元杉子④　村光寺木中曽根④　西深穂本井石石④　尾加勝金川④　神岸国小塩鈴④　高中西長谷④

二階俊博⑤　健学弘生一郎⑤　芳良修慶一⑤　中島井根原本山⑤　高橋土中牧松盛山青⑤　石岩小田岡串西木俣山田家⑤　将敏正英敬太郎⑤　孝宏憲一仁裕敏鷹史⑤　嘉英太之道明輔新英夫之敏崇士⑤

誠進次山齋坂関田高橋⑤　芳良修慶一⑤

木小齋坂関田高橋⑤

原泉藤井中島井根原本山⑤

誠進次山⑤

二階俊博⑤　健学弘生一郎亨幸樹平政信潔孝樹男⑤　ともひろ周昭和将⑤

栄敏磨典子志之孝穀子也志一芳⑧　品卓豪博正⑧　陽龍茂哲昌良公昭康禎⑧

勝真鐵五優弘恭義⑧　井野藤川泉藤本山⑧　島村川島山口べ澤田里野内木⑧　俊亮朋泰信淳将⑧　田羽村銘梨信忠英⑦

沢崎寺渕山子田木屋井野野川泉本龍本村口澤内⑧　陽龍茂哲昌良公昭康禎みどり⑦⑴　俊亮朋泰信淳将⑥　田羽村銘梨信忠英一郎彦高郎雄隆年民⑤⑵

平石江小野小梶金櫻高土平細松吉江上小俣柴武長西古松森山あ赤稲小奥城鈴平寺丹西西葉萩御宮鷲伊伊石上越大金亀

秀明三郎弘一郎一郎英良忠賢隆勝偉⑥⑤⑤⑤⑤

301

林　　　芳正 ①(5)
平沼　正二郎 ①
古川　直季 ①
松本　　尚 ①
保岡　宏武 ①
吉田　真次 ①
若林　健太 ①(1)

（参議院84人）
（任期R7.7.28　39人）
世耕　弘成 ⑤
橋本　聖子 ④
松山　政司 ④
石井　準一 ③
衛藤　晟一 ③(4)
北村　経夫 ③
西田　昌司 ③
古川　俊治 ③
丸川　珠代 ③
宮本　周司 ③
森　まさこ ③
山田　俊男 ③
赤池　誠章 ②(1)
石井　正弘 ②
石田　昌宏 ②
太田　房江 ②
古賀　友一郎 ②
酒井　庸行 ②
滝波　宏文 ②
柘植　芳文 ②
長峯　　誠 ②
羽生田　俊 ②
馬場　成志 ②
堀井　　巌 ②
舞立　昇治 ②
三宅　伸吾 ②
森屋　　宏 ②
山田　太郎 ②
吉川　ゆうみ ②
和田　政宗 ②
岩本　剛人 ①
加田　裕之 ①
清水　真人 ①
白坂　亜紀 ①
田中　昌史 ①
高橋　はるみ ①
中田　　宏 ①(4)
本田　顕子 ①
宮崎　雅夫 ①
（任期R10.7.25　45人）
中曽根　弘文 ⑦
山崎　正昭 ⑥
櫻井　　充 ⑤

関口　昌一 ⑤
鶴保　庸介 ④
岡田　直樹 ④
末松　信介 ④
野上　浩太郎 ④
松下　新平 ④
山下　雄平 ④(1)
山谷　えり子 ④(1)
山本　順三 ④
阿達　雅志 ③
青木　一彦 ③
磯崎　仁彦 ③
上野　通子 ③
片山　さつき ③(1)
長谷川　岳 ③
福岡　資麿 ③
三原　じゅん子 ③
宮沢　洋一 ③(3)
足立　敏之 ②
青山　繁晴 ②
朝日　健太郎 ②
井上　義行 ②
こやり　隆史 ②
佐藤　　啓 ②
自見　はなこ ②
進藤　金日子 ②
松川　　るい ②
山田　　宏 ②(2)
赤松　　健 ①
生稲　晃子 ①
梶原　大介 ①
小林　一大 ①
友納　理緒 ①
藤井　一博 ①
星　　北斗 ①
山本　佐知子 ①
若林　　洋平 ①

自由民主党各派閥役員一覧 （令和6年2月1日現在）

志 公 会 （麻生派）

〒102-0093 千代田区平河町2-5-5
全国旅館会館3F ☎03-3237-1121

特 別 顧 問	高 村 正 彦
顧 問	山 東 昭 子
同	甘 利 明
会 長	麻 生 太 郎
会 長 代 理	森 英介、田中和徳、江渡聡徳
副 会 長	山口俊一、鈴木俊一、武見敬三
事 務 総 長（兼）	森 英 介
事 務 局 長	井 上 信 治
事 務 局 次 長	山際大志郎、鈴木馨祐、藤川政人

平 成 研 究 会 （茂木派）

〒100-0014 千代田区永田町1-11-32
全国町村会館西館3F ☎03-3580-1311

会 長	茂 木 敏 充
副 会 長	渡辺博道、加藤勝信
政 策 委 員 長	木 原 稔
事 務 総 長	新 藤 義 孝
事 務 局 長	若 宮 健 嗣
事 務 局 次 長	笹川博義、井野俊郎

省庁幹部職員抄録

●編集要領
○ ゴシック書体は、両院議長、同副議長、常任・特別委員長並びに大臣・副大臣・政務官及び各省庁の役職名称。
○ 明朝書体は上記以外の氏名及び住所・電話番号。
○ 各主要ポジションについては緊急電話連絡用として**夜間電話**を記載。
○ 記載内容は原則として令和6年1月26日現在。

●目　次

衆 議 院………… 306
参 議 院………… 309
裁判官弾劾裁判所… 311
裁判官訴追委員会… 311
国立国会図書館…… 311
内 閣………… 313
　内閣法制局……… 325
　人 事 院……… 326
内 閣 府………… 327
　宮 内 庁……… 335
　公正取引委員会… 336
　国家公安委員会… 337
　警 察 庁……… 337
　個人情報保護委員会… 338
　カジノ管理委員会… 339
　金 融 庁……… 339
　消 費 者 庁……… 341
　こども家庭庁……… 341
　デジタル庁……… 342
復 興 庁………… 343
総 務 省………… 343
　公害等調整委員会… 347
　消 防 庁……… 347
法 務 省………… 347
　公安審査委員会… 348
　出入国在留管理庁… 349
　公安調査庁……… 349

最高検察庁……… 349
外 務 省………… 349
財 務 省………… 352
　国 税 庁……… 355
文部科学省………… 356
　スポーツ庁……… 357
　文 化 庁……… 358
厚生労働省………… 358
　中央労働委員会… 363
農林水産省………… 363
　林 野 庁……… 366
　水 産 庁……… 366
経済産業省………… 367
　資源エネルギー庁… 372
　特 許 庁……… 373
　中小企業庁……… 375
国土交通省………… 375
　観 光 庁……… 379
　気 象 庁……… 380
　運輸安全委員会… 380
　海上保安庁……… 380
環 境 省………… 381
　原子力規制委員会… 383
　原子力規制庁……… 383
防 衛 省………… 384
　防衛装備庁……… 386
会計検査院………… 387
最高裁判所………… 388

〔国　　会〕

〔衆議院〕

〒100-8960　千代田区永田町1-7-1
☎03(3581)5111

議　　　長	額賀福志郎	
秘　　　書	平川大輔	
同	田中翔太	
副　議　長	海江田万里	
秘　　　書	清家弘司	
同	落合友子	

〔常任委員長〕

内　　　閣	星野剛士	
総　　　務	古屋範子	
法　　　務	武部　新	
外　　　務	勝俣孝明	
財務金融	津島　淳	
文部科学	田野瀬太道	
厚生労働	新谷正義	
農林水産	野中　厚	
経済産業	岡本三成	
国土交通	長坂康正	
環　　　境	務台俊介	
安全保障	小泉進次郎	
国家基本政策	根本　匠	
予　　　算	小野寺五典	
決算行政監視	小川淳也	
議院運営	山口俊一	
懲　　　罰	中川正春	

〔特別委員長〕

災害対策	後藤茂之	
倫理公選	石田真敏	
沖縄・北方問題	佐藤公治	
拉致問題	小熊慎司	
消費者問題	秋葉賢也	
東日本大震災復興	髙階恵美子	
原子力問題調査	平　将明	
地域活性化・こども政策・デジタル社会形成	谷　公一	

〔憲法審査会〕

会　　　長	森　英介	

〔情報監視審査会〕

会　　　長	岩屋　毅	

〔政治倫理審査会〕

会　　　長	田中和德	

〔衆議院事務局〕

事務総長	岡田憲治	
事務次長	築山信彦	
秘書課長 事務取扱	中居健吾	
議長公邸長	中川浩史	
副議長公邸長	森重達也	
議事部長	石片岡公彦	
副部長	中居隆吾	
同	日高健一	
議事課長	高孝介	
議案課長	高橋裕史	
請願課長	小関隆郎	
資料課長	田家裕一	
委員部長	小林浩樹	
副部長	木口英雄	
総務課長	飯嶋正博	
総務主幹	鴻巣正男	
議院運営課長	近藤弘浩	
議院運営主幹	濱島幸男	
第一課長 事務取扱	木平克紀	
第二課長	井平俊紀	
第三課長（兼）	井平俊	
調整主幹	石川真一	
第四課長	大戸優子	
第五課長（兼）	大戸優	
調整主幹	杉本　守	
第六課長	饗庭建司	
第七課長（兼）	饗庭建司	
調整主幹	佐々木伸之	
調査課長	野一色裕二	
調査主幹	成瀬克実	
記録部長	山本麻美子	
副部長	志田和子	
総務主幹	増志田順子	
第一課長 事務取扱	志田和子	
会議録データ管理室長	中村有起子	
第二課長	森雅也子	
第三課長	稲吉明男	
第四課長	渋谷竜彦	
警務部長	野口幸好	
副部長	我妻勝武	
警備主幹	佐藤　武	
警務課長 事務取扱	我妻勝好	
警備課長	臼井俊二	
調整課長	宮市和明	

防 災 課 長	宮 内 　 剛
防 災 主 幹(兼)	佐 藤 　 武
庶 務 部 長	梶 田 　 秀
副 　 部 　 長	瀬良田 祥 二
柊 平 　 健	原 田 健 成
元 尾 竜 一	
議 員 課 長	竹 内 聡 子
企画調整主幹	草 野 知 洋
文 書 課 長	内 藤 義 人
総 務 主 幹	蓑 輪 　 綾
広 報 課 長	佐 藤 　 順
人 事 課 長	吉 田 一 路
企 画 室 長	荒 金 麻夕美
会計課長 事務取扱	元 尾 竜 一
監 査 主 幹	井 門 麻 子
営 繕 課 長	才 木 　 潤
契約監理主幹	山 田 弘 明
PFI推進室長	今 井 芳 子
電気施設課長	寺 田 　 稔
契約監理主幹	神 薗 直 子
情報管理主監(兼)	福 田 浩 二
情報基盤整備室長	秋 山 幸 司
管 理 部 長	吉 田 早樹人
副 　 部 　 長	松 本 邦 義
同	牛 丸 禎 之
管 理 課 長	近 藤 英 之
議員会館長 事務取扱	松 本 邦 義
総 務 主 幹	浦 辺 哲 矢
自 動 車 課 長	長 島 義 明
総 務 主 幹	山 岸 広 史
印 刷 課 長	貞 弘 浩太郎
厚生課長 事務取扱	牛 丸 禎 之
厚 生 主 幹	高 野 順 二
業 務 課 長	渡 辺 　 豊
国 際 部 長	山 本 浩 慎
副 　 部 　 長	佐 藤 　 浩
総務課長 事務取扱	佐 藤 　 浩
議員外交支援室長	三 田 大 樹
渉 外 課 長	照 内 朗 人
渉 外 主 幹	田 中 勇 毅
国 際 会 議 課 長	藤 田 博 光
国際会議主幹	二 見 　 輝
憲 政 記 念 館 長	佐々木 利 明
副 　 館 　 長	青 山 卯 女
資 料 管 理 課 長	東 山 哲 道

調 整 主 幹	押 越 嘉 満
憲法審査会事務局長	吉 澤 紀 子
事 務 局 次 長	白 藤 知 木
総 務 課 長	高 森 雅 樹
調 査 主 幹	三 上 悠 子
情報監視審査会事務局長	大 場 誉 之
総 務 課 長	本 多 基 宏

〔調 　 査 　 局〕

調 査 局 長	近 藤 博 徳
総 括 調 整 監	仲宗根 　 一
総 務 課 長	辻 岡 美 夏
総 務 主 幹	辻 本 考 一
調査情報課長(兼)	原 田 健 成
内 閣 調 査 室 長	尾 本 高 広
首 席 調 査 員	田 中 　 仁
次 席 調 査 員	志 村 慶太郎
総 務 調 査 室 長	阿 部 哲 也
首 席 調 査 員	相 原 克 哉
次 席 調 査 員	山 口 雅 之
法 務 調 査 室 長	三 橋 善一郎
首 席 調 査 員	勝 部 　 雄
同	平 子 由 美
外 務 調 査 室 長	大 野 雄一郎
首 席 調 査 員	河 上 　 恵
次 席 調 査 員	大 内 　 亘
財 務 金 融 調 査 室 長	二階堂 　 豊
首 席 調 査 員	相 川 雅 樹
次 席 調 査 員	小 室 芳 昭
文 部 科 学 調 査 室 長	藤 井 　 晃
首 席 調 査 員	奈 良 誠 悦
次 席 調 査 員	髙 橋 　 剛
厚 生 労 働 調 査 室 長	森 　 恭 子
首 席 調 査 員	須 澤 卓 士
同	青 木 修 二
農 林 水 産 調 査 室 長	飯 野 伸 夫
首 席 調 査 員	本 山 啓 登
次 席 調 査 員	遠 藤 賢 一
経 済 産 業 調 査 室 長	藤 田 和 光
首 席 調 査 員	中 川 博 史
次 席 調 査 員	深 谷 陵 子
国 土 交 通 調 査 室 長	廣 田 人 司
首 席 調 査 員	竹 田 優 峰
次 席 調 査 員	坂 本 峰 利
環 境 調 査 室 長	野 﨑 政 栄
首 席 調 査 員	鈴 木 　 努

次席調査員	荒井 コスモ
安全保障調査室長	花島 克臣
首席調査員	小池 洋子
次席調査員	今井 一晶
国家基本政策調査室長	菅野 亨一
首席調査員	水谷 一博
予算調査室長	齋藤 育子
首席調査員	奥川 陽一
次席調査員	花田 和命
決算行政監視調査室長	菊田 幸夫
首席調査員	近藤 真由美
次席調査員	内田 和正
第一特別調査室長	千葉 諭
首席調査員 (沖縄、北方、消費者)	周藤 英子
次席調査員	安堂 恭子
第二特別調査室長	森 源二
首席調査員 (倫理・選挙)	花房 久美
次席調査員	山岸 雅広
第三特別調査室長	南 圭次
首席調査員 (　災　害　)	本部 実香
次席調査員	小林 和彦
北朝鮮による拉致問題等 に関する特別調査室長(兼)	菅野 亨一
首席調査員(兼)	水谷 一博
東日本大震災復興 特別調査室長(兼)	南 圭次
首席調査員(兼)	本部 実香
次席調査員(兼)	小林 和彦
原子力問題調査 特別調査室長(兼)	小野崎 政栄
首席調査員(兼)	鈴木 努
次席調査員(兼)	荒井 コスモ
地域活性化・こども政策・ デジタル社会形成に関する 特別調査室長(兼)	阿部 哲也
首席調査員(兼)	田中 仁
同　　(兼)	相原 克哉
次席調査員(兼)	山口 雅之

〔常任委員会専門員〕

内閣委員会専門員	尾本 高広
総務委員会専門員	阿部 哲也
法務委員会専門員	三橋 善一郎
外務委員会専門員	大野 雄一郎
財務金融委員会専門員	二階堂 豊
文部科学委員会専門員	藤井 晃
厚生労働委員会専門員	森 恭子
農林水産委員会専門員	飯野 伸夫
経済産業委員会専門員	藤田 和光

国土交通委員会専門員	國廣 勇人
環境委員会専門員	野崎 政栄
安全保障委員会専門員	花島 克臣
国家基本政策委員会専門員	菅野 亨一
予算委員会専門員	齋藤 育子
決算行政監視委員会専門員	菊田 幸夫

〔衆議院法制局〕

法制局長	橘 幸信
法制次長	笠井 真一
法制企画調整部長	神﨑 一郎
企画調整監	尾形 一孝史
副部長	吉田 尚弘
企画調整監事務取扱	吉田 尚弘
基本法制課長	牛山 敦司
総務課長	中谷 幸司
調査課長事務取扱	神﨑 一郎
第一部長	望月 譲
副部長	栗原 理恵
第一課長事務取扱	栗原 理恵
第二課長	笠松 珠美
第二部長	藤井 宏治
第一課長	窪島 春樹
第二課長	氏家 正喜
第三部長	奥 一夫
副部長	正木 寛也
第一課長事務取扱	正木 寛也
第二課長	中司 光紀
第四部長	片山 敦嗣
副部長	津田 樹見宗
第一課長事務取扱	片山 敦嗣
調整主幹	小野寺 容資
第二課長事務取扱	津田 樹見宗
第五部長	白川 弘基
副部長	仁田山 義明
第一課長事務取扱	仁田山 義明
第二課長	中島 陽
法案審査部長	石原 隆史
審査第一課長	梶山 知唯
審査第二課長(兼)	梶山 知唯
法制主幹	浅見 剛成

〔参　議　院〕

〒100-8961 千代田区永田町1-7-1
☎03(3581)3111

議　　　　　長　尾辻秀久
秘　　　　書　末原朋実
　　同　　　　大澤　敦
副　議　　長　長浜博行
秘　　　　書　副島　浩
　　同　　　　外川裕之

〔常　任　委　員　長〕

内　　　　閣　阿達雅志
総　　　務　新妻秀規
法　　　務　佐々木さやか
外　交　防　衛　小野田紀美
財　政　金　融　足立敏之
文　教　科　学　高橋克法
厚　生　労　働　比嘉奈津美
農　林　水　産　滝波宏文
経　済　産　業　森本真治
国　土　交　通　青木　愛
環　　　境　三原じゅん子
国家基本政策　浅田　均
予　　　算　櫻井　充
決　　　算　佐藤信秋
行　政　監　視　川田龍平
議　院　運　営　浅尾慶一郎
懲　　　罰　松沢成文

〔特　別　委　員　長〕

災　害　対　策　竹内真二
政府開発援助及び沖縄北方　藤川政人
倫　理　選　挙　豊田俊郎
拉　致　問　題　松下新平
地方創生及び
デジタル社会の形成　長谷川　岳
消　費　者　問　題　石井　章
東日本大震災復興　野田国義

〔調　査　会　長〕

外交・安全保障　猪口邦子
国民生活・経済　福山哲郎
資源エネルギー・
持続可能社会　宮沢洋一

〔憲　法　審　査　会〕

会　　　　長　中曽根弘文

〔情報監視審査会〕

会　　　　長　有村治子

〔政治倫理審査会〕

会　　　　長　野村哲郎

〔参議院事務局〕

事　務　総　長　小林史武
事　務　次　長　伊藤文靖
秘書課長事務取扱　松下和史
秘　書　主　幹　頓所　要介
議長公邸長　蜂谷　勉
副議長公邸長　金子まゆみ
議　事　部　長　八鍬敬嗣
副　部　長　松下和史
　　同　　　　正木裕二
議事課長事務取扱　正木裕二
議　事　主　幹　松井新介
議　案　課　長　篠窪有恒
請　願　課　長　橋本泰治
委　員　部　長　金子真実
副　部　長　藤原直幸
　　同　　　　鶴岡貴子
調　整　課　長　森下伊三夫
議院運営課長事務取扱　鶴岡貴子
調　整　主　幹　小松由季
第　一　課　長　柴崎敦史
第　二　課　長　橋本義巳
第　三　課　長　桐谷淳司
第　四　課　長　林　晋介
第　五　課　長　木暮雅和
第　六　課　長　鈴木克洋也
第　七　課　長　宇津木真幸
第八課長事務取扱　藤原直幸
記　録　部　長　森　黒土
記録企画課長　大井田淳
記録企画主幹　大矢博昭
速記第一課長　町井直子
速記第二課長　馬場葉子
速記第三課長　鳥井晃子
警　務　部　長　光地壱朗
警　務　課　長　石塚雅人
警　務　主　幹　丸　健治
警備第一課長　石井　剛
警備第二課長　高橋　健
警備第三課長　佐藤宏良
庶　務　部　長　黒川和一
副　部　長　加來賢将
　　　　　高嶋久志　富士由將

国会　参議院

309

〔参議院事務局〕

役職	氏名
文書課長	大松　正子
調整主幹	松宮　啓起
総務主幹	宮本　方正
広報課長	渡邊　孝輝
議員課長	加藤　理五
人事課長	内田　理純
会計課長	折小　達建
会計主幹	小野　純明
厚生課長	栗原　隆介
厚生主幹	松澤　大恵
情報システム安全管理室長	相尾　剛宣
管理部長	高橋　哲也
副部長	鎌田　智男
管理課長	小林　真一
麹町議員宿舎長	後藤　周芳
清水谷議員宿舎長	東　浩博
企画室長	佐久間　真大
議会館管理室長	高橋　朋譲
業務室長	山田　博剛
営繕課長	平田　太人
電気施設課長	鈴木　哲道
電気施設主幹	高橋　智力
自動車課長	櫻井　真司
総務主幹	大野　周太郎
国際部長	小林　浩隆
国際交流課長	佐藤　靖
国際企画室長	石原　淳
国際会議課長	

〔企画調整室〕

役職	氏名
企画調整室長	金澤　真志
企画調整室次長	三瓶　朋秀之
調査情報担当室長	福嶋　博之
総合調査担当室長	坂本　太郎

〔常任委員会調査室〕

役職	氏名
常任委員会専門員 内閣委員会調査室長	岩波　祐子
首席調査員	新井　賢治
次席調査員	柿沼　重透
常任委員会専門員 総務委員会調査室長	荒川　雅一
首席調査員	皆川　直政
同	三角　直紀
次席調査員	牛上　友紀
同	鈴木　友志
常任委員会専門員 法務委員会調査室長	久保田　正志
首席調査員	有安　洋樹
次席調査員	鈴木　達也
常任委員会専門員 外交防衛委員会調査室長	中宮　康夫
首席調査員	杳森　雅史
同	小松　和人
次席調査員	松井　秀勲
常任委員会専門員 財政金融委員会調査室長	伊藤　康志
首席調査員	田武　一裁
次席調査員	蔵脇　賢司
常任委員会専門員 文教科学委員会調査室長	北脇　誠憲
首席調査員	吉田　達也
次席調査員	佐伯　博光
常任委員会専門員 厚生労働委員会調査室長	寺谷　泰子
首席調査員	笹口　明大
同	西村　裕弘
常任委員会専門員 農林水産委員会調査室長	安藤　尚二
首席調査員	山田　利敏
次席調査員	高野　千昭
常任委員会専門員 経済産業委員会調査室長	星清　智秀
首席調査員	野　友子
次席調査員	藤乗　和佳
常任委員会専門員 国土交通委員会調査室長	薬師寺　一彦
首席調査員	瀬戸山　聖道
同	金子　順一
次席調査員	杉山　綾聖
常任委員会専門員 環境委員会調査室長	星崎　山裕
首席調査員	山石　正子
常任委員会専門員 予算委員会調査室長	大亀　建彦
首席調査員	澤井　夏樹
常任委員会専門員 決算委員会調査室長	松本　宏徳
首席調査員	有薗　英人
常任委員会専門員 行政監視委員会調査室長	三根岸　裕樹
首席調査員（兼）	朋章
同	隆秀

〔特別調査室〕

役職	氏名
第一特別調査室長	中西　渉
首席調査員	和喜多　裕彦
第二特別調査室長	村田　和彦
首席調査員	廣松　彰彦
第三特別調査室長	泉水　健宏

首席調査員　新妻健一

〔憲法審査会事務局〕

事　務　局　長　加賀谷ちひろ
事　務　局　次　長　本多恵美
総　務　課　長　上村隆行

〔情報監視審査会事務局〕

事　務　局　長　神戸敬行
総　務　課　長　鎌野慎一

〔参議院法制局〕

〒100-0014 千代田区永田町1-11-16
参議院第二別館内

法　制　局　長　川崎政司
法　制　次　長　村上たか
第　一　部　長　小野寺　理
第　一　課　長　又木奈菜子
第　二　課　長　伊庭みのり
第　二　部　長　海野耕太郎
第　一　課　長　齋藤陽夫
第　二　課　長　下野久欣
第　三　部　長　井上　勉
第　一　課　長　桑原　明
第　二　課　長　岩井美奈
第　四　部　長　宮澤宏幸
第　一　課　長　小沼　敦
第　二　課　長　坂本　光
第　五　部　長　滝川雄一
第　一　課　長　高澤和也
第　二　課　長　尾崎陽一
法　制　主　幹　宇田川令子
総　務　課　長　伊藤正規
調　査　課　長(兼)　伊藤正規
情報管理主幹　奈良優憲

裁判官弾劾裁判所

〒100-0014 千代田区永田町1-11-16
参議院第二別館内 ☎03(5521)7738

裁　判　長　船田　元
第一代理裁判長　松山政司
第二代理裁判長　階　猛
裁　判　員　山本有二
　　　　　田中和徳　葉梨康弘
　　　　　杉本和巳　北側一雄
　　　　　浅尾慶一郎　福岡資麿
　　　　　森　まさこ　小西洋之
　　　　　伊藤孝江　片山大介

〔事　　務　　局〕

事　務　局　長　鈴木千明
総　務　課　長　縄田康光
訟　務　課　長　光安陽子

裁判官訴追委員会

〒100-8982 千代田区永田町2-1-2
衆議院第二議員会館内 ☎03(3581)5111

委　員　長　石田真敏
第一代理委員長　牧野たかお
第二代理委員長　近藤昭一
委　　員　越智隆雄
　　　奥野信亮　柴山昌彦
　　　平口　洋　松島みどり
　　　中川正春　美延映夫
　　　大口善徳　片山さつき
　　　中西祐介　古川俊治
　　　松下新平　打越さく良
　　　杉　久武　青島健太
　　　浜野喜史　上田清司

〔事　　務　　局〕

事　務　局　長　中村　実
事　務　局　次　長　樫野一穂
総務・事案課長　江成友幸

国立国会図書館

〒100-8924 千代田区永田町1-10-1
☎03(3581)2331(代)
(国会分館)
〒100-8961 千代田区永田町1-7-1
(国会議事堂内)☎03(3581)9123

館　　長　吉永元信
副　館　長　山地康志

〔総　　務　　部〕

部　　長　木藤淳子
副　部　長　川西晶大
　　　藤本和彦　兼松芳之
　　　田中智子
司　書　監　諏訪康子
　　　本多真紀子　渡邉斉志
主　任　参　事　織本尚志
　　　小沼里子　関根美穂
　　　田中敏　樋口早苗
総務課長 事務取扱　川澄晶大
企画課長 事務取扱　小澤弘太
人事課長 事務取扱　兼松芳之

人事課厚生室長（兼）　樋口　早苗
会計課長事務取扱　田中　智子
管理課長　阿部　泰郎
支部図書館：協力課長（兼）　白石　郁子

〔調査及び立法考査局〕

局長　松浦　茂
次長　紫藤　美子
専門調査員 総合調査室主任　秋山　勉
専門調査員 総合調査室付　小澤　隆
主幹　遠藤　真弘
主任調査員　伊藤　淑子
同　廣瀬　信己
同　松本　保
専門調査員 議会官庁資料調査室主任　塚田　洋
主任調査員　長谷川　卓
専門調査員 憲法調査室主任　小林　公夫
主任調査員　越田　崇夫
専門調査員 政治議会調査室主任　小林　公亮
主幹　南　亮
主任調査員　佐藤　令子
専門調査員 行政法調査室主任　塩田　智明
専門調査員 外交防衛調査室主任　松山　健二
専門調査員 財政金融調査室主任　深澤　映之
専門調査員 経済産業調査室主任　奥山　裕之
専門調査員 農林環境調査室主任　樋口　修
専門調査員 国土交通調査室主任　内田　竜雄
専門調査員 文教科学技術調査室主任　森田　倫子
主任調査員　東　弘子
専門調査員 社会労働調査室主任　福井　祥人
主任調査員　鈴木　智之
専門調査員 海外立法情報調査室主任　ローラー　ミカ
主幹　内海　和美
調査企画課長　小熊　幸美
調査企画課 連携協力室長（兼）　廣瀬　信己
国会レファレンス課長　小笠原　喜己
議会官庁資料課長　石井　俊行
憲法課長　鳥澤　孝之
政治議会課長事務取扱　南　亮一
行政法務課長　苅込　照彰
外交防衛課長　樋山　千冬
財政金融課長　鎌倉　治正
経済産業課長　笹子　正
農林環境課長　福田　毅

国土交通課長　梶　善登
文教科学技術課長　河合　美穂
科学技術室長（兼）　河東　弘之
社会労働課長　恩田　裕之
海外立法情報課長　芦田　田淳
国会分館長　中川　透

〔収集書誌部〕

部長　竹内　秀樹
副部長　川上保　佳子
司書監　川鍋　道忠
主任司書　大竹　彦子
大原　裕子
永井善一　林　晶子
収集・書誌調整員会事務取扱　上保　佳穂
国内資料課長　幡谷　祐子
逐次刊行物：特別資料課長　水戸部　由美
外国資料課長（兼）　川鍋　道子
資料保存課長　村本　聡子

〔利用者サービス部〕

部長（兼）　木藤　淳子
副部長　立松　真希子
司書監　倉橋　哲朗
小林裕之　林　直樹
主任司書　胡桃　龍子
田中　譲　堀　敬祐
山崎幹子
サービス企画課事務取扱　立松　真希子
サービス運営課長（兼）　林　直樹也
図書館資料整備課長　高品　盛也
図書館資料整備課（兼）　山崎　幹子
複写課長　小坂　昌
人文課長　小柏　良輔
科学技術・経済課長　小福林　靖博
政治史料課長　大沼　宜規
音楽映像資料課長　金井　ゆり

〔電子情報部〕

部長　大場　利康
副部長　木目沢　司
主任司書　井上　佐知子
今野　篤　徳原　直子
西中山　隆　村上　浩介
電子情報企画課長　伊東　敦介
電子情報企画課資料デジタル化推進室長（兼）　村上　浩介
電子情報企画課次世代システム開発研究室長（兼）　徳原　直子

312

電子情報流通課長　大島康作
電子情報サービス課長　竹鼻和夫
システム基盤課長　足立　潔

〔関西館〕
〒619-0287 京都府相楽郡精華町
精華台8-1-3 ☎0774(98)1200(代)
館　長　伊藤克尚
次　長　野口貴弘
主任司書　津田深雪
総務課長　辰巳公一
文献提供課長(兼)　本多真紀子
アジア情報課長　前田直俊
収集整理課長　大橋邦生
図書館協力課長(兼)　渡邉斉志
電子図書館課長　上綱秀治

〔国際子ども図書館〕
〒110-0007 台東区上野公園12-49
☎03(3827)2053(代)
館　長　三浦良文
主任司書　清水悦子
企画協力課長　堀内夏紀
資料情報課長　北村弥生
児童サービス課長　伊藤りさ

内　閣

〒100-0014 千代田区永田町2-3-1
総理官邸 ☎03(3581)0101

内閣総理大臣　岸田文雄
総務大臣　松本剛明
法務大臣　小泉龍司
外務大臣　上川陽子
財務大臣
内閣府特命担当大臣
デフレ脱却担当　鈴木俊一
文部科学大臣　盛山正仁
厚生労働大臣　武見敬三
農林水産大臣　坂本哲志
経済産業大臣
内閣府特命担当大臣
ＧＸ実行推進担当
産業競争力担当
ロシア経済分野協力担当　斎藤　健
内閣府特命担当大臣
(原子力損害賠償・
廃炉等支援機構)
国土交通大臣
水循環政策担当　斉藤鉄夫
国際園芸博覧会担当
環境大臣
内閣府特命担当大臣　伊藤信太郎
(原子力防災)
防衛大臣　木原　稔
内閣官房長官
沖縄基地負担軽減担当　林　芳正
拉致問題担当

デジタル大臣
デジタル行財政改革担当
デジタル田園都市国家構想担当
行政改革担当
国家公務員制度担当　河野太郎
内閣府特命担当大臣
(規制改革)

復興大臣
福島原発事故再生総括担当　土屋品子

国家公安委員会委員長
国土強靱化担当
内閣府特命担当大臣　松村祥史
(防災 海洋政策)

内閣府特命担当大臣
(こども政策 少子化対策
女性活躍 男女共同参画)　加藤鮎子
共生社会担当
孤独・孤立対策担当

経済再生担当
新しい資本主義担当
スタートアップ担当
感染症危機管理担当　新藤義孝
全世代型社会保障改革担当
内閣府特命担当大臣
(経済財政政策)

経済安全保障担当
内閣府特命担当大臣
(クールジャパン戦略 知的　高市早苗
財産戦略 科学技術政策
宇宙政策 経済安全保障)

内閣府特命担当大臣
(沖縄及び北方対策 消
費者及び食品安全 地　自見はなこ
方創生 アイヌ施策)
国際博覧会担当

〔内　閣　官　房〕

〒100-8968 千代田区永田町1-6-1
〒100-8970 千代田区霞が関3-1-1
合同庁舎4号館
☎03(5253)2111

内閣総理大臣　岸田文雄
内閣官房長官　林　芳正
内閣官房副長官　村井英樹
同　森屋　宏
同　栗生俊一
内閣危機管理監　村田　隆
国家安全保障局長　秋葉剛男
内閣官房副長官補　藤井健志
同　市川恵一
同　鈴木敦夫
内閣広報官　四方敬之
内閣情報官　原　和也

内閣総理大臣補佐官
(国家安全保障に関する重要政策
及び核軍縮・不拡散問題担当)　石原宏高
内閣総理大臣補佐官
(農山漁村地域活性化担当)　小里泰弘
内閣総理大臣補佐官
(国土強靱化及び復興等の社会資
本整備に関する重要政策並びにイノベー
ション政策その他特命事項担当)　森　昌文
内閣総理大臣補佐官
(賃金・雇用担当)　矢田稚子
内閣総理大臣秘書官　嶋田　隆
山本高義　大鶴哲也
逢阪貴士　中山光輝
上田幸司　伊藤禎則
一松　旬

内閣

内閣官房長官秘書官　宮本賢一
同　　事務取扱　川埜周
田中勇人　堺瑞崇
福嶋茂　丸山浩二
中原廣道　濱和彦
吉田真海

〔内閣総務官室〕
内閣総務官　松田浩樹
内閣審議官　溝口洋
須藤明夫　(併)伊藤誠一
内閣参事官　戸梶晃輔
西澤能之　小林伸行
(併)三浦靖彦　(併)北村実
(併)中里正明　(併)千葉均
(併)中嶋護　(併)田中駒子
(併)三木忠一　(併)中尾学
(併)藤條聡　(併)村山直和
(併)杉本留三　(併)泉吉顕
(併)德大寺祥宏　(併)吉田慎
(併)前川紘一郎　(併)浅賀崇
企画官　岸本哲也
(併)池田将之　(併)春日英二
(併)髙野仁　(併)髙橋敏明
(併)萩原玲子　(併)中道紘一郎
(併)堀江典宏　(併)門寛子
(併)田中泰治
調査官　西牧則和

(皇室典範改正準備室)
室長　溝口洋
副室長　須藤明夫
審議官(併)　五嶋青也
参事官　戸梶晃輔
内閣参事官　西澤能之
参事官　菅潤一郎
(併)三浦靖彦　(併)瀧川聡史

(公文書監理官室)
室長　須藤明夫
参事官　西澤能之

(総理大臣官邸事務所)
所長　菅原強
副所長　井出英次

〔内閣感染症危機管理統括庁〕
内閣感染症危機管理監(内閣官房副長官)　栗生俊一
内閣感染症危機管理監補(内閣官房副長官補)　藤井健志
内閣感染症危機管理対策官　迫井正深
内閣審議官　中村博治
須藤明夫　八幡道典
鷲見学
内閣参事官　田中徹
三戸雅文　奥田隆則
山口顕　小浦克之
前田彰久　(併)桝野龍太
企画官　唐戸直樹
髙山啓　(併)江上智一
(併)足利貴聖

〔国家安全保障局〕
局長　秋葉剛男
次長(内閣官房副長官補)　市川恵一
同　(同)　鈴木敦夫
内閣審議官　飯田陽一
彦谷直克　高村泰夫
小杉裕一　西脇匡史
室田幸靖　(併)宮坂祐介
(併)伊藤哲也　(併)品川高浩
内閣参事官　早田豪
松尾智樹　谷井義正
長谷部潤　川上直人
高井良浩　山本武臣
河野太　西浦智幸
(併)惠谷修　(併)北廣雅之
(併)小新井友厚　(併)小松克行
(併)田中博　(併)田村亮平
(併)有田純　(併)大塚慎太郎
(併)大塚航
企画官　阪口琢磨
中島健　藤井太郎
亀井遵児　児玉啓佑
吉岡史織　武田学
(併)小窪貴輝　(併)上島清和
(併)金子尚也　(併)神田隆行
(併)古田純子　(併)望月千洋
(併)鎌田寛　(併)伊藤拓
(併)小嶋龍亮　(併)三宅悟
(併)髙木亮　(併)森田健司
(併)山下浩司　(併)髙田康弘

（併）前田宗範　　（併）道山智行
（併）山口悦弘　　（併）佐々木将宣

〔内閣官房副長官補〕

内閣官房副長官補　　藤井健志
同　　　　　　市川恵一
同　　　　　　鈴木敦夫

内閣審議官　　新原浩朗
滝崎成樹　　新福本茂伸孝
武藤功哉　　田信麻里
松尾泰樹　　横山本渉
吉浩浩志　　荻川直信也
小林靖　　萩木　也
渡部良一志　　鈴林　学
田島浩志　　岡村次郎
河西康之　　深井敦夫
内田欽也　　寺崎秀俊
小柳誠二　　萬浪　学
小川康則　　出口和宏
七條浩二　　坂本修一
泉恒有　　中島朗洋
門前浩司　　佐々木啓介
熊木正人　　吉田宏平
長崎敏志　　西　経子
福島秀生
黒木理恵　　（併）田和宏
（併）井上裕之　　（併）瀧本寛
（併）丸山秀治　　（併）林幸宏
（併）松浦克巳　　（併）松尾剛彦
（併）飯田祐二　　（併）高橋一郎
（併）片桐一幸　　（併）鯰博行
（併）吾郷俊樹　　（併）平井康夫
（併）豊岡宏規　　（併）水野政義
（併）中石斉孝　　（併）山下隆一
（併）吾郷進平　　（併）市川篤志
（併）岡田恵子　　（併）江島一彦
（併）馬場健　　（併）堀本善雄
（併）鹿沼均　　（併）秦康之
（併）堀井奈津子　（併）柏原恭子
（併）竹谷厚　　（併）渡邉昇治
（併）村上敬亮　　（併）木村聡
（併）村瀬佳史　　（併）加藤進
（併）岡本直樹　　（併）佐久間正哉
（併）阿久澤孝　　（併）坂本基
（併）中村広樹　　（併）寺門成真

（併）髙橋宏治　　（併）内山博之
（併）宮崎敦文　　（併）鳥井陽一
（併）宮本直樹　　（併）須田俊孝
（併）原口剛　　（併）宮本悦子
（併）坂勝浩　　（併）岩間浩
（併）中原裕彦　　（併）井上学
（併）小善真司　　（併）佐々木正郎
（併）品川武　　（併）田辺康彦
（併）濱田厚史　　（併）恩田馨
（併）三橋一彦　　（併）大村真一
（併）片平聡　　（併）内野洋次郎
（併）合田哲雄　　（併）迫井正深
（併）竹林悟史　　（併）榊原毅
（併）野村知司　　（併）竹林経治
（併）青山桂子　　（併）飯田健太
（併）片岡宏一郎　（併）佐脇紀代志
（併）成田達治　　（併）畠山陽二郎
（併）星野光明　　（併）中込淳
（併）笠尾卓朗　　（併）橋本幸
（併）小八木大成　（併）福田毅
（併）大森一顕　　（併）吉野ната一郎
（併）田村公一　　（併）小林万里子
（併）清浦隆　　（併）石垣健彦
（併）山口博之　　（併）片貝敏雄
（併）山口潤一郎　（併）田中哲也
（併）桐山伸夫　　（併）山本和徳
（併）龍崎孝嗣　　（併）畠山貴晃
（併）石川泰三　　（併）柴田智樹
（併）髙谷浩樹　　（併）渡辺公徳
（併）藤吉尚之　　（併）吉田健一郎
（併）田中一成　　（併）坂本里和
（併）井上誠一郎　（併）飯島秀俊
（併）米山栄一　　（併）福原道雄
（併）江浪武志　　（併）佐々木昌弘

内閣参事官　　古矢一郎
野口久　　岡素彦
綱川浩章　　神谷隆
小泉秀親　　片桐義博
田中伸彦　　松下美帆
大田泰介　　齋藤敦
今野治　　村尾崇
三上卓矢　　冨安健一郎
玉越崇志　　小林稔
青野正志　　藤原俊之
和田雅晴　　宮腰奏子

井上圭介　　上手研治　　（併）伊藤賢　　（併）齋藤憲一郎
館　圭輔　　岡野智晃　　（併）武田憲昌　　（併）生田知子
吉田　誠　　渡　三佳　　（併）岩渕秀樹　　（併）山本要
中井邦尚　　横堀直子　　（併）山下護　　（併）篠崎拓也
矢作将人　　（併）福岡洋志　　（併）宮下雅行　　（併）大熊規義
（併）松瀬貴裕　　（併）中山知子　　（併）坂内啓二　　（併）吉村直泰
（併）小山陽一郎　　（併）梶本洋之　　（併）奥田誠子　　（併）磯野哲也
（併）金井誠　　（併）山田正人　　（併）稲盛久人　　（併）村上浩世
（併）籠康太郎　　（併）渡部保寿　　（併）景山忠史　　（併）池田満
（併）澤瀬正明　　（併）西尾利哉　　（併）菱田泰弘　　（併）大平真嗣
（併）髙橋一成　　（併）堂雁俊多　　（併）前田修司　　（併）山﨑文夫
（併）深町正徳　　（併）岸本織江　　（併）松本圭介　　（併）竹内尚也
（併）金澤正尚　　（併）奥山剛　　（併）小西香奈江　　（併）鈴木健二
（併）貫名功二　　（併）真田晃宏　　（併）吉田曉郎　　（併）立石祐子
（併）三浦良平　　（併）薮中克一　　（併）関口訓央　　（併）大貫繁樹
（併）大畠大　　（併）髙橋秀幸　　（併）寺本恒昌　　（併）河田敦弥
（併）新田正樹　　（併）平嶋壮州　　（併）久保麻紀子　　（併）山﨑潤
（併）伊佐寛　　（併）山影雅良　　（併）宮本康宏　　（併）東高士
（併）八木俊樹　　（併）清水法太郎　　（併）浦上哲朗　　（併）平岡泰幸
（併）川越久史　　（併）三木清香　　（併）吉住秀夫　　（併）板倉寛
（併）太田哲生　　（併）菱山大　　（併）岡貴子　　（併）荒木裕人
（併）河野琢次郎　　（併）奥村豪　　（併）上田尚弘　　（併）平岡宏一
（併）松下徹　　（併）野村政樹　　（併）山口正行　　（併）川口俊徳
（併）川野真稔　　（併）黒田忠司　　（併）堀泰雄　　（併）日野力
（併）本針和幸　　（併）中原直人　　（併）奥田修司　　（併）鮫島大幸
（併）髙田英樹　　（併）吉田修　　（併）松井拓郎　　（併）清水巖
（併）渡邉倫子　　（併）西岡隆　　（併）平尾禎秀　　（併）森谷明浩
（併）眞鍋馨　　（併）猪上誠介　　（併）山形成彦　　（併）佐藤勇輔
（併）尾室幸子　　（併）川上敏寛　　（併）白水伸英　　（併）髙田裕介
（併）飛田章　　（併）小笠原靖　　（併）見次正樹　　（併）加藤淳
（併）日置潤一　　（併）中山裕司　　（併）仲信祐　　（併）吉田武司
（併）高村信　　（併）江﨑智三郎　　（併）萩原貞洋　　（併）原田朋弘
（併）井関至康　　（併）山下智也　　（併）菱谷文彦　　（併）刀禰正樹
（併）奥村徳仁　　（併）塩田剛志　　（併）清水充　　（併）村川奏支
（併）松木秀彰　　（併）安藤公一　　（併）阿部雄介　　（併）海江田達也
（併）尾崎守正　　（併）石川悟　　（併）西前幸則　　（併）南部晋太郎
（併）小島裕章　　（併）阿部一郎　　（併）稲垣吉博　　（併）平野雄介
（併）石川靖　　（併）石ケ休剛志　　（併）阿部一貴　　（併）北川伸太郎
（併）宮原光穂　　（併）塩手能景　　（併）佐藤大輔　　（併）形岡拓文
（併）川村尚永　　（併）永澤剛　　（併）髙橋太朗　　（併）池田一郎
（併）大辻統　　（併）奈良俊信　　（併）横山玄　　（併）黒須利彦
（併）井上和也　　（併）吉田充志　　（併）松田洋平　　（併）瀧島勇樹
（併）小林知也　　（併）井田俊輔　　（併）墳﨑正俊　　（併）金籠史彦
（併）飯嶋威夫　　（併）上島大輔　　（併）竹内大一郎　　（併）齋藤喬
（併）多田昌弘　　（併）近藤紀文　　（併）中山卓映　　（併）小長谷章人

(併)坂本隆哉	(併)折田裕幸
(併)小岩徹郎	(併)武尾伸隆
(併)渡眞利諭	(併)北間美穂
(併)平林　剛	(併)山田雅彦
(併)荻野　剛	(併)桝野龍太
(併)鶴鶴昌二	(併)小林剛也
(併)藤野武広	(併)岡本祐典
(併)内野宏人	(併)福田　光
(併)島津裕紀	(併)田邊貴belt
(併)渡辺顕一郎	(併)田中彰子

企　画　官 菅原　賢

渡辺善敬	(併)渡邊慎二
(併)古郡　徹	(併)田公和幸
(併)中村充男	(併)渡部　崇
(併)上野裕大	(併)石川征幸
(併)宇田川徹	(併)下川徹也
(併)太田成人	(併)小西慶典
(併)森　次郎	(併)古田暁人
(併)東岡礼治	(併)香川里子
(併)齋藤康平	(併)髙木繁光
(併)中村　希	(併)里村真吾
(併)山内洋志	(併)川上悟史
(併)若林伸佳	(併)安川　聡
(併)福井武夫	(併)原野哲也
(併)前田幸宣	(併)宮崎千晶
(併)吉田弘毅	(併)岡崎一人
(併)梶川文博	(併)堤　啓
(併)鮫島和範	(併)多田　聡
(併)永島　拓	(併)永山玲奈
(併)青竹俊英	(併)伊藤　拓
(併)寺坂公佑	(併)三宅隆悟
(併)鈴木宏幸	(併)先崎　誠
(併)角園太一	(併)野坂佳伸
(併)渡邊由美子	(併)西田光宏
(併)宮元康一	(併)森田健司
(併)佐藤　司	(併)大磯　一
(併)山田隆裕	(併)西　久美子
(併)阿部幸子	(併)西川宜宏
(併)島田志帆	(併)山下浩司
(併)谷澤厚志	(併)迫田英晴
(併)納富史仁	(併)西田真弥
(併)廣田大輔	(併)添島里美
(併)富原早夏	(併)岡田　陽
(併)長宗豊和	(併)池田陽子
(併)岩谷　卓	(併)坂井志保

（空港・港湾水際危機管理チーム）

参　事　官	上手研治
(併)馬場義郎	(併)星﨑　隆
(併)亞山　良	(併)秋田未樹
(併)上原修二	(併)松尾真治
(併)中島　寛	(併)小林　稔
(併)永瀬賢介	(併)内海雄介
(併)桝野龍太	

空港危機管理官(併)	齋藤　誠
山口育也	奥田栄男

港湾危機管理官(併)	木下敏和
小倉修一	小野有司
安尾博志	山本雅司
伊藤卓郎	

（アイヌ総合政策室）

室　　　長(併)	松浦克巳
室長代理(併)	橋本　幸
同　　　(併)	合田哲雄
次　　　長	佐々木啓介
同　　　(併)	田村公一
参　事　官(併)	梶本洋之
増田　圭	金原辰夫
新田正樹	八木俊樹
齊藤雄一	寺本恒昌
髙澤令則	

企　画　官(併)	中村　希
同　　　(併)	宮元康一
北海道分室長(併)	小林　力

（郵政民営化推進室）

〒100-0014 千代田区永田町1-11-39
永田町合同庁舎3F ☎03(5251)8748

室　　　長	鈴木信也
副　室　長(併)	吾郷俊樹
同　　　(併)	中山裕司
参　事　官(併)	三島由佳
小林知也	折笠史典
平岡泰幸	

企　画　官(併)	納富史仁

（沖縄連絡室）

室長(内閣官房副長官)	栗生俊一
室長代理(内閣官房副長官補)	藤井健志
室　員	出口和宏
松下美帆	齋藤　敦

村尾　崇　三上卓矢
冨安健一郎　和田雅晴
吉田　誠　(併)宮本康宏
(併)南部晋太郎

(沖縄連絡室沖縄分室)
分　室　長(併)　三浦健太郎
室　　員(併)　櫻井　淳
同　　　(併)　黒石　亮

(原子力発電所事故による経済被害対応室)
室　　長(併)　片岡宏一郎
参　事　官(併)　梅北栄一
同　　　(併)　新井知彦

(国土強靱化推進室)
室長(内閣官房副長官)　栗生俊一
次　　　長　岡村次郎
審　議　官(併)　田辺康彦
同　　　(併)　笠尾卓朗
参　事　官(併)　堂薗俊多
　　奥田誠子　朝田　将
　　村川奏支　山口博史
企　画　官(併)　髙木繁光
　　里村真吾　鮫島和範
　　堤　　啓

(拉致問題対策本部事務局)
☎03(3581)3885
事　務　局　長　福本茂伸
審　議　官(併)　鯰　博行
　　平井康夫　石川泰三
参　事　官(併)　前田修司
同　　　(併)　髙岩直樹
情　報　室　長(併)　松下徹介
総務・拉致被害者等支援室長　大田泰
政策企画室長　井関至康
総務・拉致被害者等支援室企画官(併)　小西慶典
政策企画室企画官(併)　佐藤司
情報室企画官(併)　渡部崇拓
企　画　官(併)　永島拓

(行政改革推進本部事務局)
事　務　局　長　横田信孝
事　務　局　次　長　七條浩二
同　　　(併)　柴田智樹
参　事　官(併)　金井誠

山田正人　髙橋秀幸
黒田忠司　奥村徳仁
関口訓央　見次正樹
山形成彦　山田雅彦
藤野武広
企画官(併)　髙橋智一

(領土・主権対策企画調整室)
室　　長　渡部良一
審　議　官　矢作修己
参　事　官　古矢一郎
同　　　(併)　富永健嗣
企　画　官(併)　長田賢一
同　　　(併)　齋藤康平

(健康・医療戦略室)
室長(内閣官房副長官補)　藤井健志
室長代理(併)　迫井正深
次　　長　赤堀毅
　　城克文　間隆一郎
　　塩見みづ枝　浅沼一成
　　佐原康之　内山博之
　　宮本直樹　森光敬子
　　竹林経治　針田哲
　　茂木正　森田健太郎
　　髙谷浩樹　日下英司
　　大坪寛子　中石斉孝
参　事　官　渡三佳
　　(併)大畠大　(併)三木清香
　　(併)宮原光穂　(併)渡辺顕一郎
　　(併)日野力　(併)和田幸典
　　(併)江副聡
企　画　官(併)　尾﨑美弥子
同　　　(併)　野坂佳伸

(TPP(環太平洋パートナーシップ)等政府対策本部)
本部長(経済再生担当大臣)　新藤義孝
首席交渉官　滝崎成樹
国内調整統括官　武藤功哉
企画・推進審議官　田島浩志
審　議　官(併)　山口博之
同　　　(併)　桐山伸夫
交　渉　官(併)　山口潤一郎
　　小島裕章　近藤紀文
　　仲信祐　内野宏人
　　古郡徹　上野裕大

企画官(併) 橋爪優文
羽野嘉朗 宮部大輝

(就職氷河期世代支援推進室)

室長(内閣官房副長官補)	藤井健志	
室長代理(併)	鹿沼 均	
同 (併)	木村 聡	
次 長	中島朗洋	
	(併)青山桂子	(併)畠山貴晃
参 事 官	岡野智晃	
	(併)近藤玲子	(併)平嶋壮州
	(併)西中 隆	(併)小林太郎
	(併)長良健二	(併)尾室幸子
	(併)宇ھ禎晃	(併)阿部一郎
	(併)乗越徹哉	(併)吉住秀夫
	(併)横山好古	(併)石橋 晶
	(併)柴山豊樹	(併)島津裕紀
企 画 官(併)	添島里美	

(デジタル市場競争本部事務局)

局長(内閣官房副長官補)	藤井健志	
局 長 代 理	岩成博和	
次 長	佐久間正哉	
	大村真一	成田達治
	坂本里和	
参 事 官(併)	尾原知明	
	深町正徳	河野琢次郎
	奥村 豪	井田俊輔
	吉屋拓之	山野哲也
	刀禰正樹	須賀千鶴
企 画 官(併)	中西友昭	
	仙田正文	稲葉僚太
	岩谷 卓	

(国際博覧会推進本部事務局)

局 長	新原浩朗	
局 長 代 理(併)	茂木 正	
次 長	長崎敏志	
	福島秀生	(併)竹谷 厚
	(併)井上 学	
参 事 官(併)	中山知子	
	三浦良平	川上敏寛
	江碕智三郎	吉住秀夫
	奥田修司	稲垣吉博
	佐藤大輔	

(孤独・孤立対策担当室)

室 長	山本麻里	
室 長 代 理(併)	笹川 武	
同 (併)	鹿沼 均	
次 長	出口和宏	
	(併)滝澤幹滋	(併)江浪武志
参 事 官	松下美帆	
	岡野智晃	(併)小松秀夫
	(併)澤瀬正明	(併)筒井誠二
	(併)平嶋壮州	(併)伊藤史恵
	(併)松木秀彰	(併)吉田光成
	(併)安森公一	(併)豊嶋太朗
	(併)前田奈歩子	(併)津曲共和
	(併)河村のり子	(併)山口正行
	(併)原田朋弘	(併)安里賀奈子
	(併)横山博一	(併)松崎裕司
	(併)平林 剛	
企 画 官(併)	安田正人	
同 (併)	多田 聡	

(新しい資本主義実現本部事務局)

事務局長(内閣官房副長官)	村井英樹	
事務局長代行(同)	森屋 宏	
同 (同)	栗生俊一	
事 務 局 長 代 理	藤井健志	
	新原浩朗	松尾泰樹
事 務 局 長 代 理 補	河西康之	
事務局長代理(併)	田和 宏	
事 務 局 次 長	佐々木啓介	
	中島朗洋	(併)豊岡宏規
	(併)馬場 健	(併)堀本善雄
	(併)間隆一郎	(併)木村 聡
	(併)阿久澤孝	(併)宮本悦子
	(併)坂本里和	(併)井上裕之
	(併)林 幸宏	
参 事 官(併)	松瀬貴裕	
	籠 康太郎	深町正徳
	山影雅良	菱山 大
	野村政樹	中原直人
	奥家敏和	正田 聡
	佐藤鐘太	石ケ休剛志
	伊藤 賢	篠崎拓也
	宮下雅行	大熊規義
	八木貴弘	吉田暁郎
	立石祐子	淺井洋介

吉住秀夫	岡　　貴子
鮫島大幸	松井拓郎
石橋　晶	菱谷文彦
中西友昭	佐藤大輔
高橋太朗	金籠史彦
福田　光	島津裕紀
田邊貴紀	

企画官(併)　川上悟史

吉田弘毅　阿部幸子
迫田英晴　日髙圭悟
岡田　陽　長宗豊和
池田陽子

**(新しい資本主義実現本部事務局
私的独占禁止法特例法担当室)**

室　　　　長	新原浩朗
次　　　　長(併)	堀本善雄
参　事　官(併)	深町正徳
同　　　(併)	墳﨑正俊

**(新しい資本主義実現本部事務局
フリーランス取引適正化法制準備室)**

室　　　　長(併)	品川　武
室長代理(併)	堀井奈津子
	飯田健太　坂本里和
次　　　　長(併)	片桐一幸
	宮本悦子　山本和徳
	井上誠一郎
参　事　官(併)	鮫島大幸
	宮下雅行　立石祐子
	島津裕紀　田邉貴紀

(デジタル田園都市国家構想実現会議事務局)

事　務　局　長	吉川浩民
事務局長代行	松尾泰樹
次　　　　長	荻川直也
	小林　靖　(併)村上敬亮
審　議　官	坂本修一
	西　経子　(併)豊岡宏規
	(併)阿久澤孝　(併)中村広樹
	(併)髙橋宏治　(併)岩間　浩
	(併)佐脇紀代志　(併)佐々木正士郎
	(併)大森一顕　(併)石垣健彦
	(併)藤吉尚之　(併)吉田健一郎
参　事　官(併)	福岡洋志
	西尾利哉　金澤正尚
	吉田恭子　伊佐　寛

川越久史	太田哲生
日置潤一	山下智也
塩田剛志	石川　悟
塩手能景	川村尚永
奈良裕信	吉田充志
齋藤憲一郎	景山忠史
鈴木健二	吉田暁郎
河田敦弥	平岡宏一
佐藤勇輔	白水伸英
墳﨑正俊	竹内大一郎
平林　剛	小林剛也

企画官(併)　野田直生

木村　剛　野原哲也
角田憲亮　坂井志保

(経済安全保障法制準備室)

室　　　　長	飯田陽一
次　　　　長	高村泰夫
	佐々木啓介　(併)品川高浩
参　事　官	神谷　隆
	田中伸彦　髙井良浩
	(併)北廣雅之　(併)小新井友厚
	(併)早田　豪　(併)田中　博
	(併)田村亮平　(併)有田　純
	(併)萩原貞洋　(併)大塚　航
	(併)西浦智幸
企　画　官(併)	伊藤　拓
	三宅隆悟　森田健司
	山下浩司

**(令和5年経済対策物価高対応支援、令和4年
物価・賃金・生活総合対策世帯給付金及び
令和3年経済対策世帯給付金等事業企画室)**

室　　　　長(併)	井上裕之
次　　　　長(併)	木村　聡
同　　　(併)	坂本　基
審　議　官(併)	岡本直樹
	濱田厚史　野村知司
参　事　官	和田雅晴
	(併)菱山　大　(併)村上浩世
	(併)吉住秀夫　(併)小長谷章人
	(併)小castle倹郎
企　画　官(併)	宮崎千晶
同　　　(併)	渡邊由美子

(教育未来創造会議担当室)

| 室　　　　長(併) | 瀧本　寛 |

次　　　長(併)　寺門成真
参事官(併)　川野真稔
尾室幸子　伊藤　賢
菱田泰弘　久保麻紀子
川口俊徳　島津裕紀
企画官(併)　渡邉慎二
東岡礼治　川上悟史
前田幸宣　鈴木宏幸
西　久美子

(全世代型社会保障構築本部事務局)
局　　　長　鹿沼　均
審議官　中島朗洋
熊木正人　(併)宮崎敦文
(併)濱田厚史　(併)竹林悟史
(併)野村知司　(併)青山桂子
(併)吉野維一郎
参事官(併)　平嶋壮州
西岡　隆　中野孝浩
端本秀夫　安藤公一
梶　元伸　松本圭介
吉田武司　原田朋弘
横山　玄
企画官(併)　安田正人
同　　　(併)　角園太一

(船舶医療活用推進本部設立準備室)
室　　　長　内田欽也
次　　　長(併)　宮本直樹
田辺康彦　米山栄一
参事官　藤原俊之
企画官(併)　島田志帆

(GX実行推進室)
総括室長　飯田祐二
室　　　長(併)　畠山陽二郎
次　　　長(併)　山下隆一
秦　康之　村瀬佳史
坂本　基　龍崎孝嗣
参事官　冨安健一郎
(併)平嶋壮州　(併)清水浩太郎
(併)髙田英樹　(併)小笠原靖
(併)井上和也　(併)吉村直泰
(併)大貫繁樹　(併)吉住秀夫
(併)平尾禎秀　(併)加藤　淳
(併)清水　充　(併)髙橋康朗

企画官(併)　若林伸佳
梶川文博　西田光宏
廣田大輔

(海外ビジネス投資支援室)
室　　　長　泉　恒有
次　　　長(併)　田中一成
参事官　中井邦尚
横堀直子　(併)渡部保寿
(併)武藤功哉　(併)奥山　剛
(併)山﨑文夫
企画官(併)　田公和幸
同　　　(併)　下川徹也

(グローバル・スタートアップ・キャンパス構想推進室)
室　　　長　松尾泰樹
次　　　長　渡邊昇治
審議官　坂本修一
(併)吾郷進平　(併)清浦　隆
(併)田中哲也　(併)藤吉尚之
参事官(併)　渡邉倫子
有賀　理　生田知子
武田憲昌　池田一郎
企画官(併)　宇田川徹
森　次郎　川上悟史
寺坂公佑　富原早夏

(技能実習制度及び特定技能制度の在り方に関する検討室)
室　　　長(併)　丸山秀治
次　　　長　中島朗洋
審議官(併)　原口　剛
同　　　(併)　福原道雄
参事官　岡野智晃
(併)本針和幸　(併)菱田泰弘
(併)川口俊徳　(併)堀　泰雄
(併)南部晋太郎

(サイバー安全保障体制整備準備室)
室　　　長　小柳誠二
次　　　長　井関松貴
同　　　(併)　飯島秀俊
参事官　垣見直彦
寺岡秀礼　(併)高村　信
(併)稲盛久人　(併)大平真嗣
(併)横田一磨　(併)貝沼　諭
(併)村田健太郎　(併)紺野博行
(併)川上直人　(併)髙田裕介

(併)西前幸則	(併)中山卓映
(併)武尾伸隆	(併)荻野　剛
(併)鶴鶴昌二	(併)積田北辰
企画官(併)　大磯　一	
鈴木健太郎	山田隆裕
谷澤厚志	西田真啓
佐々木将宣	

(デジタル行財政改革会議事務局)

局　　　　長　阪田　渉	
局　長　補　佐　横田信孝	
同　　　(併)　村上敬亮	
審　議　官　小川康則	
吉田宏平	八幡道典
西　経子	(併)佐脇紀代志
(併)渡辺公徳	
参　事　官(併)　尾崎守正	
飯嶋威夫	坂内啓二
浦上哲朗	松田洋平
瀧島勇樹	齋藤　喬
折田裕幸	小林剛也
企　画　官(併)　楠目　聖	
中野芳崇	吉田泰市己
局　　　　員　吉川浩民	
小林　靖	萩川直也
七條浩二	(併)林　幸宏
(併)河村直樹	(併)阿久澤　孝
(併)中村広樹	(併)岩間　浩
(併)榊原　毅	(併)後藤一也
(併)大森一顕	(併)蓮井智哉
(併)柴田智樹	(併)金井　誠
(併)山田正人	(併)麻山健太郎
(併)髙橋秀幸	(併)黒田忠司
(併)奥村徳仁	(併)山下智也
(併)石川　悟	(併)塩田剛志
(併)塩手能景	(併)木尾修文
(併)吉中　孝	(併)景山忠史
(併)関口訓央	(併)麻山晃邦
(併)上田尚弘	(併)見次正樹
(併)山田雅彦	(併)宮本賢一
(併)松本博明	(併)藤野武広
(併)髙橋智一	(併)野原哲也
(併)根本　深	(併)加藤博之
(併)久芳全晴	

〔内 閣 広 報 室〕

内閣広報官　四方敬之	
内閣審議官(併)　廣瀬健司	
内閣副広報官(併)　足立秀彰	
内閣参事官　小林明生	
坂入倫之	難波康修
飯田修章	(併)杉本昌英
(併)中島　薫	(併)永原伯武
企　画　官　桑畑朋子	
(併)関口路美	(併)宮野光一郎
調　査　官　大部　俊	

(国際広報室)

室　　　　長(併)　足立秀彰	
室　　　　員　飯田修章	
桑畑朋子	齋藤康平

(総理大臣官邸報道室)

室　　　　長　難波康修	
調　査　官　大部　俊	

〔内 閣 情 報 調 査 室〕

内閣情報官　原　和也	
次長(内閣審議官)　七澤　淳	
内閣審議官　河野　真	
立崎正夫	山田好孝
大槻耕太郎	(併)西永知史
(併)岡　素彦	
内 閣 情 報 分 析 官 （内 閣 審 議 官）　加藤達也	
同(内閣参事官)　梅田直嗣	
竹端昌宏	高瀬光将
(併)丹野博信	(併)佐藤隆司
内閣参事官　上田泰宏	
高坂久夫	海野敦史
遠藤幹夫	水廣佳典
柳川浩介	(併)吉田知明
調　査　官　服部重夫	
(併)高橋真仁	(併)原　大輔
(併)森　充広	(併)津村優介

(総務部門)

内閣参事官　芋坂壮栄	
野田哲之	岡本亜理博
保坂啓介	(併)横田和道
(併)吉野成一朗	(併)山内恭子
(併)林裕二郎	(併)安田貴司

内
閣

調　査　官	島倉善広
鈴木亮作	三野元靖
(併)石川光泰	(併)横山弘泰

(国内部門)

内閣参事官	野本祐二
(併)鶴代隆造	(併)知花宏樹
調　査　官	川越政雄
山田　修	(併)花岡一央

(国際部門)

内閣参事官	金子直行
(併)大山和伸	(併)松吉慎一郎
(併)松田光央	(併)蔵原智行
(併)鈴木宏典	
調　査　官	佐藤義実
同	田中啓介

(経済部門)

内閣参事官	門井　誠
寺内彩子	西野　健
(併)降井寮治	

(内閣情報集約センター)

| 内閣参事官(併) | 舟橋清次 |
| 高橋裕昌 | 三浦　宏 |

(カウンターインテリジェンス・センター)

センター長(内閣情報官)	原　和也
副センター長	山田好孝
同　　(併)	遠藤顕史
参　事　官	水廣佳典
保坂啓介	柳川浩介
(併)横田和道	(併)吉野成一朗
(併)加門俊彦	(併)金柿正志

(国際テロ情報集約室)

室長(内閣官房副長官)	栗生俊一
室長代理(内閣情報官)	原　和也
情報収集統括官	河野　真
次　　　　長	立﨑正夫
山田好孝	七澤　淳
大槻耕太郎	(併)横尾洋一
(併)丸山秀治	(併)渡邉保範
(併)安藤俊英	(併)油布志行
(併)加野幸司	(併)新居雄介
(併)江島一彦	(併)迫田裕治
(併)福永哲郎	(併)藤原威一郎

(併)西永知史	(併)田野尻猛
参　事　官	苧坂壮栄
野田哲之	保坂啓介
(併)佐藤隆司	(併)林裕二郎
(併)榎下健司	
調　査　官	島倉善広
(併)滝浦庸子	(併)石川光泰

〔国際テロ対策・経済安全保障等情報共有センター〕

センター長(併)	林　裕二郎
副センター長	島倉善広
同　　　(併)	石川光泰

〔内閣衛星情報センター〕

所　　　　長	納冨　中
次　　　　長	安田浩己
管理部長	市川道夫
総務課長	坂田奈津子
会計課長	角田哲也
運用情報管理課長	安田貴司
分析部長	中村耕一郎
管理課長	西野　聰
主任分析官	西山孝行
佐藤卓也	見田達也
安藤暁史	小野理沙
波多野伸俊	
技術部長	木村賢二
企画課長	古賀康之
管制課長	唐澤宏喜
主任開発官	森實　克
大井勝義	多賀谷朋宏
総括開発官	山城瑞樹
副センター所長	野呂真悦
北受信管制局長	森山真也
南受信管制局長	宮田憲介

(内閣サイバーセキュリティセンター)

センター長(内閣官房副長官補)	鈴木敦夫
副センター長(内閣審議官)	中溝和孝
(併)遠藤顕史	(充)林　学
内閣審議官(併)	豊嶋基暢
内閣参事官	垣見直彦
寺岡秀礼	村田健太郎
(併)加門俊彦	(併)山口勇
(併)横田一磨	(併)紺野博行
(併)金柿正志	(併)積田北辰

企画官 中川和信
(併)松本 崇 (併)坪郷 聡
(併)齋藤康裕 (併)鈴木健太郎
(併)佐々木淳一 (併)山田隆裕
(併)谷澤厚志 (併)服部重夫

〔内 閣 人 事 局〕

〒100-8914 千代田区永田町1-6-1
中央合同庁舎8号館 ☎03(6257)3731

内閣人事局長
(内閣官房副長官) 栗生俊一

人事政策統括官 窪田 修
阪本克彦 松田浩樹

内閣審議官 滝澤依子
野村謙一郎 須藤明夫
(併)平池栄一

内閣参事官 山村和光
阿南哲也 臼井伸幸
後藤友宏 中里吉孝
西澤能之 越尾 淳
五百籏頭千奈美 宮﨑孝一
荒木太郎 谷中謙一
植松利紗 菅 潤一郎
浅賀 崇 佐藤隆夫
(併)辻 恭介 (併)川口真友美

企画官 山本隆之
今井由紀子 田上陽也
木曽 希 市川のり恵
前原寛年 田中智史
本田英章 山本 裕
三輪田祐子

調査官 深野淳一
長野浩二 鈴井秀彦

(特定複合観光施設区域整備推進本部事務局)

局 長(併) 髙橋一郎
次 長(併) 加藤 進
参事官(併) 飛田 章
山本 要 上島大輔
阿部雄介 形岡拓文

(郵政民営化委員会事務局)

局 長 鈴木信也
次 長(併) 吾郷俊樹
同 (併) 中山裕司
参事官(併) 小林知也
三島由佳 平岡泰幸

企画官(併) 納富史仁

(原子力防災会議事務局)

次 長(併) 土居健太郎
同 (併) 松下 整
審議官(併) 前田光哉
同 (併) 森下 泰
参事官(併) 小山田 巧
新田 晃 根木桂三
野口康成 髙橋裕輔
中野哲哉 海老名英治

〔内 閣 法 制 局〕

〒100-0013 千代田区霞が関3-1-1
中央合同庁舎4号館 ☎03(3581)7271

内閣法制局長官 近藤正春
内閣法制次長 岩尾信行
長官秘書官 五十嵐 光
総務主幹 嶋 一哉
総務課長 照屋 敦
会計課長 久下富雄
調査官 北村 茂
公文書監理官(兼) 北村 茂
第一部長 木村陽一
参事官 畑 佳秀
古渡善幸 中澤吉博
山田勝士 中井孝一
法令調査官 宇ір田川利夫
憲法資料調査室長事務取扱 嶋 一哉
参事官(兼) 中井孝一
第二部長 平川 薫
参事官 渡邊哲至
長谷浩之 大野 敬
門元政治 家原尚秀
吉田 誠
第三部長 佐藤則夫
参事官 佐々木克之
伊藤直人 中田 響
野田恒平 髙橋慶太
永田 将一
第四部長 栗原秀忠
参事官 髙鹿秀明
安倍暢宏 森 大輔
堀 和匡 久野克人

内閣法制局

内 閣

325

〔国家安全保障会議〕

〒100-0014 千代田区永田町2-4-12
☎03(5253)2111

議長（内閣総理大臣）　岸田文雄
議　　員
総務大臣　　　　松本剛明
外務大臣　　　　上川陽子
財務大臣　　　　鈴木俊一
経済産業大臣　　齋藤　健
国土交通大臣　　斉藤鉄夫
防衛大臣　　　　木原　稔
内閣官房長官　　林　芳正
国家公安委員長　松村祥史

人　事　院

〒100-8913 千代田区霞が関1-2-3
中央合同庁舎5号館別館
☎03(3581)5311

総　　　　裁　川本裕子
人　事　官　古屋浩明
　　同　　　　　伊藤かつら

〔事　務　総　局〕

事　務　総　長　柴﨑澄哉
総括審議官　役田平生
審　議　官　植村隆生
公文書監理官(併)　長谷川一也
サイバーセキュリティ・
情報化審議官　長谷川一也
政策立案参事官　宮川豊治
事務総局付　森谷明浩
総　務　課　長　野口孝宏
企画法制課長　神宮司英弘
人　事　課　長　髙尾憲司
会　計　課　長　佐藤昌博
国　際　課　長　前田聡子
国際人事行政専門官　徳山淳記
公文書管理室長事務取扱　長谷川一也
情報管理室長　太田和樹

〔職　員　福　祉　局〕

局　　　　長　荻野　剛
次　　　　長　荒竹宏之
職員団体審議官　大滝俊則
職員福祉課長　西　桜子
審　査　課　長　柳田健一
補償課長事務取扱　荒竹宏之
職員団体審議官付参事官　早乙女潤一

〔人　材　局〕

局　　　　長　荒井仁志
審　議　官　原田三嘉
試験審議官　府川陽子
参　事　官　高田悠二
企画課長　澤田晃一
試験課長　住吉威彦
研修推進課長　森川　武
首席試験専門官　秋庭能久
　井上　勉　池田繭樹
　矢島恵理子　伊藤真澄

〔給　与　局〕

局　　　　長　佐々木雅之
次　　　　長　箕浦正人
参　事　官　本間あゆみ
給与局付(併)　大滝俊則
同　　　(併)　早乙女潤一
給与第一課長事務取扱　植村隆生
給与第二課長　中西佳子
給与第三課長　井上　亮
生涯設計課長　萩原知朗

〔公　平　審　査　局〕

局　　　　長　練合　聡
審　議　官　鈴木敏之
調整課長　木村秀崇
職員相談課長　木下清利
首席審理官　田中玄弥
　奈良間貴洋　原田佳澄

〔公　務　員　研　修　所〕

〒358-0014 入間市宮寺3131
☎04(2934)1291

所　　　　長　岩崎　敏
副　所　長　鈴木秀雄
同　　　(併)　原田三嘉
主任教授　岸本康雄
教　　授　山本　朗
　(併)石水　修　(併)前田聡子
　(併)森川　武
教務部長　石水　修
教務部政策研修分析官　岩崎克則
　西山理行　萩本　猛

〔国家公務員倫理審査会〕

会　　　　長　秋吉淳一郎
委　　　　員　青山佳世
　上野幹夫　潜道文子

伊藤かつら
事務局長　米村　猛
首席参事官　浅尾久美子
参事官　森　奈美

【　内　閣　府　】

〒100-8914　千代田区永田町1-6-1
〒100-8914　千代田区永田町1-6-1
　　　　　　中央合同庁舎8号館
〒100-8970　千代田区霞が関3-1-1
　　　　　　中央合同庁舎4号館(分館)
☎03(5253)2111

内閣総理大臣　岸田文雄
内閣官房長官　林　芳正
内閣府特命担当大臣(金融)　鈴木俊一
内閣府特命担当大臣(原子力損害賠償・廃炉等支援機構)　齋藤　健
内閣府特命担当大臣(原子力防災)　伊藤信太郎
内閣府特命担当大臣(規制改革)　河野太郎
内閣府特命担当大臣(防災　海洋政策)　松村祥史
内閣府特命担当大臣(こども政策　少子化対策　若者活躍　男女共同参画)　加藤鮎子
内閣府特命担当大臣(経済財政政策)　新藤義孝
内閣府特命担当大臣(クールジャパン戦略　知的財産戦略　科学技術政策　宇宙政策　経済安全保障)　高市早苗
内閣府特命担当大臣(沖縄及び北方対策　消費者及び食品安全　地方創生　アイヌ施策)　自見はなこ
副大臣　井林辰憲
同　工藤彰三
同　古賀　篤
同(兼)　石川昭政
同(兼)　岩田和親
同(兼)　上月良祐
同(兼)　堂故　茂
同(兼)　滝沢　求
同(兼)　鬼木　誠
大臣政務官　神田潤一
同　古賀友一郎
同　平沼正二郎
同(兼)　土田　慎
同(兼)　石井　拓
同(兼)　吉田宣弘
同(兼)　尾﨑正直
同(兼)　国定勇人
同(兼)　三宅伸吾
事務次官　田和　宏

内閣府審議官　大塚幸寛
同　井上裕之

〔大　臣　官　房〕

大臣官房長　原　宏彰
官房政策立案総括審議官　岡本直樹
官房公文書監理官(併)　矢作修己
官房サイバーセキュリティ・情報化審議官　伊藤誠一
官房審議官(官房担当)　原　典久
(併)笹川　武　(併)岡本直樹
(併)坂本里和　小八木大成
(併)野村　裕　(併)矢作修己
(併)堤　雅彦
官房審議官(公文書監理担当)　原　典久
官房審議官(拉致被害者等支援担当)(併)　平井康夫
総務課長　中嶋　護
参事官(総務課)(併)　福岡勇哉
小川敦之　千葉山均
久保大輔　村山直山
前川紘一郎　菱山　大
泉　吉顕　富永健嗣
管理室長(併)　堀江典宏
齋藤国務大臣秘書官事務取扱　能村幸輝
伊藤国務大臣秘書官事務取扱　清水延一
同　事務取扱　松井　記
林国務大臣秘書官事務取扱　吉田真晃
河野国務大臣秘書官事務取扱　岩谷邦明
柳生正毅　梅城崇師
松村国務大臣秘書官事務取扱　本間優子
加藤国務大臣秘書官　両角真之介
同　事務取扱　田中麻理
小澤幸生　萩原　啓
新藤国務大臣秘書官　小仁熊　旬
同　事務取扱　中尻恒光
内藤景一朗　髙島章好
小柳聡志
高市国務大臣秘書官　髙市知嗣
同　事務取扱　有田　純
山下浩司　梅田裕介
自見国務大臣秘書官　江頭清輝
同　事務取扱　中野浩二
松本欣也　谷口雄介
爲藤里英子
人事課長　水田　豊
参事官(人事課)　南　順子

会 計 課 長	田 中 駒 子
参事官 (会計課)	北 村　　実
企 画 調 整 課 長	小 川 敦 之
参事官 (企画調整課)	酒 巻　　浩
(併)佐々木　明	(併)山岸圭輔
(併)岡本信一	(併)松井拓郎
同 (拉致被害者等支援担当) (併)	大 田 泰 介
合理的な根拠政策推進室長 (併)	小 川 敦 之
政 策 評 価 広 報 課 長	盛 谷 幸一郎
参事官 (政策評価広報課担当) (併)	千 葉　　均
同 (同) (併)	菱 山　　大
公 文 書 管 理 課 長	坂 本 眞 一
参事官 (公文書管理課担当) (併)	佐々木 奈 佳
政 府 広 報 室 長	廣 瀬 健 司
参事官 (政府広報室担当)	中 島　　薫
鎌 田 修 弘	(併)杉本昌友
(併)永原伯武	(併)小林明生
(併)飯田修章	(併)古矢一郎
(併)足立秀彰	
厚 生 管 理 官	中 里 正 明
拉致被害者等支援担当室長 (併)	大 田 泰 介
サイバーセキュリティ・情報化推進室長 (併)	高 橋 敏 明
孤独・孤立対策推進法施行準備室長 (併)	山 本 麻 里
同 室 長 代 理 (併)	笹 川　　武
同 次 長 (併)	江 浪 武 志
同 (併)	滝 澤 幹 滋
同 参 事 官 (併)	澤 瀬 正 明
同 (併)	松 木 秀 彰

〔政 策 統 括 官〕

〔政策統括官 (経済財政運営担当)〕

政策統括官 (経済財政担当)	木 村　　聡
官房審議官 (経済財政審議官)	畠 山 貴 晃
江 浪 武 志	茂 呂 賢 吾
(併)三橋一彦	(併)福田　毅
(併)明珍　充	
参事官 (総括担当)	菱 山　　大
(併)高橋洋明	(併)阿部一郎
(併)小岩徹郎	(併)小長谷章人
(併)和田雅晴	(併)吉住秀夫
(併)田代　毅	
同 (経済対策・金融担当)	赤 井 久 宣
同 (同) (併)	菱 山　　大
同 (企画担当) (併)	吉 中　　孝

同 (経済見通し担当)	岡 野 武 司
同 (産業・雇用担当)	阿 部 一 郎
(併)浅井洋介	(併)髙橋洋明
(併)原田朋弘	(併)酒巻　浩
同 (予算編成基本方針担当)	髙 橋 洋 明
同 (国際経済担当)	木 村 順 治
同 (地域経済活性化支援機構担当)	高 橋 洋 明
(同) (併)	加 藤 光 伸
政府調達苦情処理対策室長 (併)	茂 呂 賢 吾
同 次 長 (併)	高 橋 洋 明
対日直接投資推進室長 (併)	明 珍　　充
同 次 長 (併)	阿 部 一 郎
経済財政国際室長 (併)	松 多 秀 一
同 参 事 官 (併)	石 橋 英 宣
同 (併)	木 村 順 治
道州制特区担当室長 (併)	恩 田　　馨
同 参 事 官 (併)	高 橋 洋 明
地域経済活性化支援機構担当室長 (併)	岡 田　　大
同 次 長 (併)	田 部 真 史
同 参 事 官 (併)	西 中　　隆
加 藤 光 伸	髙 橋 洋 明
地域就職氷河期世代支援加速化事業推進室長 (併)	木 村　　聡
同 次 長 (併)	畠 山 貴 晃
小 宅 栄 作	福 田　　毅
同 参 事 官 (併)	阿 部 一 郎
原 田 朋 弘	髙 橋 洋 明
酒 巻　　浩	
令和4年物価・賃金・生活総合対策世帯給付金及び令和3年経済対策世帯給付金事業担当室長 (併)	木 村　　聡
審 議 官	野 村 知 司
岡 本 直 樹	濱 田 厚 史
参 事 官 (併)	小 岩 徹 郎
吉 住 秀 夫	小長谷 章 人
和 田 雅 晴	菱 山　　大

〔政策統括官 (経済社会システム担当)〕

政策統括官 (経済社会システム担当)	林　　幸 宏
官房審議官 (経済社会システム担当)	笠 尾 卓 朗
福 田　　毅	江 浪 武 志
阿久澤　孝	(併)後藤一也
(併)中澤信吾	(併)渡辺公徳
参事官 (総括担当)	佐 藤 鐘 太
同 (同) (併)	大 塚 久 司
同 (企画担当)	前 田 佐恵子

同 (社会システム担当)	中野 孝浩		
同 (同)(併)	新木 聡		
同 (社会基盤担当)	山田 正人		
同 (同)(併)	奈良 裕信		
同 (市場システム担当)	木尾 修文		
(併)麻山晃邦	(併)松本博明		
(併)新木 聡	(併)宮本賢一		
(併)山田正人			
同(財政運営基本担当)	高橋 太朗		
同(共助社会づくり推進担当)	田中 茂樹		
同〔民間資金等活用事業・成果連動型事業推進担当〕	中井川 季央		
民間資金等活用事業推進室長(併)	笠尾 卓朗		
同 参事官(併)	大塚 久司		
同 (併)	中井川 季央		
規制改革推進室長(併)	林 幸宏		
同 次長(併)	稲熊 克紀		
渡辺公徳	河村直樹		
後藤一也	阿久澤 孝		
同 参事官(併)	麻山 晃邦		
木尾修文	松本博明		
宮本賢一	山田正人		
休眠預金等活用担当室長(併)	福田 毅		
同 参事官(併)	田中 茂樹		
同 (併)	高橋 太朗		
成果連動型事業推進室長(併)	笠尾 卓朗		
同 参事官(併)	中井川 季央		
特定非営利活動法人に係る持続化給付金事前確認連絡調整室長(併)	林 幸宏		
同室長代理(併)	福田 毅		
同 参事官(併)	佐藤 鐘太郎		
同 (併)	高橋 太朗		

〔政策統括官(経済財政分析担当)〕

政策統括官(経済財政分析担当)	林 伴子		
官房審議官(経済財政分析担当)	上野 有子		
堤 雅彦	(併)河村直樹		
(併)中澤信吾			
参事官(総括担当)	多田 洋介		
同 (企画担当)	吉中 孝		
同 (同)(併)	多田 洋介		
同 (地域担当)	吉田 充志		
同 (海外担当)	石橋 英彦		
計量分析室長(併)	中澤 信吾		
同 参事官(併)	前田 佐恵子		

〔地方創生推進室〕

〒100-0014 千代田区永田町1-11-39
永田町合同庁舎 ☎03(5510)2151

地方創生推進室長(併)	市川 篤志		
同室長代理(併)	河村 直樹		
同 次長(併)	荻川 直也		
安良岡 武	岩間 浩		
井上 博雄	佐々木正士郎		
渡辺 公徳	奥山 祐矢		
大森 一顕	佐脇 紀代志		
小林 靖	吉田 健一郎		
中村 広樹	木村 宗敬		
西 経子	豊岡 宏規		
深井 敦夫			
同 参事官(併)	塩手 能景		
川越 久史	山下 智也		
菅原 晋也	谷 浩		
大辻 統	喜多 功彦		
鈴木 健二	今野 治		
西山 茂樹	伊佐 寛		
正田 聡	大塚 久司		
白水 伸英	岸本 織江		
石川 悟	塩田 剛志		
齋藤 憲一郎	西尾 利哉		
真田 晃宏	墳﨑 正俊		
河田 敦弥	金澤 正尚		
福岡 洋志	景山 忠史		
平林 剛			

〔政策統括官(防災担当)〕

政策統括官(防災担当)	高橋 謙司		
官房審議官(防災担当)	田辺 康彦		
上村 昇	(併)瀧澤 謙		
参事官(総括担当)	中尾 晃史		
同(災害緊急事態対処担当)	北澤 剛		
同(調査・企画担当)	朝田 将		
同(防災計画担当)	山口 博史		
同(普及啓発・連携担当)	村上 威夫		
同(防災デジタル・物資資源担当)	松本 真太郎		
同(避難生活担当)	小野 雄大		
同(被災生活再建担当)(併)	飯沼 宏規		
同(復旧・復興担当)	伊藤 光弘		
同 (同)	末満 章悟		
後藤 隆昭	鈴木 毅		
池田 哲郎			

329

〔政策統括官（原子力防災担当）〕

政策統括官 （原子力防災担当）	松下　整
官房審議官 （原子力防災担当）	森下　泰
	前田光哉
	師田晃彦
	吉田健一郎
	新居雄人
	川合　現
	鈴木啓之
参事官（総括担当）	野口康成
同　　（同）	小山田　巧
同（企画・国際担当）	髙橋裕輔
同（地域防災担当）	根木桂三
同（総合調整・訓練担当）	小山田　巧

〔政策統括官（沖縄政策担当）〕

政策統括官（沖縄政策担当）	水野　敦
官房審議官（沖縄政策担当）	齊藤　馨
参事官（総括担当）	久保大輔
同（政策調整担当）	國武正己
同　（企画担当）	田村一郎
同（産業振興担当）	中島義人

〔政策統括官（政策調整担当）〕

政策統括官（政策調整担当）	笹川　武
官房審議官（政策調整担当）	滝澤幹滋
	（併）石田晋也	（併）德増伸二
	由布和嘉子
参事官（総括担当）	杉田和暁
同（総合調整担当）	魚井宏泰
同　青年国際 交流担当（併）	藤森俊輔
同　高齢社会 対策担当（併）	魚井宏泰
同　障害者 施策担当（併）	小林　淳
同（交通安全対策担当）	児玉克敏
同（性的指向・ジェンダーアイデン ティティ理解増進担当）	魚井宏泰
同（金融担当）（併）	太田原和房
参事官（併）	園田　庸
	山嵜泰徳	（併）寺本久幸
	（併）細田大造	（併）平沢克俊
	（併）中野晶子	（併）在津謙作
	（併）阿部一貴	（併）田中昇治
	（併）坂本隆哉	（併）山村和也
	（併）大西一禎	（併）泉　聡子
	（併）山田哲也	（併）梅北栄一
	（併）平林　剛	（併）乃田昌幸
官房審議官（兼　爆発物・化学兵器 処理担当審議官）	伊藤茂樹
同　参事官（併）	園田　庸
同　　　（併）	山嵜泰徳

同参事官事務代理　沼舘　建

原子力損害賠償・廃炉等 支援機構担当室長	渡邊昇治
同　次長（併）	德増伸二
	片岡宏一郎	林　孝浩
	松山泰浩
同　参事官（併）	山田哲也
	梅北栄一	乃田昌幸
大臣官房審議官（地方 分権改革担当）地方分 権改革推進室次長	恩田　馨
大臣官房審議官（地方 分権改革担当）地方分 権改革推進室次長	三橋一彦
大臣官房審議官（地方 分権改革担当）地方分 権改革推進室次長	福田　毅
同　参事官（併）	寺本久幸
	中野晶子	泉　聡子
	細田大造	平沢克俊
	山村和也	大西一禎
	阿部一貴	田中昇治
	在津謙作	坂本隆哉
	平林　剛
同参事官事務代理	齋藤　修
青年国際交流担当室室長（併）	由布和嘉子
同　参事官（併）	藤森俊輔

〔政策統括官（重要土地担当）〕

政策統括官（重要土地担当）	宮坂祐介
官房審議官（重要土地担当）	伊藤哲也
参事官（総括担当）	小松克行
同（防衛施設担当）	小松克行
同（生活関連施設担当）	惠谷　修
同（国境離島等担当）	鈴木俊朗
同（調査分析担当）	惠谷　修
参事官（併）	伊藤　大

〔政策統括官（経済安全保障担当）〕

政策統括官（経済 安全保障担当）	飯田陽一
官房審議官（経済 安全保障担当）	（併）彦谷直克
	品川高浩	（併）高村泰夫
	（併）佐々木啓介
参事官（総括・企画担当）	（併）神谷　隆
	（併）小新井友厚	（併）早田　豪
	（併）西浦智幸	（併）髙井良浩
	有田　純	（併）大塚　航
同（特定重要物資担当）（併）	田村亮平
同（特定社会基盤役務担当）	田中　博
同（特定妨害技術担当）	田中伸治

萩原貞洋　河野　太
同（特許出願
非公開担当）（併）　北廣雅之
独立公文書管理監（併）　森本加奈
独立公文書管理監付（併）　原　典久
同　参事官　阿部正興
　　　　　　高橋徳嗣
公文書監察長（併）（併）坂本眞一　森本加奈
同　次　長（併）　原　典久
同参事官（併）　坂本眞一
情報保全監察室長（併）　森本加奈
同　参事官（併）　阿部正興
同　　　　（併）　髙橋徳嗣

〔賞　　勲　　局〕
局　　　長　伊藤　信
総務課長　馬場純郎
審査官（賞勲局）　澤　繁樹
　　　　本田啓一郎　菅　豪

〔男女共同参画局〕
局　　　長　岡田恵子
官房審議官（男女共同参画局担当）　小八木大成
総務課長　大森崇利
推進課長　上田真由美
男女間暴力対策課長　田中宏和
仕事と生活の調和推進室長（併）　岡田恵子
同参事官（併）　上田真由美

〔沖縄振興局〕
局　　　長　望月明雄
官房審議官（沖縄科学技術大学院大学担当）　斉藤　馨
同　（同）（併）　藤吉尚之
総務課長　西尾尚記
参事官（振興第一担当）　野本英伸
同（振興第二担当）　小林清史
同（振興第三担当）　山本大志
同（調査金融担当）　山﨑善久

〔食品安全委員会〕
〒107-6122 港区赤坂5-2-20
赤坂パークビル22F
☎03(6234)1166
委　員　長　山本茂貴
事務局長　中　裕伸
事務局次長　及川　仁
総務課長　重元博道
評価第一課長　紀平哲也

評価第二課長　前間　聡
情報・勧告広報課長　浜谷直史

〔国会等移転審議会〕
〒100-8926 千代田区霞が関2-1-2
中央合同庁舎2号館
（国土交通省国土政策局総合計画課内）
☎03(3501)5480
事務局次長（併）　小善真司
参　事　官（併）　秋山公城

〔公益認定等委員会〕
〒105-0001 港区虎ノ門3-5-1
虎ノ門37森ビル12F
☎03(5403)9555
委　員　長　佐久間総一郎
事務局長兼大臣官房公益法人行政担当室長　北川　修
事務局次長兼大臣官房公益法人行政担当室次長　高角健志
事務局長官兼大臣官房公益法人行政担当室参事官　真弓智也
審査監督官兼大臣官房公益法人行政担当室参事官　大野　卓
同　　　　（併）　花島康夫

〔再就職等監視委員会〕
〒100-0004 千代田区大手町1-3-3
大手町合同庁舎3号館9F
☎03(6268)7657
委　員　長　井上弘通
事務局長　吉田徳幸
参　事　官　酒井元康
再就職等監察官　瀧聞香織
同　　　　（併）　植月良典

〔消費者委員会〕
〒100-8970 千代田区霞が関3-1-1
中央合同庁舎4号館
☎03(3581)9176
委　員　長　鹿野菜穂子
事務局長（併）　小林真一郎
官房審議官（消費者委員会担当）　岡本直樹
同　　（同）（併）　後藤一也
参　事　官　友行啓子

〔経済社会総合研究所〕
〒100-8914 千代田区永田町1-6-1
中央合同庁舎8号館
☎03(5253)2111
所　　　長　村山　裕
次　　　長　野村　裕
総括政策研究官　河村直樹

後 藤 一 也　　信 濃 正 範
松 多 秀 一　　明 珍 　 充
中 澤 信 吾　　丸 山 達 也
稲 熊 克 紀
総 務 部 長　林 田 雅 秀
上席主任研究官　出 口 恭 子
山 岸 圭 輔　　萩 野 　 覚
小 島 宗一郎　　藤 森 俊 輔
情報研究交流部長　田 村 裕 昭
景気統計部長　谷 本 信 賢
国民経済計算部長　尾 﨑 真美子
経済研修所総務部長　小 林 真一郎

〔迎 賓 館〕

〒107-0051　港区元赤坂2-1-1
☎03(3478)1111

館 　 　 長　三 上 明 輝
次 　 　 長　岡 本 信 一
総 務 課 長　佐々木 　 明
接 遇 課 長　本 田 　 誠
運 営 課 長　髙 妻 博 之
京都事務所長　押 切 哲 夫

〔地方創生推進事務局〕

〒100-0014　千代田区永田町1-11-39
永田町合同庁舎6F・7F・8F
☎03(5510)2151

事 務 局 長　市 川 篤 志
事務局次長(併)　河 村 直 樹
審 議 官(併)　佐々木正士郎
　岩 間 　 浩　　井 上 博 雄
　渡 辺 公 徳　　奥 山 祐 矢
　大 森 一 顕　　佐 脇 紀代志
　吉 田 健一郎　　安良岡 　 武
　中 村 広 樹　　西 　 経 子
　豊 岡 宏 規
参 事 官(併)　木 村 宗 敬
同(総括担当)(併)　正 田 　 聡
　大 辻 　 統　　西 山 茂 樹
　大 塚 久 司　　塩 田 剛 志
同(中心市街地活性化担当)(併)　谷 　 　 浩
同 (同)(併)　西 山 茂 樹
同(都市再生担当)(併)　喜 多 功 彦
同 (同)(併)　真 田 晃 宏
同(構造改革特別区域担当)(併)　田 中 聡 明
　曽 我 明 裕　　菅 原 晋 也
　坂 本 弘 毅　　正 田 　 聡

元 木 　 要
同(地域再生担当)(併)　塩 手 能 景
　市 川 紀 幸　　川 村 尚 永
　山 下 智 也　　喜 多 功 彦
　影 山 義 人　　今 野 　 治
　西 山 茂 樹　　伊 佐 　 寛
　白 水 伸 英　　石 川 　 悟
　金 澤 正 尚　　川 島 正 治
　山 本 恵 太　　伊 藤 康 行
　竹 内 大一郎　　則 久 雅 司
　齋 藤 憲一郎　　西 尾 利 哉
　川 越 久 史　　田 中 禎 彦
　景 山 忠 史　　平 林 　 剛
　小 林 剛 也　　吉 田 暁 郎
　安 藤 弘 一
同(総合特別区域担当)(併)　田 中 聡 明
　曽 我 明 裕　　菅 原 晋 也
　坂 本 弘 毅　　正 田 　 聡
　元 木 　 要
同(国家戦略特別区域担当)(併)　田 中 聡 明
　曽 我 明 裕　　菅 原 晋 也
　坂 本 弘 毅　　正 田 　 聡
　元 木 　 要
同(産業遺産担当)(併)　田 村 顕 洋
　大 辻 　 統　　俣 野 敏 道
　岸 本 織 江　　真 田 晃 宏
地方創生大学・産業創生担当　塩 田 剛 志

〔知的財産戦略推進事務局〕

〒100-0014　千代田区永田町1-6-1
内閣府本府庁舎3F
☎03(3581)0324

事 務 局 長　奈 須 野 　 太
事務局次長(併)　小 林 万里子
　佐 野 究一郎　　植 松 利 夫
参事官(総括担当)(併)　池 谷 　 巖
同(産業競争力強化担当)(併)　山 本 英 一
同(コンテンツ振興担当)(併)　白 鳥 綱 重
同(クールジャパン戦略推進担当)(併)　白 鳥 綱 重
同(国際標準化戦略推進担当)(併)　小 川 祥 直
　渡 辺 真 幸　　山 本 英 一
　中 里 　 学　　平 尾 禎 秀
　橋 本 雅 道　　次 田 彰 彦
　日 置 潤 一　　川 村 竜 児

〔科学技術・イノベーション推進事務局〕

事務局長(併)	松尾泰樹		
統括官	渡邊昇治		
審議官	徳増伸二		
	川上大輔	藤吉尚之	
(併)林孝浩	(併)松山泰浩		
(併)坂本修一	(併)佐野究一郎		
(併)渡邉淳	(併)清浦隆		
(併)木原晋一	(併)吾郷進平		
参事官(総括担当)	武田憲昌		
同(統合戦略担当)	(併)永澤剛		
(併)菅田洋一	(併)山下恭徳		
(併)若月一泰	(併)白鳥綱重		
(併)滝澤豪	(併)川野真稔		
(併)伯野春彦	(併)今野聡		
(併)橋本雅道	(併)森幸子		
(併)熊谷和哉	(併)倉田佳奈江		
(併)宅間裕子	(併)下田裕和		
(併)嶋崎政一	(併)馬場大輔		
(併)日置潤一	(併)岡田智裕		
梅原徹也			

参事官事務代理(同)	赤池伸一		
参事官(イノベーション推進担当)(併)	池田一郎		
同(同)	有賀理		
同(研究環境担当)(併)	白井俊		
井上睦子	髙橋憲一郎		
同(教育・人材担当)(併)	有賀理		
同(大学改革・ファンド担当)	渡邉倫子		
西平賢哉	有賀理		
白井俊			
同(重要課題担当)(併)	菅田洋一		
木村裕明	伯野春彦		
髙嶺研一	森幸子		
熊谷和哉	廣田光恵		
梅原徹也	朝田将平		
大土井智	宅間裕子		
西川和見	日置潤一		
河野太	田中伸一		
笠間太介	萩原貞洋		
同(事業推進総括担当)(併)	菅田洋一		
梅原徹也	萩原貞洋		
同(未来革新研究推進担当)	龍澤直樹		
同(同)(併)	中川尚志		
同(原子力担当)	山田哲也		

(併)梅北栄一	(併)二村英介		
参事官(併)	北神裕		
三木清香	宮原光穂		
池谷巌	松本英登		
谷口礼史			
原子力政策担当室長(併)	渡邊昇治		
次長(併)	徳増伸二		
同(併)	林孝浩		
参事官(併)	山田哲也		
同(併)	梅北栄一		
大学改革・ファンド担当室長(併)	渡邊昇治		
次長(併)	坂本修一		
同(併)	藤吉尚之		
参事官(併)	渡邉倫子		
西平賢哉	有賀理		
白井俊			
日本医療研究開発機構担当室長(併)	中石斉孝		
次長(併)	髙谷浩樹		
竹林経治	内山博之		
森田健太郎			
参事官(併)	三木清香		
宮原光穂	大畠大		
渡辺顕一郎			
標準活用推進室長(併)	奈須野太		
次長(併)	佐野究一郎		
参事官(併)	池谷巌		
山本英一	小川祥直		

〔健康・医療戦略推進事務局〕

事務局長	中石斉孝		
事務局次長(併)	髙谷浩樹		
竹林経治	内山博之		
森田健太郎			
参事官(併)	三木清香		
宮原光穂	渡辺顕一郎		
日野力	渡三佳		
大畠大			

〔宇宙開発戦略推進事務局〕

〒100-0013 千代田区霞が関3-7-1
霞が関東急ビル16F
☎03(6205)7036

事務局長	風木淳		
審議官(併)	渡邉淳		
参事官	松本英登		
(併)滝澤豪	(併)加藤勝俊		

(併)三上建治		(併)山口真吾	
(併)荒 心平		(併)沼田健二	
(併)上田光幸		(併)村山綾介	
(併)吉田邦伸			
準天頂衛星システム戦略室長(併)	三上建治		
同室長代理(併)	沼田健二		

〔北方対策本部〕

〒100-8914 千代田区永田町1-6-1
中央合同庁舎8号館
☎03(5253)2111

本部長(特命担当大臣)	自見 はなこ
審 議 官	矢作修己
参 事 官	富永健嗣

〔総合海洋政策推進事務局〕

〒100-0013 千代田区霞が関3-7-1
霞が関東急ビル16F
☎03(6257)1767

事 務 局 長	宮澤康一
事務局次長(併)	木原晋一
同 (併)	筒井智紀
参事官(総括担当)(併)	谷口礼史
同(安全保障・国際担当)(併)	本城 浩
同(資源・エネルギー担当)(併)	粕谷直樹
同(研究開発・人材育成担当)(併)	川口悦生
同(離島・海洋調査担当)(併)	山尾 理
同(水産・環境保全担当)(併)	横山 純
同(離島(地域社会・管理)、沿岸域管理担当)(併)	鈴木俊朗
同(離島(地域社会維持)担当)(併)	鮎澤良史
同 (併)	中林 茂
大井通博	中川研造
稲垣拓馬	日暮正毅
有人国境離島政策推進室長(併)	筒井智紀
同参事官(併)	鮎澤良史
同 (併)	鈴木俊朗

〔国際平和協力本部〕

〒100-8970 千代田区霞が関3-1-1
中央合同庁舎4号館8F
☎03(3581)2550

事 務 局 長	齋田伸一
事 務 局 次 長	池松英浩
参 事 官	植草泰彦
同	山田哲也

〔日 本 学 術 会 議〕

〒106-8555 港区六本木7-22-34
☎03(3403)3793

会 長	光石 衛		
副 会 長	三枝信子		
磯 博康		日比谷潤子	
事 務 局 長	相川哲也		
事 務 局 次 長	熊谷勝美		
企 画 課 長	上村秀紀		
管 理 課 長	大久保 敦		
参事官(審議第一担当)	根来恭子		
同(審議第二担当)	佐々木 亨		
同(国際業務担当)	大沼和善		

〔官民人材交流センター〕

〒100-0004 千代田区大手町1-3-3
大手町合同庁舎3号館9F
☎03(6268)7675

副センター長	平池栄一
審 議 官	坂本雅彦
総 務 課 長	野竹司郎

〔沖縄総合事務局〕

〒900-0006 那覇市おもろまち2-1-1
那覇第2地方合同庁舎2号館 ☎098(866)0031

事 務 局 長	三浦健太郎
事務局次長(総務等担当)	水本圭祐
事 務 局 次 長	河南正幸
総 務 部 長	中村敏昭
財 務 部 長	村上勝彦
農 林 水 産 部 長	福島 央
経 済 産 業 部 長	中村浩一郎
開 発 建 設 部 長	坂井 功
運 輸 部 長	星 明彦

〔経済財政諮問会議〕

議 長	岸田文雄		
議 員	林 芳正		
新藤義孝		松本剛明	
鈴木俊一		齋藤 健	
植田和男		十倉雅和	
中空麻奈		新浪剛史	
柳川範之			

〔総合科学技術・イノベーション会議〕

議 長	岸田文雄		
議 員	林 芳正		

高市早苗　松本　剛明
鈴木俊一　盛山正仁
齋藤　健　上山隆大
梶原ゆみ子　佐藤康博
篠原弘道　菅　裕明
波多野睦子　藤井輝夫
光石　衛

〔国家戦略特別区域諮問会議〕

議　　長　　岸田文雄
議　　員　　自見はなこ
　林　芳正　鈴木俊一
　河野太郎　新藤義孝
　垣内俊哉　越塚　登
　菅原晶子　中川雅之
　南場智子

〔中央防災会議〕

会　　長　　岸田文雄
委　　員　　松村祥史
松本剛明　小泉龍司
上川陽子　鈴木俊一
盛山正仁　武見敬三
坂本哲志　齋藤　健
斉藤鉄夫　伊藤信太郎
木原　稔　林　芳正
河野太郎　土屋品子
加藤鮎子　新藤義孝
高市早苗　自見はなこ
村田　隆　植田和男
清家　篤　稲葉延雄
大西佐知子　大原美保
小室広佐子　黒岩祐治
植田和生　松本吉郎

〔男女共同参画会議〕

議　　長　　林　芳正
議　　員　　松本剛明
小泉龍司　上川陽子
鈴木俊一　盛山正仁
武見敬三　坂本哲志
齋藤　健　斉藤鉄夫
伊藤信太郎　松村祥史
加藤鮎子　小西　聖子
佐々木かをり　清水　博
白波瀬佐和子　鈴木　準

内藤佐和子　納米恵美子
細川珠生　山口慎太郎
山田昌弘　山本隆司
芳野友子

〔規制改革推進会議〕

議　　長　　冨田哲郎
議長代理　　冨山和彦
　同　　　　林　いづみ
委　　員　　芦澤美智子
落合孝文　川邊健太郎
佐藤主光　杉本純子
津川友介　中室牧子
堀　天子　間下直晃
御手洗瑞子　山田義仁

宮　内　庁

〒100-8111　千代田区千代田1-1
☎03(3213)1111

長　　　　官　　西村泰彦
次　　　　長　　黒田武一郎
長官秘書官　　中川　　一

〔長官官房〕

審　議　官　　五嶋青也
宮務主管　　諸橋省明
皇室経済主管　　古賀浩史
皇室医務主管　　永井良三
参　事　官　　金子雄樹彦
　同　　　　瀧川聡史
秘書課長　　藤田雅史
調査企画室長　　川路利治
総務課長　　鈴木敏夫
広報室長　　藤原麻衣子
報道室長　　中村克祥
宮務課長　　荻野修司
主計課長　　木村藍子
用度課長　　小林勝也

〔侍　従　職〕

侍　従　長　　別所浩郎
侍従次長　　坂根工博
侍　従(事務主管)　松永賢誕
侍　医　長　　井上　暁
女　官　長　　西宮幸子

〔上　皇　職〕

上皇侍従長　　河相周夫
上皇侍従次長　　髙橋美佐男

335

上皇侍従(事務主管) 岩井一郎
上皇侍医長 市倉隆
上皇女官長 伊東典子

〔皇嗣職〕

皇嗣職大夫 加地隆治
皇嗣職宮務官長 小山永樹
皇嗣職宮務官(事務主管) 河野太郎
皇嗣職侍医長 加藤秀樹

〔式部職〕

式部官長 伊原純一
式部副長(儀式) 櫛田泰宏
同(外事) 飯島俊郎
式部官(儀式) 武田誠司
同(外事) 宮澤保貴
同(同) 犬飼明美

〔書陵部〕

部長 藤田穣
図書課長 梶ケ谷洋一
編修課長 高田義典
陵墓課長 小野美佐子

〔管理部〕

部長 野村護
管理課長 久我直樹
工務課長 西澤一憲
庭園課長 田邊仁
大膳課長 伊藤良治
車馬課長 西尾招久
宮殿管理官 野村元一

公正取引委員会

〒100-8987 千代田区霞が関1-1-1
中央合同庁舎6号館B棟 ☎03(3581)5471

委員長 古谷一之
委員 三村晶子
　　　青木玲子　吉田安志
　　　泉水文雄

〔事務総局〕

事務総長 藤本哲也
審判官 宮本信彦
同 本村理絵
同 黒木美帆
官房総括審議官 藤井宣
官房政策立案総括審議官 品川武
官房審議官(国際) 田中久美子
官房審議官(企業結合) 塚田益徳
官房サイバーセキュリティ・情報化参事官 宮本信彦
官房参事官 河野琢次郎
同 田邊貴紀
総務課長 南雅晴
会計室長 多田修
企画官 島袋功一
同 栗谷康正
訟務研究官 石谷直久
経済研究官 菱沼功
人事課長 向井康二
企画官 香城尚子
国際課長 五十嵐俊子
企画官 朝倉真市
同 片山克俊
経済取引局長 岩成博夫
総務課長 深町正徳
企画室長 笠原慎吾
デジタル市場企画調査室長 稲葉僚太
調整課長 天田弘人
企画官 鈴木健太
企業結合課長 横手哲二
上席企業結合調査官 神田哲也
　　　　　　　　　相澤央枝
　　　　　　　　　大泉玄之助
取引部長 片桐一幸
取引企画課長 西川康一
取引調査室長 吉川泰宇
相談指導室長 久保田卓哉
企業取引課長 亀井明紀
企画官 藤谷義秀
下請取引調査室長 藤岡一史
上席下請取引検査官 大澤之史
　　　　　　　　　菅野善文
審査局長 大胡勝
審査管理官 大原一弘
同 齋藤隆明
管理企画課長 堀内悟
企画室長 十川雅彦
情報管理室長 松風宏幸
公正競争監視室長 清水敬
課徴金減免管理官 高山英樹
上席審査専門官 鈴木芳久
第一審査長 遠藤光
上席審査専門官 武田雅弘
同(国際カルテル担当) 高橋佑美子
第二審査長 小室尚彦

上審査専門官	吉兼　彰彦
第三審査長	福田　　誠
上審査専門官	萩原　泰斗己
第四審査長	岡田　　博
上審査専門官	岩渕　　権
同（デジタルプラットフォーマー担当）	中島　菜子
第五審査長	池田　卓郎
訟務官	岩下　生知
犯則審査部長	大元　慎二
第一特別審査長	山口　正行
第二特別審査長	大矢　一夫

国家公安委員会

〒100-8974　千代田区霞が関2-1-2
中央合同庁舎2号館　☎03(3581)0141

国家公安委員会委員長	松村祥史
秘書官	下四日市郁夫
同　事務取扱	大門雅弘
委員	櫻井敬子
	横畠裕介　宮崎　緑
	竹部幸夫　野村裕知

警察庁

〒100-8974　千代田区霞が関2-1-2
中央合同庁舎2号館　☎03(3581)0141

長官	露木康浩
次官	楠　芳伸

〔長官官房〕

官房長	太刀川浩一
総括審議官	谷　滋行
技術総括審議官	島﨑俊隆
政策立案総括審議官兼公文書監理官	飯利雄彦
審議官（国際担当）（兼）	青山彩子
同（犯罪被害者等施策担当）	江口有隆
同（生活安全局長）（兼）	和田　薫
同（刑事局・犯罪収益対策担当）	親家和仁
同（交通局担当）	小林　豊
同（警備局・調整担当）	千代延晃平
同（サイバー警察局担当）	佐野朋毅
参事官（総合調整・刑事手続のIT化・統計総括担当）	岩田康弘
同（国際担当）	秋本茂志
同（情報化及び技術革新に関する総合調整担当）	小鷲達也
同（犯罪被害者等施策担当）（兼）	関口真久美
同（高度道路交通政策担当）	池内久晃
同（拉致問題対策担当）	髙岩直樹

同（サイバー情報担当）	飯崎　潤
同	櫻井美香
同	岡本慎一郎
首席監察官	片倉秀樹
総務課長	早川剛史
広報室長	重成浩司
情報公開・個人情報保護室長	寺井陽子
留置管理室長	畠山雅英
企画課長	小堀龍一郎
政策企画管	
国際協力室長	石井　龍
技術企画課長	飯濱誠治
先端技術導入企画室長	古川英晴
情報処理センター所長	沖田　誠
情報セキュリティ対策室長	來山信康
情報セキュリティ監査官	薗田治永
人事課長	遠藤　剛
人事総括企画官	森国浩輔
人材戦略企画室長	
厚生管理室長	
教養企画室長	
監察官	渡辺幸次
同	伊藤健一
会計課長	吉越清人
会計企画官	永山貴大
監査室長	遠藤健二
装備室長	関口悟史
犯罪被害者等施策推進課長	藤田有祐
通信基盤課長	工藤健一
通信運用室長	山本紀幸
国家公安委員会会務官	羽石千代

〔生活安全局〕

局長	檜垣重臣
生活安全企画課長	山口寛峰
生活安全企画官	関口澄夫
犯罪抑止対策室長	前田浩一郎
地域警察指導室長	宮関真由美
人身安全・少年課長	阿波拓洋
人身安全対策室長	作道英文
少年保護対策室長	助川　隆
保安課長	松下和彦
風俗環境対策室長	
生活経済対策管理官	前田勇太

警察庁

〔刑　事　局〕

局　　長	渡邊国佳
刑事企画課長	松田哲也
刑事指導室長	石井啓介
捜査第一課長	佐藤昭一
重大被害犯罪捜査企画官(兼)	新倉秀也
検視指導室長	新倉秀也
特殊事件捜査室長	山本哲也
捜査第二課長	宮島広成
捜査支援分析管理官	野村朋美
犯罪鑑識官	金澤正和
指紋鑑定指導官	佐藤勝元
DNA型鑑定指導官(兼)	吉田日南子
資料鑑定指導官	佐久間久喜

〔組織犯罪対策部〕

部　　長	猪原誠司
組織犯罪対策一課長	宇田川仁宏
犯罪組織情報官	高塚洋志
暴力団排除対策官(兼)	澁谷正樹
国際連携対策官	
組織犯罪対策二課長	森下元雄
特殊詐欺対策室長	引地信郎
国際捜査管理官	篠原英樹

〔交　　通　　局〕

局　　長	早川智之
交通企画課長	日下真一
交通安全企画官	
自動運転室長	成冨則宏
交通指導課長	磯丈男
交通規制課長	岩瀬聡
交通管制技術室長	渋谷秀悦
特別交通対策室長	
運転免許課長	今井宗雄
高齢運転者等支援室長	

〔警　　備　　局〕

局　　長	迫田裕治
警備企画課長	工藤陽代
公安課長	大嶌正洋
公安対策企画官	

〔外事情報部〕

部　　長	筒井洋樹
外事課長	則包卓嗣
外事情報調整室長	高山祐輔
経済安全保障室長	山田雅史

国際テロリズム対策課長	貝沼論
国際テロリズム情報官	永井幹久

〔警備運用部〕

部　　長	今村剛
警備第一課長	中島寛
警備第二課長	増田美希子
警衛指導室長	田崎仁史
警護指導室長	宮川恵三
警備第三課長	山本将之
事態対処調整官	
災害対策室長	黒川清彦

〔サイバー警察局〕

局　　長	大橋一夫
サイバー企画課長	阿部文彦
サイバー捜査課長	棚瀬誠
国際サイバー捜査調整官	間仁田裕美
情報技術解析課長	野本靖之
高度情報技術解析センター所長	仲伏達雄

個人情報保護委員会

〒100-0013 千代田区霞が関3-2-1
霞が関コモンゲート西館32F
☎03(6457)9680

委　員　長		藤原靜雄	
委　　員(常勤)	小川克彦		
	大島周平	浅井祐二	
	清水涼子		
同　　(非常勤)	加藤久和		
	梶田恵美子	高村浩	
	小笠原奈菜		
専門委員(非常勤)	麻田尚人		
	山地昇	中湊晃	
	石井夏生利	神田雅透	
事　務　局	松元照仁		
事　務　局　次　長	三原祥二		
審　議　官	山澄克		
同	大槻大輔		
総　務　課　長	森川世紀		
参　事　官	香月健太郎		
	吉屋拓之	石田聡	
	小嶋道人		
政策立案参事官	片岡秀実		

（縦書き欄外）警察庁　個人情報保護委員会

カジノ管理委員会

〒105-6090　港区虎ノ門4-3-1
城山トラストタワー 12F、13F　☎03(6453)0201

委　員　長	北村道夫
委　　　員	氏兼裕之
同	渡路子
同	北村博文
同　（非常勤）	石川恵子
事務局長	坂口拓也
事務局次長	嶋田俊之
監察官	上島大輔
総務企画部長	中山隆介
公文書監理官（併）	中形岡拓
総務課長	形岡拓文
企画官	小林正史
企画課長	阿部雄介
企画官	谷村千栄子
依存対策室長	山本要
監督調査部長	原田義久
監督総括課長	河村憲明
企画官	鈴木豪
規制監督課長	谷直哉
犯罪収益移転防止対策室長	村瀬剛太
機器技術監督室長	今村真教
調査課長	岡野泰大
企画官	辻貴則
調査官	石崎靖浩
同	友永光則
財務監督課長	出口岳人

金　融　庁

〒100-8967　千代田区霞が関3-2-1
中央合同庁舎7号館　☎03(3506)6000

大　　臣	鈴木俊一
副　大　臣	井林辰憲
大臣政務官	神田潤一
秘　書　官	鈴木俊太郎
同　　事務取扱	玉川英資
長　官	栗田照久
金融国際審議官	有泉秀

〔総　合　政　策　局〕

| 局　　長 | 油布志行 |

(官房部門)

| 総括審議官 | 石田晋也 |
| 審議官（兼）公文書管理官（兼） | 川崎暁 |

秘　書　課　長	島崎征夫
人事企画官／開発研修室長（兼）	反町泰貴
人事調査官／職員相談サポート室長（兼）	柳原栄市
管　理　室　長	西山香織
情報化統括室長／組織戦略監理官（兼）	鳩間正也
総　務　課　長	山下正通
総括企画官／広報室長（兼）	矢野翔平
総括管理官	本田幸一
総括管理官／公文書管理室長（兼）／情報公開・個人情報保護室長（兼）	矢野真弘
法令審査室長	太田昌男
国連絡室長	大澤清司
審判手続室長／法務支援室長（兼）	宇根靖子
審　判　官	日浅さやか
	城處琢也
	高津戸朱子
	美濃口真琴
政策立案総括審議官	堀本善雄
総合政策課長	高田英樹
チーフ・サステナブルファイナンス・オフィサー（兼）	池田賢志
金融経済教育推進機構設立準備室長	桑田尚
総合政策監理官	松田泰幸
総合政策企画室長／研究開発室長（兼）	犬塚誠也
サステナブルファイナンス推進室長	西勇

(国際部門)

国際総括官／審議官（兼）	三好敏之
審　議　官	長岡隆
審　議　官	川崎暁志
参　事　官	池田賢司
国際政策管理官（兼）	椎名康司
同	山下裕司
国際室長	永山玲奈
国際資金洗浄対策室長	羽渕貴秀

(モニタリング部門)

審　議　官	屋敷利紀
参　事　官	柳瀬護司
リスク分析総括課長	大城健
マネーロンダリング・テロ資金供与対策企画室長	齋藤豊
健全性基準室長	青崎稔
フィンテック参事官	清水茂
イノベーション推進室長／チーフフィンテックオフィサー（兼）	牛田遼介
暗号資産モニタリング室長	前田茂輝
資金決済モニタリング室長／金融サービス仲介室長（兼）／電子決済等代行室長（兼）	松島義光
コンダクト監理官	伊藤公祐

金融庁　カジノ管理委員会

金融庁

〔金融庁（続き）〕

金融トラブル解決制度推進室長　中尾 誠和
金融サービス利用者相談室長　青木 利志
貸金業室長　小畠 貴志
ITサイバー・経済安全保障監理官／サイバーセキュリティ対策企画室長(兼)／経済安全保障室長(兼)　齊藤 剛
検査監理官　野村 俊之
リスク管理検査室長　山崎 勝行
大手銀行モニタリング室長(兼)　佐藤 雅規
主任統括検査官　小笠原 寿夫／田邊 亮二／山下 治久／麻生 賀寿夫／山田 靖昭
統括検査官　坂井 平典／松村 昭男
マクロデータ分析監理官／データ分析室長(兼)／チーフ・データ・オフィサー(兼)　宮本 孝男
情報・分析室長　宇根 賢治

〔企画市場局〕

局長　井藤 英樹
参事官　新発田 龍史
参事官　太田原 和房
参事総務課長(兼)　若原 幸雄
調査室長／保険企画室長(兼)　赤井 啓志
信用制度参事官　大森 輝郎
信用法制企画調整室長　宮部 大輝
信用制度企画室長　和田 良隆
信用機構企画室長　家根田 正美
デジタル・分散型金融取引室長(兼)　久永 拓馬
市場課長　齊藤 将彦
市場機能強化室長　古角 壽宣
市場企画室長／資産運用改革室長(兼)　今泉 康彦
市場業務監理官　中崎 彰
企業開示課長　中野 ……
国際会計調整室長　倉持 亘一郎
開示業務室長　齊藤 貴潤
企業財務調査官　大谷 達哉
企業統治改革推進管理官　口 ……

〔監督局〕

局長　伊藤 豊
審議官　尾崎 有
参事官　岡野 大司
同　森 英光
総務課長　慶野 則
監督調査室長／地域金融支援室長(兼)　村木 吉圭

信用機構対応室長／企画調整室長(兼)／RRP室長(兼)　岸本 学
監督管理官　山崎 彩
郵便貯金・保険監督総括参事官　澤飯 敦
郵便保険監督参事官　松島 研一
監督企画官　佐藤 栄一
銀行第一課長　下井 善博
銀行第二課長　田部 真史
地域金融生産性向上支援室長・地域金融企画室長(兼)　村木 圭
地域金融調整官　柴田 幹司
協同組織金融室長　金ヶ崎 郁弘
地域金融監理官／主任統括検査官(兼)　加藤 光伸
町井 智
曽根 康司
橋本 康司
統括検査官　中島 偉全
板倉 健太郎　黒沼 進
保険課長／保険モニタリング室長(兼)　三浦 知宏
損害保険・少額短期保険監督室長(兼)　政平 英雄
保険商品室長　佐藤 欣也
主任統括検査官　清水 洋一
証券課長　椎名 康
大手証券等モニタリング室長(兼)　藤岡 由佳子
参事官　中川 彩子
監督企画官 市場仲介モニタリング室長(兼)／資産運用モニタリング室長(兼)　東原 都男

〔証券取引等監視委員会〕

委員長　中原 亮一
委員　加藤 さゆり
同　橋本 尚
事務局長　井上 俊剛
次長　石村 幸三
小川 理津子
市場監視総括官　原田 尚之
総務課長　眞下 利春
情報解析室長(兼)／IT戦略室長(兼)　稲田 拓司
市場監視管理官　岡崎 洋太郎
市場分析審査課長／市場モニタリング室長(兼)　横尾 則幸
証券検査課長 国際証券検査室長(兼)　萩藤 博之
統括検査官　五十嵐 俊樹
坂部 一夫　緒方 敬也
西澤 伸彦
取引調査課長　竹内 肇
統括調査官　小椋 良紀

統括調査官 国際取引等調査室長(兼)	田中賢次
開示検査課長	森島英之
統括調査官	芳賀裕平
特別調査課長	細田均
特別調査管理官	今井誠
統括特別調査官	渡辺朋彦
同	澤田幸利

〔公認会計士・監査審査会〕

会長	松井隆幸
委員	青木雅明
	浅見裕子 上田亮子
	古布薫 玉井裕子
	千葉通子 徳賀芳弘
	皆川邦仁 吉田慶太
事務局長(兼)	長岡隆
総務試験課長	繁本賢也
審査検査課長	八木原栄二
公認会計士 監査検査室長	八木寛
IFIAR戦略企画 本部企画(兼)	長岡隆
IFIAR戦略企画室長	園田周
金融研究センター長	吉野直行
同 顧問	大庫直樹
同 顧問	柳川範之
副センター長	高田英樹

消費者庁

〒100-8958 千代田区霞が関3-1-1
中央合同庁舎4号館 ☎03(3507)8800

大臣	自見はなこ
副大臣	工藤彰三
大臣政務官	古賀友一郎
長官	新井ゆたか
次長	吉岡秀弥
政策立案総括審議官	藤本武士
審議官	相本浩志
	真渕博 植田広信
	依田学
消費者庁付(内閣官房内閣審議官(内閣官房副長官補付))	黒木理恵
参事官(人事・会計等担当)	小堀厚司
同(デジタル・業務改革等担当)	遠山明
同(企画調整担当)	久保浩
総務課長	安東高徳
消費者政策課長	尾原知明
消費者制度課長	古川剛
消費者教育推進課長	山地あつ子

地方協力課長	加藤卓生
消費者安全課長	阪口理司
取引対策課長	伊藤正雄
表示対策課長	高居良平
食品表示企画課長	清水正
参事官(調査研究・国際担当)	柳沢信高
参事官(公益通報・協働担当)	浪越祐介

〔消費者安全調査委員会〕

委員長	中川丈久
委員長代理	持丸正明
委員	小川武史
	河村真紀子 小塚荘一郎
	宗林さおり 東畠弘子

こども家庭庁

〒100-6090 千代田区霞が関3-2-5
霞が関ビルディング14F, 20F, 21F, 22F
☎03(6771)8030

内閣府特命担当大臣 (こども政策 少子化対策 若者活躍 男女共同参画)	加藤鮎子
内閣府副大臣	工藤彰三
内閣府大臣政務官	古賀友一郎
長官	渡辺由美子

〔 長 官 官 房 〕

官房長	小宮義之
審議官(成育局担当)	黒瀬敏文
審議官(支援局担当)	野村知司
審議官(総合政策等担当)	髙橋宏治
支援金制度等準備室長	熊木正人
総務課長	伊澤知法
企画官(広報・文書担当)	中村明恵
サイバーセキュリティ・情報化企画官	東善博
企画官(地方自治体連携等担当)	岩﨑林太郎
企画官(長官官房秘書課大臣秘書官事務取扱併任)	小澤幸生
人事調査官	久保倉修
経理室長	吉行崇
参事官(会計担当)	吉田武司
参事官(総合政策担当)	佐藤勇輔
少子化対策企画官	中原茂仁
参事官(日本版DBS担当)	羽柴愛砂
参事官(支援金制度等担当)	田中義高
参事官(支援金制度等)担当)	西岡隆

〔 成 育 局 〕

局長	藤原朋子
総務課長	髙田行紀
保育政策課長	本後健

341

認可外保育施設担当室長	伊藤涼子
成育基盤企画課長	齋藤潔
成育環境課長	山口正行
児童手当管理室長	渡邊由美子
母子保健課長	水庭愛
安全対策課長	鈴木達也
参事官(事業調整担当)	里平倫行

〔 支 援 局 〕

局長	吉住啓作
総務課長	林俊宏
企画官(いじめ・不登校防止担当)	菊地史晃
虐待防止対策課長	河村のり子
企画官(こども若者支援担当)	上野友靖
家庭福祉課長	小松秀夫
企画官(ひとり親家庭等支援担当)	宮崎千晶
障害児支援課長	栗原正明

デジタル庁

〒102-0094 千代田区紀尾井町1-3
東京ガーデンテラス紀尾井町19F・20F
☎03(4477)6775

大臣	河野太郎
副大臣	石川昭政
大臣政務官	土田慎
秘書官	盛純二
デジタル監	浅沼尚
デジタル審議官	二宮清治
顧問	村井純
参与	遠藤紘一
同	向井治紀
同	伊藤伸理
同	其田真理
同	上野山勝也

〔 C x O 〕

Chief Architect	本丸達也
Chief Cloud Officer	山本教仁
Chief Information Security Officer	坂明
Chief Product Officer	水島壮太
Chief Strategy Officer	徳生裕人
Chief Technology Officer	藤本真樹

〔シニアエキスパート〕

シニアエキスパート(アーキテクチャ)	江崎浩
同(カスタマーサクセス戦略)	住田智子
同(シビックテック)	関治之
同(人材採用)	齋藤正樹

同　(組織文化)	唐澤俊輔
同(デジタルエデュケーション)	中室牧子
同　(防災DX)	櫻井美穂子
戦略・組織グループ長	冨安泰一郎
次長	奥田直彦
同	蓮井智哉
同	早瀬千善
デジタル社会共通機能グループ長	楠正憲
次長	阿部知明
国民向けサービスグループ長	村上敬亮
次長	榊原毅
同	座間敏如
省庁業務サービスグループ長	布施田英生
次長	藤田清太郎

統括官付　上村昌博　中島朗洋
鳥井陽一
渡辺公徳

統括官付参事官
淺岡孝充　上坂祐尚
麻山健太郎　内海隆明
上田尚弘　亀山慎之介
片桐義博　北間俊秀
北神裕　澁谷弘一
志田太郎　須賀千鶴
白井宏幸　杉本敬次
杦浦維勝　野崎彰
中西章　帆足雅史
古川易史　松田洋平
松田昇剛　水口幸司
黛孝次　村上貴琢
宮西健至　山崎琢矢
森寛繁　吉田恭子
吉本孝　吉村直泰
吉浜隆雄　渡辺琢功

統括官付参事官企画官
安藤功　岡部一弘
五十棲浩二　岡部裕之
小川力也　小田裕之
梶山百合枝　加藤博之
城戸格　楠目聖
久芳全晴　黒籔誠
鈴木康郎　関直樹
谷渕見介　外山雅暁
根本深　根本城学
輪倉真也　能城均
羽田翔　福永宏

松下 和正	三田 哲也	
三好 哲也	向井 ちひろ	
目黒 麻生子	安田 英司	
吉田 泰己	渡邊 修宏	

復 興 庁

〒100-0013 千代田区霞が関3-1-1
中央合同庁舎4号館 ☎03(6328)1111

大 臣	土屋 品子
副 大 臣	高木 宏壽
副 大 臣	平木 大作
副 大 臣(兼)	堂故 茂
大臣政務官(兼)	平沼 正二郎
大臣政務官(兼)	本田 顕子
大臣政務官(兼)	吉田 宣弘
大臣政務官(兼)	尾﨑 正直
秘 書 官	佐々木 太郎
同 事務取扱	大滝 祥生
同 事務取扱(併)	辻畑 圭亮
事 務 次 官	角田 隆
統 括 官	宇野 善昌
同	桜町 道雄
統括官付審議官	森田 稔
同	瀧澤 謙
同 (併)	寺﨑 秀俊
同 (併)	岡田 大
統括官付参事官	池田 哲也
大武 喜勝	小田原 雄一
鹿嶋 弘律	児玉 泰明
中田 和幸	山崎 光輝
渡邊 貴和	(併)石垣 和子
(併)石崎 憲寛	(併)市川 康雄
(併)井上 圭介	(併)大木 雅文
(併)金谷 雅也	(併)後藤 隆昭
(併)佐藤 将年	(併)信夫 秀紀
(併)末満 幸悟	(併)杉田 雅嗣
(併)道菅 稔	(併)中西 賢也
(併)中原 健一	(併)西村 学
(併)原 崇	(併)光安 達也
(併)守山 宏道	(併)矢澤 祐一
(併)芳田 直樹	

総 務 省

〒100-8926 千代田区霞が関2-1-2
中央合同庁舎2号館 ☎03(5253)5111

大 臣	松本 剛明
副 大 臣	渡辺 孝一
副 大 臣	馬場 成志
大臣政務官	船橋 利実
大臣政務官	西田 昭二
大臣政務官	長谷川 淳二
事 務 次 官	内藤 尚志
総務審議官	堀江 宏之
同 (情報通信担当)	竹内 芳明
同	吉田 博史
秘 書 官	梅津 徳之
同 事務取扱	加藤 悠介
髙野 一樹	渡部 祐太

〔大臣官房〕

夜間(5253)5085(総務課)

官 房 長	竹村 晃一
官房総括審議官 (地方DX推進,政策企画(副)担当)	海老原 諭
官房総括審議官 (広報·政策企画(主)担当)	藤野 克
官房総括審議官 (情報通信担当)	湯本 博信
官房政策立案総括審議官	武藤 真郷
官房サイバーセキュリティ·情報化審議官	山越 伸子
官房地域力創造審議官	犬童 周作
官房サイバーセキュリティ·情報化審議官	河合 暁
官 房 審 議 官 (大臣官房調整部門,行政管理局担当) (行政不服審査会事務局長)	
秘 書 課 長	中井 亨
官房参事官	風早 正毅
同	柴山 佳徳
総 務 課 長	菊地 健太郎
官房参事官 併:大臣官房総務課公文書監理室長	栗原 淳
官房参事官 併:大臣官房総務課管理室長	加藤 剛
官房参事官 併:大臣官房企画政策室長	島田 勝則
官房参事官 併:大臣官房行政管理局管理官	須﨑 和馬
会計課長 併:大臣官房会計課予算執行調査室長	赤阪 晋介
企 画 課 長	近藤 玲子
政策評価広報課長 併:大臣官房政策立案支援室長	山口 真矢
広 報 室 長	村上 仰志
官 房 審 議 官 (行政評価局担当)併:情報公開·個人情報保護審査会事務局長	植山 克郎

官房付(併:内閣官房内閣審議官(内閣官房副長官補付)命 内閣府本府地方創生推進室次長 命 地方創生推進事務局審議官 命 内閣府デジタル田園都市国家構想実現会議事務局審議官 命 内閣官房行財政改革会議事務局局長)　大森一顕

官房付(併:内閣官房内閣審議官(内閣官房副長官補付)命 内閣府本府地方分権改革推進室長)　恩田　馨

官房付(併:内閣官房内閣審議官(内閣官房副長官補付)命 内閣官房デジタル市場競争本部事務局次長)　大村真一

官房付(併:デジタル庁統括官付審議官)　藤　清太郎

官房付(併:内閣官房内閣参事官(内閣総務室))　池田　満

官房付(併:デジタル庁統括官付参事官)　徳大寺祥宏

官房付(併:デジタル庁統括官付参事官)　北神　裕

官房付(併:デジタル庁統括官付参事官)　大澤　健

官房付(併:デジタル庁統括官付参事官)　杦浦維勝

官房付(併:デジタル庁統括官付参事官)　内海寛易

官房付(併:内閣官房内閣参事官(内閣官房副長官補付)命 内閣官房郵政民営化委員会事務局参事官 命 郵政民営化委員会事務局参事官)　中山裕司

官房付(併:内閣官房内閣参事官(内閣官房副長官補付)命 内閣官房郵政民営化推進室参事官 命 郵政民営化委員会事務局参事官補)　小林知也

官房付(併:内閣官房内閣参事官(内閣官房副長官補付)命 内閣官房新しい資本主義実現本部事務局参事官)　野村政樹

官房付(併:内閣官房内閣参事官(内閣官房副長官補付)命 内閣官房行政改革推進本部事務局参事官)　見次正樹

官房付(併:内閣官房内閣参事官(内閣官房副長官補付)命 内閣官房行政改革推進本部事務局参事官)　金井　誠

官房付(併:内閣官房内閣参事官(内閣官房副長官補付)命 内閣官房デジタル田園都市国家構想実現会議事務局参事官)　白水伸英

官房付(併:内閣官房内閣参事官(内閣官房副長官補付)命 内閣官房デジタル田園都市国家構想実現会議事務局参事官 命 内閣官房行財政改革会議事務局参事官)　景山忠史

官房付(併:統計改革実行推進室参事官 命 内閣官房内閣参事官(内閣官房副長官補付)命 内閣官房行政改革推進本部事務局参事官)　黒田忠司

官房付(併:内閣官房内閣参事官(内閣官房副長官補付)命 内閣官房市場競争評価体制準備室参事官)　井田俊輔

官房付(併:内閣官房内閣参事官(内閣官房副長官補付)命 内閣官房サイバー安全保障体制整備準備室参事官 併:内閣官房国家安全保障局)　高村　信

官房付(併:内閣官房内閣参事官(内閣官房副長官補付)命 内閣官房サイバー安全保障体制整備準備室参事官 併:内閣官房国家安全保障局)　高田裕介

官房付(併:内閣官房内閣参事官(内閣官房副長官補付)命 内閣官房デジタル行財政改革会議事務局参事官 命 内閣官房行政改革推進本部事務局参事官)　折田裕幸

官房付(併:内閣官房内閣参事官(内閣官房副長官補付)命 内閣官房行財政改革会議事務局参事官)　浦上哲朗

官房付(併:内閣官房内閣参事官(内閣官房副長官補付)命 内閣官房デジタル行財政改革会議事務局参事官)　飯嶋威夫

官房付(併:内閣府参事官(市場システム担当)(政策統括官(経済社会システム担当)付)命 内閣府本府規制改革推進室参事官)　麻山晃邦

官房付(併:内閣府公益認定等委員会事務局審査監督官 併:内閣府大臣官房公益法人行政担当室参事官)　大野　卓

官房付(併:内閣府参事官(科学技術・イノベーション推進事務局参事官(事業推進総括担当、統合戦略担当、重要課題担当)))　菅田洋一

官房付(併:内閣府地方創生推進事務局参事官(内閣府本府地方創生推進室次長))　木村宗敬

官房付(併:内閣府本府地方分権改革推進室参事官)　田中昇治

官房付(併:内閣府本府地方分権改革推進室参事官)　平沢克俊

官房付(併:内閣府本府地方分権改革推進室参事官)　坂本隆哉

官房付(併:内閣府本府地方分権改革推進室参事官)　阿部一貴

官房付(併:内閣府本府地方分権改革推進室参事官)　泉　聡子

官房付(併:内閣府科学技術・イノベーション推進事務局参事官(重要課題担当))　木村裕明

官房付(併:内閣府本府宇宙開発戦略推進事務局参事官)　山口真吾

官房付(併:復興庁統括官付参事官)　中原健一

官房付(併:復興庁統括官付参事官)　市川康雄

官房付(併:復興庁統括官付参事官)　信夫秀紀

〔行政管理局〕

夜間(5253)5308(企画調整課)

役職		氏名
局　　　長		松本敦司
業務改革特別研究官		澤田稔一
企画調整課長		大西一禎
調査法制課長		大津村晃
管理官〔業務改革総括〕	(併)	須崎和馬

役職	氏名
管理官(独法制度総括・特殊法人総括、外務)(併)	佐藤隆夫
管理官(独法評価総括)	谷口謙治
管理官(内閣(復興庁を除く)・内閣府本府・金融・総務・公調委・財務)(併)	越尾淳
管理官(消費者・経済産業・環境・国公委・法務)(併)	五百籏頭千奈美
管理官(文部科学・農水・防衛・公取委・個人情報保護委員会)(併)	川口真友美
管理官(国土交通・復興・カジノ管理委員会)(併)	荒木太郎
管理官(厚生労働・宮内・こども家庭)(併)	辻恭介

〔行 政 評 価 局〕
夜間(5253)5411(総務課)

役職	氏名
局長	菅原希
官房審議官(行政評価局担当)	阿向泰二郎
官房審議官(行政評価局担当)	原嶋清次
総務課長	渡邉浩之
企画課長	渡邉洋平
政策評価課長(併)	渡邉洋平
行政相談企画課長	徳満純一
評価監視官(内閣、総務等担当)	平野欧里絵
同(法務、外務、経済産業等担当)	玉置賢
同(財務、文部科学等担当)	山本宏樹
同(厚生労働等担当)	方健児
同(農水、防衛担当)	清水久子
同(復興、国土交通担当)	尾原淳之
同(連携調査、環境等担当)	谷道正太郎
行政相談管理官	柏尾倫哉

〔自 治 行 政 局〕
夜間(5253)5508(行政課)

役職	氏名
局長	山野謙
地方連携総括官(併)	山越伸子
官房審議官(地方行政・個人番号制度、地方公務員制度、選挙担当)	三橋一彦
行政課長	田中聖也
住民制度課長	植田昌也
市町村課長	原昌史
地域政策課長	西中隆
地域自立応援課長	川島正治
参事官	
公務員部長	小池信之
公務員課長	細田大造
福利課長	田中良斉
選挙部長	笠置隆範
選挙課長	清田浩史
管理課長	北村朋生
政治資金課長	長谷川孝

〔自 治 財 政 局〕
夜間(5253)5611(総務室)

役職	氏名
局長	大沢博
官房審議官(財政制度・財務担当)	濱田厚史
官房審議官(公営企業担当)	中井幹晴
財政課長	新田一郎
調整課長	梶元伸
交付税課長	赤岩弘智
地方債課長	神門純一
公営企業課長	末永洋之
財務調査課長	犬丸淳

〔自 治 税 務 局〕
夜間(5253)5658(企画課)

役職	氏名
局長	池田達雄
官房審議官(税務担当)	鈴木清
企画課長	山口最丈
都道府県税課長	市川靖之
市町村税課長	寺田雅一
固定資産税課長	水野敦志

〔国 際 戦 略 局〕
夜間(5253)5718(情報通信政策課)

役職	氏名
局長	野村栄悟
次長	
官房審議官(国際技術、サイバーセキュリティ担当)	豊嶋基暢
国際戦略課長	井幡晃三
技術政策課長	川野真稔
通信規格課長	中越一彰
宇宙通信政策課長	扇慎太郎
国際経済課長	岡本剛和
国際展開課長	嶋田信哉
国際協力課長	寺村行生
参事官	山路栄作

〔情 報 流 通 行 政 局〕
夜間(5253)5709(総務課)

役職	氏名
局長	小笠原陽一
官房審議官(情報流通行政局担当)	山碕良志
官房審議官(情報流通行政局担当)	西泉彰雄
総務課長	金澤直樹
情報通信政策課長	田邊光男
情報流通振興課長	大澤健
情報通信作品振興課長	飯村由香理
地域通信振興課長	佐々木明彦
放送政策課長	飯倉主税
放送技術課長	山口修治

地上放送課長	佐伯 宜昭
衛星・地域放送課長	岡井 隼人
参事官	山野 哲也
郵政行政部長	玉田 康人
企画課長	三島 由佳
郵便課長	折笠 史典
信書便事業課長	藤井 信英

〔総合通信基盤局〕
夜間(5253)5825(総務課)

局長	今川 拓郎
総務課長	渋谷 闘志彦
電気通信事業部長	木村 公彦
事業政策課長	飯村 博之
料金サービス課長	井上 淳
データ通信課長	西潟 暢央
電気通信技術システム課長	五十嵐 大和
安全・信頼性対策課長	大塚 康裕
基盤整備推進課長	堀内 隆広
利用環境課長	中村 朋浩
電波部長	荻原 直彦
電波政策課長	片桐 義治
基幹・衛星移動通信課長	廣瀬 照隆
移動通信課長	小川 裕之
電波環境課長	内藤 新一

〔統　計　局〕
夜間(5273)1117(総務課)

局長	岩佐 哲也
総務課長	上田 聖
事業所情報管理課長(併)	上田 聖
統計情報利用推進課長	辻 寛起
統計システム管理官	伊藤 正一
統計調査部長	永島 勝利
調査企画課長	小松 聖
国勢統計課長	中村 英昭
経済統計課長	岡 宏記
消費統計課長	田村 彰浩

〔政　策　統　括　官〕

政策統括官(統計制度担当)(恩給担当)命 統計改革実行推進室長	北原 久
官房審議官(統計局、統計制度、統計情報戦略推進、恩給担当)命 統計改革実行推進室次長	佐藤 紀明
統計企画管理官 併：統計品質管理推進室参事官(政策統括官付)	重里 佳宏
統計審査官	内山 昌也
統計審査官	熊谷 友成

統計審査官 併：統計品質管理推進室参事官(政策統括官付) 併：内閣官房内閣参事官(内閣官房副長官補付)命 内閣官房行政改革推進本部事務局参事官	山形 成彦
統計調整官 併：統計委員会担当室室長(政策統括官付)	植松 良和
国際統計管理官	佐伯 美穂
恩給審査官 併：統計品質管理推進室参事官(政策統括官付)	柿原 謙一郎

〔サイバーセキュリティ統括官〕

サイバーセキュリティ統括官	山内 智生
参事官(総括担当)	小川 久仁子
参事官(政策担当)	酒井 雅之

〔審　議　会　等〕

行政不服審査会事務局長(併)	河合 暁
行政不服審査会事務局総務課長	柴沼 雄一朗
情報公開・個人情報保護審査会事務局長	植山 克郎
情報公開・個人情報保護審査会事務局総務課長	谷輪 浩二
官民競争入札等監理委員会事務局長	後藤 一也
官民競争入札等監理委員会事務局参事官	大上 明子
統計委員会担当室長(併)	萩野 覚
電気通信紛争処理委員会事務局長	藤野 克
電気通信紛争処理委員会事務局参事官	小津 敦
審理官(電波監理審議会)	村上 聡

〔自　治　大　学　校〕
〒190-8581 立川市緑町10-1
☎042(540)4500

校長	宮地 俊明

〔情報通信政策研究所〕
〒185-8795 国分寺市泉町2-11-16
☎042(320)5800

所長	林 弘郷

〔統計研究研修所〕
〒185-0024 国分寺市泉町2-11-16
☎042(320)5870

所長	水野 靖久

〔政治資金適正化委員会〕

委員長	伊藤 鉄男
委員	小見山 満
	日出 雄平　大竹 邦実
	田中 秀明
事務局長	荒井 陽一
同参事官	西野 博之

総務省

公害等調整委員会

〒100-0013 千代田区霞が関3-1-1
中央合同庁舎4号館 ☎03(3581)9601

委 員 長	永 野 厚 郎
委　　員	上 家 和 子
都 築 政 則	若 生 俊 彦
委員（非常勤）	野 中 智 子
加 藤 一 実	大 橋 洋 一
事 務 局 長	小 原 邦 彦
事 務 局 次 長	岡 田 輝 彦
総 務 課 長	福 田　　勲
公害紛争処理制度研究官	山 内 達 矢
審 査 官	長 澤 真 吾
佐 藤 宏 昭	角 田 リ サ
池 田 英 貴	吉 川 和 身
生 田 直 樹	(併)松 川 春 佳
(併)田之脇崇洋	(併)鈴 木 和 孝
調 査 官	髙 橋 直 也
同	大 塚 周 平

消 防 庁

〒100-8927 千代田区霞が関2-1-2
中央合同庁舎2号館 ☎03(5253)5111

長 官	原 　邦 彰
次 長	五 味 裕 一
審 議 官	鈴 木 建 一
総 務 課 長	河 合 宏 一
総務課政策評価広報官	山 澤 謙 一
消 防・救 急 課 長	畑 山 栄 介
救 急 企 画 室 長	髙 野 一 樹
予 防 課 長	渡 辺 剛 英
危 険 物 保 安 室 長	加 藤 晃 一
特 殊 災 害 室 長	大 嶋 文 彦
国民保護・防災部長	小 谷　 敦
防 災 課 長	笹 野　 健
国 民 保 護 室 長	福 西 竜 也
国民保護運用室長	荒 関 大 輔
地 域 防 災 室 長	志 賀 真 幸
広 域 応 援 室 長	土 屋 直 毅
防 災 情 報 室 長	守 谷 謙 一
応 急 対 策 室 長	古 本 顕 光
参 事 官	小 泉　 誠
東 　高 士	(併)廣 瀬 照 隆

〔消 防 大 学 校〕

〒182-8508 調布市深大寺東町4-35-3
☎0422(46)1711

校 長	青 山 忠 幸
副 校 長	大 石 正 年
消防研究センター所長	鈴 木 康 幸

法 務 省

〒100-8977 千代田区霞が関1-1-1
中央合同庁舎6号館 ☎03(3580)4111

大 臣	小 泉 龍 司
副 大 臣	門 山 宏 哲
大 臣 政 務 官	中 野 英 幸
事 務 次 官	川 原 隆 幸
秘 書 官	原 田 祐一郎
同　事務取扱	松 枝 正 宣

〔大 臣 官 房〕

夜間(3592)7002(秘書課)

官 房 長	佐 藤　 淳
政策立案総括審議官	上 原　 龍
公 文 書 監 理 官	大 竹 宏 明
サイバーセキュリティ・情報化審議官	中 村 功 一
官房審議官(国際・人権担当)	柴 田 紀 子
同　(民事局)	松 井 信 憲
同　(刑事局)	吉 田 雅 之
同　(矯正局)	小 山 定 明
同　(訟務局)	松 本　 真
同　(訟務局)	古 宮 久 枝
官 房 参 事 官	小 林 隼 人
杉 原 隆 之	笹 井 朋 昭
白 鳥 智 彦	森 田 強 司
中 山 和 輔	兼 田 加奈子
鈴 木 和 孝	
秘 書 課 長	内 野 宗 揮
人 事 課 長	佐 藤　 剛
会 計 課 長	村 松 秀 樹
国 際 課 長	松 本　 剛
施 設 課 長	隈　 良 行
厚 生 管 理 官	池 田　 仁
司 法 法 制 部 長	坂 本 三 郎
司 法 法 制 課 長	加 藤 経 将
審 査 監 督 課 長	本 多 康 昭
参 事 官	石 田 佳世子
同	本 田 恭 子

〔民　事　局〕

夜間(3581)1713(総務課)

局　　　　　　長	竹　内	努
総　務　課　長	藤　田　正	人
民事第一課長	櫻　庭　倫	
民事第二課長	大　谷　太	一
商　事　課　長	土　手　敏	行
民事法制管理官	竹　林　俊	憲
参　事　官	北　村　治	樹
	国　分　貴　之	渡　辺　諭
	福　田　敦	望　月　千　広
	齊　藤　恒　久	波多野　紀　夫

〔刑　事　局〕

夜間(3581)1048(総務課)

局　　　　　　長	松　下　裕	子
総　務　課　長	是　木　誠	
刑　事　課　長	関　善　貴	
公　安　課　長	白　井　美　果	
刑事法制管理官	玉　本　将	希
国際刑事管理官	渡　部　直	希
参　事　官	浅　沼　雄	一
	鵜　飼　昌　二	仲戸川　武　人
	渡　邉　一　郎	中　野　浩　一

〔矯　正　局〕

夜間(3592)7365(総務課)

局　　　　　　長	花　村　博　文	
総　務　課　長	細　川　隆　夫	
成人矯正課長	森　田　裕一郎	
少年矯正課長	本　宏　一	也
更生支援管理官	谷　口　哲　也	
矯正医療管理官	鈴　木　章　記	
参　事　官	西　岡　慎　介	
	同	煙　山　明

〔保　護　局〕

夜間(3581)1895(総務課)

局　　　　　　長	押　切　久　遠	
総　務　課　長	瀧　澤　千都子	
更生保護振興課長	杉　山　弘　晃	
観　察　課　長	滝　田　裕　士	
参　事　官	中　臣　裕　之	

〔人　権　擁　護　局〕

夜間(3581)1558(総務課)

局　　　　　　長	鎌　田　隆　志	
総　務　課　長	江　口　幹　太	
調査救済課長	齊　藤　雄　一	
人権啓発課長	三　宅　義　寛	

参　事　官	川　副　万　代	

〔訟　務　局〕

局　　　　　　長	春　名　茂	
訟務企画課長	澁　谷　勝　海	
民事訟務課長	新　谷　貴　昭	
行政訟務課長	藤　澤　裕　介	
租税訟務課長	吉　田　俊　介	
訟務支援課長	田　原　浩　子	
参　事　官	今　井　康　彰	
	同	福　田　敦

〔法務総合研究所〕

法務省内 ☎03(3580)4111

所　　　　　　長	瀬　戸　毅	
総務企画部長	東　山　太　郎	
研　究　部　長	熊　澤　貴　士	
研修第一部長	河　原　誉　子	
研修第二部長	鵜飼澤　亮	
研修第三部長	鳥　丸　忠　彦	
国際連合研修協力部長	山　内　由　光	
国際協力部長	内　藤　晋太郎	

〔矯　正　研　修　所〕

〒196-8580 昭島市もくせいの杜2-1-20
☎042(500)5261

所　　　　　　長	大　串　建	

〔検察官適格審査会〕

法務省大臣官房人事課内 ☎03(3580)4111

会　　　　　　長	井　上　正　仁	
委　　　　　員	金　田　勝　年	
	牧　原　秀　樹	稲　富　修　二
	遠　藤　敬	石　井　浩　郎
	牧　山　ひろえ	安　浪　亮　介
	小　林　元　治	川　出　敏　裕
	大　野　恒太郎	

〔中央更生保護審査会〕

法務省保護局総務課内 ☎03(3580)4111

委　　員　　長	小　川　秀　樹	
委　　　　　員	小　野　正　弘	
	山　脇　晴　子	伊　藤　富士江
	岡　田　幸　之	

〔公安審査委員会〕

法務省内 ☎03(3580)4111

委　　員　　長	貝阿彌　誠	
委　　　　　員	外　井　浩　志	
	遠　藤　みどり	和　田　洋
	秋　山　信　将	鵜　澤　恵　子
	西　村　篤　子	
事　務　局　長	安　藤　博　光	

出入国在留管理庁

〒100-8973 千代田区霞が関1-1-1
☎03(3580)4111

長　官	菊池　浩
次　長	丸山秀治
公文書議理官	福原道雄
審　議　官	清水洋樹
総務課長	大原義宏
出入国在留指導室長	柴田芳博
情報システム管理室長	岡部昌一郎
政策課長	本針和幸
外国人施策推進室長	平林　毅
出入国管理部長	君塚　宏
出入国管理課長	西山　良
難民認定室長	竹内悠介
審判課長	堀越健二
警備課長	簾内友之
在留管理支援部長	福原申子
在留管理課長	菱田泰弘
在留管理業務室長	安東健太郎
在留支援課長	渡邉浩一
情報分析官	東郷藤弘
参事官	伊藤純史
参事官	猪股正貴
参事官	稲垣貴裕

公安調査庁

〒100-0013 千代田区霞が関1-1-1
中央合同庁舎6号館 ☎03(3592)5711

長　官	浦田啓一
次　長	平光信隆
総務部長	霜田仁平
総務課長	吉田純平
人事課長	武田雅之
参事官（公文書監理官）	菊地真二
調査第一部長	友井昌宏
第一課長	小野寺聡
第二課長	森田秀人
公安調査管理官	近　智徳
同	吉倉粒太
調査第二部長	平石積明
第一課長	神保玲子
第二課長	今井　正
公安調査管理官	瀬下政行
	横川智之　小川哲兵
研修所長	宕倉崇夫

最高検察庁

〒100-0013 千代田区霞が関1-1-1
中央合同庁舎6号館 ☎03(3592)5611

検事総長	甲斐行夫
次長検事	齋藤隆博
総務部長	加藤俊治
監察指導部長	飯島　泰
刑事部長	森本　宏
公安部長	松本　裕
公判部長	鈴木眞理子
検　事	工藤恭裕
	川北哲義　澤田　潤
	田野尻猛　西山卓爾
	野下智之　小池　隆
	作原大成　岸　毅
	佐久間佳枝　自見武士
	干川亜紀　宮地佐都季
	山下裕之　横井　朗
	白井智之　鈴木慎二郎
	民野健治　佐久間進
検事総長秘書官	高橋かおり
事務局長	鈴石勝彦
総務課長	笠原健一
会計課長	佐藤聖一也
企画調査課長	西川　聡
検務課長	粟崎伸之
情報システム管理室長	北澤洋志
監察指導課長	上田一朗
刑事事務課長	立山敬太郎
公安事務課長	金原　淳
公判事務課長	原　宏明

外務省

〒100-8919 千代田区霞が関2-2-1
☎03(3580)3311

大　臣	上川陽子
副　大　臣	辻　清人
副　大　臣	柘植芳文
大臣政務官	高村正大
大臣政務官	穂坂　泰
大臣政務官	深澤陽一
事務次官	岡野正敬
大臣秘書官	西谷康祐

外務審議官（政務）　船越健裕
外務審議官（経済）　小野啓一
2025年日本国際博覧会政府代表〔大使〕　羽田浩二
特命全権大使（沖縄担当）　宮川学
特命全権大使（関西担当）　姫野勉
特命全権大使（アフリカ開発会議（TICAD）担当兼アフリカの角地域関連担当、国連安保理改革担当、安保理非常任理事国選挙担当、国際貿易・経済担当）　清水信介
特命全権大使（広報外交担当兼国際保健担当、メコン協力担当）　伊藤直樹
特命全権大使（国際テロ対策・組織犯罪対策協力担当）　南博之
特命全権大使（北極担当兼国際貿易・経済担当）　竹若敬三
特命全権大使（人権担当兼国際平和貢献担当）　堤尚広

〔大臣官房〕

官房長　志水史雄
公文書監理官（兼）　宮下匡之
監察査察官　石原香代
官房審議官（統括担当）　宮下匡喜
官房審議官（危機管理担当）　今福孝男
官房審議官　金子万里子
官房政策立案参事官（兼）　松尾裕敬
サイバーセキュリティ・情報化参事官（兼）　高橋美佐子
官房参事官（危機管理担当）　長英晶也
同（同）（兼）　濱本幸
大臣秘書官事務取扱　古平充
「改革推進本部」事務局長　高羽陽
考査・政策評価室長　木村泰次郎
国際機関評価室長（兼）　木村泰次郎
ODA評価室長（兼）　新井和久
総務課長　高羽陽
危機管理調整室長（兼）　玉浦周
地方連携推進室長　菱山聡
情報防護対策室長　角田崇成
新型インフルエンザ対策調整室長（兼）　池上正喜
業務合理化推進室長　池島真亮
監察査察室長　中島英登生
国会業務支援室長　小野龍英
国会連絡調整室長　田栗功一
公文書監理室長　田和穂潔
外交史料館長　佐藤誠
図書館長　堀田亮司
人事課長　深堀賢
調査官　横田賢

人事企画室長　渋谷尚久
情報通信課長　森田光枝
デジタル化推進室長（兼）　森田光枝
会計課長　大西一義
福利厚生室長　上田晋
在外公館課長　吉田昌弘
在勤務支援室長　大山信介
警備対策室長　大角剛隆
儀典長〔大使〕　島田丈裕
儀典総括官　石川勇
儀典官兼儀典賓客室長／外国公館室長　八木浩治
儀典官兼儀典賓客室長／外国訪問室長　足立博美
G7広島サミット事務局長　江碕智三郎
副事務局長（兼）　安部憲明
外務報道官　小林麻紀
国際文化交流審議官〔大使〕　金子正彰
政策立案参事官（外務報道官付）（報道・広報・文化交流担当）　金子万里子
広報文化外交戦略課長　石井秀明
国内広報室長　難波敦
IT広報室長　中筋寿樹
広聴室長　川本幸徳
戦略的対外発信拠点室長　江草恵子
報道課長　安部憲明
文化交流・海外広報課長　鈴木律子
対日理解促進室長　髙水英郎
国際文化協力室長　畠山健太郎
人物交流室長　渡邉慎二
国際報道官　溝渕将史

〔総合外交政策局〕

局長　河邉賢裕
審議官　熊谷直樹
参事官　松尾裕敬
参事官〔大使〕　藤本健太郎
総務課長　柏原裕
主任外交政策調整官　村上学
政策企画室長　権田藍
新興国外交推進室長（兼）　権田藍
安全保障政策課長　長野将光
国際安全・治安対策協力室長　割澤広一
国際平和・安全保障協力室長　石塚恵
宇宙・海洋安全保障政策室長　石塚田淳洋
経済安全保障政策室長　望月千洋

円滑化協定担保法整備室長(兼)	割澤広一
安全保障協力室長(兼)	長野将光
国連企画調整課長	梶田拓磨
国際機関人事センター室長	相馬安実
国連政策課長	安藤重美
国連制裁室長	徳永聡子
人権人道課長	髙澤令則
人権条約履行室長(兼)	松井宏樹
女性参画推進室長(兼)	古本建彦
軍縮不拡散・科学部長[大使]	北川克郎
審議官[大使]	林美都子
審議官(兼)	中村仁威
軍備管理軍縮室長	清水知足
生物・化学兵器禁止条約室長	清水翔太
通常兵器室長(兼)	清水知足
不拡散・科学原子力課長	横田直文
国際科学協力室長	石川勝利
国際原子力協力室長	南健太郎

〔アジア大洋州局〕

局長	鯰博行
参事官	林誠
参事官	門脇仁一
政策立案参事官(兼)	金子万里子
参事官	濱本幸也
地域政策参事官	富山未来仁
地域協力室長	髙水英郎
北東アジア第一課長	吉廣朋子
日韓請求権関連問題対策室長 日韓交流室長(兼)	鈴木正人
北東アジア第二課長	前田修司
中国・モンゴル第一課長	太田学
中国・モンゴル第二課長	石飛節
大洋州課長	神保諭
南部アジア部長	中村亮
審議官(兼)	竹谷厚
審議官(兼)	岡野結城子
参事官(兼)	林誠
参事官(兼)	濱本幸也
参事官(兼)	門脇仁一
南東アジア第一課長	久賀百合子
南東アジア第二課長	中井裕一
南西アジア課長	中堤太一郎

〔北米局〕

局長[大使]	有馬裕
参事官	宮本新吾

参事官(兼)	藤本健太郎
北米第一課長	貝原健太郎
北米交流室長(兼)	播本幸子
北米第二課長	森本尊
北米経済調整室長	栗山淳
日米安全保障条約課長	網谷耕介
日米地位協定室長	杉浦雅俊

〔中南米局〕

局長[大使]	野口泰
参事官	山田欣幸
参事官(兼)	長德英晶
中米カリブ課長	佐藤慎市
カリブ室長(兼)	佐藤慎市
南米課長	塚本康弘
中南米日系社会連携推進室長(兼)	塚本康弘

〔欧州局〕

局長	中込正志
審議官[大使]	池上正喜
審議官[大使]	中村仁威
政策課長	秋山麻里
アジア欧州協力室長	水野光明
西欧課長	柿原知基男
中・東欧課長	石川亘史
ウクライナ経済復興推進室長(兼)	北川剛史
ロシア課長	小野健
中央アジア・コーカサス室長	市場裕昭
日露経済室長(兼)	北川剛史
ロシア交流室(兼)	北川剛史
日露共同経済活動推進室長(兼)	北川剛史

〔中東アフリカ局〕

局長[大使]	安藤俊英
審議官(兼)	北村俊博
参事官	高橋美佐子
中東第一課長	小長谷英揚
中東第二課長	舟津龍一
アフリカ部長[大使]	堀内俊彦
審議官(兼)	北村俊博
参事官(兼)	高橋美佐子
参事官	斉田幸雄
アフリカ第一課長	西野修一
アフリカ第二課長	林達郎

〔経済局〕

局長	片平聡
審議官[大使]	竹谷厚

351

審　議　官(兼)	日下部　英　紀	
参　事　官〔大使〕	大河内　昭　博	
参事官〔大使〕(兼)	山　田　欣　幸	
政　策　課　長	江　碕　智三郎	
官民連携推進室長	田　公　和　幸	
資源安全保障室長	西　村　泰　子	
漁　業　室　長	中　村　安　志	
2025年日本国際博覧会室長(兼)	田　公　和　幸	
国際デジタル経済室長(兼)	青　竹　俊　英	
国際経済課長	尾　﨑　壮太郎	
欧州連合経済室長	小　山　　　武	
経済協力開発機構室長	石　川　真由美	
国際貿易課長	豊　田　尚　吾	
サービス貿易室長	青　竹　俊　英	
知的財産室長	桝　田　祥　子	
経済連携課長	近　藤　紀　文	
南東アジア経済連携協定交渉室長	上　野　裕　大	
アジア太平洋経済協力室長	永　吉　昭　一	
投資政策室長(兼)	古　郡　　　徹	

〔国　際　協　力　局〕

局　　　　　長	石　月　英　雄	
審　　議　　官	日下部　英　紀	
審　議　官〔大使〕	北　村　俊　博	
審　議　官〔大使〕	岡　野　結城子	
参　事　官(兼)	斉　田　幸　雄	
政　策　課　長	菅　原　清　行	
国際協力事業安全対策室長(兼)	北　川　裕　之	
民間援助連携室長	松　田　俊　夫	
開発協力総括課長	原　田　　　貴　朗	
開発協力企画室長	森　　　健　治	
事業管理室長	北　川　裕　久	
緊急・人道支援課長	松　原　一　樹	
国別開発協力第一課長	鴨志田　尚　昭	
国別開発協力第二課長	時　田　裕　士	
国別開発協力第三課長	井　土　和　志	
地球規模課題審議官〔大使〕	赤　堀　　　毅	
地球規模課題総括課長	有　馬　孝　典	
専門機関室長	佐　藤　仁　美	
国際保健戦略官	江　副　　　聡	
地球環境課長	小　林　保　幸	
気候変動課長	加　藤　　　淳	

〔国　際　法　局〕

局　　　　　長	御　巫　智　洋	
審　　議　　官	中　村　和　彦	
国際法課長	大　平　真　嗣	
海洋法室長	篠　原　亮　子	
国際裁判対策室長	沼　善太郎	
条　約　課　長	馬　場　隆　治	
経済条約課長	間　瀬　博　幸	
経済紛争処理課長	神　田　鉄　平	
経済紛争対策官	渡　邊　真知子	
社会条約官	細　野　淳　一	

〔領　　事　　局〕

局　　　　　長	岩　本　桂　一	
審　議　官(兼)	熊　谷　直　樹	
参　　事　　官	長　徳　英　晶	
政　策　課　長	長　尾　成　敏	
領事サービス室長	小　林　秀　彦	
ハーグ条約室長	谷　垣　博　保	
領事デジタル化推進室長(兼)	廣　渡　活　幸	
領事体制強化室長(兼)	髙　橋　宗　生	
在外選挙室長(兼)	白　鳥　和　彦	
海外邦人マイナンバーカード支援室長(兼)	白　鳥　和　彦	
領事サービスセンター室長	小　林　秀　彦	
海外邦人安全課長	三　角　崇　人	
邦人テロ対策室長	鴨　下　　　誠	
旅　券　課　長	廣　瀬　愛　子	
外国人課長	永　瀬　賢　介	

〔国際情報統括官組織〕

国際情報統括官	石　瀬　素　行	

〔外務省研修所〕

〒252-0303　相模原市南区相模大野4-2-1
☎042(766)8101

所　　長〔大使〕	田　村　政　美	
総括指導官	折　原　茂　晴	

財　務　省

〒100-8940　千代田区霞が関3-1-1
☎03(3581)4111

大　　　　　臣	鈴　木　俊　一	
副　　大　　臣	赤　澤　亮　正	
同	矢　倉　克　夫	
大　臣　政　務　官	瀬　戸　隆　一	
同	進　藤　金日子	
事　務　次　官	茶　谷　栄　治	
財　　務　　官	神　田　眞　人	
秘　　書　　官	鈴　木　俊太郎	
同	事務取扱	菅　野　裕　人

財務省

〔大臣官房〕と〔主計局〕〔主税局〕

同　事務取扱　佐藤栄一郎

〔大　臣　官　房〕
夜間(3581)2836(文書課)

役職	氏名
官　房	宇波弘貴
政策立案総括審議官兼企画調整総括官	目黒克幸
公文書監理官兼企画調整総括官	髙野寿也
サイバーセキュリティ・情報化審議官	深澤良光
審議官(大臣官房担当)	堀田秀之
同　(同)	髙橋秀誠
同　(同)	阿納泰二郎
同　(同)	上田淳二
副財務官	梶川光俊
同	藤井大輔
秘書課長	佐藤大
人事調整室長	木原健史
人事調整室長兼首席監察官	下村卓矢
人事調査官	岡田芳明
財務官室長	池田洋一郎
文書課長	岩佐理
調査室長	渡辺政顕
法令審査室長	濵田秀明
企画調整室長兼業務企画室長	恵﨑恵
情報公開・個人情報保護室長兼公文書監理官室長	岩﨑浩太郎
広報室長兼政策評価室長兼政策分析調整室長	阪井聡至
情報管理室長(兼)	鈴木準一
国会連絡調整官(兼)	鈴木準一
国会連絡室長	鈴木準一
会計課長事務取扱(兼)	堀田秀之
調整室長	石黒将之
監査室長	征矢宏
管理室長	阿部正
厚生管理官	中島和正
地方課長事務取扱(兼)	目黒克幸
総務調整企画室長	石谷良男
人事調整企画室長	北村明仁
業務調整室長	三ッ本晃代
地方連携推進官	大塚美樹
総括審議官	坂本基
総合政策課長	渡邉和紀
経済財政政策調整官(兼)	渡邉和紀
企画室長	石山良良
政策調整室長兼国際経済室長	山﨑丈史
安全保障政策室長(兼)	下村卓矢

役職	氏名
政策推進室長	佐藤浩一
政策金融課長	芹生太郎
信用機構課長	田中耕太郎
機構業務室長(兼)	田中耕太郎

〔主　計　局〕
夜間(3581)4466(総務課)

役職	氏名
局　長	新川浩嗣
次　長	寺岡光博
同	前田努
次長兼企画調整総括官	吉野維一郎
総務課長	大沢元一
予算企画室長	川島亜喜良
主計事務管理室長	高田喜康
主計企画官(調整担当)	木村公一
司計課長	三原健
主計官付計算執行企画室長	石田茂
会計監査調整室長	吉川和人
法規課長	西村聞多
主計企画官	西尾暁
企画官兼公会計室長	小田切慎一
給与共済課長	山本庸介
給与調査官	寺本康司
調査課長	横山好古
主計企画官(財政分析担当)	藤中康枝
参事官	八木瑞枝
主計官(総務課)	有利浩一郎
同　(同)	山岸徹
同(内閣、デジタル、復興、外務、経済協力係担当)	小野浩司
同(司法・警察、経済産業、環境係担当)	佐久間寛道
同(総務、地方財政、財務係担当)	小澤研也
同(文部科学係担当)	寺﨑寛之
同(厚生労働係・社会保障総括担当)	端本秀夫
社会保障企画室長	神野貴史
主計官(厚生労働・子ども家庭係担当)	松本圭介
同(農林水産係担当)	漆畑有輝宏
同(国土交通、公共事業総括係担当)	尾﨑輝宏
公共事業企画調整室長	山下直樹
主計官(防衛係担当)	後藤武志
主計監査官	小野寺修司

〔主　税　局〕
夜間(3581)3036(総務課)

役職	氏名
局　長	青木孝德
審議官	小宮敦史
同	中村英正

財務省

総務課長	関 禎一郎	
税制企画室長	阿部 敦壽	
主税企画官	境 吉隆	
調査課長	末光 大毅	
税制調査室長	長谷川 実	
税制第一課長	坂本 成範	
法令企画室長	島谷 和孝	
主税企画官	小岩 徹郎	
企画官	竹内 啓	
税制第二課長	藤山 智博	
企画調整室長	鳥崎 容平	
主税企画官	宮下 賢章	
税制第三課長	河本 光博	
審査室長	染谷 浩史	
企画官	吉田 拓野	
国際租税総括官	細田 修一	
主税局参事官（国際租税総合調整官）	西方 建一	
国際租税企画室長	野路 允	
主税企画官	原田 浩気	

〔関　税　局〕
夜間(3581)3038(総務課)

局　　　長	江島 一彦	
審　議　官	山﨑 翼	
同	内野 洋次郎	
総務課長	奈良井 功	
政策推進室長	北條 敬貴	
事務管理室長	澤藤 琢也	
管理課長	西川 健士	
税関考査管理室長	南里 修治	
関税課長	吉田 英一郎	
関税企画調整室長	田中 林太郎	
特殊関税調査室長	濱口 暁	
税関調査室長	近江 春実	
原産地規則室長	坂本 賢一	
参　事　官	仲 信祐	
関税地域協力室長	冨里 まゆみ	
経済連携室長	香川 里子	
参　事　官	志賀 佐保子	
監視課長	馬場 義郎	
業務課長	箭野 拓士	
知的財産調査室長	伊藤 哲	
調査課長	大関 由美子	
企画官	臼谷 幸智	

〔理　財　局〕
夜間(3581)1552(総務課)

局　　　長	奥 達雄	
次　　　長	湯下 敦史	
同	石田 清	
審　議　官	辻 貴博	
総務課長	藤﨑 雄二郎	
政策調整室長	原田 佳典	
調査室長	荒瀬 塁	
たばこ塩事業室長	蓼沼 宏晃	
国庫課長	山川 清徳	
通貨企画調整室長	奥村 健治	
国庫企画官	今井 忠	
デジタル通貨企画官	谷 雅彰	
国債企画課長	佐藤 伸樹	
国債政策情報室長（兼）	荒瀬川 塁	
国債企画室長	西北 元衛	
国債業務室長	川野 波美	
財政融資管理総括課長	大江 亨	
企画調整室長	水野 浩太	
資金企画室長	上野 榮作	
財政投融資企画官兼資金投資室長	原山 康彦	
国有財産企画課長	坂口 和家男	
企画推進室長	佐藤 寿彦	
国有財産企画官（兼）	小林 正人	
政府出資室長	中島 隆行	
国有財産調整課長	梅野 雄一朗	
国有財産有効活用室長	上乗 弘樹	
国有財産監査室長	遠藤 伸也	
国有財産業務課長	川路 智	
国有財産審理室長	中野 利隆	
管理課長	大島 朗	
国有財産情報室長	小林 正人	
電算システム室長	河邊 健司	
計画官（内閣・財務、農林水産・環境、経済産業、海外投資係担当）	小多 章裕	
計画官（厚生労働・文部科学、国土交通、地方企画、地方財務審査、地方運用係担当）	大江 賢造	

〔国　際　局〕
夜間(3580)2688(総務課)

局　　　長	三村 淳	
次　　　長	土谷 晃浩	
審　議　官	矢作 友良	
同	緒方 健太郎	
総務課長	飯塚 正明	

財務省

国際企画調整室長　杉　浦　達　也
調　査　課　長　野　村　宗　成
国際調査室長　北　野　賢　治
外国為替室長　土　生　健　一
対外取引管理室長　山　下　弘　史
投資企画審査室長　大　野　由　希
企　画　官　武士俣　隆　介
国際投資企画官　高　橋　大　介
為替実査室長　舟　橋　　聡
国際機構課長　木　原　大　策
資金移転対策室長　髙　木　悠　子
企　画　官　山　﨑　貴　弘
同　村　口　和　人
地域協力課長　德　岡　喜　市
地域協力企画官　中　齊　邦　郎
国際調整室長　齊　藤　郁　夫
為替市場課長　松　本　千　城
資金管理室長　鶴　野　浩　之
開発政策課長　陣　田　直　和
開発政策調整室長　宮　地　和　明
参　事　官　城　田　郁　子
開発機関課長　津　田　尊　弘
開発企画官　氷　海　　剛

〔財務総合政策研究所〕
財務省内　☎03(3581)4111
所　　　長(兼)　渡　部　　晶
副　所　長(兼)　目　黒　克　幸
同　鈴　木　孝　介
総務研究部長(兼)　上　田　淳　二
総　務　課　長　川　本　　敦
資料情報部長　岩　井　俊　介
調査統計部長　山　川　潤　一
研　修　部　長　増　尾　秀　樹

〔会計センター〕
〒102-8486 千代田区九段南1-2-1
九段第三合同庁舎21F　☎03(3265)9141
所　　　　長　渡　部　　晶
次　　　　長　松　永　秀　樹
同　　(兼)　三　原　　健
管理運用部長　奈　宮　正　典
会計管理部長　門　田　幸　夫
研　修　部　長　前　田　賢　二

〔関税中央分析所〕
〒277-0882 柏市柏の葉6-3-5
☎04(7135)0160
所　　　　長　石　田　晶　久

〔税関研修所〕
〒277-0882 柏市柏の葉6-4-2
☎04(7133)9611
所　　　長(兼)　江　島　一　彦
副　所　長　青　山　繁　俊
研修・研究部長　吉　田　昭　彦

国　税　庁

〒100-8978 千代田区霞が関3-1-1
☎03(3581)4161
長　　　　官　住　澤　　整
次　　　　長　星　屋　和　彦

〔長　官　官　房〕
審議官(国際担当)　中　村　　稔
同(酒税等担当)　植　松　利　夫
参　事　官　原　田　　憲
同　陰　山　英　隆
総　務　課　長　原　田　一　寿
情報公開・個人情報保護室長・税理士監理官・公文書監理官室長　松　井　誠　二
広報広聴室長　山　本　　学
調整室長(兼)　松　井　誠　二
監督評価官室長　長　内　昌　三
人　事　課　長　郷　　　敦
会　計　課　長　小　平　武　史
企　画　課　長　菅　　　哲　人
国税企画官　石　澤　弘　樹
同　津　田　啓　二
デジタル化・業務改革室長　大　柳　久　幸
データ活用推進室長　山　里　　崇
国際業務室長　田　畑　健　隆
国際企画官　安　井　欧　貴
廣　瀬　大　岩　間　英　憲
細　田　千　草
国際課税分析官　鴇　　　彰　博
相互協議室長　比佐勝　隆　博
相互協議支援室長　石　川　博　枝
厚生管理官(兼)　長　内　昌　三
主任税務相談官(兼)　大　柳　久　幸
首席国税庁監察官　榎　本　政　彦

〔課　税　部〕
課　税　部　長　田　原　芳　幸
課税総括課長　山　崎　博　之
課税企画官　鈴　木　直　人
国際課税企画官　山　下　尚　志
消費税室長　渡　邉　秀　雄

財務省

国税庁

軽減税率・インボイス制度対応室長	後藤善行	
審理室長	平川佳久	
主任訟務専門官	柳澤裕	
国税争訟分析官	柳澤聡	
個人課税課長	児島範昭	
資産課税課長	秦幹雄	
法人課税課長	江崎純子	
酒税課長	三浦隆	
酒類業振興・輸出促進室長	保井久理子	
資産評価企画官	中島格志	
財産評価手法研究官	藤田英理子	
鑑定企画官	岩田知幸	
酒類国際技術情報分析官	武藤彰宣	
分析鑑定技術支援官	伊藤伸一	

〔徴 収 部〕

徴 収 部 長	上良睦彦
管 理 運 営 課 長	北村厚
徴 収 課 長	磯村建
徴収争訟分析官	原田憲

〔調査査察部〕

調 査 査 察 部 長	武田一彦
調 査 課 長	劔持敏幸
国際調査管理官	戸谷淳哉
査 察 課 長	高松忠介

〔国税不服審判所〕

☎03(3581)4101

所 長	伊藤繁
次 長	牧田宗孝
部 長 審 判 官	森下幹夫
管 理 室 長	山本学

〔文部科学省〕

〒100-8959 千代田区霞が関3-2-2
☎03(5253)4111

大 臣	盛山正仁
副 大 臣	あべ俊子
副 大 臣	今枝宗一郎
大 臣 政 務 官	本田顕子
大 臣 政 務 官	安江伸夫
事 務 次 官	藤原章夫
文部科学審議官	増子宏
同	森田正信
秘 書 官	西幸宏
同 事務取扱	鈴木宏司

同 事務取扱	阿部陽一

〔大 臣 官 房〕

夜間(6734)2150(総務課)

官 房 長	井上諭一
総 括 審 議 官	豊岡宏規
サイバーセキュリティ・政策立案総括審議官	長野裕子
学習基盤審議官	浅野敦行
審議官(総合教育政策局担当)	淵上孝
同(初等中等教育局担当)	安彦広斉
同(高等教育局及び科学技術政策連携担当)	西條正明
同(科学技術・学術政策局担当)	清浦隆
同(研究振興局及び高等教育政策連携担当)	奥野真
同(研究開発局担当)	林孝浩
同 (同)	永井雅規
同(文化庁京都担当)	日向信和
文部科学戦略官(文化戦略官)	中原裕彦
文部科学戦略官	奈良哲
	森孝之 伊藤学司
	梶山正司
参 事 官	橋爪淳
同	森友浩史
人 事 課 長	平野誠
総 務 課 長	松坂浩史
会 計 課 長	松浦重和
政 策 課 長	次田彰
国 際 課 長	北山浩士
広報室長(文部科学広報官)	小野賢志
総務調整官(国会担当)	田野幸宣
同 (同)	草野純一
文教施設企画・防災部長	笠原隆
技 術 参 事 官	森政之
施 設 企 画 課 長	金光謙一郎
施 設 助 成 課 長	春山浩康
計 画 課 長	瀬戸信太郎
参事官(施設防災担当)	後藤勝

〔総合教育政策局〕

夜間(6734)2640(政策課)

局 長	望月禎
社会教育振興総括官	八木和広
政 策 課 長	滝波泰
調 査 企 画 課 長	枝慶
教育人材政策課長	後藤教至
国 際 教 育 課 長	中野理美
生涯学習推進課長	石橋晶

地域学習推進課長　高木秀人
男女共同参画共生
社会学習・安全課長　安里賀奈子

〔初等中等教育局〕
夜間(6734)2341(初等中等教育企画課)
局　　　　　　　長　矢野和彦
教育課程総括官　滝波　泰
初等中等教育企画課長　堀野晶三
財　務　課　長　安井順一郎
教育課程課長　常盤木祐一
児童生徒課長　伊藤史恵
幼児教育課長　藤岡謙一
特別支援教育課長　石田善顕
修学支援・教材課長　武藤久慶
教科書課長　黄地吉隆
健康教育・食育課長　南野圭史
参事官(高等学校担当)　田中義恭

〔高 等 教 育 局〕
夜間(3593)7192(高等教育企画課)
局　　　　　　　長　池田貴城
高等教育企画課長　小幡泰弘
大学教育・入試課長　古田和之
専門教育課長　梅原弘史
医学教育課長　俵　幸嗣
学生支援課長　吉田光成
国立大学法人支援課長　井上睦子
参事官(国際担当)　小林洋介
私　学　部　長　寺門成真
私学行政課長　神山　弘
私学助成課長　桐生　崇
参事官(学校法人担当)　村上良行

〔科学技術・学術政策局〕
夜間(6734)4004(政策課)
局　　　　　　　長　柿田恭良
科学技術・学術総括官　山下恭徳
政　策　課　長　山下恭徳
研究開発戦略課長　倉田佳奈江
人材政策課長　生田知子
研究環境課長　稲田剛毅
産業連携・地域振興課長　池田一郎
参事官(国際戦略担当)　大土井　智
科学技術・学術戦略官
(制度改革・調査担当)　高橋憲一郎

〔研 究 振 興 局〕
夜間(6734)4066(振興企画課)
局　　　　　　　長　塩見みづ枝
振興企画課長　坂下鈴鹿

基礎・基盤研究課長　西山崇志
大学研究基盤整備課長　柳澤好治
学術研究推進課長　田畑　磨
ライフサイエンス課長　釜井宏行
参事官(情報担当)　嶋崎政一
同(ナノテクノロジー・
物質・材料担当)　宅間裕子
研究振興戦略官　大月光康

〔研 究 開 発 局〕
夜間(6734)4128(開発企画課)
局　　　　　　　長　千原由幸
もんじゅ・ふげん
廃止措置対策監　二村英介
開発企画課長　新井知彦
地震・防災研究課長　郷家康徳
海洋地球課長　山之内裕哉
環境エネルギー課長　轟　渉
宇宙開発利用課長　上田光幸
原子力課長　奥　篤史
参事官(原子力
損害賠償担当)　佐藤弘毅
研究開発戦略官
(核融合・原子力国
際協力担当)　馬場大輔
同(核燃料サイクル
・廃止措置担当)　井出太郎

〔国 際 統 括 官〕
国際統括官　渡辺正実

〔国立教育政策研究所〕
〒100-8951 千代田区霞が関3-2-2
中央合同庁舎第7号館東館5〜6F
☎03(6734)6833
所　　　　　　長　瀧本　寛
所　長　代　理　梅澤　敦
総　務　部　長　武井久幸
研究企画開発部長　田村寿浩
教育政策・評価研究部長　藤原文雄
生涯学習政策研究部長　銀島　文
初等中等教育研究部長　藤原文雄
国際研究・協力部長　大野彰子

〔科学技術・学術政策研究所〕
〒100-0013 千代田区霞が関3-2-2
中央合同庁舎第7号館東館16F
☎03(3581)2391
所　　　　　　長　大山真未
総　務　研　究　官　中津健之
総　務　課　長　若旅寿夫

ス ポ ー ツ 庁
文部科学省内 ☎03(5253)4111
長　　　　　官　室伏広治

スポーツ庁

文部科学省

次　　　　長	茂　里　　　毅
審　議　官	橋　場　　　健
スポーツ総括官	先　﨑　卓　歩
政　策　課　長	先　﨑　卓　歩
健康スポーツ課長	和　田　　　訓
地域スポーツ課長	橋　田　　　裕
競技スポーツ課長	日　比　謙一郎
参事官（国際担当）	柿　澤　雄　二
参事官（地域振興担当）	田　中　一　明
参事官（民間スポーツ担当）	桃　井　謙　佑

文　化　庁

（京都庁舎）〒602-8959 京都市上京区下長者町通新
　　　　　　　町西入藪之内町85-4 ☎075（451）4111
（東京庁舎）〒100-8959 千代田区霞が関3-2-2
　　　　　　　☎03（5253）4111

長　　　　　官	都　倉　俊　一
次　　　　　長	森　田　正　信
同	合　田　哲　雄
審　議　官	小　林　万里子
同	今　泉　柔　剛
文化財鑑査官	山　下　信一郎
文化戦略官（総合調整担当）	今　井　裕　一
政　策　課　長	篠　田　智　志
企画調整課長	寺　本　恒　昌
文化経済・国際課長	板　倉　　　寛
国　語　課　長	今　村　聡　子
著作権課長	籾　井　圭　子
文化資源活用課長	齋　藤　憲一郎
文化財第一課長	三　輪　善　英
文化財第二課長	田　中　禎　彦
宗　務　課　長	山　田　泰　造
参事官（芸術文化担当）	圓　入　由　美
同（生活文化創造担当）	児　玉　大　輔
同（文化拠点担当）	磯　野　哲　也
同（生活文化連携担当）	髙　橋　一　成

厚生労働省

〒100-8916 千代田区霞が関1-2-2
中央合同庁舎5号館本館 ☎03（5253）1111

大　　　　臣	武　見　敬　三
副　大　臣	濵　地　雅　一
副　大　臣	宮　崎　政　久
大臣政務官	三　浦　　　靖
大臣政務官	塩　崎　彰　久
事　務　次　官	大　島　一　博

厚生労働審議官	田　中　誠　二
医　務　技　監	迫　井　正　深
秘　書　官	田　中　真　也
同 事務取扱	草　野　哲　也
同 事務取扱	南　　　孝　徳

〔大　臣　官　房〕
夜間（3595）3036（総務課）

官　房　長	村　山　　　誠
総　括　審　議　官	黒　田　秀　郎
同　（国際担当）	富　田　　　望
危機管理・医務技術総括審議官	森　光　敬　子
公文書監理官	小　宅　栄　作
審議官（医政、精神保健医療、災害対策担当）（老健局、保険局併任）	宮　本　直　樹
同（健康、生活衛生、アルコール健康障害対策、業務管理当）	鳥　井　陽　一
同（医薬担当）	吉　田　易　範
同（労働条件政策、賃金担当）	増　田　嗣　郎
同（労災、建設・自動車運送分野担当）	梶　原　輝　昭
同（職業安定、労働市場整備担当）	石　垣　健　彦
同（雇用環境、均等担当）	宮　本　悦　子
同（社会、援護、地域共生・自殺対策、人道調査、福祉連携、年金担当）	泉　　　潤　一
同（老健、障害保健福祉担当）（社会・援護局併任）	斎　須　朋　之
同（医療保険担当）	日　原　知　己
同（医療介護連携、データヘルス改革担当）（医政局、老健局併任）	須　田　俊　孝
同（人材開発、外国人雇用、都道府県担当）	原　口　　　剛
同（総合政策）（政策統括室長代理、保健局併任）	宮　崎　敦　文
地域保健福祉施策特別分析官	駒　木　賢　司
国際保健福祉交渉官	日　下　英　司
国際労働交渉官	秋　山　伸　一
人　事　課　長	源　河　真規子
参事官（人事担当）	矢　田　貝　泰　之
人　事　調　査　官	鈴　木　高太郎
調　査　官	乃　村　久　代
人　事　企　画　官	國　代　尚　章
総　務　課　長	成　松　英　範
参事官（法務担当）（法務室長併任）	福　島　悠　子
公文書監理・情報公開室長（総務室長併任）	松　崎　俊　久
広　報　室　長	小　園　英　俊
国連絡室長（併）	佐　藤　　　純
会　計　課　長	森　　　真　弘
会　計　管　理　官	渡　辺　正　道
監査指導室長	小　山　英　夫
経　理　室　長	藤　原　　　毅

管理室長　櫻井淳忠
厚生管理官（厚生管理室長併任）　奥平忠幸
地方課長（労働局業務改革推進室長併任）　弓信幸
参事官（地方担当）（地方事務局管理室長併任）　菊池育也
地方公課官（地方支分部局法令遵守室長、労働局業務改革推進室長代理、労働行政デジタル化企画室長併任）　千原啓
業務改善分析官　野田幸裕
国際課長　中村かおり
国際企画・戦略官（併）　梶野友樹
国際保健・協力官　井谷哲也
国際労働・協力官　先崎誠
厚生科学課長　伯野春彦
災害等危機管理対策官　綾賢治
研究企画官　高江慎一
参事官（総括調整、障害者雇用担当）　岡英範
参事官（自殺対策担当）　前田奈歩子
参事官（感染症対策、医政、総括調整、行政改革、人事担当）　梶野友樹
参事官（救急・周産期・災害医療等、医療提供体制改革担当）　高宮裕介
参事官（雇用環境政策担当）　立石祐子
参事官（情報化担当）情報化担当参事官室長併　岡本利久

〔医　政　局〕
夜間(3595)2189(総務課)

局　長　浅沼一成
総務課長（医政局医療経理室長併任）　姫野泰啓
医療政策企画官　坪口創太
地域医療計画課長　佐々木孝治
医療安全推進・医務指導室長　松本晴樹
医師確保等地域医療対策室長（医療対策室長併）　有賀玲子
医療経営支援課長　和田昌弘
国立ハンセン病療養所対策室長　藤岡裕樹
医療独立行政法人支援室長　兼平正彦
政策医療推進官（併）　中西浩之
医事課長　林修一郎
試験免許室長　川畑測久
医師臨床研修推進室長　錦泰司
死因究明等企画調査室長（併）　中野貴章
歯科保健課長　小椋正之
歯科口腔保健推進室長　和田康志
看護課長　習田由美子
看護サービス推進室長　後藤友美
看護職員確保対策官　櫻井公彦

医療産業振興・医療情報審議官　内山博之
医療産業振興・医療情報企画課長　水谷忠由
セルフケア・セルフメディケーション推進室長（併）　水谷忠由
医療機器政策室長　鶴田真也
首席流通指導官（流通指導室長併）　信沢正和
医療用物資等確保官　水谷忠由
研究開発政策課長　中田勝己
治験推進室長　飯村康夫
参事官（特定医薬品開発支援・医療情報担当）参事官室長併任　田中彰子

〔健康・生活衛生局〕
夜間(3595)2207(総務課)

局　長　大坪寛子
総務課長　海老敬可
指導調査室長　比嘉敏充
原子爆弾被爆者援護対策室長　岡野和薫
健康課長　山本英紀
地域保健企画官　坂井英興
保健指導専門官　五十嵐久美子
がん・疾病対策課長　西嶋康浩
肝炎対策推進室長（B型肝炎訴訟対策室長併）　岡野和薫
難病対策課長　山田章平
移植医療対策室長　野田博之
生活衛生局長　諏訪克之
生活衛生対策企画官（併）　扇谷りん
水道課長　名倉良雄
水道計画指導室長　倉谷英和
水道水質管理官（水道水質管理室長併）　柳田貴広
食品基準審査課長　近藤恵美子
食品監視安全課長　森田剛史
食品監視分析官　三木朗
輸入食品安全対策官　福島和子
食品安全対策室長　佐々木昌弘
感染症対策部長　森田博通
企画・検疫課長　川崎信治
検疫所業務企画調整官（検疫所管理室長併）　川崎信治
感染症対策課長　荒木裕人
感染症情報管理官　横田栄一
予防接種室長　堀裕行
感染症対策戦略官　藤田一郎

〔医　薬　局〕
夜間(3595)2377(総務課)

局　長　城克文
総務課長　衣笠秀一
国際薬事規制室長（併）　古賀大輔

役職	氏名
医薬品副作用被害対策室長(併)	谷 俊輔
薬事企画官	太田 美紀
医薬品審査管理課長	中山 清人
医療機器審査管理課長	中山 智紀
医薬安全対策課長	野村 由美子
監視指導・麻薬対策課長	佐藤 大作
麻薬対策企画官(監視指導室長併任)	木村 剛一郎
薬物取締調整官	小野原 光康
血液対策課長	山本 圭子

〔労働基準局〕
夜間(3595)3201(総務課)

役職	氏名
局長	鈴木 英二郎
総務課長	黒澤 朗
石綿対策室長	喜名 明子
主任労働専門調査官(労働保険審査会事務室併任)	木村 聡
労働保険業務分析官	穴井 元尚
労働条件政策課長	澁谷 秀行
労働条件確保改善対策室長	田上 喜宏
医療労働企画官	坪野 宏徳
過労死等防止対策企画官	坪野 直宏
労働時間特別対策室長(併)	坪野 宏徳
監督課長	竹野 佑喜
過重労働特別対策室長	岡田 直樹
調査官	古長 秀明
主任中央労働基準監察監督官(労働基準監察室長併任)	黒本 恭志
労働関係法課長	吉村 紀一郎
賃金課長	篠崎 拓也
主任中央賃金指導官	友住 弘一郎
賃金支払制度業務室長(併)	古長 秀明
最低賃金制度研究官	福味 恵
労災管理課長	松永 久
労災保険財政数理室長	小此木 裕二
主任中央労災補償監察官(労災補償監察室長併任)	菊池 宏二
建設石綿給付金認定等業務室長	池田 邦彦
労働保険徴収課長	片淵 仁文
労働保険徴収業務室長	田中 勝也
補償課長	児屋野 文男
労災補償訴訟分析官	黒田 修雄
職業病認定対策室長	水島 康雄
労災保険審理室長	田代 良文
調査官	三浦 栄一郎
労災保険業務室長	千葉 茂雄

役職	氏名
安全衛生部長	小林 洋子
計画課長	松下 和生
機構・団体管理室長(併)	三浦 栄一郎
調査官	星 宗士也
安全課長	小沼 宏治
建設安全対策室長	土井 智史
主任中央産業安全専門官	佐藤 誠
労働衛生課長	松岡 輝昌
産業保健支援室長	大村 倫久
治療と仕事の両立支援室長	立原 新
電離放射線労働者健康対策室長	宇野 浩一
主任中央労働衛生専門官	船井 雄一郎
中央じん肺診査医	井口 豪
職業性疾病分析官	佐々木 邦臣
化学物質対策課長	安井 省侍郎
化学物質評価室長	藤田 佳代
環境改善・ばく露対策室長	平川 秀樹

〔職業安定局〕
夜間(3502)6768(総務課)

役職	氏名
局長	山田 雅彦
総務課長	長良 健二
訓練受講支援室長	岡田 幸大
公共職業安定所運営企画室長	西海 国浩
人材確保支援総合企画室長	井上 英明
首席職業指導官	國分 一行
主任中央職業安定監察官	中原 明宏
人道調査室長(ハローワークサービス推進室長併任)	中村 正子
雇用政策課長	吉田 暁郎
労働移動支援室長	柴田 栄二郎
民間人材サービス推進室長	浅沼 茂樹
雇用復興企画官(労働市場情報整備推進企画室長併任)	髙田 崇司
労働市場分析官	武田 康祐
雇用保険課長	尾形 進
主任中央雇用保険監察官	生方 勝
調査官	鈴木 義和
需給調整事業課長	野鶴 章伸
労働市場基盤整備室長	中村 晃介
主任中央需給調整事業指導官	渡部 幸一郎
外国人雇用対策課長	川口 俊徳
海外人材受入就労対策室長	菊池 正明
国際労働力対策企画官(経済連携協定推進室長併任)	中野 響
労働市場センター業務室長	伊藤 浩之

主任システム計画官	渡辺　聡
高齢・障害者雇用開発審議官	田中佐智子
雇用開発企画課長	佐々木菜々子
就労支援室長	逸見志朗
建設・港湾対策室長	島田博和
高齢者雇用対策課長	宿里明弘
障害者雇用対策課長	西澤栄晃
地域就労支援室長	三倉永圭介
調査官	川端輝彦
主任障害者雇用専門官	樋野一美
地域雇用対策課長	福岡洋志

〔雇用環境・均等局〕

局長	堀井奈津子
総務課長	牛島　聡
雇用環境政策室長(兼)	立石祐子
労働紛争処理業務室長	佐野耕作
主任雇用環境・均等監察官(雇用環境・均等監察室長)	光永圭子
雇用機会均等課長	安藤英樹
ハラスメント防止対策室長	千葉裕子
有期・短時間労働課長	田村　雅
職業生活両立課長	平岡宏一
在宅労働課長	原田浩一
フリーランス就業環境整備室長(併)	佐野耕作
勤労者生活課長	大隈俊弥
労働者協同組合業務室長	水野嘉郎
労働金庫業務室長	紀伊洋一

〔社会・援護局〕

夜間(3595)2612(総務課)

局長	朝川知昭
総務課長	乗越徹哉
女性支援室長	野中祥子
自殺対策推進室長(併)	前田奈歩子
保護課長	大場寛之
自立推進・指導監査室長	三浦正樹
保護事業室長	河合篤史
地域福祉課長	金原辰夫
成年後見制度利用促進室長	火宮麻衣子
消費生活協同組合業務室長	井上　宏
生活困窮者自立支援室長(地域共生社会推進室長)	米田隆史
福祉基盤課長	田中規倫
福祉人材確保対策室長(福祉人材確保対策室長併任)	吉田昌司
援護企画課長	石塚哲朗

中国残留邦人等支援室長	宇口良子
援護・業務課長	添田徹郎
事業課長	浅見　嗣
事業推進室長	飯郷正智
戦没者遺骨鑑定推進室長	飯郷正智
障害保健福祉部長	辺見　聡
企画課長(アルコール健康障害対策推進室長併任)	江口　満
自立支援振興室長	川部勝一
施設管理室長	日野　勝
障害福祉課長	伊藤洋平
地域生活・発達障害者支援室長	羽野嘉朗
精神・障害保健課長	小林秀幸
心の健康支援室長(公認心理師制度推進室長併任)	竹之内秀吉
依存症対策推進室長(企画運営障害福祉サービス等データ企画室長併任)	羽野嘉朗

〔老健局〕

夜間(3591)0954(総務課)

局長	間　隆一郎
総務課長	山口高志
介護保険指導室長	奥出吉規
介護保険計画課長	簑原哲弘
高齢者支援課長	峰村浩司
介護業務効率化・生産性向上推進室長	奥山晃正
認知症施策・地域介護推進課長	和田幸典
認知症総合戦略企画官(地域づくり推進室長併任)	尾﨑美弥子
老人保健課長	古元重和

〔保険局〕

夜間(3595)2550(総務課)

局長	伊原和人
総務課長	池上直樹
保険課長	山下　護
全国健康保険協会管理室長	髙橋賢治
国民健康保険課長	笹子宗一郎
高齢者医療課長	安中　健
医療介護連携政策課長	竹内尚也
保険データ企画室長	中園和貴
医療課長	眞鍋　馨
歯科医療管理官	小嶺祐子
保険医療企画調査室長	荻原和宏
医療技術評価推進室長	木下栄作
医療保険制度改革推進室長(命)	角園太一
医療指導監査室長	諸冨伸夫
薬剤管理官	安川孝志

調査課長　鈴木健二彦
数理企画官　江郷雄二
J-LIS突合事業推進室長代理　大竹雄二

〔年金局〕

夜間(3595)2862（総務課）

局長　橋本泰宏
総務課長　小野俊樹
首席年金数理官　村田祐美子
年金数理官（企業年金・個人年金基金数理室長併任）　榎広之
年金課長　若林健吾
年金制度改革推進官　芦田雅嗣
国際年金課長　花咲恵乃
資金運用課長　西平賢哉
企業年金・個人年金課長　海老敬裕
数理課長　佐藤　剛
数理調整管理官（数理調整管理室長併任）　木村　亮
年金管理審議官　巽　慎一
事業企画課長　樋口俊哉
年金記録回復室長・年金事業運営推進室長併任　石川義浩
システム室長　大野裕子
調査室長　楠田裕広
監査室長　設楽保浩
会計室長　服部浩樹
事業管理課長　水野忠幸
給付事業室長（併）　吉田貴典

〔人材開発統括官〕

人材開発統括官　岸本武史
参事官（人材開発総務担当参事官室長併任）　宇野禎晃
参事官（人材開発政策担当参事官室長併任）　松瀬貴裕
訓練企画官（訓練企画室長併任）　桃井竜介
特別支援企画官（特別支援室長併任）　菊地政幸
就労支援訓練企画官（政策企画室長併任）　横田和晃
主任職業能力開発指導官　清野見平
参事官（若年者・キャリア形成支援担当参事官室長併任）　谷山正範
キャリア形成支援企画官（キャリア形成支援室長併任）　佐藤悦子
企業内人材開発支援企画官（企業内人材開発室長併任）　秋山雅和
参事官（能力評価担当参事官室長併任）　安達佳弘
主任職業能力検定官　増宗一郎
参事官（海外人材育成担当参事官室長併任）　堀泰雄
海外協力企画官（海外協力室長併任）　中村宇一

〔政策統括官〕

政策統括官（総合政策担当）（政策統括官併任）　鹿沼均
審議官（総合政策担当）（政策統括官付併任）　宮崎敦文
政策立案総括審議官（統計・総合政策、政策評価担当）　青山桂子
労働経済特別研究官　中井雅之
参事官（総合政策担当）（政策統括官付併任）　安藤公一
参事官（総合政策担当）（政策統括官副括官併任）　平嶋壮州
政策企画官　安田正博
同　山本博也
社会保障財政企画官　草野哲也
労働経済調査官　古屋勝史
社会保障調査官　増井英紀
参事官（調査分析・評価担当）（政策立案・評価担当参事官室長併任）　三村国雄
政策立案・評価推進官　山田伸二
政策統括官（統計・情報システム管理、労使関係担当）　森川善樹
政策立案総括審議官（統計・総合政策、政策評価担当）　青山桂子
参事官（企画調整担当）（統計・情報総務室長併任）　石津克己
政策企画官　白木紀行
統計企画調整官（統計企画調整室長併任）　飯島俊哉
審査解析官（審査解析室長併任）　長山直樹
統計管理官（人口動態・保健統計室長併任）　鎌田真隆
統計企画調整官（保健統計室長併任）（併）　高山研
社会統計官（世帯統計室長併任）（併）　鎌田真隆
統計管理官（世帯統計室長併任）　藤井義弘
統計管理官（雇用・賃金福祉統計室長併任）　角井伸一
統計技法研究官　野口智明
賃金福祉統計官（賃金福祉統計室長併任）　田野伸彦
調査官　村野卓男
参事官（労使関係担当参事官室長併任）　大塚弘満
調査官　石崎琢也
サイバーセキュリティ・情報化審議官　三田一博
参事官（サイバーセキュリティ担当）（情報システム管理担当）（サイバーセキュリティ担当参事官室長併任）　常盤剛史
情報システム管理官（情報システム管理室長併任）　笹木義勝

〔国立医薬品食品衛生研究所〕

〒210-9501　川崎市川崎区殿町3-25-26
☎044(270)6600

所長　本間正充

〔国立保健医療科学院〕
〒351-0197 和光市南2-3-6
☎048(458)6111
院　　　長　曽根智史
〔国立社会保障・人口問題研究所〕
〒100-0011 千代田区内幸町2-2-3
日比谷国際ビル6F ☎03(3595)2984
所　　　長　田辺国昭
〔国立感染症研究所〕
〒162-8640 新宿区戸山1-23-1
☎03(5285)1111
所　　　長　脇田隆字
〔中央労働委員会〕
〒105-0011 港区芝公園1-5-32
労働委員会会館内 ☎(5403)2111
会　　　長　岩村正彦
会 長 代 理　山川隆一
　　　　　　石井　浩　鹿野菜穂子
公 益 委 員　鹿士眞由美
　　　　　　小西康之　松下淳一
　　　　　　守島基博　西川佳代
　　　　　　磯部　哲　小坪淳子
　　　　　　深道祐子　小畑史子
　　　　　　久保田安彦　原　恵美
労 働 者 委 員　村上陽利通
　　　　　　竹井京二　宮本礼一
　　　　　　山本和代　髙橋洋子
　　　　　　北口明代　六本木清子
　　　　　　中島　徹　冨永雄一
　　　　　　池之谷　潤　岡本吉洋
　　　　　　新井行夫　桂　惠子
　　　　　　野中孝泰　井上久美枝
使 用 者 委 員　田中恭代
　　　　　　柳井秀朗　坂田甲一
　　　　　　長野正史　小野寺敦子
　　　　　　宮近清文　井上龍一
　　　　　　小倉基弘　小林洋子
　　　　　　小山　茂　高山靖子
　　　　　　布山祐子　池上　僚一
　　　　　　久能木慶治　萩原　靖
事 務 局 長　奈尾基弘
審議官（調整・
企画広報担当）　志村幸久
同　　（審査担当）　河野恭子
総 務 課 長　川口秀人
審 査 課 長　田尻智幸

農林水産省

〔農林水産省〕
〒100-8950 千代田区霞が関1-2-1
中央合同庁舎1号館 ☎03(3502)8111
大　　　臣　坂本哲志
副 大 臣　武村展英
副 大 臣　鈴木憲和
大 臣 政 務 官　舞立昇治
大 臣 政 務 官　高橋光男
事 務 次 官　横山　紳
農林水産審議官　小川良介
秘 書 官　山室　絢
同　事務取扱　三上善之
〔大 臣 官 房〕
夜間(6744)2428(文書課)
官 房 長　渡邊　毅
総 括 審 議 官　杉中　淳
総括審議官(新事業・食品産業)　宮浦浩司
技術総括審議官　川合豊彦
危機管理・政策
立案総括審議官　松尾浩則
公文書監理官　菅家秀人
サイバーセキュリティ・
情報化審議官　菅々秀人
輸出促進審議官
（兼輸出・国際局）　山口　靖
生産振興審議官
（兼畜産局）　佐藤　紳
審議官(技術・環境)　秋葉一彦
同(兼消費・安全局)　坂田　進
同　（兼消費・安全局）　熊谷法夫
同(兼輸出・国際局・文書総括)　坂　勝浩
同　（兼輸出・国際局・
新事業・食品産業）　笹路　健
同　（兼畜産局）　関村静雄
同　（兼経営局）　勝野美江
同　（兼経営局）　押切光弘
同(兼農村振興局)　四日市正俊
参事官(環境・兼輸出・国際局)　萩原英樹
同（兼輸出・国際局・
兼輸出・国際局）　大島英彦
国際food情報特別分
析官（兼輸出・国際局）　道野英司
報 道 官　小峰賢哉

363

秘書課長	河南　健
文書課長	髙橋広道
予算課長	髙橋一郎
政策課長	髙山成年
技術政策室長	齊賀大昌
食料安全保障室長	宮長郁夫
広報評価課長	神田宜宏
広報室長	澤田昌利
報道室長	濱中康人
情報管理室長	白江啓治
情報分析室長	牧之瀬泰志
地方課長	井上　計
災害総合対策室長	川島秀樹
環境バイオマス政策課長	清水浩太郎
再生可能エネルギー室長	渡邉泰夫
みどりの食料システム戦略グループ長	久保牧衣子
地球環境対策室長	統橋　亮
参事官	仲澤　正
同	牛田正克
同	小坂伸行
デジタル戦略グループ長	窪山富士男
参事官	窪山富士男
新事業・国際グループ長	飯田明子
参事官（兼大臣官房新事業・食品産業部）	飯田明子
規制対策グループ長	内田博文
参事官（兼輸出・国際局）	内田博文
新興地域グループ長	浅野大介
参事官（兼輸出・国際局）	浅野大介
検査・監察部長	深水秀介
調整・監察課長	上口直紀
審査室長	曽田　明
行政監察室長	後藤　仁
会計監査室長	小鷲博之
検査課長	谷口和彦
農林水産政策研究所長	内田幸雄
農林水産政策研究所次長	植村悌尚
農林水産研修所長	塚田孝二

〔統　計　部〕

夜間（3502）5609（管理課）

部長	山田英也
管理課長	玉原雅史
統計品質向上室長	都田幸伸
経営・構造統計課長	三嶋英一
センサス統計室長	坂井一夫
生産流通消費統計課長	橋本陽子

消費統計室長	三浦　晃
統計企画管理官	藤井将邦

〔新事業・食品産業部〕

夜間（3502）7568（新事業・食品産業政策課）

部長	小林大樹
新事業・食品産業政策課長	尾﨑　道
ファイナンス室長	溝口武志
企画グループ長	木村崇之
商品取引グループ長	今野憲太郎
商品取引室長	今野憲太郎
食品流通課長	藏谷恵大
卸売市場室長	戎井靖貴
食品製造課長	渡邉顕太郎
食品企業行動室長	髙畠和子
基準認証室長	進藤友寛
外食・食文化課長	五十嵐麻衣子
食品ロス・リサイクル対策室長	熊田純子
食文化室長	神林悠介

〔消費・安全局〕

夜間（3502）8512（総務課）

局長	安岡澄人
総務課長	平中隆司
消費者行政・食育課長	野添剛司
米穀流通・食品表示監視室長	佐久間　浩
食品安全政策課長	新川俊一
食品安全科学室長	浮穴学宗
国際基準室長	古田暁人
農産安全管理課長	石岡知洋
農薬対策室長	楠川雅史
畜水産安全管理課長	星野和久
飼料安全・薬事室長	古川　明
水産安全室長	阿部　智
植物防疫課長	尾室義典
防疫対策室長	羽石洋平
国際室長	小林正寿
動物衛生課長	沖田賢治
家畜防疫対策室長	大倉達洋
国際衛生対策室長	松尾和俊
参事官	横山博一

〔輸出・国際局〕

夜間（3502）5851（総務課）

局長	水野政義
輸出・国際局付（兼内閣審議官）	山口博之
総務課長	伊藤優志
国際政策室長	近藤　信

輸出企画課長	吉松	亨
輸出支援課長	望月 光顕	
輸出産地形成室長	大橋 聡男	
輸出環境整備室長	高木 徹	
国際地域課長	国枝 玄	
海外連携グループ長	西浦 博之	
参 事 官	西浦 博之	
海外連携推進室長	大川 幸樹	
国際経済課長	小島 裕章	
国際戦略グループ長	米田 立子	
知的財産課長	松本 修一	
地理的表示保護推進室長	氷熊 光太郎	
種苗室長	海老原 康仁	

〔農 産 局〕
夜間(3502)5937(総務課)

局 長	平形 雄策	
総 務 課 長	川本 登	
生産推進室長	坂田 尚史	
国 際 室 長	清水 美佳子	
会 計 室 長	酒井 利成	
穀 物 課 長	佐藤 夏人	
米麦流通加工対策室長	葛原 祐介	
経営安定対策室長	渡邉 浩史	
園芸作物課長	長峰 徹昭	
園芸流通加工対策室長	宇井 伸一	
花き産業・施設園芸室長	小宮 英稔	
地域作物課長	石田 大喜	
果樹・茶グループ長	仙波 徹	
農産政策部長	松本 平	
企 画 課 長	武田 裕紀	
米穀貿易企画室長	廣田 美香	
水田農業対策室長	梅下 幸弘	
貿易業務室長	平野 賢一	
米麦品質保証室長	奥平 謙二	
技術普及課長	吉田 剛	
生産資材対策室長	土佐 竜一	
農業環境対策課長	松本 賢英	

〔畜 産 局〕
夜間(6744)0564(総務課)

局 長	渡邉 洋一	
総 務 課 長	三野 敏克	
畜産総合推進室長	新井 健一	
企 画 課 長	木下 雅由	
畜産経営安定対策室長	丹 菊直子	
畜産振興課長	郷 達也	

畜産技術室長	葛谷 好弘	
家畜遺伝資源管理保護室長	相田 剛伸	
飼 料 課 長	廣岡 亮介	
流通飼料対策室長	天野 宏之	
牛乳乳製品課長	須永 新平	
食肉鶏卵課長	猪口 隼人	
食肉需給対策室長	上田 泰史	
競馬監督課長	水野 秀信	

〔経 営 局〕
夜間(3502)6432(総務課)

局 長	村井 正親	
総 務 課 長	天野 正治	
調 整 室 長	浅野 勝正	
経営政策課長	日向 彰	
担い手総合対策室長	藤田 裕一	
農地政策課長	峯村 英児	
農地集積・集約化促進室長	前川 光春	
就農・女性課長	尾室 幸子	
女性活躍推進室長	伊藤 里香子	
協同組織課長	姫野 崇範	
経営・組織対策室長	菊地 護	
金融調整課長	宮田 龍栄	
保 険 課 長	白石 知隆	
農業経営収入保険室長	御村 吉伸	
保険監理官	土居下 充洋	

〔農 村 振 興 局〕
夜間(3502)5997(総務課)

局 長	長井 俊彦	
次 長	青山 健治	
総 務 課 長	山里 直志	
農村政策部長	佐藤 一絵	
農村計画課長	新川 元康	
農村政策推進室長	長田 恵理子	
都市農業室長	高橋 正智	
地域振興課長	山本 恵太	
中山間地域・日本型直接支払室長	野中 振挙	
都市農村交流課長	影山 義人	
農泊推進室長	村山 直康	
農福連携推進室長	渡邉 桃代	
鳥獣対策・農村環境課長	藤河 正英	
鳥獣対策室長	阿部 尚人	
農村環境対策室長	寺島 友子	
整 備 部 長	緒方 和之	
設 計 課 長	石川 英一	
計画調整室長	渡邉 泰浩	

農林水産省
林野庁
水産庁

施工企画調整室長　土屋恒久
海外土地改良技術室長　鷲野健二
土地改良企画課長　鈴木大造
水資源課長　瀧川拓哉
農業用水対策室長　渡邊雅彦
施設保全管理室長　志村和信
農地資源課長　荻野憲一
経営育成基盤整備推進室長　渡辺一行
多面的機能支払推進室長　栗田徹
地域整備課長　武井一郎
防災課長　石井克欣
防災・減災対策室長　渡部和弘
災害対策室長　能見智人

〔農林水産技術会議〕
夜間(3502)7399(研究調整課)
会長　本川一善
事務局長　川合豊彦
研究総務官　内田幸雄
同　東野昭浩
研究調整課長　今野
研究企画課長　羽子田知子
イノベーション戦略室長　下岡豊
研究推進課長　藤田晋吾
産学連携室長　大熊武
国際研究官　渡辺裕子
研究統括官　草場新之助
研究開発官　森幸子
研究調整官　(兼)大潟直樹
(兼)長崎裕司　(兼)桂真昭
(兼)北川巌　閑念麿聡
(兼)内田真司

林　野　庁
〒100-8952　千代田区霞が関1-2-1
中央合同庁舎1号館　☎03(3502)8111
夜間(3502)7968(林政課)
長官　青山豊久
次長　小坂善太郎
林政部長　谷村栄二
林政課長　望月健
監査室長　河野裕之
企画課長　上杉貴輔
経営課長　渡邉泰憲
林業労働・経営対策室長　岡村篤憲
特用林産対策室長　塚田直子

木材産業課長　石田良行
木材製品技術室長　土居隆良
木材利用課長　難波良元
木材貿易対策室長　赤羽元
森林整備部長　長崎圭太
計画課長　齋藤健善幸
施工企画調整室長　徳留朗
海外林業協力室長　谷本哲淳
森林利用課長　福田人
森林集積推進室長　城風人
山村振興・緑化推進室長　諏訪幹夫
整備課長　木下仁
造林間伐対策室長　石井洋宏
治山課長　河合正樹
山地災害対策室長　門脇裕治
保安林・盛土対策室長　谷秀穂
研究指導課長　安高志昭
技術開発推進室長　増田義学
森林保護対策室長　竹内
国有林野部長　橘政規
管理課長　黒田裕樹
福利厚生室長　岩井広
経営企画課長　眞城英一
国有林野総合利用推進室長　尾前幸太郎
国有林野生態系推進室長　森山昌人
業務課長　嶋田理
国有林野管理室長　善行宏

水　産　庁
〒100-8907　千代田区霞が関1-2-1
中央合同庁舎1号館　☎03(3502)8111
夜間(3502)8397(漁政課)
長官　森健
次長　藤田仁司
漁政部長　山口潤一郎
漁政課長　河村仁
船舶管理室長　杉原正夫
企画課長　河嶋正敏
水産業体質強化推進室長　山下信
水産経営課長　髙屋繁樹
指導室長　髙塩手宏一
加工流通課長　平手英典
水産流通適正化推進室長　御厨敷寛志
水産物需要対策室長　三輪剛志
漁業保険管理官　原口大志

参事官	坂本清一
資源管理部長	魚谷敏紀
審議官	福田工
管理調整課長	水川明大久
資源管理推進室長	永田祥
沿岸・遊漁室長	城崎和義
国際課長	松尾龍志
捕鯨室長	坂本孝明
かつお・まぐろ漁業室長	成澤行人
海外漁業協力室長	鹿田敏嗣
漁業取締課長	南克洋
外国漁船対策室長	今井浩人
参事官	川島哲哉
増殖推進部長	坂康之
研究指導課長	長谷川裕康
海洋技術室長	武田行生
漁場資源課長	諸貫秀亮
生態系保全室長	大森亮
栽培養殖課長	柿沼忠秋
内水面漁業振興室長	生駒潔
参事官	森賢
漁港漁場整備部長	田中郁也
計画課長	中村隆
整備課長	渡邉浩二
防災漁村室長	櫻井政和
水産施設災害対策室長	中村克彦

（漁業取締本部）

本部長	森健
副本部長	藤田仁司

経済産業省

〒100-8901 千代田区霞が関1-3-1
（調査統計グループは〒100-8902）
☎03(3501)1511

大臣	齋藤健
副大臣	岩田和親
同	上月良祐
大臣政務官	吉田宣弘
同	石井拓
事務次官	飯田祐二
経済産業審議官	保坂伸
秘書官	清水道郎
同 事務取扱	能村幸輝

〔大臣官房〕
夜間(3501)1609(総務課)

官房長	藤木俊光
総括審議官(併)公文書監理官	南亮
政策立案総括審議官 首席GX機構設立準備政策統括調整官	龍崎孝嗣
技術総括・保安審議官	辻本圭助
審議官(政策総合調整担当)	田尻貴裕
政策統括調整官(国際関係担当)(併)	荒井勝喜
秘書課長	小林大和
参事官(技術・高度人材戦略担当)(併)危機管理・災害対策室長	宮﨑貴哉
人事企画官	鬼塚貴子
人事審査官	佐竹佳典
企画官(労務担当)	藤野広秋
企画調査官	宮下誠一
企画官	上山圭一郎
総務課長	香山文
国会業務室長	阿部康幸
国会連絡室長(併)国会業務連絡調整官	山本剛
業務管理官	天野博之
文書室長(併)公文書監理室長	小町僚明
文書管理官	高橋徹
広報室長	加賀義弘
政策審議室長(併)	香山弘文
会計課長	浦上健一朗
経理審査官	細谷賢二
監査官	伊藤栄二
監査室長(併)	浦上健一朗
厚生企画室長	北村敦司
厚生審査官	加部寿之
業務改革課長(併)政策立案推進室長(併)情報公開推進室長(併)個人情報保護室長	福本拓也
情報システム室長(併)デジタル・トランスフォーメーション室長	酒井崇行
統括情報セキュリティ対策官	山下毅
首席経済安全保障政策統括調整官	福永哲郎
首席GX推進戦略統括調整官	畠山陽二郎
GX推進戦略室長(併)	大貫繁樹
国際カーボンニュートラル政策室長(併)	木原晋一
首席ビジネス・人権政策統括調整官	松尾剛彦
ビジネス・人権政策統括調整官	柏原恭子
ビジネス・人権政策統括調整官	折居直
未来人材政策統括調整官	菊川人吾
未来人材室長(併)	島津裕紀
EBPM推進政策統括調整官(併)	藤木俊光

EBPM推進室長（併）	福本拓也
ＥＢＰＭ推進室総括企画調整官	橋本淳二郎
首席スタートアップ創出推進政策統括調整官地域経済産業審議官	吾郷進平
スタートアップ創出推進室長	亀山慎之介
スタートアップ創出推進室総括企画調整官	南知果
首席Web3.0推進政策統括調整官	吾郷進平
Web3.0推進政策統括調整官	西村秀隆
同（併）	森田健太郎
Web3.0政策推進室長	亀山慎之介
首席資源自律経済戦略企画推進政策統括調整官	畠田陽二郎
資源自律経済戦略企画室長	田中将
経済・産業分析官	藤田和彦
国際競争情報分析官（貿易・投資環境担当）	田口左信樹
グローバル産業室長	是永基樹
グローバル産業室企画官	福田一徳
同（併）	小川幹子

〔大臣官房調査統計グループ〕

調査統計グループ長（併）	殿木文明
参事官（統計グループ・総合調整担当）（併）総合調整官	竹田憲
統括統計官	菅原浩志
同	馬場勝己
統計企画室長	守谷敦
統計情報システム室長	飯島勇
データマネジメント推進室長	杵渕敦
業務管理室長	渡邉幹夫
経済解析室長	竹永祥久
構造・企業統計室長	赤坂俊之
鉱工業動態統計室長	田村秀一
サービス動態統計室長	田邉敬世

〔大臣官房福島復興推進グループ〕

福島原子力事故処理調整総括官（併）廃炉・汚染水・処理水特別対策監	新居泰人
福島復興推進グループ長（併）廃炉・汚染水・処理水損害対応支援室長	片岡宏一郎
原子力事故災害対処総括調整官	湯本啓市
廃炉・汚染水・処理水対策現地事務所長	鈴木啓之
審議官（原子力防災担当）福島復興推進政策統括調整官	川合現
原子力被災者生活支援チーム参議官（併）福島復興推進政策グループ付	師田晃彦
資源エネルギー庁長官官房国際原子力技術特別研究官（併）資源エネルギー庁長官官房国際課（併）廃炉・汚染水・処理水特別対策監	八木雅浩
原子力損害対応総合調整官（併）原子力損害対応室長	乃田昌幸

業務管理室長	川崎雅和
政策調整官	佐々木雅人
企画調査官（福島復興推進担当）	古川雄一
福島新産業・雇用創出推進室長・雇用創出事業・なりわい再建支援室長（併）福島広報戦略・風評被害対応室長	三牧純一郎
企画官	平塚智章
企画官	山本慎一郎
原子力被災者生活支援チーム参事官（併）福島県文化財政策文化権所事故収束対応室長	髙砂義行
原子力発電所事故収束対応調整官	山口雄三
東京電力福島第一原子力発電所事故収束・汚染水・処理水対策監	北村貴志
参事官	筋野晃司
企画官	堤理仁
原子力発電所事故収束対応調整官	田辺有紀
原子力発電所事故収束対応調整官	出雲晃
原子力損害対応企画調整官	山本茂

〔経済産業政策局〕

夜間（3501）1674（総務課）

局長（併）首席エネルギー・環境・イノベーション政策新産業戦略創政策統括調整官	山下隆一
首席スタートアップ出推進政策統括調整官	吾郷進平
審議官（経済産業政策局担当）	菊川人吾
同（同）	井上誠一郎
アジア新産業共創政策統括調整官（併）	福永哲郎
同（併）	松尾剛彦
業務管理官室長	平松克彦
総務課長	奥家敏生
政策企画官	日髙圭
調査課長	田代毅
企業統計室長	田代毅
産業構造課長	梶直弘
産業組織課長	中西友昭
競争環境整備室長	杉原光俊
知的財産政策室長	猪俣明彦
産業創造課長	茂木高志
新規事業創造推進室長	富原早夏
産業資金課長（併）産業機構室長	亀山慎之介
産業人材課長	島津裕紀
経済社会政策室長	相馬知子
企業行動課長	武田伸二郎
企業会計室長	長宗豊和
アジア新産業共創政策室長	島川博行

〔地域経済産業グループ〕

地域経済産業グループ長（併）	須藤治

地域経済産業グループ長補佐(併) 南　亮
同　　　　　　　(併) 飯田健太
地域経済産業政策統括調整官 吉田健一郎
業務管理官室長 神戸　浩
地域経済産業政策課(併)
地域経済活性化戦略室長 川村尚永
地域経済産業調査官(併) 菊田逸平
地方調整室長 林　浩一
地域企業高度化推進課長(併)
地域未来投資促進室長 市川紀幸
地域産業基盤整備課長(併)
沖縄振興室長 向野陽一郎
工業用水道計画官 湯村宏祐
中心市街地活性化室長(併) 古閑野義之

〔通　商　政　策　局〕
夜間(3501)1654(通商政策課)
局　　　　長 松尾剛彦
大臣官房審議官(通商政策局担当) 荒井勝喜
大臣官房審議官(通商戦略担当) 杉浦正俊
特別通商交渉官(併) 田中一成
同　　　　　　(併) 田村英康
通商交渉官 大東道郎
同　　　　　　(併) 奥山　剛
通商政策企画調整官 佐志田峻明
業務管理官室長 藤村和弘
総務課長 服部桂治
通商渉外調整官 小林健一
通商戦略室長(併) 是永基樹
通商戦略室企画官 大和靖幸
企画調査室長 大相政志
デジタル通商ルール室長(併) 寺西規夫
国際経済課長 是永基樹
アジア太平洋地域協力推進室長 宮崎拓夫
経済連携室長 宮内宏人
経済連携交渉官(併) 岡本祐典
経済連携交渉官 長田稔秋
米　州　課　長 藤井亮輔
中　南　米　室　長 三浦　聡
欧　州　課　長 藤田　健
ロシア・中央アジア・コーカサス室長 渡邉雅士
中東アフリカ課長 三宅保次郎
アフリカ室長 名倉和子
アジア大洋州課長 福地真美
通商企画調整官 神谷幸男
東アジア経済統合推進室長(併) 中山保宏
南西アジア室長 村山勝彦
北東アジア課長 福永佳史

韓　国　室　長 蓮沼佳和
通商機構部長 柏原恭子
参事官(総括) 田村英康
企　画　官 岡本祐典
通商交渉調整官 中山保宏
西村祥平　高嵜直子
国際知財制度調整官 安川　聡
国際経済紛争対策室長 寺西規子
国際法務室長 清水茉莉

〔貿易経済協力局〕
夜間(3501)1664(総務課)
局　　　　長 福永哲郎
大臣官房審議官(貿易経済協力局担当) 田中一成
大臣官房審議官(貿易経済協力局・農林水産品輸出担当) 常葉光郎
首席経済産業審議官(貿易経済協力局・国際技術戦略担当) 鋤先幸浩
総括調整官(併) 松尾剛彦
業務管理官室長 山﨑秀明
総務課長(併)大臣官房経済安全保障室長 西川和見
経済協力研究官 折山光俊
通商金融国際交渉官 中村正大
戦略輸出交渉官 奥山　剛
貿易振興課長 吉川尚文
貿易振興企画調整官 山田　聡
参事官(海外展開支援担当) 久染　徹
通商金融課長(併)国際金融交渉室長 河原　圭
貿易保険監理官 鈴木　愛
資金協力室長 下川徹也
技術・人材協力課長 松本加代
投資促進課長(併)対日投資総合相談室長 淺井洋介
投資交流調整官 天野富士子
貿易管理部長 猪狩克朗
貿易管理課長(併)電子化・効率化推進室長 黒田紀幸
原産地証明室長 白川　遼
貿易審査課長(併)野生動植物審査室長 中尾圭介
農水産室長(併)野生動植物貿易審査企画管理官 相原史典
特殊関税等調査室長 曽根哲郎
安全保障貿易管理政策課長 杉江一浩
参事官(国際担当) 田邊英介
情報調査室長 相川祐太
技術調査室長 笠間太介
国際投資管理室長 橘　雅浩
安全保障貿易管理課長 横田純一
安全保障貿易国際室長 荒木英輔

安全保障貿易検査官室長	溝田　健志
安全保障貿易審査室長	末森　洋司
統括安全保障貿易審査官	臺　則彦

〔産業技術環境局〕

夜間(3501)1857(業務管理官室)

局　　　　長	畠山陽二郎
審議官(産業技術環境局担当)	田中　哲也
同(環境問題担当)	小林　　出
業務管理官室長	藤山　優子
総　務　課　長	畑田　浩之
産業技術調査官	濱口　千絵
成果普及・連携推進室長	上原　健一
産業技術法人室長	中井　康裕
技術政策企画官(併)	畑田　浩之
国　際　室　長	田上　宏一
技術振興・大学連携推進課長	野澤　泰志
大学連携推進室長	川上　悟史
研究開発課長(併)研究評価調整官	大隅　一聡
研究開発調整官	田中　真人
研究開発企画調査官(併)先端テクノロジー戦略室企画調整官	土屋　哲男
重要技術研究統括戦略官	磯福　朋之
産業技術プロジェクト推進室長	千葉　直紀
基準認証政策課長(併)知的基盤整備推進室長	渡辺　真幸
国際連携担当調整官(併)国際標準課統括基準認証推進室長	上嶋　裕樹
産業分析研究室長(併)基準認証調査官	竹之内　修
基準認証普及広報室長	小嶋　　誠
計量行政室長	仁科　孝幸
国際標準課長	西川　奈緒
国際電気標準課長	武重　竜男
環境政策課長	大貫　繁樹
エネルギー・環境イノベーション戦略室長	笠井　康太
GX推進企画室長	荻野　洋平
GX推進機構設立準備室長	梶川　文博
GX金融推進室長(併)	梶川　文博
GX投資促進室長	西田　光宏
地球環境対策室長	高濱　　航
参事官(併)環境経済室長	若林　伸生
環境金融企画調整官	小沼　健一
資源循環経済課長	田中　将吾
環境管理推進室長	齋藤　　充

〔製造産業局〕

夜間(3501)1689(総務課)

局　　　　長	伊吹　英明

大臣官房審議官(製造産業局担当)(併)首席通商政策統括調整官	田中　一成
大臣官房審議官(製造産業局担当)	浦田　秀行
大臣官房審議官(製造産業局担当)	橋本　真吾
業務管理官室長	西沢　正剛
総務課(併)通商室長	西山　英将
参事官(サプライチェーン強靭化担当)	川渕　英雄
製造産業戦略企画室長	川村　美穂
製造産業GX政策室長(併)	松野　大輔
金　属　課　長	松野　大輔
金属技術室長	川村　伸弥
企画官(国際担当)	高橋　幸二
化学物質管理課長・化学物質リスク評価管理室長(併)	西山　英将
化学物質安全室長	内野絵里香
化学兵器・麻原料等規制対策室長	田村　修司
オゾン層保護等推進室長	畑下　　潔
化学物質管理企画官	石津さおり
化学物質リスク評価企画官(併)	内野絵里香
素材産業課長	土屋　博文
企画調査官	濱宮　博之
革新素材室長	金井　伸輔
アルコール室長(併)	土屋　博史
生活製品課長	田上　博道
企画官(技術・国際担当)(併)住宅産業室長	潮崎　雄治
企画官(地場産業担当)伝統的工芸品産業室長	塚本　裕之
産業機械課長	安田　　篤
国際プラント・インフラシステム・水ビジネス推進室長	小川　幹子
ロボット政策室長	石曽根智昭
素形材産業室長	星野　昌志
自動車課長	清水淳太郎
企画官(自動車担当)自動車戦略企画室長	田邉田　治
企画官(自動車リサイクル担当)	田原　　充
企画調査官(自動車通商政策室長)	菊池　孝憲
モビリティDX室長	伊藤　　建
車　両　室　長	橋爪　優文
航空機武器宇宙産業課長	呉村　益生
航空機部品・素材産業室長	岩崎　純一
企画官(防衛産業担当)(併)	滝澤　慶典
次世代空モビリティ政策室長(防衛産業担当)	滝澤　慶典
企画官(国際担当)	生田目尚美
宇宙産業室長	伊奈　康二

〔商務情報政策局〕

夜間(3501)2964(総務課)

局　　　　長	野原　　諭

経済産業省

経済産業省

審議官（商務情報政策局担当）(併)サイバー国際経済政策統括調整官	西村秀隆
審議官（IT戦略担当）	牛山智弘
サイバーセキュリティ・情報化審議官	上村昌博
業務管理官室長	渡辺明夫
総務課長	若月一泰
デジタル戦略長（併）	若月一泰
国際室長（併）	若月一泰
国際戦略企画調整官	津田麻紀子
情報経済課長	須賀千鶴
情報政策企画調整官	橘均憲
デジタル取引環境整備課長	仙田正文
アーキテクチャ戦略企画室長	和泉憲明
サイバーセキュリティ課長	武尾伸隆
国際サイバーセキュリティ企画官	金田祐加子
サイバーセキュリティ戦略専門官	山田剛人
情報技術利用促進課長	内田了司
デジタル高度化推進室長	河﨑幸徳
デジタル経済安全保障企画調整官	内田了司
地域情報化人材育成推進室長	河﨑幸徳
情報産業課長	金指壽
デバイス・半導体戦略室長	清水英路
ソフトウエア・情報サービス戦略室長	渡辺琢也
高度情報通信技術産業戦略室長	金指壽
電池産業室長	眞柳秀人
コンテンツ産業課長	渡邊佳奈子

〔商務・サービスグループ〕

商務・サービス審議官／商務・サービスグループ長	茂木正
商務・サービスグループ長補佐（併）	南亮
審議官（商務・サービス担当）	真鍋英樹
商務・サービス政策統括調整官	森田健太郎
同	山影雅良
大阪・関西万博統括調整官（併）	森田健太郎
同（併）	田中一成
業務管理官室長	中尾直子
参事官（商務・サービスグループ担当）	岡田智裕
参事官（商務・サービス産業担当）（併）消費経済企画長（併）キャッシュレス推進室長	松隈健一
消費・流通政策課長（併）大規模小売店舗立地法相談室長（併）物流企画室長	中野剛志
商品市場整備室長（併）商品先物市場整備提案室長	笛木知之
消費者政策研究官	境真良
商品監督課長（併）商品監督官（併）消費者相談室長	豊田原一
商取引検査室長	平林純一

サービス政策課長	太田三音子
教育産業室長	五十棲浩二
スポーツ産業室長	吉倉秀和
サービス産業室長	山口徳彦
クールジャパン政策課長（併）ファッション政策室長／デザイン政策室長（併）クールジャパン海外戦略室長／官民一体型需要創起推進室長	俣野敏道
参事官（併）博覧会推進室長	奥田修司
大阪・関西万博国際室長	菅野将史
大阪・関西万博企画室長	松本将明
ヘルスケア産業課長（併）国際展開推進室長	橋本泰輔
企画官（ヘルスケア産業担当）	田邉錬太郎
医療・福祉機器産業室長	渡辺信彦
生物化学産業課長	下田裕和
生物多様性・生物兵器対策室長	堀部敦子

〔産業保安グループ〕

産業保安グループ長（併）	辻本圭助
審議官（産業保安担当）	殿木文隆
業務管理室長	大野亜希子
保安課長	江澤正名
産業保安企画室長	岡田直人
高圧ガス保安室長	鯉江雅人
ガス安全室長	山下宜範
電力安全課長	前田了
電気保安室長	樫福錠治
鉱山・火薬類監理官	大川龍郎
火薬専門職	小池勝則
石炭保安課長（併）	大川龍郎
製品安全課長	佐藤猛行
製品事故対策室長	望月知子

〔電力・ガス取引監視等委員会事務局〕

事務局長	新川達也
業務管理室長	福田純子
総務課長	田中勇己
総合監査室長	伊藤春樹
取引監視課長	下津秀幸
小売取引検査管理官	高橋章
取引制度企画室長	東哲
ネットワーク事業監視課長	鍋島学
ネットワーク事業制度企画室長（併）総括企画調整官	鍋島学

〔経済産業研修所〕

〒100-8901 千代田区霞が関1-3-1
☎03(3501)1511
〒189-0024 東村山市富士見町5-4-36
☎042(393)2521

| 所　　　　　　長(併) | 高橋泰三 |
| 次　　　　　　長(併) | 山本哲也 |

資源エネルギー庁

〒100-8931 千代田区霞が関1-3-1
☎03(3501)1511
夜間(3501)2669(総合政策課)

長　　　　　　官	村瀬佳史
次　　　　　　長	松山泰浩
首席最終処分調査官	松山泰浩
首席エネルギー・地域政策統括調整官	松山泰浩
資源エネルギー政策統括調整官	山田仁
同　　　　　(併)	木原晋一

〔長　官　官　房〕

総　務　課　長	河野太志
国際資源エネルギー戦略統括調整官	比良井慎司
参事官(総合エネルギー戦略担当)	遠藤量太
エネルギー制度改革推進総合調整官	稲邑拓馬
同　　　　　(併)	曳野潔
エネルギー制度改革推進調整官(併)	石井大篤
戦略企画室長	小高篤志
需給政策室長(併)	廣田大輔
調査広報室長	森直也
業務管理官	木根昌広
会　計　室　長	滝沢正直
予算管理官	濱崎勝
国　際　課　長	白井俊行
海外エネルギーインフラ室長(併)企画官(国際カーボンニュートラル政策担当)	梅田英幸

〔省エネルギー・新エネルギー部〕

部　　　　　　長	井上博雄
政策課長(併)熱電併給推進室長	稲邑拓馬
系統整備・利用推進室長(併)	石井孝裕
再生可能エネルギー主力電源化戦略調整官(併)	筑紫正宏
新エネルギーシステム課長	山田努
省エネルギー課長	木村拓也
省エネルギー戦略室長(併)	金田伸輔
新エネルギー課長	日暮正毅
再生可能エネルギー推進室長	伊藤隆章
風力政策室長	石井孝裕
水素・アンモニア課長	日野由香里

水素・燃料電池戦略室長　安達知彦

〔資　源　・　燃　料　部〕

部　　　　　　長	定光裕樹
政策課長(併)海洋政策統括調整官	貴田仁郎
国際資源戦略交渉官	猪谷相
海洋資源開発交渉官	沖嶌弘芳
地熱資源開発官	小林貴成
鉱業管理官(併)採石政策官	松田達哉
国際資源戦略室長(併)企画官(石油政策担当)	矢口麻衣
資源開発課長	長谷川裕也
燃料供給基盤整備課長	永井岳彦
企画官(石油・液化石油ガス備蓄政策担当)	古幡哲也
燃料流通政策室長	日置純子
鉱物資源課長	有馬伸明
石炭政策室長	齊藤薫
燃料環境適合利用推進課長	羽田由美子
CCS政策室長(併)企画官(CCS政策担当)	佐伯徳彦

〔電力・ガス事業部〕

部　　　　　　長	久米孝
政　策　課　長	曳野潔
エネルギー・地域政策統括調整官	吉村一元
制度企画調整官(併)石井大貴	長窪芳史荒川洋
	植松健
電力産業・市場室長(立地総合調整担当)(併)電源地域室長	森本要
電力産業・市場室長	筑紫正宏
ガス市場整備室長	福田光紀
電力基盤整備課長	小川要
電力流通室長	石井大貴
電力供給室長	中富大輔
原子力政策課長(併)革新炉推進室長(併)原子力技術室長	吉瀬周作
原子力国際協力推進室長(併)	比良井慎司
廃炉産業室長(併)	下堀友数
原子力基盤室長	多田克行
原子力立地・核燃料サイクル産業課長	皆川重治
核燃料サイクル産業立地対策室長	髙野史広
原子力立地政策室長原子力広報室長	前田博貴
原子力産業企画調査官	和田啓之
放射性廃棄物対策課長(併)放射性廃棄物対策技術室長(併)放射性廃棄物対策広報室長	下堀友数

特　許　庁

〒100-8915　千代田区霞が関3-4-3
☎03(3581)1101
夜間(3593)0436(総務課)

長　　　　　　官	濱野　幸一
特　許　技　監	桂　　正憲
総　務　部　長	清水　幹治
秘　書　課　長	西森　雅樹
総　務　課　長	細川　成己
会　計　課　長	佐野　　俊
企画調査課長	津幡　貴生
普及支援課長	加藤　和昭
国際政策課長	松下　公一
国際協力課長	吉野　幸代
審査業務部長	山下　隆也
審査業務課長	高橋　憲夫
出　願　課　長	高諏訪　修
商　標　課　長	根岸　克弘
商標審査長(化学)	小林　正和
同　（機械）	大島　　勉
同　（雑貨繊維）	瀬戸　俊晶
商標上席審査長 （産業役務）	髙橋　幸志
審査第一部長	野仲　松男
調　整　課　長	今村　　亘
物理首席審査長 （計測）	川俣　洋史
物理上席審査長 （分析診断）	池谷香次郎
光学上席審査長 （応用光学）	笹野　秀生
光学審査長 （事務機器）	横井　巨人
社会基盤上席審査長 （自然資源）	福田　　聡
社会基盤審査長(住環境)	小林　英司
意　匠　課　長	久保田大輔
意匠上席審査長 （情報・交通意匠）	下村　圭子
意匠審査長(生活・流通意匠)	富永　　亘
審査第二部長	諸岡　健一
交通輸送首席審査長 （自動制御）	遠藤　秀明
交通輸送上席審査長(運輸)	内山　隆史
生産基盤上席審査長 （生産機械）	中野　宏和
生産基盤審査長(搬送)	田口　　傑
同（繊維包装機械）	岡崎　克彦
生活機器上席審査長 （生活機器）	草野　顕子
生活福祉審査長 （生活機器）	原　泰造
審査第三部長	北村　弘樹
素材首席審査長 （無機化学）	松田　成正
素材上席審査長 （素材加工）	本間　友孝

生命・環境上席審査長 （医療）	平井　裕彰
生命・環境審査長 （生命工学）	植原　克典
応用化学上席審査長 （有機化学）	深草　祐則
応用化学審査長(高分子)	田中　一充
同(プラスチック工学)	油科　壮浩

審査第四部長	河合　弘明
情報首席審査長 （電子商取引）	仁科　弘司
情報上席審査長(情報処理)	小宮　雅繁
通信上席審査長 （伝送システム）	宮田　昌平
通信審査長(電力システム)	馬場　達雄
同(デジタル通信)	石丸　昌太
画像上席審査長 （映像システム）	梅本　聖子
画像審査長 （電子デバイス）	安田村　竜一

審　判　部　長	田村　　聖
首席審判長	小松　　竜
審　判　課　長	

第1部門(計測)

部　門　長	岡田　吉美
審　判　長	中塚　直樹
同	濱野　　隆

第2部門(材料分析)

上席部門長	石井　　哲
審　判　長	加々美一恵
同	三崎　　仁

第3部門(アミューズメントマシン)

部　門　長	渋谷　知子
審　判　長	﨑　洋一
金丸治之	吉川　康夫

第4部門(アミューズメント一般)

部　門　長	真々壽真久
審　判　長	小林　俊久
藤田年彦	樋口　宗彦

第5部門(自然資源、住環境)

部　門　長	居島　一仁
審　判　長	前川　慎喜
同	住田　秀弘

第6部門(応用光学)

部　門　長	里村　利光
審　判　長	神谷　健一

第7部門(事務機器)

上席部門長	藤本　義仁
審　判　長	有家　秀郎
同	殿川　雅也

第8部門(応用物理、光デバイス)
部　門　長　山　村　　　浩
審　判　長　波多江　　　進
　　同　　　秋　田　将　行

第9部門(自動制御、生活機器)
部　門　長　柿　崎　　　拓
審　判　長　窪　田　治　彦
　　同　　　村　上　　　聡

第10部門(動力機械)
上席部門長　山　本　信　平
審　判　長　中　屋　裕一郎
　　同　　　河　端　　　賢

第11部門(運輸、照明)
部　門　長　中　村　則　夫
審　判　長　一ノ瀬　　　覚
　　同　　　藤　井　　　昇

第12部門(一般機械、搬送)
部　門　長　平　城　俊　雅
審　判　長　小　川　恭　司
　　同　　　平　瀬　知　明

第13部門(生産機械)
上席部門長　渋　谷　善　弘
審　判　長　刈　間　宏　信
　　同　　　鈴　木　貴　雄

第14部門(繊維包装機械)
部　門　長　藤　原　直　欣
審　判　長　山　崎　勝　司
久　保　克　彦　井　上　茂　夫

第15部門(医療機器)
部　門　長　佐々木　正　章
審　判　長　佐々木　一　浩
　　同　　　内　藤　真　徳

第16部門(熱機器)
部　門　長　間　中　耕　治
審　判　長　鈴　木　　　充
　　同　　　水　野　治　彦

第17部門(無機化学、環境化学)
上席部門長　日比野　隆　治
審　判　長　宮　澤　尚　之
　　同　　　原　　　賢　一

第18部門(素材加工、金属電気化学)
部　門　長　粟　野　正　明
審　判　長　井　上　　　猛
　　同　　　池　渕　　　立

第19部門(高分子)
部　門　長　近　野　光　知
審　判　長　吉　澤　英　一

第20部門(プラスチック工学)
部　門　長　淺　野　美奈
審　判　長　磯　貝　香　苗
　　同　　　加　藤　友　也

第21部門(化学応用)
部　門　長　亀ヶ谷　明　久
審　判　長　塩　見　篤　史
　　同　　　門　前　浩　一

第22部門(有機化学)
部　門　長　阪　野　誠　司
審　判　長　瀬　良　聡　機
木　村　敏　康　井　上　典　之

第23部門(医薬)
上席部門長　原　田　隆　興
審　判　長　藤　原　浩　子
　　同　　　前　田　佳与子

第24部門(バイオ医薬)
部　門　長　松　波　由美子
審　判　長　冨　永　みどり
　　同　　　細　井　龍　史

第25部門(生命工学)
部　門　長　福　井　　　悟
審　判　長　長　井　啓　子
　　同　　　光　本　美奈子

第26部門(電子商取引)
部　門　長　伏　本　正　典
審　判　長　佐　藤　智　康
古屋野　浩　志　渡　邊　　　聡

第27部門(インターフェイス)
部　門　長　山　澤　　　宏
審　判　長　篠　塚　　　隆
　　同　　　岩　間　直　純

第28部門(情報処理)
部　門　長　吉　田　美　彦
審　判　長　林　　　　　毅
　　同　　　須　田　勝　巳

第29部門(電子デバイス)
上席部門長　瀧　内　健　夫
審　判　長　恩　田　春　香
河　本　充　雄　関　根　　　裕

第30部門(映像システム)
部　門　長　高　橋　宣　博

審判長　五十嵐努
千葉輝久　畑中高行
第31部門(伝送システム)
部門長　齋藤哲
審判長　中木努
筑波茂樹　廣川浩
第32部門(電気機器、電力システム)
上席部門長　篠原功一
審判長　井上信一
植前充司　山田正文
第33部門(デジタル通信)
部門長　土居仁士
審判長　猪瀬隆広
同　高野洋
第34部門(意匠)
上席部門長　前畑さおり
審判長　小林裕和
内藤弘樹　伊藤宏幸
第35部門(商標(化学・食品))
上席部門長　高野和行
審判長　大森友子
同　豊瀬京太郎
第36部門(商標(機械・電気))
部門長(併)訟務室長　森山啓
審判長　鈴木雅也
同　山田啓之
第37部門(商標(雑貨繊維))
部門長　矢澤一幸
審判長　豊田純一
第38部門(商標(産業役務・一般役務))
部門長　旦克昌
審判長　大島康浩
同　大橋良成

中小企業庁

〒100-8912　千代田区霞が関1-3-1
☎03(3501)1511
長官　須藤治
次長　飯田健太
〔長官官房〕
中小企業政策統括調整官(併)　吉田健一郎
総務課長　宮本岩男
中小企業政策企画調整官　福田一博
企画官(給付金制度管理担当/訴訟・債権管理担当)　杉山春男
中小企業政策企画調整官(給付金関連債権回収担当)　小野田寛

企画官(給付金不正対応等担当)　太田成人
企画官(中小企業基盤整備機構担当)　芦立勝博
中小企業金融検査室長　岡田実成
デジタル・トランスフォーメーション企画調整官　小松俊吾
業務管理官室長　松田剛
広報相談室長　山崎孝志
〔事業環境部〕
部長　山本和徳
企画課長　宮部勝弘
調査室長　菊田逸平
経営安定対策室長　井上哲郎
金融課長　神崎忠彦
企画官(資金供給・企業法制担当)　茨木衛
財務課長　木村拓也
取引課長　鮫島大幸
中小企業取引研究官　山下善太郎
統括官公需対策官　須藤義治
統括下請代金検査官　小澤喜久雄
取引調査室長　福田一博
〔経営支援部〕
部長　松浦哲哉
経営支援課長　柴山豊樹
経営力再構築伴走支援推進室長　林隆行
経営支援連携推進室長(併)　森喜彦
小規模企業振興課長　黒田浩司
創業・新事業促進課長　伊奈友子
海外展開支援室長　渡邊郷
技術・経営革新課長　森喜彦
商業課長　古野義之

国土交通省
中小企業庁

国土交通省

〒100-8918　千代田区霞が関2-1-3
中央合同庁舎3号館
千代田区霞が関2-1-2
中央合同庁舎2号館(分館)
☎03(5253)8111
大臣　斉藤鉄夫
副大臣　國場幸之助
副大臣　堂故茂
大臣政務官　こやり隆史
大臣政務官　石橋林太郎
大臣政務官　尾崎正直
事務次官　和田信貴
技監　吉岡幹夫
国土交通審議官　水嶋智

〔総合政策局〕

夜間(5253)8252(総務課)

- 局　長　長橋和久
- 次　長　岩城宏幸
- 官房審議官(総政)　井上伸夫
- 官房審議官(公共交通政策)(兼)　舟本浩
- 官房参事官(交通プロジェクト)　木本仁
- 同(地域戦略)　羽矢憲史
- 同(税制)　後沢彰宏
- 同(グローバル戦略)　垣下禎裕
- 同(交通産業)　奈良和美
- 総務課長　三浦逸広
- 政策課長　小林太郎
- 社会資本整備政策課長　齋藤良太
- バリアフリー政策課長　田中賢二
- 環境政策課長　清水充
- 海洋政策課長　植村忠之
- 交通政策課長　八木貴弘
- 地域交通課長　墳﨑正俊
- モビリティサービス推進課長　土田宏道
- 公共事業企画調整課長　齋藤博之
- 技術政策課長　川村竜児
- 国際政策課長　江原一太朗
- 海外プロジェクト推進課長　石川亨
- 国際建設管理官　村瀬勝彦
- 情報政策課長　田島聖一
- 行政情報化推進課長　田村真一
- 統計政策特別研究官　長嶺行信
- 社会資本経済分析特別研究官

〔国土政策局〕

夜間(5253)8350(総務課)

- 局　長　黒田昌義
- 官房審議官(国政)　筒井智紀
- 同(国政)　秋山公城
- 同(国政)(兼)　石塚智之
- 総務課長　安岡義敏
- 総合計画課長　倉石誠司
- 広域地方政策課長　三善由幸
- 地方振興課長　鹿子木靖
- 離島振興課長　駒田義誌
- 計画官　平井滋
- 特別地域振興官　立岩里生太

〔不動産・建設経済局〕

夜間(5253)8373(総務課)

- 局　長　塩見英之

- 同　榊真一
- 同　上原淳
- 秘書官　城戸一興
- 同 事務取扱　小林基樹
- 同 事務取扱　皆川武士

〔大臣官房〕

夜間(5253)8181(総務課)

- 官房長　寺田吉道
- 総括審議官　五十嵐徹人
- 同(兼)　平田研
- 技術総括審議官　石橋洋信
- 政策立案総括審議官　池光崇
- 公共交通政策審議官　石原大
- 土地政策審議官　中田裕人
- 危機管理・運輸安全政策審議官　藤原威一郎
- 海外プロジェクト審議官　小野寺誠一
- 公文書監理官　堀浩道
- 政策評価審議官(兼)　澤井俊
- サイバーセキュリティ・情報化審議官　岡本裕豪
- 技術審議官　林正道
- 秘書室長(兼)　澤井俊
- 人事課長　井﨑信也
- 総務課長　堤洋介
- 広報課長　川島雄一郎
- 会計課長　木村大
- 地方課長(兼)　平田研
- 福利厚生課長　平山孝治
- 技術調査課長　橋本雅道
- 参事官(人事)　田口芳郎
- 同(会計)　千葉信義
- 同(労務管理)　福澤隆志
- 同(イノベーション)　森下博之
- 同(運輸安全防災)　小林健典
- 調査官　森川泰敬
- 総括監察官　上野純雄
- 危機管理官　内海一介
- 運輸安全監理官　中谷育夫
- 官庁営繕部長　秋月聡二郎
- 官房審議官(官庁営繕)　植木暁司
- 管理課長　浅野敬広
- 計画課長　佐藤由美
- 整備課長　松尾徹
- 設備・環境課長　村上幸司

次　　　　長　川野　　豊
官房審議官(不動産・建設経済)　楠田幹人
同(不動産・建設経済)　蒔苗浩司
官房参事官(土地利用)　遠山英子
総　務　課　長　伊藤夏生
国際市場課長　磯貝敬智
情報活用推進長　矢吹周平
土地政策課長　髙山　　泰
地価調査課長　小玉典彦
地籍整備課長　實井正樹
不動産業課長　川合紀子
不動産市場整備長　二井俊充
建設業課長　岩下泰善
建設市場整備課長　宮沢正知
参　事　官　宮本貴章

〔都　市　局〕
夜間(5253)8393(総務課)
局　　　　長　天河宏文
官房審議官(都市)　鎌原宜文
官房審議官(都市生活環境・国際園芸博覧会)　勝又正秀
官房技術審議官(都市)　菊池雅彦
官房参事官(宅地・盛土防災)　吉田信博
総　務　課　長　岡　良介
都市政策課長　武藤祥郎
都市安全課長　岸田里佳子
まちづくり推進長　喜多功彦
都市計画課長　鈴木章一郎
市街地整備課長　筒井祐治
街路交通施設課長　服部卓也
公園緑地・景観課長　伊藤康行
参　事　官　井村久行

〔水管理・国土保全局〕
夜間(5253)8434(総務課)
局　　　　長　廣瀬昌由
次　　　　長　小笠原憲一
官房審議官(防災・リスクコミュニケーション)　中野穣治
官房審議官(水・国)　片貝敏雄
総　務　課　長　笠谷雅也
水　政　課　長　江口大暁
河川計画課長　森本　　輝
河川環境課長　豊口佳之
治　水　課　長　奥田晃久
防　災　課　長　西澤賢太郎
水資源部長　朝堀泰明
水資源政策長　小山陽一郎

水資源計画課長　貫名功二
下水道部長　松原　　誠
下水道企画課長　伊藤昌弘
下水道事業課長　石井宏幸
流域管理官　吉澤正宏
砂防部長　草野愼一
砂防計画課長　國友　　優
保　全　課　長　蒲原潤一

〔道　路　局〕
夜間(5253)8473(総務課)
局　　　　長　丹羽克彦
次　　　　長　岸川仁和
官房審議官(道路)　長谷川朋弘
総　務　課　長　永山寛理
路　政　課　長　髙藤喜文
道路交通管理長　大井裕子
企　画　課　長　沓掛敏夫
国道・技術課長　髙松　　諭
環境安全・防災課長　伊藤　　高
高速道路課長　小林賢太郎
参事官(有料道路管理・活用)　松本　　健
参事官(自転車活用推進)　森若峰存

〔住　宅　局〕
夜間(5253)8501(総務課)
局　　　　長　石坂　　聡
官房審議官(住宅)　佐々木俊一
官房審議官(住宅)　宿本尚吾
総　務　課　長　松家新治
住宅経済・法制課長　神谷将広
住宅総合整備長　豊嶋太朗
安心居住推進長　津司共和
住宅生産課長　下英　　敬
建築指導課長　今村　　敬
市街地建築課長　村上慶裕
参事官(マンション・賃貸住宅)　下村哲也
参事官(建築企画)　前田　　亮
参事官(住宅瑕疵保険対策)　二俣芳美
住宅企画官　須藤明彦

〔鉄　道　局〕
夜間(5253)8521(総務課)
局　　　　長　村田茂樹
次　　　　長　平嶋隆司
官房審議官(鉄道)　岡野まさ子
官房技術審議官(鉄道)　岸谷克己
官房参事官(新幹線建設)　北出徹也

国土交通省

377

官房参事官（海外高速鉄道プロジェクト）	石原　　洋
官房参事官（地域調整）	柿沼　宏明
総務課長	原田修吾
幹線鉄道課長	北村朝一
都市鉄道政策課長	角野浩之
鉄道事業課長	山﨑雅生
国際課長	堀　信太朗
技術企画課長	箕作幸治
施設課長	中野智行
安全監理官	黒川和浩

〔物流・自動車局〕
夜間(5253)8559(総務課)

局長	鶴田浩久
次長	久保田秀暢
官房審議官（物流・自動車）	住友一仁
官房審議官（物流・自動車）（兼）	長井総和
官房審議官（物流・自動車）（兼）	舟本浩
官房参事官（企画・電動化・自動運転）	児玉和久
官房参事官（自動車（保障））	出口まきゆ
総務課長	武田一寧
物流政策課長	平澤崇裕
貨物流通事業課長	小熊弘明
安全政策課長	永井啓文
技術・環境政策課長	猪股博士
自動車情報課長	浅井俊隆
旅客課長	森哲也
車両基準・国際課長	杉﨑友信
審査・リコール課長	小磯和子
自動車整備課長	多田善隆

〔海事局〕
夜間(5253)8608(総務課)

局長	海谷厚志
次長	宮武宜史
官房審議官（海事）（兼）	西海重和
官房技術審議官（海事）	河野順
総務課長	谷川仁彦
安全政策課長	松尾真治
海洋・環境政策課長	今井新
船員政策課長	佐藤克之
外航課長	指田徹
内航課長	伊勢尚史
船舶産業課長	田村顕洋
検査測度課長	鈴木長之
海技課長	中井智洋
安全技術調査官	中村卓司

〔港湾局〕
夜間(5253)8665(管理課)

局長	稲田雅裕
官房審議官（港湾）（兼）	西海重和
官房技術参事官（港湾）	西村拓
総務課長	白﨑俊介
港湾経済課長	澤田孝秋
計画課長	森橋真
産業港湾課長	久田成昭
技術企画課長	神谷昌文
海洋・環境課長	中川研造
海岸・防災課長	上原修二

〔航空局〕
夜間(5253)8692(総務課)

局長	平岡成哲
次長	大沼俊之
官房審議官（航空）	山腰俊博
官房技術審議官（航空）	田中知足
官房参事官（航空予算）	折原英人
同（航空戦略）	東田晃拓
同（安全企画）	渡邉敬
同（航空安全推進）	木内宏一
総務課長	秋田未樹
航空ネットワーク部長	蔵持京治
航空ネットワーク企画課長	廣田健久
国際航空課長	高橋徹
航空事業課長	重田裕彦
空港計画課長	中原正顕
空港技術課長	佐藤敬人
首都圏空港課長	田原浩士
近畿圏・中部圏空港課長	吉岡誠一郎
安全部長	北澤歩
安全政策課長	石井靖納
無人航空機安全課長	梅澤大輔
航空機安全課長	千葉英樹
交通管制部長	吉田昭二
交通管制企画課長	大坪弘敏
管制課長	石川誠
運用課長	小林哲緒
管制技術課長	山口茂彦

〔北海道局〕
夜間(5253)8761(総務課)

局長	橋本幸
官房審議官（北海道）	坂場武彦
官房審議官（北海道）	田村公一

総務課長 増田　圭
予算課長 松原英憲
地政課長 富山英範
水政課長 宮藤秀之
港政課長 佐藤　徹
農林水産課長 遠藤知庸
参事官 石川　伸

〔政策統括官〕
夜間(5253)8105〜7
政策統括官 松浦克巳
政策統括官 小善真司
政策評価統括官 渋武　容

〔国際統括官〕
国際統括官 田中由紀
国際交通特別交渉官 髙橋　徹

〔国土審議会〕
会長 永野　毅
会長代理 増田寛也
委員 遠藤　敬
梶山弘志　小宮山泰子
佐藤　勉　髙木陽介
林　幹雄　谷合正明
野上浩太郎　松山政司
森本真治　青木真理子
浅野耕太　池邊このみ
石田東生　垣内恵美子
木場弘子　河野俊嗣
末松則子　高村ゆかり
田澤由利　柘植康英
津谷典子　中村太士
沼尾波子　福和伸夫
村尾和俊　山野目章夫
渡邉紹裕

〔運輸審議会〕
〒100-0013 千代田区霞が関3-1-1
中央合同庁舎4号館3F
☎03(5253)8141
会長 堀川義弘
会長代理 和田貴志
委員(非常勤) 山田攝子
二村真理子　三浦大介
大石美奈子

〔国土開発幹線自動車道建設会議〕
国土交通省道路局総務課内
☎03(5253)8111
委員 泉　健太

亀井亜紀子　岸田文雄
鈴木俊一　二階俊博
岡田　広　郡司　彰
武見敬三　西田実仁

〔国土交通政策研究所〕
〒160-0004 新宿区四谷1-6-1
四谷タワー 15F ☎03(5369)6002
所長 山口浩孝
副所長 吉田幸三

〔国土技術政策総合研究所〕
〒305-0804 つくば市旭1
☎029(864)2211
所長 佐々木　隆
副所長 脇山芳和
同 永井一浩

〔国土交通大学校〕
〒187-8520 小平市喜平町2-2-1
☎042(321)1541
校長 頼　あゆみ
副校長 長谷知治
同 森本　励

〔航空保安大学校〕
〒598-0047 泉佐野市りんくう往来南3-11
☎072(458)3010
校長 遠藤　武

〔国土地理院〕
〒305-0811 つくば市北郷1
☎029(864)1111
院長 大木章一
参事官 東出成記

〔小笠原総合事務所〕
〒100-2101 東京都小笠原村父島字東町152
☎04998(2)2245
所長 渡辺道治

〔海難審判所〕
〒102-0083 千代田区麹町2-1-1
☎03(6893)2400
所長 黒田拓幸
首席審判官 廣畠貫治
首席理事官 河野　守

観光庁
国土交通省内 ☎03(5253)8111
夜間(5253)8321
長官 髙橋一郎
次長 加藤　進
観光政策統括調整官(兼) 加藤　進

審議官(兼)　石塚智之
国際観光部長　星野光明
観光地域振興部長　中村広樹
観光政策調整官(兼)　竹内大一郎
総務課長　桑田龍太郎
総務課企画官　古屋孝祥
調整室長　醍醐琢也
観光戦略課長　河田敦弥
観光統計調査室長(兼)　小林美雪
観光産業課長　庄司郁郎
旅行業務適正化指導室長　貴田晋
参事官　本村龍平
同　久保麻紀子
同(兼)　石川靖
国際観光課長　齊藤敬一郎
総合計画室長(兼)　水野真司
アジア市場推進室長(兼)　水野真司
欧米市場推進室長(兼)　鈴木淳一朗
新市場開発室長(兼)　鈴木淳一朗
外客安全対策室長(兼)　鈴木清隆
参事官　濱本健
同　飛田章人
観光地域振興課長　安部勝志
観光地域づくり法人支援室長(兼)　坂井志保
観光地域振興企画室長(兼)　坂井志保
広域連携推進室長(兼)　矢吹尚子
持続可能な観光推進室長(兼)　濱本健司
観光資源課長　竹内大一郎
自然資源活用推進室長(兼)　奥田青州
文化・歴史資源活用推進室長(兼)　遠藤翼
新コンテンツ開発推進室長(兼)　豊重巨志
観光政策特別研究交渉官　村上強志

気象庁

〒105-8431　港区虎ノ門3-6-9
☎03(6758)3900

長官　森隆志
次長　岩月理浩
気象防災監　野村竜一
総務部長　藤田礼子
参事官　石田純一
参事官(気象・地震火山防災)　尾崎友亮
総務課長　飯野悟
人事課長　佐藤善則
企画課長　太原芳弘
経理管理官　中山泰宏
国際・航空気象管理官　中廣澤純一
情報基盤部長　千葉剛輝
情報政策課長　酒井喜敏
情報利用推進課長　佐藤豊
数値予報課長　佐藤芳昭
情報通信基盤課長　立川英二
気象衛星課長　濱田修
大気海洋部長　室井ちあし
業務課長　榊原茂記
気象リスク対策課長　水野孝則
予報課長　杉本悟史
観測整備計画課長　滝下洋一
気候情報課長　中三川浩
環境・海洋気象課長　八木勝昌
地震火山部長　青木元
管理課長　加藤孝志
地震津波監視課長　鎌谷紀子
火山監視課長　中辻剛
地震火山技術・調査課長　束田進也

運輸安全委員会

〒160-0004　新宿区四谷1-6-1
四谷タワー15F　☎03(5367)5025

委員長　武田展雄
委員　早川久子
　島村淳　丸井祐一
　奥村文直　石田弘明
　伊藤裕康　上野道雄
同(非常勤)　中西美和
　津田宏果　鈴木美緒
　新妻実保子　岡本満喜子
事務局長　髙桑圭一
審議官　金指和彦
総務課長　堀真之助
参事　渡辺浩昭
首席航空事故調査官　齋藤賢一
首席鉄道事故調査官　森宣夫
首席船舶事故調査官　森有司

海上保安庁

国土交通省内　☎03(3591)6361

長官　石井昌平
次長　瀬口良夫
海上保安監　渡邉保範
総務部長　髙杉典弘

参　事　官　足立基成
　　　　　　杉山忠継　天辰弘二
政　務　課　長　早船文久
政策評価広報室長　税所百年
予算執行管理室長　清水智司
秘　書　課　長　池上浩之
　　夜間(3591)7944(秘書課)
人　事　課　長　鍬本浩司
人事企画官　木原洋
情報通信課長　高橋裕之
システム整備室長　鮫島耕治
システム管理室長　齊藤憲邦
サイバー対策室長　恵本康弘
教育訓練管理官　木川嘉将
主計管理官　岩川勝
国際戦略官　中川哲宏
危機管理官　江原千晶
海上保安試験研究センター所長　久木正則
危機管理調整官　岡光豊
職員相談室長　時森康雄
装備技術部長　矢頭康彦
管　理　課　長　大達弘明
　　夜間(3591)6367(管理課)
技術開発官　野宮雅晴
施設補給課長　和田真一
施設調整室長　小堀靖弘
船　舶　課　長　梶田智晴
首席船舶工務官　下矢浩介
船舶整備企画室長　田中裕二
航空機課長　久保田昌行
航空機整備管理室長　石田勝
警備救難部長　彼末浩明
管　理　課　長　佐々木渉
航空業務管理室長　深瀬真司
運用司令センター所長　永田成功
　　夜間(3591)9809(管理課)
刑　事　課　長　古川大輔
外国人漁業対策室長　児玉徹
国際刑事課長　高木正人
海賊対策室長　倉本明
警　備　課　長　星崎隆
領海警備対策室長　春藤光
警備企画官　安達貴弘
警備情報課長　奥武
警備情報調整官　荒川直秀
救　難　課　長　林一馬

環境防災課長　佐瀬浩市
〔海　洋　情　報　部〕
〒135-0064 江東区青海2-5-18
青海総合庁舎
☎03(5500)7120
部　　　長　藤田雅之
企　画　課　長　川村朋哉
　　夜間(3541)3810(企画課)
海洋調査運用室長　長崎克明
技術・国際課長　冨山新一
海洋研究室長　小原泰彦
国際業務室長　金田謙太郎
海洋情報技術調整室長　鈴木英一
沿岸調査課長　吉田剛
海洋防災調査室長　佐藤まりこ
大洋調査課長　森下泰成
海洋汚染調査室長　岡野博文
情報管理課長　中林茂
情報利用推進課長　小森達雄
水路通報室長　辰巳屋誠
海洋空間情報室長　勢田明大
図誌審査室長　増田寿喜
交　通　部　長　君塚秀喜
企　画　課　長　瀬井威公
　　夜間(3591)9807(企画課)
海上交通企画室長　池田紀道
国際・技術開発室長　田中一幸
航行安全課長　麓裕樹
航行指導室長　福木俊朗
交通管理室長　花野一誠
安全対策課長　松浦あずさ
安全情報提供センター所長　西雄二
整　備　課　長　冨田英利
首席監察官　村田潔
監　察　官　長谷川真琴
〔海上保安大学校〕
〒737-8512 呉市若葉町5-1
☎0823(21)4961
校　　　長　江口満
副　校　長　野久保薫

（　環　境　省　）
〒100-8975 千代田区霞が関1-2-2
中央合同庁舎5号館本館 ☎03(3581)3351
大　　　臣　伊藤信太郎
副　大　臣　八木哲也

同	滝沢 求	
大臣政務官	朝日健太郎	
同	国定勇人	
事務次官	和田篤也	
地球環境審議官	松澤裕	
秘書官	熊谷守広	
同 事務取扱	清水延彦	
同 事務取扱	松井一記	

〔大臣官房〕
夜間(5521)8210(総務課)

官房長	上田康治	
政策立案総括審議官	大森恵子	
公文書監理官(充)	神谷洋一	
サイバーセキュリティ・情報化審議官	神谷洋一	
大臣官房審議官	奥山祐矢	
	前田光哉	
	飯田博文	
秘書課長	西村治彦	
調査官	中原敏正	
地方環境室長	伊藤賢利	
業務改革推進室長	一井映彦	
総務課長	福島健彦	
広報室長	小沼信一	
企画官	吉口進朗	
公文書監理室長	小林浩治	
国会連絡室長	小猪勝徳	
環境情報室長	明石健吾	
危機管理・災害対策室長(併)	吉口進朗	
会計課長	熊倉基之	
監査指導室長	鳥毛暢茂	
庁舎管理室長	増田直文	

〔総合環境政策統括官グループ〕
夜間(5521)8224(総合政策課)

総合環境政策統括官	鑓水洋	
大臣官房審議官	堀上勝	
総合政策課長	小笠原靖	
計画官(併)	東岡礼治	
調査官	古本一司	
企画評価・政策プロモーション室長	大川正人	
環境研究技術室長	奥村暢夫	
環境教育推進室長	林真太	
民間活動支援室長(併)	佐々木真二郎	
環境統計分析官		
原子力規制組織等改革担当室長	根木圭三	
環境経済課長	平尾禎秀	

市場メカニズム室長	山本泰生	
環境影響評価課長	大倉紀彰	
環境影響審査室長	加藤聖	

〔地域脱炭素推進審議官グループ〕

地域脱炭素推進審議官	植田明浩	
大臣官房審議官	奥山祐矢	
地域政策課長	細川真宏	
地域循環共生圏推進室長	佐々木真二郎	
地域脱炭素事業監理室長(併)	種瀬治良	
地域脱炭素事業推進室長	近藤貴幸	
地域脱炭素政策調整担当参事官	木野修宏	

〔大臣官房環境保健部〕
夜間(5521)8250(環境保健企画管理課)

環境保健部長	神ノ田昌博	
政策立案総括審議官	大森恵子	
環境保健企画管理課長	東條純士	
保健業務室長	黒羽真吾	
特殊疾病対策室長	伊藤香葉	
石綿健康被害対策室長	木内哲平	
化学物質審査室長	清丸勝正	
公害補償審査室長	宇田川弘康	
水銀対策推進室長	高木恒輝	
環境リスク情報分析官		
環境安全課長	吉川圭子	
環境リスク評価室長	清水貴也	
放射線健康管理担当参事官	海老名英治	

〔地球環境局〕
夜間(5521)8241(総務課)

局長	秦康之	
大臣官房審議官	奥山祐矢	
特別交渉官(併)	小川眞佐子	
総務課長	井上和也	
脱炭素社会移行推進室長	伊藤史雄	
気候変動適応室長	中島尚子	
地球温暖化対策事業監理室長(併)	種瀬治良	
気候変動観測研究戦略室長(併)	岡野祥平	
気候変動科学室長(併)	中島尚子	
地球温暖化対策課長	吉野議章	
地球温暖化対策事業室長	塚田源一郎	
脱炭素ビジネス推進室長	杉井威夫	
フロン対策室長	香具輝男	
事業監理官	種瀬治良	
脱炭素ライフスタイル推進室長	井上雄祐	
国際連携課長	川又孝太郎	

382

気候変動国際交渉室長　青竹　寛子
国際脱炭素移行推進・環境インフラ担当参事官　水谷　好洋
地球環境情報分析官　中野　正博

〔水・大気環境局〕
夜間 (5521) 8289 (総務課)

局　　　　　長　土居　健太郎
大臣官房審議官　前田　光哉
総　務　課　長　鮎川　智一
環境管理課長　筒井　誠二
環境管理情報分析官　辻原　　浩
環境汚染対策室長　鈴木　清彦
農薬環境管理室長　吉尾　綾子
モビリティ環境対策課長　酒井　雅彦
脱炭素モビリティ事業室長　中村　真紀
海洋環境課長　大井　通博
企　画　官　北村　武紀
海域環境管理室長　木村　正伸
海洋プラスチック汚染対策室長　藤井　好太郎

〔自　然　環　境　局〕
夜間 (5521) 8269 (総務課)

局　　　　　長　白石　隆夫
大臣官房審議官　堀上　　勝
総　務　課　長　松下　雄介
調　査　官　山本　麻衣
国民公園室長(併)　柴田　泰邦
動物愛護管理室長　立田　理一郎
自然環境計画課長　則久　雅司
自然環境情報分析官　中尾　文子
生態系情報分析官
生物多様性センター長　高橋　啓介
生物多様性戦略推進室長　鈴木　　渉
生物多様性主流化室長　浜島　直子
国立公園課長　番匠　克二
国立公園利用推進室長　水谷　　努
自然環境整備課長　萩原　辰男
温泉地保護利用推進室長　坂口　　隆
野生生物課長　中澤　圭一
鳥獣保護管理室長　宇賀神　知則
希少種保全推進室長　河野　通治
外来生物対策室長　松本　英昭

〔環境再生・資源循環局〕
夜間 (5521) 3152 (総務課)

局　　　　　長　前佛　和秀
次　　　　　長　角倉　一郎
大臣官房審議官　飯田　博文

総　務　課　長　波戸本　尚
企　画　官　稲井　康弘
循環指標情報分析官　外山　洋一
循環型社会推進室長(充)　近藤　亮太
循環型社会企画官　岡野　隆宏
リサイクル推進室長(併)　近藤　亮太
制度企画室長
廃棄物適正処理推進室長　松﨑　裕司
浄化槽推進室長　沼田　正樹
放射性物質汚染廃棄物対策室長　林　　誠
廃棄物規制課長　松田　尚之
越境移動情報分析官
参　事　官(総括)　原田　昌直
同(特定廃棄物)　長田　　啓
同　(除染)　中野　哲哉
同　(中間貯蔵)　内藤　冬美
企　画　官　戸ヶ崎　康
調　査　官　古本　一司
不法投棄原状回復事業対策室長(併)　松田　尚之
火害廃棄物対策室長(併)　松﨑　裕司
福島再生・未来志向プロジェクト推進室長　長田　　啓
ポリ塩化ビフェニル廃棄物処理推進室長　鈴木　清彦

原子力規制委員会

〒106-8450 港区六本木1-9-9
☎03 (3581) 3352

委　員　長　山中　伸介
委　　員　田中　　知
　　　　　杉山　智之　伴　　信彦
　　　　　石渡　　明

原 子 力 規 制 庁

〒106-8450 港区六本木1-9-9
☎03 (3581) 3352

長　　　　　官　片山　　啓
次　　　　　長　金子　修一
原子力規制技監　市村　知也
緊急事態対策監　古金谷　敏之
核物質・放射線総括審議官　佐藤　　暁
審　議　官　森下　泰
内閣府大臣官房審議官(原子力防災担当)(併)　森下　泰
審　議　官　児嶋　洋平
審　議　官　金城　慎司
総　務　課　長　吉野　亜文
公文書監理官(併)　足立　敏通

383

政策立案参事官　竹内淳
サイバーセキュリティ・情報化参事官　足立敏子
監・業務改善推進参事官　野村裕子
広報室長　中桐晃代
国際室長　船田道夫
事故対処室長　山口道淳
法令審査室長　湯本淳通
情報システム室長(併)　足立敏也
人事課長　田口達彦
参事官(会計担当)　小林雅輔
参事官(法務担当)　平野大信
緊急事案対策室長(併)　杉本孝隆
委員会運営支援室長　高橋眞司
技術基盤課長　遠山剛
安全技術管理官(システム安全担当)　北野京子
同(シビアアクシデント担当)　舟山真之
同(放射線・廃棄物担当)　萩野英治
同(地震・津波担当)　杉新晃宏
放射線防護企画官　寺崎智博
保障措置室長　今井俊哉
監視情報課長　久保澤善司
放射線環境対策室長　敦澤洋
安全規制管理官(核セキュリティ担当)　吉川元浩
同(放射線規制担当)　大島俊
原子力規制部長　黒川陽一郎
原子力規制企画課長　齋藤健一
火災対策室長　岩永宏平
東京電力福島第一原子力発電所事故対策室長　渡邉桂一
安全規制管理官(実用炉審査担当)　志間正和
同(研究炉等審査担当)　長谷川清光
同(核燃料施設審査担当)　内藤浩行
同(地震・津波審査担当)　武山松次
検査監督総括課長　杉本孝信
安全規制管理官(実用炉監視担当)　大向繁勝
同(核燃料施設等監視担当)　高須洋司
同(専門検査担当)　金子修一
原子力安全人材育成センター所長(兼)

防衛省

〒162-8801 新宿区市谷本村町5-1
☎03(3268)3111

大臣　木原稔
副大臣　鬼木誠
大臣政務官　松本尚
大臣政務官　三宅伸吾
大臣補佐官　高見康裕
事務次官　増田和夫
防衛審議官　芹澤清
秘書官　篠田了
同　事務取扱　黒木康介

〔大臣官房〕

官房長　中嶋浩一郎
政策立案総括審議官　青木健至
衛生監　針田哲
施設監　扇谷治
報道監　茂木陽
公文書監理官　森田治男
サイバーセキュリティ・情報化審議官　中西礎之
審議官　今給黎学
　小野功雄　中村晃之
　井上主勇　弓削州司
　北尾昌也　(併)米山栄一
米軍再編調整官　岩田和昭
参事官　掛水雅俊
　奥野健　下良太
　花井剛　松浦紀光
　吉田楼蘭　織田雄一
秘書課長　中間秀彦
文書課長　中野滋明
企画評価課長　山口剛
広報課長　安居院公仁
会計課長　河口健児
監査課長　杉山浩
訟務管理官　鶴岡俊樹

〔防衛政策局〕

局長　加野幸司
次長　安藤敦史
同　三浦潤
防衛政策課長　吉野幸治
日米防衛協力課長　松尾友彦
国際政策課長　西野洋志
運用政策課長　鈴木雄智
調査課長　安藤誠
運用基盤課長　後藤章文
戦略企画参事官　荒心平
運用調整参事官　菊池哲史
インド太平洋地域参事官　芦塚修

〔整備計画局〕

局　　　　　長	青柳　　肇
防衛計画課長	中野　憲幸
サイバー整備官	瀬川　篤史
施設計画課長	北岡　　亮
施設整備官	丸山　幹夫
提供施設計画官	福島　邦彦
施設技術管理官	宮川　真一郎

〔人事教育局〕

局　　　　　長	三貝　　哲
人事計画・補任課長	家護谷　昌徳
給　与　課　長	齋藤　敏幸
人材育成課長	松山　理然
厚　生　課　長	錦織　　誠
服務管理官	五木田　利一
衛　生　官	高城　　亮

〔地方協力局〕

局　　　　　長	大和　太郎
次　　　　　長	山野　　徹
総　務　課　長	村井　　勝
地域社会協力総括課長	信太　正志
東日本協力課長	深和　岳人
西日本協力課長	原田　道明
沖縄協力課長	折戸　栄介
環境政策課長	田實　博幸
在日米軍協力課長	今田　克彦
労務管理課長	本多　浩三

〔統合幕僚監部〕

統合幕僚長	吉田　圭秀
統合幕僚副長	南雲　憲一郎
総　括　官	田中　利則
総　務　部　長	青木　　誠
総　務　課　長	尼子　将之
人事教育課長	中谷　大輔
運　用　部　長	八木　浩二
副　部　長	浅賀　政宏
運用第1課長	渡邉　正人
運用第2課長	根本　　勉
運用第3課長	尺田　隆一
防衛計画課長	南川　信隆
副　部　長	羽渕　博行
防　衛　課　長	角　　亜希仁
計　画　課　長	武者　利勝
指揮通信システム部長	加藤　康博

指揮通信システム企画課長	江畑　泰孝
指揮通信システム運用課長	谷川　泰修
首席参事官	井草　真言
参　事　官	田中　　登
報　道　官	坂田　裕樹
首席法務官	品川　淳二
首席後方補給官	柳　　裕樹

〔陸上幕僚監部〕

陸上幕僚長	森下　泰臣
陸上幕僚副長	小林　弘樹
監　理　部　長	岸　良知樹
総　務　課　長	大山　　修
会　計　課　長	木屋　正博
人事教育部長	藤岡　史生
人事教育計画課長	天内　明弘
補　任　課　長	三浦　英彦
募集・援護課長	不破　　悟
厚　生　課　長	木村　邦弘
運用支援・訓練部長	垂水　達雄
運用支援課長	富永　将文
訓　練　課　長	佐藤　　徹
防　衛　部　長	白川　訓通
防　衛　課　長	伊達　俊之
防衛協力課長	奥　　和昌
施　設　課　長	建部　広喜
装備計画部長	上野　和士太
装備計画課長	今井　健久
武器・化学課長	佐藤　佳子
通信電子課長	弥頭　陽任
航空機課長	深水　秀夫
指揮通信システム・情報部長	濱崎　芳生
指揮通信システム課長	黒木　孝太郎
情　報　課　長	東峰　昌勇
衛　生　部　長	菊池　一朗
監　察　官	田中　仁也
法　務　官	篠村　和也
警務管理官	河野　保人

〔海上幕僚監部〕

海上幕僚長	酒井　　良
海上幕僚副長	真殿　知彦
総　務　部　長	稲田　丈司
副　部　長	櫻井　真啓
総　務　課　長	吉田　久哉
経　理　課　長	菅谷　秀樹
人事教育部長	金嶋　浩司

防衛省

385

人事計画課長　佐瀬智之
補任課長　桐生宏幸
厚生課長　小関昌彦
援護業務課長　安藤明宏
教育課長　赤岩英明
防衛部長　竹中信行
防衛課長　小林卓雄
装備体系課長　竹嶋広明
運用支援課長　安永崇
施設課長　垣内勉
指揮通信情報部長　吉岡猛
指揮通信課長　澁谷芳洋
情報課長　小河邦生
装備計画部長　伊藤秀人
装備需品課長　齋藤淳司
艦船・武器課長　浅見宏
航空機課長　兼本貢俊
監察官　保科朗
首席法務官　加治勇
首席会計監査官　宮崎孝彦
首席衛生官　小川均

〔航空幕僚監部〕

航空幕僚長　内倉浩昭
航空幕僚副長　小笠原卓人
総務部長　田崎剛広
総務課長　栗田智哉
会計課長　澤田裕之
人事教育部長　白井亮次
人事教育計画課長　唯野昌孝
補任課長　鈴木大未
厚生課長　聖徳麻征
募集・援護課長　杉谷康明
防衛部長　坂梨岡弘充
防衛課長　富岡慶隆
事業計画第1課長　小黒正司
事業計画第2課長　小南賢暁
施設課長　松井俊郎
運用支援・情報部長　高石景太
運用支援課長　高村信一
情報課長　斎藤和典
装備計画部長　小島隆
装備課長　稲村健吾
整備・補給課長　日髙ふみ
科学技術官　政金浩治
監理監察官　寺崎隆行

首席法務官　右田竜治
首席衛生官　辻本哲也

〔防衛研究所〕

〒162-8808 新宿区市谷本村町5-1
☎03(3260)3019

所長　石川武
副所長　足立吉樹

〔情報本部〕

本部長　尾崎義典
副本部長(併)　今給黎学

〔防衛監察本部〕

防衛監察監　小川新二
副監察監　田部井貞明
総務課長　藤重敦彦
統括監察官　多田拓一郎
監察官　仲西勝典
　　　　大塚裕孝　熊谷三郎

防衛装備庁

防衛省内 ☎03(3268)3111

長官　深澤雅貴
防衛技監　堀江和宏

〔長官官房〕

審議官　西脇修
装備官(統合装備担当)　海老根巧
同(陸上担当)　叶謙二
同(海上担当)　今吉真一
同(航空担当)　後藤憲一
総務官　藤重敦彦
人事官　井ノ口哲也
会計官　大塚英司
監察監査・評価官　渡野和也
装備開発官(統合装備担当)　木村栄秀
同(陸上装備担当)　佐々木秀明
同(艦船装備担当)　松本慎也
同(航空装備担当)　及部朋紀
同(次期戦闘機担当)　尾山正樹
艦船設計官　山野太資

〔装備政策部〕

部長　坂本大祐
装備政策課長　伊藤和己
国際装備課長　洲桃紗矢子
装備保全管理課長　熊野有文

〔プロジェクト管理部〕

部長　片山泰介

プロジェクト管理総括官(陸上担当)	山本 公威
同(海上担当)	佐々木 透吏
同(航空担当)	松﨑 勇樹
事業計画官	五味 賢至
事業監理官(誘導武器・統合戦略担当)	米倉 和也
同(宇宙・地上装備担当)	矢田 晴之
同(艦船担当)	西村 浩二
同(航空機担当)	射場 隆昌
装備技術官(陸上担当)	土肥 直人
同(海上担当)	田中 佳行
同(航空担当)	木下 拓也

〔技 術 戦 略 部〕

部 長	松本 恭典
革新技術戦略官	木村 和仙
技術戦略課長	藤井 圭介
技術計画官	萩原 祐史
技術振興官	南 亜樹
技術連携推進官	手島 哲郎

〔調 達 管 理 部〕

部 長	森 卓生
調達企画課長	鈴木 信丈
原価管理官	飯島 延高
企業調査官	前田 誠毅

〔調 達 事 業 部〕

部 長	久澤 洋
調達総括官	河合 寿士
総括装備調達官(電子音響・艦船担当)	山口 宜久
同(航空機・輸入担当)	小川 貴也
需品調達官	前田 肇
武器調達官	久保 晃一
電子音響調達官	鍋田 竜光
艦船調達官	穂垣 元孝
航空機調達官	西島 克洋
輸入調達官	島 晴子
航空装備研究所長	森 重樹
陸上装備研究所長	森下 政浩
艦艇装備研究所長	有澤 治幸
次世代装備研究所長	鈴木 茂

〔検 査 官 会 議〕

院 長	田中 弥生
検 査 官	原田 祐平
同	挽 文子
院長秘書官	牛島 大輔

〔事 務 総 局〕

事 務 総 長	篠原 栄作
事務総局次長	宮川 尚博

〔事 務 総 長 官 房〕

総括審議官	岩城 利明
サイバーセキュリティ・情報化審議官併content公文書監理官	栗島 正彦
審議官(事務総長官房担当)	山崎 淳也
同(第一局担当)	山本 敏生
同(同)	山崎 健
同(同)	長森 浩一
同(第二局担当)	鷹箸 博史
同(同)	中尾 英樹
同(第三局担当)	星野 博
同(同)	佐藤 稔久
同(第四局担当)	中村 和紀
同(同)	白川 哲也
同(第五局担当)	山岸 和永
同(同)	豊岡 利昌
同(同)	風間 義久
総 務 課 長	富澤 秀充
人 事 課 長	柳瀬 太郎
調 査 課 長	楢崎 義憲
会 計 課 長	坂本 大宏
法 規 課 長	篠原 智敏
上席検定調査官	小島 敏哲
上席企画調査官	池谷 太郎
厚生管理官	青柳 彰
上席情報システム調査官	石川 憲一
能力開発官	梶田 誠恭
技術参事官	伊藤 司
同	服部 克芳
同	稲垣

〔第 一 局〕

局 長	佐々木 規人
監 理 官	植田 恵史
財務検査第一課長	奈良岡 憲治

財務検査第二課長	野村	秀	実
司法検査課長	加藤	秀一	崇
総務検査課長	安部	公	崇
外務検査課長	石井	雅	人
租税検査第一課長	滝口	修	央
租税検査第二課長	花立		敦

〔第 二 局〕

局 長	長岡	尚	志
監 理 官	小林	誠	樹
厚生労働検査第一課長	西村	孝	子
厚生労働検査第二課長	雲木	永	治
厚生労働検査第三課長	倉島	義	孝
厚生労働検査第四課長	上野	謙	二
上席調査官(医療機関担当)	桜井	一	順
防衛検査第一課長	藤井	秀	樹
防衛検査第二課長	袴田	秀	人
防衛検査第三課長	酒井	健	芳

〔第 三 局〕

局 長	中川		浩
監 理 官	山下		健
国土交通検査第一課長	小池	昌	明
国土交通検査第二課長	日野	成	人
国土交通検査第三課長	山野	隆	司
国土交通検査第四課長	伊東		誠
国土交通検査第五課長	池田	康	孝
環境検査課長	川邉	桂	太
上席調査官(道路担当)	倉澤	正	和

〔第 四 局〕

局 長	遠藤	厚	志
監 理 官	坂口		登
文部科学検査第一課長	島崎	栄	治
文部科学検査第二課長	鹿野	智	洋
上席調査官(文部科学担当)	依田	英	之
農林水産検査第一課長	長井	剛	彦
農林水産検査第二課長	本多	正	勝
農林水産検査第三課長	高野	雅	弘
農林水産検査第四課長	見砂	哲	弥

〔第 五 局〕

局 長	片桐		聡
監 理 官	佐々木		修
デジタル検査課長	牛木	克	也
上席調査官(情報通信・郵政担当)	金津	成	彦
経済産業検査第一課長	坂本	斉	子
経済産業検査第二課長	木村	正	人

上席調査官(融資機関担当)	佐々木	壮	勇
特別検査課長	鈴木	慶	太
上席調査官(特別検査担当)	前川		猛

最高裁判所

〒102-8651 千代田区隼町4-2
☎03(3264)8111

長 官	戸倉	三	郎
判 事	深山	卓	也
三浦 守		草野	耕一
宇賀 克也		林	道晴
岡村 和美		長嶺	安政
安浪 亮介		渡邉	惠理子
岡 正晶		堺	徹
今崎 幸彦		尾島	明
宮川 美津子			

長官秘書官	冨澤	めぐみ	
深山判事秘書官	早川	大	介
三浦判事秘書官	沼田	昌	男
草野判事秘書官	山中	美	和
宇賀判事秘書官	山科	政	則
林判事秘書官	中原	弘	貴
岡村判事秘書官	福島	法	昭
長嶺判事秘書官	飯塚		誠
安浪判事秘書官	本田	裕	紀
渡邉判事秘書官	土橋	康	世
岡判事秘書官	柏木	扶	美
堺判事秘書官	沼澤	秀	年
今崎判事秘書官	堀崎	真	二
尾島判事秘書官	石川	正	史
宮川判事秘書官	本瀬	淳	子
首席調査官	小林	宏	司
上席調査官	小川田	宏	一
岡崎 克彦		中丸	隆

〔事 務 総 局〕

事 務 総 長	堀田	眞	哉
審 議 官	清藤	健	一
審 議 官	後藤	尚	樹
家庭審議官	西川	裕	巳
秘 書 課 長	板津	正	道
参 事 官	出	正	弘
佐藤 彩香		佐藤	奈緒美
広報課長(兼)	板津	正	道
情報政策課長(兼)	清藤	健	一

情報セキュリティ室長	世森亮次
参　事　官	（兼）榎本光宏
（兼）内田　曉	（兼）世森亮次
（兼）内田哲也	（兼）草野克也
野澤秀和	（併）塚田智大
（併）田川　実	

〔**総　務　局**〕

局　　　　長	小野寺真也
第　一　課　長	長田雅之
第　二　課　長	遠藤謙太郎
第　三　課　長	永井英雄
参　事　官	榎本光宏
内田　曉	（兼）世森亮次
内田哲也	南　宏幸
木村匡彦	草野克也
塚田智大	田川　実
（兼）野澤秀和	

〔**人　事　局**〕

局　　　　長	徳岡　治
総　務　課　長	富澤賢一郎
任　用　課　長	高田公輝
能　率　課　長	荒川和良
調　査　課（兼）	高田公輝
公平課長（兼）	荒川和良
職　員　管　理　官	平泉信次
参　事　官	中村修輔
松本茂一	立花将寛

〔**経　理　局**〕

局　　　　長	染谷武宣
総　務　課　長	松川充康
主　計　課　長	西岡慶記
営　繕　課　長	伊藤　肇
用　度　課　長	田嶋直哉
監　査　課　長	楠木久史
管　理　課　長	市川陽一
厚　生　管　理　官	吉岡幸治
参　事　官	増子政恵

〔**民　事　局**〕

局　　　　長	福田千恵子
第　一　課　長	椹松晴子
第　二　課　長	松原経正
第三課長（兼）	椹松晴子
参　事　官	橋爪　信
（兼）内田哲也	（兼）不破大輔

大武　浩	

〔**刑　事　局**〕

局　　　　長	吉崎佳弥
第　一　課　長	横山浩典
第　二　課　長	近藤和久
第三課長（兼）	横山浩典
参事官（兼）	内田　曉

〔**行　政　局**〕

局　　　長（兼）	福田千恵子
第　一　課　長	渡邉達之輔
第　二　課　長	不破大輔

〔**家　庭　局**〕

局　　　　長	馬渡直史
第　一　課　長	宇田川公輔
第　二　課　長	向井宣人
第　三　課　長	上馬場　靖
参事官（兼）	内田　曉
同　　（兼）	内田哲也

〔**司　法　研　修　所**〕

〒351-0194 和光市南2-3-8 ☎048（460）2000

所　　　　長	矢尾和子
事　務　局　長	石井芳明
事　務　局　次　長	中村浩毅

〔**裁判所職員総合研修所**〕

〒351-0195 和光市南2-3-5 ☎048（452）5000

所　　　　長	後藤　健
事　務　局　長	青柳年泰
事　務　局　次　長	須栗克史

事業団・公庫等

（令和6年1月5日現在）
※1月6日以降の取材もあります。

日本私立学校振興・共済事業団

〒102-8145 千代田区富士見1-10-12
☎03（3230）1321
（共済事業本部）
〒113-8441 文京区湯島1-7-5
☎03（3813）5321

理 事 長	福原 紀彦
理 事	永山 裕二
	吉田 博之	菊池 裕明
	松尾 勝	小松 弘和
同 （非常勤）	小野 祥子
	川並 弘純	坂本 篤裕
	高柳 元明
監 事	永和田 隆一
同 （非常勤）	廣岡 康久
企 画 室 長	廣田 聖志
総 務 部 長	吉田 秀樹
審 議 役	白井 秀樹
監 査 室 長	荒谷 泉
財 務 部 長	北村 博史
システム管理室長	小川 泰正
私学経営情報センター長	小林 一之
融 資 部 長	岡田 綾子
助 成 部 長	野田 文克
数 理 統 計 室 長	松澤 秀彦
資 産 運 用 部 長	田代 雅彦
業 務 部 長	臼井 麻理子
年 金 部 長	大須賀 哲也
福 祉 部 長	酒井 浩二
施 設 部 長	陣場 章
広報相談センター長	山内 克也

沖縄振興開発金融公庫

〒900-8520 那覇市おもろまち1-2-26
☎098（941）1700
[東京本部] 〒105-0003 港区西新橋2-1-1
興和西新橋ビル10F
☎03（3581）3241

理 事 長	川上 好久
副 理 事 長	井口 裕之

理 事	西崎 寿美
	屋比久 盛徳	新垣 尚之
監 事	酒巻 弘
総 務 部 長	外間 聡
経 理 部 長	星野 弘幸
検 査 役	大城 盛直
秘 書 役	外間 守起
審 査 役	西平 純子
庶 務 部 長	崎山 美香
業 務 統 括 部 長	慶田 康成
調 査 部 長	大西 公一郎
融 資 第 一 部 長	前村 司
融 資 第 二 部 長	中村 あやの
融 資 第 三 部 長	渡真利 克久
事 業 管 理 部 長	當間 直治
情報システム統括室長	久場 兼修
信用リスク管理統括室長（兼）	西平 純子
産業振興出資室長	前泊 辰哉

日 本 銀 行

〒103-8660 中央区日本橋本石町2-1-1
☎03（3279）1111

総 裁	植田 和男
副 総 裁	内田 眞一
同	氷見野 良三
審 議 委 員	安達 誠司
	中村 豊明	野口 旭
	中川 順子	高田 創
	田村 直樹
監 事	藤田 博一
	坂本 哲也	谷口 文一
理 事	清水 季子
	貝塚 正彰	高口 博英
	加藤 毅	清水 誠一
	中島 健至
政策委員会室長	倉本 勝也
秘 書 役	花尻 哲郎
審議役(国会・経済団体渉外)	堂野 敦司

同（組織運営調整）	上條　俊昭
同　（広報関係）	鹿島　みかり
検 査 室 長	中村　毅史
企 画 局 長	正木　一博
審議役（局内組織運営）	飯島　浩太
金融機構局長	中村　康治
審議役（局内組織運営および信用政策企画）	楮松　裕司
審議役兼上席考査官（考査統括）	齋藤　克仁
審議役（地域金融統括）	植田　リサ
同（国際関係統括）	峯岸　　誠
決済機構局長	武田　直己
審議役（デジタル通貨担当）	鈴木　公一郎
金融市場局長	藤田　研二
審議役（局内組織運営および国際関係）	川本　卓司
調査統計局長	大谷　　聡
国 際 局 長	神山　一成
審議役（局内組織運営）	中山　智裕
同　（国際関係）	東　　善明
発 券 局 長	金沢　敏郎
審議役（局内組織運営およびシステム・設備関係）	村國　　聡
業 務 局 長	上口　洋司
審議役（局内組織運営）	佐久田　健司
システム情報局長	福田　英司
審議役（局内組織運営）	三 木 　徹
情報サービス局長	小牧　義弘
総務人事局長	播本　慶子
審議役（人事運用担当）	奥野　聡雄
文 書 局 長	千田　英継
金融研究所長	近田　　健

日本下水道事業団

〒1130034 文京区湯島2-31-27
湯島台ビル　☎03(6361)7800

理 　事 　長	黒田　憲司
副 理 事 長	白崎　　亮
理 　　　事	原　　敬一
	中平　善伸
	橋本　敏一
	渡辺　志津男
	蒲島　郁夫（非 常 勤）
	本村　賢太郎（非 常 勤）
	加藤　龍幸（非 常 勤）
監 　　　事	水津　英則
監事（非常勤）	柳　　亜紀
上席審議役	内笹井　徹

事業管理審議役	倉本　喜文
事業管理審議役	金子　昭人
事業管理審議役	春木　俊人
技術開発審議役	弓削田　克美
審 　議 　役	大沼　幸喜
	遠田　和行
	高橋　克尚
	高村　和典
経営企画部長	山本　泰司
事業統括部長	石﨑　隆弘
ソリューション推進部長	丸山　徳義
ＤＸ戦略部長	富樫　俊文
技術開発室長（兼）	弓削田　克美
国際戦略室長	若林　淳司
監 査 室 長	二橋　宏樹
研修センター所長	豆谷　竜太郎

日 本 年 金 機 構

〒168-8505 杉並区高井戸西3-5-24
☎03(5344)1100

理 　事 　長	大竹　和彦
副 理 事 長	樽見　英樹
理 　　　事（人事・会計部門担当）	立田　英人
理 　　　事（事業企画部門担当）	和田　康紀
理 　　　事（事業管理部門担当）	岩井　勝弘
理 　　　事（事業推進部門担当）	草刈　俊彦
理 　　　事（年金給付事業部門担当）	渡辺　理恵
理 　　　事（システム部門担当）	蔦内　博美
理 　　　事（特 命 担 当）	安藤　　誠
理事（非常勤）	山宮　慎一郎
	辻廣　雅文
	大島　眞彦
	吉永　みち子
監 　　　事	工藤　政和
監事（非常勤）	矢崎　ふみ子

391

独 立 行 政 法 人

（令和6年1月5日現在）
※1月6日以降の取材もあります。

独立行政法人

内閣府所管

(独) 国立公文書館
〒102-0091 千代田区北の丸公園3-2
☎03(3214)0621
館　長　鎌　田　薫

〔アジア歴史資料センター〕
〒113-0033 文京区本郷3-22-5
住友不動産本郷ビル10F
☎03(5805)8801

(独) 北方領土問題対策協会
〒110-0014 台東区北上野1-9-12
住友不動産上野ビル9F ☎03(3843)3630
理　事　長　山　本　茂　樹

国立研究開発法人 日本医療研究開発機構
〒100-0004 千代田区大手町1-7-1
読売新聞ビル ☎03(6870)2200
理　事　長　三　島　良　直

消費者庁所管

(独) 国民生活センター
相模原事務所
〒252-0229 相模原市中央区弥栄3-1-1
☎042(758)3161
東京事務所
〒108-8602 港区高輪3-13-22
☎03(3443)6211
理　事　長　山　田　昭　典

総務省所管

国立研究開発法人 情報通信研究機構
（本部）〒184-8795 小金井市貫井北町4-2-1
☎042(327)7429
理　事　長　徳　田　英　幸

(独) 統計センター
〒162-8668 新宿区若松町19-1
☎03(5273)1200
理　事　長　佐　伯　修　司

(独) 郵便貯金簡易生命保険管理・郵便局ネットワーク支援機構
〒105-0001 港区虎ノ門5-13-1
虎ノ門40MTビル3F ☎03(5472)7101
理　事　長　白　山　昭　彦

外務省所管

(独) 国際協力機構
〒102-8012 千代田区二番町5-25
二番町センタービル ☎03(5226)6660
理　事　長　田　中　明　彦

(独) 国際交流基金
〒160-0004 新宿区四谷1-6-4
コモレ四谷 ☎03(5369)6075
理　事　長　梅　本　和　義

財務省所管

(独) 酒類総合研究所
〒739-0046 東広島市鏡山3-7-1
☎082(420)0800
理　事　長　福　田　央

(独) 造幣局
〒530-0043 大阪市北区天満1-1-79
☎06(6351)5361
理　事　長　後　藤　健　二

(独) 国立印刷局
〒105-8445 港区虎ノ門2-2-5
共同通信会館ビル ☎03(3582)4411
理　事　長　大　津　俊　哉

文部科学省所管

(独) 国立特別支援教育総合研究所
〒239-8585 横須賀市野比5-1-1
☎046(839)6803
理　事　長　中　村　信　一

392

※(独)は独立行政法人を略したものです。

(独)大学入試センター

〒153-8501 目黒区駒場2-19-23
☎03(3468)3311

理　事　長　山口宏樹

(独)国立青少年教育振興機構

〒151-0052 渋谷区代々木神園町3-1
☎03(3467)7201

理　事　長　古川　和

(独)国立女性教育会館

〒355-0292 埼玉県比企郡嵐山町菅谷728
☎0493(62)6719(総務課)

理　事　長　萩原なつ子

(独)国立科学博物館

〒110-8718 台東区上野公園7-20
☎03(3822)0111

館　　　長　篠田謙一

国立研究開発法人
物質・材料研究機構

〒305-0047 つくば市千現1-2-1
☎029(859)2000

理　事　長　宝野和博

国立研究開発法人
防災科学技術研究所

〒305-0006 つくば市天王台3-1
☎029(851)1611

理　事　長　寶　馨

国立研究開発法人
量子科学技術研究開発機構

〒263-8555 千葉市稲毛区穴川4-9-1
☎043(382)8001

理　事　長　小安重夫

(独)国立美術館

〒102-8322 千代田区北の丸公園3-1
☎03(3214)2561

理　事　長　逢坂恵理子

〔東京国立近代美術館〕

〒102-8322 千代田区北の丸公園3-1
☎03(3214)2561

〔京都国立近代美術館〕

〒606-8344 京都市左京区岡崎円勝寺町26-1
☎075(761)4111

〔国立映画アーカイブ〕

〒104-0031 中央区京橋3-7-6
☎03(3561)0823

〔国 立 西 洋 美 術 館〕

〒110-0007 台東区上野公園7-7
☎03(3828)5131

〔国 立 国 際 美 術 館〕

〒530-0005 大阪市北区中之島4-2-55
☎06(6447)4680

〔国 立 新 美 術 館〕

〒106-8558 港区六本木7-22-2
☎03(6812)9900

(独)国立文化財機構

〒110-8712 台東区上野公園13-9
☎03(3822)1196

理　事　長　島谷弘幸

〔東 京 国 立 博 物 館〕

〒110-8712 台東区上野公園13-9
☎03(3822)1111

〔京 都 国 立 博 物 館〕

〒605-0931 京都市東山区茶屋町527
☎075(541)1151

〔奈 良 国 立 博 物 館〕

〒630-8213 奈良市登大路町50
☎0742(22)7771

〔九 州 国 立 博 物 館〕

〒818-0118 太宰府市石坂4-7-2
☎092(918)2807

〔皇 居 三 の 丸 尚 蔵 館〕

〒100-0001 千代田区千代田1-8
☎03(6268)0306

〔東 京 文 化 財 研 究 所〕

〒110-8713 台東区上野公園13-43
☎03(3823)2241

〔奈 良 文 化 財 研 究 所〕

〒630-8577 奈良市二条町2-9-1
☎0742(30)6733

〔アジア太平洋無形文化
遺産研究センター〕

〒590-0802 堺市堺区百舌鳥夕雲町2丁
(堺市博物館内)　☎072(275)8050

(独)教職員支援機構

〒305-0802 つくば市立原3
☎029(879)6613

理　事　長　荒瀬克己

国立研究開発法人
科学技術振興機構

〒332-0012 川口市本町4-1-8
川口センタービル ☎048(226)5601

理　事　長　橋本和仁

(独)日本学術振興会

〒102-0083 千代田区麹町5-3-1
麹町ビジネスセンター ☎03(3263)1722

理　事　長　杉野　剛

国立研究開発法人
理化学研究所

〒351-0198 和光市広沢2-1
☎048(462)1111

理　事　長　五神　真

国立研究開発法人
宇宙航空研究開発機構

〒182-8522 調布市深大寺東町7-44-1
☎0422(40)3000
(東京事務所)
〒101-8008 千代田区神田駿河台4-6
御茶ノ水ソラシティ ☎03(5289)3600

理　事　長　山川　宏

(独)日本スポーツ振興センター

〒160-0013 新宿区霞ヶ丘町4-1
☎03(5410)9124

理　事　長　芦立　訓

(独)日本芸術文化振興会

〒102-8656 千代田区隼町4-1
☎03(3265)7411

理　事　長　長谷川眞理子

(独)日本学生支援機構

〒226-8503 横浜市緑区長津田町4259 S-3
☎045(924)0812

理　事　長　吉岡知哉

国立研究開発法人
海洋研究開発機構

〒237-0061 横須賀市夏島町2-15
☎046(866)3811

理　事　長　大和裕幸

(独)国立高等専門学校機構

〒193-0834 八王子市東浅川町701-2
☎042(662)3120

理　事　長　谷口　功

(独)大学改革支援・学位授与機構

〒187-8587 小平市学園西町1-29-1
☎042(307)1500

機　構　長　福田秀樹

国立研究開発法人
日本原子力研究開発機構

〒319-1184 茨城県那珂郡東海村
大字舟石川765番地1
☎029(282)1122

理　事　長　小口正範

厚生労働省所管

(独)勤労者退職金共済機構

〒170-8055 豊島区東池袋1-24-1
ニッセイ池袋ビル
☎03(6907)1275(総務部)

理　事　長　梅森　徹

(独)高齢・障害・求職者雇用支援機構

〒261-8558 千葉市美浜区若葉3-1-2
☎043(213)6000

理　事　長　輪島　忍

(独)福祉医療機構

〒105-8486 港区虎ノ門4-3-13
ヒューリック神谷町ビル ☎03(3438)0211

理　事　長　松縄　正

**(独)国立重度知的障害者総合施設
のぞみの園**

〒370-0865 高崎市寺尾町2120-2
☎027(325)1501

理　事　長　田中正博

(独)労働政策研究・研修機構

〒177-8502 練馬区上石神井4-8-23
☎03(5903)6111

理　事　長　藤村博之

(独)労働者健康安全機構
〒211-0021 川崎市中原区木月住吉町1-1
☎044(431)8600(総務部)
理　事　長　有　賀　徹

(独)国立病院機構
〒152-8621 目黒区東が丘2-5-21
☎03(5712)5050
理　事　長　楠　岡　英　雄

(独)医薬品医療機器総合機構
〒100-0013 千代田区霞が関3-3-2
新霞が関ビル ☎03(3506)9541
理　事　長　藤　原　康　弘

国立研究開発法人
医薬基盤・健康・栄養研究所
〒567-0085 茨木市彩都あさぎ7-6-8
☎072(641)9811
理　事　長　中　村　祐　輔

(独)地域医療機能推進機構
〒108-8583 港区高輪3-22-12
☎03(5791)8220
理　事　長　山　本　修　一

年金積立金管理運用(独)
〒105-6377 港区虎ノ門1-23-1
虎ノ門ヒルズ森タワー7F ☎03(3502)2480
理　事　長　宮　園　雅　敬

国立研究開発法人
国立がん研究センター
〒104-0045 中央区築地5-1-1
☎03(3542)2511
理　事　長　中　釜　斉

国立研究開発法人
国立循環器病研究センター
〒564-8565 吹田市岸部新町6-1
☎0570(012)545
理　事　長　大　津　欣　也

国立研究開発法人
国立精神・神経医療研究センター
〒187-8551 小平市小川東町4-1-1
☎042(341)2711
理　事　長　中　込　和　幸

国立研究開発法人
国立国際医療研究センター
〒162-8655 新宿区戸山1-21-1
☎03(3202)7181
理　事　長　國　土　典　宏

国立研究開発法人
国立成育医療研究センター
〒157-8535 世田谷区大蔵2-10-1
☎03(3416)0181
理　事　長　五十嵐　　隆

国立研究開発法人
国立長寿医療研究センター
〒474-8511 大府市森岡町7-430
☎0562(46)2311
理　事　長　荒　井　秀　典

農林水産省所管

(独)農林水産消費安全技術センター
〒330-9731 さいたま市中央区新都心2-1
さいたま新都心合同庁舎検査棟
☎050(3797)1830
理　事　長　木　内　岳　志

(独)家畜改良センター
〒961-8511 福島県西白河郡西郷村
大字小田倉字小田倉原1
☎0248(25)2231
理　事　長　入　江　正　和

国立研究開発法人
農業・食品産業技術総合研究機構
〒305-8517 つくば市観音台3-1-1
☎029(838)8998
理　事　長　久　間　和　生

国立研究開発法人
国際農林水産業研究センター
〒305-8686 つくば市大わし1-1
☎029(838)6313
理　事　長　小　山　修

国立研究開発法人
森林研究・整備機構
〒305-8687 つくば市松の里1
☎029(873)3211
理　事　長　浅野　透

国立研究開発法人
水産研究・教育機構
〒221-8529 横浜市神奈川区新浦島町1-1-25
テクノウェイブ100 6F　☎045(277)0120
理　事　長　中山一郎

(独)**農畜産業振興機構**
〒106-8635 港区麻布台2-2-1
麻布台ビル　☎03(3583)8196(広報消費者課)
理　事　長　天羽　隆

(独)**農業者年金基金**
〒105-8010 港区西新橋1-6-21
NBF虎ノ門ビル5F　☎03(3502)3942
理　事　長　黒田夏樹

(独)**農林漁業信用基金**
〒105-6228 港区愛宕2-5-1 愛宕グリーンヒルズ
MORIタワー28F　☎03(3434)7813
理　事　長　牧元幸司

経済産業省所管

(独)**経済産業研究所**
〒100-8901 千代田区霞が関1-3-1
経済産業省別館11F　☎03(3501)1363
理　事　長　浦田秀次郎

(独)**工業所有権情報・研修館**
〒105-6008 港区虎ノ門4-3-1
城山トラストタワー8F　☎03(3501)5765
理　事　長　久保浩三

国立研究開発法人
産業技術総合研究所
〒100-8921 千代田区霞が関1-3-1
☎03(5501)0900
理　事　長　石村和彦

(独)**製品評価技術基盤機構**
〒151-0066 渋谷区西原2-49-10
☎03(3481)1921
理　事　長　長谷川史彦

国立研究開発法人新エネルギー・
産業技術総合開発機構
〒212-8554 川崎市幸区大宮町1310
ミューザ川崎セントラルタワー16F〜20F
☎044(520)5100(総務部)
理　事　長　斎藤　保

(独)**日本貿易振興機構**
〒107-6006 港区赤坂1-12-32
アーク森ビル　☎03(3582)5511
理　事　長　石黒憲彦

(独)**情報処理推進機構**
〒113-6591 文京区本駒込2-28-8
文京グリーンコートセンターオフィス16F
☎03(5978)7620
理　事　長　齊藤　裕

(独)エネルギー・
金属鉱物資源機構
〒105-0001 港区虎ノ門2-10-1
虎ノ門ツインビルディング西棟
☎03(6758)8000
理　事　長　髙原一郎

(独)**中小企業基盤整備機構**
〒105-8453 港区虎ノ門3-5-1
虎ノ門37森ビル　☎03(3433)8811
理　事　長　豊永厚志

国土交通省所管

国立研究開発法人
土木研究所
〒305-8516 つくば市南原1-6
☎029(879)6700(総務課)
理　事　長　藤田光一

国立研究開発法人
建築研究所
〒305-0802 つくば市立原1
☎029(864)2151
理　事　長　澤地孝男

国立研究開発法人
海上・港湾・航空技術研究所
〒181-0004 三鷹市新川6-38-1
☎0422(41)3013
理　　事　　長　庄司るり

(独)海技教育機構
〒231-0003 横浜市中区北仲通5-57
横浜第2合同庁舎20F ☎045(211)7303
理　　事　　長　田島哲明

(独)航空大学校
〒880-8580 宮崎市大字赤江字飛江田652-2
☎0985(51)1211
理　　事　　長　井戸川　眞

(独)自動車技術総合機構
〒160-0003 新宿区四谷本塩町4-41
住友生命四谷ビル4F
☎03(5363)3441
理　　事　　長　木村隆秀

(独)鉄道建設・
運輸施設整備支援機構
〒231-8315 横浜市中区本町6-50-1
横浜アイランドタワー
☎045(222)9100(総務課)
理　　事　　長　藤田耕三

(独)国際観光振興機構
通称:日本政府観光局(JNTO)
〒160-0004 新宿区四谷1-6-4
☎03(5369)3342
理　　事　　長　蒲生篤実

(独)水資源機構
〒330-6008 さいたま市中央区新都心11-2
ランド・アクシス・タワー内
☎048(600)6500
理　　事　　長　金尾健司

(独)自動車事故対策機構
〒130-0013 墨田区錦糸3-2-1
アルカイースト19F ☎03(5608)7560
理　　事　　長　中村晃一郎

(独)空港周辺整備機構
〒812-0013 福岡市博多区博多駅東2-17-5
ARKビル9F ☎092(472)4591
理　　事　　長　今吉伸一

(独)都市再生機構
〒231-8315 横浜市中区本町6-50-1
横浜アイランドタワー ☎045(650)0111
理　　事　　長　中島正弘

(独)奄美群島振興開発基金
〒894-0026 奄美市名瀬港町1-5
☎0997(52)4511
理　　事　　長　本田勝規

(独)日本高速道路保有・
債務返済機構
〒220-0011 横浜市西区高島1-1-2
横浜三井ビルディング5F
☎045(228)5977
理　　事　　長　高松　勝

(独)住宅金融支援機構
〒112-8570 文京区後楽1-4-10
☎03(3812)1111
理　　事　　長　毛利信二

環境省所管

国立研究開発法人
国立環境研究所
〒305-8506 つくば市小野川16-2
☎029(850)2314
理　　事　　長　木本昌秀

(独)環境再生保全機構
〒212-8554 川崎市幸区大宮町1310
ミューザ川崎セントラルタワー
☎044(520)9501
理　　事　　長　小辻智之

防衛省所管

(独)駐留軍等労働者労務管理機構
〒108-0073 港区三田3-13-12
三田MTビル ☎03(5730)2163
理　　事　　長　廣瀬行成

地 方 庁

北 海 道

〒060-8588 札幌市中央区北3条西6丁目
☎011 (231) 4111
〒100-0014 千代田区永田町2-17-17
永田町ほっかいどうスクエア1F
☎(3581) 3411

議	長	冨原	亮
副 議	長	稲村	久男
知	事	鈴木	直道
副 知	事	浦本	元人
副 知	事	土屋	俊亮
副 知	事	濱坂	真一
東京事務所長		上田	晃弘

青 森 県

〒030-8570 青森市長島1-1-1
☎017 (722) 1111
〒102-0093 千代田区平河町2-6-3
都道府県会館7F ☎ (5212) 9113

議	長	丸井	裕
副 議	長	寺田	達也
知	事	宮下	宗一郎
副 知	事	小谷	知也
副 知	事		
東京事務所長		簗田	潮

岩 手 県

〒020-8570 盛岡市内丸10-1
☎019 (651) 3111
〒104-0061 中央区銀座5-15-1
南海東京ビル2F ☎(3524) 8316

議	長	工藤	大輔
副 議	長	飯澤	匡
知	事	達増	拓也
副 知	事	菊池	哲
副 知	事	八重樫	幸治
東京事務所長		平井	省三

宮 城 県

〒980-8570 仙台市青葉区本町3-8-1
☎022 (211) 2111
〒102-0093 千代田区平河町2-6-3
都道府県会館12F ☎(5212) 9045

議	長	髙橋	伸二
副 議	長	本木	忠一
知	事	村井	嘉浩
副 知	事	伊藤	哲也
副 知	事	池田	敬之
東京事務所長		末永	仁一

秋 田 県

〒010-8570 秋田市山王4-1-1
☎018 (860) 1032（秘書課）
〒102-0093 千代田区平河町2-6-3
都道府県会館7F ☎ (5212) 9115

議	長	北林	丈正
副 議	長	鈴木	健太
知	事	佐竹	敬久
副 知	事	神部	秀行
副 知	事	猿田	和三
東京事務所長		坂本	雅和

山 形 県

〒990-8570 山形市松波2-8-1
☎023 (630) 2211
〒102-0093 千代田区平河町2-6-3
都道府県会館13F ☎ (5212) 9026

議	長	森田	廣
副 議	長	小松	伸也
知	事	吉村	美栄子
副 知	事	平山	雅之
東京事務所長		黒田	あゆ美

福 島 県

〒960-8670 福島市杉妻町2-16
☎024 (521) 1111
〒102-0093 千代田区平河町2-6-3
都道府県会館12F ☎ (5212) 9050

議	長	西山	尚利
副 議	長	山田	平四郎

知　　　　　事	内堀雅雄	

茨 城 県

〒310-8555 水戸市笠原町978-6
☎029 (301) 1111
〒102-0093 千代田区平河町2-6-3
都道府県会館9 F ☎ (5212) 9088

議　　　　　長	半村　　登
副　議　長	西野　　一
知　　　　　事	大井川和彦
副　知　事	飯塚博之
副　知　事	横山征成
東京渉外局長	澤幡博子

栃 木 県

〒320-8501 宇都宮市塙田1-1-20
☎028 (623) 2323
〒102-0093 千代田区平河町2-6-3
都道府県会館11 F ☎ (5212) 9064

議　　　　　長	佐藤　良
副　議　長	関谷暢之
知　　　　　事	福田富一
副　知　事	北村一郎
副　知　事	天利和紀
東京事務所長	中村和史

群 馬 県

〒371-8570 前橋市大手町1-1-1
☎027 (223) 1111
〒102-0093 千代田区平河町2-6-3
都道府県会館8 F ☎ (5212) 9102

議　　　　　長	安孫子　哲
副　議　長	川野辺達也
知　　　　　事	山本一太
副　知　事	津久井治男
副　知　事	宇留賀敬一
東京事務所長	富澤孝史

埼 玉 県

〒330-9301 さいたま市浦和区高砂3-15-1
☎048 (824) 2111
〒102-0093 千代田区平河町2-6-3
都道府県会館8 F ☎ (5212) 9104

議　　　　　長	立石泰広
副　議　長	岡田静佳
知　　　　　事	大野元裕
副　知　事	砂川裕紀
副　知　事	山本悟司
副　知　事	堀光敦史
東京事務所長	山﨑明弘

千 葉 県

〒260-8667 千葉市中央区市場町1-1
☎043 (223) 2110
〒102-0093 千代田区平河町2-6-3
都道府県会館14 F ☎ (5212) 9013

議　　　　　長	伊藤昌弘
副　議　長	山本義一
知　　　　　事	熊谷俊人
副　知　事	穴澤幸男
副　知　事	黒野嘉之
東京事務所長	飯塚光昭

東 京 都

〒163-8001 新宿区西新宿2-8-1
☎ (5321) 1111

議　　　　　長	宇佐川聡宏
副　議　長	増子ひろき
知　　　　　事	小池百合子
副　知　事	黒沼　靖
副　知　事	潮田　勉
副　知　事	中村倫治
副　知　事	宮坂　学

神 奈 川 県

〒231-8588 横浜市中区日本大通1
☎045 (210) 1111
〒102-0093 千代田区平河町2-6-3
都道府県会館9 F ☎ (5212) 9090

議　　　　　長	加藤元弥
副　議　長	亀井たかつぐ

上段左（前ページからの続き）:

副　知　事	鈴木正晃
副　知　事	佐藤宏隆
東京事務所長	細川　了

知　　　　事　黒　岩　祐　治
副　知　　事　武　井　政　二
副　知　　事　小板橋　聡　士
副　知　　事　首　藤　健　治
東京事務所長　木　口　真　治

新潟県

〒950-8570 新潟市中央区新光町4-1
☎025(285)5511
〒102-0093 千代田区平河町2-6-3
都道府県会館15F ☎(5212)9002

議　　　　長　楡　井　辰　雄
副　議　　長　青　柳　正　司
知　　　　事　花　角　英　世
副　知　　事　笠　鳥　公　一
副　知　　事　橋　本　憲次郎
東京事務所長　綱　島　知　子

富山県

〒930-8501 富山市新総曲輪1-7
☎076(431)4111
〒102-0093 千代田区平河町2-6-3
都道府県会館13F ☎(5212)9030

議　　　　長　山　本　　　徹
副　議　　長　奥　野　詠　子
知　　　　事　新　田　八　朗
副　知　　事　蔵　堀　祐　一
副　知　　事　横　田　美　香
首都圏本部長　砂　原　賢　司

石川県

〒920-8580 金沢市鞍月1-1
☎076(225)1111
〒102-0093 千代田区平河町2-6-3
都道府県会館14F ☎(5212)9016

議　　　　長　焼　田　宏　明
副　議　　長　平　蔵　豊　志
知　　　　事　馳　　　　　浩
副　知　　事　徳　田　　　博
副　知　　事　西　垣　淳　子
東京事務所長　中　谷　安　孝

福井県

〒910-8580 福井市大手3-17-1
☎0776(21)1111
〒102-0093 千代田区平河町2-6-3
都道府県会館10F ☎(5212)9074

議　　　　長　西　本　正　俊
副　議　　長　力　野　　　豊
知　　　　事　杉　本　達　治
副　知　　事　中　村　保　博
副　知　　事　鷲　頭　美　央
東京事務所長　白　嵜　　　淳

山梨県

〒400-8501 甲府市丸の内1-6-1
☎055(237)1111
〒102-0093 千代田区平河町2-6-3
都道府県会館13F ☎(5212)9033

議　　　　長　水　岸　富美男
副　議　　長　清　水　喜美男
知　　　　事　長　崎　幸太郎
副　知　　事　長　田　　　公
東京事務所長　瀧　本　勝　彦

長野県

〒380-8570 長野市大字南長野字
幅下692-2 ☎026(232)0111
〒102-0093 千代田区平河町2-6-3
都道府県会館12F ☎(5212)9055

議　　　　長　佐々木　祥　二
副　議　　長　埋　橋　茂　人
知　　　　事　阿　部　守　一
副　知　　事　関　　昇一郎
東京事務所長　出　川　広　昭

岐阜県

〒500-8570 岐阜市薮田南2-1-1
☎058(272)1111
〒102-0093 千代田区平河町2-6-3
都道府県会館14F ☎(5212)9020

議　　　　長　野　島　征　夫
副　議　　長　田　中　勝　士
知　　　　事　古　田　　　肇
副　知　　事　大　森　康　宏
副　知　　事　河　合　孝　憲

東京事務所長　片桐伸一

静　岡　県

〒420-8601 静岡市葵区追手町9-6
☎054 (221) 2455（総合案内）
〒102-0093 千代田区平河町2-6-3
都道府県会館13F　☎ (5212) 9035

議　　　　　長	中沢公彦
副　議　長	鈴木澄美
知　　　　　事	川勝平太
副　知　事	出野　勉
副　知　事	森　貴志
ふじのくに大使館公使 （東 京 事 務 所 長）	芹澤真一

愛　知　県

〒460-8501 名古屋市中区三の丸3-1-2
☎052 (961) 2111
〒102-0093 千代田区平河町2-6-3
都道府県会館9F　☎ (5212) 9092

議　　　　　長	石井芳樹
副　議　長	いなもと和仁
知　　　　　事	大村秀章
副　知　事	古本伸一郎
副　知　事	林　全宏
副　知　事	牧野利香
副　知　事	江口幸雄
東京事務所長	片桐靖幸

三　重　県

〒514-8570 津市広明町13
☎059 (224) 3070
〒102-0093 千代田区平河町2-6-3
都道府県会館11F　☎ (5212) 9065

議　　　　　長	中森博文
副　議　長	杉本熊野
知　　　　　事	一見勝之
副　知　事	廣田恵子
副　知　事	服部　浩
東京事務所長	山本秀典

滋　賀　県

〒520-8577 大津市京町4-1-1
☎077 (528) 3993
〒102-0093 千代田区平河町2-6-3
都道府県会館8F　☎ (5212) 9107

議　　　　　長	奥村芳正
副　議　長	有村國俊
知　　　　　事	三日月大造
副　知　事	江島宏治
副　知　事	大杉住子
東京本部長	中村　守

京　都　府

〒602-8570 京都市上京区下立売通新町
西入藪ノ内町 ☎075 (451) 8111
〒102-0093 千代田区平河町2-6-3
都道府県会館8F　☎ (5212) 9109

議　　　　　長	石田宗久
副　議　長	林　正樹
知　　　　　事	西脇隆俊
副　知　事	山下晃正
副　知　事	古川博規
副　知　事	鈴木貴典
東京事務所長	嶋津誉子

大　阪　府

〒540-8570 大阪市中央区大手前2-1-22
☎06 (6941) 0351
〒102-0093 千代田区平河町2-6-3
都道府県会館7F　☎ (5212) 9118

議　　　　　長	久谷眞敬
副　議　長	垣見大志朗
知　　　　　事	吉村洋文
副　知　事	山口信彦
副　知　事	森岡武一
副　知　事	渡邉繁樹
東京事務所長	芳本竜一

兵　庫　県

〒650-8567 神戸市中央区下山手通5-10-1
☎078 (341) 7711
〒102-0093 千代田区平河町2-6-3
都道府県会館13F　☎ (5212) 9040

議　　　　　長	内藤兵衛

地方庁

401

副議長	徳安淳子
知事	齋藤元彦
副知事	片山安孝
副知事	服部洋平
東京事務所長	今後元彦

奈良県

〒630-8501 奈良市登大路町30
☎0742(22)1101
〒102-0093 千代田区平河町2-6-3
都道府県会館9F ☎(5212)9096

議長	岩田国夫
副議長	池田慎久
知事	山下真
副知事	村井浩
副知事	湯山壮一郎
東京事務所長	永井聡

和歌山県

〒640-8585 和歌山市小松原通1-1
☎073(432)4111
〒102-0093 千代田区平河町2-6-3
都道府県会館12F ☎(5212)9057

議長	濱口太史
副議長	中本浩精
知事	岸本周平
副知事	下宏
東京事務所長	湯川学

鳥取県

〒680-8570 鳥取市東町1-220
☎0857(26)7111
〒102-0093 千代田区平河町2-6-3
都道府県会館10F ☎(5212)9077

議長	浜崎晋一
副議長	野坂道明
知事	平井伸治
副知事	亀井一賀
東京本部長	堀田晶子

島根県

〒690-8501 松江市殿町1
☎0852(22)5111
〒102-0093 千代田区平河町2-6-3
都道府県会館11F ☎(5212)9070

議長	園山繁
副議長	山根成二
知事	丸山達也
副知事	松尾紳次
東京事務所長	大谷幸生

岡山県

〒700-8570 岡山市北区内山下2-4-6
☎086(224)2111
〒102-0093 千代田区平河町2-6-3
都道府県会館10F ☎(5212)9080

議長	小倉弘行
副議長	江本公一
知事	伊原木隆太
副知事	横田有次
副知事	上坊勝則
東京事務所長	玉置明日夫

広島県

〒730-8511 広島市中区基町10-52
☎082(228)2111
〒105-0001 港区虎ノ門1-2-8
虎ノ門琴平タワー22F ☎(3580)0851

議長	中本隆志
副議長	緒方直之
知事	湯崎英彦
副知事	玉井優子
副知事	山根健嗣
東京事務所長	弓場久司

山口県

〒753-8501 山口市滝町1-1
☎083(922)3111
〒100-0013 千代田区霞が関3-3-1
尚友会館4F ☎(3502)3355

議長	柳居俊学
副議長	島田教明
知事	村岡嗣政
副知事	平屋隆之

東京事務所長　清水久洋

徳島県

〒770-8570 徳島市万代町1-1
☎088(621)2500(案内係)
〒102-0093 千代田区平河町2-6-3
都道府県会館14F　☎(5212)9022

議　　　長	岡田理絵
副　議　長	須見一仁
知　　　事	後藤田正純
副　知　事	志田敏郎
副　知　事	伊藤大輔
東京本部長	勝川雅史

香川県

〒760-8570 高松市番町4-1-10
☎087(831)1111
〒102-0093 千代田区平河町2-6-3
都道府県会館9F　☎(5212)9100

議　　　長	新田耕造
副　議　長	松原哲也
知　　　事	池田豊人
副　知　事	大山　智
東京事務所長	森岡英司

愛媛県

〒790-8570 松山市一番町4-4-2
☎089(941)2111
〒102-0093 千代田区平河町2-6-3
都道府県会館11F　☎(5212)9071

議　　　長	高山康人
副　議　長	福羅浩一
知　　　事	中村時広
副　知　事	田中英樹
副　知　事	濱里　要
東京事務所長	矢野悌二

高知県

〒780-8570 高知市丸ノ内1-2-20
☎088(823)1111
〒100-0011 千代田区内幸町1-3-3
内幸町ダイビル7F　☎(3501)5541

議　　　長	弘田兼一
副　議　長	今城誠司
知　　　事	濱田省司

副　知　事　井上浩之
理事・東京事務所長　前田和彦

福岡県

〒812-8577 福岡市博多区東公園7-7
☎092(651)1111
〒102-0083 千代田区麹町1-12-1
住友不動産ふくおか半蔵門ビル2F　☎(3261)9861

議　　　長	香原勝司
副　議　長	佐々木　允
知　　　事	服部誠太郎
副　知　事	江口　勝
副　知　事	大曲昭恵
副　知　事	生嶋亮介
東京事務所長	山口洋志

佐賀県

〒840-8570 佐賀市城内1-1-59
☎0952(24)2111
〒102-0093 千代田区平河町2-6-3
都道府県会館11F　☎(5212)9073

議　　　長	大場芳博
副　議　長	坂口祐樹
知　　　事	山口祥義
副　知　事	落合裕二
副　知　事	南里　隆
首都圏事務所長	橋口泰史

長崎県

〒850-8570 長崎市尾上町3-1
☎095(824)1111
〒102-0093 千代田区平河町2-6-3
都道府県会館14F　☎(5212)9025

議　　　長	徳永達也
副　議　長	山本由夫
知　　　事	大石賢吾
副　知　事	浦　真樹
副　知　事	馬場裕子
東京事務所長	村田利博

地方庁

熊 本 県

〒862-8570 熊本市中央区水前寺6-18-1
☎096 (383) 1111
〒102-0093 千代田区平河町2-6-3
都道府県会館10F ☎ (5212) 9084

議 長	渕上 陽一
副 議 長	内野 幸喜
知 事	蒲島 郁夫
副 知 事	田嶋 徹
副 知 事	木村 敬
東京事務所長	三牧 芳浩

大 分 県

〒870-8501 大分市大手町3-1-1
☎097 (536) 1111
〒102-0093 千代田区平河町2-6-3
都道府県会館4F
☎ (6771) 7011

議 長	元吉 俊博
副 議 長	木付 親次
知 事	佐藤 樹一郎
副 知 事	尾野 賢治
副 知 事	吉田 一生
東京事務所長	馬場 真由美

宮 崎 県

〒880-8501 宮崎市橘通東2-10-1
☎0985 (26) 7111
〒102-0093 千代田区平河町2-6-3
都道府県会館15F ☎ (5212) 9007

議 長	濵砂 守
副 議 長	日高 博之
知 事	河野 俊嗣
副 知 事	日隈 俊郎
副 知 事	佐藤 弘之
東京事務所長	児玉 憲明

鹿 児 島 県

〒890-8577 鹿児島市鴨池新町10-1
☎099 (286) 2111
〒102-0093 千代田区平河町2-6-3
都道府県会館12F ☎ (5212) 9060

| 議 長 | 松里 保廣 |
| 副 議 長 | 小園 しげよし |

沖 縄 県

知 事	塩田 康一
副 知 事	藤本 徳昭
副 知 事	大塚 大輔
東京事務所長	伊地知 芳浩

〒900-8570 那覇市泉崎1-2-2
☎098 (866) 2074 (総務私学課)
〒102-0093 千代田区平河町2-6-3
都道府県会館10F ☎ (5212) 9087

議 長	赤嶺 昇
副 議 長	照屋 守之
知 事	玉城 デニー
副 知 事	照屋 義実
副 知 事	池田 竹州
東京事務所長	平田 正志

札 幌 市

〒060-8611 札幌市中央区北1条西2
☎011 (211) 2111
〒100-0006 千代田区有楽町2-10-1
東京交通会館3F ☎ (3216) 5090

議 長	飯島 弘之
副 議 長	しのだ 江里子
市 長	秋元 克広
副 市 長	町田 隆敏
副 市 長	石川 敏也
副 市 長	天野 周治
東京事務所長	佐藤 美賀

仙 台 市

〒980-8671 仙台市青葉区国分町3-7-1
☎022 (261) 1111
〒102-0093 千代田区平河町2-4-1
日本都市センター会館9F
☎ (3262) 5765

議 長	橋本 啓一
副 議 長	鈴木 広康
市 長	郡 和子
副 市 長	藤本 章
副 市 長	髙橋 新悦
東京事務所長	大上 喜裕

さいたま市

〒330-9588 さいたま市浦和区常盤6-4-4
☎048(829)1111
〒102-0093 千代田区平河町2-4-1
日本都市センター会館11F
☎(5215)7561

議 長	江原 大輔
副 議 長	神坂 達成
市 長	清水 勇人
副 市 長	日野 徹
副 市 長	髙橋 篤
副 市 長	小川 博之
東京事務所長	金子 芳久

千 葉 市

〒260-8722 千葉市中央区千葉港1-1
☎043(245)5111
〒102-0093 千代田区平河町2-4-1
日本都市センター会館9F
☎(3261)6411

議 長	石川 弘
副 議 長	麻生 紀雄
市 長	神谷 俊一
副 市 長	大木 正人
副 市 長	青柳 太
東京事務所長	青木 茂

横 浜 市

〒231-0005 横浜市中区本町6-50-10
☎045(671)2121
〒102-0093 千代田区平河町2-4-1
日本都市センター会館11F
☎(3264)4800

議 長	瀬之間 康浩
副 議 長	福島 直子
市 長	山中 竹春
副 市 長	平原 敏英
副 市 長	城 博俊
副 市 長	伊地知 英弘
副 市 長	大久保 智子
東京事務所長	伊倉 久美子

川 崎 市

〒210-8577 川崎市川崎区宮本町1
☎044(200)2111

議 長	青木 功雄
副 議 長	岩隈 千尋
市 長	福田 紀彦
副 市 長	伊藤 弘
副 市 長	加藤 順一
副 市 長	藤倉 茂起
東京事務所長	中岡 祐一

相 模 原 市

〒252-5277 相模原市中央区中央2-11-15
☎042(754)1111
〒102-0093 千代田区平河町2-4-1
日本都市センター会館12F
☎(3222)1653

議 長	古内 明
副 議 長	大崎 秀治
市 長	本村 賢太郎
副 市 長	石井 賢之
副 市 長	奈良 浩之
副 市 長	大川 亜沙奈
東京事務所長	小林 誠

新 潟 市

〒951-8550 新潟市中央区学校町通1-602-1
☎025(228)1000
〒102-0093 千代田区平河町2-4-1
日本都市センター会館9F
☎(5216)5133

議 長	皆川 英二
副 議 長	小山 進
市 長	中原 八一
副 市 長	朝妻 博
副 市 長	野島 晶子
東京事務所長	坂井 秋樹

静 岡 市

〒420-8602 静岡市葵区追手町5-1
☎054(254)2111
〒102-0093 千代田区平河町2-4-1
日本都市センター会館9F
☎(3556)0865

議 長	井 上 恒 彌
副 議 長	丹 沢 卓 久
市 長	難 波 喬 司
副 市 長	大 長 義 之
副 市 長	本 田 武 志
東京事務所長	谷 川 良 英

浜 松 市

〒430-8652 浜松市中区元城町103-2
☎053(457)2111
〒102-0093 千代田区平河町2-4-1
日本都市センター会館12F
☎(3556)2691

議 長	戸 田 誠
副 議 長	須 藤 京 子
市 長	中 野 祐 介
副 市 長	長 田 繁 喜
副 市 長	山 名 裕
副 市 長	朝 月 雅 則
東京事務所長	松 野 吉 司 人

名 古 屋 市

〒460-8508 名古屋市中区三の丸3-1-1
☎052(961)1111
〒100-0013 千代田区霞が関3-3-2
新霞が関ビルディング1F ☎(3504)1738

議 長	成 田 たかゆき
副 議 長	長谷川由美子
市 長	河 村 たかし
副 市 長	中 田 英 雄
副 市 長	杉 野 みどり
副 市 長	松 雄 俊 憲
東京事務所長	南 出 清 志

京 都 市

〒604-8571 京都市中京区寺町通
御池上る上本能寺前町488
☎075(222)3111
〒100-0005 千代田区丸の内1-6-5
丸の内北口ビル14F
☎(6551)2671

議 長	西 村 義 直
副 議 長	平 山 よしかず
市 長	門 川 大 作
副 市 長	岡 田 憲 和
副 市 長	吉 田 良 比 呂
副 市 長	坂 越 健 一
東京事務所長	草 木 大

大 阪 市

〒530-8201 大阪市北区中之島1-3-20
☎06(6208)8181
〒102-0093 千代田区平河町2-6-3
都道府県会館7F(大阪府東京事務所内)
☎(3230)1631

議 長	片 山 一 歩
副 議 長	土 岐 恭 生
市 長	横 山 英 幸
副 市 長	高 橋 徹
副 市 長	山 本 剛 史
副 市 長	西 山 忠 邦
東京事務所長	髙 村 和 則

堺 市

〒590-0078 堺市堺区南瓦町3-1
☎072(233)1101
〒102-0093 千代田区平河町2-6-3
都道府県会館7F(大阪府東京事務所内)
☎(5276)2183

議 長	的 場 慎 一
副 議 長	木 畑 匡
市 長	永 藤 英 機
副 市 長	佐 小 元 士
副 市 長	田 雜 隆 昌
副 市 長	本 屋 和 宏
東京事務所長	羽 田 貴 史

神 戸 市

〒650-8570 神戸市中央区加納町6-5-1
☎078(331)8181
〒102-0093 千代田区平河町2-6-3
都道府県会館13F ☎(3263)3071

議 長		坊 恭寿
副 議 長		河南 忠和
市 長		久元 喜造
副 市 長		今西 正男
副 市 長		小原 一徳
副 市 長		黒田 慶子
東京事務所長		服部 哲也

岡 山 市

〒700-8544 岡山市北区大供1-1-1
☎086(803)1000
〒100-0005 千代田区丸の内2-5-2
三菱ビル9F973区 ☎(3201)3807

議 長		田口 裕士
副 議 長		森田 卓司
市 長		大森 雅夫
副 市 長		林 恭生
副 市 長		竹中 正博
東京事務所長		林原 瑞気

広 島 市

〒730-8586 広島市中区国泰寺町1-6-34
☎082(245)2111
〒100-0012 千代田区日比谷公園1-3
市政会館内 ☎(3591)1292

議 長		母谷 龍典
副 議 長		西田 浩
市 長		松井 一實
副 市 長		前 健一
副 市 長		荒神原 政司
東京事務所長		澤 裕二

北 九 州 市

〒803-8501 北九州市小倉北区城内1-1
☎093(582)2102
〒100-0006 千代田区有楽町2-10-1
東京交通会館ビル6F ☎(6213)0093

議 長		田仲 常郎
副 議 長		本田 忠弘

市 長		武内 和久
副 市 長		稲原 浩
副 市 長		片山 憲一
副 市 長		大庭 千賀子
東京事務所長		太田 知宏

福 岡 市

〒810-8620 福岡市中央区天神1-8-1
☎092(711)4111
〒102-0093 千代田区平河町2-4-1
日本都市センター会館12F
☎(3261)9712

議 長		打越 基安
副 議 長		松野 隆
市 長		高島 宗一郎
副 市 長		光山 裕朗
副 市 長		中村 英一
副 市 長		荒瀬 泰子
東京事務所長		古島 英治

熊 本 市

〒860-8601 熊本市中央区手取本町1-1
☎096(328)2111
〒102-0093 千代田区平河町2-4-1
日本都市センター会館9F
☎(3262)3840

議 長		田中 敦朗
副 議 長		大嶌 澄雄
市 長		大西 一史
副 市 長		深水 政彦
副 市 長		中垣内 隆久
東京事務所長		永田 賢正

全国都道府県議会議長会

〒102-0093 千代田区平河町2-6-3
都道府県会館5F ☎(5212)9155

会 長		山本 徹
副 会 長		冨原 亮
	丸井 裕	楡井 辰雄
	中森 博文	奥村 芳正
	小倉 弘行	岡田 理絵
	大場 芳博	
理 事		西山 尚利

水岸富美男　石井芳樹
久谷眞敬　浜崎晋一
新田耕造　松里保廣
監　　事　立石泰広
　　　　岩田国夫　高山康人
事 務 総 長　高原　剛
総 務 部 長　飯山尚人
議事調査部長　下田正幸
参　　事　植野隆志
調査部長心得　吉原　淳
共済会業務部長心得　今関安弘

全国知事会
〒102-0093 千代田区平河町2-6-3
都道府県会館内 ☎(5212)9127
会　　長　村井嘉浩
副 会 長　達増拓也
　　　　阿部守一　古田　肇
　　　　三日月大造　平井伸治
　　　　伊原木隆太　河野俊嗣
理　　事　吉村美栄子
　　　　小池百合子　大村秀章
　　　　西脇隆俊　丸山達也
　　　　後藤田正純　蒲島郁夫
監　　事　黒岩祐治
　　　　新田八朗　池田豊人
事 務 総 長　中島正信
事務局次長　多田健一郎
総 務 部 長　多田健一郎
調査第一部長　西川　亨
調査第二部長　仙石康博
調査第三部長　中満正志
事務局部長　神林真美香
　　同　　菅野研一

全国市議会議長会
〒102-0093 千代田区平河町2-4-2
全国都市会館 ☎(3262)5234
会　　長　坊　恭寿

副 会 長　畑中優周
大峯英之　大津亮一
冨田　薫　西田雄一
白石義人
事 務 総 長　橋本嘉一
次　　長　小谷克志
総務部長事務取扱　小谷克志
政務第一部長　福田将己
政務第二部長　見原　出
企画議事部長　目黒宏康
企画議事部法制主幹　本橋謙治
共済会事務局長　橋本嘉一

全国市長会
〒102-8635 千代田区平河町2-4-2
全国都市会館 ☎(3262)2310～9
会　　長　立谷秀清
副 会 長　米沢則寿
佐藤孝弘　夏野　修
本村賢太郎　太田稔彦
末松則子　藤原保幸
松井一實　入山欣郎
大西秀人　中野五郎
大西一史
事 務 総 長　稲山博司
事 務 局 次 長　横山忠弘
企 画 調 整 室 長（事務局取扱）　事務局次長
総 務 部 長　木村成仁
行 政 部 長　向山秀昭
財 政 部 長　山本靖博
社会文教部長　山本宏明
経 済 部 長　植竹　徹
調査広報部長　高橋英俊
共済保険部長　井村真弓

全国町村議会議長会
〒102-0082 千代田区一番町25番地
全国町村議員会館 ☎(3264)8181
令和5年8月1日現在
会　　長　渡部孝樹

副　会　長	寺本　清春	総務部長	河野　　功
副　会　長	畠田　勝廣	行政部長	小出　太朗
事務総長	赤松　俊彦	財政部長	小野寺則博
事務局次長	三宅　達也	経済農林部長	小野　文明
企画調整部長	鈴木　　毅	広報部長	田名網眞基
議事調査部長	飯田　　厚	事業部長	後藤　広美
共済会事務部長	松浦　貞治	災害共済部長	坂中　理人

全国町村会

〒100-0014 千代田区永田町1-11-35
全国町村会館 ☎(3581)0482

会　　長	吉田　隆行
副　会　長	棚野　孝夫
	鈴木　重男　松田　知己
	古口　達也　岩田　利雄
	矢田富郎　金子　政則
	岡本　　章　山崎　親男
	玉井孝治　田島　健一
	高岡　秀規
事務総長	横田　真二
事務局次長（総務・事業・ 災害共済・生協担当）	直江　史彦
事務局次長（政務担当）	角田　秀夫

保険部長（兼）　坂中　理人
生協事務局長　佐川　浩幸

指定都市市長会

〒100-0012 千代田区日比谷公園1-3
市政会館6F ☎(3591)4772

会　　長	久元　喜造
副　会　長	門川　大作
	清水　勇人　髙島　宗一郎
	松井　一實
事務局長	豊永　太郎
次　　長	嵯峨亜希子
同	稲山　　輝
同	辻下　光晴

全国都市東京事務所　（○は指定都市）

北海道市長会	〒100-0014	千,永田町2-17-17永田町ほっかいどうスクエア1F	☎(3500)3917
熊本県市長会	〒102-0093	千,平河町2-4-1日本都市センター11F	☎(3288)5235
○札　幌　市	〒100-0006	千,有楽町2-10-1東京交通会館3F	☎(3216)5090
○仙　台　市	〒102-0093	千,平河町2-4-1日本都市センター9F	☎(3262)5765
○さいたま市	〒102-0093	千,平河町2-4-1日本都市センター11F	☎(5215)7561
○千　葉　市	〒102-0093	千,平河町2-4-1日本都市センター9F	☎(3261)6411
○横　浜　市	〒102-0093	千,平河町2-4-1日本都市センター11F	☎(3264)4800
○川　崎　市	〒210-8577	川崎市川崎区宮本町1	☎044(200)0053
○相模原市	〒102-0093	千,平河町2-4-1日本都市センター12F	☎(3222)1653
○新　潟　市	〒102-0093	千,平河町2-4-1日本都市センター9F	☎(5216)5133
○静　岡　市	〒102-0093	千,平河町2-4-1日本都市センター9F	☎(3556)0865
○浜　松　市	〒102-0093	千,平河町2-4-1日本都市センター12F	☎(3556)2691
○名古屋市	〒100-0013	千,霞が関3-3-2新霞が関ビルディング1F	☎(3504)1738
○京　都　市	〒100-0005	千,丸の内1-6-5丸の内北口ビル14F	☎(6551)2671
○大　阪　市	〒102-0093	千,平河町2-6-3都道府県会館7F（大阪府東京事務所内）	☎(3230)1631
○堺　　　市	〒102-0093	千,平河町2-6-3都道府県会館7F（大阪府東京事務所内）	☎(5276)2183
○神　戸　市	〒102-0093	千,平河町2-6-3都道府県会館13F	☎(3263)3071

○岡　山　市	〒100-0005	千,丸の内2-5-2三菱ビル9Ｆ973区	☎(3201)3807
○広　島　市	〒100-0012	千,日比谷公園1-3市政会館4Ｆ	☎(3591)1292
○北 九 州 市	〒100-0006	千,有楽町2-10-1東京交通会館ビル6Ｆ	☎(6213)0093
○福　岡　市	〒102-0093	千,平河町2-4-1日本都市センター12Ｆ	☎(3261)9712
○熊　本　市	〒102-0093	千,平河町2-4-1日本都市センター9Ｆ	☎(3262)3840
小　樽　市	〒100-0014	千,永田町2-17-17永田町ほっかいどうスクエア614	☎(6205)7760
釧　路　市	〒102-0093	千,平河町2-4-1日本都市センター9Ｆ	☎(3263)1992
帯　広　市	〒105-0003	港,西新橋1-16-4ノアックスビル6Ｆ	☎(3581)2415
苫 小 牧 市	〒102-0093	千,平河町2-4-2全国都市会館5Ｆ	☎(3265)8078
青　森　市	〒107-0052	港,赤坂3-13-7サクセス赤坂ビル	☎(5545)5652
八　戸　市	〒102-0093	千,平河町2-4-2全国都市会館5Ｆ	☎(3261)8973
盛　岡　市	〒100-0012	千,日比谷公園1-3市政会館5Ｆ	☎(3595)7101
秋　田　市	〒102-0093	千,平河町2-4-1日本都市センター11Ｆ	☎(3234)6871
鶴　岡　市	〒134-0088	江戸川区西葛西7-28-7	☎(5696)6821
い わ き 市	〒105-0004	港,新橋2-16-1ニュー新橋ビル7Ｆ	☎(5251)5181
金　沢　市	〒102-0093	千,平河町2-4-2全国都市会館5Ｆ	☎(3262)0444
福　井　市	〒100-0012	千,日比谷公園1-3市政会館5Ｆ	☎(6457)9181
長　野　市	〒100-0014	千,永田町2-17-17アイオス永田町509	☎(5501)0461
岐　阜　市	〒102-0093	千,平河町2-6-3都道府県会館14Ｆ県事務所内	☎(5210)2061
豊　橋　市	〒102-0093	千,平河町2-4-1日本都市センター9Ｆ	☎(5210)1484
豊　田　市	〒102-0093	千,平河町2-4-1日本都市センター11Ｆ	☎(3556)3861
四 日 市 市	〒102-0093	千,平河町2-4-1日本都市センター11Ｆ	☎(3263)3038
津　　　市	〒102-0093	千,平河町2-4-1日本都市センター11Ｆ	☎(6672)6868
姫　路　市	〒102-0093	千,平河町2-4-1日本都市センター12Ｆ	☎(6272)5690
和 歌 山 市	〒102-0093	千,平河町2-6-3都道府県会館12Ｆ県事務所内	☎(5212)9193
倉　敷　市	〒102-0093	千,平河町2-4-2全国都市会館5Ｆ	☎(3263)2686
呉　　　市	〒102-0093	千,平河町2-4-1日本都市センター11Ｆ	☎(6261)3746
福　山　市	〒102-0093	千,平河町2-4-1日本都市センター11Ｆ	☎(3263)0966
下　関　市	〒102-0093	千,平河町2-4-1日本都市センター12Ｆ	☎(3261)4098
松　山　市	〒102-0093	千,平河町2-4-1日本都市センター11Ｆ	☎(3262)0974
久 留 米 市	〒102-0093	千,平河町2-4-1日本都市センター11Ｆ	☎(3556)6900
長　崎　市	〒100-0012	千,日比谷公園1-3市政会館7Ｆ	☎(3591)7600
佐 世 保 市	〒102-0093	千,平河町2-4-1日本都市センター11Ｆ	☎(5213)9060
諫　早　市	〒112-0015	文,白台1-4-15	☎(3947)3296
大　分　市	〒102-0093	千,平河町2-4-1日本都市センター12Ｆ	☎(3221)5951
別　府　市	〒100-0014	千,永田町2-17-17アイオス永田町606号室	☎(6457)9971
宮　崎　市	〒102-0093	千,平河町2-4-1日本都市センター12Ｆ	☎(3234)9777
鹿 児 島 市	〒102-0093	千,平河町2-4-1日本都市センター12Ｆ	☎(3262)6684

（人口10万人以上の都市についての東京事務所を掲載。）

地方庁

特殊法人・主要団体等一覧

（令和6年1月5日現在）

【特 殊 法 人】

〔事業団〕

日本私立学校振興・共済事業団	102-8145	千，富士見1-10-12	3230-1321

〔公 庫〕

沖縄振興開発金融公庫	900-8520	那覇市おもろまち1-2-26	098-941-1700

〔特殊会社〕

日本電信電話㈱（NTT）	100-8116	千，大手町1-5-1 大手町ファーストスクエア イーストタワー	6838-5111
東日本電信電話㈱（NTT東日本）	163-8019	新，西新宿3-19-2 NTT東日本本社ビル	5359-5111
西日本電信電話㈱（NTT西日本）	534-0024	大阪市都島区東野田町4-15-82	06-4793-9111
日 本 郵 政 ㈱	100-8791	千，大手町2-3-1	3477-0111
日 本 郵 便 ㈱		同	
日 本 た ば こ 産 業 ㈱	105-6927	港，虎ノ門4-1-1	6636-2914
新 関 西 国 際 空 港 ㈱	549-0011	大阪府泉南郡田尻町泉州空港中1番地 関西国際空港株式会社内南ビル4F	072-455-4030
北 海 道 旅 客 鉄 道 ㈱	060-8644	札幌市中央区北11条西15丁目1-1	011-222-7111 （電話案内センター）
四 国 旅 客 鉄 道 ㈱	760-8580	高松市浜ノ町8-33	087-825-1600
日 本 貨 物 鉄 道 ㈱	151-0051	渋，千駄ヶ谷5-33-8 サウスゲート新宿	5367-7370 （総務部）
東京地下鉄㈱（東京メトロ）	110-8614	台，東上野3-19-6	3837-7041 （総務部）
成 田 国 際 空 港 ㈱	282-8601	成田市 成田国際空港内	0476-34-5400 （総務人事部）
東 日 本 高 速 道 路 ㈱	100-8979	千，霞が関3-3-2 新霞が関ビルディング	3506-0111
中 日 本 高 速 道 路 ㈱	460-0003	名古屋市中区錦2-18-19 三井住友銀行名古屋ビル	052-222-1620
西 日 本 高 速 道 路 ㈱	530-0003	大阪市北区堂島1-6-20 堂島アバンザ18F	06-6344-4000
首 都 高 速 道 路 ㈱	100-8930	千，霞が関1-4-1 日土地ビル	3502-7311
阪 神 高 速 道 路 ㈱	530-0005	大阪市北区中之島3-2-4 中之島フェスティバルタワー・ウエスト	06-6203-8888
本州四国連絡高速道路㈱	651-0088	神戸市中央区小野柄通4-1-22 アーバンエース三宮ビル	078-291-1000
日本アルコール産業㈱	103-0024	中，日本橋小舟町6-6 小倉ビル6F	5641-5255
中間貯蔵・環境安全事業㈱	105-0014	港，芝1-7-17 住友不動産芝ビル3号館4F	5765-1911
㈱日 本 政 策 金 融 公 庫	100-0004	千，大手町1-9-4 大手町フィナンシャルシティ ノースタワー	3270-0636 （総務部）
㈱商工組合中央金庫（商工中金）	104-0028	中，八重洲2-10-17	3272-6111
㈱ 日 本 政 策 投 資 銀 行	100-8178	千，大手町1-9-6 大手町フィナンシャルシティ サウスタワー	3270-3211
輸入・港湾関連情報処理センター㈱	150-0013	渋，恵比寿1-3-1 恵比寿ザ・タワー 事務所棟6F	6732-6119 （総務部）
㈱ 国 際 協 力 銀 行	100-8144	千，大手町1-4-1	5218-3100

〔その他〕

日 本 放 送 協 会	150-8001	渋，神南2-2-1	3465-1111
放 送 大 学 学 園	261-8586	千葉市美浜区若葉2-11	043-276-5111
日 本 中 央 競 馬 会	105-0003	港，西新橋1-1-1	3591-5251
日 本 年 金 機 構	168-8505	杉，高井戸西3-5-24	5344-1100
沖縄科学技術大学院大学	904-0495	沖縄県国頭郡恩納村字谷茶1919-1	098-966-8711

【認可法人・地方共同法人・共済組合等】（50音順）

銀行等保有株式取得機構	104-0033	中，新川2-28-1 ザ・パークレックス新川4F	3553-1761 （運営企画室）
警 察 共 済 組 合	102-8588	千，三番町6-8 警察共済ビル	5213-8300

411

団体名	郵便番号	住所	電話
原子力損害賠償・廃炉等支援機構	107-0052	港，赤坂1-11-44 赤坂インターシティ11F	0120-013-814 (総務グループ)
公立学校共済組合	101-0062	千，神田駿河台2-9-5	5259-0011
国家公務員共済組合連合会	102-0074	千，九段南1-1-10 九段合同庁舎	3222-1841
使用済燃料再処理機構	030-0812	青森市堤町2-1-7 堤町ファーストスクエアビル4F	017-763-5910
損害保険契約者保護機構	101-8335	千，神田淡路町2-9 損保会館2F	3255-1635
地方公務員共済組合連合会	100-0011	千，内幸町2-1-1 飯野ビルディング11F	6807-3677
地方公務員災害補償基金	102-0093	千，平河町2-16-1 平河町森タワー8F	5210-1341 (総務課)
地方職員共済組合	102-8601	千，平河町2-4-9 地共済センタービル	3261-9821
貯金保険機構 (農水産業協同組合貯金保険機構)	100-0005	千，丸の内3-3-1 新東京ビル9F	3285-1270
電力広域的運営推進機関	135-0061	江東，豊洲6-2-15	0570-044-777
日本貸金業協会	108-0074	港，高輪3-19-15 二葉高輪ビル2F・3F	5739-3011
日本銀行	103-0021	中，日本橋本石町2-1-1	3279-1111
日本下水道事業団	113-0034	文，湯島2-31-27 湯島台ビル	6361-7800 (総務企画課)
日本赤十字社	105-8521	港，芝大門1-1-3	3438-1311
預金保険機構	100-0004	千，大手町1-9-2 大手町フィナンシャルシティグランキューブ7F	6262-7370

【主要団体】(50音順)

(公社)=公益社団法人、(一社)=一般社団法人、(特社)=特例社団法人、(公財)=公益財団法人、(一財)=一般財団法人、(特財)=特例財団法人、(社福)=社会福祉法人、(社医)=社会医療法人財団

〔地方自治〕

団体名	郵便番号	住所	電話
(一財)尾崎行雄記念財団	100-0014	千，永田町1-8-1 憲政記念館内 (代替施設)	3581-1778
(公財)後藤・安田記念東京都市研究所	100-0012	千，日比谷公園1-3 市政会館	3591-1201
指定都市市長会	100-0012	千，日比谷公園1-3 市政会館6F	3591-4772
(一社)全国過疎地域連盟	101-0047	千，内神田1-5-4 加藤ビル3F	5244-5827
全国市議会議長会	102-0093	千，平河町2-4-2 全国都市会館6F	3262-5234
全国市長会	102-8635	千，平河町2-4-2 全国都市会館4F	3262-2313
(一財)全国自治協会	100-0014	千，永田町1-11-35 全国町村会館	3581-0472 (災害共済配送係)
全国知事会	102-0093	千，平河町2-6-3 都道府県会館6F	5212-9127
全国町村会	100-0014	千，永田町1-11-35 全国町村会館	3581-0482
全国町村議会議長会	102-0082	千，一番町25 全国町村議員会館4F	3264-8181
全国都道府県議会議長会	102-0093	千，平河町2-6-3 都道府県会館5F	5212-9155
(一財)地方財務協会	102-0093	千，平河町2-4-9 地共済センタービル6F	3261-8547
(一財)地方自治研究機構	104-0061	中，銀座7-14-16 太陽銀座ビル2F	5148-0661 (総務部)
都道府県選挙管理委員会連合会	160-0022	新，新宿1-1-1 東деハ新宿ビル3F	6273-0548
日本行政書士会連合会	105-0001	港，虎ノ門4-1-28 虎ノ門タワーズオフィス10F	6435-7330

〔財務省関係〕

団体名	郵便番号	住所	電話
(一財)産業経理協会	101-8333	千，神田淡路町1-15-6	3253-0361
信金中央金庫	103-0028	中，八重洲1-3-7	5202-7711
(一社)信託協会	100-0005	千，丸の内2-2-1 岸本ビル1F	6206-3981
(一社)生命保険協会	100-0005	千，丸の内3-4-1 新国際ビル3F	3286-2624
(一社)全国銀行協会	100-8216	千，丸の内1-3-1	3216-3761
全信組連 (全国信用協同組合連合会)	104-8310	千，京橋1-9-5	3562-5111
(一社)全国信用金庫協会	103-0028	中，八重洲1-3-7	3517-5711

(一社)全国信用組合中央協会	104-0031	中，京橋1-9-5	3567-2451
(一社)全国信用保証協会連合会	101-0048	千，神田司町2-1 オーク神田日ビル8F・9F	6823-1200
(一社)全国地方銀行協会	101-8509	千，内神田3-1-2 地方銀行会館	3252-5171
(一社)全国労働金庫協会	101-0047	千，内神田1-13-4	3295-6721
損害保険料率算出機構	163-1029	新，西新宿3-7-1 新宿パークタワー28F・29F	6758-1300
(一社)第二地方銀行協会	102-8356	千，三番町5	3262-2181
㈱ 東京商品取引所	103-0026	中，日本橋兜町2-1	3666-1361
㈱ 東京証券取引所	103-8224	中，日本橋兜町2-1	3666-0141
(一社) 投資信託協会	103-0026	中，日本橋兜町2-1 東京証券取引所ビル6F	5614-8400
日本公認会計士協会	102-8264	千，九段南4-4-1 公認会計士会館	3515-1120
日本証券業協会	103-0027	中，日本橋2-11-2 太陽生命日本橋ビル(8F～11F)	6665-6800
日本税理士会連合会	141-0032	品，大崎1-11-8 日本税理士会館8F	5435-0931
(一社)日本損害保険協会	101-8335	中，神田淡路町2-9 損保会館内	3255-1844

〔経済産業省関係〕

板 硝 子 協 会	108-0074	港，高輪1-3-13 NBF高輪ビル4F	6450-3926
(一社)海洋水産システム協会	103-0027	中，日本橋3-15-8 アミノ酸会館ビル2F	6411-0021
(一財)カーボンフロンティア機構	105-0003	港，西新橋3-2-1 Daiwa西新橋ビル3F	6402-6100
(公社)関西経済連合会(関経連)	530-6691	大阪市北区中之島6-2-27 中之島センタービル30F	06-6441-0101
(一財) 機械振興協会	105-0011	港，芝公園3-5-8 機械振興会館	3434-8224
(公社) 経済同友会	100-0005	千，丸の内1-4-6 日本工業倶楽部別館5F	3211-1271 (総務部)
軽自動車検査協会	160-0023	新，西新宿3-2-11 新宿三井ビル2号館15F	5324-6611
高圧ガス保安協会	105-8447	港，虎ノ門4-3-13 ヒューリック神谷町ビル	3436-6100
(一 社) 自 転 車 協 会	107-0052	港，赤坂1-8-1 赤坂インターシティーAIR9F	6230-9896
(一財) 製品安全協会	110-0012	台，竜泉2-20-2 ミサワホームズ三ノ輪2F	5808-3300
石油化学工業協会	104-0033	中，新川1-4 住友不動産六甲ビル8F	3297-2011 (総務部)
石 油 鉱 業 連 盟	100-0004	千，大手町1-3-2 経団連会館	3214-1701
石 油 連 盟	100-0004	千，大手町1-3-2 経団連会館17F	5218-2305 (広報室)
石 灰 石 鉱 業 協 会	101-0032	千，岩本町1-7-1 瀬木ビル4F	5687-7650
(一社) セ メ ン ト 協 会	104-0041	中，新富2-15-5 RBM築地ビル2F	5540-6171
全 国 商 工 会 連 合 会	100-0006	千，有楽町1-7-1 有楽町電気ビル北館19F	6268-0088
全国商工団体連合会(全商連)	171-8575	豊，目白2-36-13	3987-4391
全国石油業共済協同組合連合会	100-0014	千，永田町2-17-14 石油会館	3593-5811
全国石油商業組合連合会	100-0014	千，永田町2-17-14 石油会館	3593-5811
(公財)全国中小企業振興機関協会	104-0033	中，新川1-2-9 石川ビル	5541-6688
全国中小企業団体中央会	104-0033	中，新川1-26-19 全中・全味ビル	3523-4901 (総務企画部)
全国鍍金工業組合連合会	105-0011	港，芝公園3-5-8 機械振興会館206	3433-3855
全日本印刷工業組合連合会(全印工連)	104-0041	中，新富1-16-8 日本印刷会館4F	3552-4571
電 気 事 業 連 合 会	100-8118	千，大手町1-3-2 経団連会館	5221-1440 (広報部)
(一社)電子情報技術産業協会	100-0004	千，大手町1-3 大手センタービル	5218-1050 (総務部)
(一社)伝統的工芸品産業振興協会	107-0052	港，赤坂8-1-22 2F	5785-1001
(一社)日本アルミニウム協会	104-0061	中，銀座4-2-15 塚本素山ビル7F	3538-0221
(一 社) 日 本 ガ ス 協 会	105-0001	港，虎ノ門1-15-12 日本ガス協会ビル9F	3502-0111

413

(一社) 日本化学工業協会	104-0033	中. 新川1-4-1 住友不動産六甲ビル7F	3297-2550 (総務部)
(公社) 日本観光振興協会	105-0001	港. 虎ノ門3-1-1 虎ノ門3丁目ビルディング6F	6435-8331
(一社) 日本機械工業連合会	105-0011	港. 芝公園3-5-8 機械振興会館5F	3434-5381
(一社)日本経済団体連合会(経団連)	100-8188	千. 大手町1-3-2 経団連会館	6741-0111
(一社) 日本原子力産業協会	102-0084	千. 二番町11-19 二番町第二 TGビル5F	6256-9311 (総務部)
日 本 鉱 業 協 会 (JMIA)	101-0054	千. 神田錦町3-17-11 榮業ビル8F	5280-2322
(一 社) 日 本 工 業 倶 楽 部	100-0005	千. 丸の内1-4-6 日本工業倶楽部会館	3281-1711
(一社) 日本航空宇宙工業会	107-0052	港. 赤坂2-5-8 ヒューリックJP赤坂ビル10F	3585-0511
(一社) 日本自動車会議所	105-0012	港. 芝大門1-1-30 日本自動車会館15F	3578-3880
(一社) 日本自動車工業会	105-0012	港. 芝大門1-1-30 日本自動車会館16F	5405-6118 (総務統括部)
(一社)日本自動車販売協会連合会(自販連)	105-8530	港. 芝大門1-1-30 日本自動車会館15F	5733-3100
日本司法書士会連合会	160-0003	新. 四谷本塩町4-37 司法書士会館	3359-4171
日 本 商 工 会 議 所	100-0005	千. 丸の内3-2-2 丸の内二重橋ビル6F	3283-7823
日本商品先物振興協会(JCFIA)	103-0013	中. 日本橋人形町1-1-11 日比ビル6F	3664-5731
日本商品先物取引協会	103-0013	中. 日本橋人形町1-1-11 日比ビル6F	3664-4732 (業務部)
日 本 消 防 検 定 協 会	182-0012	調布市深大寺東町4-35-16	0422-44-7471
(公社) 日 本 水 道 協 会	102-0074	千. 九段南4-8-9	3264-2281 (総務部総務課)
(公財) 日 本 生 産 性 本 部	102-8643	千. 平河町2-13-12	3511-4001
日 本 製 紙 連 合 会	104-8139	中. 銀座3-9-11 紙パルプ会館	3248-4801
(公社) 日 本 青 年 会 議 所	102-0093	千. 平河町2-14-3	3234-5601
日本製薬団体連合会(日薬連)	103-0023	中. 日本橋本町3-7-2 MFPR日本橋本町ビル3F	3527-3154
(一社) 日 本 造 船 工 業 会	105-0001	港. 虎ノ門1-15-12 日本ガス協会ビル3F	3580-1561
日本チェーンストア協会	105-0001	港. 虎ノ門1-21-17 虎ノ門NNビル11F	5251-4600
(一社)日本中小企業団体中央会(中団連)	104-0025	中. 日本橋茅場町2-8-4 全国会館3F	3668-2481
(一 社) 日 本 鉄 鋼 連 盟	103-0025	中. 日本橋茅場町3-2-10 鉄鋼会館	3669-4811 (総務部)
(一社) 日 本 電 気 協 会	100-0006	千. 有楽町1-7-1 有楽町電気ビル北館4F	3216-0551 (総務部)
日本電気計器検定所(日電検)	108-0023	港. 芝浦4-15-7	3451-1181
(一社) 日本電機工業会(JEMA)	102-0082	千. 一番町17-4	3556-5881
(一 社) 日 本 動 力 協 会	105-0003	港. 西新橋1-5-8 川手ビル7F	3502-1261
(一社) 日 本 百 貨 店 協 会	103-0027	中. 日本橋2-1-10 柳屋ビル2F	3272-1666
日本プラスチック工業連盟(プラ工連)	103-0025	中. 日本橋茅場町3-5-2 アロマビル6F	6661-6810
(一 社) 日 本 貿 易 会	100-0013	千. 霞ヶ関3-2-1 霞ヶ関コモンゲート西館20F	5860-9350
日 本 紡 績 協 会	103-0023	中. 日本橋本町3-1-11 繊維会館	6265-1501 (東京事務局)

〔国 土 交 通 省 関 係〕

自動車安全運転センター	102-0094	千. 紀尾井町3-6 紀尾井町パークビル2F	3264-8600
(一社) 全 国 建 設 業 協 会	104-0032	中. 八丁堀2-5-1 東京建設会館5F	3551-9396
(公社)全国宅地建物取引業協会連合会	101-0032	千. 岩本町2-6-3 全宅連会館	5821-8111
(一社) 全 国 治 水 防 協 会	102-0093	千. 平河町2-7-4 砂防会館別館	3261-8386
(公 社) 全 国 通 運 連 盟	101-0063	千. 神田淡路町2-21 淡路町MHビル5F	5296-1670
(一社) 全日本航空事業連合会	105-0014	港. 芝1-15 芝ボートビル8F	5445-1353
(公社) 全日本トラック協会	160-0004	新. 四谷3-2-5	3354-1009

414

(公社) 鉄道貨物協会 (RFA)	101-0048	千, 神田司町2-8-4 吹田屋ビル4F	5256-0577
(一社) 日本海運集会所	112-0002	文, 小石川2-22-2 和順ビル3F	5802-8361 (総務グループ)
(一財) 日本海事協会	102-8567	千, 紀尾井町4-7	3230-1201
(一財) 日本気象協会 (JWA)	170-6055	豊, 東池袋3-1-1 サンシャイン60 55F	5958-8111
(一社) 日本建設業連合会 (日建連)	104-0032	中, 八丁堀2-5-1 東京建設会館8F	3553-0701
(一社) 日本港運協会	105-8666	港, 新橋6-11-10 港運会館内	3432-1050
(一社) 日本交通協会	100-0005	千, 丸の内3-4-1 新国際ビル9F 916号	3216-2200
(公社) 日本港湾協会	107-0052	港, 赤坂3-3-5 住友生命山王ビル8F	5549-9575
日本小型船舶検査機構 (JCI)	102-0073	千, 九段北4-1-3 飛栄九段北ビル5F	3239-0821
(公財) 日本財団	107-8404	港, 赤坂1-2-2 日本財団ビル	6229-5111
(一社) 日本船主協会	102-8603	千, 平河町2-6-4 海運ビル	3264-7171
(一社) 日本倉庫協会	135-8443	江東, 永代1-13-3 倉庫会館5F	3643-1221
(一財) 日本ダム協会	104-0061	中, 銀座2-14-2 銀座GTビル7F	3545-8361
(一社) 日本治山治水協会	100-0014	千, 永田町2-4-3 永田町ビル	3581-2288
(公社) 日本道路協会	100-8955	千, 霞が関3-3-1 尚友会館	3581-2211
日本土地家屋調査士会連合会	101-0061	千, 神田三崎町1-2-10 土地家屋調査士会館	3292-0050
日本内航海運組合総連合会	102-0093	千, 平河町2-6-4 海運ビル	3263-4741
(一社) 日本民営鉄道協会	102-0094	千, 紀尾井町3-6 紀尾井町パークビル6F	6371-1401
(一社) 日本旅客船協会	102-0093	千, 平河町2-6-4 海運ビル9F	3265-9681
(一社) 不動産協会	100-6017	千, 霞が関3-2-5 霞が関ビル17F	3581-9421

〔農林水産省関係〕

JF全漁連 (全国漁業協同組合連合会)	104-0033	中, 新川1-28-44	6222-1301 (総合institution)
製粉協会	103-0026	中, 日本橋兜町15-6 製粉会館ビル	3667-1011
(一財) 製粉振興会	103-0026	中, 日本橋兜町15-6 製粉会館2F	3666-2712
全国共済農業協同組合連合会 (JA共済連)	102-8630	千, 平河町2-7-9 JA共済ビル	5215-9100
(公社) 全国漁港漁場協会	101-0045	千, 神田鍛冶町3-6-7 ウンピン神田ビル2F	6206-0066
全国厚生農業協同組合連合会 (JA厚生連)	100-6827	千, 大手町1-3-1 JAビル27F	3212-8000
(一社) 全国清涼飲料連合会	101-0041	千, 神田須田町2-9-2 PMO神田岩本町2F	6260-9260
全国たばこ耕作組合中央会	105-0013	港, 浜松町2-7-17 イーグル浜松町ビル9F	3432-4401
全国たばこ販売協同組合連合会	105-0014	港, 芝1-6-10 芝SIAビル7F	5476-7551
(一社) 全国農業会議所	102-0084	千, 二番町9-8 中央労働基準協会ビル2F	6910-1121
(公社) 全国農業共済協会	102-8411	千, 一番町19 全国農業共済会館	3263-6411
全国農業協同組合中央会 (JA全中)	100-6837	千, 大手町1-3-1 JAビル	6665-6000
全国農業協同組合連合会 (全農)	100-6832	千, 大手町1-3-1 JAビル	6271-8111
全国米穀販売事業共済協同組合 (全米販)	103-0001	中, 日本橋小伝馬町15-15 食糧会館	4334-2100
全麦連 (全国精麦工業協同組合連合会)	135-0031	江東, 佐賀1-9-13 精麦会館	3641-1101
(一財) 大日本蚕糸会	100-0006	千, 有楽町1-9-4 蚕糸会館6F	3214-3411 (役員室・総務部)
(一社) 大日本水産会	100-0011	千, 内幸町1-2-1 日土地内幸町ビル3F	3528-8511
地方競馬全国協会	106-8639	港, 六本木1-9-10	3583-6841
(公社) 中央畜産会 (JLIA)	101-0021	千, 外神田2-16-2 第2ディーアイシービル9F	6206-0840
日本酒造組合中央会	105-0003	港, 西新橋1-6-15 日本酒造虎ノ門ビル	3501-0101
(公財) 日本醸造協会	114-0023	北, 滝野川2-6-30	3910-3853

415

日 本 醤 油 協 会	103-0016	中. 日本橋小網町3-11 日本橋SOYIUビル3F	3666-3286
日 本 蒸 留 酒 酒 造 組 合	103-0025	中. 日本橋茅場町2-3-6 宗和ビル5F	3527-3707
(公社) 日 本 茶 業 中 央 会	105-0021	港. 東新橋2-8-5 東京茶業会館5F	3434-2001
農林漁業団体職員共済組合 (農 林 年 金)	110-8580	台. 秋葉原2-3 日本農業新聞本社ビル	6260-7800
ビ ー ル 酒 造 組 合	104-0061	中. 銀座1-16-7 銀座大栄ビル10F	3561-8386

〔厚生労働省関係〕

(公財) エ イ ズ 予 防 財 団	101-0064	千. 神田猿楽町2-7-1 TOHYUビル3F	5259-1811
(公 財) 沖 縄 協 会	103-0001	中. 日本橋小伝馬町17-6 Siesta日本橋201	6231-1433
(社福) 恩 賜 財 団 済 生 会	108-0073	港. 三田1-4-28 三田国際ビルヂング21F	3454-3311
(公財) が ん 研 究 会	135-8550	江東. 有明3-8-31	3520-0111
企 業 年 金 連 合 会	105-0011	港. 芝公園2-4-1 芝パークビルB館10F・11F	5401-8711
健保連〈健康保険組合連合会〉	107-0052	港. 赤坂8-5-26 住友不動産青山ビル西館	3403-0915
(公社) 国 民 健 康 保 険 中 央 会	100-0014	千. 永田町1-11-35 全国町村会館	3581-6821
国 民 年 金 基 金 連 合 会	106-0032	港. 六本木6-1-21 三井住友銀行六本木ビル	5411-0211
国 立 障 害 者 リ ハ ビ リ テ ー シ ョ ン セ ン タ ー	359-8555	所沢市並木4-1	04-2995-3100
(一社) 産 業 環 境 管 理 協 会	100-0011	千. 内幸町1-3-1 幸ビルディング3F	3528-8150 (総務課)
社会保険診療報酬支払基金	105-0004	港. 新橋2-1-3	3591-7441
主 婦 連 合 会	102-0085	千. 六番町15 主婦会館プラザエフ3F	3265-8121
消 防 団 員 等 公 務 災 害 補 償 等 共 済 基 金	105-0003	港. 西新橋3-7-1 ランディック第2新橋ビル4F	5422-1710
(公社) 全 国 自 治 体 病 院 協 議 会	102-8556	千. 平河町2-7-5 砂防会館7F	3261-8555
(社福) 全 国 社 会 福 祉 協 議 会	100-8980	千. 霞が関3-3-2 新霞が関ビル	3581-7820
(一社) 全国社会保険協会連合会(全社連)	141-0031	品. 西五反田8-2-8 五反田佑気ビル4F	5434-8577
全 国 社 会 保 険 労 務 士 会 連 合 会	103-8346	中. 日本橋本石町3-2-12 社会保険労務士会館	6225-4864
(一社) 全 国 消 費 者 団 体 連 絡 会	102-0085	千. 六番町15 プラザエフ6F	5216-6024
(公社) 全 国 私 立 保 育 連 盟	111-0051	台. 蔵前4-11-10 全国保育会館	3865-3880
(一社) 全国年金受給者団体連合会(全年連)	160-0022	新. 新宿2-17-10 黒岩ビル3F	6709-8762
(一財) 全 国 母 子 寡 婦 福 祉 団 体 協 議 会	140-0011	品. 東大井5-23-13	6718-4088
全 国 理 容 生 活 衛 生 同 業 組 合 連 合 会	151-0053	渋. 代々木1-36-4 全理連ビル	3379-4111
全 国 地 域 婦 人 (全国地域婦人団体連絡協議会)	150-0002	渋. 渋谷1-17-14 全国婦人会館3F	3407-4303
(公社) 全日本医薬品登録販売者協会	112-0002	文. 小石川5-20-17 研修センター2F	3813-5353
全 旅 連 (全国旅館ホテル生活衛生同業組合連合会)	102-0093	千. 平河町2-5-5 全国旅館会館4F	3263-4428
(社福) 中 央 共 同 募 金 会	100-0013	千. 霞が関3-3-2 新霞が関ビル5F	3581-3846
中央職業能力開発協会(JAVADA)	160-8327	新. 西新宿7-5-25 西新宿プライムスクエア11F	6758-2880 (総務部)
中 央 労 働 災 害 防 止 協 会	108-0014	港. 芝5-35-2 安全衛生総合会館	3452-6841
(公社) 日 本 医 師 会	113-8621	文. 本駒込2-28-16	3946-2121
(一財) 日 本 遺 族 会	102-0074	千. 九段南1-6-17 千代田会館3F	3261-5521
(一社) 日 本 医 療 法 人 協 会	102-0071	千. 富士見2-6-12 AMビル3F	3234-2438
(公社) 日 本 栄 養 士 会	105-0004	港. 新橋5-13-5 新橋MCVビル6F	5425-6555
(公社) 日 本 環 境 保 全 協 会	102-0073	千. 九段北1-10-9 九段VIGASビル	3264-7935
(公社) 日 本 看 護 協 会	150-0001	渋. 神宮前5-8-2	5778-8831
(一社) 日 本 救 急 救 命 士 協 会	102-0084	千. 二番町5-2 麹町駅プラザ901	6403-3892

(更生保護法人)日本更生保護協会	151-0051	渋. 千駄ケ谷5-10-9 更生保護会館内	3356-5721
(一社) 日 本 郷 友 連 盟	160-0001	新. 片町3-3 マンション壁装館4F402号	3353-2342
(公社) 日 本 歯 科 医 師 会	102-0073	千. 九段北4-1-20 歯科医師会館	3262-9321
(公社)日本歯科衛生士会	169-0072	新. 大久保2-11-19	3209-8020
(公社)日本歯科技工士会	162-0846	市谷左内町21-5 歯科技工士会館	3267-8681
(社団)日本肢体不自由児協会	173-0037	板. 小茂根1-1-7	5995-4511
(公社) 日 本 柔 道 整 復 師 会	110-0007	台. 上野公園16-9 日本柔整会館	3821-3511
(公社) 日 本 食 品 衛 生 協 会	150-0001	渋. 神宮前2-6-1	3403-2111
(公社) 日 本 助 産 師 会	111-0054	台. 鳥越2-12-2	3866-3054
日本生協連(日本生活協同組合連合会)	150-8913	渋. 渋谷3-29-8 コーププラザ	5778-8111
(公財) 日 本 対 が ん 協 会	104-0045	中. 築地5-3-3 築地浜離宮ビル7階	3541-4771
日 本 母 親 大 会 連 絡 会	102-0084	千. 二番町12-1 全国教育文化会館B1F	3230-1836
(一社) 日 本 病 院 会	102-8414	千. 三番町9-15 ホスピタルプラザビル	3265-0077
日本婦人団体連合会(婦団連)	151-0051	渋. 千駄ケ谷4-11-9-303	3401-6147
(社福) 日 本 保 育 協 会	102-0083	千. 麹町1-6-2 麹町一丁目ビル6F	3222-2111
(公社) 日 本 薬 剤 師 会	160-8389	新. 四谷3-3-1 四谷安田ビル7F	3353-1170
(公財)日本レクリエーション協会	110-0016	台東1-1-14 D's VARIE秋葉原ビル7F	3834-1091 (総務部)
(社 福) 白 十 字 会	110-0016	台. 東̇̇上野4-20-6 T&Kビル301	3831-8075
(公財)放射線影響研究所(広島研究所)	732-0815	広島市南区比治山公園5-2	082-261-3131
(公財)放射線影響研究所(長崎研究所)	850-0013	長崎市中川1-8-6	095-823-1121

〔文部科学省関係〕

(一社) 教 科 書 協 会	135-0016	江東. 千石1-9-28	5606-9781
(一社) 公 立 大 学 協 会	100-0013	千. 霞が関3-8-1 虎の門ダイビルイーストB106	3501-3336
(一社) 国 立 大 学 協 会	101-0003	千. 一ツ橋2-1-2 学術総合センター4F	4212-3506
全 国 高 等 学 校 長 協 会	105-0003	港. 西新橋2-5-10 NBC西新橋ビル4F	3580-0570
(公社)全国公民館連合会	105-0001	港. 虎ノ門1-16-8 飯島ビル3F	3501-9666
全国公立学校事務長会	170-0013	豊. 東池袋1-36-3 池袋陽光ハイツ203号	5960-5666
全国専修学校各種学校総連合会	102-0073	千. 九段北4-2-25 私学会館別館11F	3230-4814
全国都道府県教育委員会連合会	100-0013	千. 霞が関3-1-3 尚友会館	3501-0575
全 国 連 合 小 学 校 長 会	105-0003	港. 西新橋1-22-14	3501-9288
全日本私立幼稚園連合会	102-0073	千. 九段北4-2-25 私学会館別館4F	3237-1080
全 日 本 中 学 校 長 会	105-0003	港. 西新橋1-22-13 全日本中学校長会館	3580-0604
(一社)日本音楽著作権協会(JASRAC)	151-8540	渋. 上原3-6-12	3481-2121
日本私立小学校連合会	102-0073	千. 九段北4-2-25 私学会館別館6F	3261-2934
日 本 私 立 大 学 協 会		同 9F	3261-7048
(一社)日本私立大学連盟(JAPUC)		同 7F	3262-2420
日本私立短期大学協会		同 6F	3261-9055
日本私立中学高等学校連合会		同 5F	3262-2828
(公財) 日 本 相 撲 協 会	130-0015	墨. 横網1-3-28	3623-5111
(公社)日本PTA全国協議会(日P)	107-0052	港. 赤坂7-5-38	5545-7151

〔そ の 他〕

原水禁(原水爆禁止日本国民会議)	101-0062	千. 神田駿河台3-2-11 連合会館1F	5289-8224

417

名称		住所	電話
全国麻雀業組合総連合会（全雀連）	101-0025	千，神田佐久間町2-14-7-3F	050-8881-5762
（公財）NIRA総合研究開発機構	150-6034	渋，恵比寿4-20-3 恵比寿ガーデンプレイスタワー34F	5448-1700（総括管理部）
（公財）日本環境協会（JEA）	101-0032	千，岩本町1-10-5 TMMビル5F	5829-6524（総務部）
日本原水協（原水爆禁止日本協議会）	113-8464	文，湯島2-4-4 平和と労働センター6F	5842-6031
日本弁護士連合会（日弁連）	100-0013	千，霞が関1-1-3 弁護士会館15F	3580-9841
（一財）ゆうちょ財団	101-0061	千，神田三崎町3-7-4 ゆうビル	5275-1810

【労　働　組　合】（50音順）

名称		住所	電話
印刷労連（印刷情報メディア産業労働組合連合会）	105-0014	港，芝2-20-12 友愛会館16F	5442-0191
運輸労連（全日本運輸産業労働組合連合会）	100-0013	千，霞が関3-3-3 全日通霞ヶ関ビル5F	3503-2171
ＮＴＴ労組（旧全電通）	101-8320	千，神田駿河台3-6 全電通労働会館内	3219-2111
紙パ連合（日本紙パルプ紙加工産業労働組合連合会）	110-0008	台，池之端2-7-17 井門池之端ビル2F	5809-0482
基幹労連（日本基幹産業労働組合連合会）	104-0033	中，新川1-23-4 Ｉ・Ｓリバーサイドビル4F	3555-0401
金融労連（全国金融労働組合連合会）	102-0093	千，平河町1-9-9 レフラスカ平河町ビル4F	3230-8415
建交労（全日本建設交通一般労働組合）	169-0073	新，百人町4-7-2 全日労会館	3360-8021
航空連合	144-0041	大，羽田空港1-6-5 第5綜合ビル5F	5708-7161
交通労連（全日本交通運輸産業労働組合総連合会）	105-0014	港，芝2-20-12 友愛会館15F	3451-7243
国労（国鉄労働組合）	105-0004	港，新橋5-15-5 交通ビル7F	5403-1640
国公連合（国公関連労働組合連合会）	101-0062	千，神田駿河台3-2-11 連合会館5F 公務労協内	5209-6205
ゴム連合（日本ゴム産業労働組合連合）	171-0031	豊，目白2-3-3 ゴム産業会館2F	3984-5656
サービス・ツーリズム連合（サービス・ツーリズム産業労働組合連合会）	160-0002	新，四谷坂町9-6 坂町Mビル2F	5919-3261
ＪＲ総連（全日本鉄道労働組合総連合会）	141-0031	品，西五反田3-2-13 目黒さつき会館	3491-7191
ＪＲ連合（全日本鉄道労働組合総連合会）	103-0022	中，日本橋室町1-8-10 東興ビル9F	3270-4590
ＪＡＭ（ものづくり産業労働組合）	105-0014	港，芝2-20-12 友愛会館10F・11F	3451-2141
ＪＥＣ連合（日本化学エネルギー産業労働組合連合会）	110-0008	台，池之端2-7-17 井門池之端ビル2F	5832-9612
JP労組（日本郵政グループ労働組合）	110-0015	台，東上野5-2-2	5830-2655
自治労（全日本自治団体労働組合）	102-8464	千，六番町1 自治労会館	3263-0262
私鉄総連（日本私鉄労働組合総連合会）	108-0074	港，高輪4-3-5 私鉄会館内	3473-0166
自動車総連（全日本自動車産業労働組合総連合会）	108-0074	港，高輪4-18-21 ビューウェルスクエア	5447-5811
情報労連（情報産業労働組合連合会）	101-0062	千，神田駿河台3-6 全電通労働会館5F	3219-2231
新聞労連（日本新聞労働組合連合）	113-0033	文，本郷2-17-17 井門本郷ビル6F	5842-2201
生保労連（全国生命保険労働組合連合会）	113-0034	文，湯島3-19-5 湯島三組坂ビル3F	3837-2031
セラミックス連合（セラミックス産業労働組合連合会）	467-0879	名古屋市瑞穂区平郷町3-11	052-882-4562
全教（全日本教職員組合）	102-0084	千，二番町12-1 全国教育文化会館3F	5211-0123
全銀連合（全国銀行員組合連合会議）	103-0027	中，日本橋2-1-3 アーバンネット日本橋二丁目ビル10F	4446-5204
全建総連（全国建設労働組合総連合）	169-8650	新，高田馬場2-7-15 全建総連会館3F	3200-6221
全港湾（全日本港湾労働組合）	144-0052	大，蒲田5-10-2 日港会館4F	3733-8821
全国一般（じちろう・全国一般評議会）	102-8464	千，六番町1 自治労会館5F	3263-0441
全国ガス（全国ガス労働組合連合会）	143-0015	大，大森西5-11-1	5493-8381
全国農団労（全国農林漁業団体職員労働組合連合）	105-0013	港，浜松町1-19-4 佐藤ビル4F	3437-0931
全国林野関連労働組合	100-8952	千，霞が関1-2-1 農林水産省内	3519-5981
全自交労連（全国自動車交通労働組合連合会）	151-0051	渋，千駄ケ谷3-7-9	3408-0875

418

全水道(全日本水道労働組合)	113-0033	文, 本郷1-4-1 全水道会館2F	3816-4132
全電線(全日本電線関連産業労働組合連合会)	142-0064	品, 旗の台1-11-6	3785-2991
全日教連(全日本教職員連盟)	102-0083	千, 麹町3-7 半蔵門村山ビル東館	3264-3861
全 日 本 海 員 組 合	106-0032	港, 六本木7-15-26 海員ビル	5410-8329
全労金(全国労働金庫労働組合連合会)	101-0063	千, 神田淡路町1-11 淡路町MHアネックス3F	3256-1015
損保労連(損害保険労働組合連合会)	102-0083	千, 麹町5-3 麹町中田ビル3F	5276-0071
電 機 連 合(全日本電機・電子・情報関連産業労働組合連合会)	100-0011	千, 内幸町1-3-1 幸ビルディング7F	4330-0731
電力総連(全国電力関連産業労働組合総連合)	108-0073	港, 三田2-7-13 TDS三田3F	3454-0231
都労連(東京都労働組合連合会)	163-8001	新, 西新宿2-8-1 都庁第2本庁舎	3343-1301
日教組(日本教職員組合)	101-0003	千, 一ツ橋2-6-2 日本教育会館内	3265-2171
日建協(日本建設産業職員労働組合協議会)	169-0075	新, 高田馬場1-31-16 ワイム高田馬場ビル3F	5285-3870
日高教(日本高等学校教職員組合)	101-0046	千, 神田多町2-11 青木ビル4F	5297-8371
日産労連(全日産・一般業種労働組合連合会)	105-0011	港, 芝公園2-4-1 芝パークビルB13F	3434-4721
日本医労連(日本医療労働組合連合会)	110-0013	台, 入谷1-9-5 日本医療労働会館3F	3875-5871
フード連合(日本食品関連産業労働組合総連合会)	108-0014	港, 芝5-26-30 専売ビル4F	6435-2882
ヘルスケア労協(保健医療福祉労働組合協議会)	105-0014	港, 芝2-17-20 日本赤十字労働組合会館内	3451-6025
民 放 労 連	160-0008	新, 四谷三栄町6-5 木原ビル	3355-0461
U A ゼ ン セ ン(全国繊維化学食品流通サービス一般労働組合同盟)	102-8273	千, 九段南4-8-16	3288-3737
連合(日本労働組合総連合会)	101-0062	千, 神田駿河台3-2-11 連合会館	5295-0550 (総務局)

【報 道 関 係】

(一社) 共 同 通 信 社	105-7201	港, 東新橋1-7-1 汐留メディアタワー	6252-8000
㈱ 時 事 通 信 社	104-8178	中, 銀座5-15-8	6800-1111
(公社) 日本外国特派員協会	100-0005	千, 丸の内3-2-3 丸の内二重橋ビル5F	3211-3161
(公社) 日 本 記 者 クラブ	100-0011	千, 内幸町2-2-1 日本プレスセンタービル9F	3503-2722
(一社) 日 本 雑 誌 協 会	101-0051	千, 神田神保町1-32 出版クラブビル5F	3291-0775
(一社) 日 本 新 聞 協 会	100-8543	千, 内幸町2-2-1 日本プレスセンタービル7F	3591-4401
(公社) 日 本 専 門 新 聞 協 会	105-0001	港, 虎ノ門1-2-12 第二興業ビル	3597-8881
(一社) 日 本 地 方 新 聞 協 会	160-0008	新, 四谷三栄町2-14 四谷ビジネスガーデン224号	6856-6997
(一社) 日本民間放送連盟(民放連)	102-8577	千, 紀尾井町3-23	5213-7711
民 間 放 送 報 道 協 議 会	100-0014	千, 永田町1-6-2 国会記者会館	3581-3875
(一財) ラ ジ オ プ レ ス	162-0056	新, 若松町33-8 アールビル新宿	5273-2171

【新 聞 社】

㈱ 朝 日 新 聞 社	104-8011	中, 築地5-3-2	3545-0131
㈱ 産 業 経 済 新 聞 社	100-8077	千, 大手町1-7-2	3231-7111
㈱ ジャパンタイムズ	102-0082	千, 一番町2-2 一番町第二TGビル2F	050-3646-0123
㈱ 中 日 新 聞 東 京 本 社	100-0011	千, 内幸町2-1-4	6910-2211
㈱ 日 刊 工 業 新 聞 社	103-8548	中, 日本橋小網町14-1	5644-7000
㈱ 日 本 経 済 新 聞 社	100-8066	千, 大手町1-3-7	3270-0251
㈱ 毎 日 新 聞 社	100-8051	千, 一ツ橋1-1-1	3212-0321
㈱ 読 売 新 聞 社	100-8055	千, 大手町1-7-1	3242-1111

〔北海道・東北〕

秋 田 魁 新 報 社	100-0011	千, 内幸町2-2-1 日本プレスセンタービル6F	5511-8261

岩　手　日　報　社	104-0061	中，銀座7-12-14 大栄会館	3541-4346
河　北　新　報　社	105-0004	港，新橋5-13-1 新橋菊栄ビル7F	6435-9059
デーリー東北新聞社	104-0061	中，銀座7-13-21 銀座菊六洲ビル7F	3543-0248
東　奥　日　報　社	104-0061	中，銀座8-11-5 正金ビル5F	3573-0701
福　島　民　報　社	104-0061	中，銀座5-15-8 時事通信ビル13F	6226-1001
北　海　道　新　聞　社	105-8435	港，虎ノ門2-2-5 共同通信会館1F	6229-0416
陸　奥　新　報　社	104-0061	中，銀座2-8-5 石川ビル7F	3561-6733
山　形　新　聞　社	104-0061	中，銀座6-13-16 ビューリック銀座ウォールビル	3543-0821

〔関　　東〕

茨　城　新　聞　社	104-0032	中，八丁堀3-25-10 JR八丁堀ビル2F	3552-0505
神　奈　川　新　聞　社	104-0061	中，銀座7-15-11 日宝銀座Kビル8F	3544-2507
埼　玉　新　聞　社	104-0045	中，築地2-10-4 エミタ銀座イーストビル5F	3543-3371
下　野　新　聞　社	100-0011	千，内幸町2-2-1 日本プレスセンタービル8F	5501-0520
上　毛　新　聞　社	104-0031	中，京橋2-12-9 ACN京橋ビル5F	6228-7654
千　葉　日　報　社	104-0061	中，銀座4-10-12 銀座サマリヤビル4F	3545-1261

〔甲信・北陸〕

北　日　本　新　聞　社	104-0061	中，銀座7-16-14 銀座イーストビル8F	6264-7381
信　濃　毎　日　新　聞　社	100-0011	千，内幸町2-2-1 日本プレスセンタービル6F	5521-3100
富　山　新　聞　社	104-0045	中，築地6-4-8 北國新聞東京会館	3541-7221
新　潟　日　報　社	104-0061	千，内幸町2-2-1 日本プレスセンタービル2F	5510-5511
福　井　新　聞　社	105-0004	港，新橋2-19-4 SNTビル5F	3571-2918
北　國　新　聞　社	104-0045	中，築地6-4-8 北國新聞東京会館	3541-7221
山　梨　日　日　新　聞　社	104-0061	中，銀座8-3-7 静新ビル	3572-6031

〔中部・近畿〕

伊　勢　新　聞　社	104-0045	中，築地2-11-11 諸井ビル3F	5550-7911
岐　阜　新　聞　社	104-0061	中，銀座8-16-6 銀座ストラパックビル2F	6278-8130
京　都　新　聞　社	104-0061	中，銀座8-2-8 京都新聞銀座ビル	3572-5414
神　戸　新　聞　社	100-0011	千，内幸町2-2-1 日本プレスセンタービル3F	6457-9650
静　岡　新　聞　社	104-0061	中，銀座8-3-7 静岡新聞静岡放送ビル	3571-5891
中日新聞東京本社	100-0011	千，内幸町2-1-4	6910-2211
中　部　経　済　新　聞　社	104-0061	中，銀座5-9-13 銀座菊正ビル8F	3572-3601
奈　良　新　聞　社	105-0003	港，西新橋1-17-4 猪爪ビル3F	6811-2860

〔中国・四国〕

愛　媛　新　聞　社	105-0004	港，新橋6-4-3 ル・グラシエルBLDG.7・6F	6435-7432
高　知　新　聞　社	100-0011	千，内幸町2-2-1 日本プレスセンタービル3F	3506-7281
山　陰　中　央　新　報　社	104-0045	中，築地4-1-1 東劇ビル17F	3248-1980
山　陽　新　聞　社	100-0011	千，内幸町2-2-1 日本プレスセンタービル4F	5521-6861
四　国　新　聞　社	104-0061	中，銀座7-14-13 日土地銀座ビル5F	6738-1377
新　日　本　海　新　聞　社	107-0051	港，元赤坂1-1-7 モートサイドビル3F	5410-1871
中　国　新　聞　社	100-0011	千，内幸町2-2-1 日本プレスセンタービル2F	3597-1611
徳　島　新　聞　社	104-0061	中，銀座7-11-6 徳島新聞ビル4F	3573-2616
山　口　新　聞　社	104-0045	中，築地2-10-6 Daiwa築地駅前ビル8F	6226-3720

〔九州・沖縄〕

大 分 合 同 新 聞 社	100-0011	千, 内幸町2-2-1 日本プレスセンタービル4F	6205-7881
沖 縄 タ イ ム ス 社	104-0061	中, 銀座8-18-1 銀座木挽町ビル6F	6264-7878
熊 本 日 日 新 聞 社	100-6307	千, 丸の内3-4-1 新国際ビル805	3212-2941
佐 賀 新 聞 社	104-0061	中, 銀座8-18-1 銀座エスビービル9F	3545-1831
長 崎 新 聞 社	104-0061	中, 銀座8-9-16 長崎センタービル7F	3571-4727
南 海 日 日 新 聞 社	104-0061	中, 銀座5-15-8 時事通信ビル1305室	5565-3631
西 日 本 新 聞 社	100-0011	千, 内幸町2-1-4 日比谷中日ビル3F	6457-9422
南 日 本 新 聞 社	104-0061	中, 銀座4-10-3 セントラルビル7F	6260-6131
宮 崎 日 日 新 聞 社	104-0061	中, 銀座3-11-11 銀座参番館ビル6F	3543-3825
琉 球 新 報 社	104-0031	中, 京橋1-17-2 昭美京橋第1ビル3F	6264-0981

【放 送 局】

㈱アール・エフ・ラジオ日本	106-8039	港, 麻布台2-2-1 麻布台ビル	3582-2351
㈱ エ フ エ ム 東 京	102-8080	千, 麹町1-7	3221-0080
㈱ Ｊ－ＷＡＶＥ	106-6188	港, 六本木6-10-1 六本木ヒルズ森タワー33F	6832-1111
㈱ Ｔ Ｂ Ｓ テ レ ビ	107-8006	港, 赤坂5-3-6	3746-1111
㈱ テ レ ビ 朝 日	106-8001	港, 六本木6-9-1	6406-1111
㈱ テ レ ビ 東 京	106-8007	港, 六本木3-2-1 六本木グランドタワー	6632-7777
㈱日経ラジオ社(ラジオNIKKEI)	105-8565	港, 虎ノ門1-2-8 虎ノ門琴平タワー	6205-7810
㈱ ニ ッ ポ ン 放 送	100-8439	千, 有楽町1-9-3	3287-1111
日本テレビ放送網㈱	105-7444	港, 東新橋1-6-1	6215-4111
日 本 放 送 協 会(NHK)	150-8001	渋, 神南2-2-1	3465-1111
㈱ フ ジ テ レ ビ ジ ョ ン	137-8088	港, 台場2-4-8	5500-8888
㈱ 文 化 放 送	105-8002	港, 浜松町1-31	5403-1111
毎 日 放 送	107-6328	港, 赤坂5-3-1 赤坂Bizタワー28F	5561-1200
ラ ジ オ 日 本	106-8039	港, 麻布台2-2-1 麻布台ビル	3582-2351

【タクシー・ハイヤー】

国 際 興 業 ㈱	103-0028	中, 八重洲2-10-3	3273-1112
国 際 自 動 車 ㈱	107-0052	港, 赤坂2-8-6 km赤坂ビル	3586-3611
大 和 自 動 車 交 通 ㈱	135-0003	江東, 猿江2-16-31	6757-7161
帝 都 自 動 車 交 通 ㈱	103-0027	中, 日本橋1-21-5 村田賞業ビル	6262-3311
日 本 交 通 ㈱	102-0094	千, 紀尾井町3-12 紀尾井町ビル	6265-6210
日 の 丸 リ ム ジ ン	112-0004	文, 後楽1-1-8 水道橋外堀通ビル7F	5689-0423
㈱ は と バ ス	143-0006	大, 平和島5-4-1	3761-8111

【航 空 会 社】

日本航空(国内線)	0570-025-071	(国際線)	0570-025-031
全日空 (国内線)	0570-029-222	(国際線)	0570-029-333
東京シティ・エアターミナル㈱	103-0015	中, 日本橋箱崎町42-1	3655-7111
アエロフロート・ロシア航空	03-5532-8781	スイスエアラインズ	03-5156-8252
アエロメヒコ航空	0570-783-057	スカンジナビア	050-6864-8086
アシアナ航空	0570-082-555	スリランカ航空	03-3431-6600
アメリカン航空	03-4333-7675	大 韓 航 空	0570-05-2001

イベリア航空	03-3298-5238	タイ国際航空	0570-064-015
エア・インディア	03-3508-0261	チャイナエアライン	03-6378-8855
エア・カナダ	010-800-6699-2222	中国国際航空	0570-095-583
エアカラン	03-6205-7063	ターキッシュ エアラインズ航空	03-3435 0421
LOTポーランド航空	03-6277-6516	デルタ航空	0570-077-733
エールフランス	03-6634-4983	ニュージーランド航空	0570-015-424
エジプト航空	03-6869-5881	フィリピン航空	03-5157-4362
エミレーツ航空	03-6743-4567	フィンエアー	03-4579-0121
オーストリア航空	03-5402-5218	ブリティッシュエアウェイズ	03-3298-5238
カタール航空	03-5402-5282	ベトナム航空	03-3508-1481
ガルーダ・インドネシア航空	03-5521-1111	マカオ航空	06-6263-5383
カンタス航空	03-6833-0700	マレーシア航空	03-4477-4938
キャセイパシフィック航空	03-4578-4132	モンゴル航空	03-5615-4653
KLMオランダ航空	03-6634-4984	ユナイテッド航空	03-6732-5011
シンガポール航空	03-4578-4088	ルフトハンザ・ドイツ航空	0570-089-000

【鉄道会社】

JR東日本お問い合わせセンター	050-2016-1600	相鉄お客様センター	045-319-2111
JR東海テレフォンセンター	050-3772-3910	東京メトロお客様センター	0120-104-106
小田急お客さまセンター	044-299-8200	都営交通お客様センター	3816-5700
京王お客さまセンター	042-357-6161	東急お客さまセンター	3477-0109
京急ご案内センター	5789-8686	東武鉄道お客さまセンター	5962-0102
京成お客様ダイヤル	0570-081-160	東京モノレールお客さまセンター	050-2016-1640
西武鉄道お客さまセンター	04-2996-2888	ゆりかもめお客さまセンター	3529-7221

【ホテル】

アマン東京	100-0004	千，大手町1-5-6 大手町タワー	5224 3333
ザ・キャピトルホテル東急	100-0014	千，永田町2-10-3	3503-0109
ザ・プリンスギャラリー 東京紀尾井町	102-8585	千，紀尾井町1-2	3234-1111
ザ・ペニンシュラ東京	100-0006	千，有楽町1-8-1	6270-2888
シャングリ・ラ東京	100-8283	千，丸の内1-8-3 丸の内トラストタワー本館	6739-7888
ダイヤモンドホテル	102-0083	千，麹町1-10-3	3263-2211
帝国ホテル	100-8558	千，内幸町1-1-1	3504-1111
東京ステーションホテル	100-0005	千，丸の内1-9-1	5220-1111
都市センターホテル	102-0093	千，平河町2-4-1	3265-8211
パレスホテル東京	100-0005	千，丸の内1-1-1	3211-5211
フォーシーズンズホテル丸の内 東京	100-6277	千，丸の内 1-11-1 パシフィックセンチュリープレイス丸の内	5222-7222
ホテルニューオータニ	102-8578	千，紀尾井町4-1	3265-1111
ホテルルポール麹町	102-0093	千，平河町2-4-3	3265-5361
丸ノ内ホテル	100-0005	千，丸の内1-6-3	3217-1111
マンダリンオリエンタル東京	103-8328	中，日本橋室町2-1-1	3270-8800
ANAインターコンチネンタルホテル東京	107-0052	港，赤坂1-12-33	3505-1111
アンダーズ東京	105-0001	港，虎ノ門1-23-4	6830-1234
グランドニッコー東京 台場	135-8701	港，台場2-6-1	5500-6711

422

グランド ハイアット 東京	106-0032	港，六本木6-10-3	4333-1234
グランドプリンスホテル高輪	108-8612	港，高輪3-13-1	3447-1111
京急ＥＸホテル高輪	108-0074	港，高輪4-10-8	5423-3910
コ ン ラ ッ ド 東 京	105-7337	港，東新橋1-9-1	6388-8000
ザ・プリンス さくらタワー東京	108-8612	港，高輪3-13-1	5798-1111
ザ・プリンス パークタワー東京	105-8563	港，芝公園4-8-1	5400-1111
ザ・リッツ・カールトン東京	107-6245	港，赤坂9-7-1東京ミッドタウン	3423-8000
ザ ロイヤルパークホテル アイコニック東京汐留	105-8333	港，東新橋1-6-3	6253-1111
シェラトン都ホテル東京	108-8640	港，白金台1-1-50	3447-3111
芝 パ ー ク ホ テ ル	105-0011	港，芝公園1-5-10	3433-4141
第 一 ホ テ ル 東 京	105-8621	港，新橋1-2-6	3501-4411
東京グランドホテル	105-0014	港，芝2-5-2	3456-2222
東京プリンスホテル	105-8560	港，芝公園3-3-1	3432-1111
ヒルトン東京お台場	135-8625	港，台場1-9-1	5500-5500
ホテルオークラ東京	105-0001	港，虎ノ門2-10-4	3582-0111
ホテル ザ セレスティン東京芝	105-0014	港，芝3-23-1	5441-4111
京 王 プ ラ ザ ホ テ ル	160-8330	新，西新宿2-2-1	3344-0111
新宿プリンスホテル	160-8487	新，歌舞伎町1-30-1	3205-1111
パークハイアット東京	163-1055	新，西新宿3-7-1-2	5322-1234
ハイアットリージェンシー東京	160-0023	新，西新宿2-7-2	3348-1234
ヒ ル ト ン 東 京	160-0023	新，西新宿6-6-2	3344-5111
東 京 ド ー ム ホ テ ル	112-8562	文，後楽1-3-61	5805-2111
ホ テ ル 椿 山 荘 東 京	112-8680	文，関口2-10-8	3943-1111
渋谷エクセルホテル東急	150-0043	渋，道玄坂1-12-2	5457-0109
羽田エクセルホテル東急	144-0041	大，羽田空港3-4-2	5756-6000
ホテルメトロポリタン	171-8505	豊，西池袋1-6-1	3980-1111

【そ　の　他】

政府刊行物センター(霞が関)	100-0013	千，霞が関1-4-1 日土地ビル1F	3504-3885
㈱ ジ ェ イ テ ィ ー ビ ー	140-0002	品，東品川2-3-11 JTBビル	5479-2211
㈱ Ｊ Ｔ Ｂ 国 会 内 店	100-0014	千，永田町2-2-1 衆議院第1議員会館B4F	3591-0044
東京中央郵便局(郵便)	100-8994	千，丸の内2-7-2 JPタワー内	0570-001-736
りそな銀行参議院支店	100-8962	千，永田町2-1-1参院議員会館内	3581-0251
りそな銀行衆議院支店	100-8981	千，永田町2-2-1 衆院第1議員会館内	3581-3754

衆議院・参議院案内図

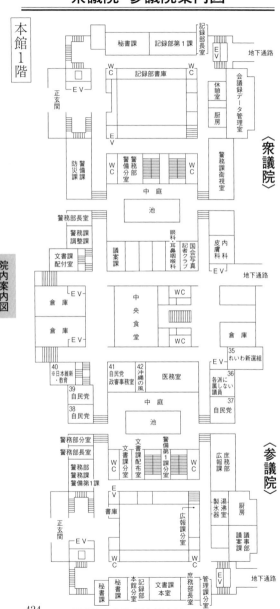

《衆議院》

《参議院》

秘書課　記録部第1課　記録部課長室　EV　地下通路

正玄関　□　EV　記録部書庫　WC　WC　休憩室　厨房　会議録データ管理室

EV

防災課　警備課　警務課警備分室　WC　WC　警務課衛視室　中庭　池

警務部長室　警務課調整課　文書課配付室　議案課　眼科・耳鼻咽喉科　国会写真記者クラブ　皮膚科　内科　EV　地下通路

倉庫　EV　倉庫　EV　中央食堂　WC　WC　倉庫　EV　れいわ新選組 35

40 ※日本維新・教育　39 自民党　38 自民党　41 自民党政審事務室　42 沖縄の風　医務室　中庭　池　各派に属しない議員 36　自民党 37

警務部分室　警務部長室　警務部警務課警備第1課　WC　文書課配布室　文書課分室　警備第1課分室　WC　広報部　庶務課

正玄関　EV　書庫　WC　広報課分室　WC　製氷器　湯沸室　厨房　議事部議案課　管理課分室　EV　地下通路

秘書課　秘書課　記録部本館1階分室　文書課本室　庶務部長室　EV

424

※日本維新の会・教育無償化を実現する会

衆議院・参議院案内図

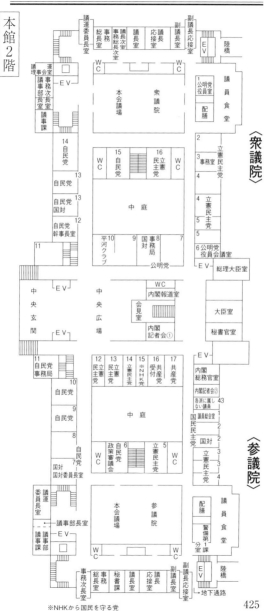

本館2階

〈衆議院〉

院内案内図

〈参議院〉

議運委員会長室
総務室
事務室
議長次室
事務総長次室
議長室
応接室
副議長室
副議長室応接室
陸橋
EV

蓮室
議理事会室
事務次長室
議事部長室
議事課
EV
WC
WC

本会議場
衆議院

公明党役員室
配膳
議員食堂

14 自民党
15 自民党
16 民立主党
WC
WC
立憲民主党
2 事務室 3
4

13 自民党
中庭
立憲民主党 4
5

13 自民党国対
5

12 自民党幹事長室
平河クラブ 10
9 国対
事務局 8
7
6 公明党役員会議室

11
公明党
EV
総理大臣室

中央玄関
EV
中央広場
WC
内閣報道室
会見室
内閣記者会①
大臣室
秘書官室
EV

11 自民党事務局
12 民立主党
13 立憲民主党
14 事務室
15 ※NHK党
受付
16 共産党
17 共産党
内閣総務官室
内閣記者会②
各派に属しない議員 4 3

10 自民党
中庭
国民総会室 1
2
国民民主党
国対
立憲民主党 1
2
3

9 自民党
8 自民党
7
6 自民党政策審議会
立憲民主党
WC
3

国対国対委員長室
本会議場
参議院
配膳
警備第1分室
議員食堂

委員長室
議運
議事部長室
議事課
議事部
EV
WC
WC
EV
陸橋
地下通路

事務次長室
総務室
秘書課
議長室
応接室
議長室
副議長室
副議長室応接室

※NHKから国民を守る党

425

衆議院・参議院案内図

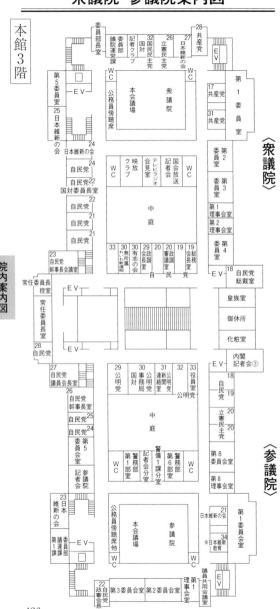

本館3階

院内案内図

《衆議院》

第1委員会室

委員部議院運営課
委員部議院運営課

委員部議員室

記者クラブ

32 国民民主

26 立憲民主の会

28 日本維新の会

27 共産党

EV

第5委員室

25 日本維新の会

公務員傍聴席

本会議場 衆議院

WC

WC

17 共産党

31 共産党

委員 第2 室

委員 第3 室

第1理事会室
第2理事会室

委員 第4 室

日本維新の会

24

自民党

自民党22 国対委員長室

自民党21

自民党21

WC

映放クラブ

会見室

テレビラジオ記者会

国会放送

記者

WC

中庭

33

30 無所属れい新選組

30 有志の会

29 政調会長室

20 自

20 政調審議室

19 民

19 総務会長室 党

EV

18 自民党総裁室

皇族室

御休所

化粧室

23 自民党幹事長会議室

常任委員長控室

EV

常任委員長室

28 自民党

EV

27 自民党議員会長室

26 自民党幹事長室

自民党25

自民党24

委員 第5 会室

参議院記者会

23 日本維新の会

第議運1課

委員部議運課

EV

内閣記者会③

29 公明党

30 国対

31 事務局

公明党連絡室

32 役員室

33 公明党

公明党

18 自民党19

20 立憲民主党20

第8委員会室

第8理事会室

《参議院》

中庭

WC

警備部第1部室

警務部記者分室

警務1課記者分室

警務部第6部室

WC

21 日本維新の会

34
※日本維新教育

公務員傍聴所他

本会議場 参議院

WC

WC

第1委員会室

22 自民党政審会長室

第3委員会室

第2委員会室

第1理事会室

議員共用会議室

EV

426

※日本維新の会・教育無償化を実現する会

衆議院別館・分館案内図

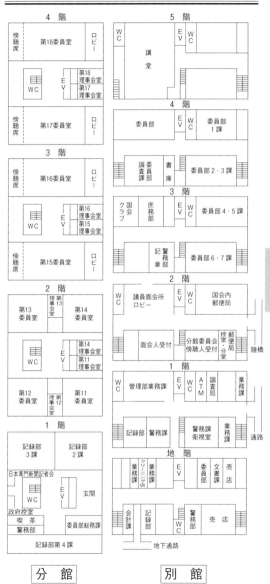

分　館

別　館

院内案内図

参議院別館・分館案内図

別館

5 階
国土交通省	WC	EV WC
厚生労働省	検査院 会計院	講 堂

4 階
総務省	WC EV	農林水産省	経済産業省
外務省	公取委	金融庁	文部科学省

3 階
警察庁	復興庁 日本銀行	内閣	WC EV	法務省	環境省	防衛省
内閣控室 宮内庁・消費者庁・こども家庭庁	最高裁	財務省	人事院

2 階
郵便局	JTB	WC EV	議員面会所 ロビー	WC
警備 第2課	警務部 第5・8部室	警務課分室 受付	サービスロビー

1 階
警務課分室	業務課分室 内閣法制局 デジタル庁	WC EV	ATM	第2・3・4・7部室 警務部	警備課分室
	業務室		

陸橋
通路

地 階
業務課分室	EV	職員組合分室
業務課分室 職員組合	WC	

分館連絡口

分館

4 階
第41委員会室		
第41理事会室 第43理事会室	国民民主党 EV	WC
	日本維新の会・教育無償化を実現する会	
自民党	第43委員会室	傍聴席

3 階
第31委員会室	第32理事会室	第32委員会室
第31理事会室 第33理事会室	共産党 EV	WC
	立憲民主・社民	
第33委員会室	第34理事会室	第34委員会室

2 階
第21委員会室	第22理事会室	第22委員会室
第21理事会室 第23理事会室	公明党 EV ※	WC
第23委員会室	第24理事会室	第24委員会室

1 階
委員部 7・8課 憲法審査会事務局 総務課	業務課分室 警備第2課分室 新聞記者室 喫茶室
玄関	EV WC
委員部 (議運・1・7・8課を除く。)	

院内案内図

※れいわ新選組、沖縄の風、NHKから国民を守る党、各派に属しない議員

428

衆議院第1議員会館2階案内図

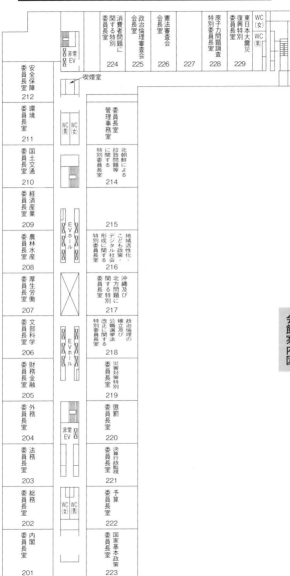

国会議事堂側

衆議院第1議員会館1階案内図

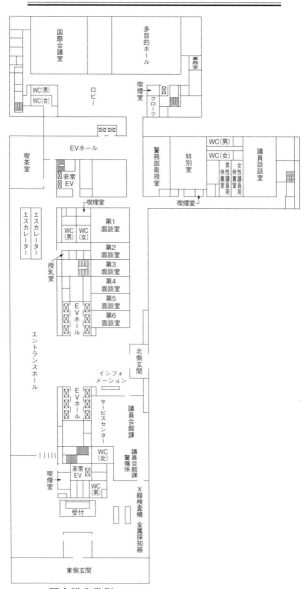

国会議事堂側

430

衆議院第1議員会館地下1階案内図

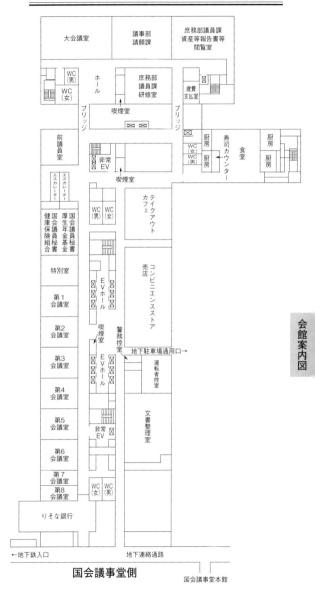

大会議室

議事部
請願課

庶務部議員課
資産等報告書等
閲覧室

WC
(男)

WC
(女)

ホール

庶務部
議員課
研修室

歳費
支払室

ブリッジ

喫煙室

ブリッジ

WC
(女)

WC
(男)

厨房

寿司カウンター

食堂

厨房

厨房

厨房

前議員室

非常
EV

喫煙室

エスカレーター

エスカレーター

WC
(男)

WC
(女)

テイクアウト
カフェ

国会議員秘書
健康保険組合

国会議員秘書
厚生年金基金

EV
ホール

売店

コンビニエンスストア

特別室

第1
会議室

第2
会議室

喫煙室

警務控室

地下駐車場通用口→

第3
会議室

EV
ホール

運転者控室

第4
会議室

第5
会議室

非常
EV

文書
整理室

第6
会議室

第7
会議室

第8
会議室

WC
(女)

WC
(男)

りそな銀行

←地下鉄入口

地下連絡通路

国会議事堂側

国会議事堂本館

会館案内図

431

衆議院第1議員会館地下2階案内図

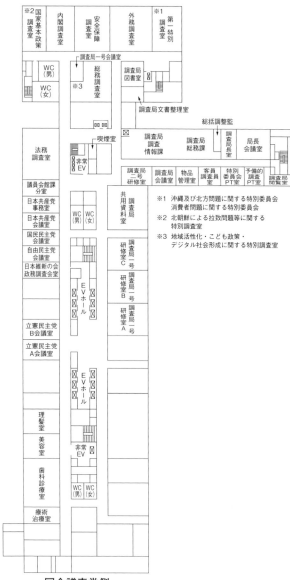

※1 沖縄及び北方問題に関する特別委員会
　　消費者問題に関する特別委員会
※2 北朝鮮による拉致問題等に関する
　　特別調査室
※3 地域活性化・こども政策・
　　デジタル社会形成に関する特別調査室

国会議事堂側

衆議院第1議員会館地下3階案内図

※4 災害対策特別委員会
    東日本大震災復興特別調査室
※5 原子力問題調査特別委員会
※6 政治倫理の確立及び公職選挙法改正に関する特別委員会

会館案内図

国会議事堂側

衆議院第２議員会館１階案内図

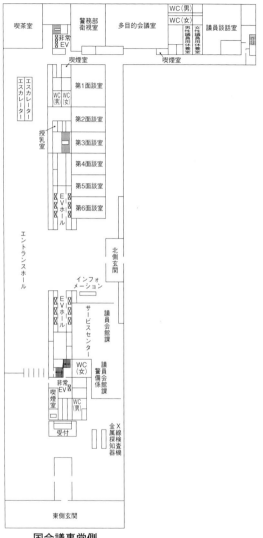

衆議院第2議員会館地下1階案内図

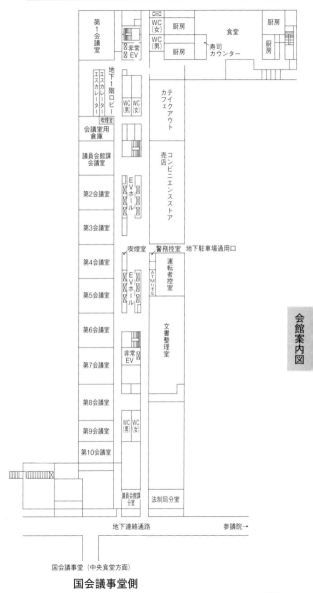

衆議院第2議員会館地下2階案内図

会館案内図

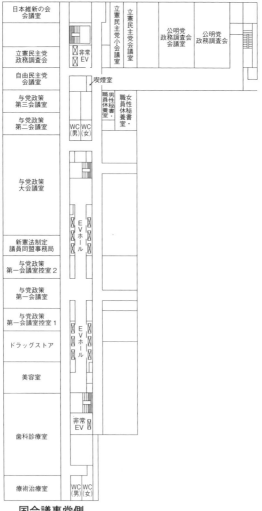

日本維新の会
会議室

立憲民主党
政務調査会

自由民主党
会議室

与党政策
第三会議室

与党政策
第二会議室

与党政策
大会議室

新憲法制定
議員同盟事務局

与党政策
第一会議室控室2

与党政策
第一会議室

与党政策
第一会議室控室1

ドラッグストア

美容室

歯科診療室

療術治療室

非常
EV

WC
(男)

WC
(女)

EVホール

EVホール

非常
EV

WC
(男)

WC
(女)

立憲民主党会議室

立憲民主党小会議室

喫煙室

男性秘書・
職員休養室

女性秘書・
職員休養室

公明党
政務調査会
会議室

公明党
政務調査会

国会議事堂側

436

参議院議員会館２階案内図

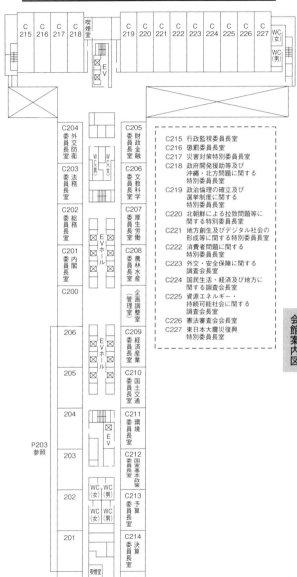

C215　行政監視委員長室
C216　懲罰委員長室
C217　災害対策特別委員長室
C218　政府開発援助等及び
　　　沖縄・北方問題に関する
　　　特別委員長室
C219　政治倫理の確立及び
　　　選挙制度に関する
　　　特別委員長室
C220　北朝鮮による拉致問題等に
　　　関する特別委員長室
C221　地方創生及びデジタル社会の
　　　形成等に関する特別委員長室
C222　消費者問題に関する
　　　特別委員長室
C223　外交・安全保障に関する
　　　調査会長室
C224　国民生活・経済及び地方に
　　　関する調査会長室
C225　資源エネルギー・
　　　持続可能社会に関する
　　　調査会長室
C226　憲法審査会会長室
C227　東日本大震災復興
　　　特別委員長室

会館案内図

国会議事堂側

437

参議院議員会館 1 階案内図

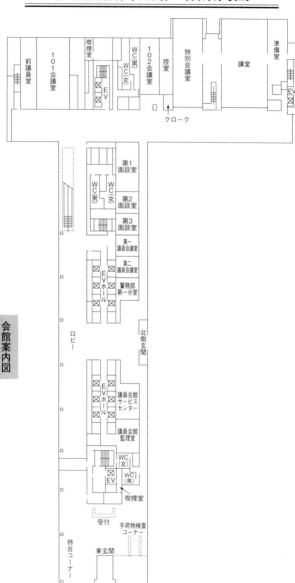

参議院議員会館地下1階案内図

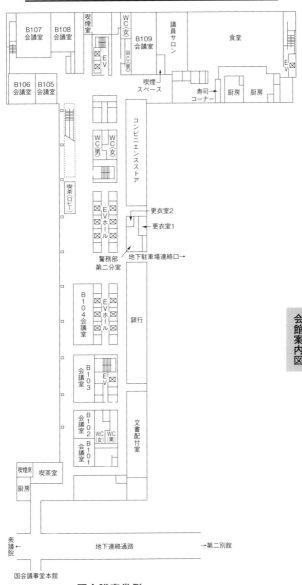

参議院議員会館地下２階案内図

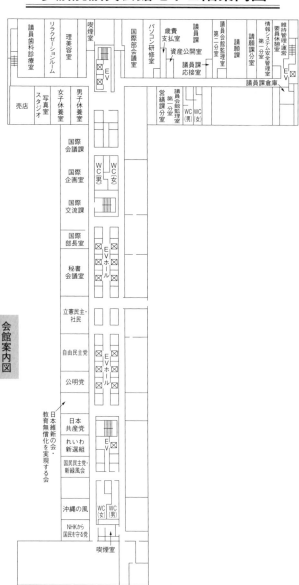

議員歯科診療室
リラクゼーションルーム
理美容室
喫煙室
国際部会議室
パソコン研修室
歳費支払室
資産公開室
議員課
議員課応接室
議員会館監理室
第二分室
請願課
請願課分室
情報システム安全管理室
要員休憩室
維持管理運営

EV

議員課倉庫

売店
写真室スタジオ
女子休養室
男子休養室
営繕課分室
議員会館監理室
第一分室
WC（男）
WC（女）

EV

国際会議課
国際企画室
WC（男）
WC（女）

国際交流課

国際部長室
秘書会議室
EVホール

立憲民主・社民
自由民主党
公明党
EVホール

日本共産党
れいわ新選組
国民民主党・新緑風会
EV

沖縄の風
WC（女）
WC（男）

NHKから国民を守る党
喫煙室

日本維新の会・教育無償化を実現する会

会館案内図

国会議事堂側

	A党	B党	C党
	1500票	900票	720票
1で割る	1500①	900②	720④
2で割る	750③	450⑥	360
3で割る	500⑤	300	240
4で割る	375⑦	225	180
5で割る	300	180	144

（日本経済新聞より）

各党の得票数を1、2、3……と整数（各党に割り振る議席）で割っていき、商の大きい順に当選を決めていく。左の図は7議席を配分した例。当選順位を決定していく作業はどの政党の何人目の候補に議席を与えれば有権者の投票を最も反映するかを判断するとともに、各党の1議席当たりの得票数をなるべく公平にする意味がある。

第49回衆議院選挙 (令和3年10月31日施行)

【北海道】(8人)
(P57参照)
自民党 4人
÷1 ① 863,300
÷2 ③ 431,650
÷3 ⑥ 287,766
÷4 ⑧ 215,825
立憲民主党 3人
÷1 ② 682,912
÷2 ④ 341,456
÷3 ⑦ 227,637
公明党 1人
÷1 ⑤ 294,371

【東北】(13人)
(P66参照)
自民党 6人
÷1 ① 1,628,233
÷2 ③ 814,116
÷3 ④ 542,744
÷4 ⑦ 407,058
÷5 ⑨ 325,646
÷6 ⑪ 271,372
立憲民主党 4人
÷1 ② 991,504
÷2 ⑤ 495,752
÷3 ⑧ 330,501
÷4 ⑬ 247,876
公明党 1人
÷1 ⑥ 456,287
共産党 1人
÷1 ⑩ 292,830
日本維新の会 1人
÷1 ⑫ 258,690

【北関東】(19人)
(P78参照)
自民党 7人
÷1 ① 2,172,065
÷2 ③ 1,086,032
÷3 ⑤ 724,021
÷4 ⑧ 543,016
÷5 ⑪ 434,413
÷6 ⑬ 362,010
÷7 ⑮ 310,295
立憲民主党 5人
÷1 ② 1,391,148
÷2 ⑥ 695,574
÷3 ⑨ 463,716
÷4 ⑭ 347,787
÷5 ⑱ 278,229
公明党 3人
÷1 ④ 823,930
÷2 ⑫ 411,965
÷3 ⑲ 274,643
日本維新の会 2人
÷1 ⑦ 617,531
÷2 ⑯ 308,765
共産党 1人
÷1 ⑩ 444,115
国民民主党 1人
÷1 ⑰ 298,056

【南関東】(22人)
(P92参照)
自民党 9人
÷1 ① 2,590,787
÷2 ③ 1,295,393
÷3 ⑤ 863,595
÷4 ⑧ 647,696
÷5 ⑪ 518,157
÷6 ⑬ 431,797
÷7 ⑰ 370,112
÷8 ⑲ 323,848
÷9 ㉒ 287,865
立憲民主党 5人
÷1 ② 1,651,562
÷2 ⑦ 825,781
÷3 ⑨ 550,520
÷4 ⑮ 412,890
÷5 ⑱ 330,312
日本維新の会 3人
÷1 ④ 863,897
÷2 ⑫ 431,948
÷3 ㉑ 287,965
公明党 2人
÷1 ⑥ 850,667
÷2 ⑯ 425,333
共産党 1人
÷1 ⑩ 534,493
国民民主党 1人
÷1 ⑭ 384,481
れいわ新選組 1人
÷1 ⑳ 302,675

【東京都】(17人)
(P102参照)
自民党 6人
÷1 ① 2,000,084
÷2 ③ 1,000,042
÷3 ⑦ 666,694
÷4 ⑨ 500,021
÷5 ⑫ 400,016
÷6 ⑯ 333,347
立憲民主党 4人
÷1 ② 1,293,281
÷2 ⑧ 646,640
÷3 ⑩ 431,093
÷4 ⑰ 323,320
日本維新の会 2人
÷1 ④ 858,577
÷2 ⑪ 429,288
公明党 2人
÷1 ⑤ 715,450
÷2 ⑭ 357,725
共産党 2人
÷1 ⑥ 670,340

÷2 ⑮ 335,170
れいわ新選組 1人
÷1 ⑬ 360,387

【北陸信越】(11人)
(P110参照)
自民党 6人
÷1 ① 1,468,380
÷2 ③ 734,190
÷3 ④ 489,460
÷4 ⑥ 367,095
÷5 ⑨ 293,676
÷6 ⑪ 244,730
立憲民主党 3人
÷1 ② 773,076
÷2 ⑤ 386,538
÷3 ⑩ 257,692
日本維新の会 1人
÷1 ⑦ 361,476
公明党 1人
÷1 ⑧ 322,535

【東海】(21人)
(P123参照)
自民党 9人
÷1 ① 2,515,841
÷2 ③ 1,257,920
÷3 ④ 838,613
÷4 ⑧ 628,960
÷5 ⑨ 503,168
÷6 ⑪ 419,306
÷8 ⑱ 314,480
÷9 ㉑ 279,537
立憲民主党 5人
÷1 ② 1,485,947
÷2 ⑥ 742,973
÷3 ⑩ 495,315
÷4 ⑮ 371,486
÷5 ⑲ 297,189
公明党 3人
÷1 ⑤ 784,976
÷2 ⑬ 392,488
÷3 ㉑ 261,658
日本維新の会 2人
÷1 ⑦ 694,630
÷2 ⑰ 347,315
共産党 1人
÷1 ⑫ 408,606
国民民主党 1人
÷1 ⑭ 382,733
れいわ新選組 1人
÷1 - 273,208
※れいわ新選組は1
議席分の票を獲得

したが、名簿登載者2人(重複立候補)がいずれも小選挙区で復活当選に必要な得票数(有効投票総数の10%)に満たなかった。このため、次点だった公明党に1議席が割り振られた。

【近畿】(28人)
(P141参照)
日本維新の会 10人
÷1 ① 3,180,219
÷2 ③ 1,590,109
÷3 ⑦ 1,060,073
÷4 ⑨ 795,054
÷5 ⑪ 636,043
÷6 ⑮ 530,036
÷7 ⑰ 454,317
÷8 ⑲ 397,527
÷9 ㉓ 353,357
÷10 ㉕ 318,021
自民党 8人
÷1 ② 2,407,699
÷2 ④ 1,203,849
÷3 ⑧ 802,566
÷4 ⑫ 601,924
÷5 ⑯ 481,539
÷6 ⑱ 401,283
÷7 ㉔ 343,957
÷8 ㉗ 300,962
公明党 3人
÷1 ⑤ 1,155,683
÷2 ⑬ 577,841
÷3 ⑳ 385,227
立憲民主党 3人
÷1 ⑥ 1,090,665
÷2 ⑭ 545,332
÷3 ㉒ 363,555
共産党 2人
÷1 ⑩ 736,156
÷2 ㉑ 368,078
国民民主党 1人
÷1 ㉖ 303,480
れいわ新選組 1人
÷1 ㉘ 292,483

【中国】(11人)
(P149参照)
自民党 6人
÷1 ① 1,352,723
÷2 ② 676,361
÷3 ④ 450,907

÷4 ⑥ 338,180
÷5 ⑧ 270,544
÷6 ⑩ 225,453
立憲民主党 2人
÷1 ③ 573,324
÷2 ⑦ 286,662
公明党 2人
÷1 ⑤ 436,220
÷2 ⑪ 218,110
日本維新の会 1人
÷1 ⑧ 286,302

【四国】(6人)
(P154参照)
自民党 3人
÷1 ① 664,805
÷2 ④ 332,402
÷3 ⑤ 221,601
立憲民主党 1人
÷1 ③ 291,870
公明党 1人
÷1 ④ 233,407
日本維新の会 1人
÷1 ⑥ 173,826

【九州】(20人)
(P167参照)
自民党 8人
÷1 ① 2,250,966
÷2 ③ 1,125,483
÷3 ⑤ 750,322
÷4 ⑦ 562,741
÷5 ⑩ 450,193
÷6 ⑬ 375,161
÷7 ⑮ 321,566
÷8 ⑰ 281,370
立憲民主党 4人
÷1 ② 1,266,801
÷2 ⑧ 633,400
÷3 ⑪ 422,267
÷4 ⑯ 316,700
公明党 4人
÷1 ④ 1,040,756
÷2 ⑨ 520,378
÷3 ⑭ 346,918
÷4 ⑳ 260,189
日本維新の会 2人
÷1 ⑫ 540,338
÷2 ⑲ 270,169
共産党 1人
÷1 ⑱ 365,658
国民民主党 1人
÷1 ⑱ 279,509

(小数点以下は切り捨て)

第25回参議院選挙（令和元年7月21日施行）

（P223参照）

自民党　19人
÷1　①　17,712,373
÷2　②　8,856,186
÷3　⑤　5,904,124
÷4　⑧　4,428,093
÷5　⑩　3,542,474
÷6　⑬　2,952,062
÷7　⑮　2,530,339
÷8　⑲　2,214,046
÷9　㉒　1,968,041
÷10　㉓　1,771,237
÷11　㉗　1,610,215
÷12　㉚　1,476,031
÷13　㉛　1,362,490
÷14　㉞　1,265,169
÷15　㊱　1,180,824
÷16　㊶　1,107,023
÷17　㊹　1,041,904
÷18　㊼　984,020
÷19　㊿　932,230

立憲民主党　8人
÷1　③　7,917,720
÷2　⑨　3,958,860
÷3　⑭　2,639,240
÷4　㉑　1,979,430
÷5　㉘　1,583,544
÷6　㉜　1,319,620
÷7　㊴　1,131,102
÷8　㊺　989,715

公明党　7人
÷1　④　6,536,336
÷2　⑫　3,268,168
÷3　⑳　2,178,778
÷4　㉖　1,634,084
÷5　㉝　1,307,267
÷6　㊷　1,089,389
÷7　㊾　933,762

日本維新の会　5人
÷1　⑥　4,907,844
÷2　⑯　2,453,922
÷3　㉕　1,635,948
÷4　㉟　1,226,961
÷5　㊽　981,568

共産党　4人
÷1　⑦　4,483,411
÷2　⑰　2,241,705
÷3　㉙　1,494,470
÷4　㊵　1,120,852

国民民主党　3人
÷1　⑪　3,481,078
÷2　㉔　1,740,539
÷3　㊲　1,160,359

れいわ新選組　2人
÷1　⑱　2,280,252
÷2　㊳　1,140,126

社民党　1人
÷1　㊸　1,046,011

NHKから国民を守る党　1人
÷1　㊻　987,885

（小数点以下は切り捨て）

第26回参議院選挙（令和4年7月10日施行）

（P234参照）

自民党　18人
÷1　①　18,256,245
÷2　②　9,128,122
÷3　⑥　6,085,415
÷4　⑦　4,564,061
÷5　⑨　3,651,249
÷6　⑭　3,042,707
÷7　⑯　2,608,035
÷8　⑱　2,282,030
÷9　㉑　2,028,471
÷10　㉓　1,825,624
÷11　㉗　1,659,658
÷12　㉛　1,521,353
÷13　㉜　1,404,326
÷14　㉟　1,304,017
÷15　㊴　1,217,083
÷16　㊷　1,141,015
÷17　㊺　1,073,896
÷18　㊽　1,014,235

日本維新の会　8人
÷1　③　7,845,995
÷2　⑧　3,922,997
÷3　⑮　2,615,331
÷4　㉒　1,961,498
÷5　㉙　1,569,199
÷6　㉞　1,307,665
÷7　㊹　1,120,856
÷8　㊾　980,749

立憲民主党　7人
÷1　④　6,771,945
÷2　⑪　3,385,972
÷3　⑲　2,257,315
÷4　㉖　1,692,986
÷5　㉝　1,354,389
÷6　㊸　1,128,657
÷7　㊿　967,420

公明党　6人
÷1　⑤　6,181,431
÷2　⑬　3,090,715
÷3　⑳　2,060,477
÷4　㉚　1,545,357
÷5　㊳　1,236,286
÷6　㊼　1,030,238

共産党　3人
÷1　⑩　3,618,342
÷2　㉔　1,809,171
÷3　㊵　1,206,114

国民民主党　3人
÷1　⑫　3,159,625
÷2　㉘　1,579,812
÷3　㊻　1,053,203

れいわ新選組　2人
÷1　⑰　2,319,156
÷2　㊶　1,159,578

参政党　1人
÷1　㉕　1,768,385

社民党　1人
÷1　㊱　1,258,501

NHK党　1人
÷1　㊲　1,253,872

（小数点以下は切り捨て）

※　各党の得票数を1、2、3…の整数で割り、その「商」の大きい順に議席が配分されます。各党の得票数を1、2、3…の整数で割った「商」を掲載しています。丸なか数字はドント式当選順位です。

年齢早見表

（令和6年・西暦2024年・紀元2684年）

生まれ年	年齢	西暦	十二支干支	生まれ年	年齢	西暦	十二支干支
昭和9	90	1934	甲戌	昭和53	46	1978	戊午
10	89	1935	乙亥	54	45	1979	己未
11	88	1936	丙子	55	44	1980	庚申
12	87	1937	丁丑	56	43	1981	辛酉
13	86	1938	戊寅	57	42	1982	壬戌
14	85	1939	己卯	58	41	1983	癸亥
15	84	1940	庚辰	59	40	1984	甲子
16	83	1941	辛巳	60	39	1985	乙丑
17	82	1942	壬午	61	38	1986	丙寅
18	81	1943	癸未	62	37	1987	丁卯
19	80	1944	甲申	63	36	1988	戊辰
20	79	1945	乙酉	(昭64)平成元	35	1989	己巳
21	78	1946	丙戌	2	34	1990	庚午
22	77	1947	丁亥	3	33	1991	辛未
23	76	1948	戊子	4	32	1992	壬申
24	75	1949	己丑	5	31	1993	癸酉
25	74	1950	庚寅	6	30	1994	甲戌
26	73	1951	辛卯	7	29	1995	乙亥
27	72	1952	壬辰	8	28	1996	丙子
28	71	1953	癸巳	9	27	1997	丁丑
29	70	1954	甲午	10	26	1998	戊寅
30	69	1955	乙未	11	25	1999	己卯
31	68	1956	丙申	12	24	2000	庚辰
32	67	1957	丁酉	13	23	2001	辛巳
33	66	1958	戊戌	14	22	2002	壬午
34	65	1959	己亥	15	21	2003	癸未
35	64	1960	庚子	16	20	2004	甲申
36	63	1961	辛丑	17	19	2005	乙酉
37	62	1962	壬寅	18	18	2006	丙戌
38	61	1963	癸卯	19	17	2007	丁亥
39	60	1964	甲辰	20	16	2008	戊子
40	59	1965	乙巳	21	15	2009	己丑
41	58	1966	丙午	22	14	2010	庚寅
42	57	1967	丁未	23	13	2011	辛卯
43	56	1968	戊申	24	12	2012	壬辰
44	55	1969	己酉	25	11	2013	癸巳
45	54	1970	庚戌	26	10	2014	甲午
46	53	1971	辛亥	27	9	2015	乙未
47	52	1972	壬子	28	8	2016	丙申
48	51	1973	癸丑	29	7	2017	丁酉
49	50	1974	甲寅	30	6	2018	戊戌
50	49	1975	乙卯	(平31)令和元	5	2019	己亥
51	48	1976	丙辰	2	4	2020	庚子
52	47	1977	丁巳	3	3	2021	辛丑
				4	2	2022	壬寅
				5	1	2023	癸卯
				6	0	2024	甲辰

國會議員要覧® 令和六年二月版　　定価:2,992円（本体＋税10%）

商標登録番号　第4797602号　　送料別

令和6年2月28日発行（第100版）

※定期購読の場合は当社負担と致します。

編集・発行人　中島孝司

発行所　国政情報センター

〒150-0044　東京都渋谷区円山町5-4　道玄坂ビル

電話　03（3476）4111（大代）

FAX　03（3476）4842

郵便振替　00150-1-24932

ISBN978-4-87760-349-6　C2531　¥2720E

政党／省庁 住所・電話番号一覧

名称	〒	住所	電話
自由民主党	〒100-8910	千代田区永田町1-11-23	☎03(3581)6211
立憲民主党	〒100-0014	千代田区永田町1-11-1	☎03(3595)9988
日本維新の会	〒542-0082	大阪市中央区島之内1-17-16 三泉長堀ビル	☎06(4963)8800
公明党	〒160-0012	新宿区南元町17	☎03(3353)0111
日本共産党	〒151-8586	渋谷区千駄ケ谷4-26-7	☎03(3403)6111
国民民主党	〒100-0014	千代田区永田町2-17-17 JBS永田町	☎03(3593)6229
れいわ新選組	〒102-0083	千代田区麹町2-5-20 押田ビル4F	☎03(6384)1974
教育無償化を実現する会	〒100-0014	千代田区永田町2-17-17-272	
社会民主党	〒104-0043	中央区湊3-18-17 マルキ榎本ビル5F	☎03(3553)3731
参政党	〒107-0052	港区赤坂3-4-3 赤坂マカベビル5F	☎03(6807)4228
衆議院	〒100-8960	千代田区永田町1-7-1	☎03(3581)5111
参議院	〒100-8961	千代田区永田町1-7-1	☎03(3581)3111
国立国会図書館	〒100-8924	千代田区永田町1-10-1	☎03(3581)2331
内閣	〒100-0014	千代田区永田町2-3-1 総理官邸	☎03(3581)0101
内閣官房	〒100-8968	千代田区永田町1-6-1	☎03(5253)2111
内閣法制局	〒100-0013	千代田区霞が関1-1-1 ㊹4号館	☎03(3581)7271
人事院	〒100-8913	千代田区霞が関1-2-3 ㊹5号館別館	☎03(3581)5311
内閣府	〒100-8914	千代田区霞が関1-6-1	☎03(5253)2111
宮内庁	〒100-8111	千代田区千代田1-1	☎03(3213)1111
公正取引委員会	〒100-8987	千代田区霞が関1-1-1 ㊹6号館B棟	☎03(3581)5471
警察庁	〒100-8974	千代田区霞が関2-1-2 ㊹2号館	☎03(3581)0141
個人情報保護委員会	〒100-0013	千代田区霞が関3-2-1 霞が関コモンゲート西館32F	☎03(6457)9680
カジノ管理委員会	〒105-6090	港区虎ノ門4-3-1 城山トラストタワー12F・13F	☎03(6453)0201
金融庁	〒100-8967	千代田区霞が関3-2-1 ㊹7号館	☎03(3506)6000
消費者庁	〒100-8958	千代田区霞が関3-1-1 ㊹4号館	☎03(3507)8800
こども家庭庁	〒100-6090	千代田区霞が関3-2-5 霞が関ビル	☎03(6771)8030
デジタル庁	〒102-0094	千代田区紀尾井町1-3 東京ガーデンテラス紀尾井町19F・20F	☎03(4477)6775
復興庁	〒100-0013	千代田区霞が関3-1-1 ㊹4号館	☎03(6328)1111
総務省	〒100-8926	千代田区霞が関2-1-2 ㊹2号館	☎03(5253)5111
消防庁	〒100-8927		
法務省	〒100-8977	千代田区霞が関1-1-1 ㊹6号館	☎03(3580)4111
出入国在留管理庁			
公安調査庁	〒100-0013		☎03(3592)5711
最高検察庁	〒100-0013		☎03(3592)5611
外務省	〒100-8919	千代田区霞が関2-2-1	☎03(3580)3311
財務省	〒100-8940	千代田区霞が関3-1-1	☎03(3581)4111
国税庁	〒100-8978	〃	☎03(3581)4161
文部科学省	〒100-8959	千代田区霞が関3-2-2	☎03(5253)4111
スポーツ庁	〃	〃	〃
文化庁	〃	〃	〃
厚生労働省	〒100-8916	千代田区霞が関1-2-2 ㊹5号館本館	☎03(5253)1111
農林水産省	〒100-8950	千代田区霞が関1-2-1 ㊹1号館	☎03(3502)8111
林野庁	〒100-8952	〃	〃
水産庁	〒100-8907	〃	〃
経済産業省	〒100-8901	千代田区霞が関1-3-1	☎03(3501)1511
資源エネルギー庁	〒100-8901	〃	〃
特許庁	〒100-8915	千代田区霞が関3-4-3	☎03(3581)1101
中小企業庁	〒100-8912	千代田区霞が関1-3-1	☎03(3501)1511
国土交通省	〒100-8918	千代田区霞が関2-1-3 ㊹3号館	☎03(5253)8111
観光庁	〃	〃	〃
気象庁	〒105-8431	港区虎ノ門3-6-9	☎03(6758)3900
海上保安庁		国土交通省内	☎03(3591)6361
環境省	〒100-8975	千代田区霞が関1-2-2 ㊹5号館本館	☎03(3581)3351
原子力規制庁	〒106-8450	港区六本木1-9-9	☎03(3581)3352
防衛省	〒162-8801	新宿区市谷本村町5-1	☎03(3268)3111
防衛装備庁	〃	〃	〃
会計検査院	〒100-8941	千代田区霞が関3-2-2 ㊹7号館	☎03(3581)3251
最高裁判所	〒102-8651	千代田区隼町4-2	☎03(3264)8111

※㊹=中央合同庁舎

●主要駅から国会議事堂周辺所

東京駅	地下鉄丸ノ内線 約5分		霞ヶ関駅
	地下鉄丸ノ内線 約7分		国会議事堂前駅
	JR山手線約2分 有楽町駅	地下鉄有楽町線約2分	桜田門駅
	JR山手線約2分 有楽町駅	地下鉄有楽町線約4分	永田町駅
	地下鉄丸ノ内線約3分 銀座駅	地下鉄銀座線約4分	虎ノ門駅
上野駅	地下鉄銀座線 約15分		虎ノ門駅
	地下鉄日比谷線 約20分		霞ヶ関駅

DESIGNED by ●●株式会社